LabVIEW 기본편

이 책은 현재까지 가장 최신버전인 LabVIEW 2014 로 작성되었으나,
8.0 버전을 포함하여 그 이후 버전이라면 본 저서를 얼마든지 활용할 수 있다.

DC motor 속도 제어 활용방법 소개

강대진 저

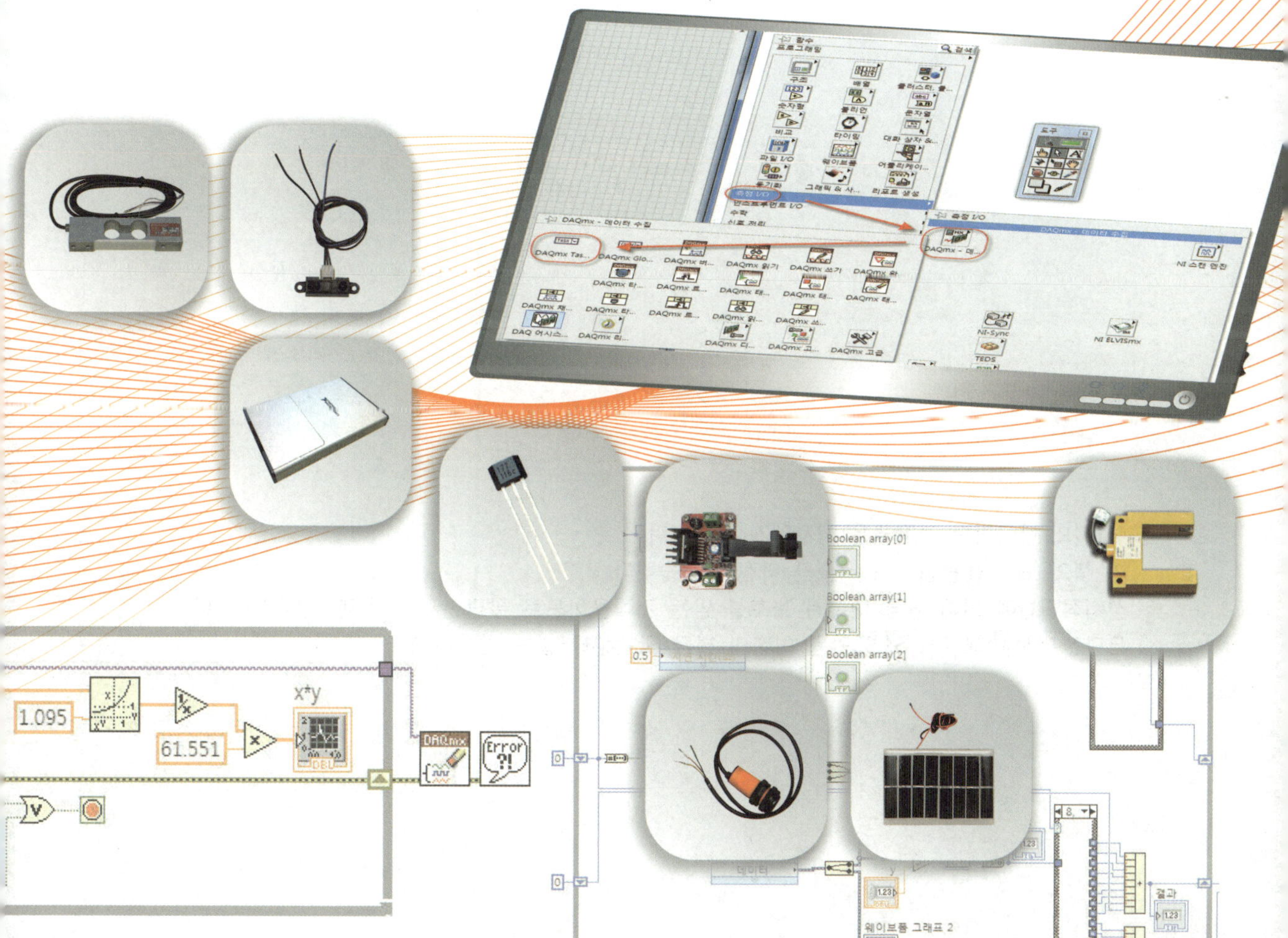

도서출판 아진
A-JIN
http://ajin.to

내가 가는 길을 그가 아시나니 그가 나를 단련하신 후에는
내가 순금 같이 되어 나오리라 (욥23 : 10)

머리말

여기까지 인도해주신 하나님께 영광을 올립니다.

지금까지 대학에서 이론 강의하면서 창의적인 아이디어를 학생들과 나누며 어떻게 하면 현실화시킬 수 있는지 고민하며 찾은 것이 LabVIEW였습니다. 물론 LabVIEW가 만능은 아니고 마이컴을 사용하여 만드는 것보다 프로그램의 덩치가 크다거나 PC없이는 활용이 안되는 문제점이 있다하더라도 모든 문제점들을 충분히 상쇄하고도 남을 정도로 강력한 성능을 충분히 경험하게 되었습니다.

그동안 학생들과 교과목에서 수행한 Term Project의 결과가 1년에 4~50가지씩 17년 정도를 지내다 보니 수백 가지가 넘는 아이디어가 쌓여 새로운 아이디어를 발굴하는데 어려움을 겪을 정도로 행복한 고민에 빠졌습니다. 그러한 아이디어들은 때로는 창의적 공학설계경진대회에서 대상을 수상하거나 NI 공모전에서 최우수상이나 우수상 등을 여러번 수상하기도 하였습니다. 완성된 작품들을 보면서 누구든지 아이디어가 있으면 현실적으로 만들 수 있다는 자신감이 저와 학생들 사이에 생기게 되었습니다.

물론 매해 새로운 학생들을 만나면서 항상 처음부터 새로 시작하는 것이 힘들기는 하지만 무에서 유를 창조하는 기분으로, 새로운 아이디어를 직접 만들어 보는 기쁨에 한해 한해 즐겁게 강의하게 됩니다. 아이디어를 현실화 시키는 과정에서 학생들은 상당한 수준의 스트레스를 받기 때문에 이렇게까지 수업을 해야 하는가하는 고민을 하면서도 시중에 나와 있는 LabVIEW 실습Kit로 수월하게 수업을 진행할까 하는 생각은 아직까지 해본 적이 없습니다. 왜냐하면 사회에서 요구하는 수준이나 내 자신 속에서 들리는 소리는 분명히 이 길이 옳은 길이라는 소리가 계속 들려오기 때문입니다.

시중에는 많은 수의 LabVIEW교재가 출간되었으나 이번에 발간한 책은 처음 LabVIEW를 접하는 사람에서부터 센서를 사용하여 직접 원하는 장치를 만들고자 하는 사람들에게까지 큰 도움이 될 수 있을 거라고 생각합니다.

특히 이번 응용사례 중에는 DC motor 속도제어를 위해 PWM (Pulse Width Modulation) 기법을 활용하는 방법을 상세하게 소개하여 DC Motor 속도제어를 하려고 하는 사람들에게 많음 도움이 되길 바랍니다.

이 책은 현재까지 가장 최신버전인 LabVIEW 2014로 작성되었으나, 저자가 경험한 바로는 8.0 버전을 포함하여 그 이후 버전이라면 본 저서를 사용하여 얼마든지 활용할 수 있다고 말하고 싶습니다. LabVIEW 기본 수준의 교육을 받고자 하는 사람들에게는 버전의 차이점을 거의 느끼지 못할 정도로 충분히 활용이 가능합니다.

끝으로 모든 영광을 하나님께 돌리며, 이 책이 나오기까지 음으로 양으로 도움을 주신 수많은 제자들과 아진출판사의 김근배 사장, 그리고 사랑하는 아내와 지민, 지훈, 지원에게 사랑을 전합니다.

차 례

1. LabVIEW 기초

2. 가상계측

3. VI Editing & Debugging

4. Sub VI

5. 구조(Structure) 만들기

6. 배열과 클러스터

7. 챠트와 그래프

8. 데이터 측정

9. 아나로그 입력 신호 측정

10. 아나로그 출력실험

11. 디지털 입력 실험

12. 디지털 출력 실험

13. 카운터 실험

14. 문자열

15. 파일 입출력

16. 동기화

17. 인터넷 제어

18. 어플리케이션(EXE) 만들기

19. 센서 변환

20. 기타

21. 응용사례

LabVIEW

LabVIEW는 Graphical programming language로서 보통 G programming language라고도 불리운다. C언어와 같이 Text기반 언어와 달리 아이컨들을 사용하고 선을 연결함으로 프로그램한다. Text 기반 언어와 달리 프로그램에 대한 경험이 별로 없어도 손쉽게 원하는 기능을 갖도록 프로그램하는 것이 가능한 상점이 있다.

본 교재는 LabVIEW를 처음 배우려는 학생들로부터 시작하여 어느 정도 활용할 줄을 알지만 H/W를 연동하여 센서의 출력을 구하는 방법을 모르는 사람들에게 방법을 소개하는 내용으로 구성되어 있다.

기존 출판본에서는 myDAQ를 활용하여 센서 출력을 구하는 방법을 제시하였으나, 본 교재에서는 보다 널리 활용되는 기존 다기능 DAQ 보드를 활용하는 방법을 제시하려고 한다. 기존 다기능 DAQ 보드로는 저항의 변화를 직접 측정하지 못하므로 전위차계를 이용하여 저항의 변화를 전압의 변화로 변환시킴으로 물리량에 따라 저항이 변화되는 센서 즉, 조도에 따라 변화하는 CdS, 온도변화에 따라 변화하는 Thermistor, RTD 등의 활용법을 소개하려한다.

본 교재를 마칠 즈음에는 기존 자동화용 센서와 다기능 DAQ 보드를 활용하여 각종 계측과 제어를 원활하게 수행할 수 있을 것이다.

1 LabVIEW 기초

1. LabVIEW 기초

LabVIEW 란 *Lab*oratory *V*irtual *I*nstrument *E*ngineering *W*orkbench 의 약자로서 가상계측을 말한다. LabVIEW는 계측, 시험, 자동화, 분석 등의 분야에서 탁월한 성능을 발휘한다. 기존 C언어와 같은 문자기반의 프로그램과 달리 그래픽 언어로서 화면 상에서 아이컨들을 배열하고 선으로 연결하기만 하면 프로그램이 완성되므로 누구나 쉽게 배울 수 있고 변형이 가능하므로 생산성이 탁월하게 향상될 수 있는 새로운 프로그래밍 언어의 한 종류이다.

1.1 시작하기

LabVIEW를 시작하면 초기 화면은 아래와 같다.

본 교재는 2014버전으로 작성되었지만 그 이전 버전이나 이후 버전이라 하더라도 LabVIEW의 기초과정을 학습하는데 전혀 문제가 없음을 밝혀둔다. 아래 그림 중 아이컨들은 프로그램을 설치할 때 추가한 프로그램에 따라 아이컨들이 늘어난다.

▶ 시작화면

이어서 아래 화면이 보인다.

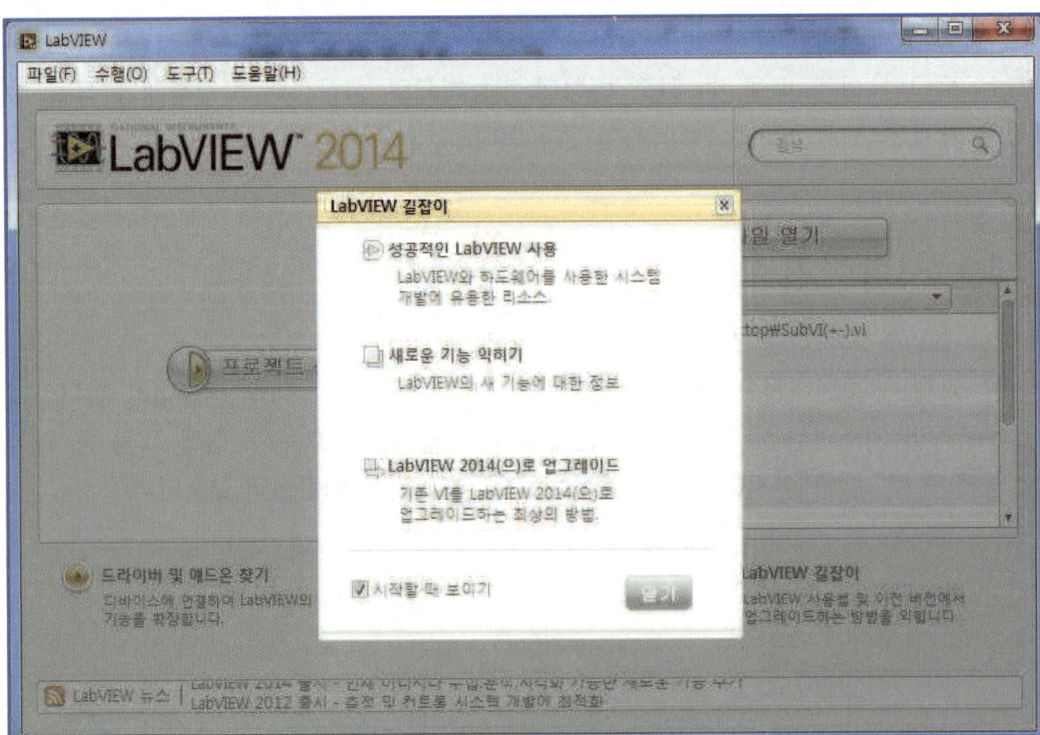

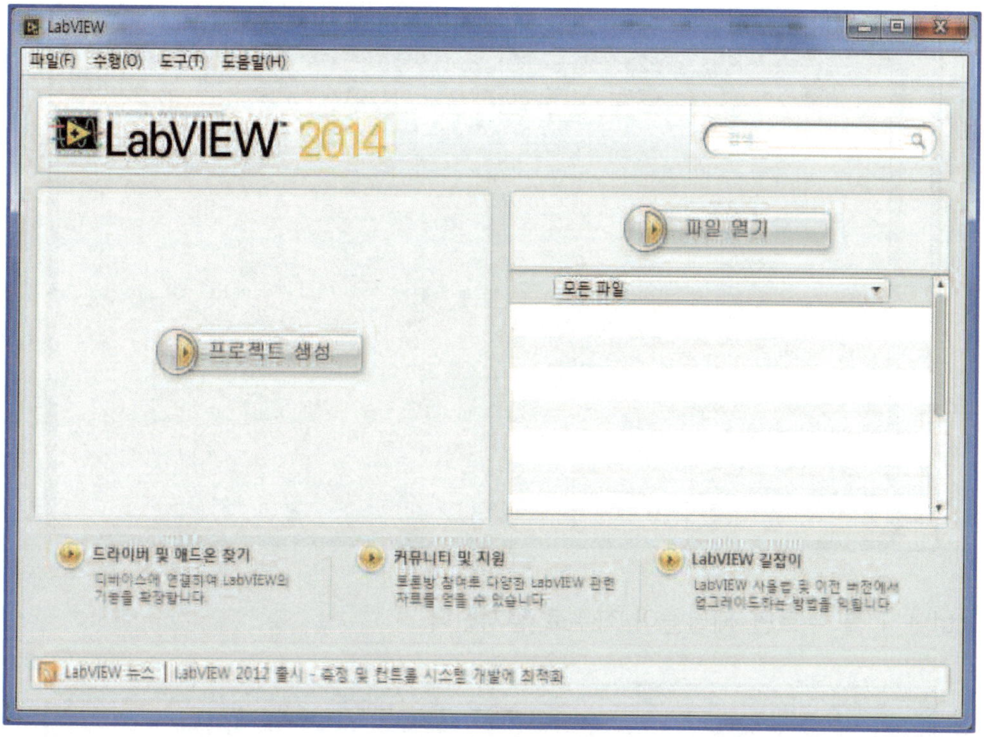

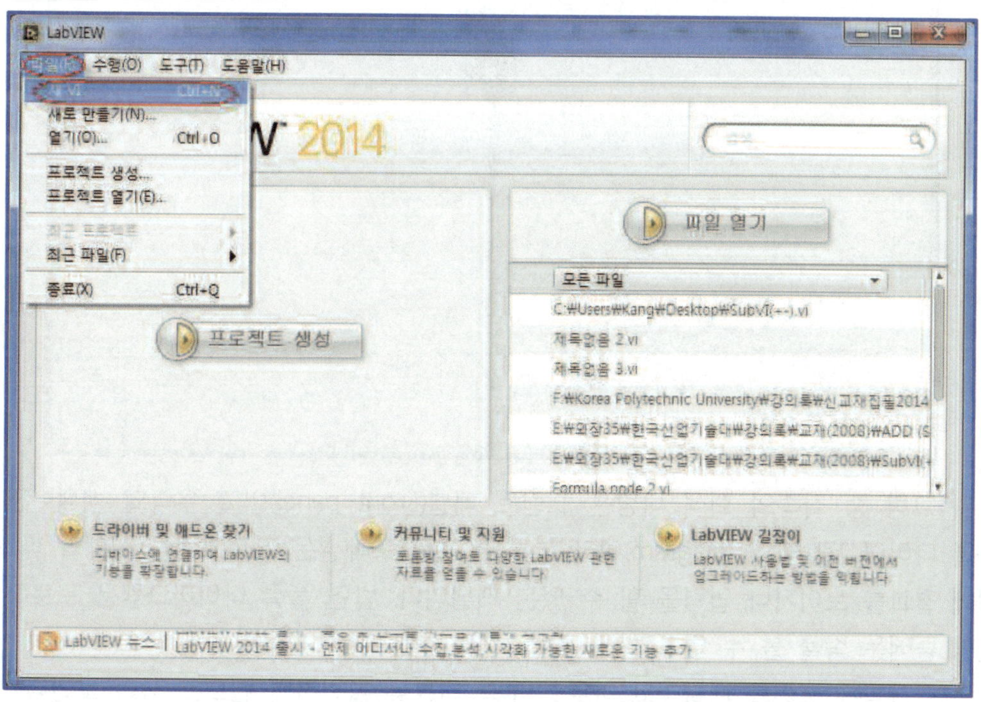

파일 – 새 VI를 선택하면 새로운 창이 열린다.

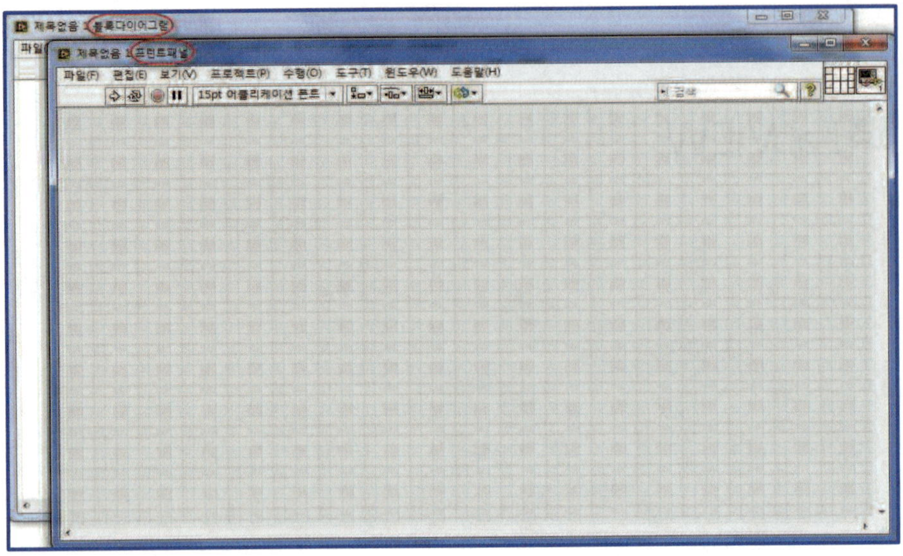

"ctrl + T"를 누르면 패널들이 좌우로 펼쳐진다.

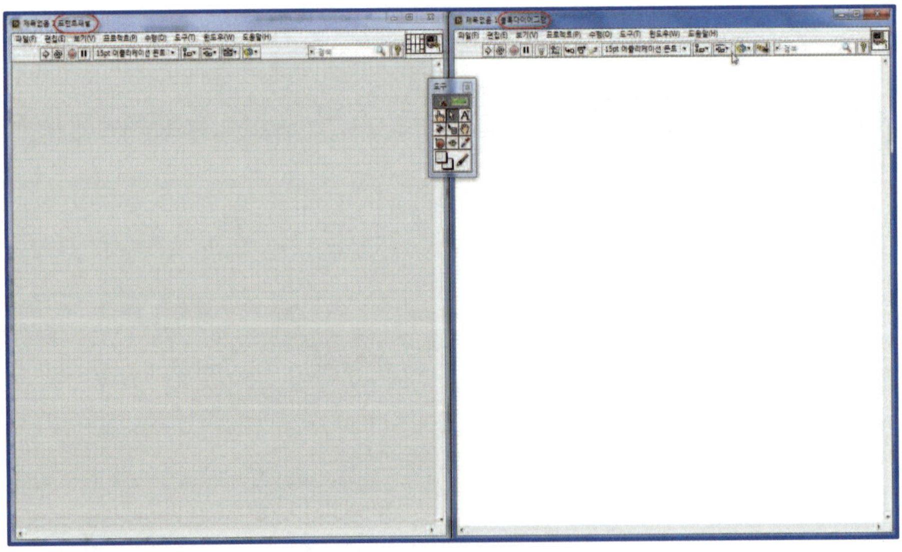

위 그림 중 좌측의 회색 바탕은 프런트 패널(Front panel)이고 우측의 백색화면은 블록 다이어그램(Block diagram)이라 부른다. 프런트 패널은 프로그램을 실행할 때 전면에 결과를 보이거나 입력을 할 수 있는 패널이다. 반면 블록 다이어그램은 프로그램 실행 중에는 속을 볼 수 없고 실제 프로그램이 실행되는 영역이다.

아래 그림은 프런트 패널이고 마우스 우측 버튼을 클릭하면 컨트롤 창이 보인다.

컨트롤 창에서는 프런트 패널에서 선택가능한 아이컨들을 볼 수 있다.

▶ 프런트 패널

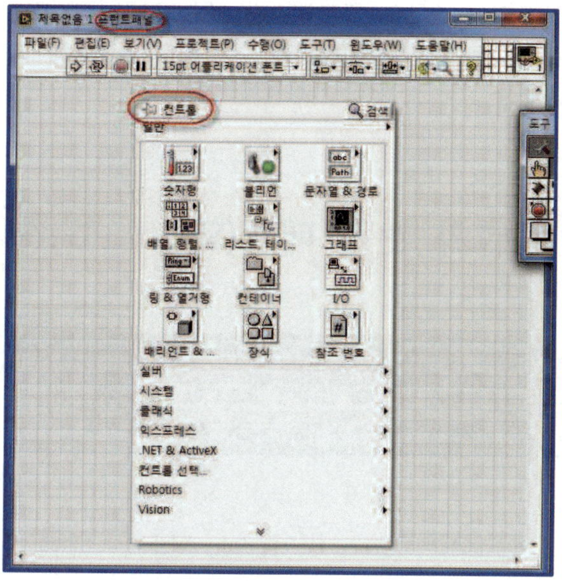

쉽게 말해 프런트 패널은 텔레비젼의 겉으로 보이는 부분과 같다. 반면 블록 다이어그램은 내부 회로기판과 같은 기능을 가진다. 회로는 겉에서 볼 수도 없고 내용을 바꿀 수도 없다.

▶ 블록 다이어그램

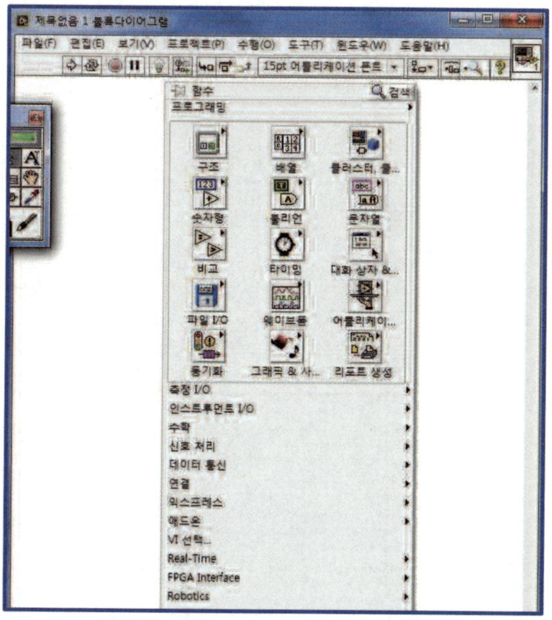

블록 다이어그램은 회로를 구성하는 패널이라고 보면 된다. 블록 다이어그램 안에서 각종 아이컨들을 사용하고 상수, 컨트롤 및 인디케이터 등을 생성시키거나 와이어(wire)로 연결시켜 프로그램을 완성한다. 블록 다이어그램에서 마우스 우측 버튼을 누르면 함수창이 보인다.

1.2 프런트 패널의 숏컷 메뉴(Shortcut menu)

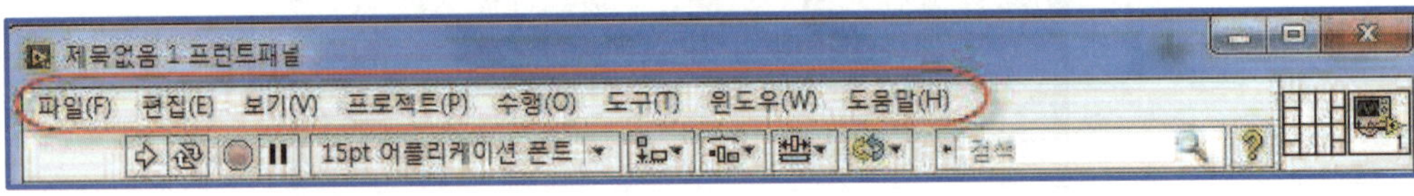

▶ 파일(F)

제일 먼저 파일(F)를 누르거나 "Alt+F"를 선택하면 다음과 같이 메뉴가 펼쳐진다.

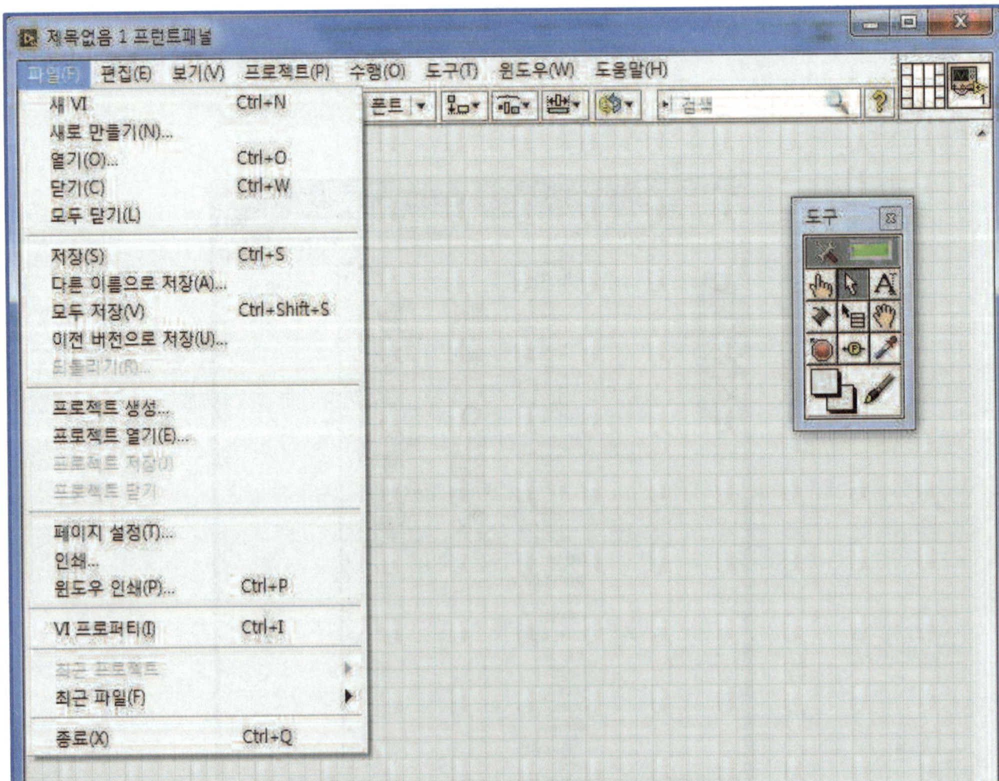

▶ 새 VI (N)

만약 작업 중에 새VI를 열어야 할 때 새 VI를 누르거나 "Ctrl + N"을 누르면 다음과 같이 초기화면이 열린다.

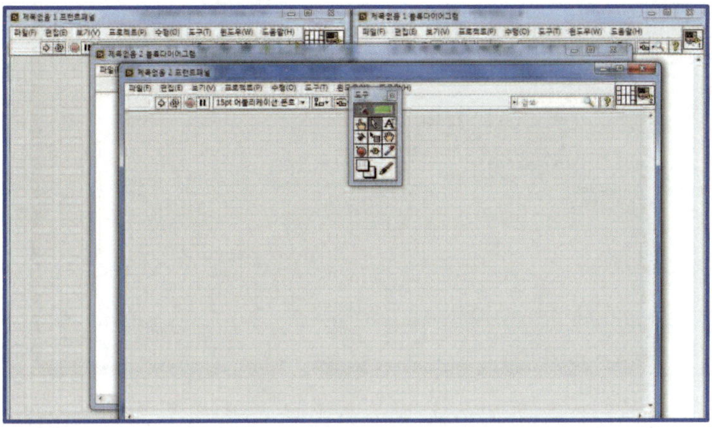

새로 연 프런트 패널을 닫으면 블록 다이어그램까지 닫히지만 블록 다이어그램을 먼저 닫으면 프런트 패널은 남아있다.

프런트 패널과 블록 다이어그램은 "Ctrl + E"로 교대로 활성화시킬 수 있다.

▶ 새로 만들기

새로 만들기를 누르면, 다음과 같은 템플릿이 열린다.

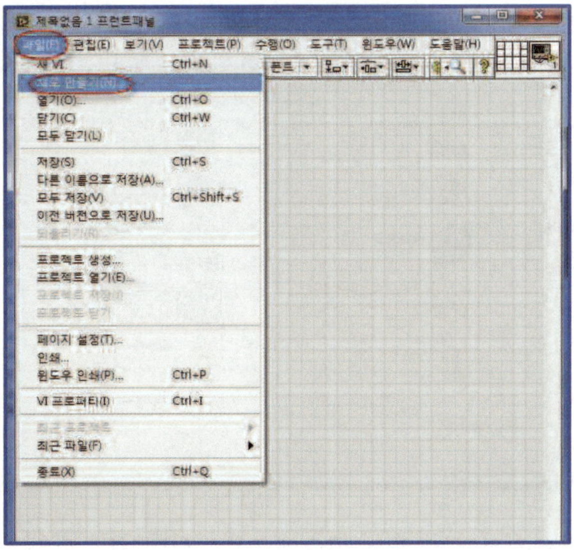

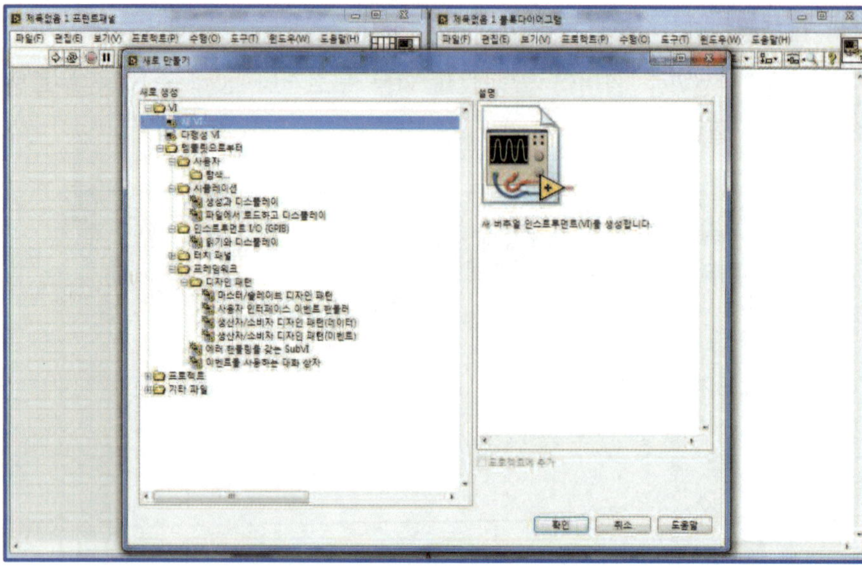

이 경우, 이미 각각의 경우에 가장 적합하도록 미리 만들어진 것이므로 필요에 따라 선택하면 된다. 일반적으로 프로그램할 경우에는 개개인의 능력에 따라 프로그램의 구조가 많이 다르게 되지만 템플릿을 사용할 경우에는 일관되고 효율적인 프로그램이 가능하며 훨씬 신속하게 작성할 수 있다.

▶ 열기 (O)

열기(O)를 누르거나 "Ctrl + O"을 누르면, 다음과 같은 템플릿이 열린다.

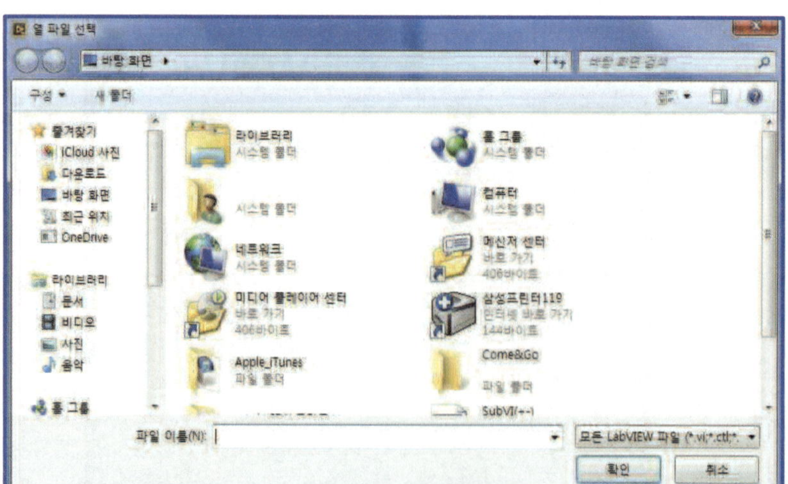

이때 원하는 디렉토리로 찾아가서 필요에 따라 선택하면 된다.

▶ 닫기 (N)

사용하던 프런트 패널이나 블록다이어그램 창에서 닫기(N)을 누르거나 "Ctrl + W"를 누르면, 저장하겠느냐고 물은 뒤 그 창만 닫힌다. LabVIEW는 VI를 여러개 열어 놓을 수는 있지만 하나씩 활성화시켜 실행할 수 있으며 창(W)을 선택하여 목록을 보면 여러 개가 떠 있는 것을 알 수 있다.

▶ 모두 닫기 (W)

LabVIEW VI를 모두 닫고자 할 때는 모두 닫기(W)를 누른다.

▶ 저장 (S)

현재 사용하고 있는 VI를 저장할 때는 저장(S)또는 "Ctrl + S"를 누른다.

▶ 다른 이름으로 저장 (A)

다른 이름을 저장할 때는 다른 이름으로 저장(A)을 누른다.

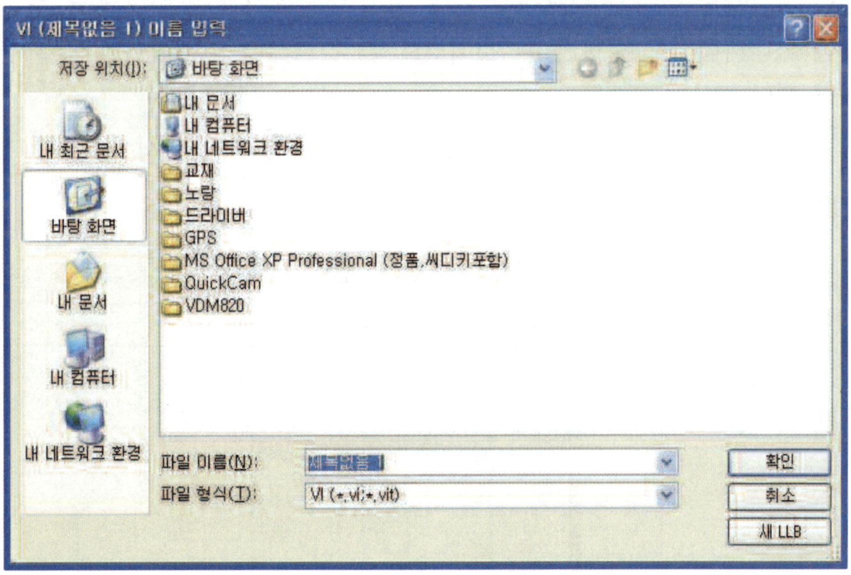

▶ 모두 저장 ("Shift+Ctrl + S")

열려진 모든 창을 저장하고 나오는 기능이다.

▶ 이전 버전으로 저장

이번 버전으로 저장할 경우 8.0, 8.2, 8.5, 8.6, 9.0, 10.0, 11.0, 12.0, 13.0, 14.0 version으로 저장이 가능하다.

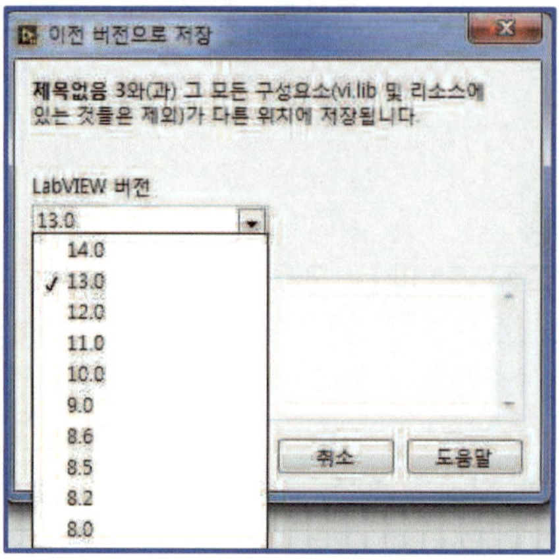

▶프로젝트 생성

프로젝트는 LabVIEW프로그램을 포함하여 관련된 글파일이나 엑셀, 파워포인트등 각종 관련 파일들을 하나의 디렉터리 안에 넣고 한번에 관리하는 가능을 말한다. 프로젝트 안에 있다하더라도 링크만 된 것이므로 한 디렉터리 안에 관련파일을 반드시 모아 놓아야 한다.

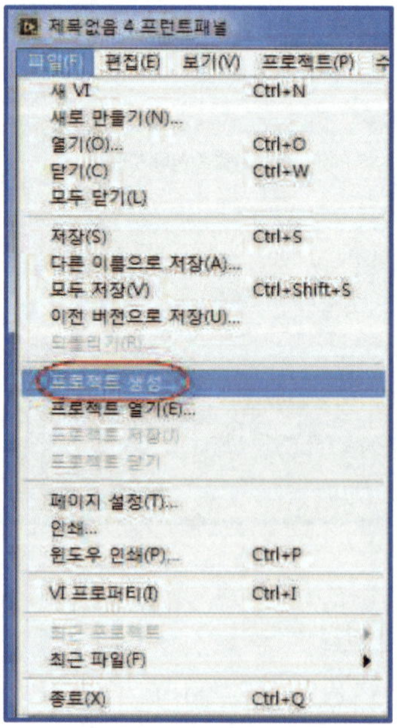

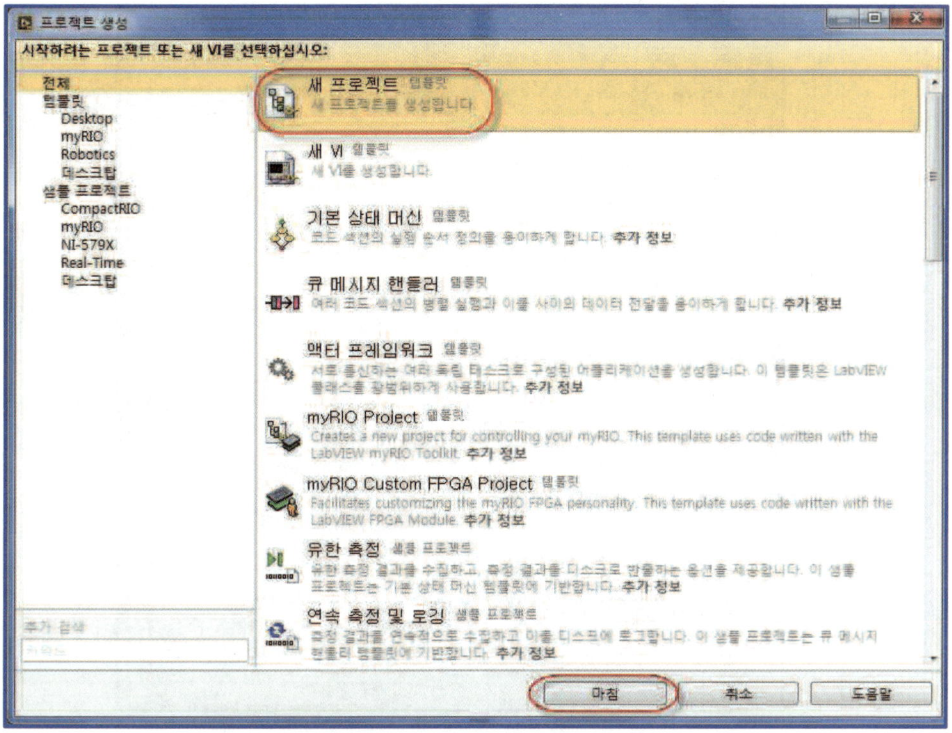
프로젝트 생성
시작하려는 프로젝트 또는 새 VI를 선택하십시오:
전체
템플릿
Desktop
myRIO
Robotics
데스크탑
샘플 프로젝트
CompactRIO
myRIO
NI-579X
Real-Time
데스크탑
새 프로젝트 템플릿
새 VI 템플릿
기본 상태 머신 템플릿
큐 메시지 핸들러 템플릿
액터 프레임워크 템플릿
myRIO Project 템플릿
myRIO Custom FPGA Project 템플릿
유한 측정 샘플 프로젝트
연속 측정 및 로깅 샘플 프로젝트
마침
취소
도움말

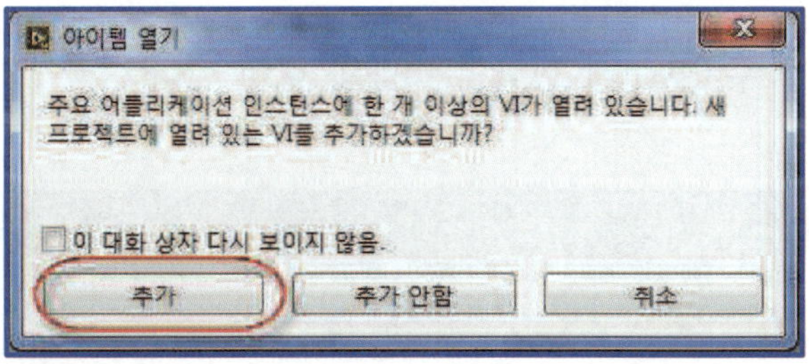
아이템 열기
주요 어플리케이션 인스턴스에 한 개 이상의 VI가 열려 있습니다. 새 프로젝트에 열려 있는 VI를 추가하겠습니까?
이 대화 상자 다시 보이지 않음.
추가
추가 안함
취소

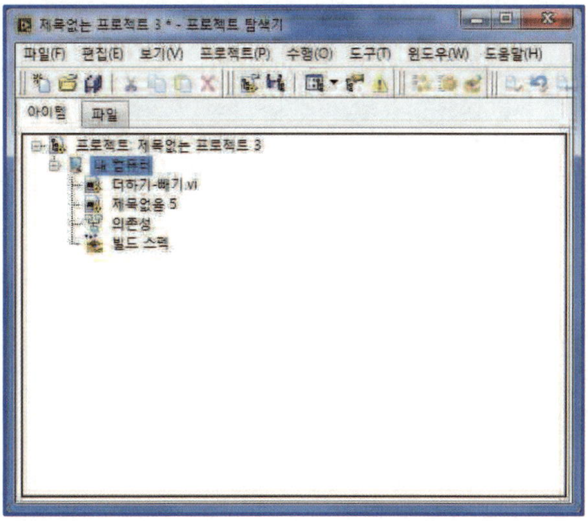
제목없는 프로젝트 3 * - 프로젝트 탐색기
파일(F) 편집(E) 보기(V) 프로젝트(P) 수행(O) 도구(T) 윈도우(W) 도움말(H)
아이템
파일
프로젝트: 제목없는 프로젝트 3
내 컴퓨터
더하기-빼기.vi
제목없음 5
의존성
빌드 스펙

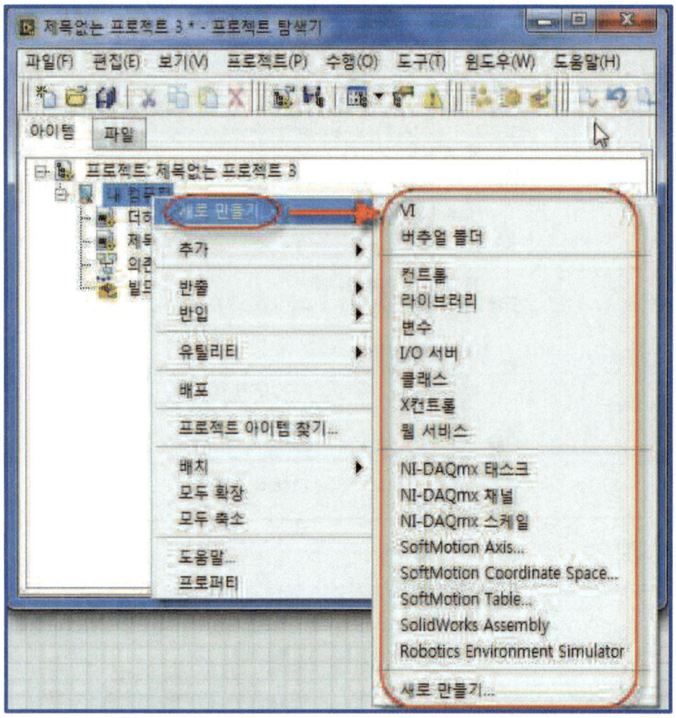

만약 다른 파일을 추가하고자 한다면 아래와 같이 한다.

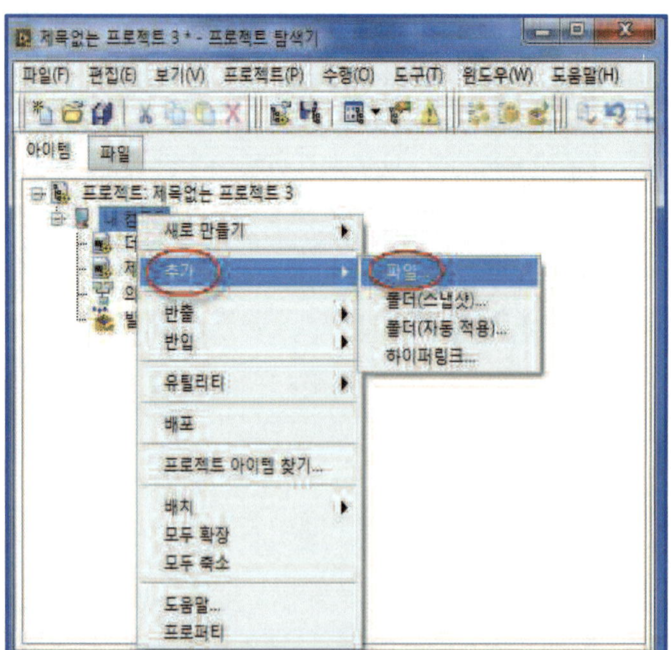

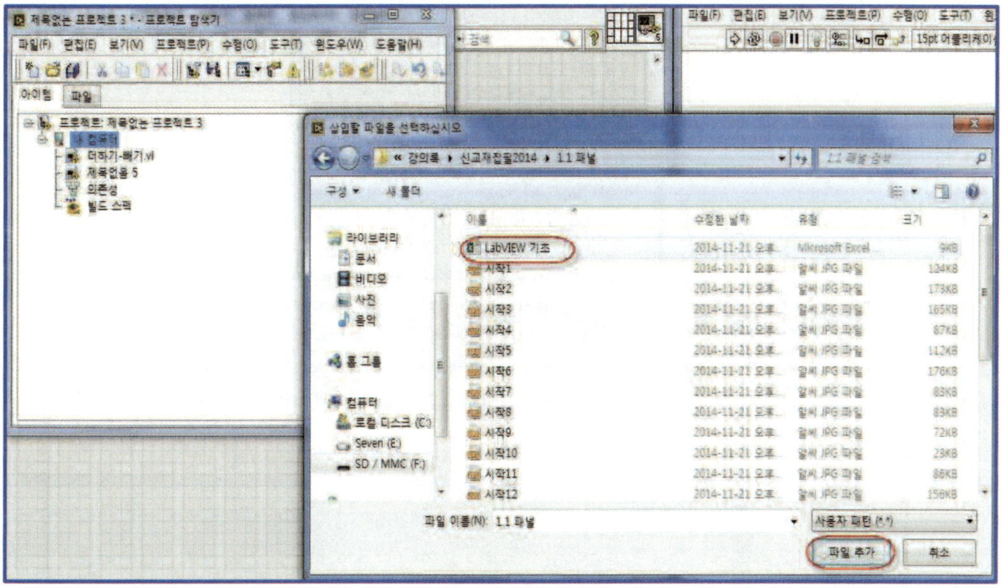

파일추가하면 아래와 같이 프로젝트 안에 들어온다.

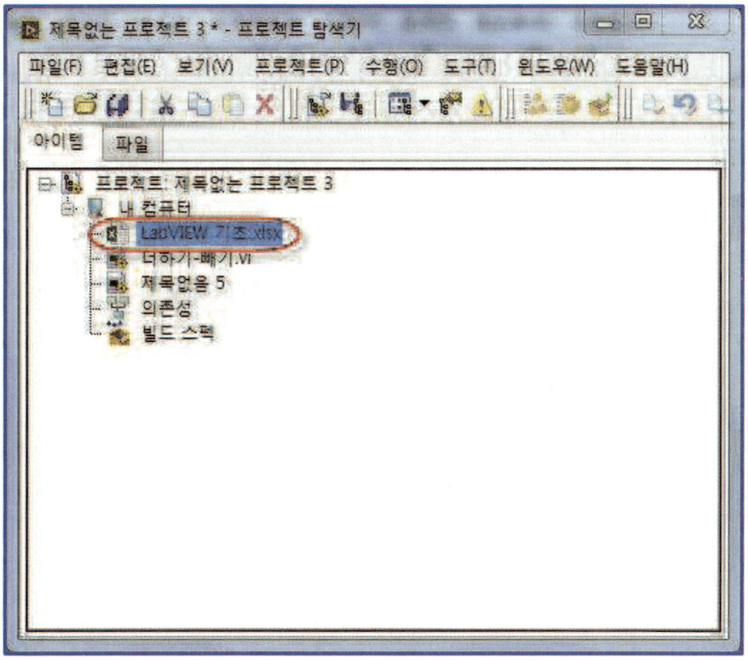

프로젝트 저장을 위해서 파일 - 다른 이름으로 저장을 선택한다.

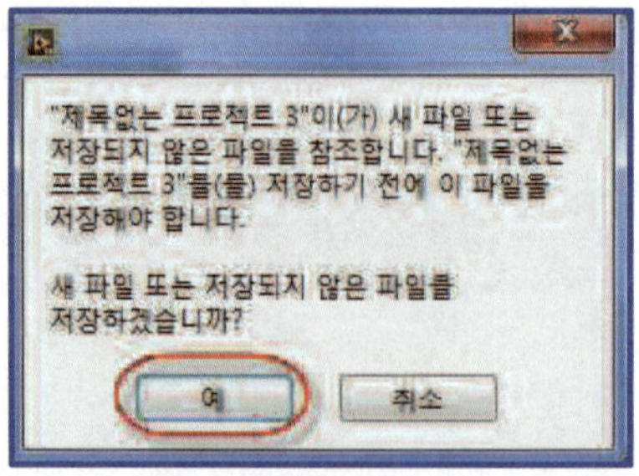

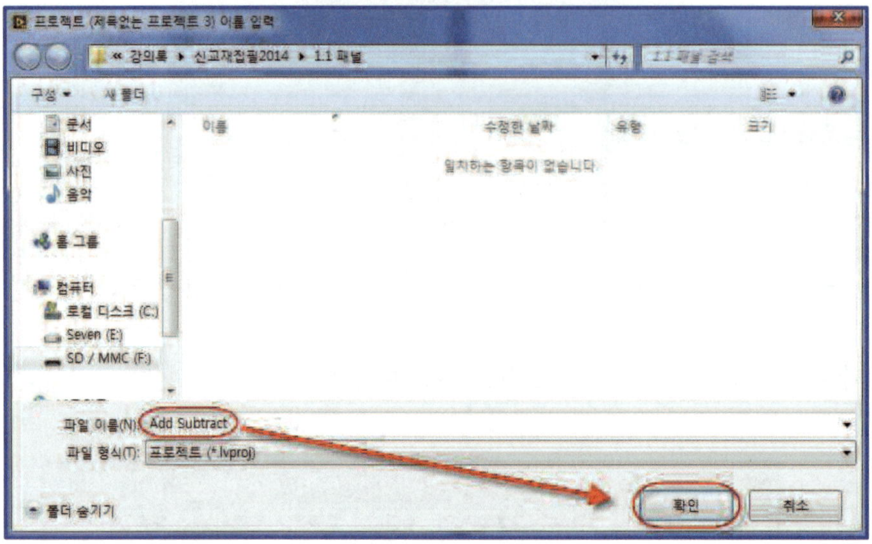

프로젝트 이름을 Add Subtract라고 한 후 저장하면 프로젝트의 이름이 바뀐 것을 볼 수 있다.

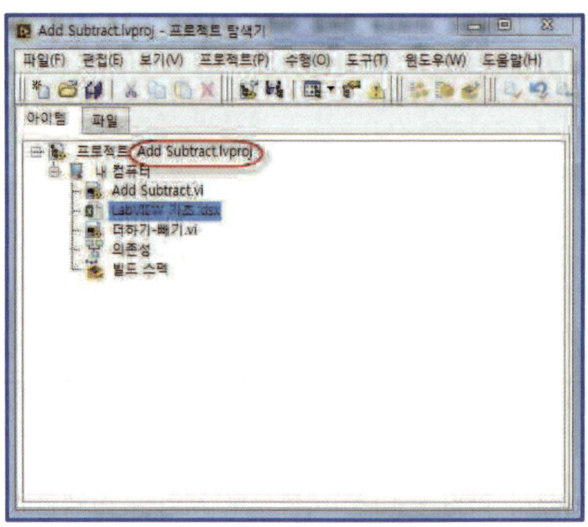

▶ 프로젝트 열기

프로젝트 열기를 선택하면 아래와 같은 창이 보인다.

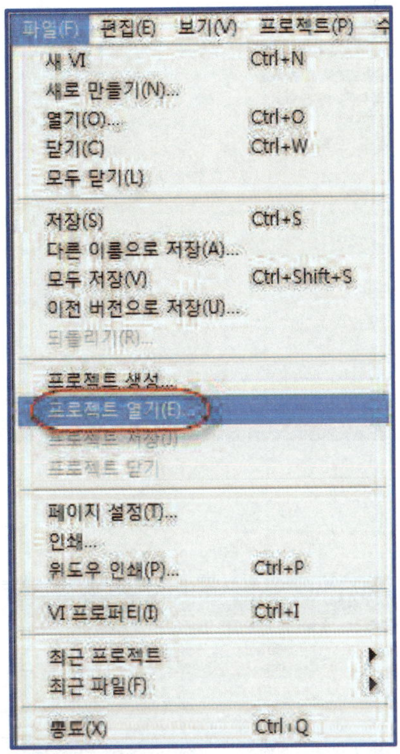

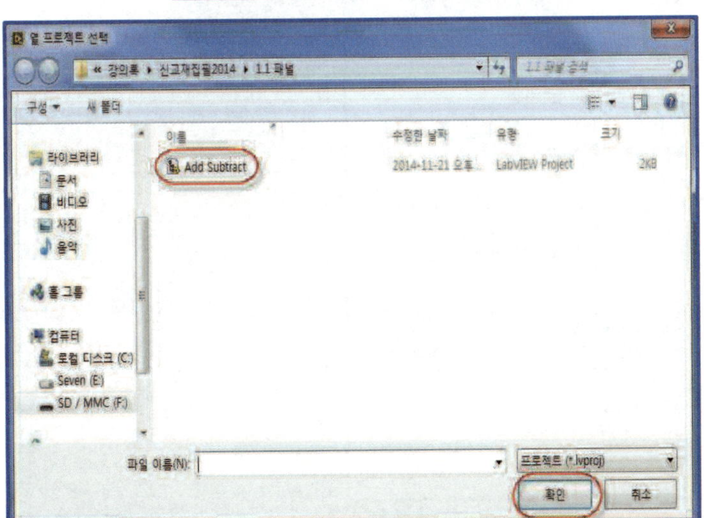

선택하면 미리 저장된 프로젝트가 열린다.

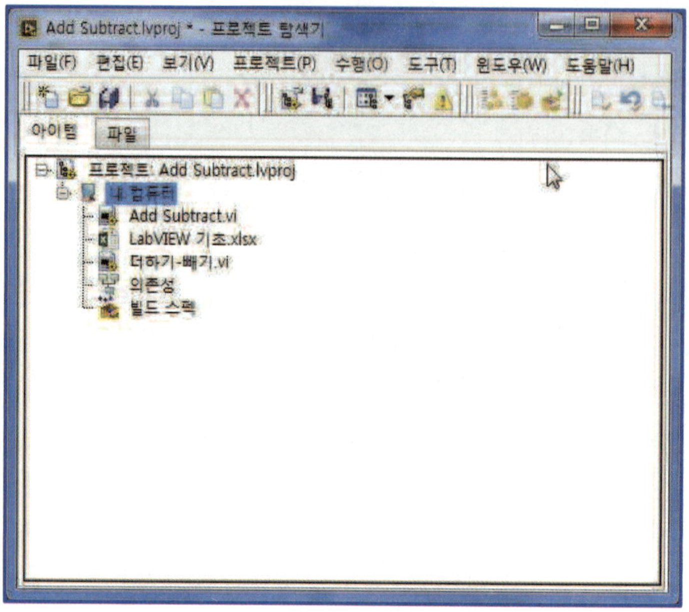
Add Subtract.lvproj * - 프로젝트 탐색기
파일(F) 편집(E) 보기(V) 프로젝트(P) 수행(O) 도구(T) 윈도우(W) 도움말(H)
아이템
파일
프로젝트: Add Subtract.lvproj
내 컴퓨터
Add Subtract.vi
LabVIEW 기초.xlsx
더하기-빼기.vi
의존성
빌드 스펙

▶편집 (E)

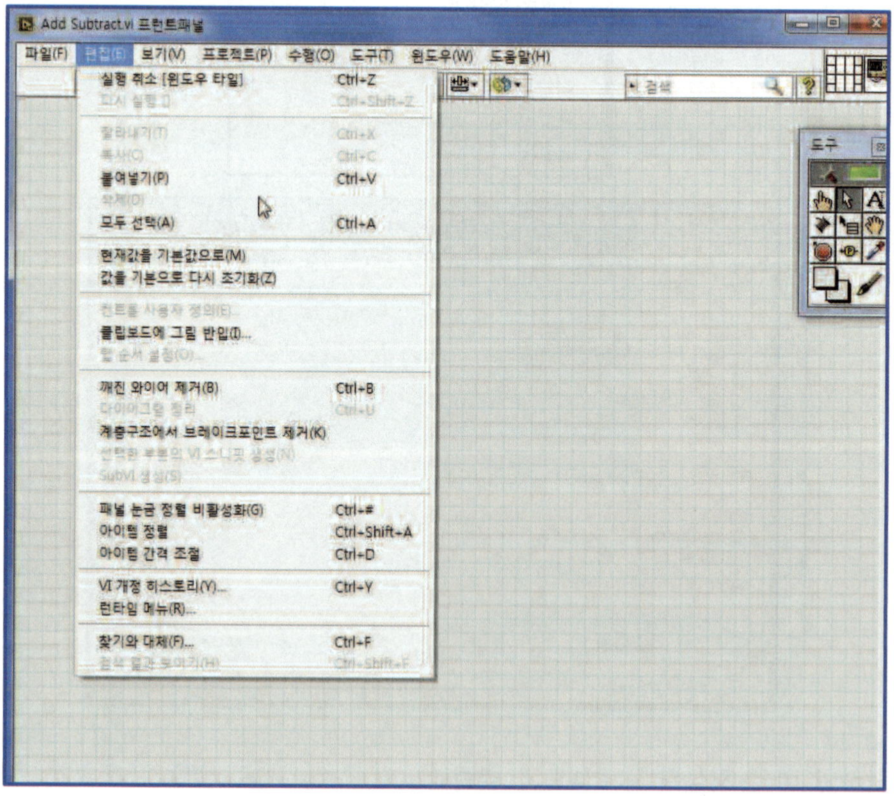
Add Subtract.vi 프런트패널
파일(F) 편집(E) 보기(V) 프로젝트(P) 수행(O) 도구(T) 윈도우(W) 도움말(H)
실행 취소 [윈도우 타입] Ctrl+Z
붙여넣기(P) Ctrl+V
모두 선택(A) Ctrl+A
현재값을 기본값으로(M)
값을 기본으로 다시 초기화(Z)
클립보드에 그림 반입(I)...
깨진 와이어 제거(B) Ctrl+B
계층구조에서 브레이크포인트 제거(K)
패널 눈금 정렬 비활성화(G) Ctrl+#
아이템 정렬 Ctrl+Shift+A
아이템 간격 조절 Ctrl+D
VI 개정 히스토리(Y)... Ctrl+Y
런타임 메뉴(R)...
찾기와 대체(F)... Ctrl+F
도구

▶실행 취소

실행 취소는 방금 전에 수행한 작업을 취소하는 기능이다. 실행 취소[윈도우타일] 또는 "Ctrl + Z"를 누르면 직전에 한 작업을 취소한다.

▶다시 실행

취소한 것을 다시 실행하려면 다시 실행 또는 "Shift+Ctrl + Z"를 누른다.

▶잘라내기(T), 복사(X), 붙여넣기(P), 삭제(D), 모두 선택(A)

잘라내기(T), 복사(X), 붙여넣기(P), 삭제(D), 모두 선택(A)등은 기존 윈도우 명령어들과 같다.

▶현재값을 기본값으로(M)

현재값을 기본값으로(M)는 중요한 기능인데 프런트 패널이나 블록 다이어그램 상에서 선택한 입력값들은 처음 선택하여 끌어 놓을 때에는 초기값이지만 변경한 후 현재값을 기본값으로(M)를 누르면 현제값이 기본값으로 바뀐다. 이것을 사용하지 않으면 프로그램을 열 때마다 원하는 값으로 바꾸어 주어야 하지만 현재값을 기본값으로 하면 프로그램을 불러와도 바뀐 값을 기억하고 있다. 보통 LabVIEW에서는 파일을 불러 실행시킬 때 값을 현재값을 기본값으로 변경하여 저장하지 않을 경우, 대부분 0을 기억하고 있기 때문에 종래 실행하던 값을 기억하지 못한다.

▶값을 기본으로 다시 초기화(Z)

값을 기본으로 다시 초기화(Z)는 위의 반대 기능으로서 현재값을 다시 초기화하고자 할 때 사용한다.

▶클립보드에 그림 반입

클립보드에 그림 반입은 프런트 패널이나 블록 다이어그램 상 어느 곳이든 원하는 그림을 넣는 기능으로서 클립보드에 그림 반입을 누르면 그림을 선택하기 위한 디렉토리가 표시되고 원하는 그림을 선택하면 클립보드 내에 복사가 되므로 원하는 곳에 복사("Ctrl + V")하면 그림이 삽입된다. 사진의 크기는 모서리를 클릭하여 줄이고 늘일 수 있다.

▶깨진 와이어 제거(B)

깨진 와이어 제거(B) 또는 "Ctrl + B"는 블록 다이어그램 상에서 프로그램하면서 연결한 와이어들이 프로그램 실행에 문제가 있는 에러를 일으킬 경우 깨진 와이어들을 한번에 없앨 수 있다. 깨진 점선들은 하나하나 마우스커서로 원하는 선을 선택하여 지울 수도 있다.

▶Sub VI 생성(S)

Sub VI 생성(S)는 편리한 기능 중의 하나로서 흔히 다른 프로그램에서는 Sub Routine이라고 하는 것을 LabVIEW에서는 Sub VI라 부르는데 이미 짜여진 프로그램 중에서 일부분을 마우스로 드래그하여 선택한 후 Sub VI 생성(S)을 누르면 한번에 Sub VI가 만들어 지는 기능이다.

▶패널 눈금 비활성화(G)

패널 눈금 비활성화는 프런트 패널에 있는 눈금에 마우스 커서가 걸리듯 움직이는 것이 초기값인데 만약 패널 눈금 비활성화를 누르면 패널 눈금에 커서가 걸리듯 움직이지 않고 부드럽게 움직인다. 따라서 눈금 중간이라도 선택할 수 있다.

패널 눈금 정렬 비활성화(G) 또는 "Ctrl + #" 를 누르고 커서를 프런트 패널 아이컨에 가까이 가면 외곽선 주위로 사각형 점들이 생기며 이곳을 눌러 크기를 늘이거나 줄일 수 있다. 이때 패널 눈금 정렬 비활성화(G) 또는 "Ctrl + #"를 누르면 활성화 및 비활성화를 번갈아 가며 토글 기능을 갖는다. 이때 활성화되면 커서는 패널 상의 눈금을 따라 건너뛰며 이동하고 비활성화 되면 눈금과 상관없이 움직인다.

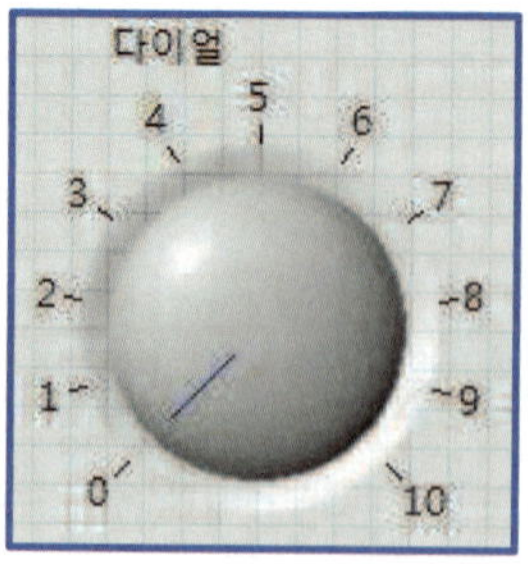

▶아이컨 정렬

프런트 패널 상의 여러개의 아이컨들을 선택한 후 아이컨 정렬 또는 "Shift+ Ctrl + A"를 누르면 아이컨들을 정렬시키는 기능이다.

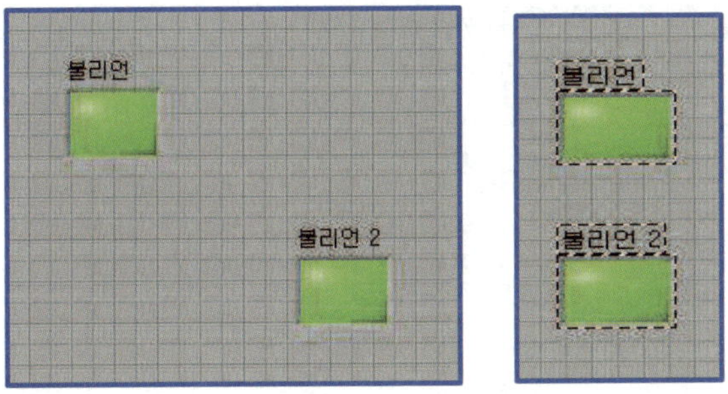

▶아이컨 간격조절

아이컨 간격조절 또는 "Ctrl + D"를 누르면 선택된 아이컨들의 간격이 자동으로 조절된다.

▶VI 개정 히스토리, Run time menu, 찾기와 대체

VI 개정 히스토리, Run time menu, 찾기와 대체는 응용과정에서 다루기로 한다.

▶보기(V)

보기(V)를 누르면 다음 메뉴가 보인다

프런트 패널에서는 컨트롤 팔레트가 보이고, 블록 다이어그램에서는 함수 팔레트가 보인다.

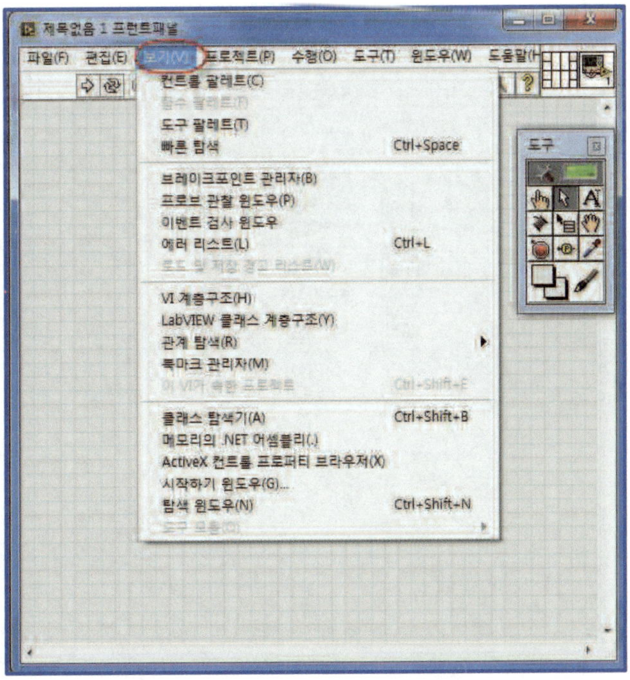

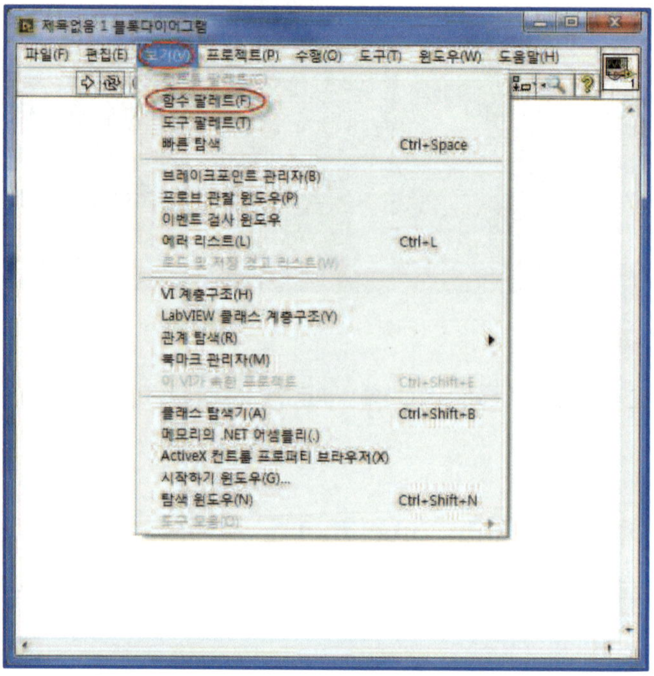

▶컨트롤 팔레트(C)

컨트롤 팔레트(C)을 누르면 옆과 같은 창이 열린다. 프런트 패널에서는 컨트롤 팔레트 창만 보인다. 반면에 블록 다이어그램에서는 함수 팔레트만 보인다.

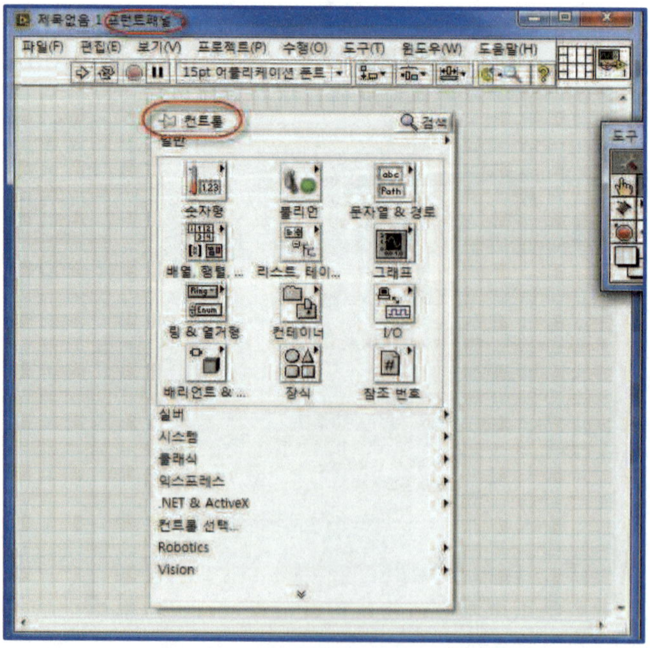

▶함수 팔레트

함수 팔레트를 누르면 아래와 같은 창이 열린다. 블록 다이어그램에서는 함수 팔레트만 보이지만 프런트 패널에서는 컨트롤 팔레트만 보인다.

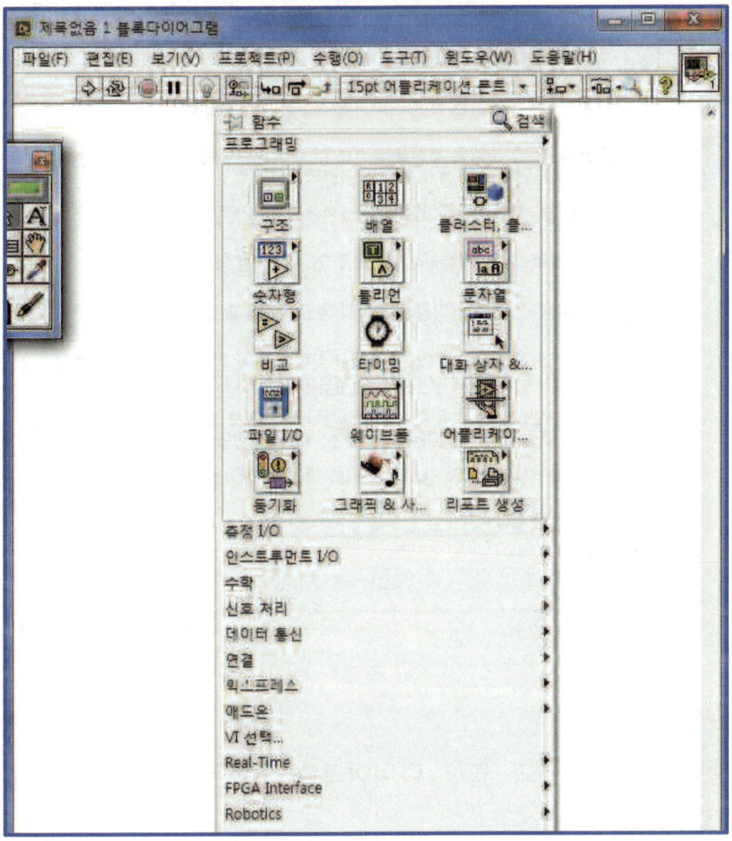

▶도구 팔레트

도구 팔레트는 프런트 패널과 블록 다이어그램 양쪽 모두에서 사용된다.

만약 프런트 패널이나 블록 다이어그램에서 도구 팔레트가 안보이면 보기 - 도구 팔레트를 선택하면 보인다.

도구 팔레트 아이콘

도구 팔레트는 다음의 도구를 가지고 있는데, 이것을 사용하여 프런트패널과 블록다이어그램 객체를 작동하고 변경할 수 있습니다.

자동 도구 선택–자동 도구 선택이 활성화된 상태에서 프런트패널이나 블록다이어그램에 있는 객체 위로 커서를 이동하면, LabVIEW는 **도구** 팔레트에서 대응하는 도구를 자동적으로 선택합니다. 자동 도구 선택을 비활성화하고 도구를 수동으로 선택할 수 있습니다.

수행–컨트롤의 값을 변경합니다.

위치–객체의 위치를 정하고 크기를 조정하고 선택합니다.

라벨링–독립 라벨과 캡션을 생성하거나, 기존의 캡션과 기존의 라벨을 편집하거나, 컨트롤 내에서 텍스트를 선택합니다.

와이어링–블록다이어그램에 있는 객체를 함께 와이어로 연결합니다.

객체 바로 가기 메뉴–객체의 바로 가기 메뉴를 엽니다.

스크롤링–스크롤 막대를 사용하지 않고 윈도우를 스크롤합니다.

브레이크 포인트–현재의 위치에서 실행을 일시 정지하기 위해 VI, 함수, 노드, 와이어, 구조에 브레이크 포인트를 설정합니다.

프로브–와이어에서 프로브를 생성합니다. 프로브 도구를 사용하여 의심스럽거나 예상치 못한 결과를 생성하는 VI에서 중간값을 확인할 수 있습니다.

색 복사–색칠 도구로 붙여넣기 위해 색을 복사합니다.

색칠–전경색과 배경색을 지정합니다.

source: National Instruments

▶빠른 탐색

빠른 탐색은 프런트 패널과 블록 다이어그램 모두에서 사용가능한데 각각의 경우 보이는 창이 다르다.

프런트 패널에서는 프런트패널에서 사용가능한 아이컨 이름들이 보이며 검색도 가능하다.

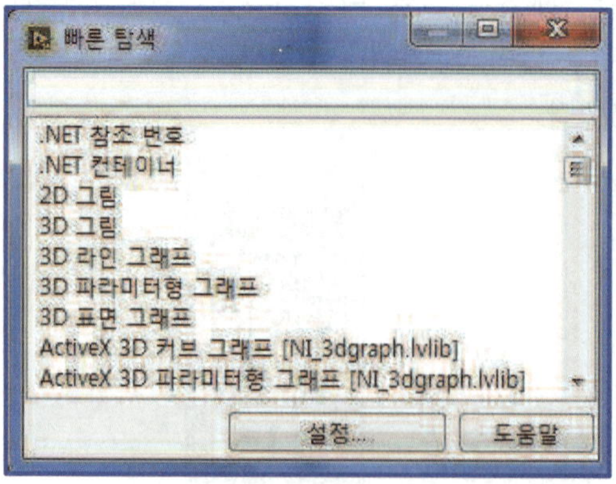

반면 블록 다이어그램에서는 블록 다이어그램에서 사용가능한 아이컨 이름들이 보이고 이름을 검색할 수 도 있다. 선택한 경우 프런트 패널이나 블록 다이어그램에 마우스 좌측 버튼을 누르면 각각의 패널이 원하는 아이컨이 놓이게 된다.

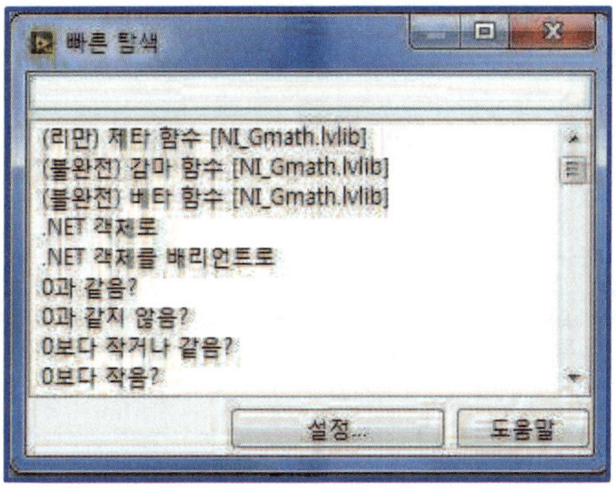

▶에러 리스트(L)

아래 그림과 같이 프로그램 내에 실행시작 버튼이 깨져 있을 경우 프로그램에는 에러가 있다. 에러를 보기 위해서는 에러 리스트(L)를 선택하거나 깨진 화살표를 더블클릭하면 오류의 원인을 아래와 같이 보여 준다.

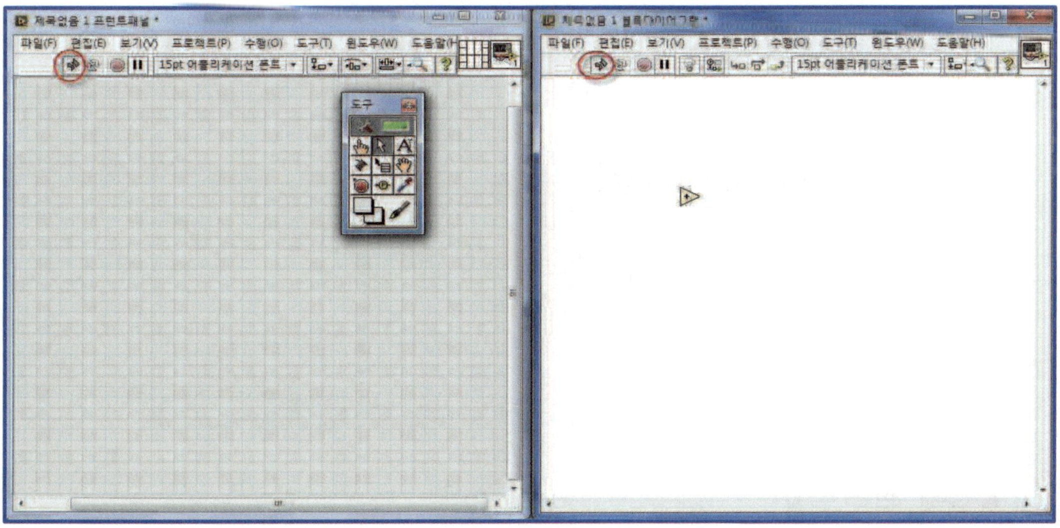

이때 아래 빨간 원 내의 에러 아이컨을 더블클릭하면 블록 다이어그램 상에 에러가 있는 곳의 아이컨이 깜박이게 되며 이곳을 수정하면 에러가 없어진다.

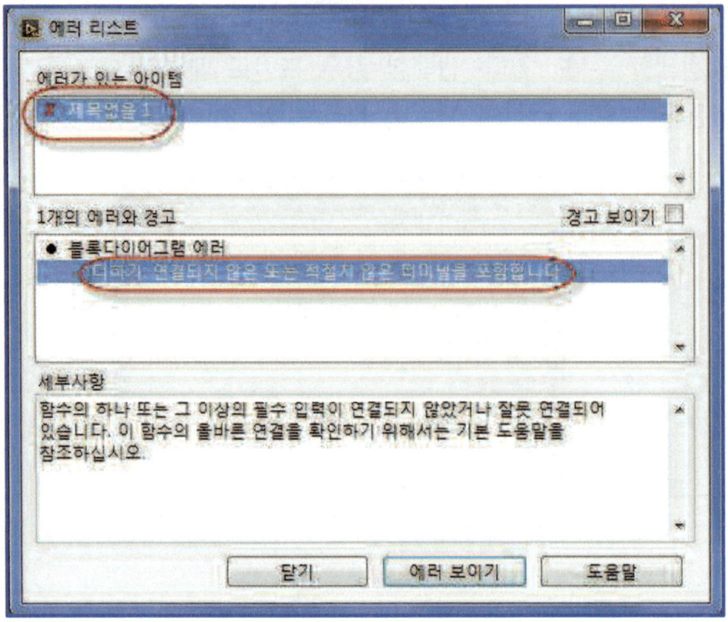

▶시작하기 윈도우

시작하기 윈도우를 누르면 LabVIEW 초기 선택화면을 보여준다.

▶탐색 윈도우(N)

탐색 윈도우(N) 또는 "Shift+Ctrl + N"

LabVIEW로 프로그램을 작성하다보면 프로그램이 커질 경우 PC화면 내의 프런트 패널 밖으로 아이컨들이 배치되어 한눈에 프로그램을 볼 수가 없다. 이것을 해결하기 위해 탐색 윈도우(N) 또는 "Shift+Ctrl + N"를 누르면 아래의 탐색창이 열리고 이곳에 마우스 커서를 놓고 마우스 왼쪽 버튼을 누른 채로 움직이면 탐색기 창에 보이는 내용들이 스크롤되면서 프런트 패널상에 보이는 내용들도 동일하게 움직인다. 마치 돋보기와 같은 기능이다.

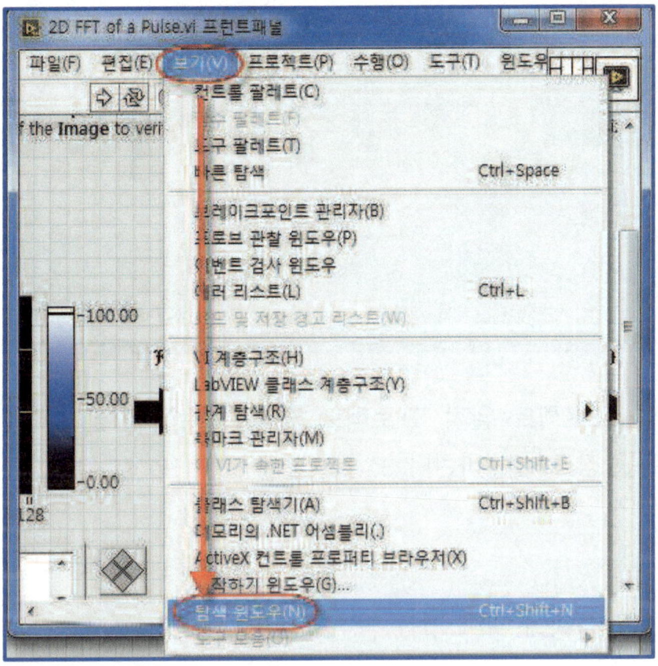

유사한 기능으로서는 도구 팔레트의 윈도우 스크롤 기능이 있으며 마우스 왼쪽 버튼을 누른 채로 윈도우 상에서 스크롤이 가능하다.

▶ 프로젝트(P)

프로젝트는 아래와 같다.

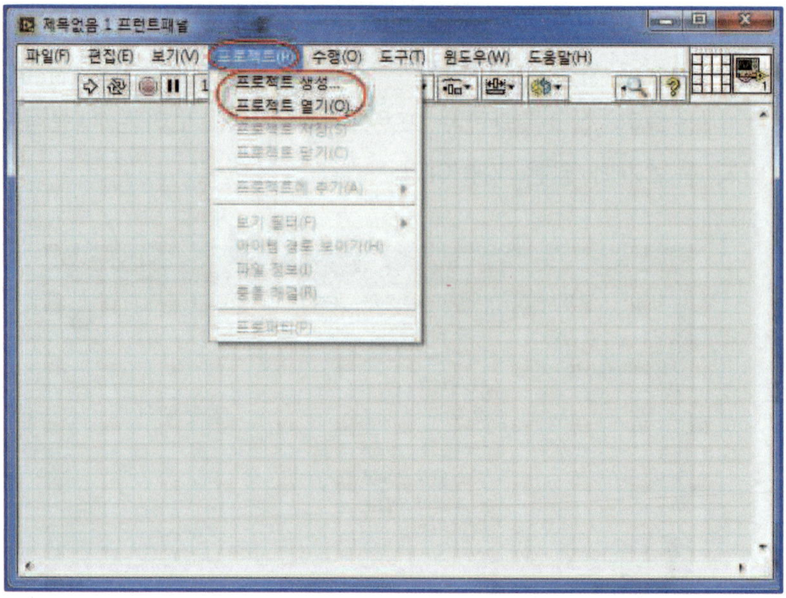

프로젝트 생성, 프로젝트 열기, 프로젝트 저장, 프로젝트 닫기 등은 앞에서 설명한 파일 – 프로젝트를 참조하기 바란다.

▶ 수행 (O)

수행은 프로그램 실행에 관한 것을 말한다.

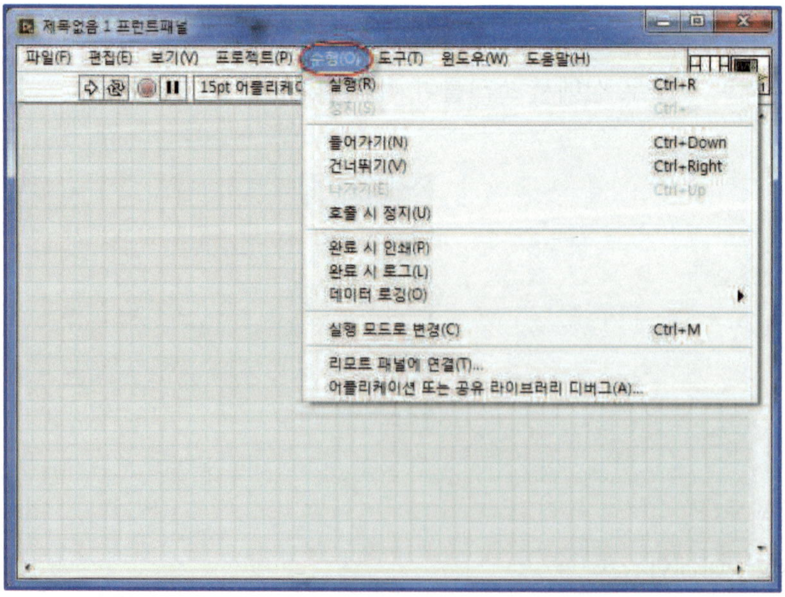

▶ 실행 (R)

실행 (R) 또는 "Ctrl + R"

완성된 프로그램을 실행시킬 때 사용한다. 화살표는 실행을 위한 아이콘이고 일단 실행이 시작되면 아이콘은 아래에 있는 그림과 같이 변한다.

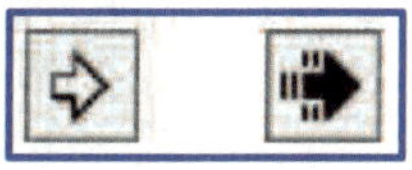

▶ 들어가기 (N)

들어가기를 누르면 프로그램이 자동실행되어 루프 밖에서 루프를 깜박이며 일시정지 상태로 된다. 한번 더 누르면 루프 안에 가장 왼쪽 위의 아이템을 실행하고 일시정지한다.

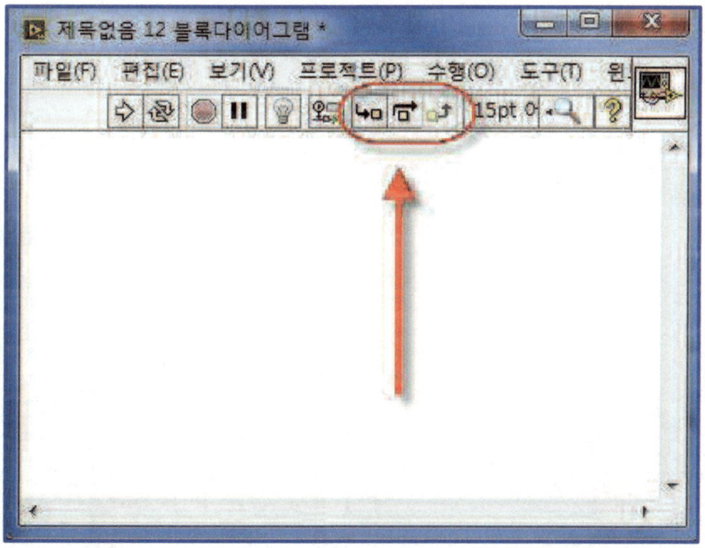

▶ 건너뛰기(V)

건너뛰기를 선택하면 위의 일시정지 상태를 빠져나와 다음 아이템에서 일시정지하고 있다. 계속해서 한번 씩 누를 때마다 그 다음 아이템에서 정지한다.

▶ 나오기(E)

나오기를 누르면 루프 안에서 빠져나와 계속 실행한다.

▶ 브레이크 포인트(B)

브레이크 포인트를 원하는 곳의 와이어에 설치하면 프로그램 실행 중 그곳에서 정지한다.

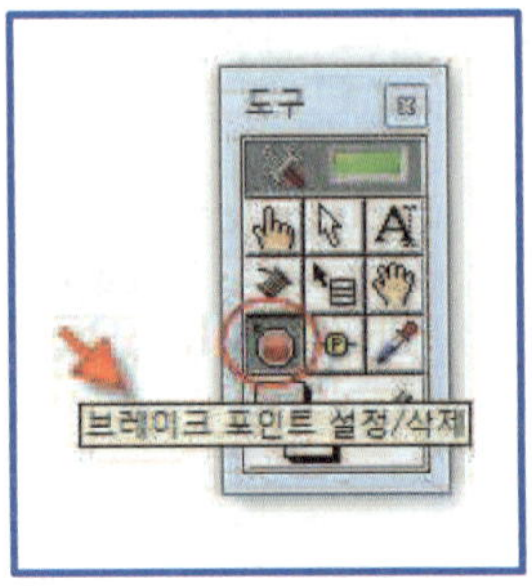

▶ 수행모드로 변경(C)

수행모드로 변경(C) 또는 "Ctrl + M"은 바탕화면을 마치 실행 중에는 프런트 패널의 눈금이 없어지는 것같이 눈금을 없애주는 기능으로서 한번더 누르면 "편집모드로 변경"되는 토글기능을 갖고 있다.

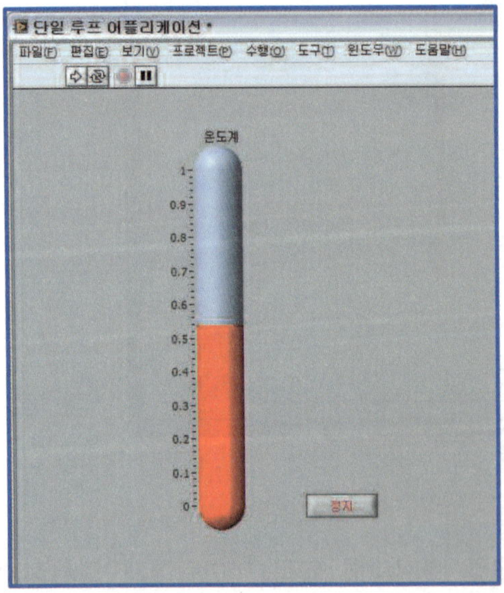

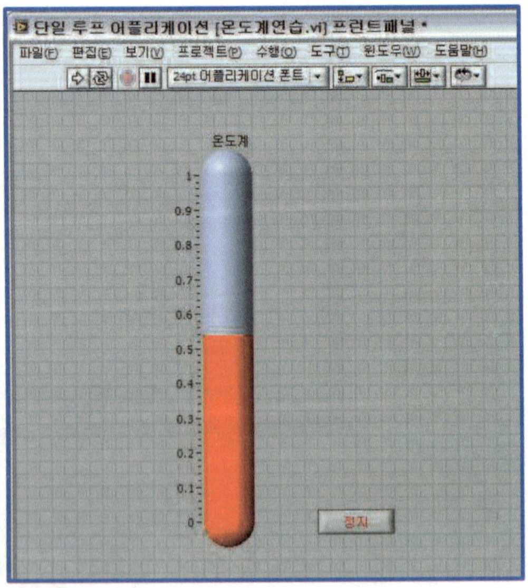

1.3 프런트 패널의 툴바(Tool bar)

프런트 패널 상단에 있는 아래와 같은 툴바는 프로그램을 신속하게 수행하는데 필요한 것들만 모아 정리한 것이다.

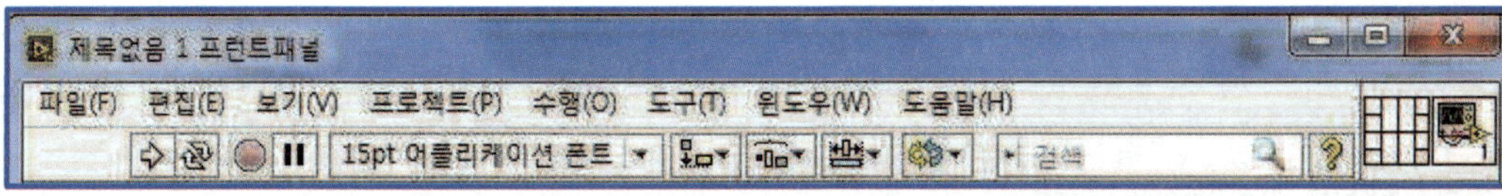

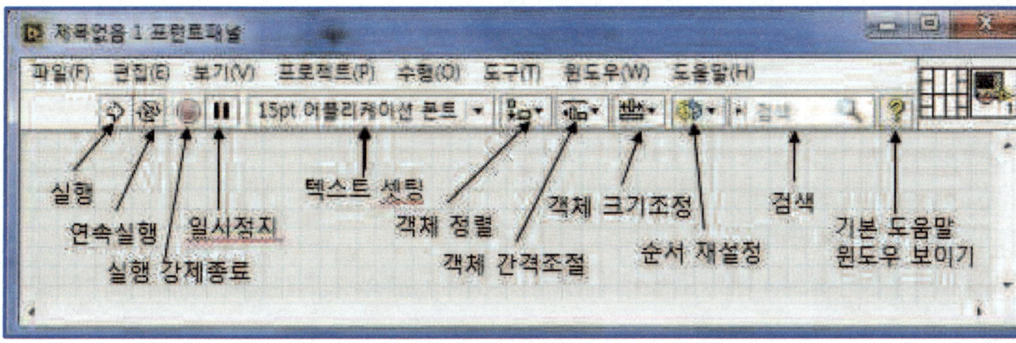

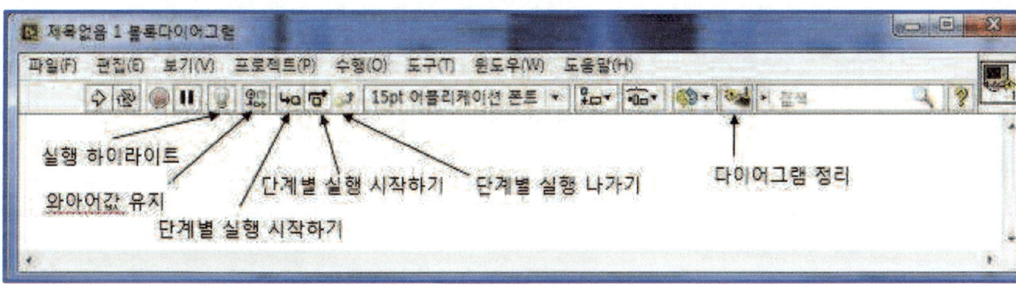

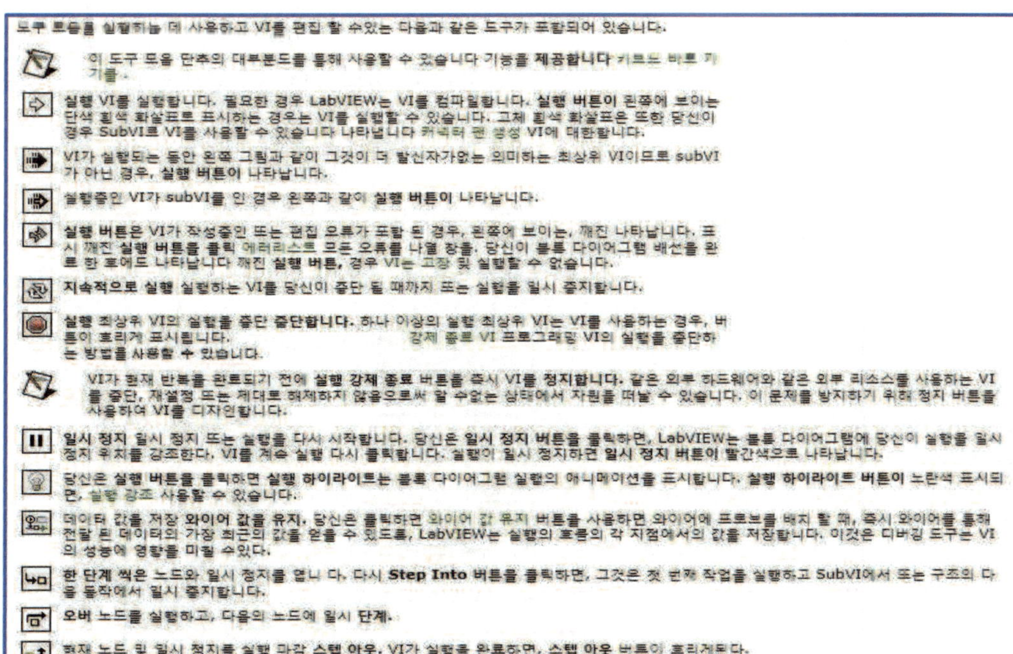
도구 모음을 실행하는 데 사용하고 VI를 편집 할 수있는 다음과 같은 도구가 포함되어 있습니다.

이 도구 모음 단추의 대부분드를 통해 사용할 수 있습니다 기능을 **제공합니다** 키보드 바로 가기를 .

실행 VI를 실행합니다. 필요한 경우 LabVIEW는 VI를 컴파일합니다. **실행 버튼이** 왼쪽에 보이는 단색 흰색 화살표로 표시하는 경우는 VI를 실행할 수 있습니다. 고체 흰색 화살표은 또한 당신이 경우 SubVI로 VI를 사용할 수 있습니다 나타냅니다 커넥터 팬 생성 VI에 대한합니다.

VI가 실행되는 동안 왼쪽 그림과 같이 그것이 더 발신자가없는 의미하는 최상위 VI이므로 subVI가 아닌 경우, **실행 버튼이** 나타납니다.

실행중인 VI가 subVI를 인 경우 왼쪽과 같이 **실행 버튼이** 나타납니다.

실행 버튼은 VI가 작성중인 또는 편집 오류가 포함 된 경우, 왼쪽에 보이는, 깨진 나타납니다. 표시 깨진 **실행 버튼을** 클릭 에러리스트 모든 오류를 나열 창을. 당신이 블록 다이어그램 배선을 완료 한 후에도 나타납니다 깨진 **실행 버튼,** 경우 VI는 고장 및 실행할 수 없습니다.

지속적으로 실행 실행하는 VI를 당신이 중단 될 때까지 또는 실행을 일시 중지합니다.

실행 최상위 VI의 실행을 중단 **중단합니다.** 하나 이상의 실행 최상위 VI는 VI를 사용하는 경우, 버튼이 흐리게 표시됩니다. 강제 종료 VI 프로그래밍 VI의 실행을 중단하는 방법을 사용할 **수** 있습니다.

VI가 현재 반복을 완료되기 전에 **실행 강제 종료** 버튼을 즉시 VI를 **정지합니다.** 같은 외부 하드웨어와 같은 외부 리소스를 사용하는 VI를 중단, 재설정 또는 제대로 해제하지 않음으로써 알 수없는 상태에서 자원을 떠날 수 있습니다. 이 문제를 방지하기 위해 정지 버튼을 사용하여 VI를 디자인합니다.

일시 정지 일시 정지 또는 실행을 다시 시작합니다. 당신은 **일시 정지 버튼을** 클릭하면, LabVIEW는 블록 다이어그램에 당신이 실행을 일시 정지 위치를 강조한다. VI를 계속 실행 다시 클릭합니다. 실행이 일시 정지하면 **일시 정지 버튼이** 빨간색으로 나타납니다.

당신은 **실행 버튼을** 클릭하면 **실행 하이라이트는** 블록 다이어그램 실행의 애니메이션을 표시합니다. **실행 하이라이트 버튼이** 노란색 표시되면, 실행 강조 사용할 수 있습니다.

데이터 값을 저장 **와이어 값을 유지.** 당신은 클릭하면 와이어 값 유지 버튼을 사용하면 와이어에 프로브를 배치 할 때, 즉시 와이어를 통해 전달 된 데이터의 가장 최근의 값을 얻을 수 있도록, LabVIEW는 실행의 흐름의 각 지점에서의 값을 저장합니다. 이것은 디버깅 도구는 VI의 성능에 영향을 미칠 수있다.

한 단계 씩은 노드와 일시 정지를 엽니 다. 다시 **Step Into** 버튼을 클릭하면, 그것은 첫 번째 작업을 실행하고 SubVI에서 또는 구조의 다음 동작에서 일시 중지합니다.

오버 노드를 실행하고, 다음의 노드에 일시 **단계.**

현재 노드 및 일시 정지를 실행 마감 **스텝 아웃.** VI가 실행을 완료하면, **스텝 아웃** 버튼이 흐리게된다.

데이터 값을 저장 **와이어 값을 유지.** 당신은 클릭하면 와이어 값 유지 버튼을 사용하면 와이어에 프로브를 배치 할 때, 즉시 와이어를 통해 전달 된 데이터의 가장 최근의 값을 얻을 수 있도록, LabVIEW는 실행의 흐름의 각 지점에서의 값을 저장합니다. 이것은 디버깅 도구는 VI의 성능에 영향을 미칠 수있다.

한 단계 씩은 노드와 일시 정지를 엽니 다. 다시 **Step Into** 버튼을 클릭하면, 그것은 첫 번째 작업을 실행하고 SubVI에서 또는 구조의 다음 동작에서 일시 중지합니다.

오버 노드를 실행하고, 다음의 노드에 일시 **단계.**

현재 노드 및 일시 정지를 실행 마감 **스텝 아웃.** VI가 실행을 완료하면, 스텝 아웃 버튼이 흐리게된다.

VI가에서 멈 추면 **참고** 중단 , 통화 목록 다른 VI가 중지 된 VI를 호출하면 풀다운 메뉴가 **텍스트 설정의** 위치에 나타납니다. 당신은 그 VI의 블록 다이어그램에 갈 **통화 목록** 풀다운 메뉴에서 VI를 선택할 수 있습니다.

개체가 맞 춥니 개체를 정렬 축을 따라.

개체 배포 개체 공간을 균등하게.

개체의 크기를 조정하면 여러 프런트 패널 객체의 크기를 조정 같은 크기

재정렬 움직임은 객체 서로에 대하여. 당신이 서로 중첩 객체가 있고 전면 또는 다른 사람의 뒤쪽에있는 하나 정의 할 때 **순서 바꾸기** 풀다운 메뉴를 선택합니다.

다이어그램 정리는 기존의 모든 전선을 다시 라우팅 및 기존의 모든 객체를 재 배열 자동으로 블록 다이어그램을.

도움말 보이기 창 표시 기본 도움말 창을.

새 값이 이전 값을 대체 할 수 있음을 상기시켜 나타납니다 **입력합니다.** 입력 버튼을 클릭 할 때, <Enter> 키를 누르거나 프런트 패널 또는 블록 다이어그램 작업 공간을 클릭 사라집니다.

VI는 경고를 포함하고에 확인 표시를 배치하는 경우 **경고가** 나타납니다 쇼 경고 에 체크 박스 에러리스트 창.

적용 **다른 어플리케이션 인스턴스와 동기화** 모든 응용 프로그램 인스턴스에서 VI에 대한 변경. 당신은 당신이이 버튼을 클릭 한 후 VI에 대한 변경 사항을 취소 할 수 없습니다. 당신이있는 경우에만이 단추를 사용할 수 있습니다 여러 응용 프로그램 인스턴스에서 열려 VI를 편집 .

source: National Instruments

▶도구 팔레트

도구 팔레트의 이름은 아래와 같다. 도구 팔레트에 있는 기능은 프런트 패널과 블록 다이어그램 양쪽 모두에 사용된다. 따라서 프런트 패널이나 블록 다이어그램 어느 쪽에도 위치시킬 수 있다.

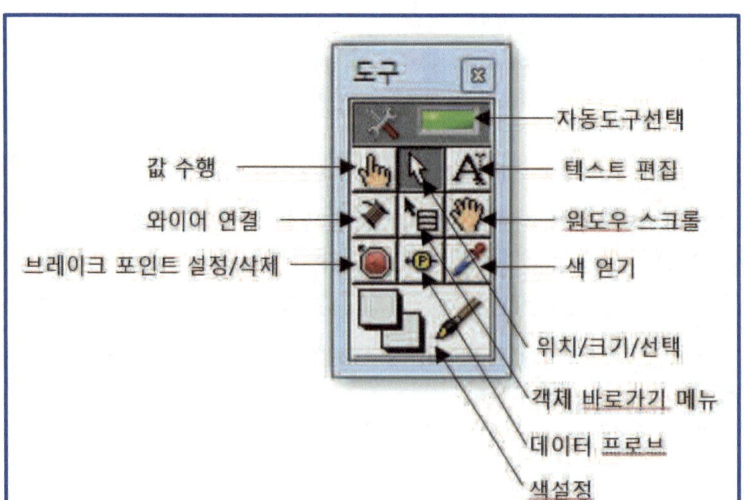

▶ 도구(T)

도구는 다음과 같이 구성된다.

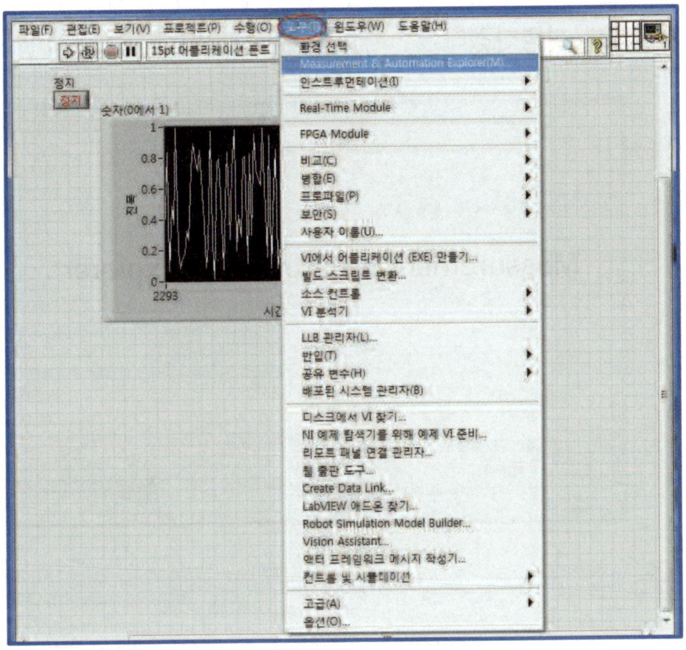

▶ 환경선택

환경선택은 사용자 환경을 설정하는데 사용된다.

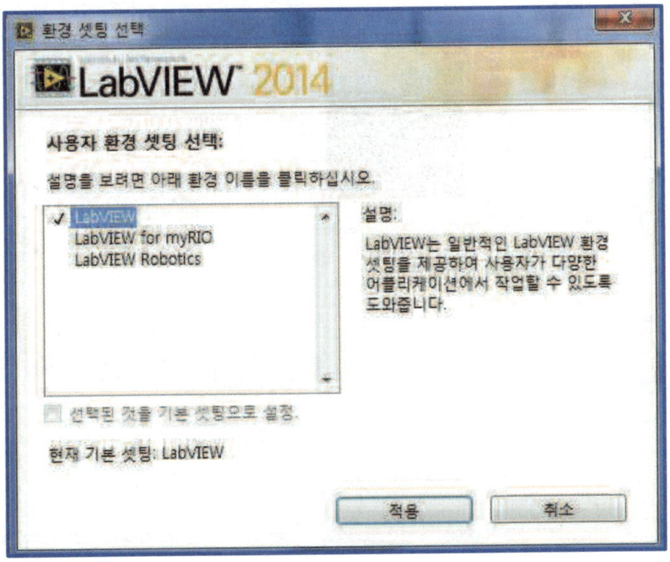

▶Measurment & Automation Explorer(M)

이것은 LabVIEW와 외부 센서등 신호원사이의 관계를 S/W적으로 연결지어주는 프로그램으로서 어떠한 종류의 신호를 계측하는가에 따라 선택항목이 달라진다. 데이커 측정 항목에서 자세히 설명하겠다.

▶웹출판 도구

인터넷을 통해 제어 할 때 사용한다. 17장에서 상세히 설명하겠다.

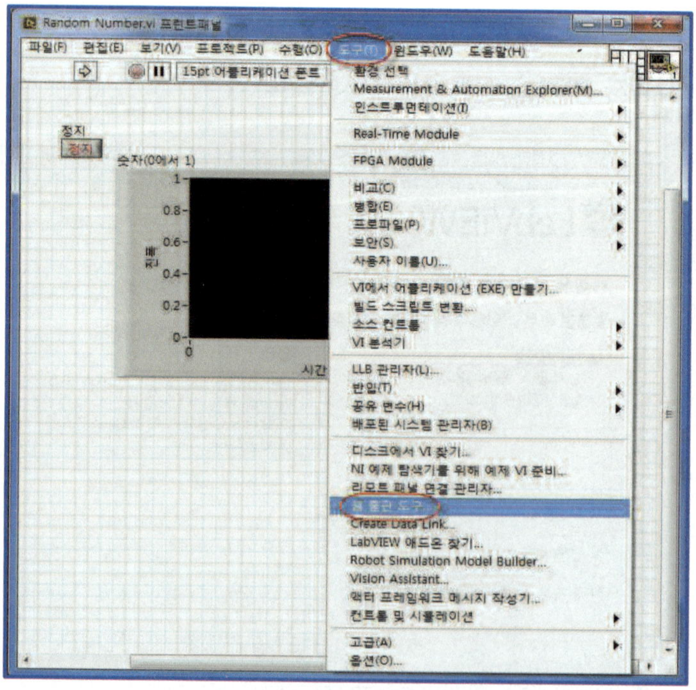

▶옵션(O)

도구 - 옵션으로서 구성은 아래와 같으며 상세한 것은 뒷장에서 설명하겠다.

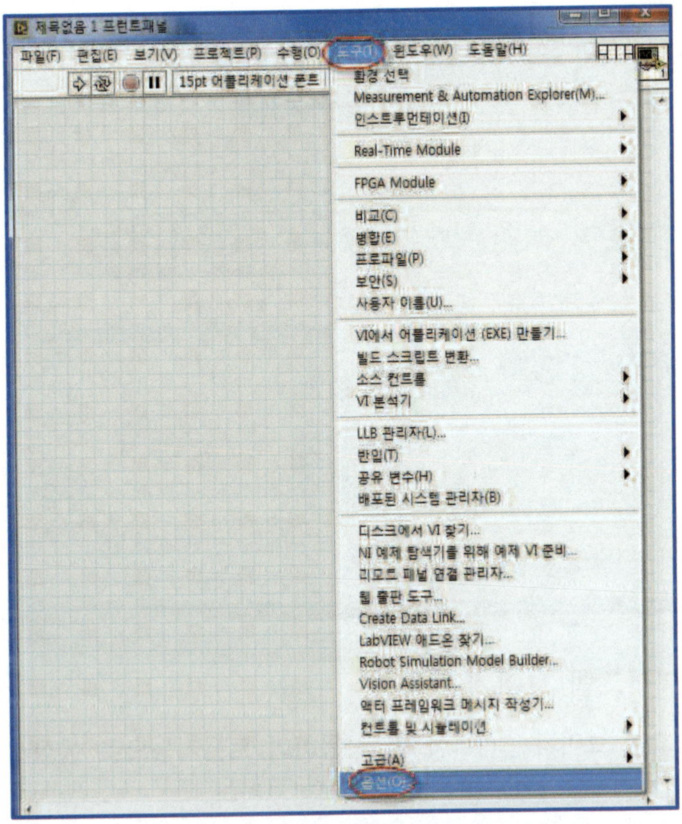

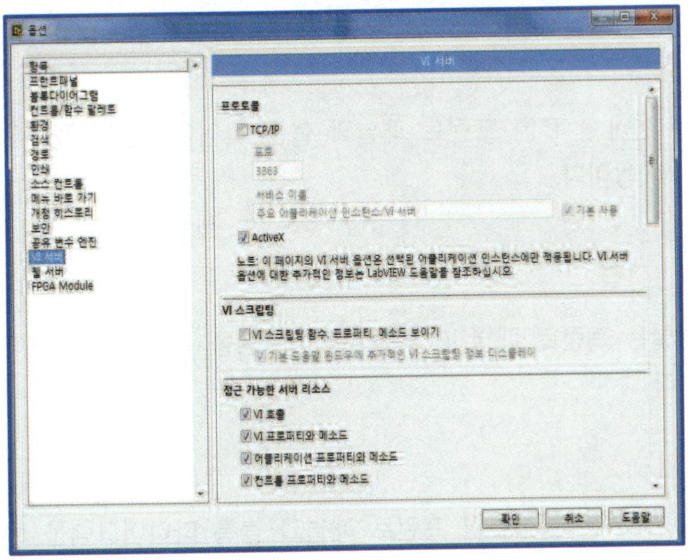

▶ 윈도우(W)

각종 화면을 제어하는 기능을 갖고 있다.

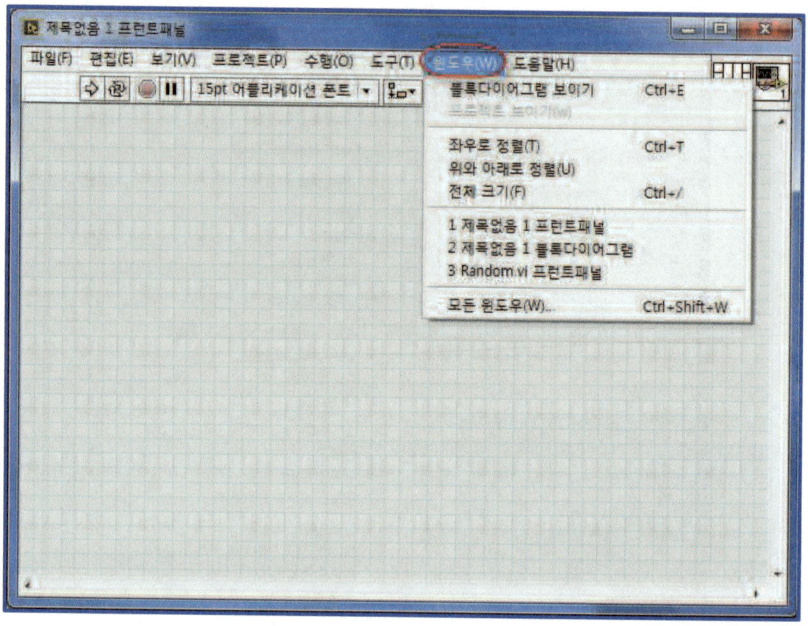

▶ 블록 다이어그램 보이기

블록 다이어그램 보이기 Ctrl + E"를 사용하여 토글기능으로 동작시킨다. 프런트 패널과 블록 다이어그램을 상호 변환하여 활성화시킨다.

▶ 좌우로 정렬

좌우로 정렬 "Ctrl + T"은 프런트 패널과 블록 다이어그램을 윈도우 사이즈에 맞게 좌우로 펼치는 기능이다.

▶ 위아래로 정렬

위아래로 정렬은 프런트 패널과 블록 다이어그램을 윈도우 사이즈에 맞게 위아래로 펼치는 기능이다.

▶ 전체크기

전체크기"Ctrl + /"는 활성화된 프런트 패널과 블록 다이어그램을 전체 윈도우로 펼친다.

▶ 도움말(H)

도움말 기능은 필요할 때 마다 선택하여 사용할 수 있다. 이 중에는 간단한 도움말 기능과 더불어 상세 도움말 및 각종 예제까지 볼 수 있다.

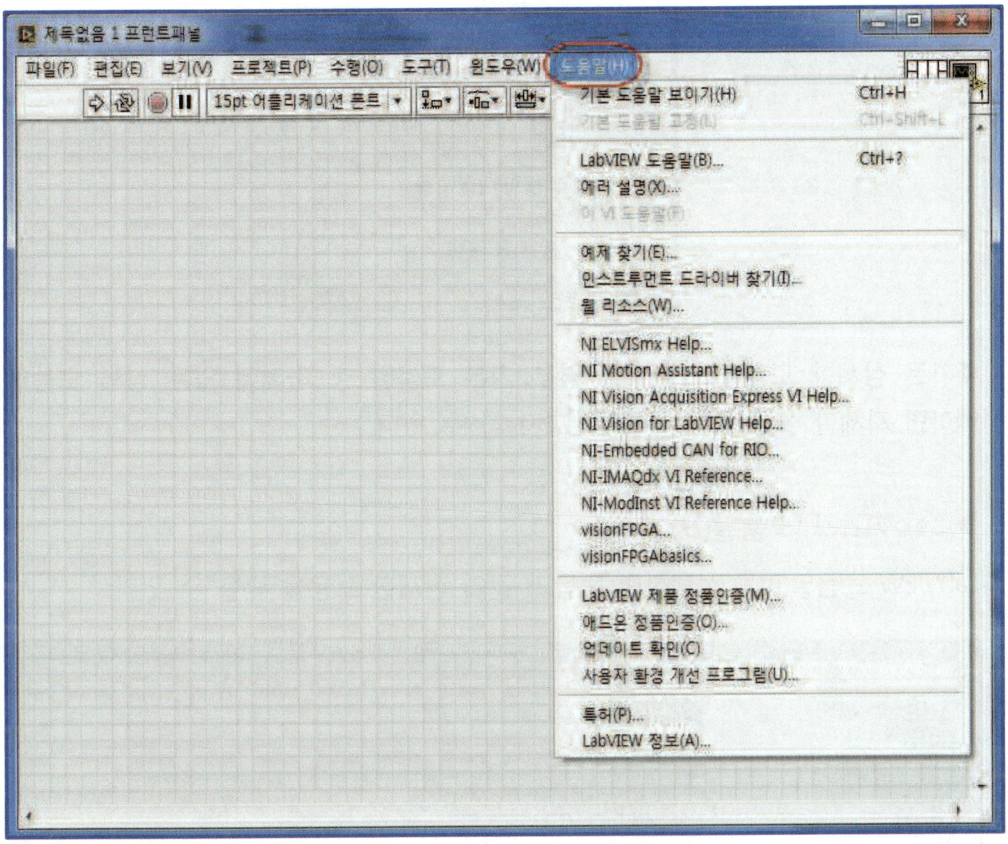

▶ 기본 도움말 보이기(H)

기본 도움말 보이기(H) "Ctrl + H"는 마우스 커서가 놓인 곳의 아이템에 대한 간단한 설명을 보여준다.

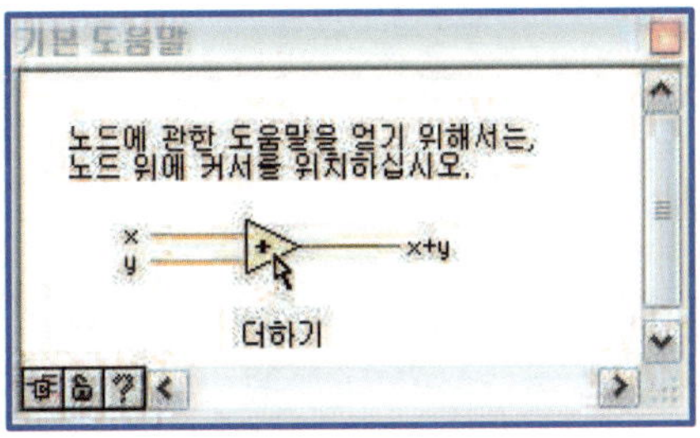

▶기본 도움말 잠금

기본 도움말 잠금 "Shift+Ctrl + L" 기본 도움말 창을 고정하여 커서를 이동시켜 다른 아이템 위에 있어도 도움말 내용이 바뀌지 않는다.

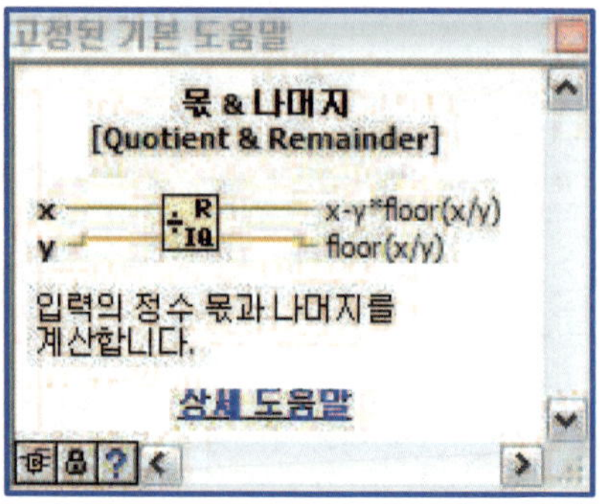

추가로 상세한 도움말이 필요할 경우 기본 도움말 창 아래에 있는 상세 도움말을 선택하면 자세한 설명과 더불어 예제까지 볼 수 있다.

▶LabVIEW 도움말(B)

LabVIEW 도움말(B)을 선택하면 다음과 같이 상세한 도움을 받을 수 있다.

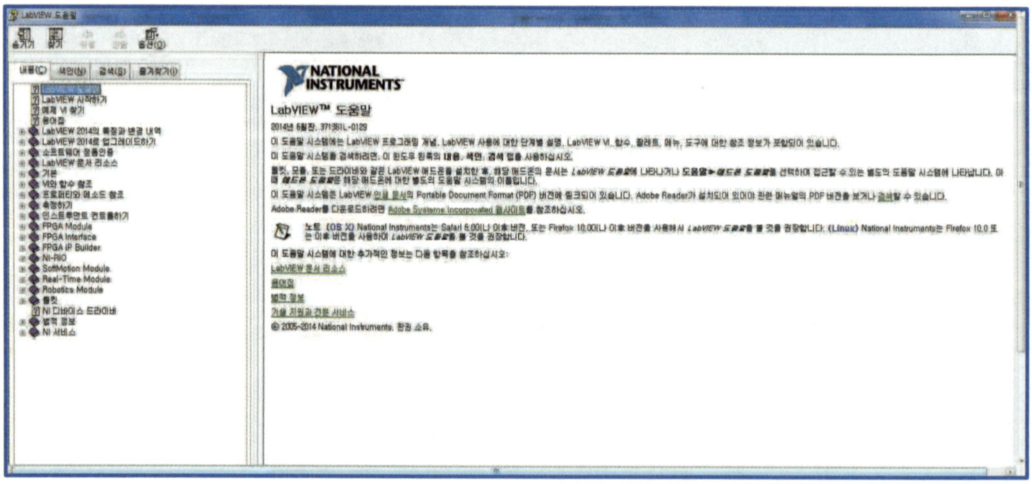

▶예제 찾기(E)

예제 찾기(E)를 통하여 다양한 예제를 참고하거나 수정하여 사용할 수 있다.

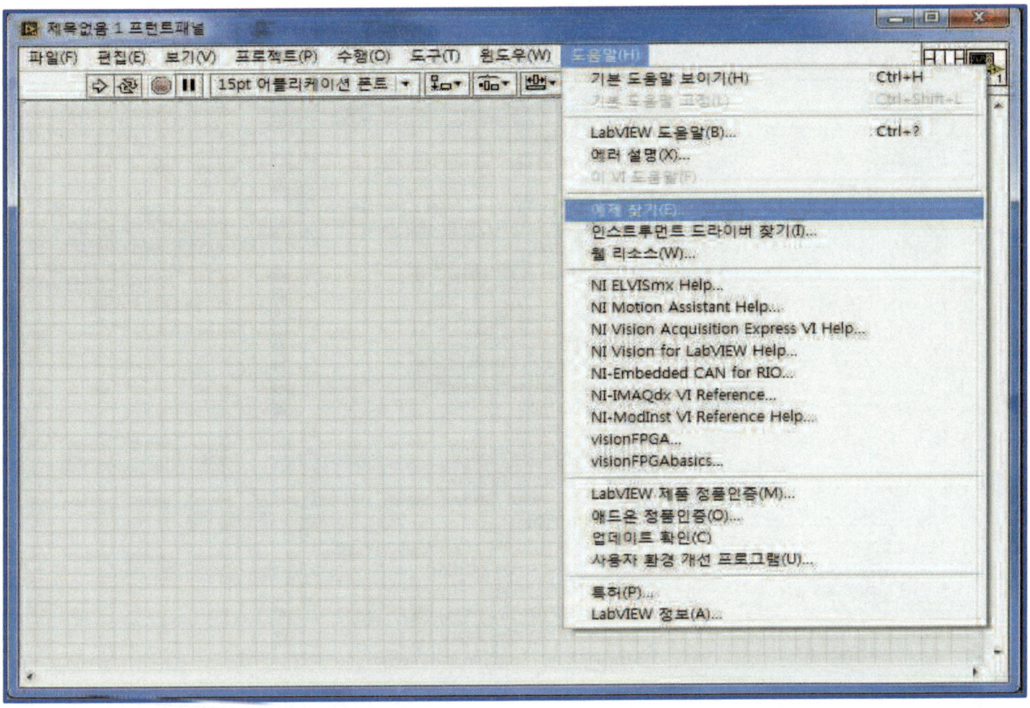
제목없음 1 프런트패널
파일(F) 편집(E) 보기(V) 프로젝트(P) 수행(O) 도구(T) 윈도우(W) 도움말(H)
15pt 어플리케이션 폰트
기본 도움말 보이기(H) Ctrl+H
LabVIEW 도움말(B)... Ctrl+?
에러 설명(X)...
예제 찾기(E)...
인스트루먼트 드라이버 찾기(I)...
웹 리소스(W)...
NI ELVISmx Help...
NI Motion Assistant Help...
NI Vision Acquisition Express VI Help...
NI Vision for LabVIEW Help...
NI-Embedded CAN for RIO...
NI-IMAQdx VI Reference...
NI-ModInst VI Reference Help...
visionFPGA...
visionFPGAbasics...
LabVIEW 제품 정품인증(M)...
애드온 정품인증(O)...
업데이트 확인(C)
사용자 환경 개선 프로그램(U)...
특허(P)...
LabVIEW 정보(A)...

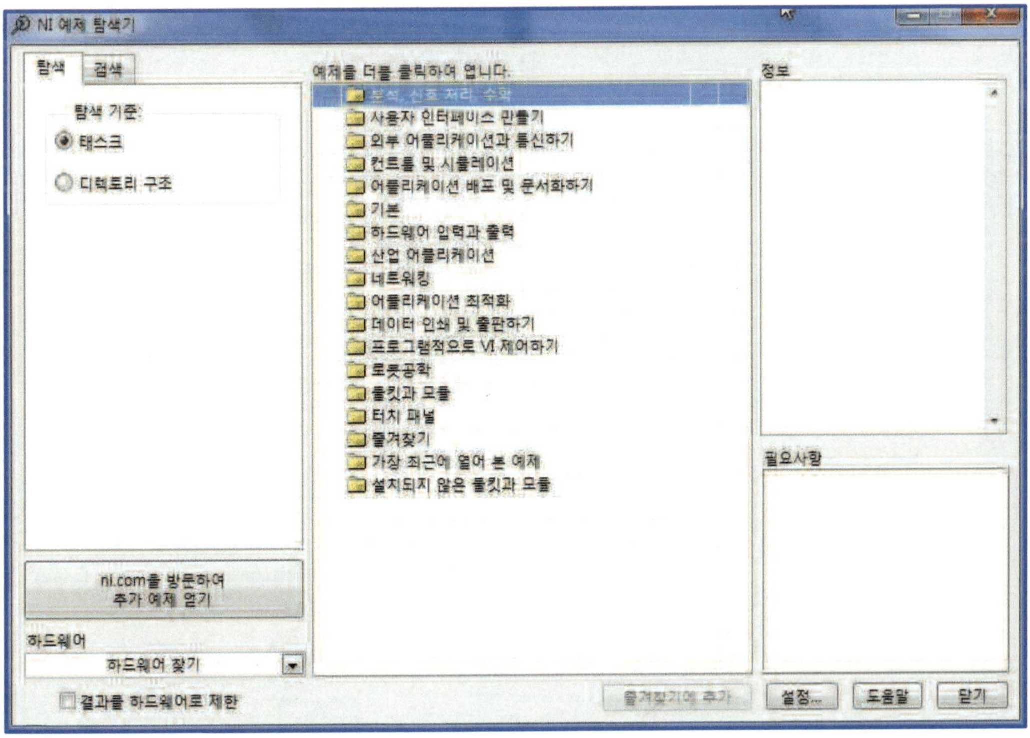
NI 예제 탐색기
탐색
검색
탐색 기준:
태스크
디렉토리 구조
예제를 더블 클릭하여 엽니다.
분석, 신호 처리, 수학
사용자 인터페이스 만들기
외부 어플리케이션과 통신하기
컨트롤 및 시뮬레이션
어플리케이션 배포 및 문서화하기
기본
하드웨어 입력과 출력
산업 어플리케이션
네트워킹
어플리케이션 최적화
데이터 인쇄 및 출판하기
프로그램적으로 VI 제어하기
로봇공학
툴킷과 모듈
터치 패널
즐겨찾기
가장 최근에 열어 본 예제
설치되지 않은 툴킷과 모듈
정보
필요사항
ni.com을 방문하여 추가 예제 얻기
하드웨어
하드웨어 찾기
결과를 하드웨어로 제한
즐겨찾기에 추가
설정...
도움말
닫기

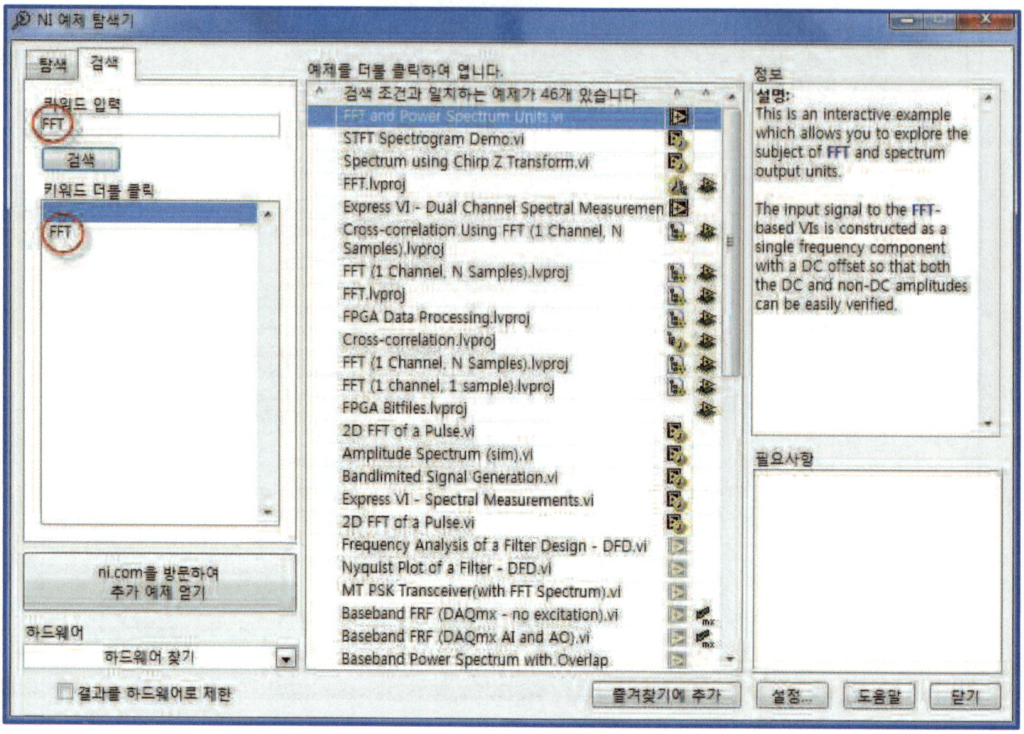
NI 예제 탐색기
탐색
검색
키워드 입력
FFT
검색
키워드 더블 클릭
FFT
ni.com을 방문하여 추가 예제 얻기
하드웨어
하드웨어 찾기
결과를 하드웨어로 제한
예제를 더블 클릭하여 엽니다.
검색 조건과 일치하는 예제가 46개 있습니다
FFT and Power Spectrum Units.vi
STFT Spectrogram Demo.vi
Spectrum using Chirp Z Transform.vi
FFT.lvproj
Express VI - Dual Channel Spectral Measuremen
Cross-correlation Using FFT (1 Channel, N Samples).lvproj
FFT (1 Channel, N Samples).lvproj
FFT.lvproj
FPGA Data Processing.lvproj
Cross-correlation.lvproj
FFT (1 Channel, N Samples).lvproj
FFT (1 channel, 1 sample).lvproj
FPGA Bitfiles.lvproj
2D FFT of a Pulse.vi
Amplitude Spectrum (sim).vi
Bandlimited Signal Generation.vi
Express VI - Spectral Measurements.vi
2D FFT of a Pulse.vi
Frequency Analysis of a Filter Design - DFD.vi
Nyquist Plot of a Filter - DFD.vi
MT PSK Transceiver(with FFT Spectrum).vi
Baseband FRF (DAQmx - no excitation).vi
Baseband FRF (DAQmx AI and AO).vi
Baseband Power Spectrum with Overlap
즐겨찾기에 추가
정보
설명:
This is an interactive example which allows you to explore the subject of FFT and spectrum output units.
The input signal to the FFT-based VIs is constructed as a single frequency component with a DC offset so that both the DC and non-DC amplitudes can be easily verified.
필요사항
설정...
도움말
닫기

연습문제

연습문제 1-1) LabVIEW에서 새VI를 선택한 후 "ctrl + T"를 눌러 프런트 패널과 블록 다이어그램이 어떻게 변화하는지 확인하여라.

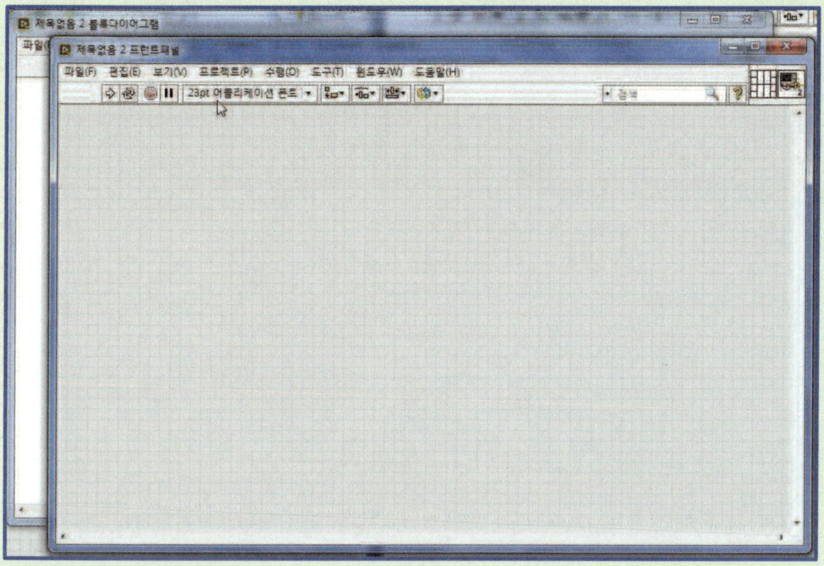

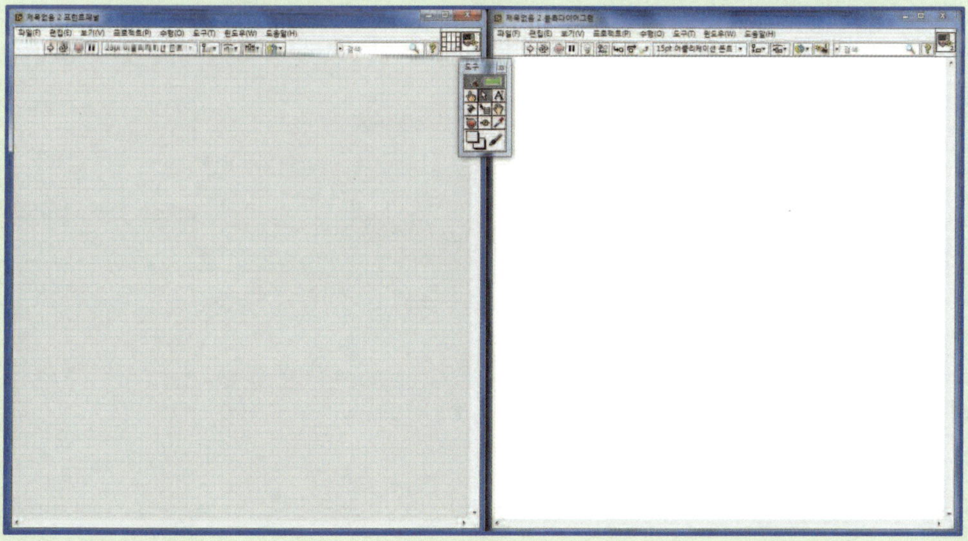

2 가상계측

2.1 가상계측이란

가상계측이란 Virtual Instrument로서 실제의 계측장비가 없어도 마치 실제의 장비가 있는 것처럼 장비의 형상과 기능을 프로그램 상으로 구현할 수 있는 것을 의미한다.

2.2 가상계측 예제

다음에 보인 것은 진동이나 소리를 시간축에서 주파수 축으로 변한시키는 기능을 하는 Fast Fourier Transform(FFT) 예제이다. 다음을 보면 마치 전용계측기 화면과 같이 동작함을 볼 수 있다.

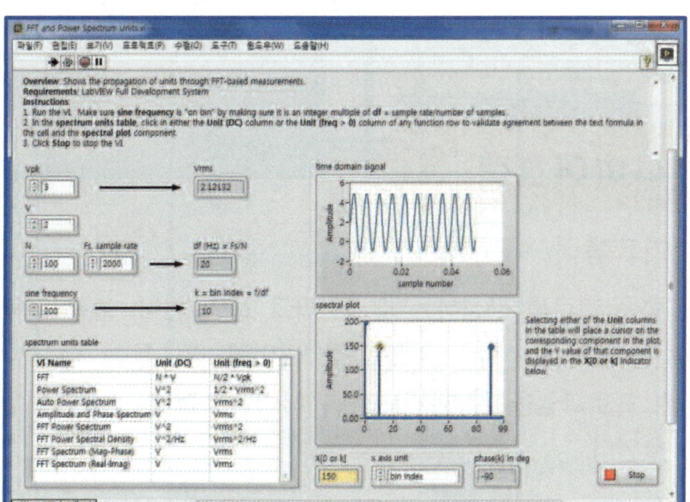

2.3 프런트 패널

▶프런트 패널

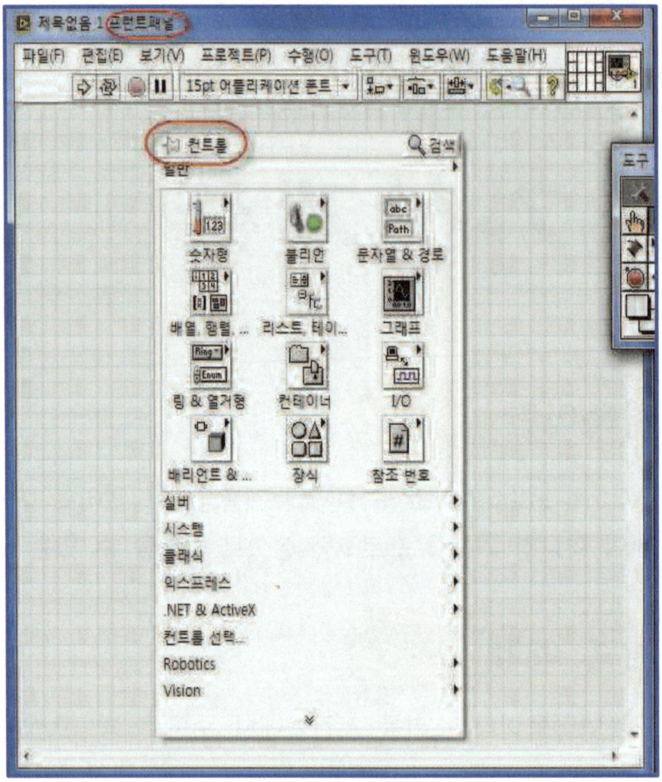

쉽게 말해 프런트 패널은 텔레비젼의 겉으로 보이는 부분과 같다. 반면 블록 다이어그램은 내부 회로기판과 같은 기능을 가진다. 회로는 겉에서 볼 수도 없고 내용을 바꿀 수도 없다.

2.4 블록 다이어그램

▶블록 다이어그램

블록 다이어그램은 회로를 구성하는 패널이라고 보면 된다. 블록 다이어그램 안에서 각종 아이컨들을 사용하고 상수, 컨트롤 및 인디케이터 등을 생성시키거나 와이어(wire)로 연결시켜 프로그램을 완성한다. 블록 다이어그램에서 마우스 우측 버튼을 누르면 함수창이 보인다.

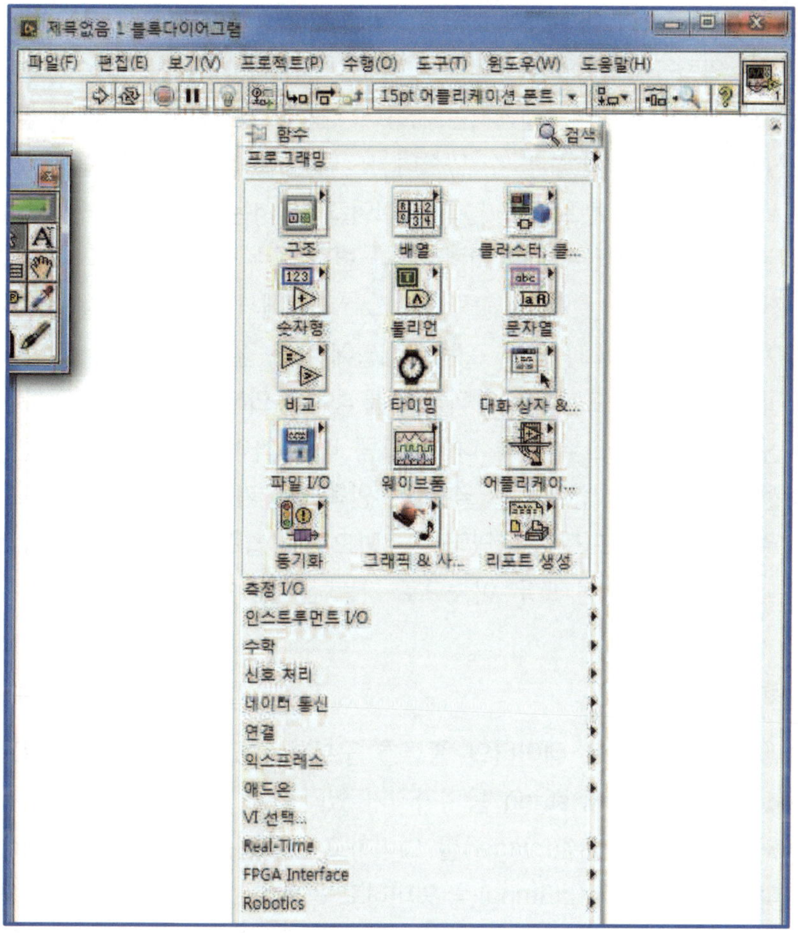

2.5 LabVIEW의 기본

▶입력과 출력

LabVIEW에는 기본적으로 입력과 출력이 구분된다. 입력은 상수와 컨트롤이 있고, 출력으로는 인디케이터가 있다. 입력 중 상수는 블록 다이어그램 안에서만 값을 볼 수 있고, 컨트롤은 프런트 패널에서 입력이 가능하며, 인디케이터는 프런트 패널에서 출력값을 확인할 수 있다.

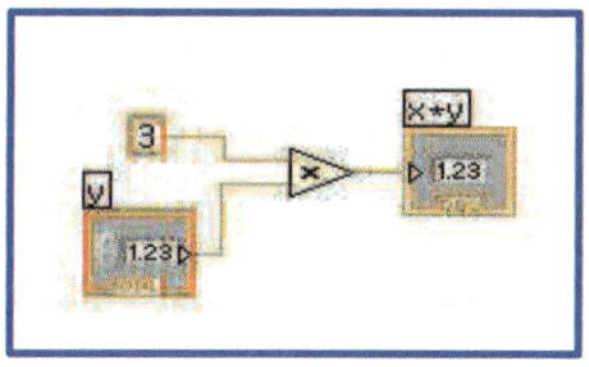

위 그림을 보면 곱하기 아이컨의 좌우로 3가지의 입출력 값들이 있음을 볼 수 있다. 여기서 숫자 3은 입력을 항상 일정한 값으로 고정할 경우에 사용하는 상수라고 불리우는 입력값으로서 오직 블록 다이어그램에서만 사용이 가능하고 프런트 패널에서 볼 수 없다. 상수의 외곽선을 보면 굵은 것을 볼 수 있으며. 또 다른 입력값으로 컨트롤이 있는데 여기서는 y로 표시된 부분이다. 컨트롤은 블록 다이어그램에서는 아이컨으로만 보이고 값을 알 수 없지만 프런트 패널에서는 직접 입력하거나 변경할 수 있는 입력값이다. 마지막으로 곱하기 아이컨의 우측에 있는 x*y는 출력이며 LabVIEW에서는 출력변수를 인디케이터라 한다. 인디케이터 역시 컨트롤과 같이 프런트 패널에서 그 값을 확인할 수 있다.

여기서 입력과 출력을 표현하는 아이컨의 특색에 주의해야 한다.

입력은 상수와 컨트롤 모두 블록 다이어그램 내의 아이컨 외곽이 굵은 선이며 상수는 굵은 외곽선 한 줄이지만 컨트롤은 굵은 선 안쪽으로 가는 선이 있는 이중구조이다. 반면 컨트롤은 가는 이중선으로 되어있어 이것만으로도 입력과 출력을 구분할 수 있다. 인디케이터는 외곽선과 내부선 모두 이중으로 가는 선이다.

▶입출력 종류

LabVIEW에서는 색상으로 데이터의 종류를 구분하고 있다. 데이터 종류로는 기본적으로 numeric, boolean, array, string 등 4가지가 있다.

아이컨 중에서 청색은 정수(Integer)를 의미하고 주황색은 소수(Floating point number)를 의미하며 분홍색은 문자열(String)을 의미하고 녹색은 논리값(Boolean)을 의미한다.

각 경우마다 앞에서 설명한 바와 같이 각각의 색을 유지하면서 입력상수인 경우 외곽선이 굵은 선 하나이고 컨트롤인 경우에는 굵은 외곽선 안에 가는 선이 있는 이중 구조이며 인디케이터 역시 가는 이중선이면서 각각의 데이터 타입의 색을 유지하고 있다.

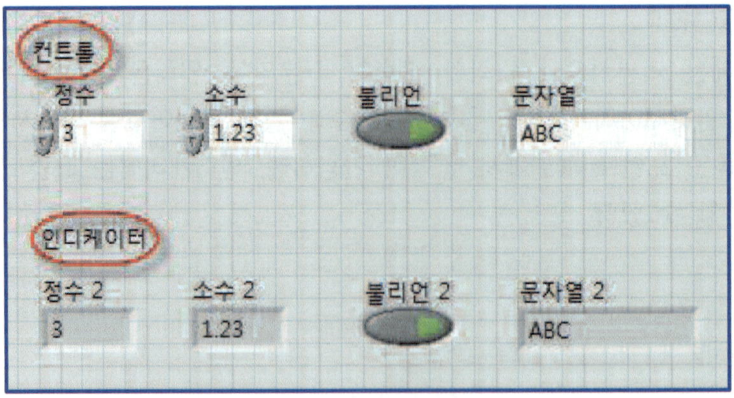

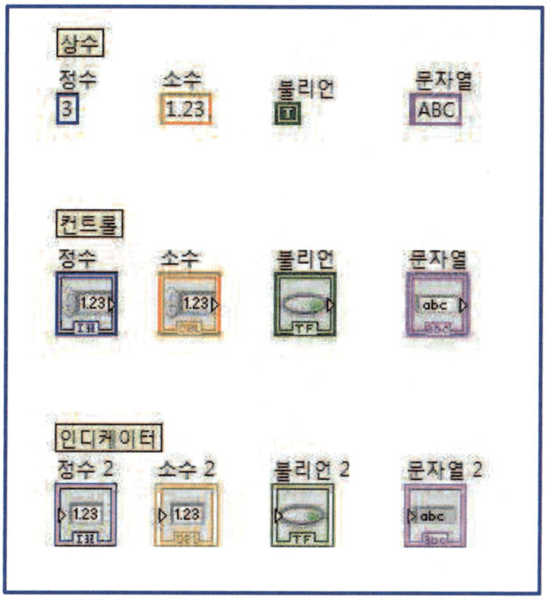

▶선 연결(Wiring)

LabVIEW에서 프로그래밍할 때 기본적으로는 필요한 아이컨을 드래그한 후 각각의 필요한 노드를 선으로 연결하는 방식이 일반적이지만 선 연결 시 에러를 일으키는 경우가 간혹 있다. LabVIEW 프로그램에서 일어나는 에러의 많은 부분이 와이어링 시에 일어나는데 이를 방지하는 방법으로 자동으로 선이 이어지게 하는 방법을 사용하면 된다. 방법으로는 블록 다이어그램에서 필요한 아이컨을 먼저 선택하여 원하는 곳에 위치시킨 다음 연결이 필요한 아이컨을 이미 앞서 놓인 연결을 원하는 아이컨의 노드점 가까이 가져가면 저절로 가는 선이 자동으로 생성되어 두 노드점이 연결되는 것을 볼 수 있다. 이런 방법으로 자동으로 연결되게 한 뒤 원하는 위치까지 아이컨을 끌어다 놓으면 선이 자동으로 연장된다.

2.6 VI 만들기

이제 VI를 만들어 보자 다음의 예제를 따라하면 LabVIEW 사용법을 알 수 있다.

다음과 같이 inch와 cm 변환 시스템을 위해 다음과 같이 프로그램해 보자. cm를 inch로 변환한다.

먼저 다음 그림 중 우측 블록 다이어그램에서 마우스 우측버튼을 누른다.

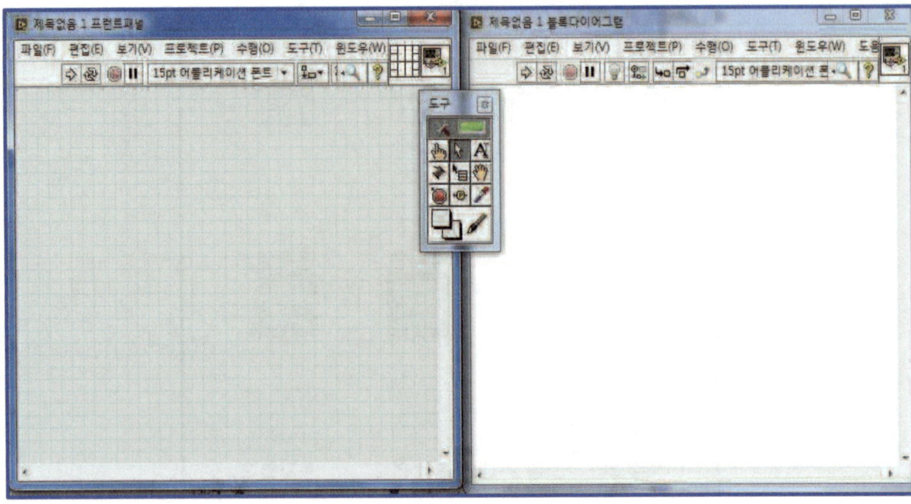

오른쪽 버튼을 누르면 함수 팔레트가 보이는데 이때 숫자형에서 마우스 왼쪽 버튼을 눌러 숫자형 창을 연다. 이때 나누기 아이컨 위에서 마우스 왼쪽 버튼을 한번 누르면 버튼에서 손을 떼어도 마우스 커서를 따라 나누기 버튼이 붙어 다닌다. 블록 다이어그램 위에 원하는 위치에서 마우스 왼쪽 버튼을 눌러 자리를 고정한다.

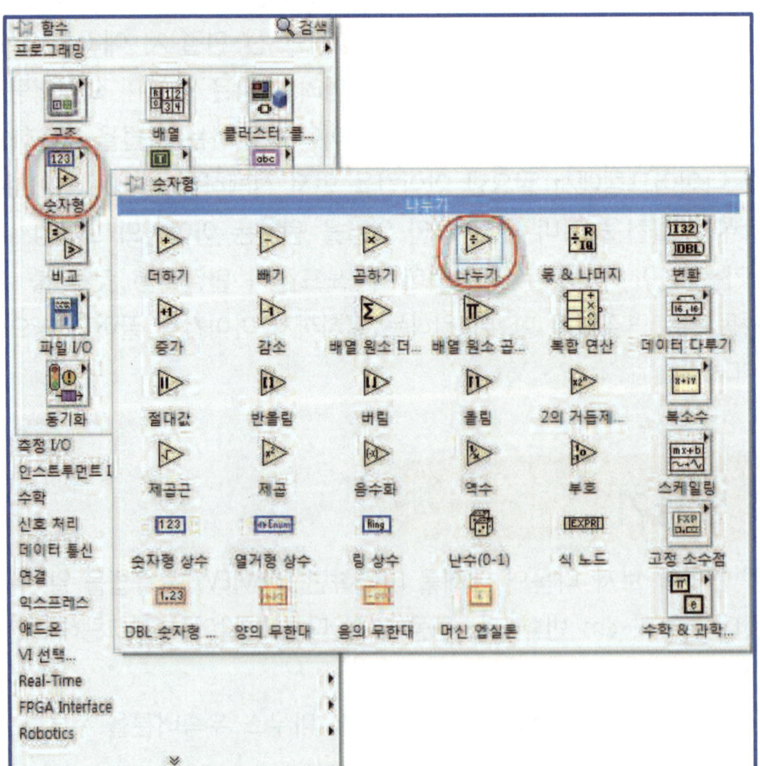

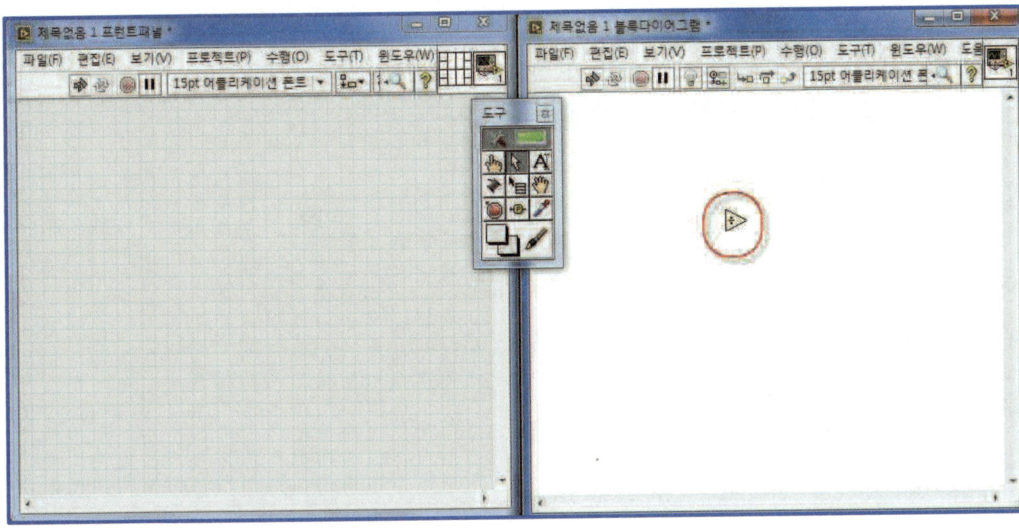

다음 나누기 아이컨 위에 마우스 커서를 접근시키면 아이컨 주위에 주황색 점들이 보이게 된다. 이것을 노드(node)라고 부른다.

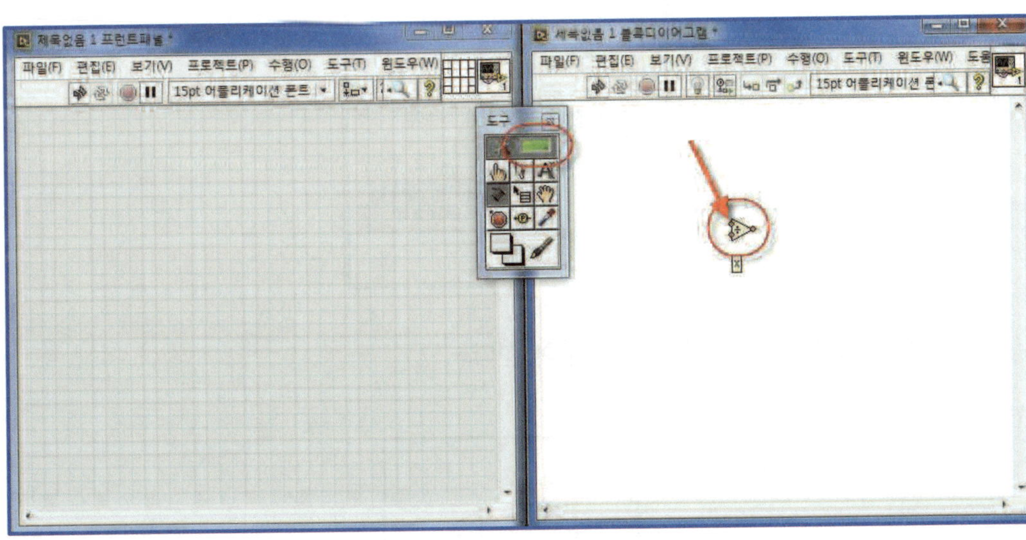

만약 도구 팔레트의 자동 도구 선택이 아래와 같이 꺼져 있으면 마우스 커서를 나누기 아이컨 위에 접근시켜도 노드가 보이지 않으므로 자동 도구 선택의 LED를 켜 놓는다.

도구 팔레트가 보이지 않으면 보기 – 도구 팔레트를 선택하여 프런트 패널이나 블록 다이어그램 안에 위치시킨다.

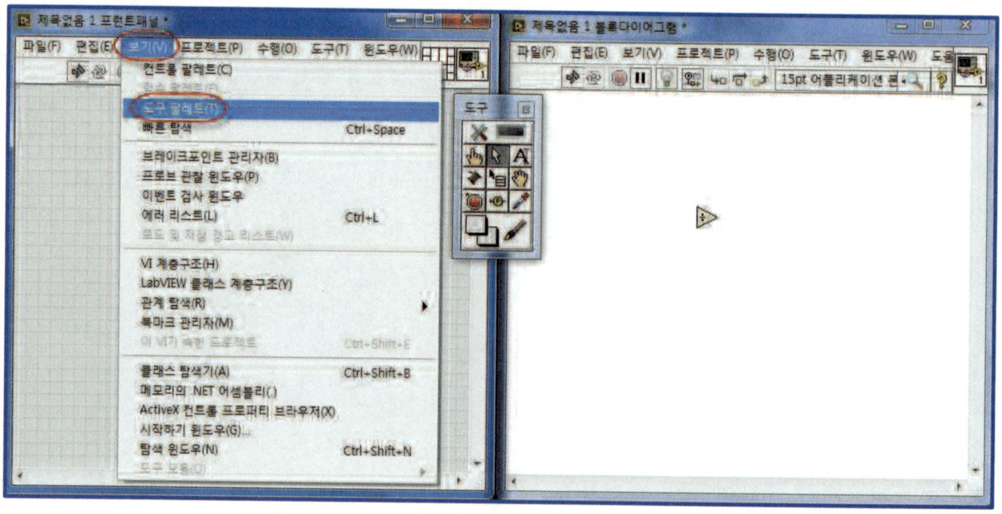

다시 마우스 커서를 나누기 아이컨 위에 접근시켜 노드 왼쪽 위 노드 점인 X 위에서 마우스 오른쪽 버튼을 눌러 아래와 같이 생성 – 컨트롤 창을 열고 마우스 왼쪽 버튼을 눌러 생성시킨다.

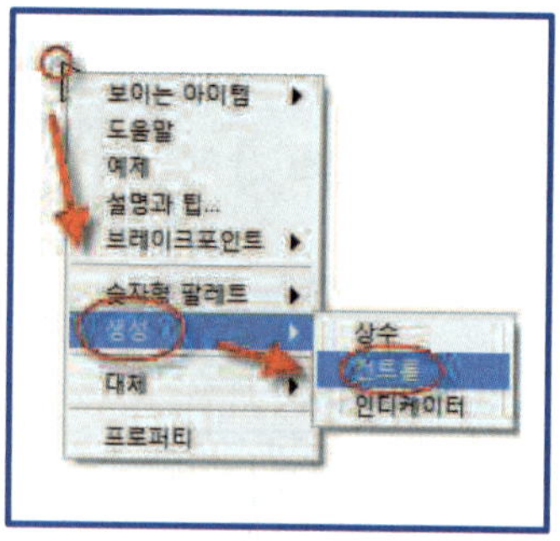

생성시키면 아래와 같이 컨트롤이 만들어 진다.

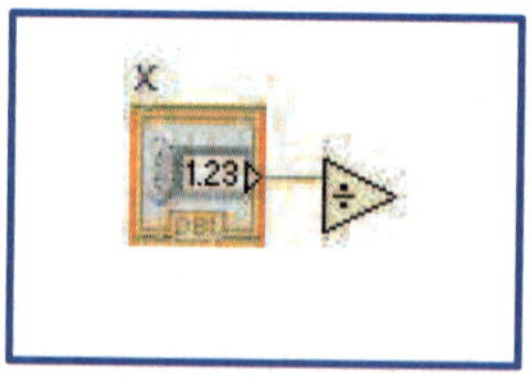

다음에 Y node 위에서 마우스 오른쪽 버튼을 눌러 아래와 같이 생성 – 상수 창을 열고 마우스 왼쪽 버튼을 눌러 상수를 생성시키고 1 inch가 2.54cm이므로 2.54를 입력하여 X값을 나눠준다. 그러나 컨트롤과 상수가 겹쳐 있어 보이지 않으므로 하나씩 마우스 왼쪽 버튼을 누른 채로 끌어 떼어 놓는다.

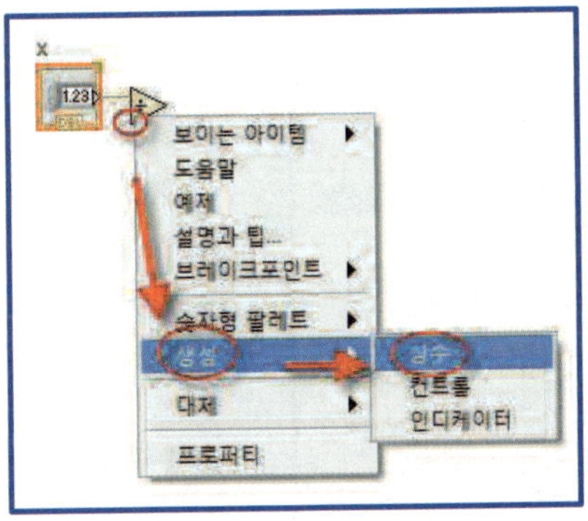

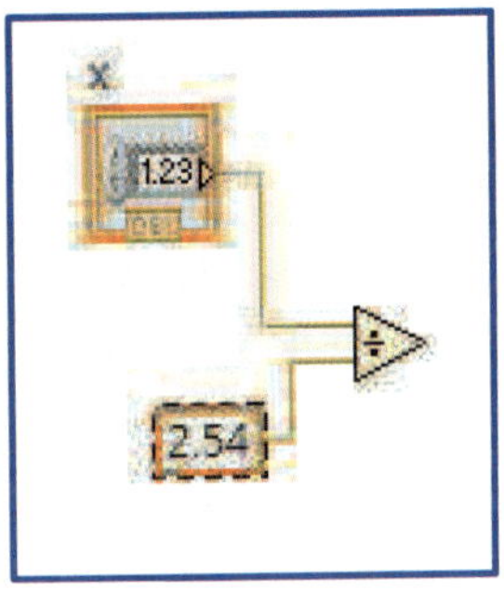

다시 나누기 아이컨 오른쪽 노드 위에서 생성 – 인디케이터를 선택하여 인디케이터를 생성한다.

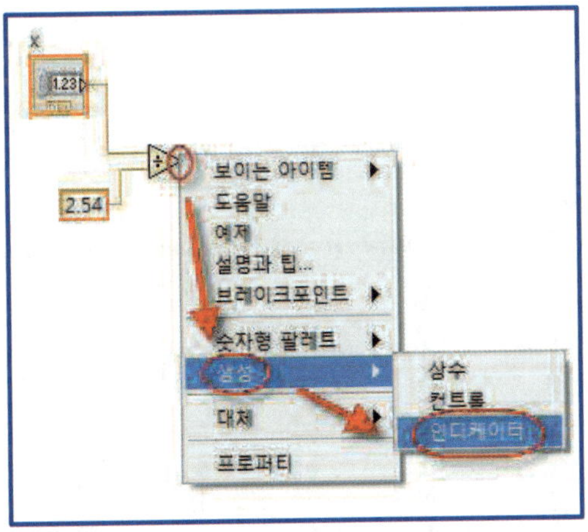

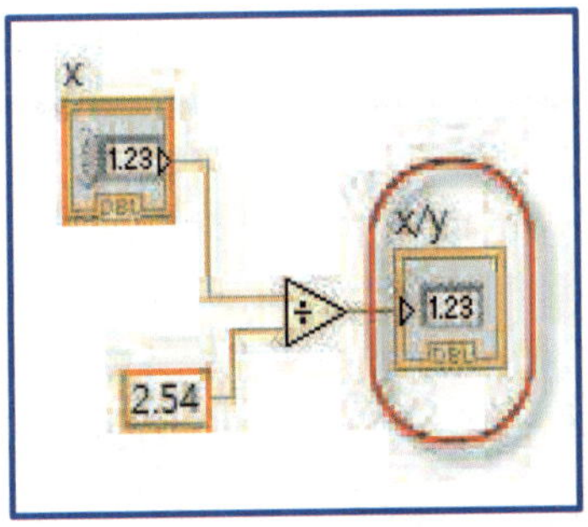

다음에는 연속 실행을 위해 마우스 왼쪽 버튼을 눌러 함수 창을 만들고 다시 마우스 커서를 While loop 위에 올리고 왼쪽 버튼을 눌러 While loop를 선택한 뒤 다음과 같이 이미 만들어진 나누기 연산 아이컨과 상수 컨트롤 및 인디케이터를 감싸도록 마우스 왼쪽 버튼을 누르고 누른 채로 드래그 하여 전체를 While loop로 감싼다.

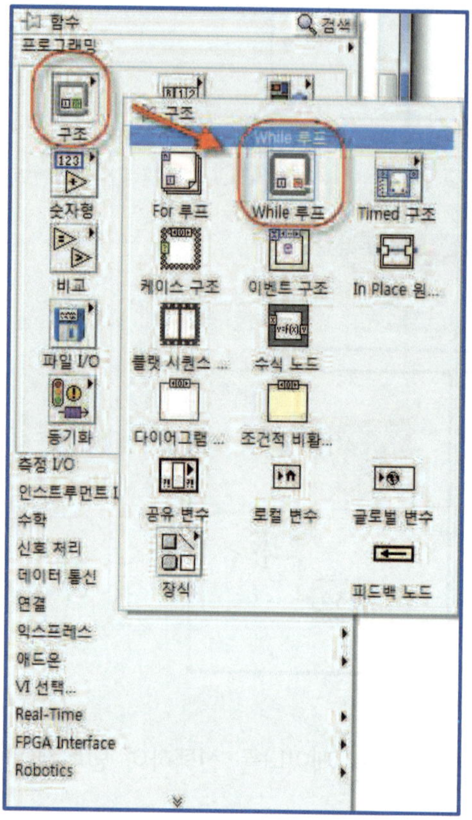

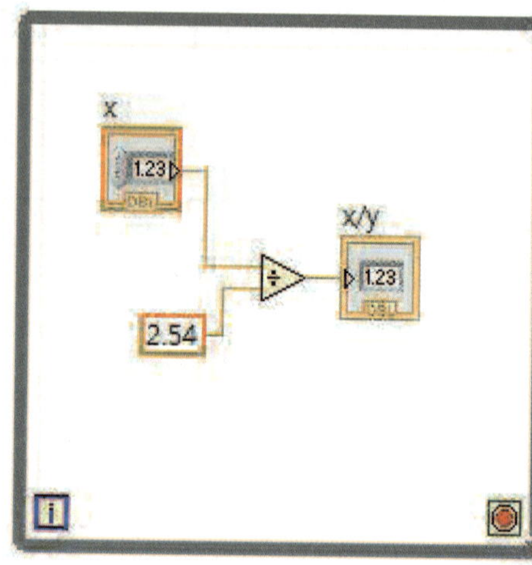

추가로 While loop 내의 루프 조건 위에 마우스 커서를 올리고 마우스 오른쪽 버튼을 눌러 생성 컨트롤을 선택한다.

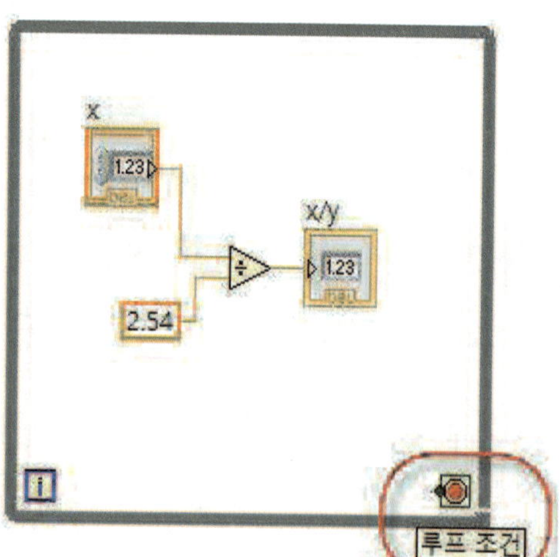

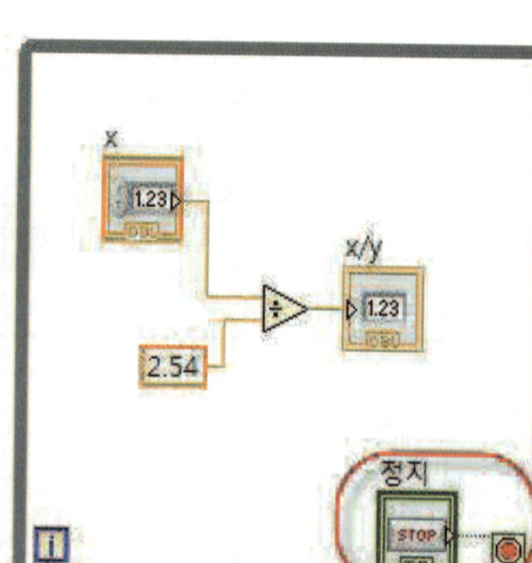

이 상태로는 프로그램 상 While loop를 시간 지연없이 실행하기에 CPU에 부담을 주게 되므로 임의로 시간지연을 추가한다.

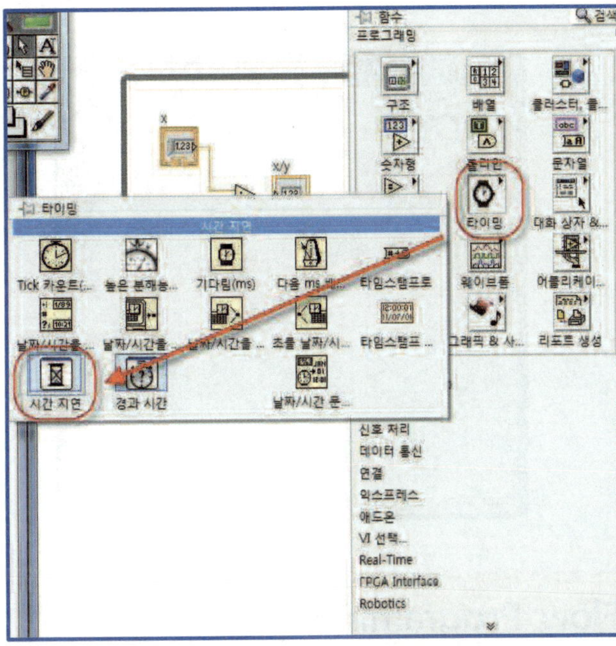

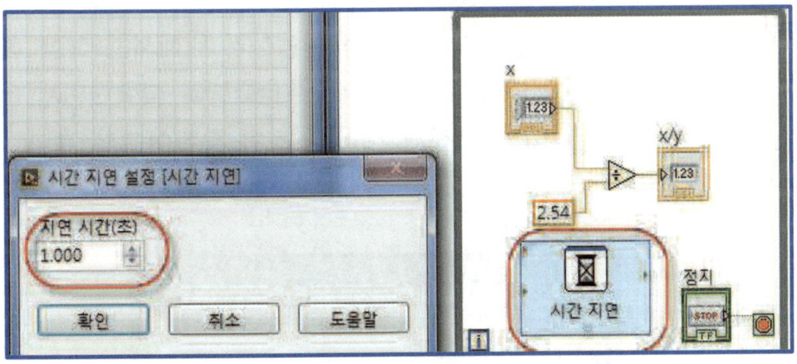

위의 지연 시간을 0.1 초로 바꿔 입력하면 프로그램이 적절한 속도로 실행된다.

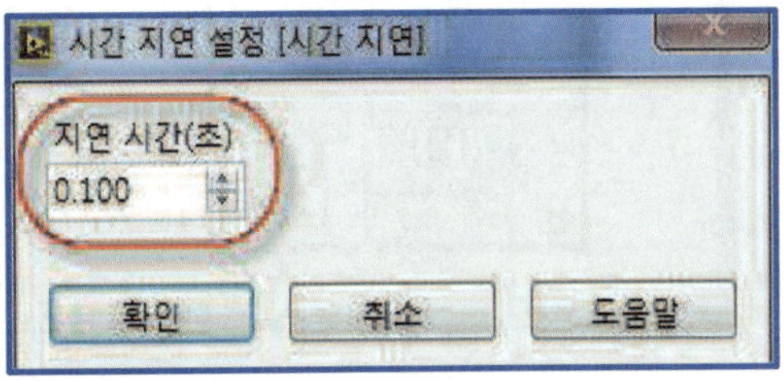

실행버튼을 눌러 실행시킨 뒤 X값에 cm값을 입력한다.
예를 들어 대형 TV 사이즈가 153cm라면 몇 inch 짜리 TV인가?
답은 60 inch이다.

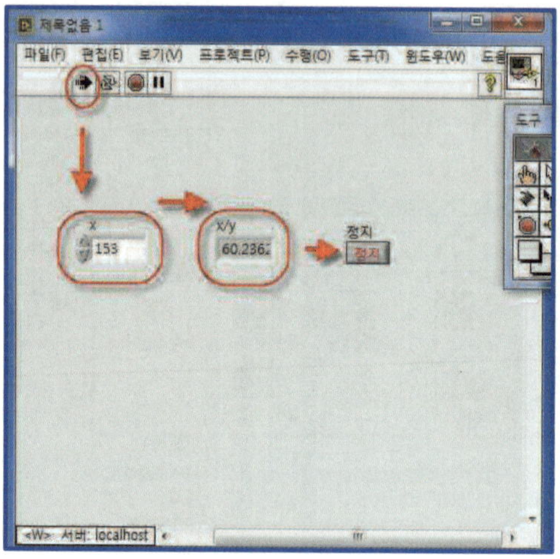

2.7 Data Flow Programing

LabVIEW에서 어떤 순서로 실행되는지 천천히 실행하기 위해서는 실행 하이라이트 버튼을 누르면 프로그램의 실행에 따라 물 흐르듯이 프로그램이 실행되면서 데이터가 흘러가는 것이 보인다. 이때 선을 따라서 실제 데이터 값이 움직이므로 프로그램이 제대로 실행되는 확인할 수 있다.

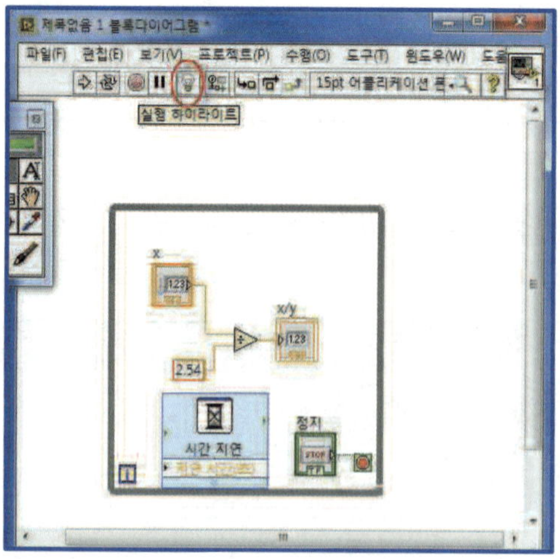

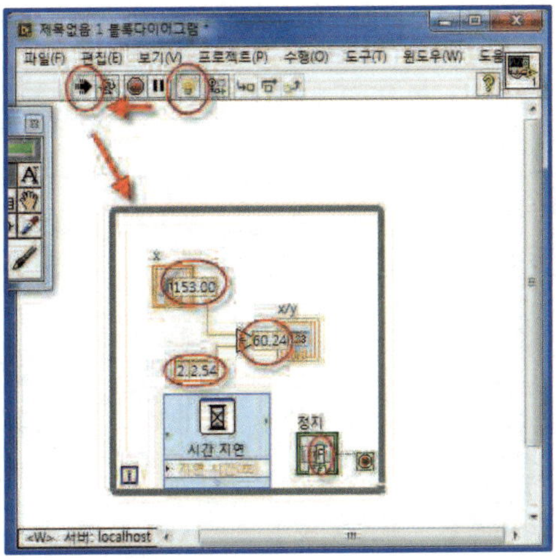

그림에서 보듯이 아이컨들 옆에 값이 보인다.

그러나 실행 하이라이트 버튼은 프로그램 디버깅 시에나 활용하는 것이지 실제 실행 중에는 사용하지 않는다. 왜냐하면 실제 실행 시에는 고속으로 실행되므로 실행 하이라이트 버튼을 눌렀을 때와 실행이 다를 수 있다. 또한 실행 하이라이트 버튼을 누른 경우에는 실행 순서가 확실하게 구분되지만 하이라이트 버튼을 끄고 살행할 경우 프로그램은 어느 부분이 먼저 실행할지 알 수가 없다.

2.8 Express VI 활용하기

LabVIEW 아이컨 중에는 Express 아이컨들이 있다. 바탕색이 파란색이 특징인데 이를 활용하면 보다 손쉽게 프로그램 할 수 있다.

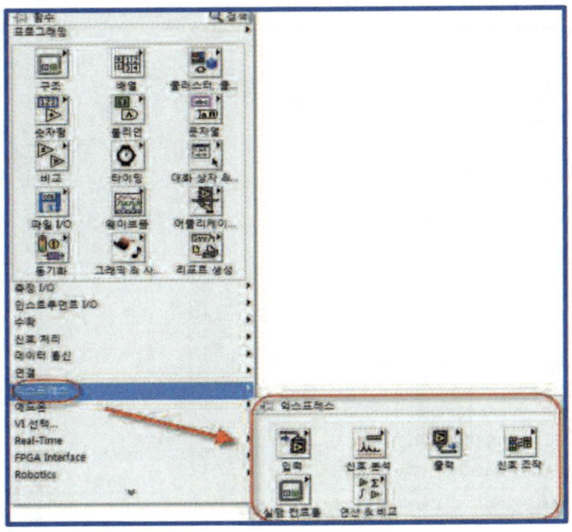

익스프레스 아이컨들은 다음과 같이 입력, 신호분석, 출력, 신호조작, 실행 컨트롤 등이 있다.

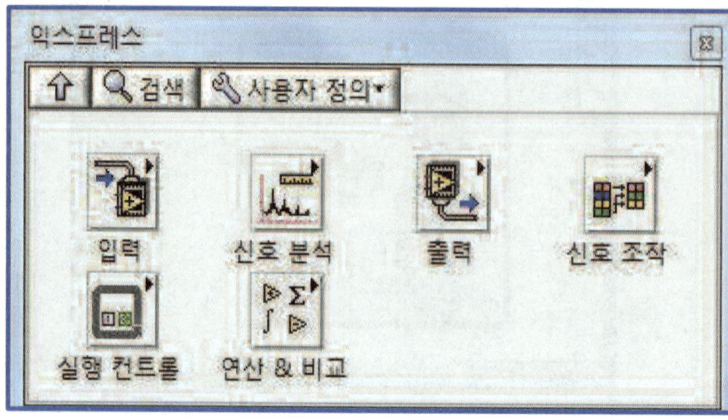

각각의 상세 아이컨들은 다음과 같다.

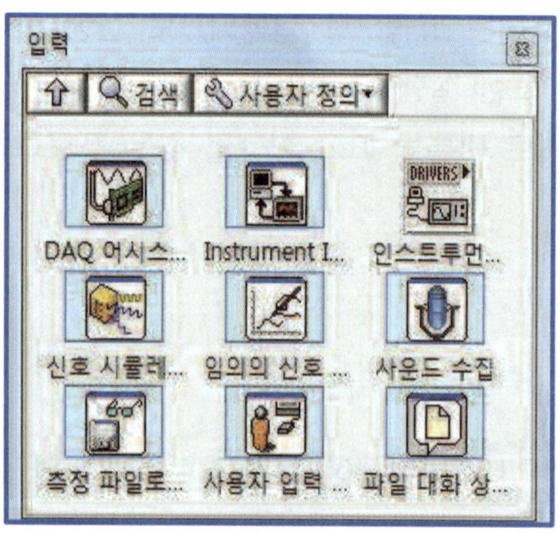

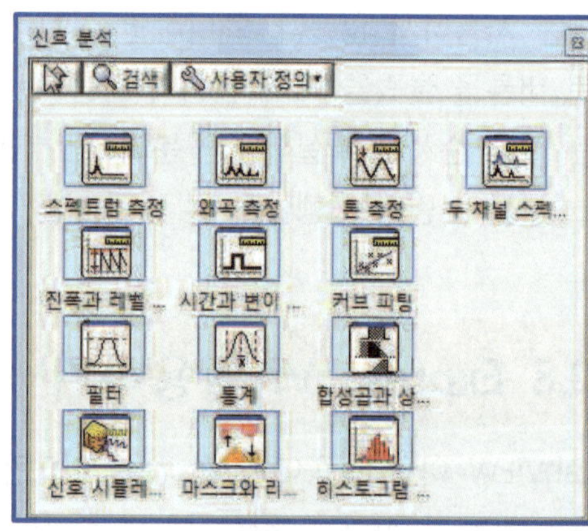

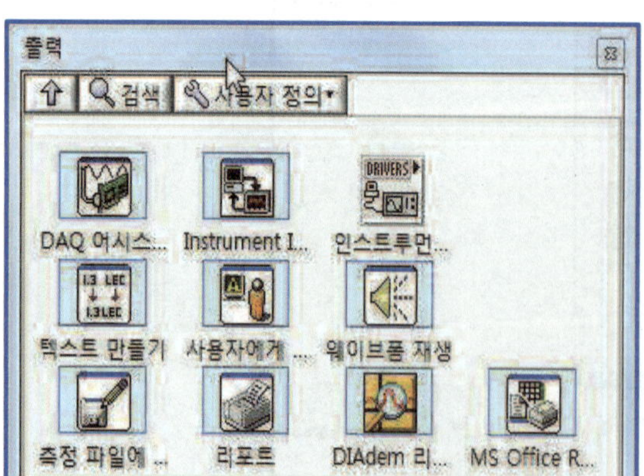

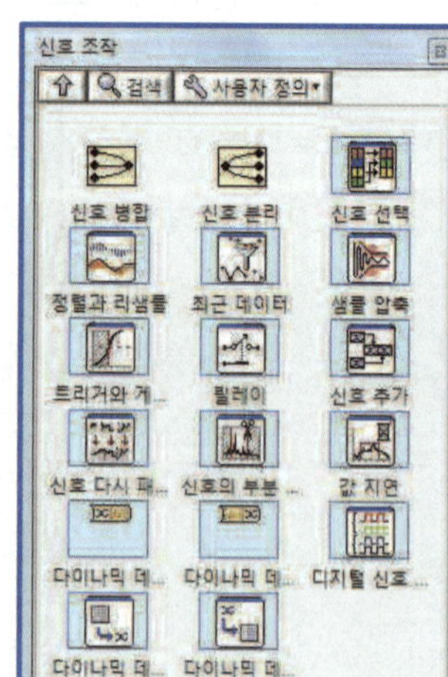

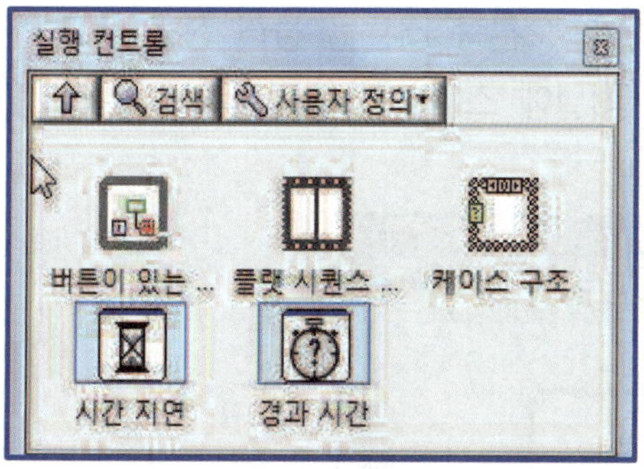

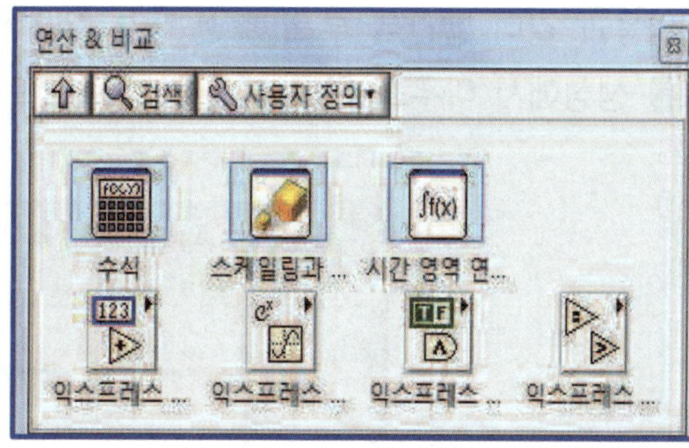

▶익스프레스로 프로그램하기

다음과 같이 익스프레스 아이컨을 사용하여 원을 그려보자.

원을 그리기 위해서는 XY 각축에 동일한 주파수와 진폭의 sine curve와 cosine curve를 그리면 된다. 여기서는 Express icon을 사용하는 예를 보이기 위해 다음과 같다. 익스프레스 XY Graph에 X축에 sine 파형을 Y축에 cosine 파형을 입력한다.

우선 ctrl N + crtl T를 눌러 새 VI를 연다. 다음 블록 다이어그램에서 마우스 오른쪽 버튼을 눌러 함수 창을 연 다음 구조 – While loop을 블록 다이어그램에 놓는다. XY 그래프에서 X축과 Y축에 동일한 주파수를 입력하면 원을 그린다.

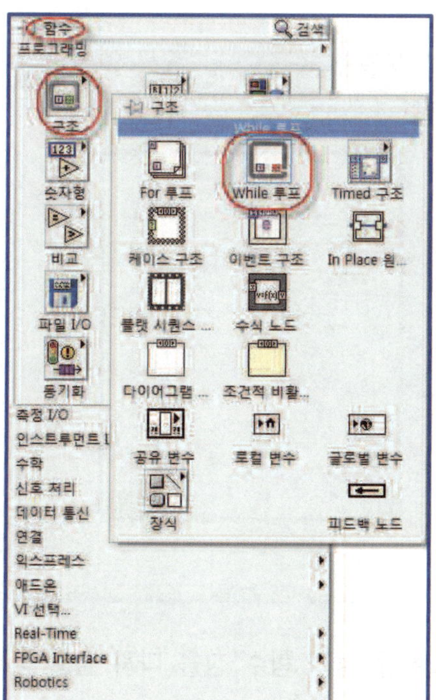

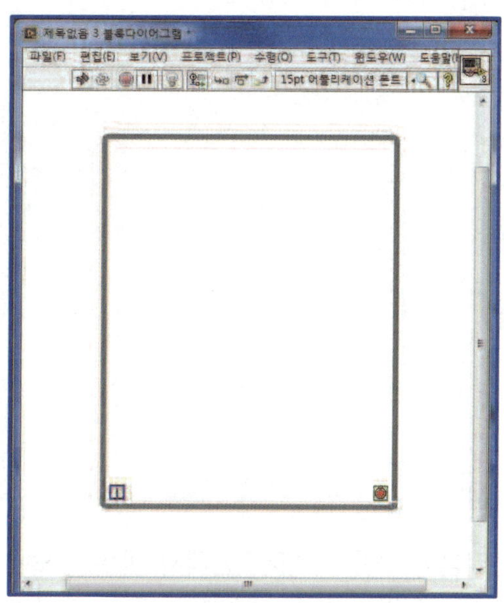

다음과 같이 빨간색 루프 조건 버튼 위에서 마우스 오른쪽 버튼을 눌러 창을 열고 컨트롤 생성에서 마우스 왼쪽 버튼을 누르면 프런트 패널에 스위치가 생성된다.

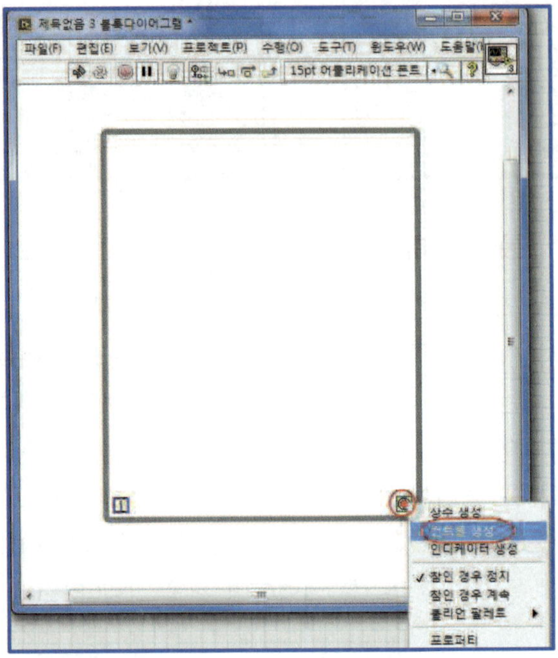

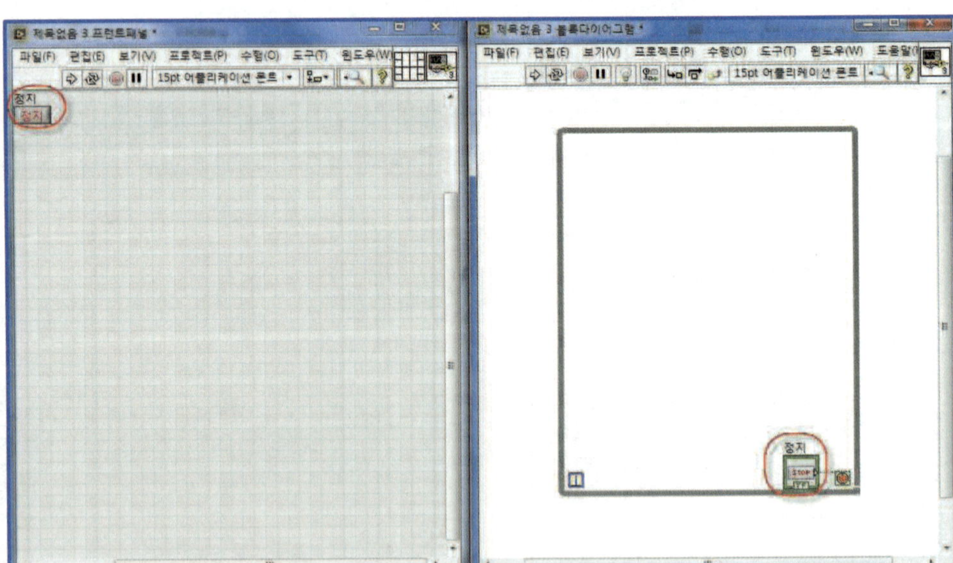

다음에 블록 다이어그램에서 마우스 오른쪽 버튼을 눌러 함수 창을 다시 열고 익스프레스 - 입력 - 신호 시뮬레이션을 선택하여 While loop 내에 놓는다.

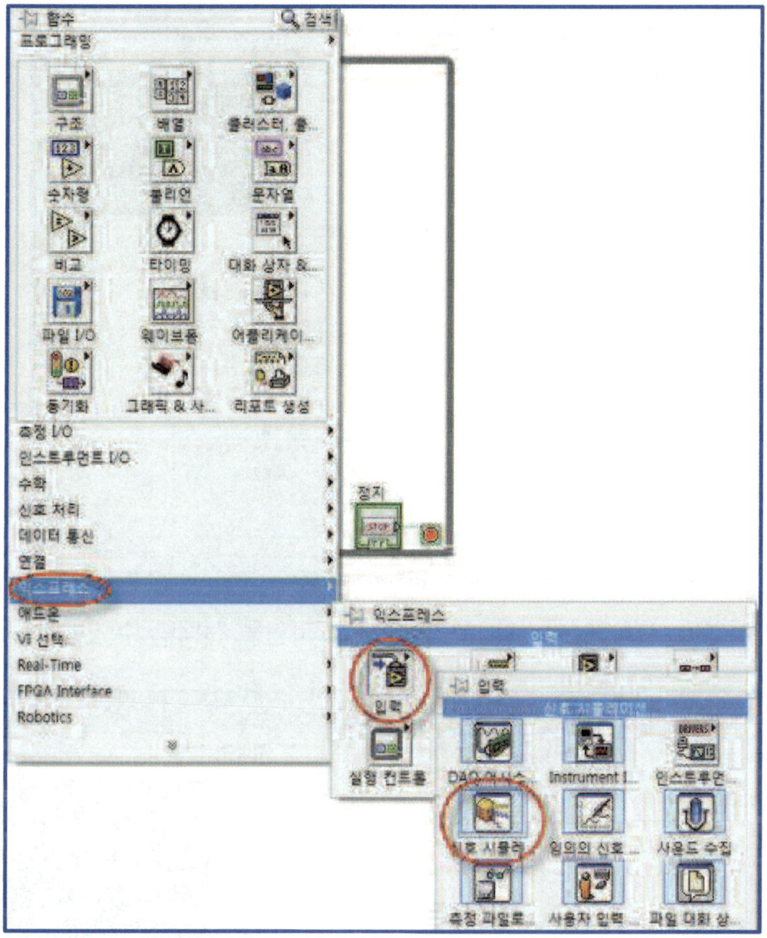

다음과 같이 신호 시뮬레이션을 놓으면 다시 작은 창 신호 시뮬레이션 설정이 열린다.

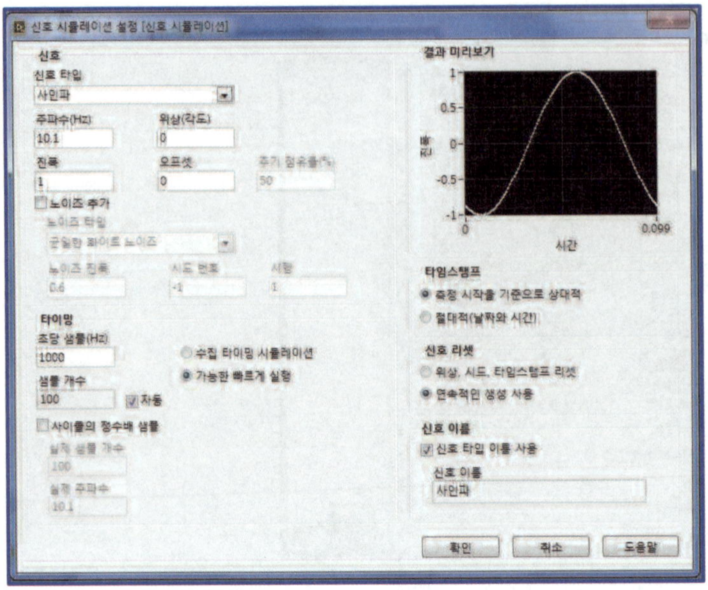

파형에는 사인파, 사각파, 삼각파, 톱니파 와 DC파형을 선택할 수 있다.

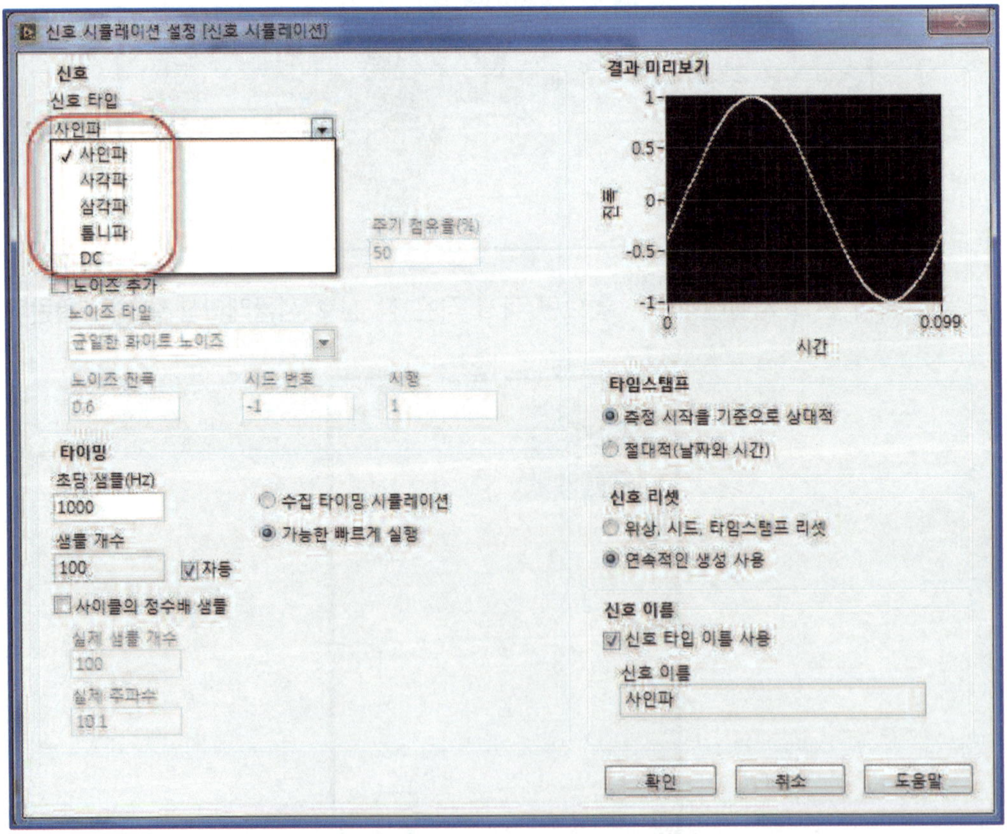

신호의 주파수, 위상, 진폭, 오프셋 및 사각파의 경우 주기 점유율(Duty ratio)까지 변경이 가능하고 컨트롤로 만들면 설정을 끝낸 뒤에도 프런트 패널에서 조정이 가능하다.

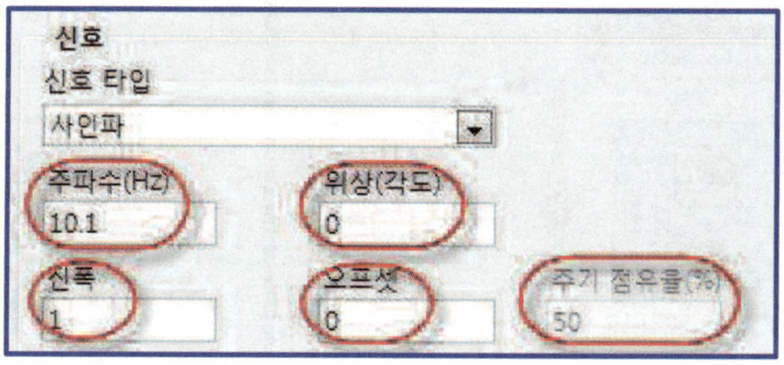

그림에서 보듯이 사각형 아이컨 내에 다양한 색의 노드들이 존재한다. 이 노드들은 사각형 아이컨의 아래쪽 화살표를 끌어 내리면 길게 확장된다.

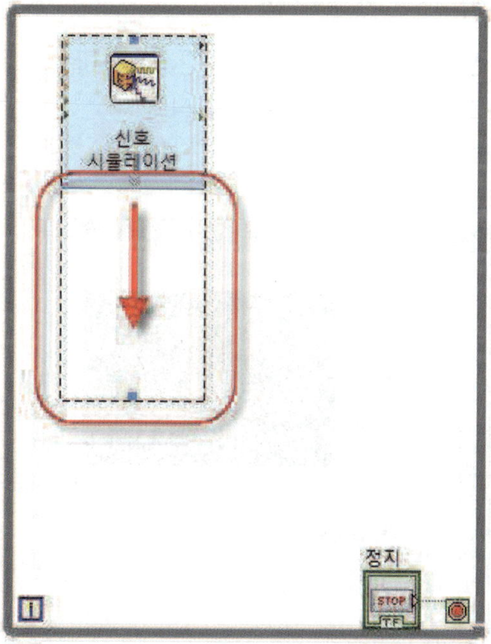

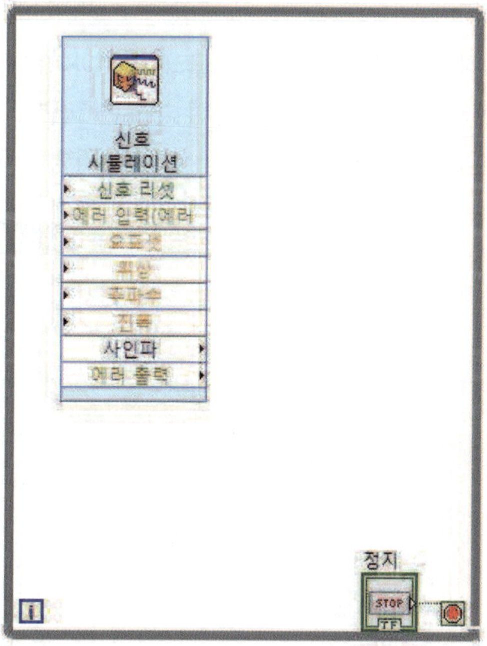

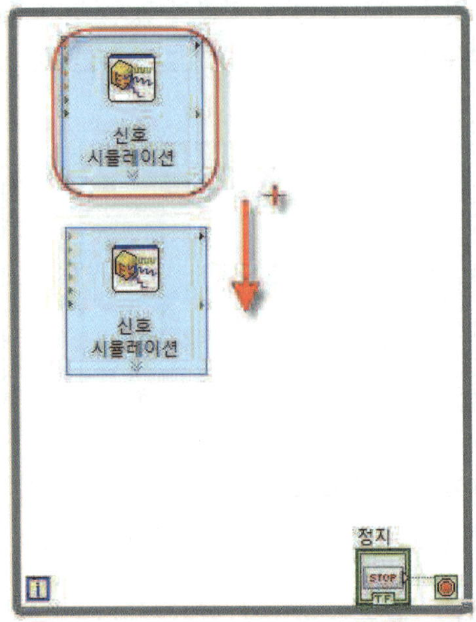

위와 같이 처음 신호 시뮬레이션 아이컨을 선택한 후 ctrl 버튼을 누른 채로 마우스 왼쪽 버튼을 눌러 아래로 끌어 놓으면 화면에 +표시가 나오면서 복사가 된다.

이때 위상을 90으로 하면 cosine 파형이 된다.

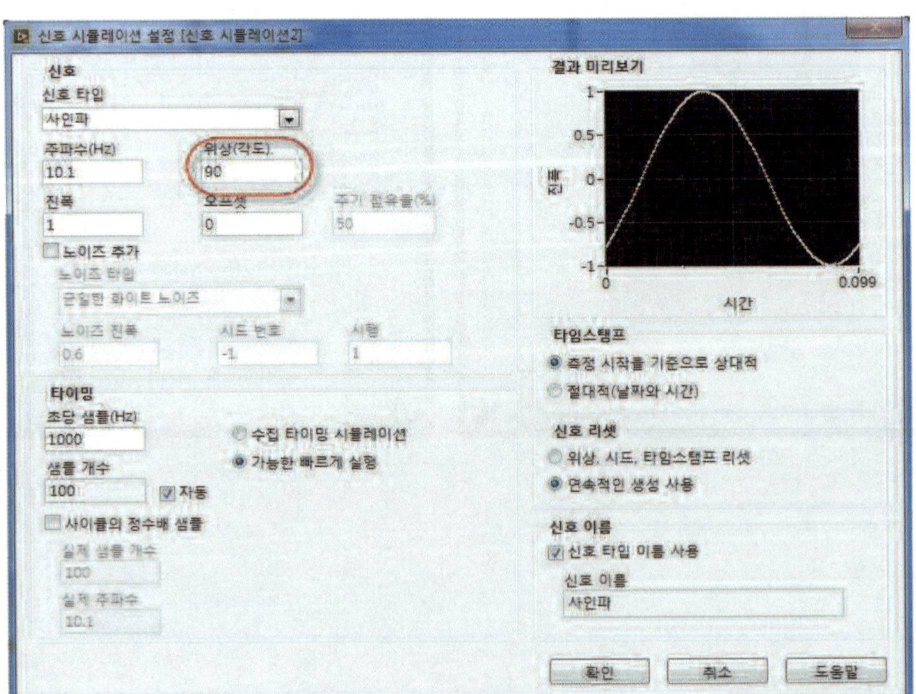

프런트 패널에서 마우스 오른쪽 버튼을 눌러 일반 창을 열고 그래프 - 익스프레스 XY 그래프를 선택하여 While loop 내에 놓는다. 이때 블록 다이어그램에 익스프레스 XY 그래프에 대응하는 아이컨이 놓여진다. 이를 While loop 안에 위치시킨다.

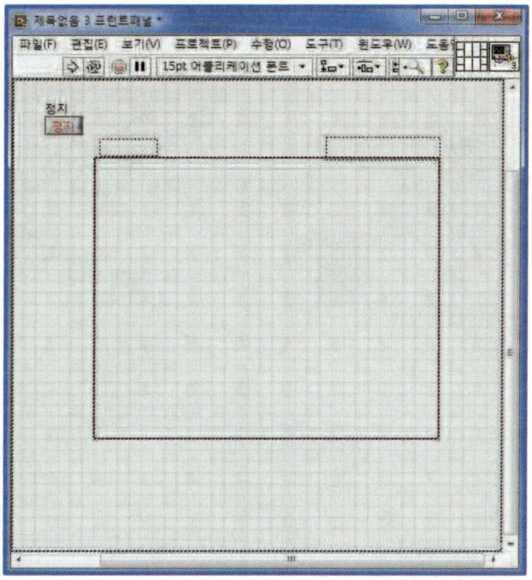

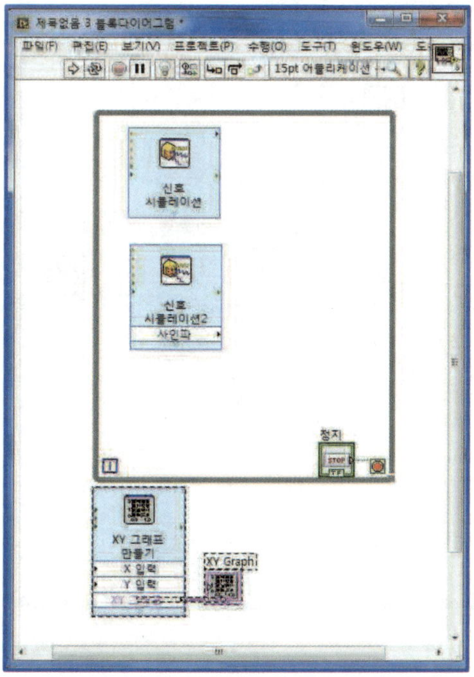

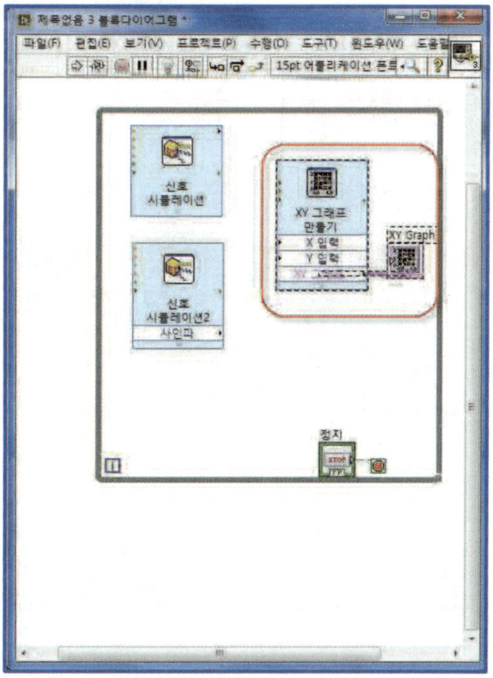

신호 시뮬레이션 아이컨 우측 노드인 사인파에서 마우스 커서가 실타래로 변하면 마우스 왼쪽 버튼을 누른 채로 끌어 꺾일 부분까지 와서 마우스 왼쪽 버튼을 놓는다 그러면 그 위치까지 선이 이어지고 원하는 방향으로 다시 마우스 왼쪽 버튼을 눌러 끌면 선이 꺾이게 된다.

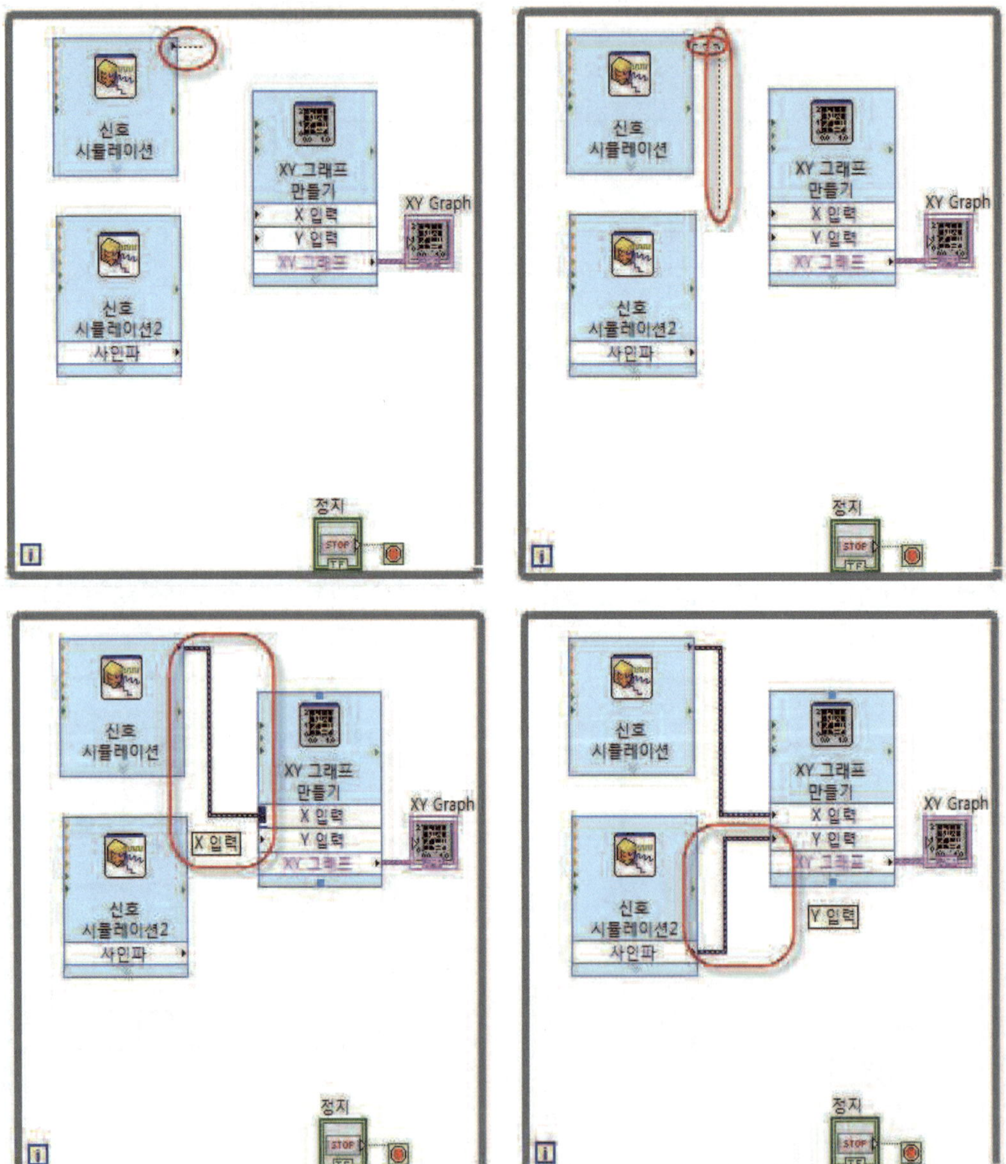

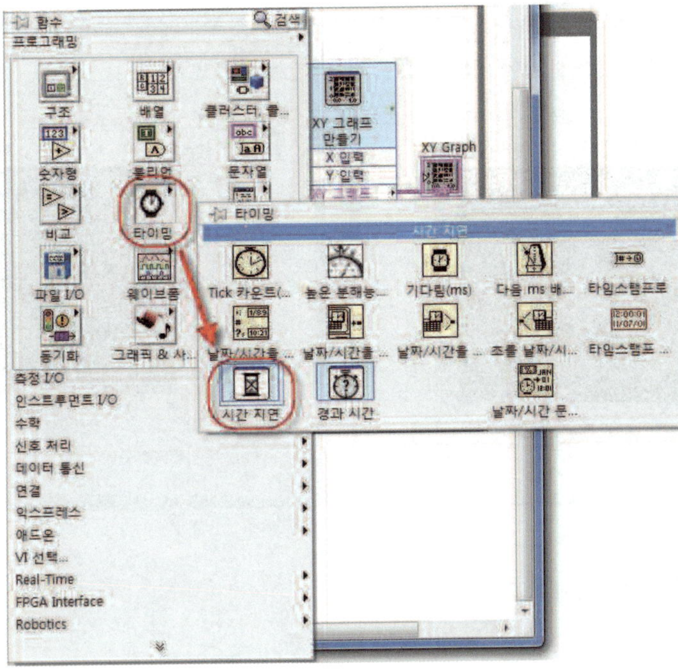

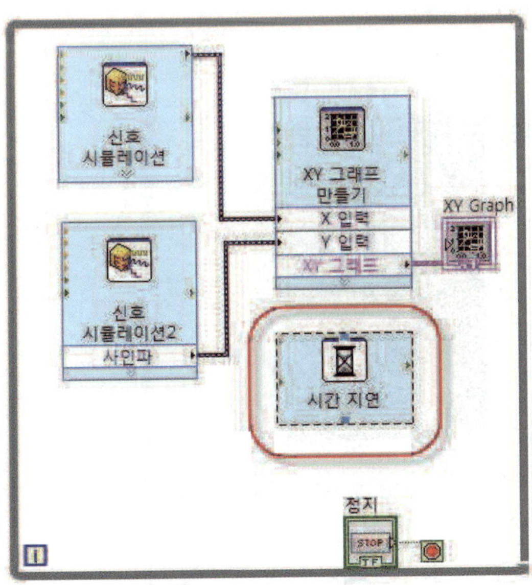

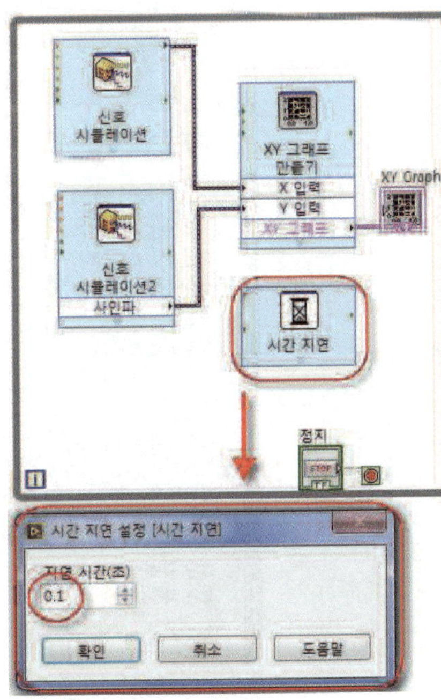

실행버튼을 눌러 실행하면 아래와 같이 원이 그려진다.

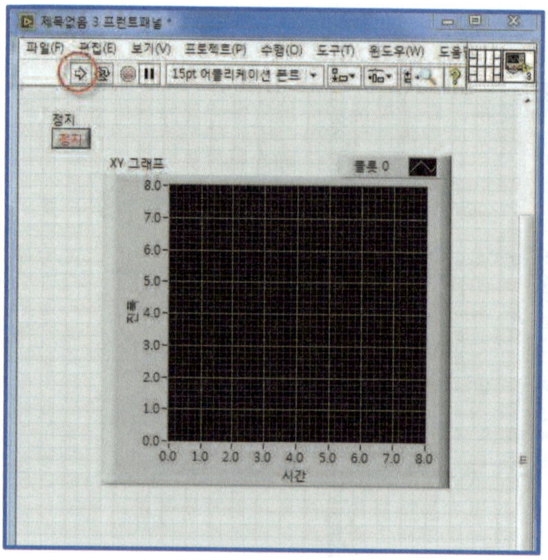
제목없음 3 프런트패널 *
파일(F) 편집(E) 보기(V) 프로젝트(P) 수행(O) 도구(T) 윈도우(W)
15pt 어플리케이션 폰트
정지
정지
XY 그래프
플롯 0
8.0
7.0
6.0
5.0
4.0
3.0
2.0
1.0
0.0
0.0 1.0 2.0 3.0 4.0 5.0 6.0 7.0 8.0
시간

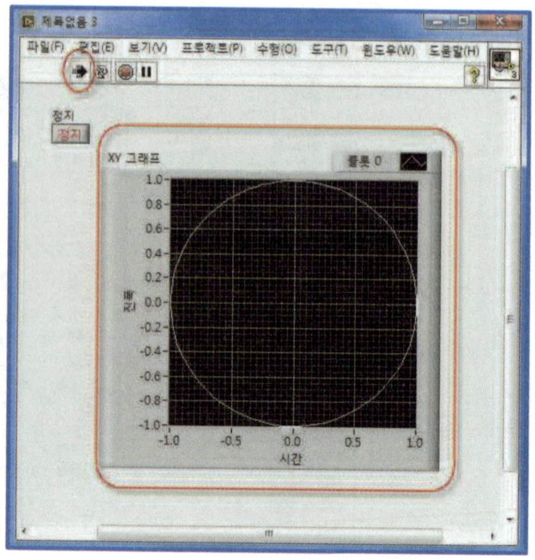
제목없음 3
파일(F) 편집(E) 보기(V) 프로젝트(P) 수행(O) 도구(T) 윈도우(W) 도움말(H)
정지
정지
XY 그래프
플롯 0
1.0
0.8
0.6
0.4
0.2
0.0
-0.2
-0.4
-0.6
-0.8
-1.0
-1.0 -0.5 0.0 0.5 1.0
시간

저장은 다음과 같이 한다.

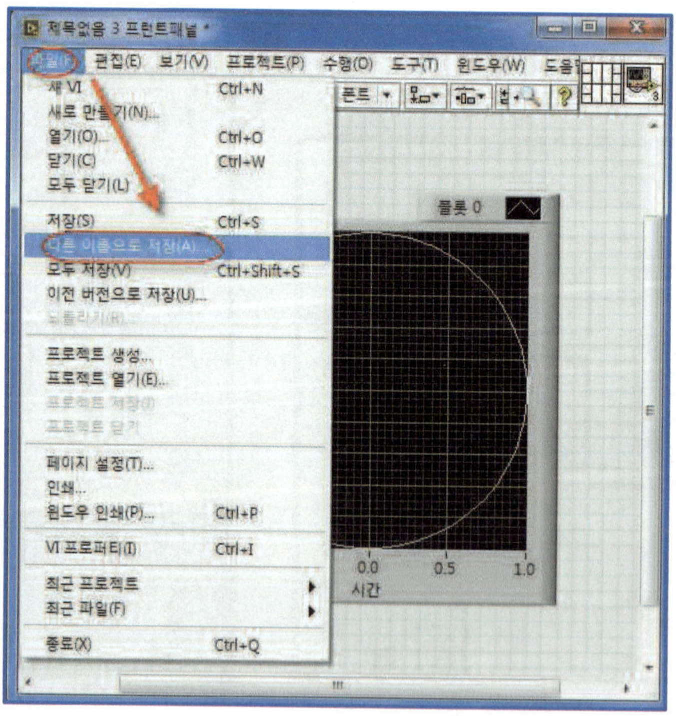
제목없음 3 프런트패널 *
파일(F) 편집(E) 보기(V) 프로젝트(P) 수행(O) 도구(T) 윈도우(W)
새 VI Ctrl+N
새로 만들기(N)...
열기(O)... Ctrl+O
닫기(C) Ctrl+W
모두 닫기(L)
저장(S) Ctrl+S
다른 이름으로 저장(A)...
모두 저장(V) Ctrl+Shift+S
이전 버전으로 저장(U)...
프로젝트 생성...
프로젝트 열기(E)...
페이지 설정(T)...
인쇄...
윈도우 인쇄(P)... Ctrl+P
VI 프로퍼티(I) Ctrl+I
최근 프로젝트
최근 파일(F)
종료(X) Ctrl+Q
플롯 0
0.0 0.5 1.0
시간

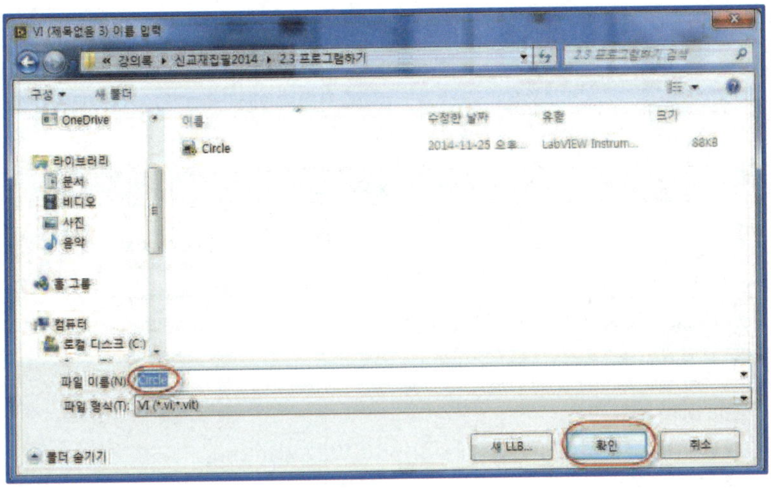

▶다이나믹 데이터 타입

다이나믹 데이터 타입은 익스프레스 타입의 아이컨들을 사용할 때 쓰이는 종류로서 파란색 선으로 되어있다. 대부분의 Sub VI나 숫자, 불리언, 웨이브폼 그래프 등 일반적인 기능들에게는 다이니믹 데이터를 바로 사용할 수 없으므로 다이나믹 데이터로 변환해주어야 한다.

▶다이나믹 데이터로부터 변환

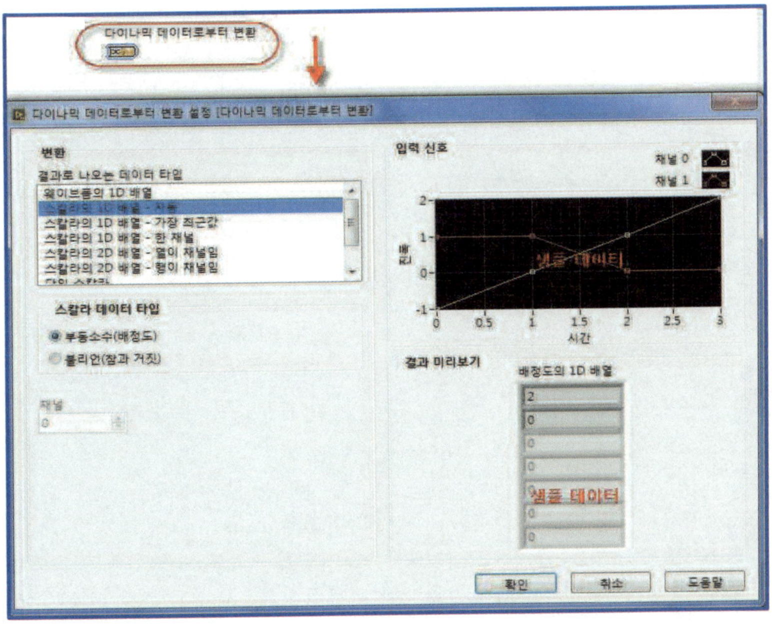

▶ 다이나믹 데이터로 변환

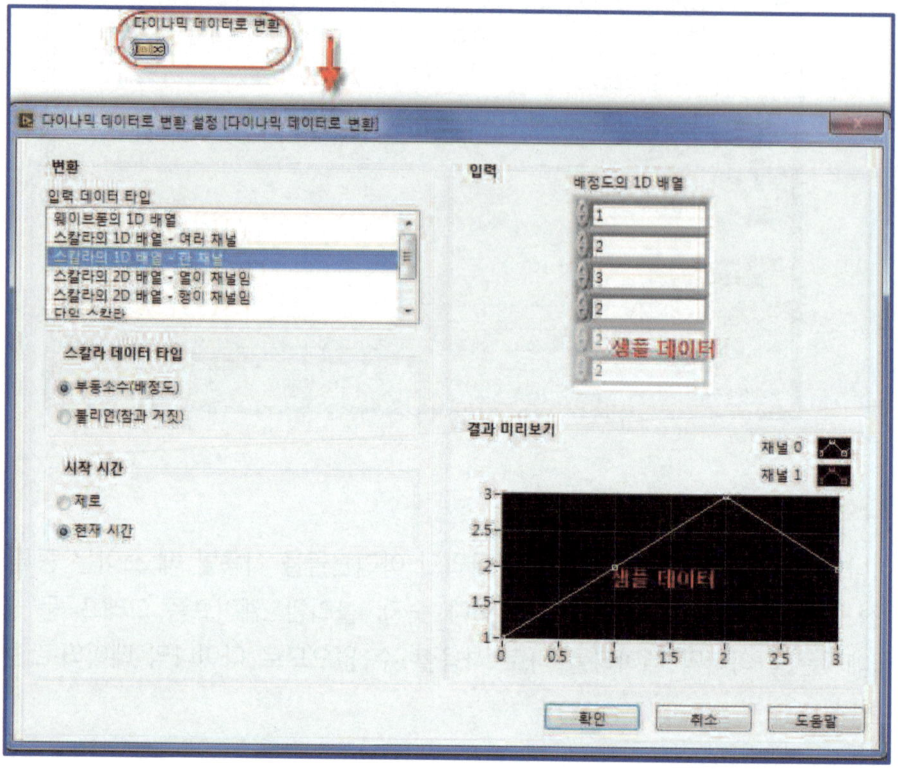
다이나믹 데이터로 변환
다이나믹 데이터로 변환 설정 [다이나믹 데이터로 변환]
변환
입력 데이터 타입
웨이브폼의 1D 배열
스칼라의 1D 배열 - 여러 채널
스칼라의 1D 배열 - 한 채널
스칼라의 2D 배열 - 열이 채널임
스칼라의 2D 배열 - 행이 채널임
스칼라 데이터 타입
부동소수(배정도)
불리언(참과 거짓)
시작 시간
제로
현재 시간
입력
배정도의 1D 배열
샘플 데이터
결과 미리보기
채널 0
채널 1
확인
취소
도움말

연습문제

연습문제 1) 주사위 (1 ~ 6사이의 정수) 만들기

난수 발생기를 이용하여 주사위 기능을 하도록 할 것.

힌트	난수는 0~1사이의 값이므로 6을 곱하고 다시 올림을 하면 된다. "템플릿으로부터 VI" - "단일 루프 어플리케이션"을 선택하여 구성한다.

방법 :

1)"템플릿으로부터 VI" - "단일 루프 어플리케이션"을 선택한다.

2) 숫자형 - 난수 

를 선택한다.

3) 숫자형 - 곱하기를 선택하고 난수 근방으로 가까이 가면 자동으로 선이 연결된다.

4) 곱하기 입력 노드 중 나머지 아래쪽 노드에서 마우스 왼쪽을 클릭하여 생성-상수 로 숫자 "6"을 설정한다.

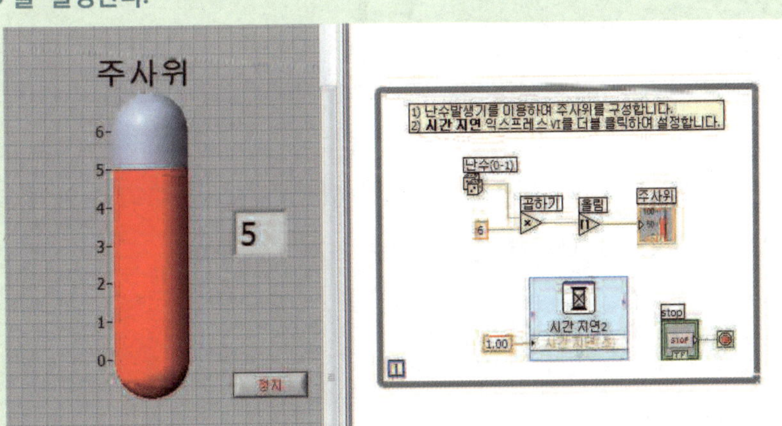

5) 숫자형- 올림을 선택하여 곱하기의 출력과 연결한다.

6) 올림 출력에 마우스 우측버튼으로 생성 - 인디케이터를 눌러 프론트 패널에 올림 인디케이터를 남긴다.

7) 위에 만든 프론트 패널에서 만든 올림 인디케이터를 마우스 오른쪽 버튼을 눌러 대체-숫자형 - 온도계를 선정한다.

8) 마우스 온쪽 아이컨을 이용해서 온도계 주위를 클릭하여 당기면 크기를 변화시킬 수 있다.

9) 온도계의 옆의 숫자는 온도계 위에서 마우스 우측버튼을 누르면 보이는 아이템 - 디지털 디스플레이를 선택하여 표기되도록 한다.

연습문제 2-1) 다음과 같이 사칙연산을 구현하여라.

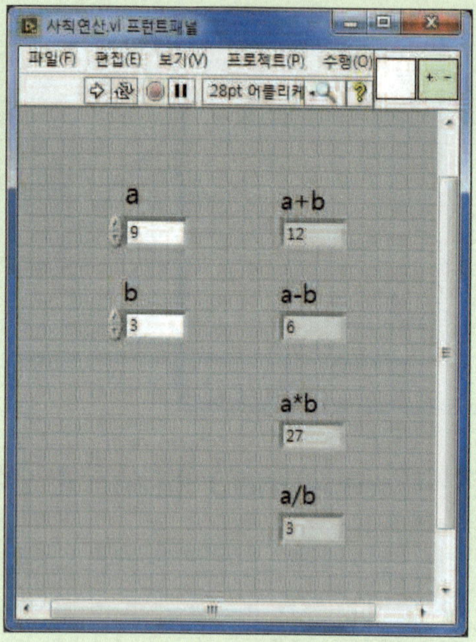

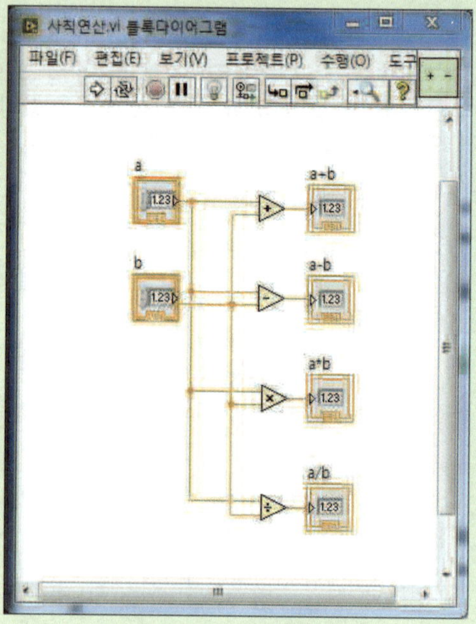

연습문제 2-2) 난수 발생기를 활용하여 난수를 발생시키되 0 ~ 10000 의 정수를 만들고 사전에 입력한 숫자와 같아질 때까지 걸린 시간을 초로 표시하여라.

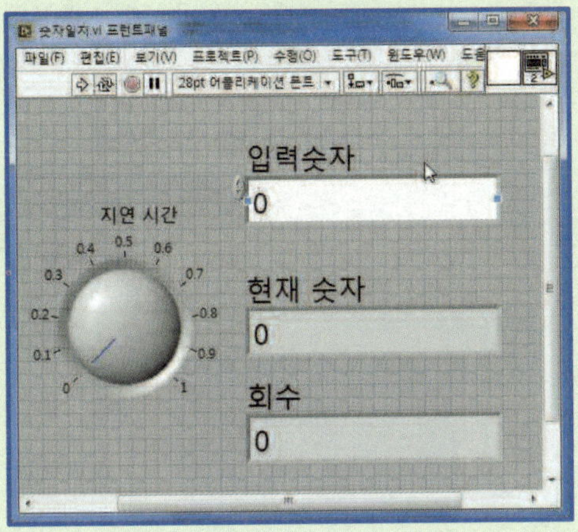

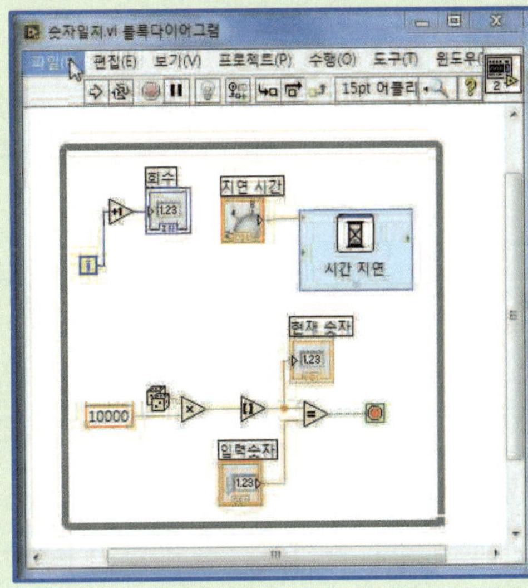

연습문제 2-3) 섭씨온도(℃)를 화씨온도(℉)로 변환하는 프로그램을 만들어라. 변환 수식은 다음과 같다.

$$A\,(^{o}F) = B(^{o}C) \times (\frac{180}{100}) + 32$$

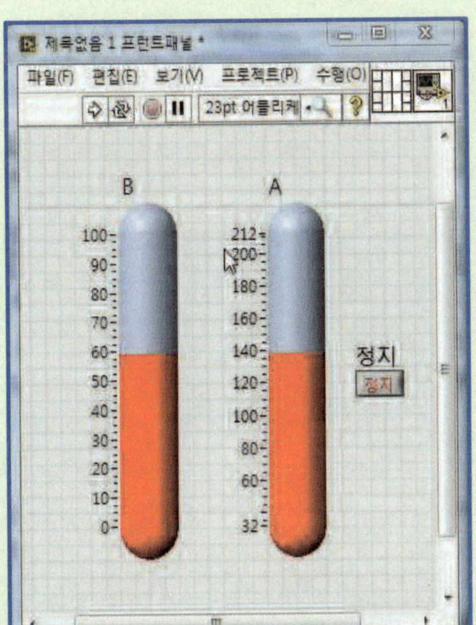

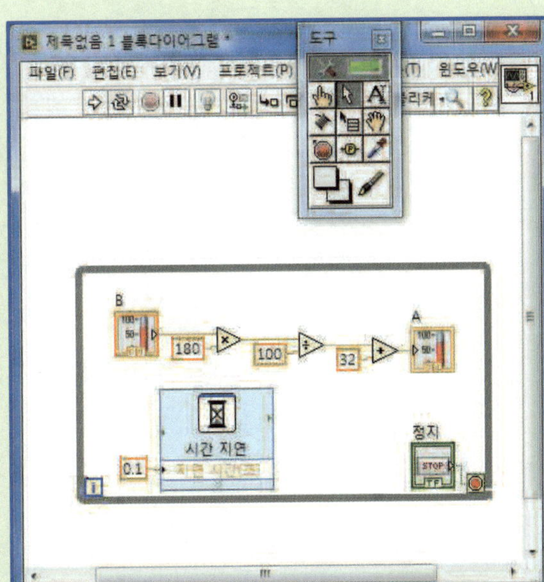

3 VI Editing & Debugging

3.1 Editing Techniques

일반적으로 text 기반의 프로그램들은 키보드를 사용하여 프로그램을 입력 및 수정하는데 LabVIEW에서는 프로그램을 수정하거나 디버깅하기 위해서는 프로그램 작성 중에서 연결된 선이 점선으로 표시될 때에는 에러가 있기 때문이므로 즉시 수정하여야 한다.

우선 입력인 상수와 컨트롤을 서로 바꿔주기 위해서는 지우고 다시 만들기 보다는 다음과 같이 변경히면 된다. 만약 인디케이터로 변환해야 하는 경우에도 이와 같은 방법으로 하면 된다.

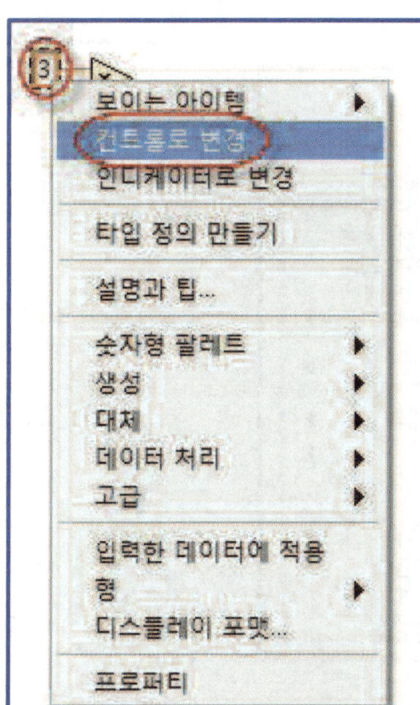

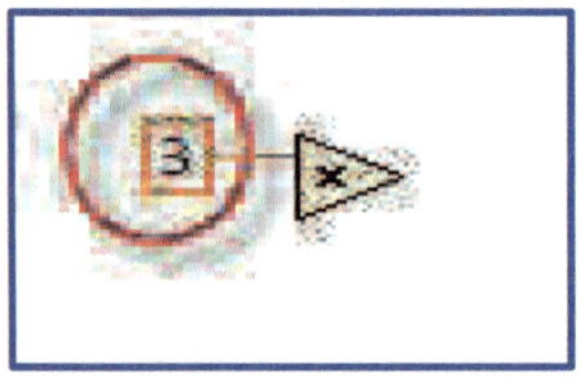

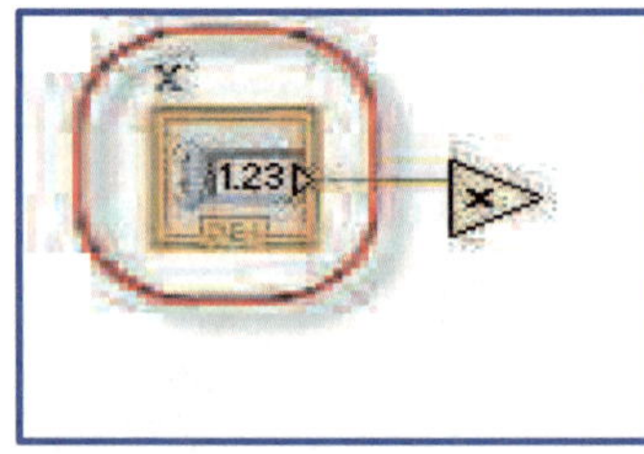

또한 다음과 같이 연결된 선이 구부러져 있거나 다른 아이컨 밑에 깔려 있다면 프로그램 실행에 큰 오류를 일으킬 수 있으므로 수정하여야 한다. 이 경우 다음과 같이 수정을 원하는 선 위에 마우스 아이컨을 위치시키고 마우스 오른쪽 버튼을 누르면 창이 열리는데 맨 위에 있는 와이어 정리를 선택하면 자동으로 정리가 되어 선이 간결하게 펴진다.

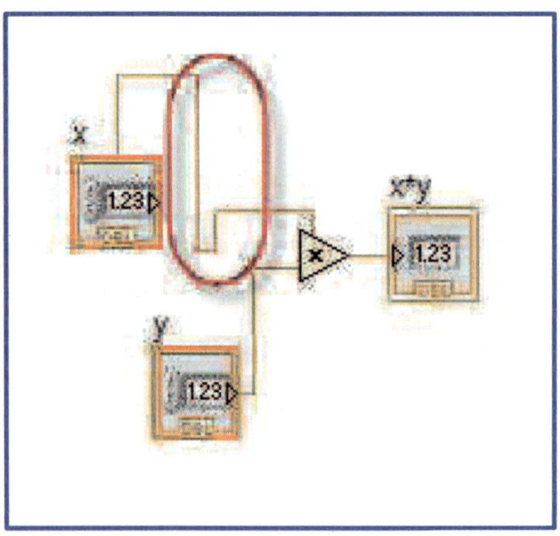

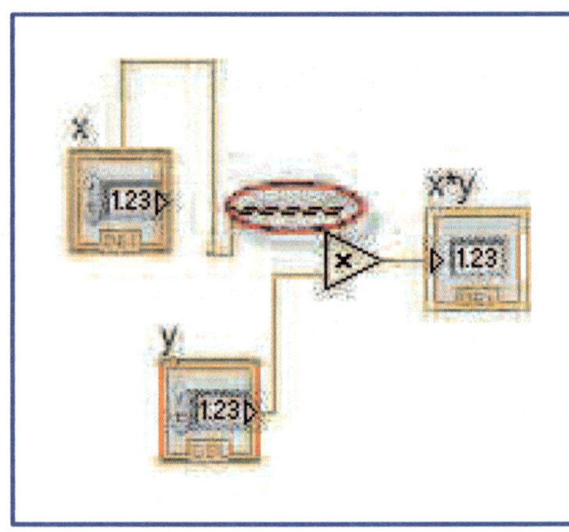

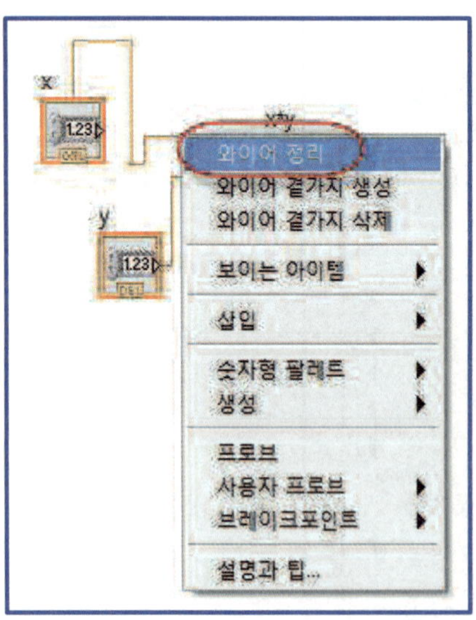

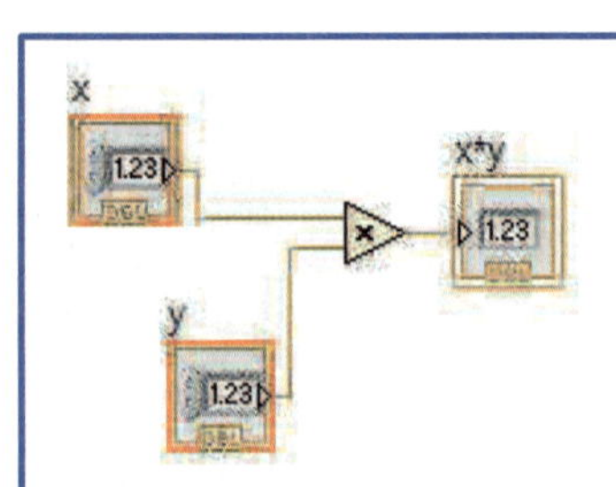

블록 다이어그램에 있는 아이컨들을 전부 또는 일부를 이동시키려면 마우스 왼쪽 버튼을 누른 채로 드래그한 후 버튼을 놓으면 아래처럼 선택한 범위가 점선으로 깜박이게 된다. 이때 다시 선택된 영역에서 마우스 왼쪽 버튼을 누른 채로 마우스를 원하는 위치로 이동시킨 후 마우스 버튼을 놓으면 이동이 완료된다.

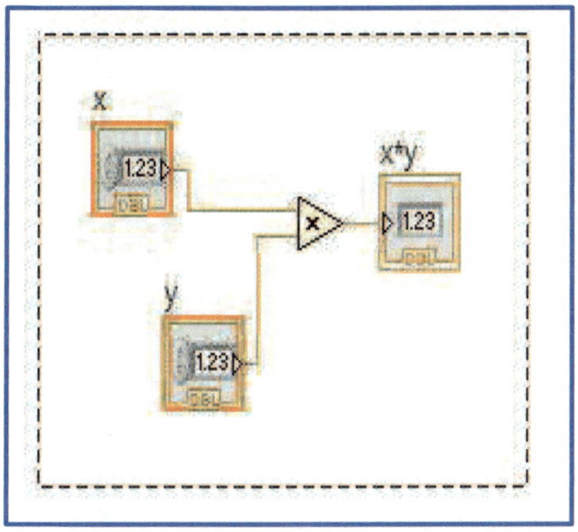

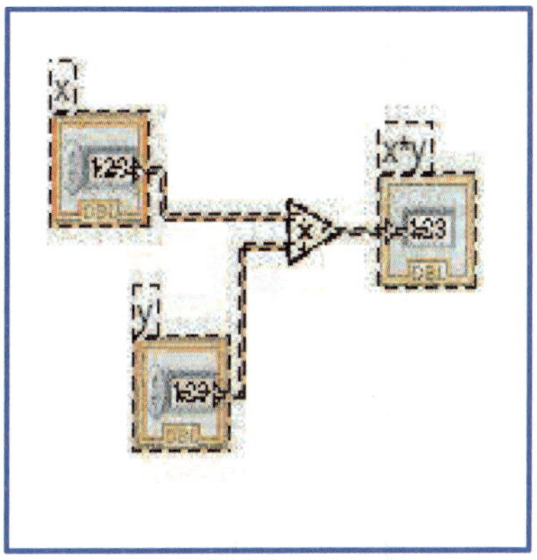

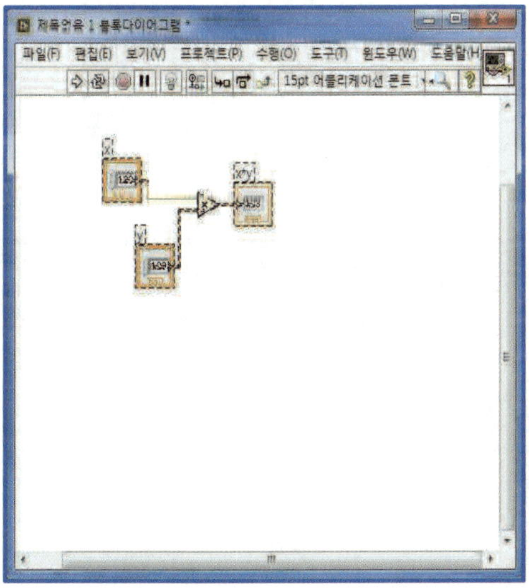

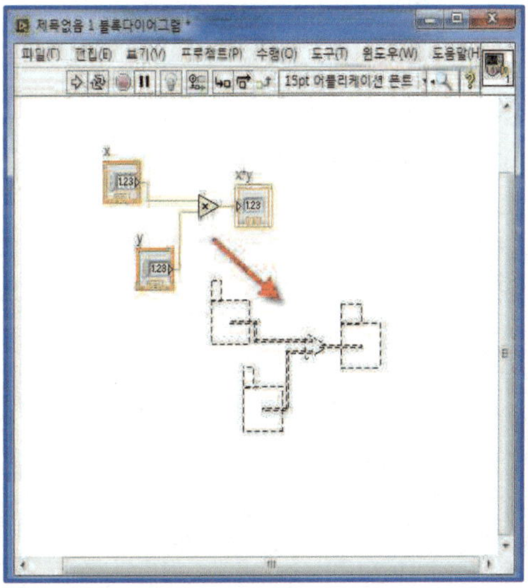

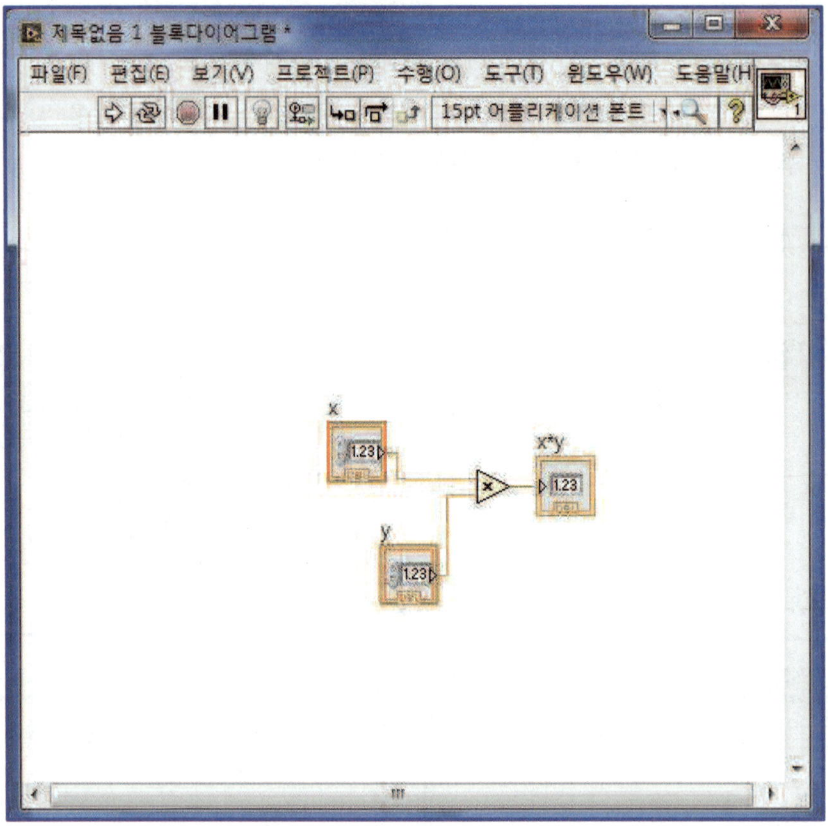

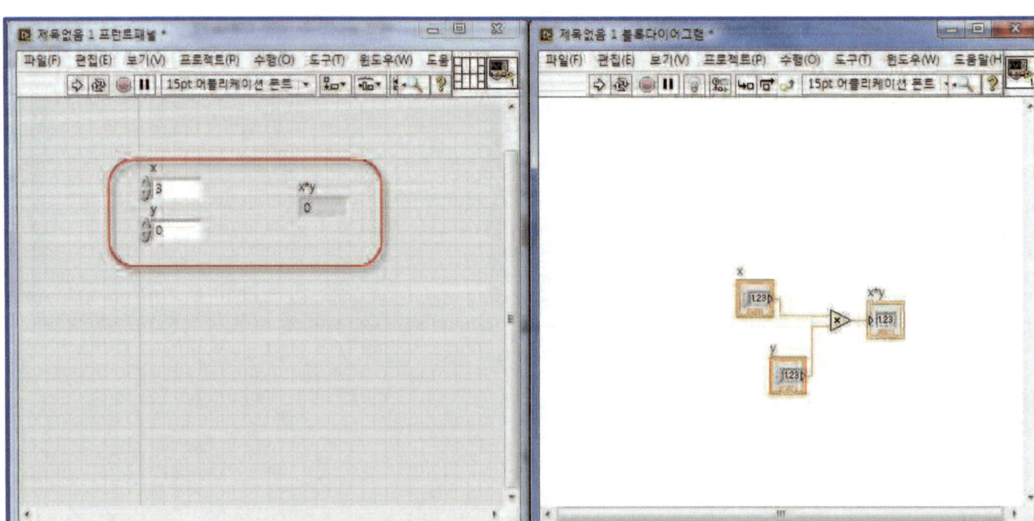

위의 프런트 패널에서 2개의 컨트롤과 하나의 인디케이터를 다이얼과 온도계로 변경하고자 한다면 다음과 같이 한다.

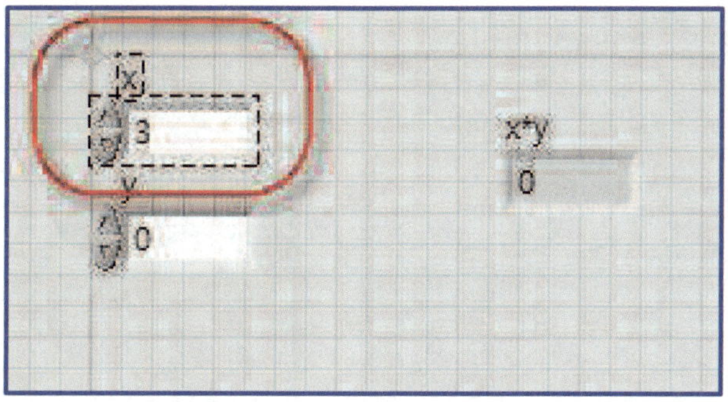

변경을 원하는 컨트롤을 선택하여 점선이 깜박일 때 마우스 우측 버튼을 눌러 대체 - 숫자형 - 다이얼을 선택하여 바꿔준다.

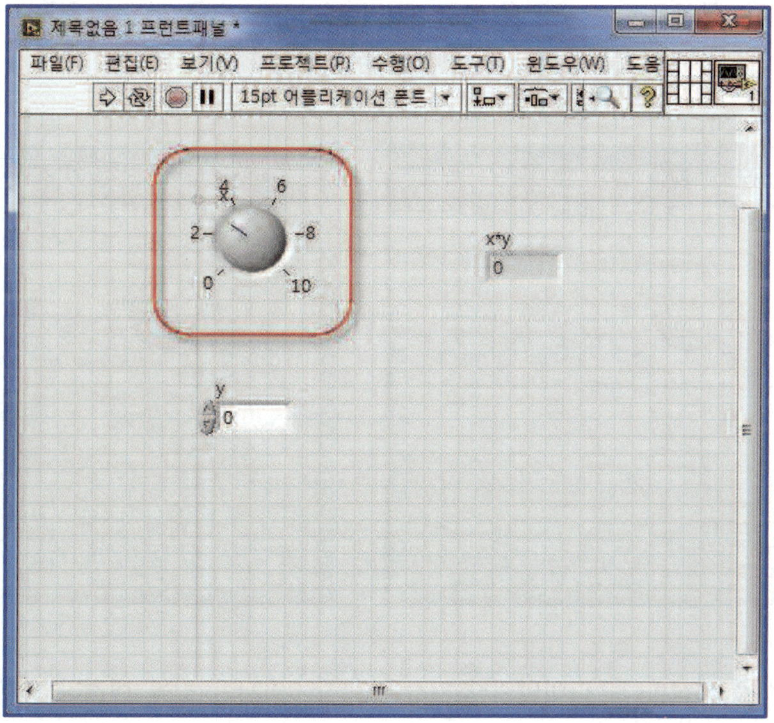

여기서 다이얼의 크기를 키우려면 아래와 같이 마우스 왼쪽 버튼을 눌러 선택한 후 마우스 커서를 다이얼 아이컨 위로 가까이 하면 파란색 점 4개가 보이는데 이 때 점하나를 선택하여 마우스 왼쪽 버튼을 누른 채로 드래그하면 크기를 키우거나 줄일 수 있다.

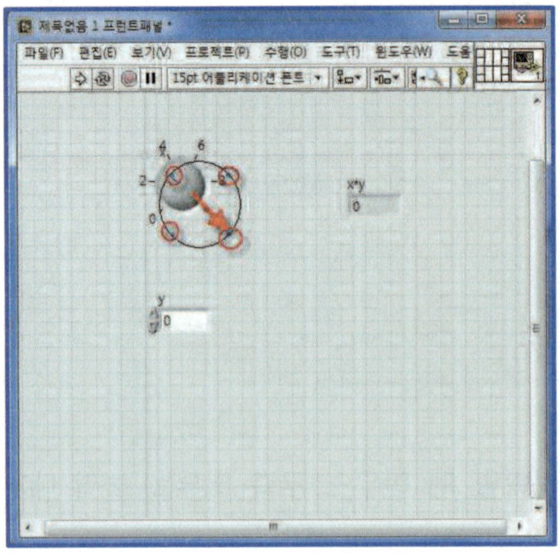

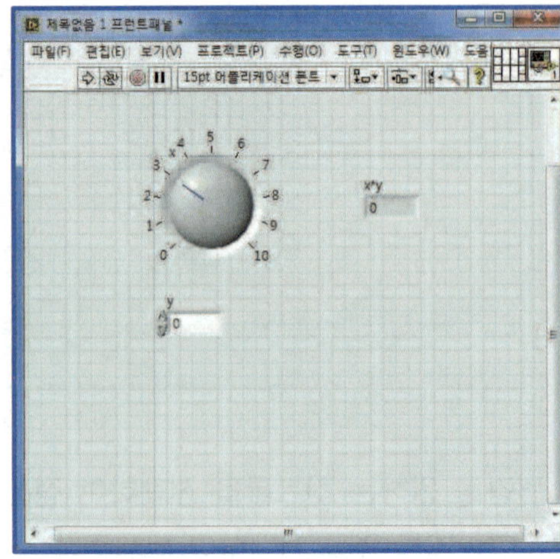

다이얼의 눈금에 보이는 숫자를 변경하려면 원하는 숫자를 마우스 왼쪽 버튼으로 클릭하여 바꾸려고 하는 값을 입력한 뒤 엔터를 누르면 전체 눈금이 변화된다.

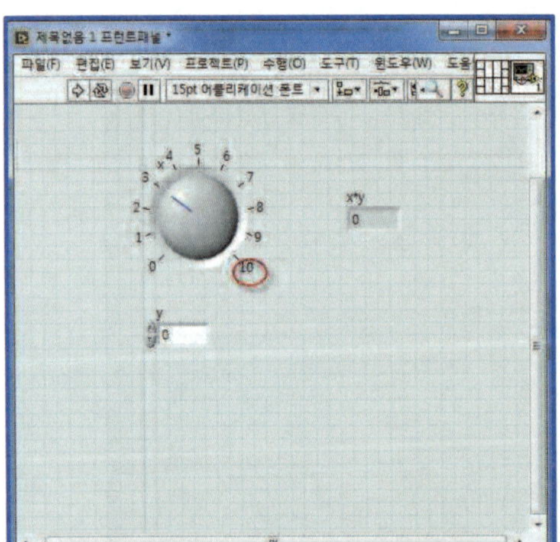

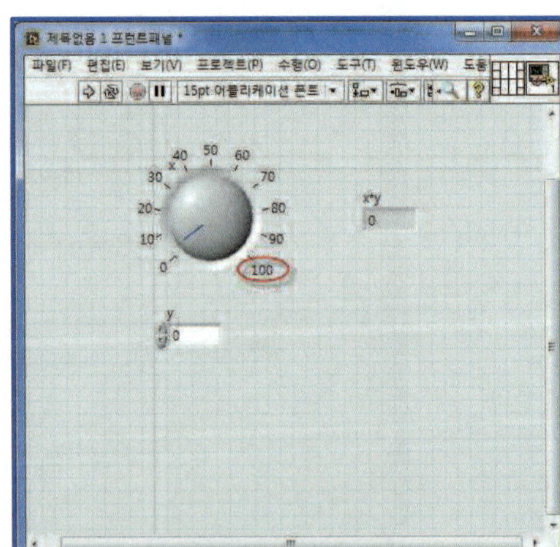

프로그램을 완성한 후 다이얼의 초기값은 항상 0이지만 값을 변경하고 프로그램을 시작할 때 자동으로 변경한 것이 초기값이 되어 시작되게 하려면 다음과 같이 값을 미리 움직여 변경시키거나 다이얼 위에서 마우스 오른쪽 버튼을 눌러 보이는 아이템 – 디지털 디스플레이를 눌러 디지털 디스플레이 값을 보이게 한 뒤 그곳 값을 더블 클릭한 후 새로운 값을 입력하면 변경된다. 이때 편집 – "현재값을 기본값으로"를 선택하면 프로그램을 실행할 때마다 별도로 값을 변경할 필요없이 변경한 값이 초기값으로 바뀐다.

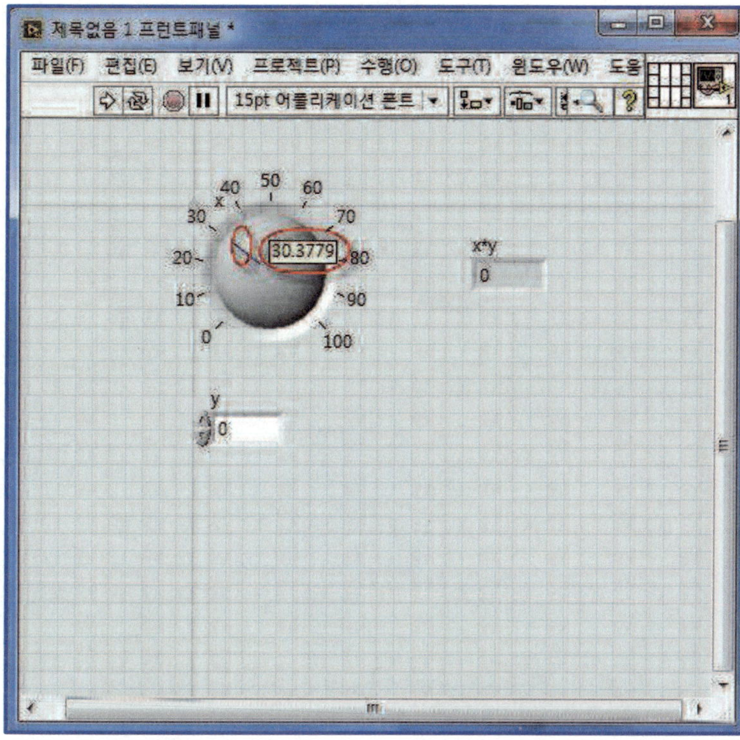
제목없음 1 프런트패널 *
파일(F) 편집(E) 보기(V) 프로젝트(P) 수행(O) 도구(T) 윈도우(W) 도움
15pt 어플리케이션 폰트
x
30.3779
x*y
0
y
0

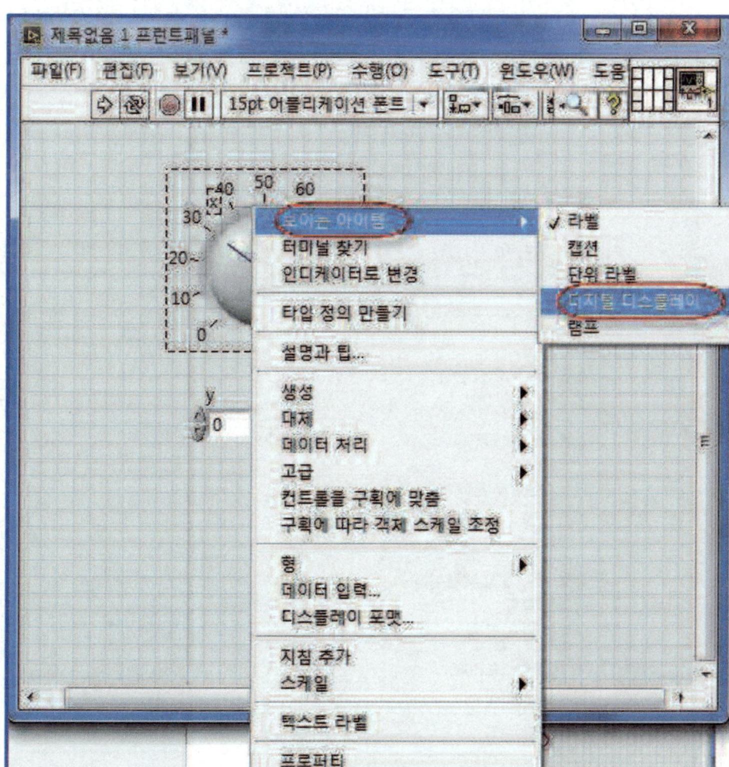
제목없음 1 프런트패널 *
파일(F) 편집(E) 보기(V) 프로젝트(P) 수행(O) 도구(T) 윈도우(W) 도움
15pt 어플리케이션 폰트
보이는 아이템
터미널 찾기
인디케이터로 변경
타입 정의 만들기
설명과 팁...
생성
대체
데이터 처리
고급
컨트롤을 구획에 맞춤
구획에 따라 객체 스케일 조정
형
데이터 입력...
디스플레이 포맷...
지침 추가
스케일
텍스트 라벨
프로퍼티
라벨
캡션
단위 라벨
디지털 디스플레이
램프

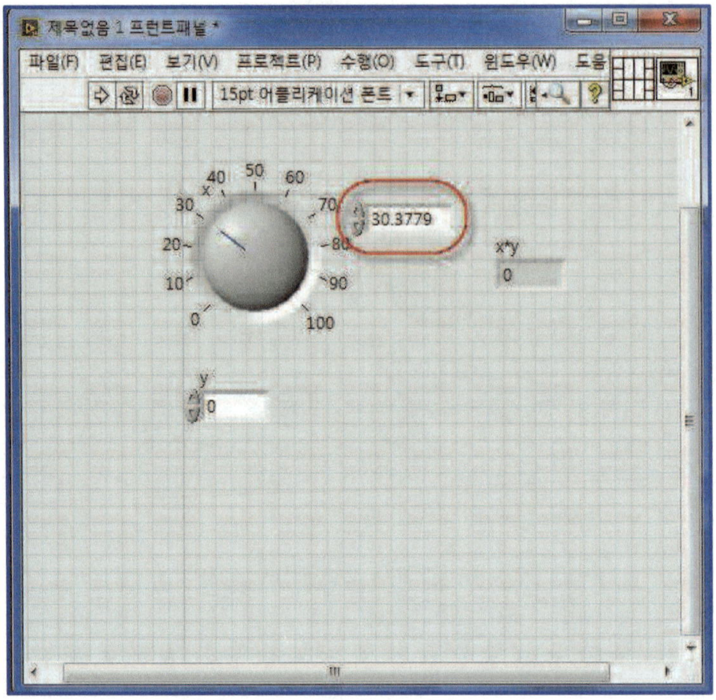
제목없음 1 프런트패널 *
파일(F) 편집(E) 보기(V) 프로젝트(P) 수행(O) 도구(T) 윈도우(W) 도움
15pt 어플리케이션 폰트
x
30.3779
x*y
0
y
0

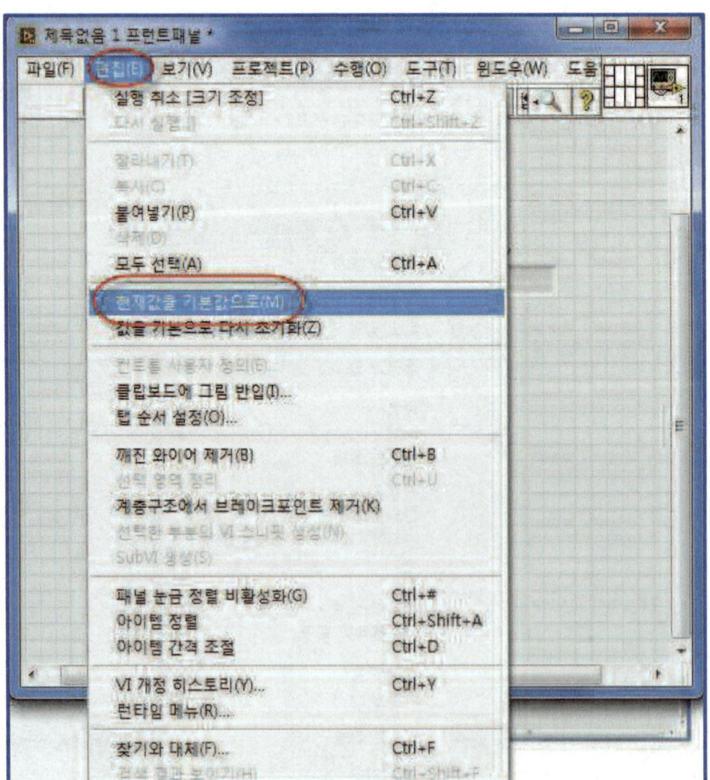
제목없음 1 프런트패널 *
파일(F) 편집(E) 보기(V) 프로젝트(P) 수행(O) 도구(T) 윈도우(W) 도움
실행 취소 [크기 조정] Ctrl+Z
불여넣기(P) Ctrl+V
모두 선택(A) Ctrl+A
현재값을 기본값으로(M)
값을 기본으로 다시 초기화(Z)
클립보드에 그림 반입(T)...
탭 순서 설정(O)...
깨진 와이어 제거(B) Ctrl+B
계층구조에서 브레이크포인트 제거(K)
패널 눈금 정렬 비활성화(G) Ctrl+#
아이템 정렬 Ctrl+Shift+A
아이템 간격 조절 Ctrl+D
VI 개정 히스토리(Y)... Ctrl+Y
런타임 메뉴(R)...
찾기와 대체(F)... Ctrl+F

다이얼의 0 부근의 눈금에 가까이 마우스 커서를 가져가면 커서가 아래와 같이 변할 때가 있다 이때 마우스 왼쪽 버튼을 누른 채로 다이얼 바늘이 회전하는 시계 방향으로 움직이면 다음과 같이 눈금 전체가 회전한다.

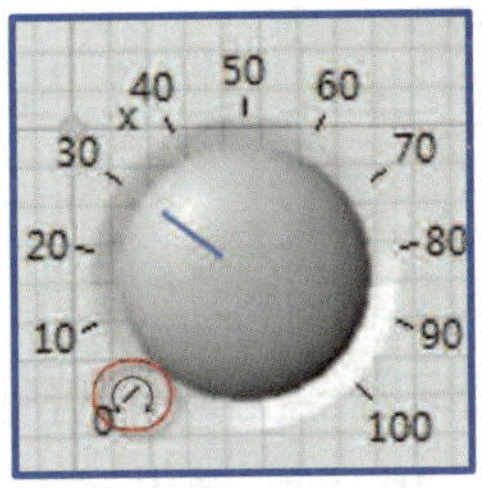

다이얼의 100 부근의 눈금에 가까이 마우스 커서를 가져가면 커서가 아래와 같이 변할 때가 있다 이때 마우스 왼쪽 버튼을 누른 채로 다이얼 바늘이 회전하는 시계 방향으로 움직이면 다음과 같이 눈금 전체가 회전한다.

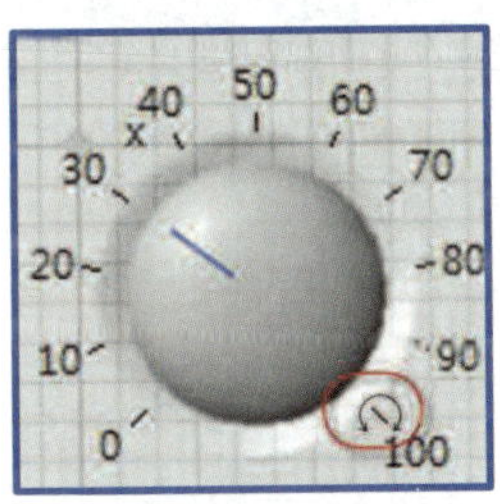

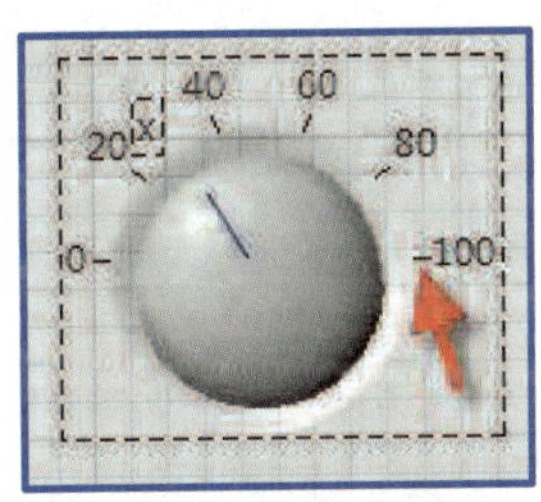

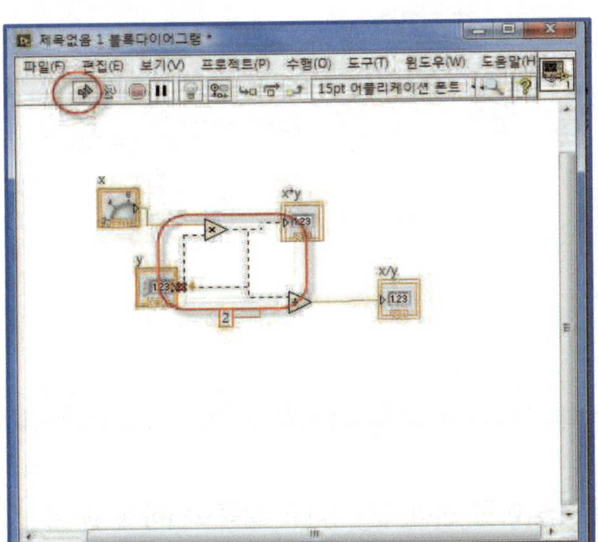

프로그램의 일부에 문제가 있어 연결된 선이 깨지고 아래 그림의 x부분과 같이 에러의 원인이 지목되면 수정이 필요하다.

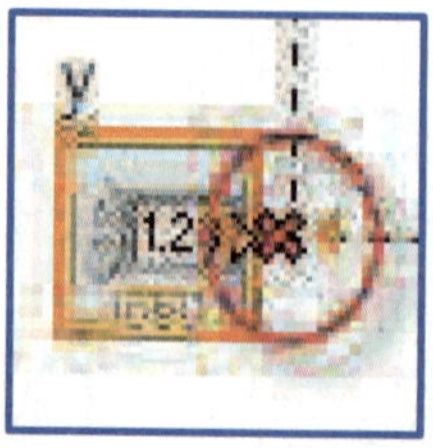

연결된 선이 빨간 색의 X값과 점선으로 변화되면 점선 하나하나 마우스 왼쪽 버튼으로 선택하여 삭제함으로 하나씩 없앨 수 있고, ctrl+B를 눌러 한꺼번에 지울 수도 있다. 다만 한꺼번에 없애면 모든 선들을 다시 연결해야 하는 어려움이 있으므로 가능하면 ctrl+Z로서 오류를 일으키기 직전의 상태로 돌아가면 원인을 하나씩 해결함으로써 손쉽게 오류를 회복할 수 있다.

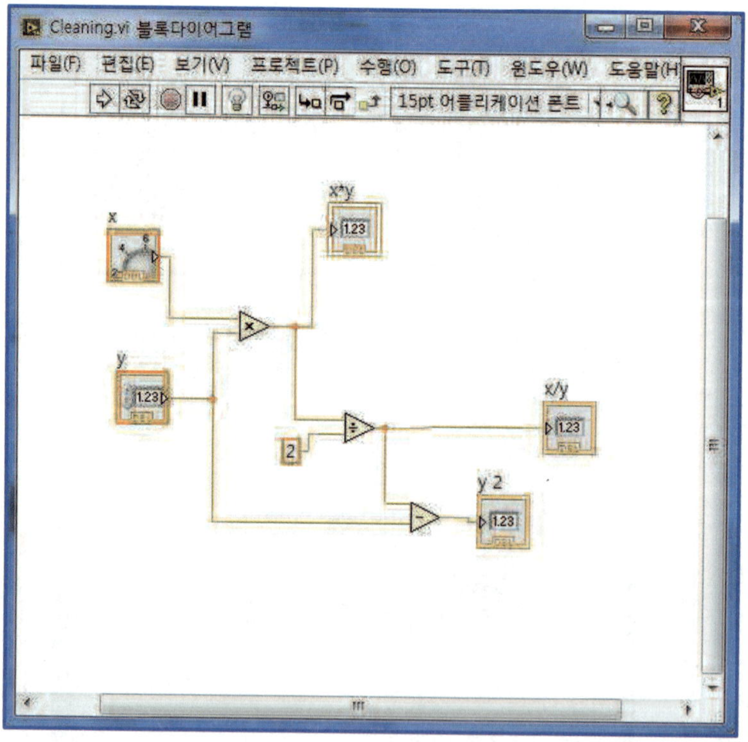

위의 프로그램을 가능하면 선이 덜 꺽이고 일목요연하게 볼 수 있게 해야 한다. 이것을 손쉽게 해주는 것이 다음의 다이어그램 정리이다.

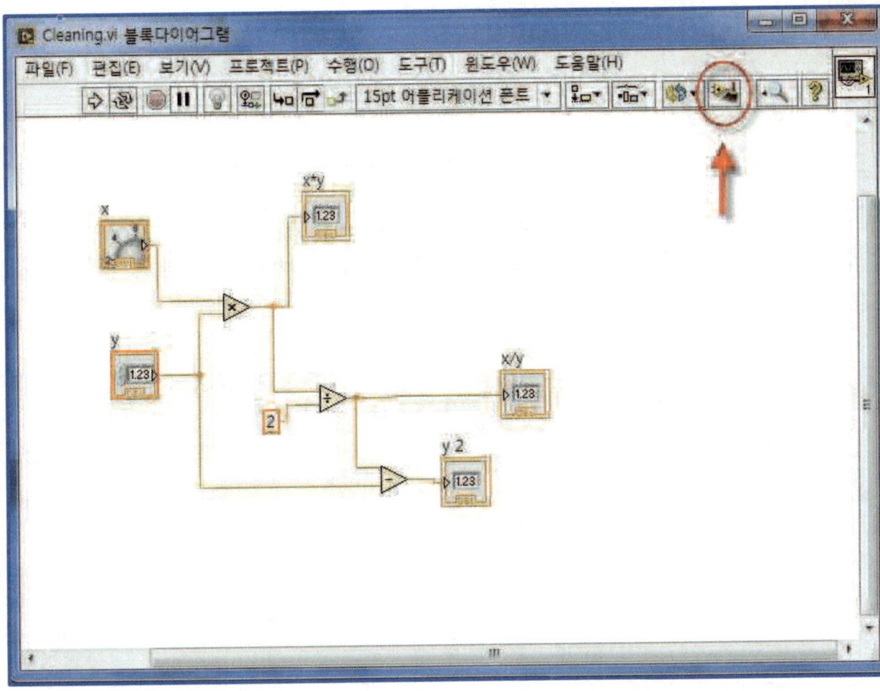

다이어그램 정리 버튼을 누르면 한번에 아래와 같이 프로그램의 선이 간단하게 펼쳐지며 정리된다.

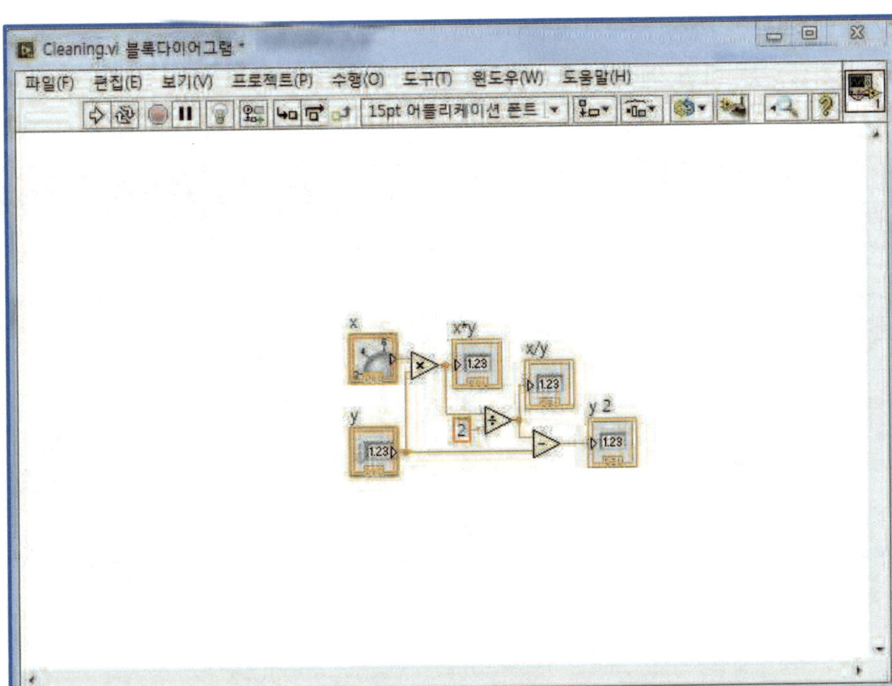

3.2 Debugging Techniques

▶ 에러 열기

프로그램 하다보면 완성 상태가 되기 전에는 실행 버튼이 깨진 것을 볼 수 있다. 때로는 정상적으로 프로그램 되어 실행버튼이 보이는 상황에서도 새로이 기능을 추가하거나 수정할 때 아이컨 사이에 선을 연결하는 과정에서 실행 버튼이 다음과 같이 깨지는 것을 보게 된다.

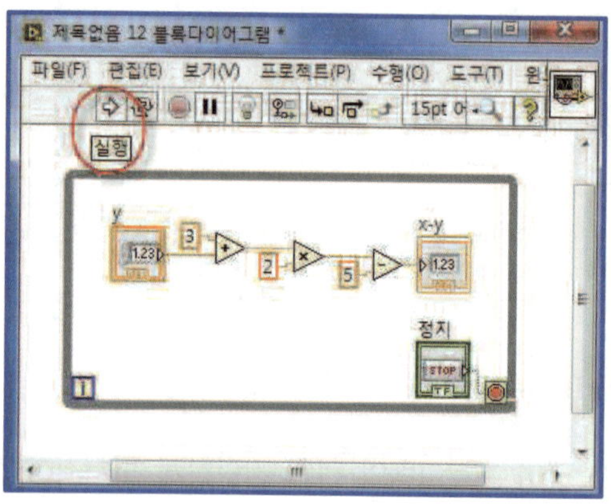

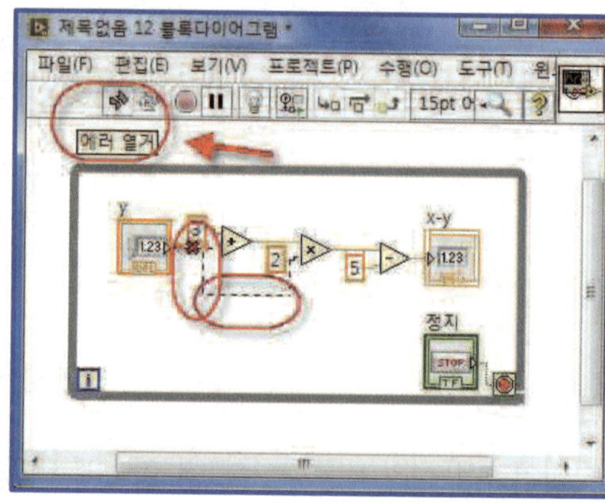

이때 위의 화살표를 보면 왼쪽의 실행 버튼과 달리 오른쪽에서는 프로그램에 점섬이 보이고 실행 버튼은 깨진 채로 바뀌어 여러 열기로 보이게 된다.

에러 열기를 클릭하면 에러가 있는 곳을 손쉽게 찾게 된다.

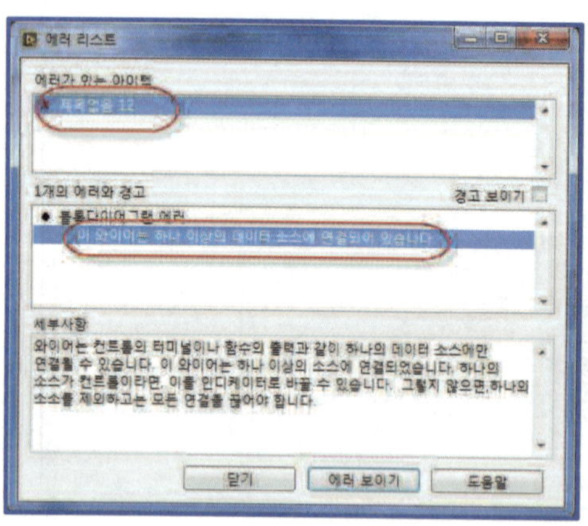

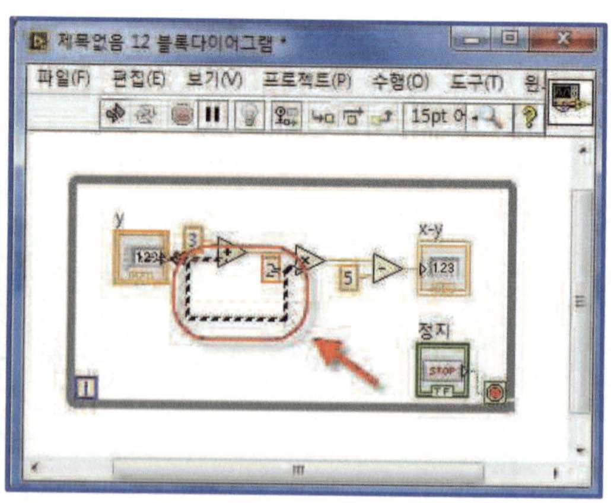

▶프로브

프로브는 프로그램 내의 선위에 데이터를 보고자 하는 곳에 놓으면 된다.

프로브 아이콘은 아래와 같이 도구 팔레트에 있다. 이것은 마치 일반 회로 동작시 오실로스코프로 원하는 부분의 값을 프로브로 볼 수 있는 기능과 같다.

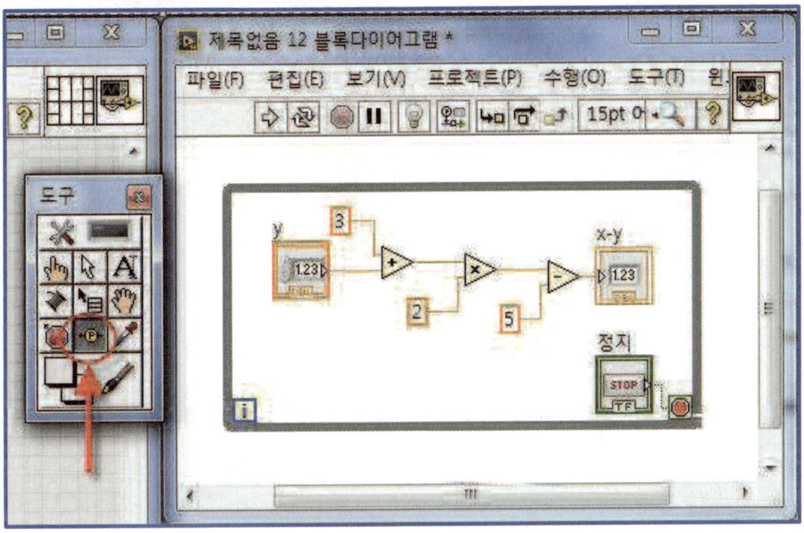

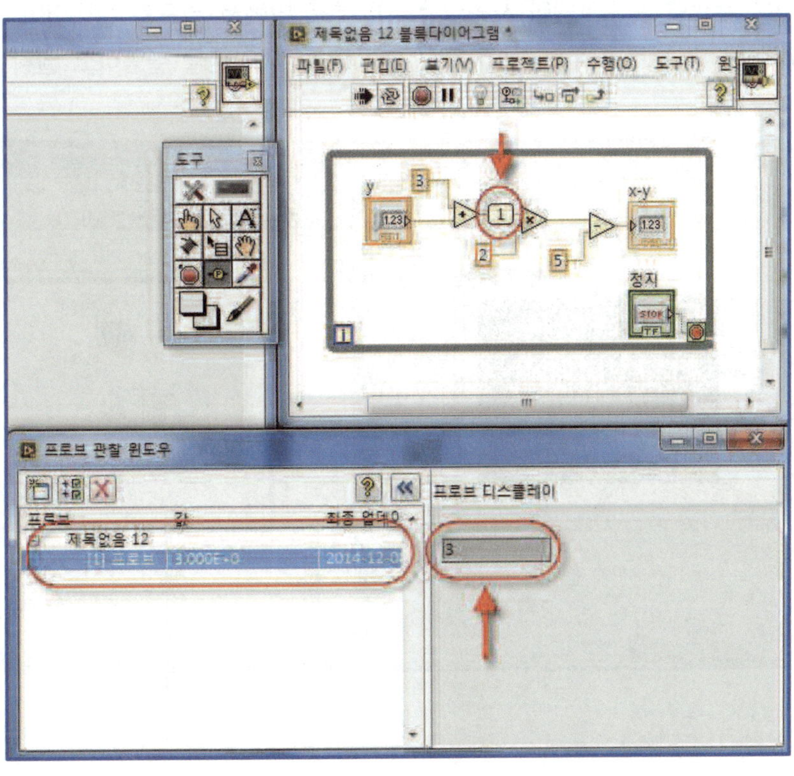

▶단계별 실행

단계별 실행에는 다음 3가지가 있다. 들어가기, 건너뛰기, 나오기 등이다.

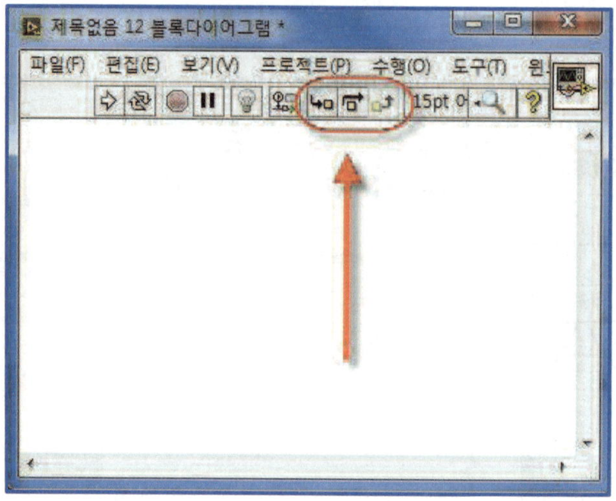

▶들어가기(N)

들어가기를 누르면 프로그램이 자동실행되어 루프 밖에서 루프를 깜박이며 일시정지 상태로 된다. 한번 더 누르면 루프 안에 가장 왼쪽 위의 아이템을 실행하고 일시 정지한다.

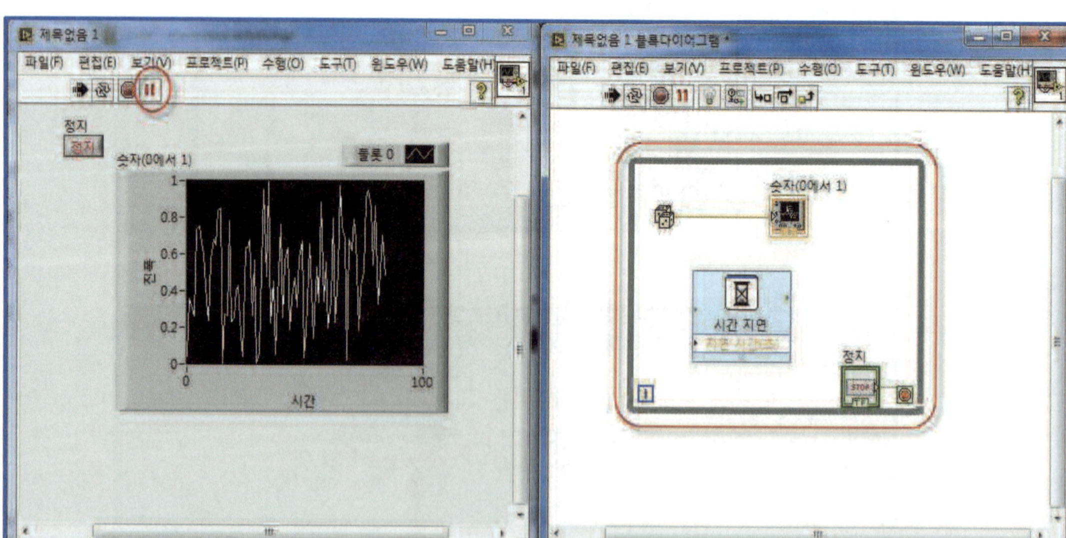

▶ 건너뛰기(V)

건너뛰기를 선택하면 위의 일시정지 상태를 빠져나와 다음 아이템에서 일시정지하고 있다. 계속해서 한번 씩 누를 때마다 그 다음 아이템에서 정지한다.

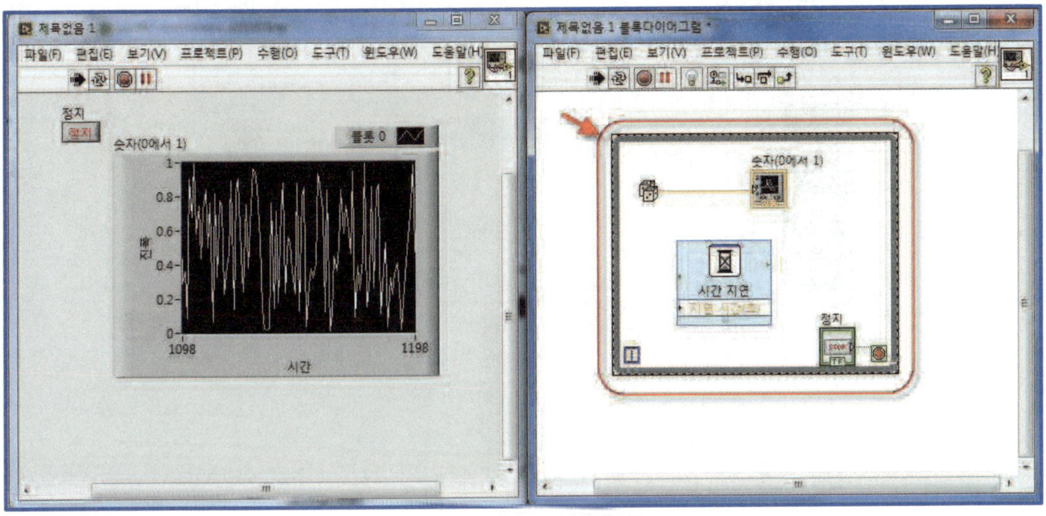

▶ 나오기(E)

나오기를 누르면 루프 안에서 빠져나와 계속 실행한다.

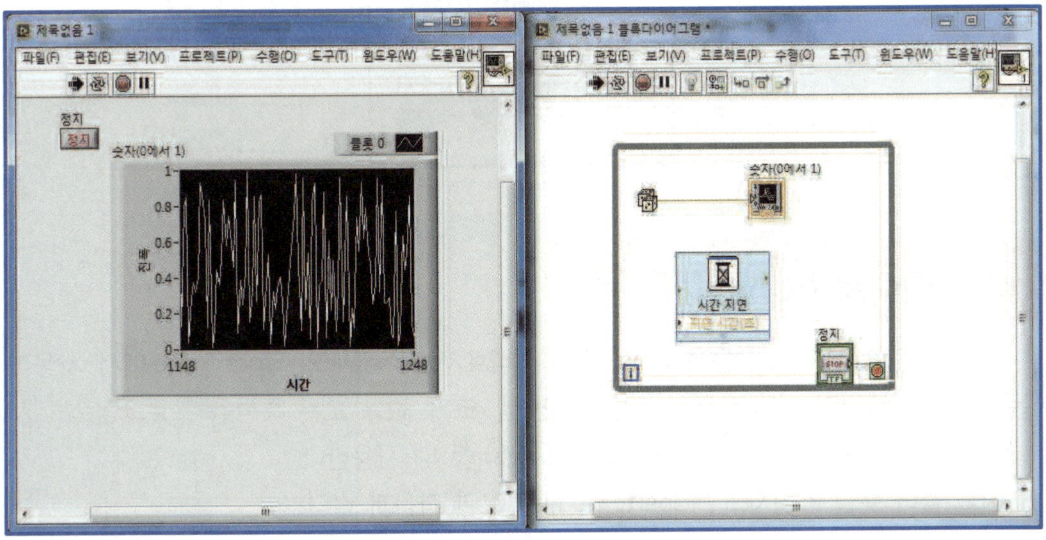

▶브레이크 포인트(B)

브레이크 포인트를 원하는 곳의 와이어에 설치하면 프로그램 실행 중 그곳에서 정지한다.

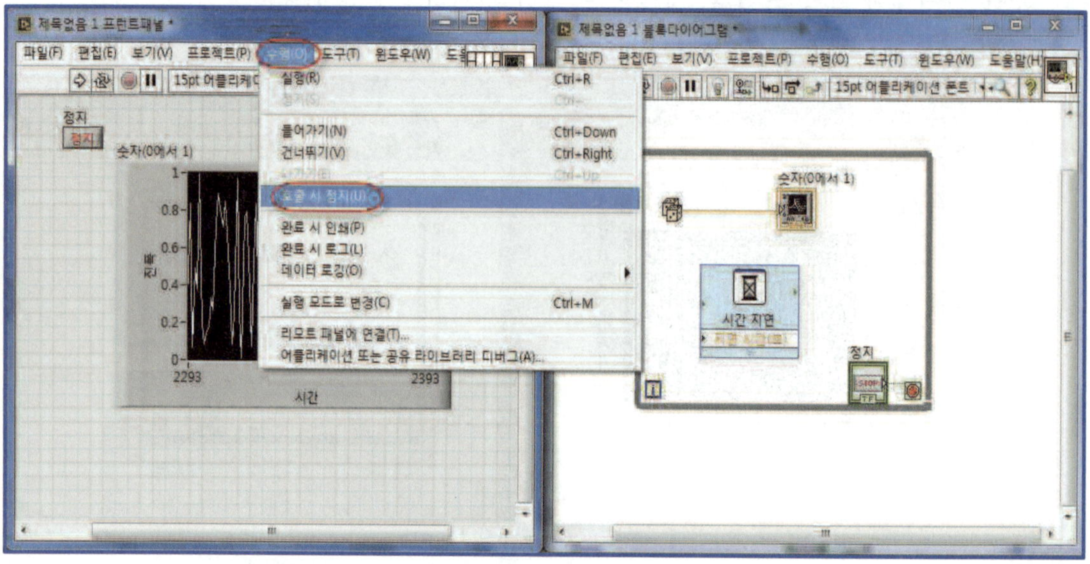

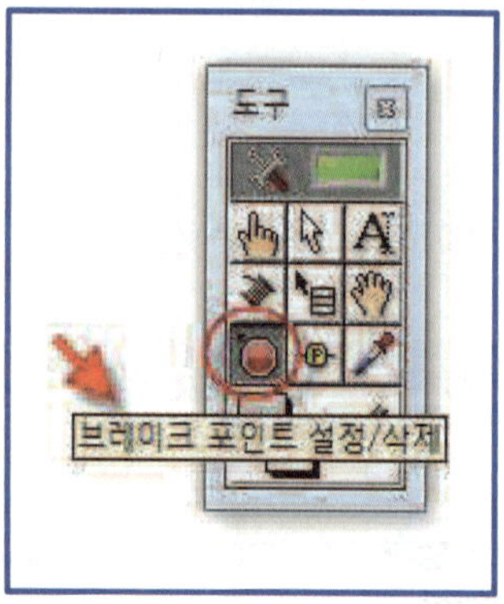

3.3 Property Node

Property란 LabVIEW의 응용 기능 중의 하나로서 LabVIEW의 Front panel에서 사용하는 각종 입, 출력기에 대한 특성, 예를 들면 색, 크기, 값등 모든 특성을 프로그램 내에서 실행 중에 변화시키고자 한다면 property를 제어할 때 사용한다.

예를 들어 토글 스위치의 Property node를 보면 다음과 같다.

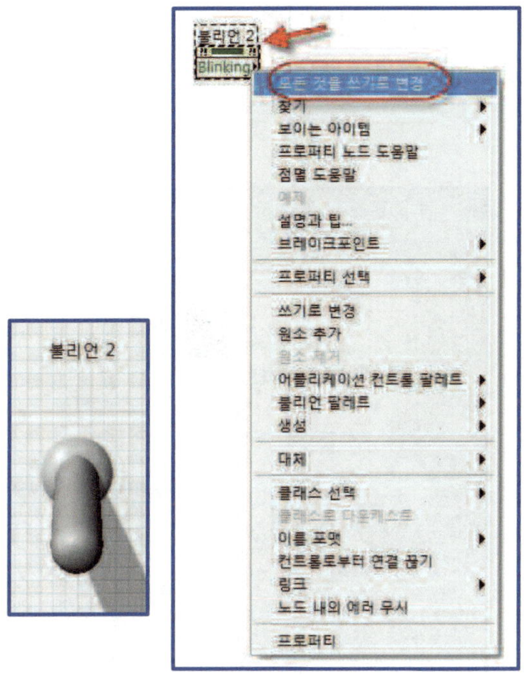

Property를 생성시키는 방법은 다음과 같다.

예제 Property Node 생성

우선 다음과 같은 예제를 실행하자. 여기에서는 프런트 패널 상의 임의의 위치에 사각 LED를 생성하고 비활성화 다이얼로 불리언을 활성화시키며, 버튼 크기 다이얼로는 사각 LED의 폭과 높이를 조절하는 기능이다. 방법은 다음과 같다.

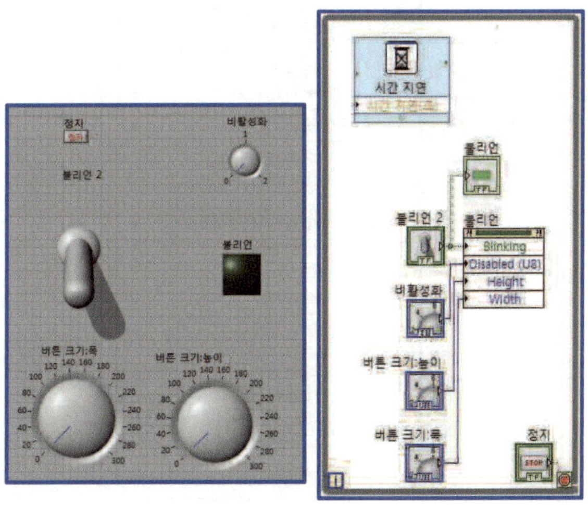

사각LED를 프로그램 실행 중에 깜박이게 하는 Property Node를 만들려면 마우스 커서를 사각LED 위에 있을 때 마우스 우측 버튼을 눌러 생성 - Property node - 점멸을 선택한다.

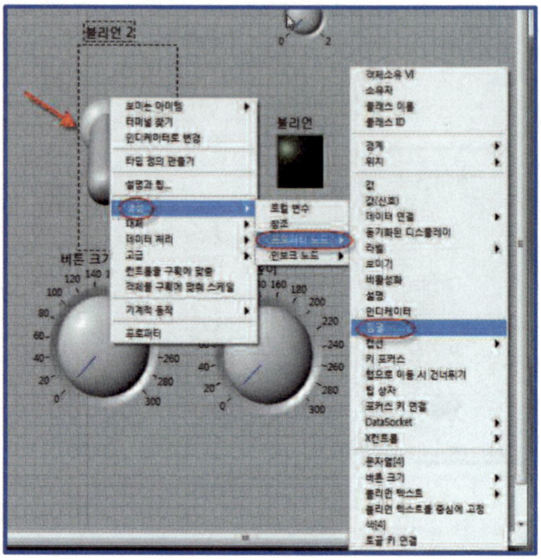

이때 처음 만들어진 Property node는 모두 읽기 전용 상태이므로 다음과 같이 쓰기로 변경하여야 한다.

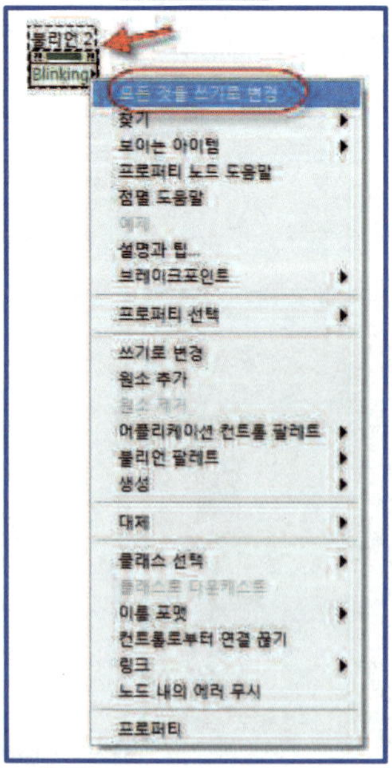

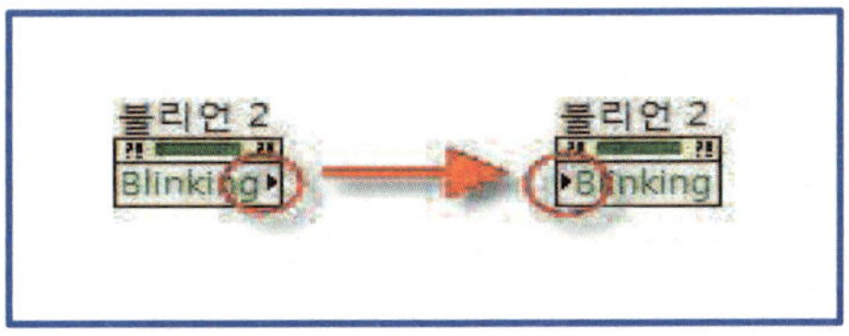

불리언의 property node를 추가하려면 마우스 우측 버튼을 눌러 원소추가를 하거나 다음 그림과 같이 property node 박스의 아래를 선택하여 드래그하면 원소가 추가된다.

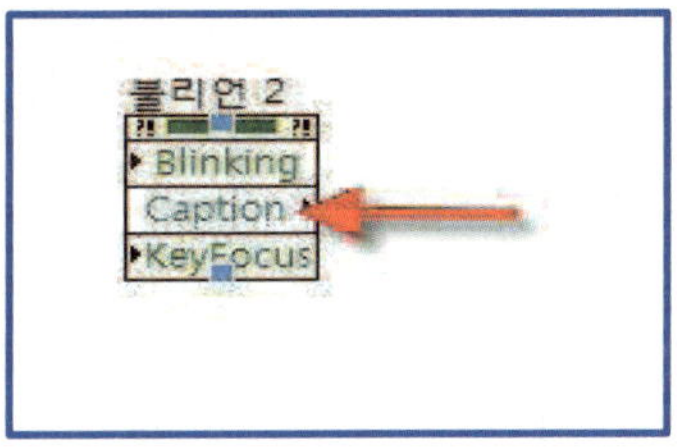

이때 자동으로 만들어진 Property node는 다음과 같이 원하는 Property node를 선택함으로 변경시킬 수 있다.

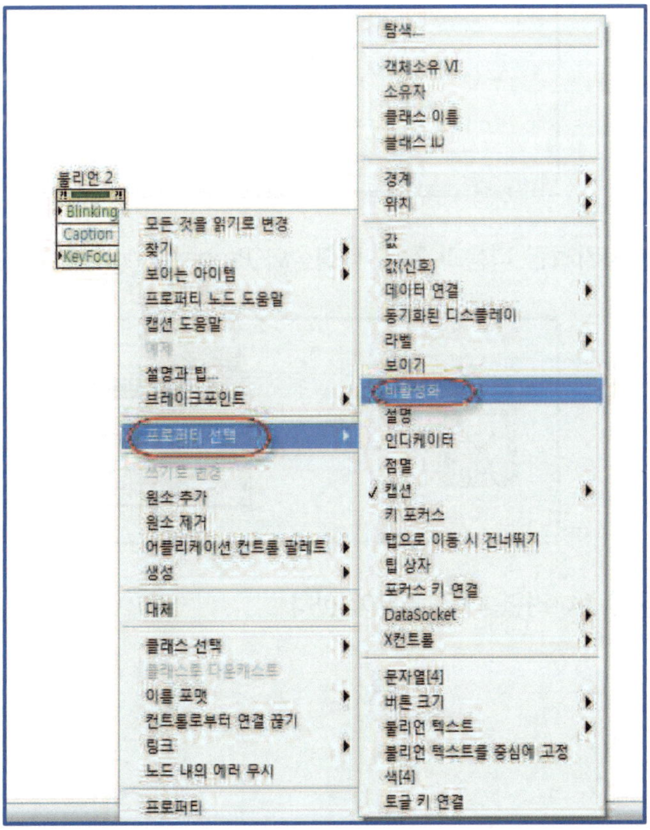

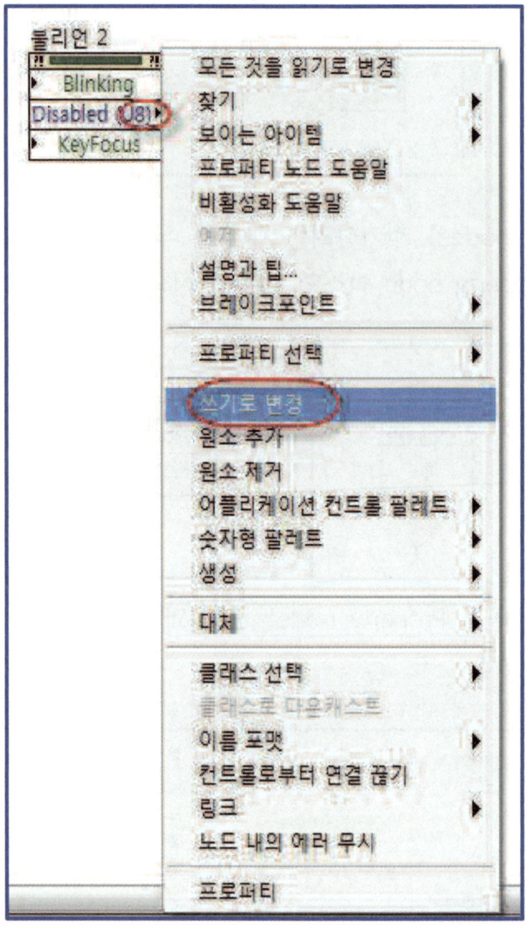

또 비활성화를 시키려면 다음과 같이 비활성화 Property node를 추가한다.

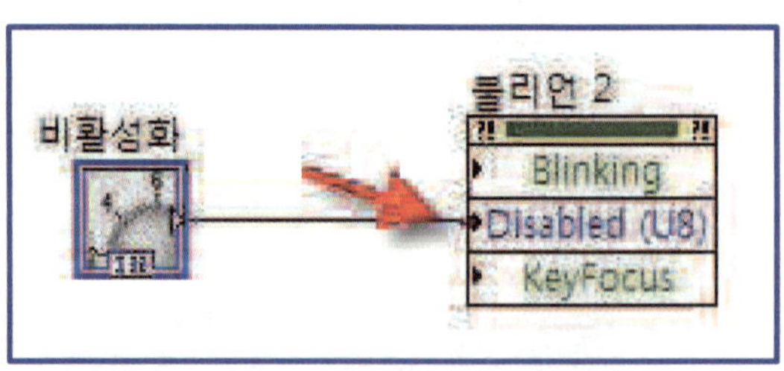

버튼의 크기를 추가하려면 다음과 같이 한다.

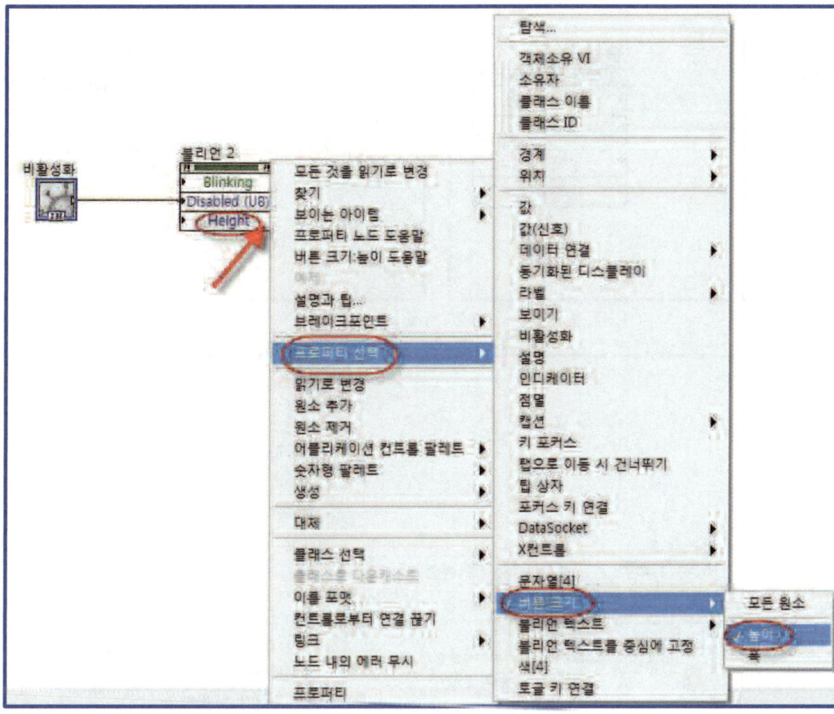
비활성화
불리언 2
Blinking
Disabled (U8)
Height
모든 것을 읽기로 변경
찾기
보이는 아이템
프로퍼티 노드 도움말
버튼 크기:높이 도움말
예제
설명과 팁...
브레이크포인트
프로퍼티 선택
읽기로 변경
원소 추가
원소 제거
어플리케이션 컨트롤 팔레트
숫자형 팔레트
생성
대체
클래스 선택
클래스로 다운캐스트
이름 포맷
컨트롤로부터 연결 끊기
링크
노드 내의 에러 무시
프로퍼티
탐색...
객체소유 VI
소유자
클래스 이름
클래스 ID
경계
위치
값
값(신호)
데이터 연결
동기화된 디스플레이
라벨
보이기
비활성화
설명
인디케이터
점멸
캡션
키 포커스
탭으로 이동 시 건너뛰기
팁 상자
포커스 키 연결
DataSocket
X컨트롤
문자열[4]
버튼 크기
불리언 텍스트
불리언 텍스트를 중심에 고정
색[4]
토글 키 연결
모든 원소
높이
폭

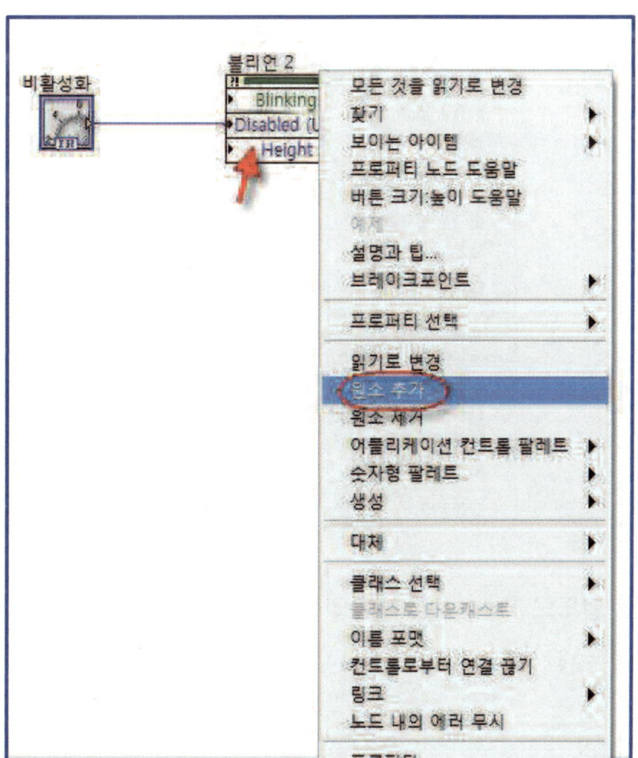
비활성화
불리언 2
Blinking
Disabled (U
Height
모든 것을 읽기로 변경
찾기
보이는 아이템
프로퍼티 노드 도움말
버튼 크기:높이 도움말
예제
설명과 팁...
브레이크포인트
프로퍼티 선택
읽기로 변경
원소 추가
원소 제거
어플리케이션 컨트롤 팔레트
숫자형 팔레트
생성
대체
클래스 선택
클래스로 다운캐스트
이름 포맷
컨트롤로부터 연결 끊기
링크
노드 내의 에러 무시
프로퍼티

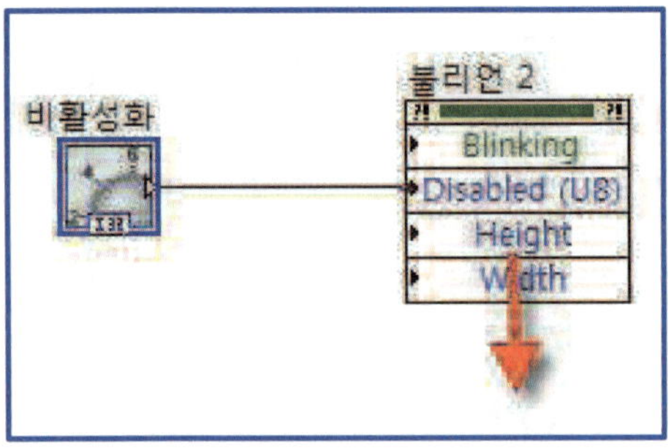

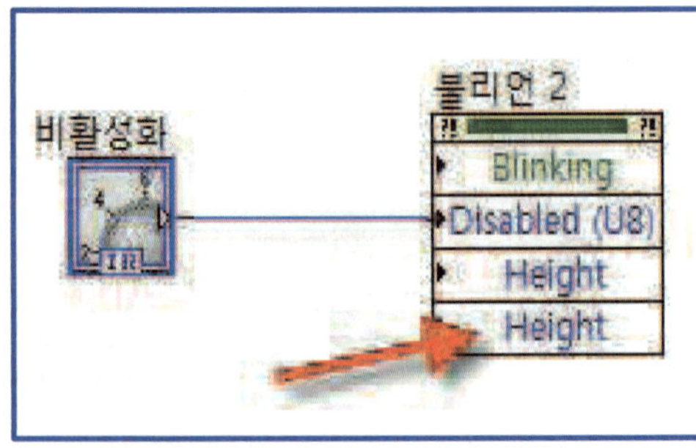

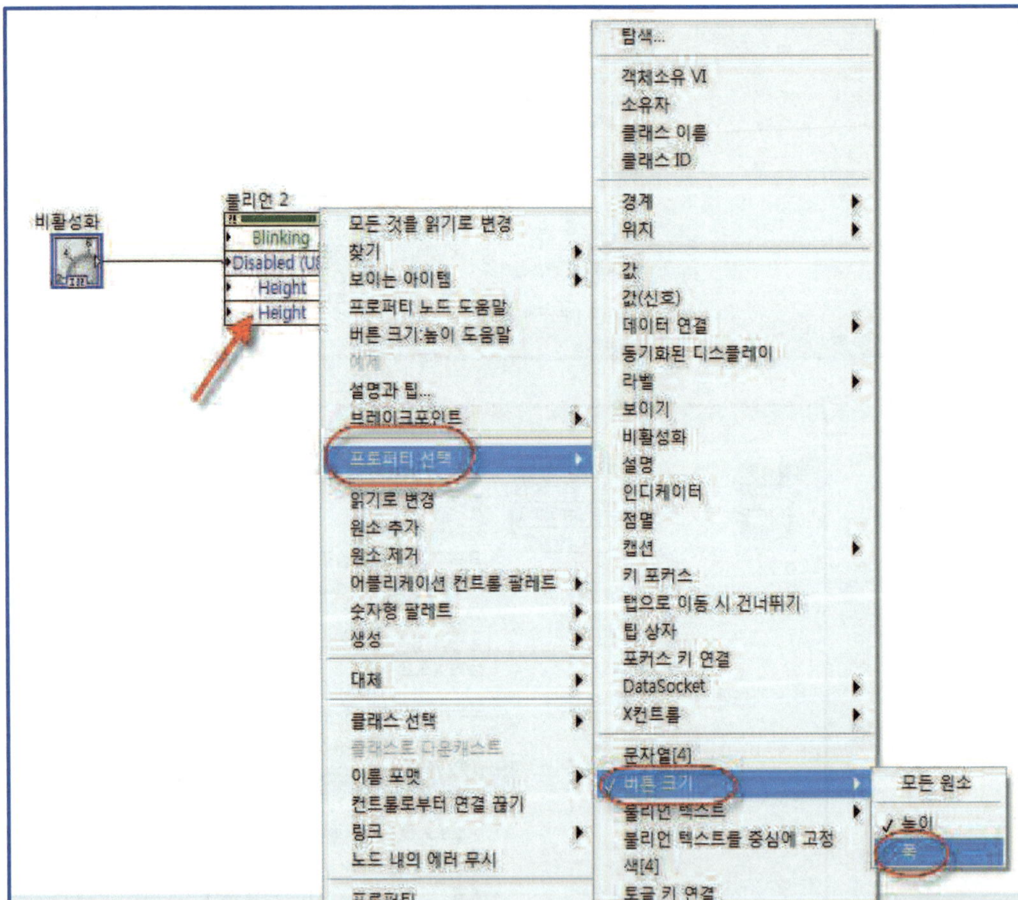

원소추가를 하면 별도로 Property node의 값을 변경해야하지만 드래그를 사용하면 원하는 특성이 자동으로 생성된다.

3.4 단축키 (Shortcuts)

프로그램을 빠르게 작성하기 위해서는 단축키를 사용하면 좋다.

단축키는 다음과 같다. 예를 들어 새VI를 열려면 "ctrl + N", 창을 정렬하려면 "ctrl + T", 깨진 와이어를 한번에 없애려면 "ctrl + B"를 누르면 된다.

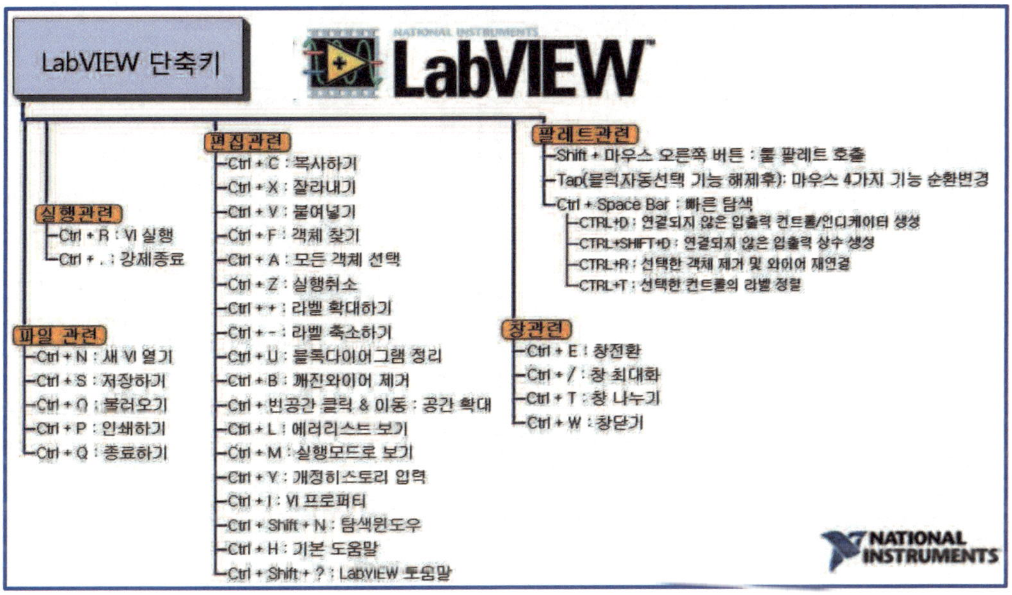

연습문제

연습문제 3-1) 다음과 같이 블록 다이어그램을 만들고 선을 연결하고 와이어 정리를 이용하여 선이 자동으로 정리되도록 하여라.

아래와 같이 하면 선이 자동으로 펴지는 것을 볼 수 있다.

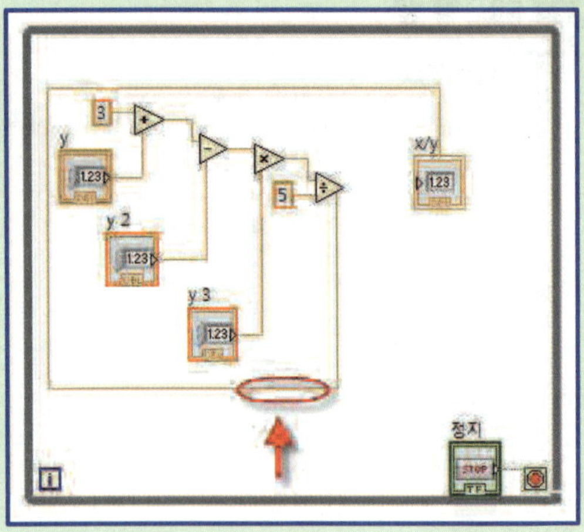

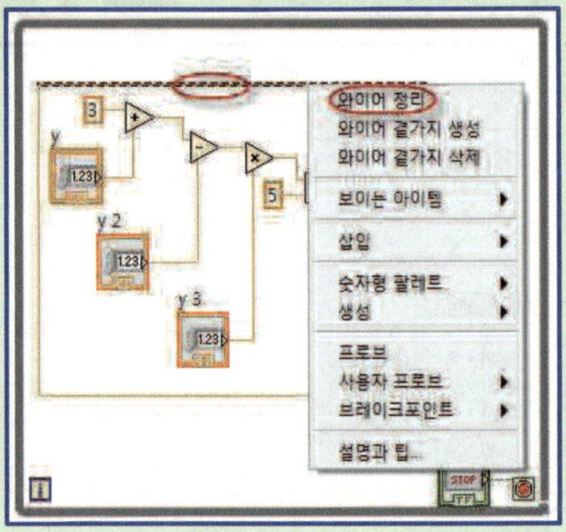

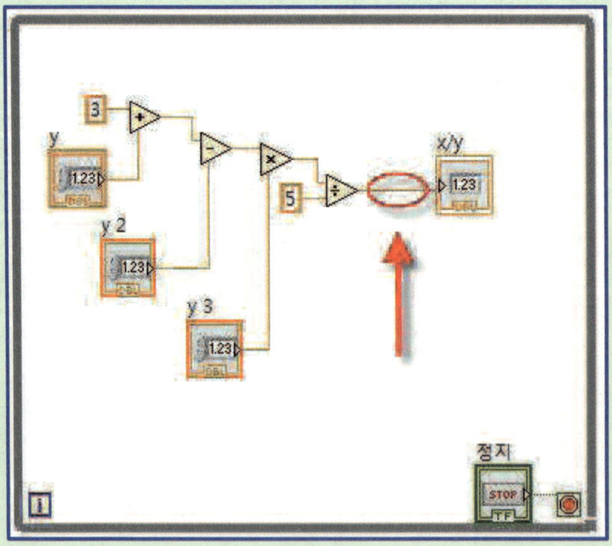

연습문제 3-2) 프러퍼티 노드를 사용하여 프로그램 실행 중에 chart의 배경색을 바꾸어라.

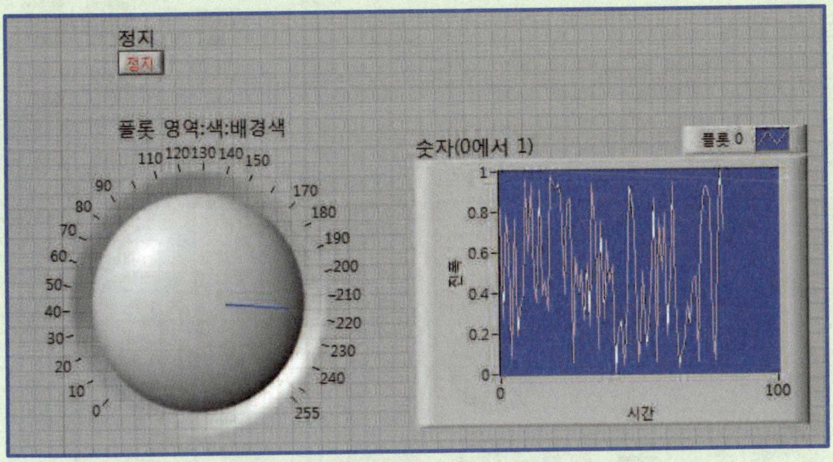

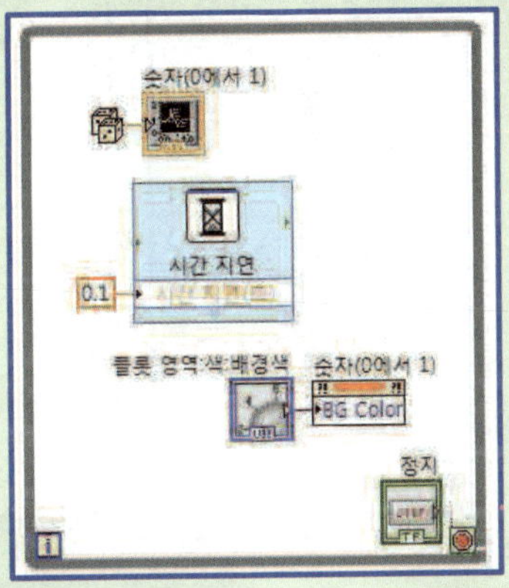

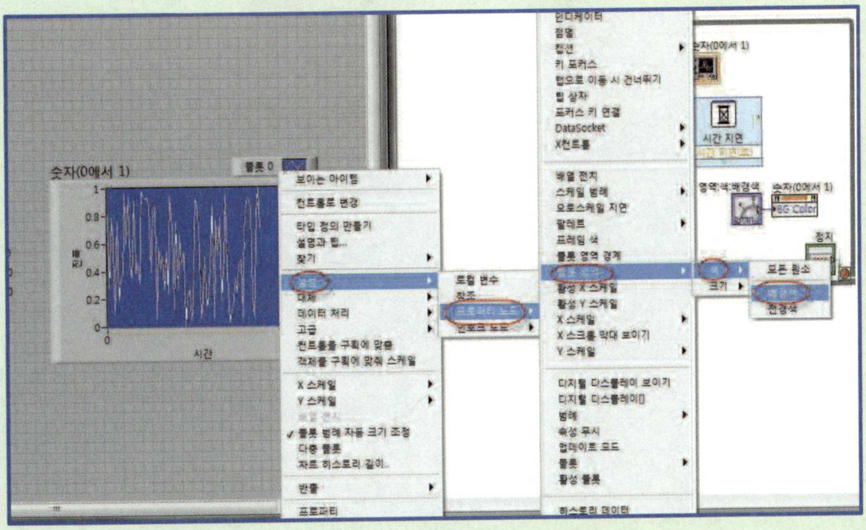

연습문제 3-3) 사각 LED를 점멸하며 위치를 바꾸도록 하자.

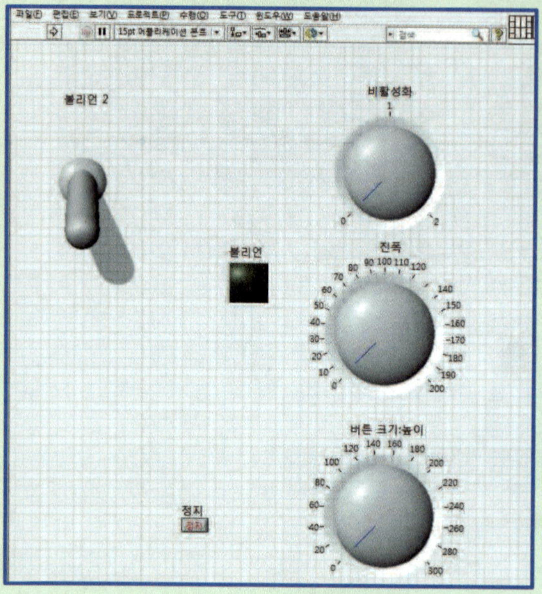
불리언 2
비활성화
불리언
진폭
버튼 크기:높이
정지

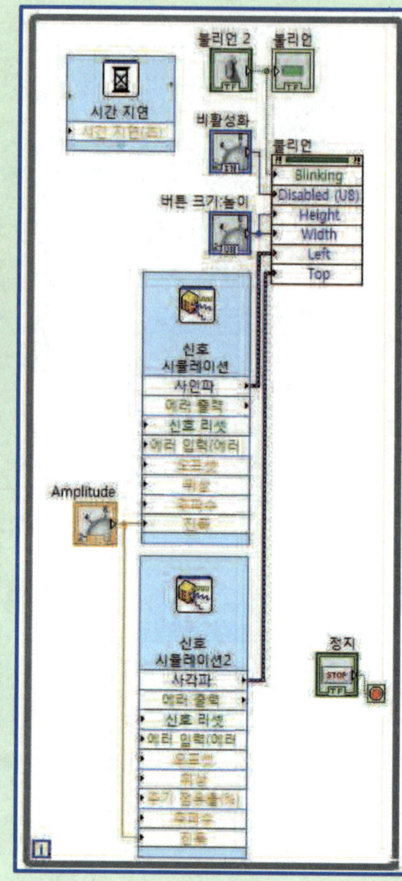
시간 지연
불리언 2
불리언
비활성화
불리언
Blinking
Disabled (U8)
Height
Width
Left
Top
버튼 크기:높이
신호 시뮬레이션
사인파
에러 출력
신호 리셋
에러 입력(에러
Amplitude
신호 시뮬레이션2
사각파
에러 출력
신호 리셋
에러 입력(에러
정지

4 Sub VI

4.1 Sub VI란?

Sub VI란 다른 프로그램에서는 Sub routine이라고 하는 것으로서, 일반적으로 프로그램 상에서 특정한 일을 반복하여 실행해야 할 경우 동일한 기능을 별도의 파일로 만들어 관리하며 필요할 때마다 불러서 사용하는 것이다. Sub VI를 만드는 방법은 처음부터 새로 프로그램을 작성한 후 드래그하여 만들 수도 있고 기존의 프로그램을 열어 일부만 드래그로 선택하여 만들 수도 있다.

다음 프로그램은 X, Y를 입력으로 하여 X+Y 와 X-Y를 구하는 것이다.

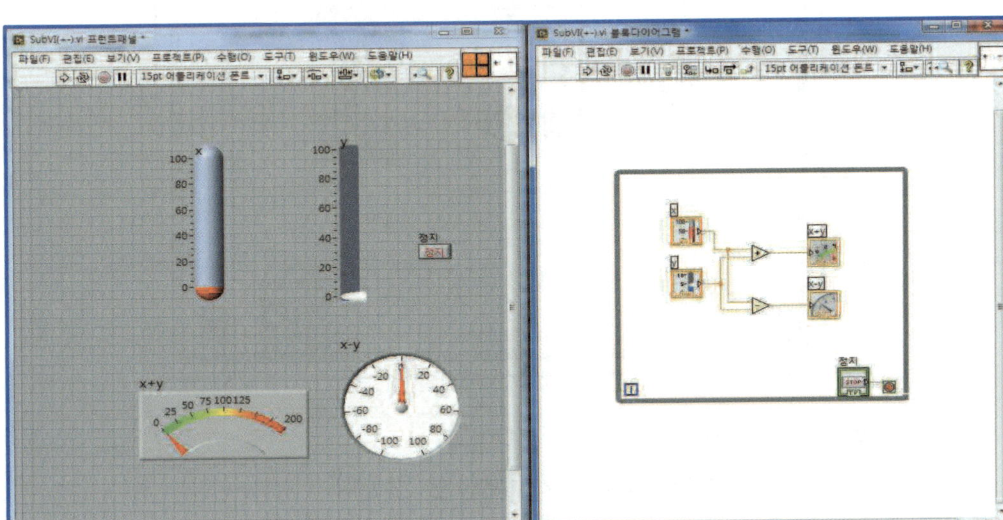

While Loop 내의 프로그램을 Sub VI로 만들기 위해서는 아래 부분을 드래그한다.

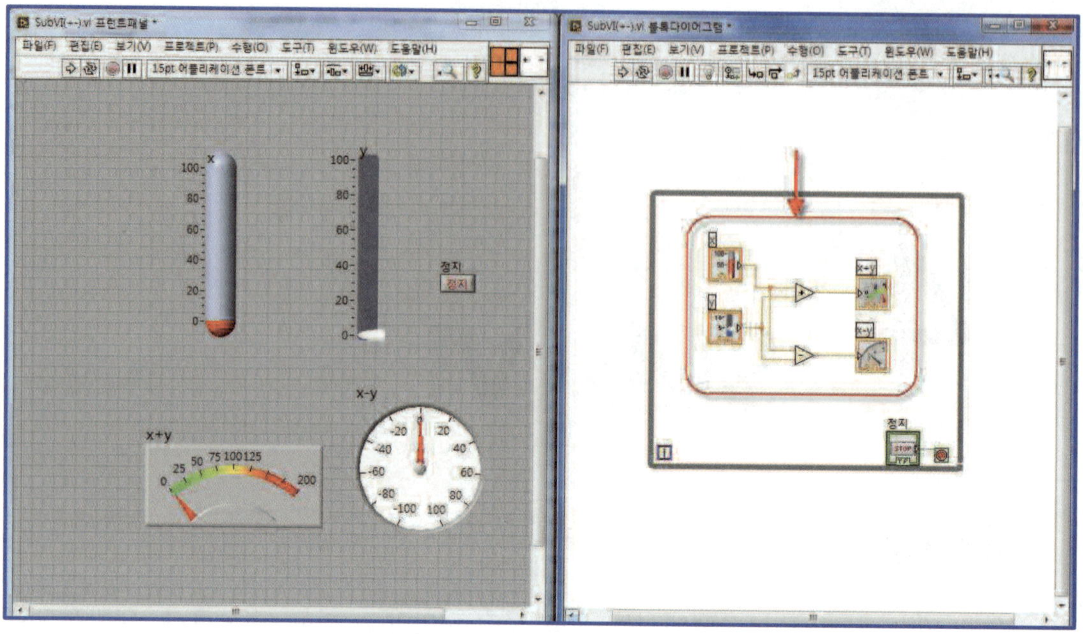

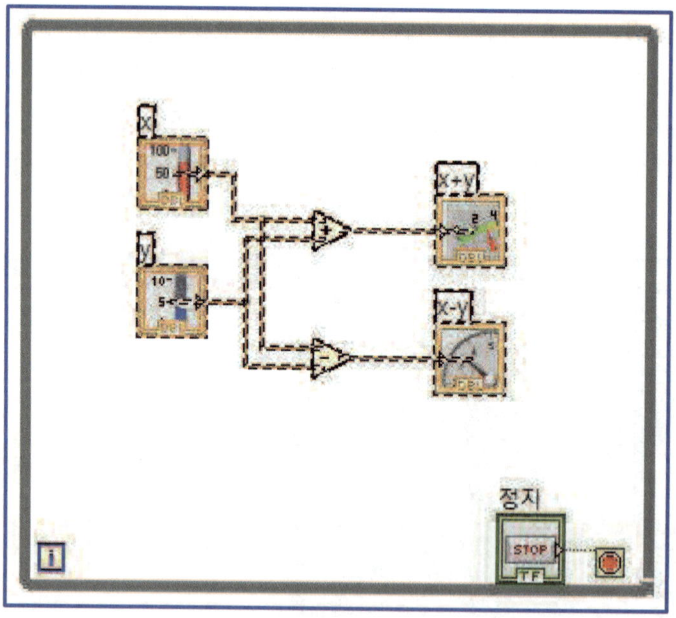

드래그한 후 편집 – Sub VI 생성을 선택한다.
sub VI를 만들 때는 while loop를 포함해서는 안된다.

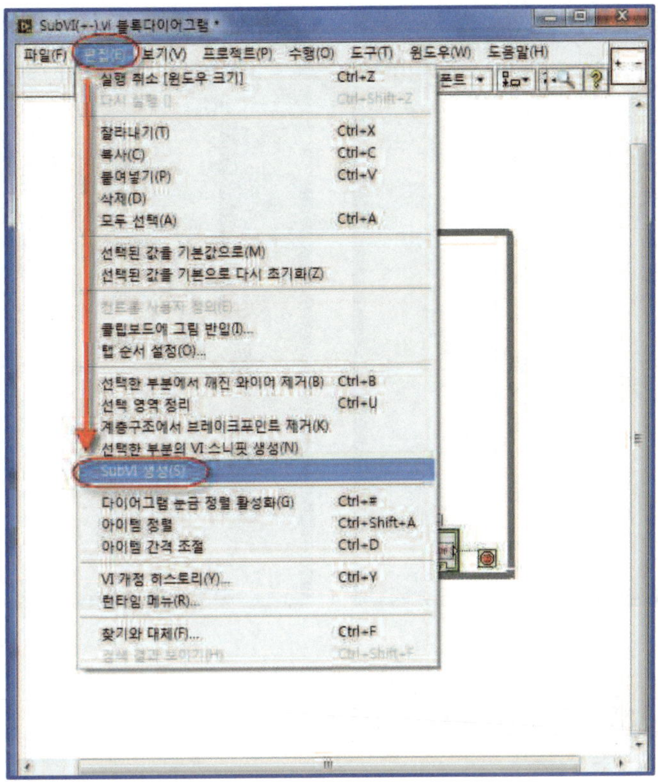

Sub VI를 누르면 아래와 같이 원래의 X+Y와 X-Y 아이컨이 하나의 아이컨으로 바뀐다.

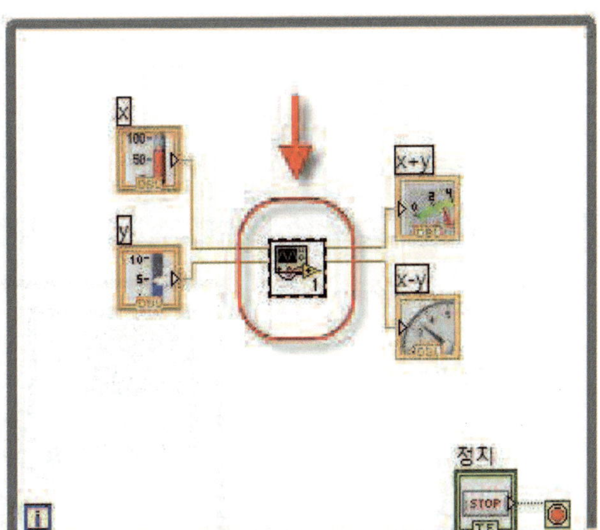

위의 변화된 아이컨을 클릭하면 아래와 같이 별도의 프런트패널이 생긴다.

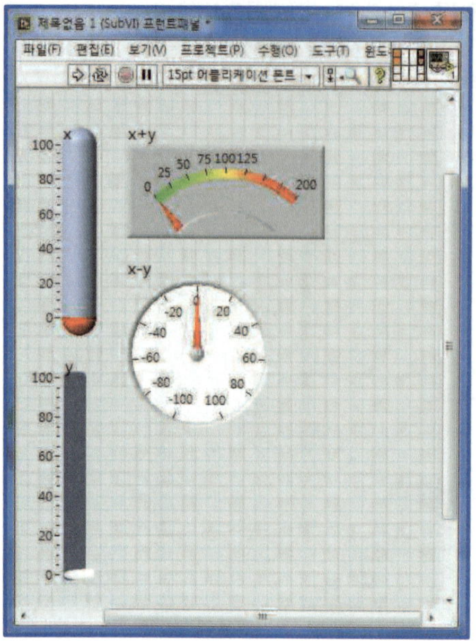

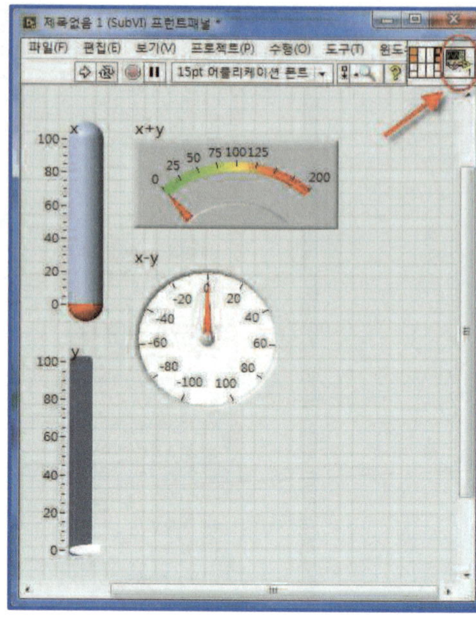

4.2 Icons과 Connector 편집

우측 그림의 상단을 보면 아이컨이 보인다. 이것을 편집하면 특정의 모양을 가진 아이컨으로 바꿀 수 있다. 여기에서 마우스 우측 버튼을 눌러 아이컨 편집을 선택한다.

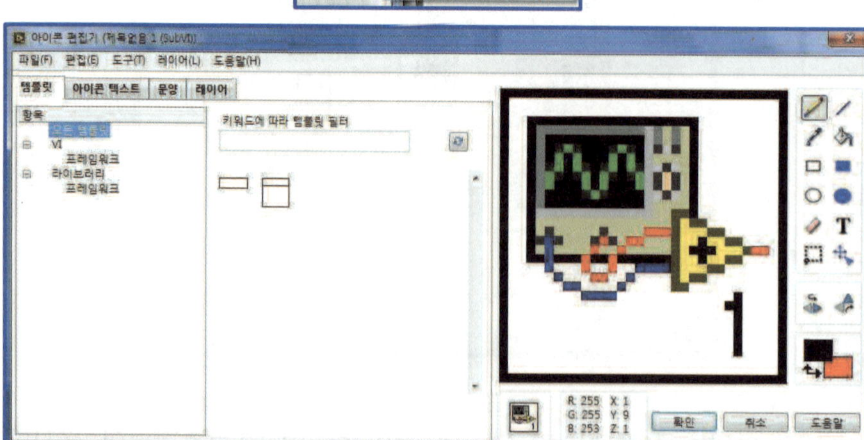

아이컨을 바꾸려면 다음과 같이 문양을 두 번 눌러 원하는 것을 선택하면 된다. 우측의 아이컨 모양으로 변한다.

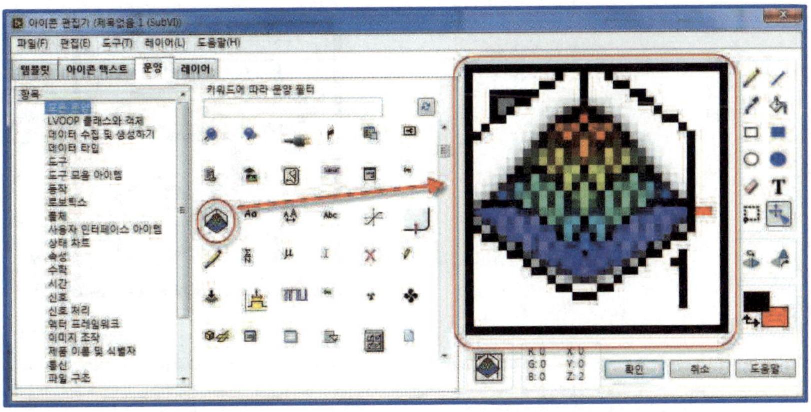

원하는 모양을 새로 만들려면 다음과 같이 범위를 선택하고 del를 눌러 삭제한다. 가능하면 검은 외곽선을 남기고 삭제하는 것이 좋다.

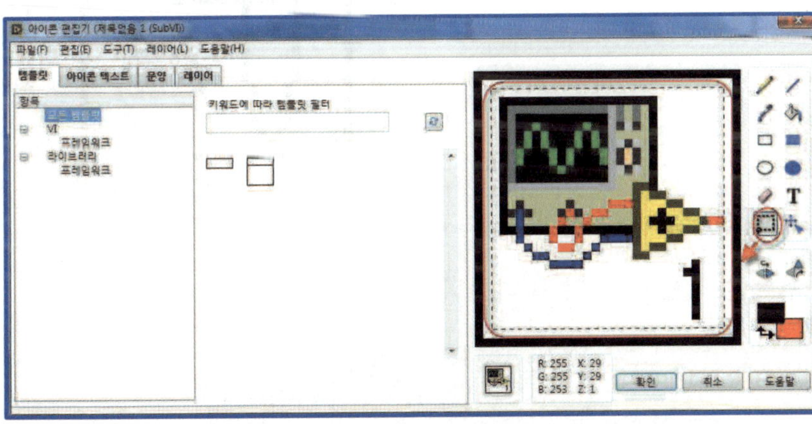

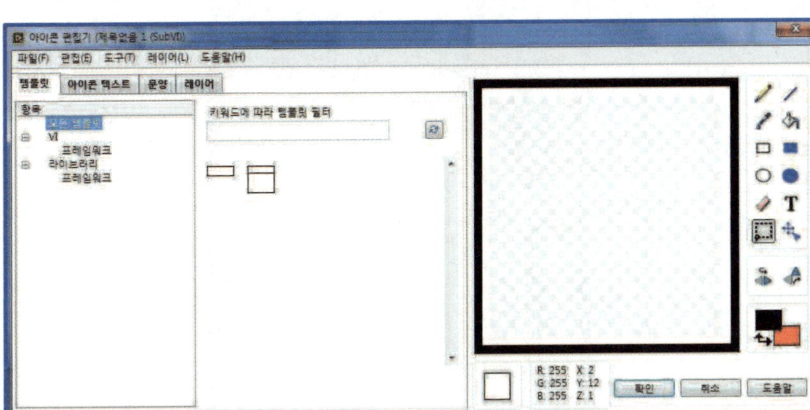

위의 빈 곳에 원하는 그림을 그리거나 글씨를 써서 나만의 아이컨을 만든다.

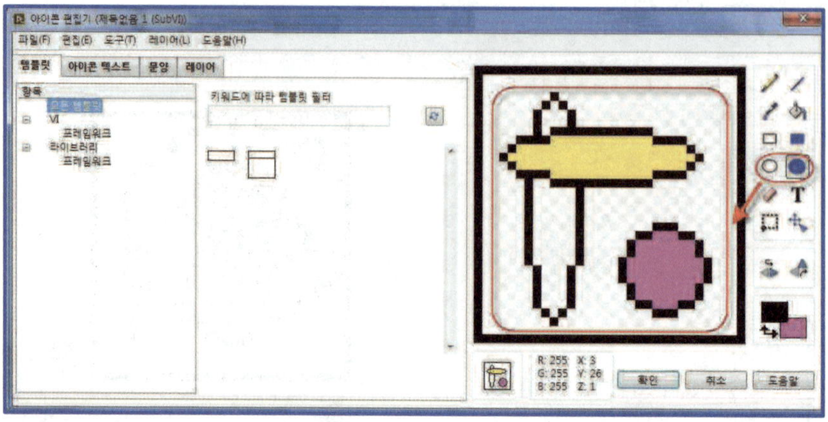

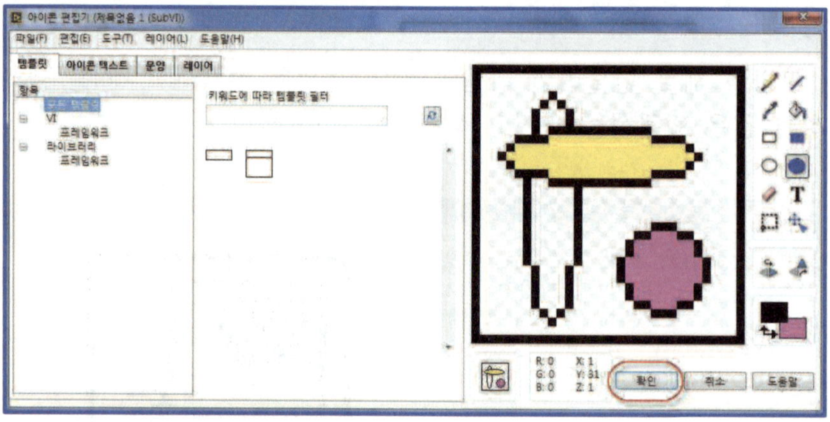

확인을 누르면 다음과 같이 아이컨이 변화한다.

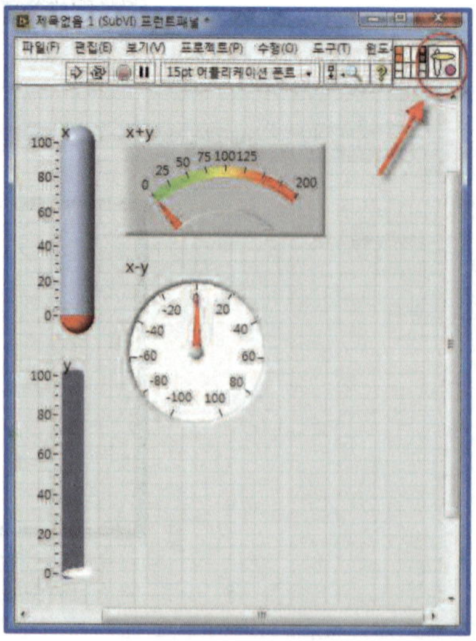

다시 한번 아이컨 편집으로 돌아가서 패턴을 편집하자.

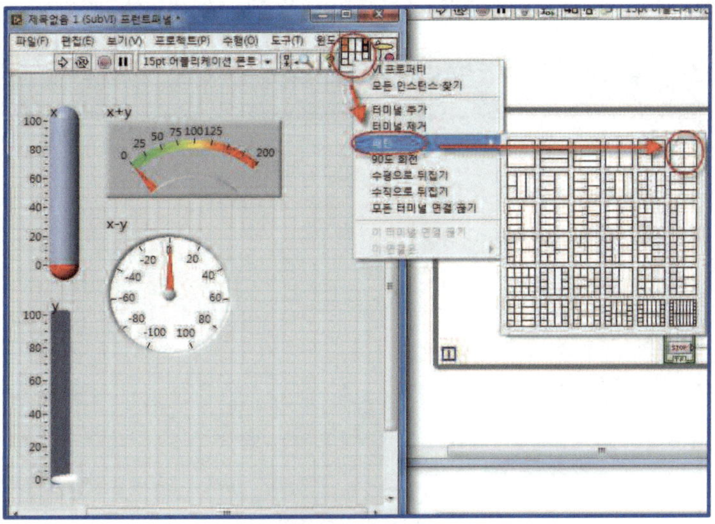

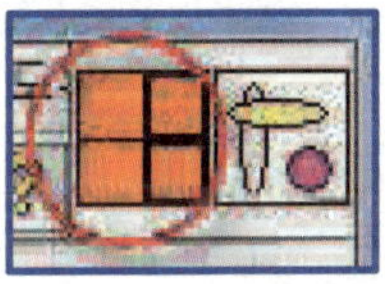

위의 패턴을 볼 때 중심에서 왼쪽은 입력, 오른쪽은 출력이다.
입력은 외곽선이 가늘고, 출력은 외곽선이 굵은 것으로 구분이 가능하다.

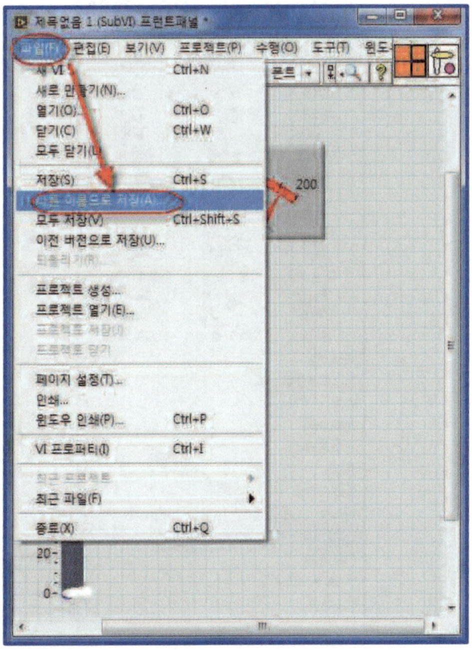

여기까지 만든 Sub VI를 다른 이름으로 저장한다. 이때 파일 이름 뒤에 (Sub VI)라고 붙여준다. 이렇게 하면 Sub VI임을 한눈에 알 수 있다.

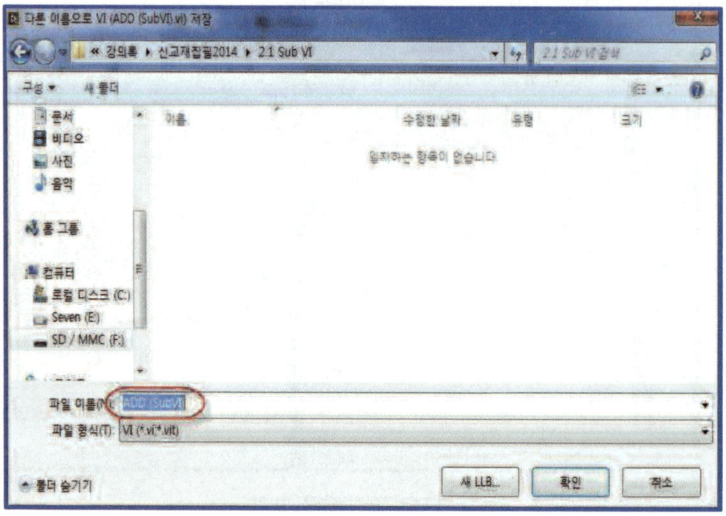

4.3 Sub VI 활용

만약 이름을 ADD (Sub VI)로 저장하여 다시 불러 보려면 다음과 같이 한다.

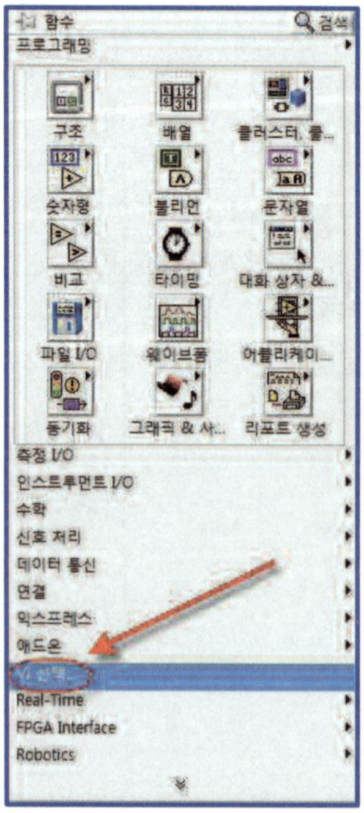

VI 선택을 누르면 파일 탐색기가 열리고 ADD (Sub VI)를 누른다.

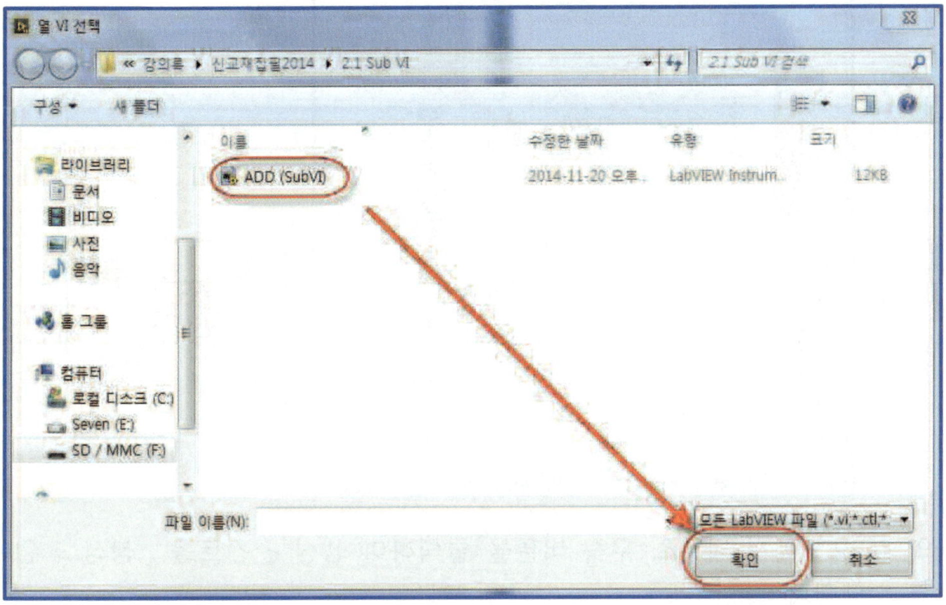

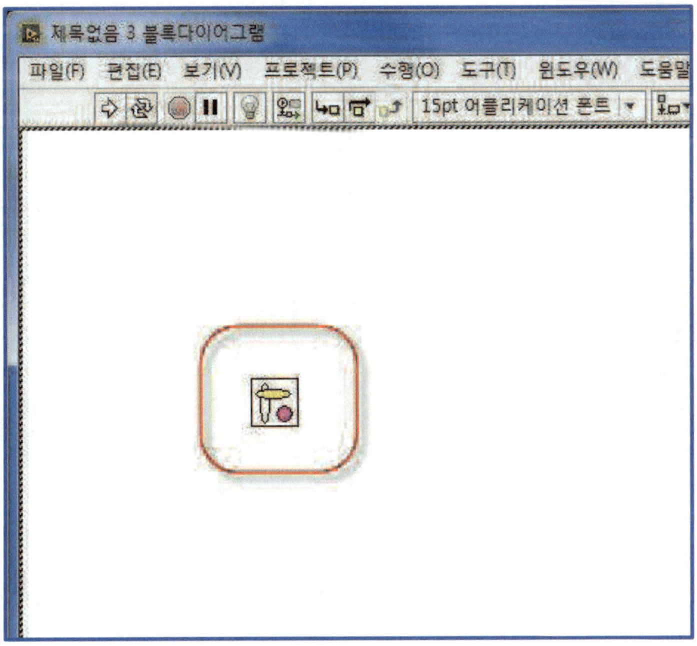

만들어 놓은 아이컨이 보인다.
아이컨을 두 번 클릭하면 프런트 패널과 블록 다이어그램이 보인데 된다.

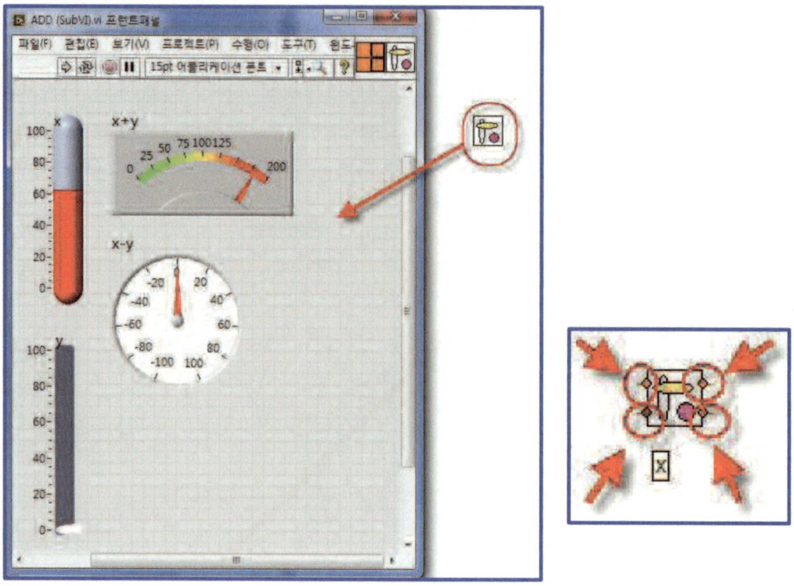

위의 각 노드에서 마우스 우측 버튼을 클릭하여 생성 – 컨트롤 , 생성 – 인디케이터를 수행한다.

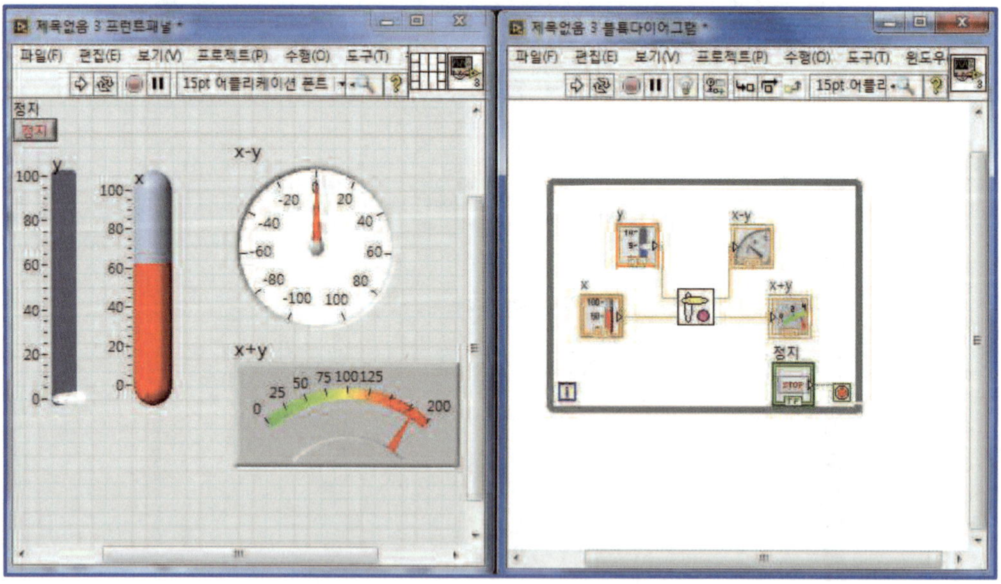

이상과 같이 만들어진 Sub VI를 이용하여 생성시키고 While loop를 추가하면 원래와 같은 프로그램을 만들 수 있거나 기능을 이용하여 다른 프로그램을 만들 수 있다.

4.4 Error Handling

프로그램 작성 중에 에러가 발생하면 프런트 패널의 화면 중 실행 버튼 자리에 화살표가 그림과 같이 깨진다.

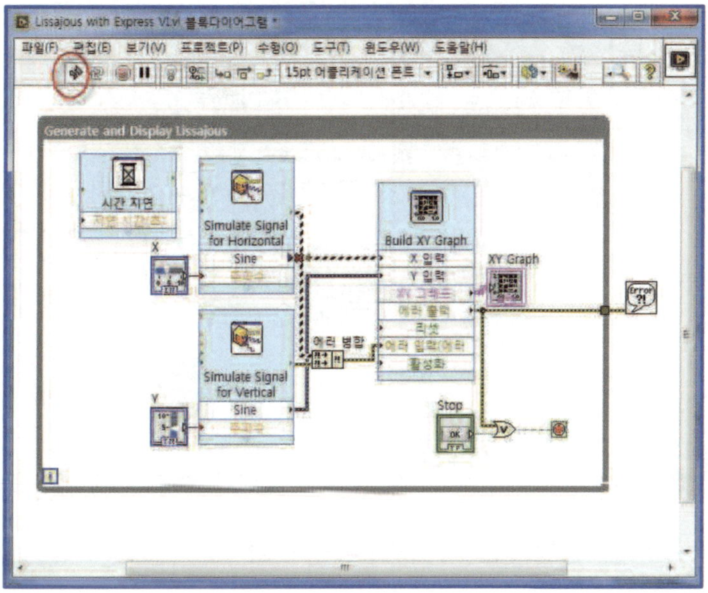

이때에는 이 부분을 더블 클릭한다.

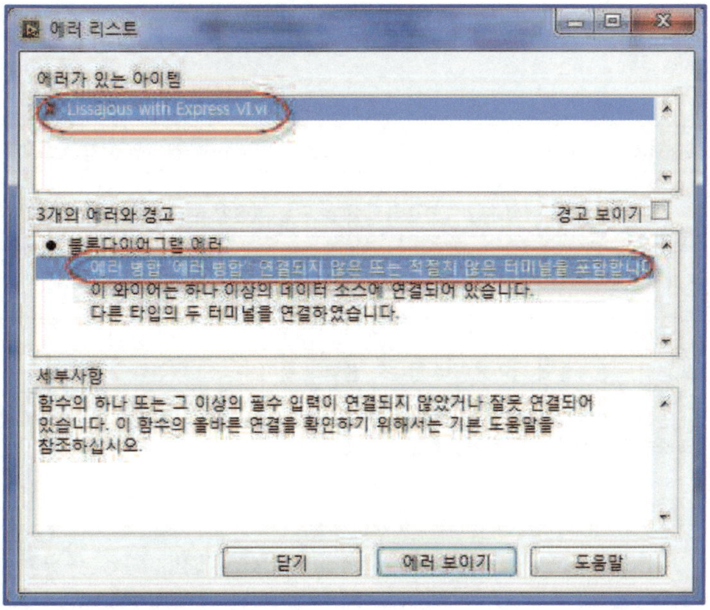

위 그림을 보면 에러가 있는 아이템을 보여 주는데 파일 이름을 알 수 있다.
3개의 에러가 있는데 각각의 에러를 클릭하면 에러가 있는 곳으로 커서가 이동하여 깜박이므로 이곳의 문제를 해결하면 된다.

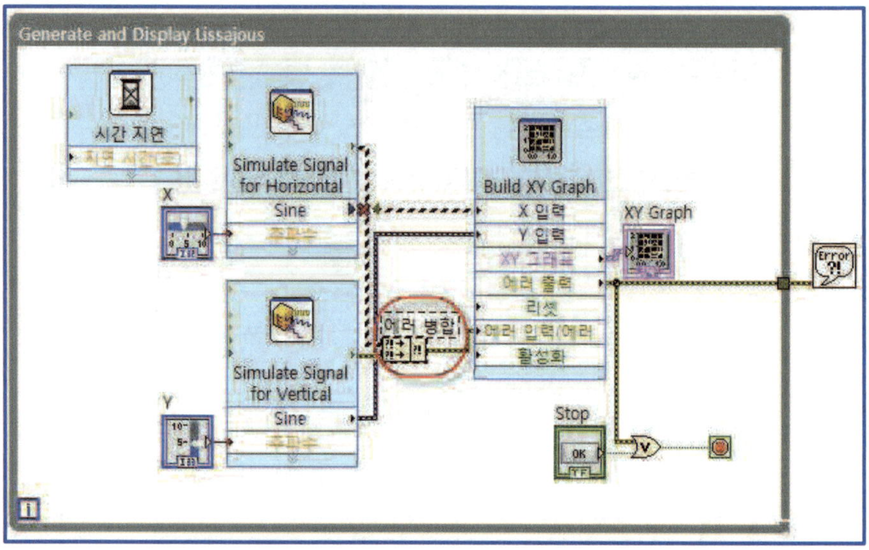

다시 다른 에러를 클릭하면 아래와 같이 된다.

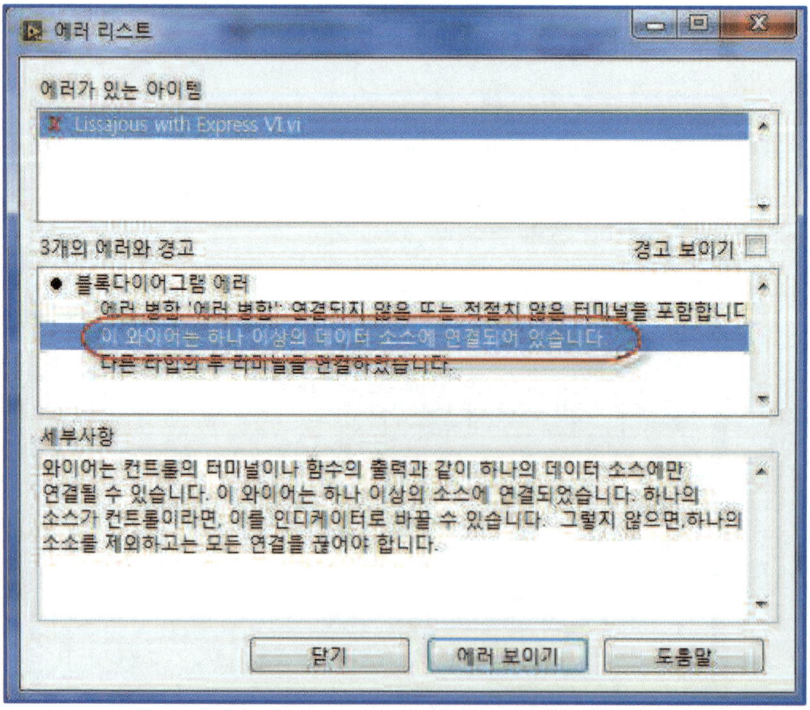

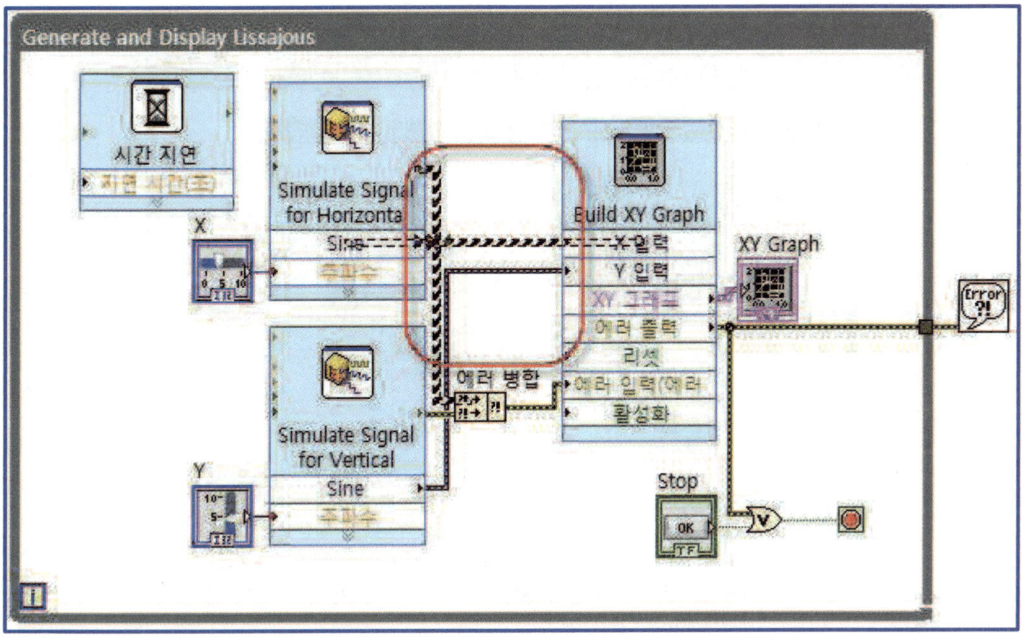

마지막 에러를 클릭하면 나음과 같은 곳에 에러가 있음은 보여준다.

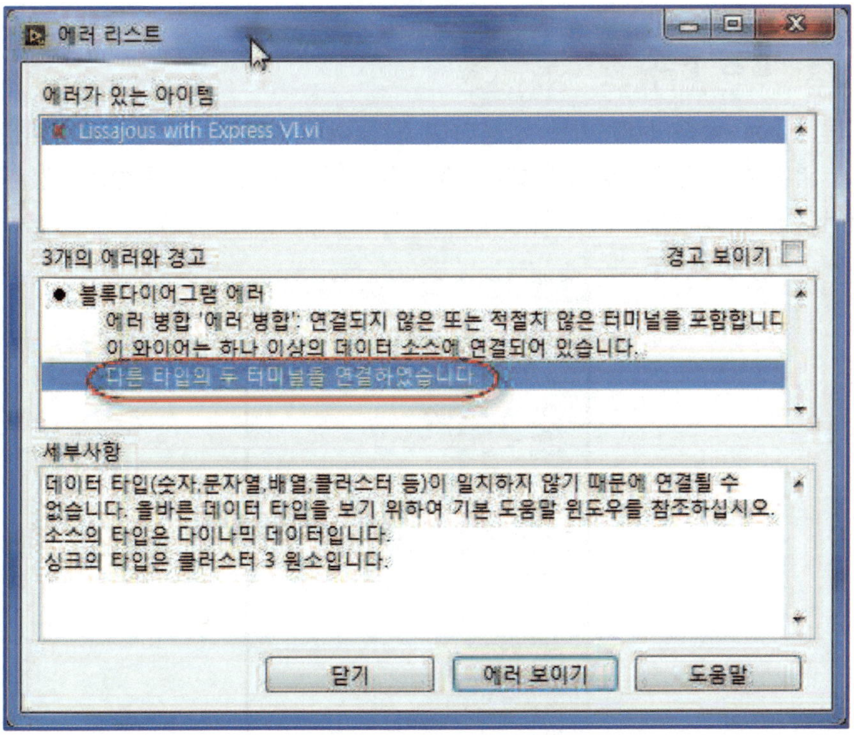

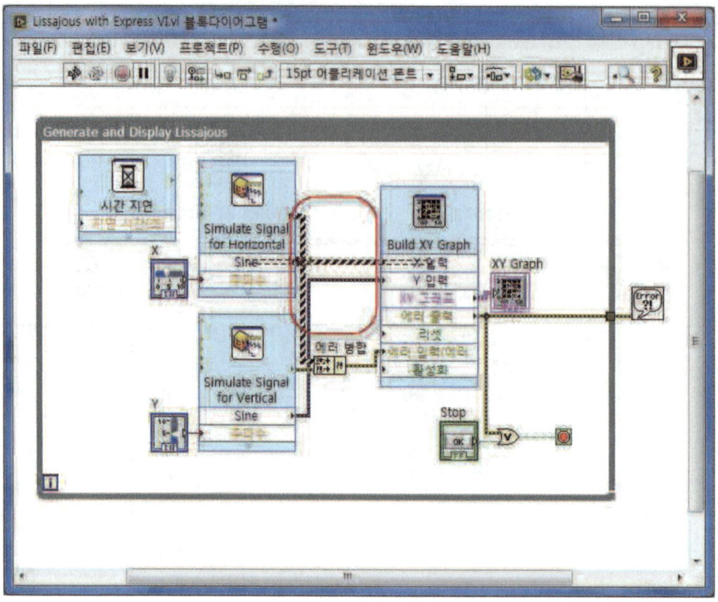

이와 같이 각각의 에러를 하나씩 해결하면 올바른 프로그램 작성이 가능하게 된다.

4.5 VI 계층구조

프로그램 들은 종종 Sub VI를 사용하여 만들어지므로 실제 하위로 얼마만한 프로그램이 엮어져 있는지 알기 어렵다. 이것을 알기 위해서는 프런트 패널이나 블록 다이어그램 상의 보기 – VI 계층구조를 눌러 확인할 수 있다.

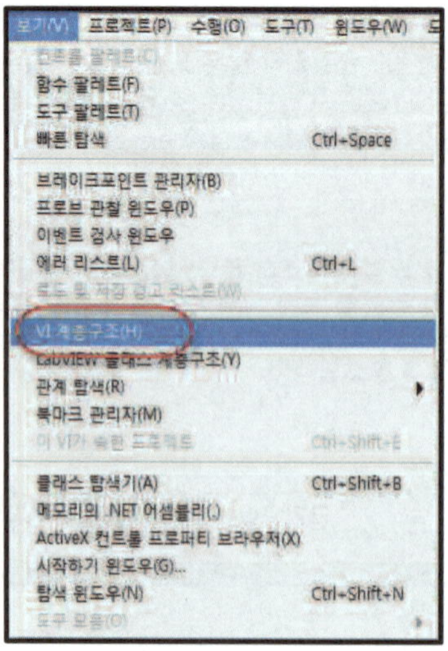

VI 계층구조를 누르면 다음과 같이 하위 구조를 볼 수 있다.

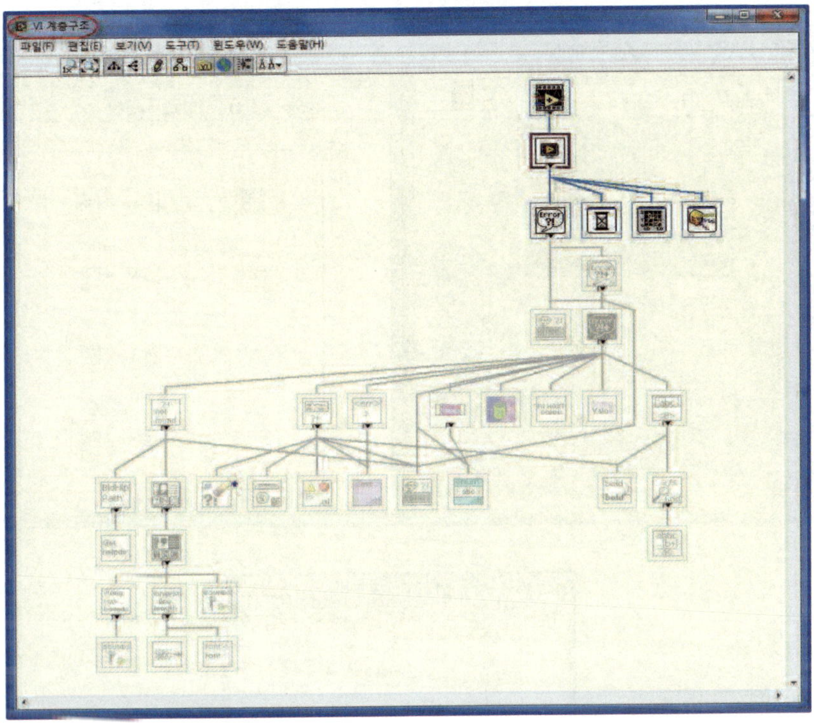

연습문제

연습문제 4-1) 다음과 같이 Sub VI를 만들어라.

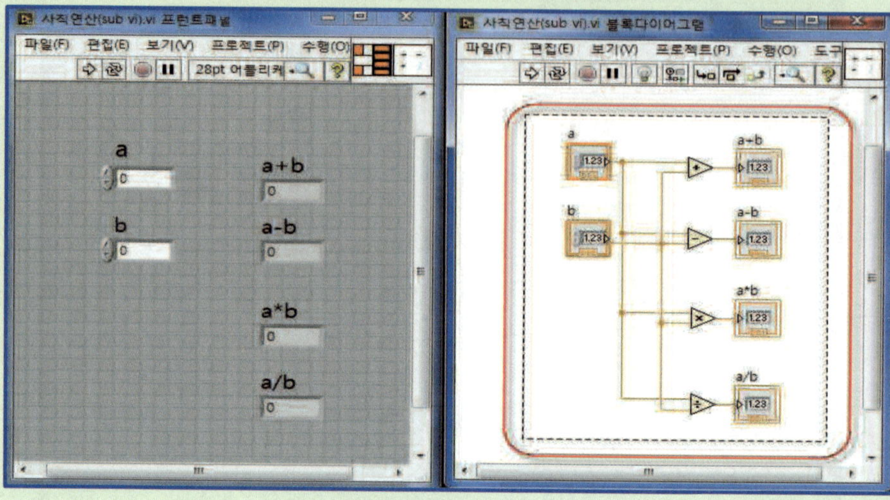

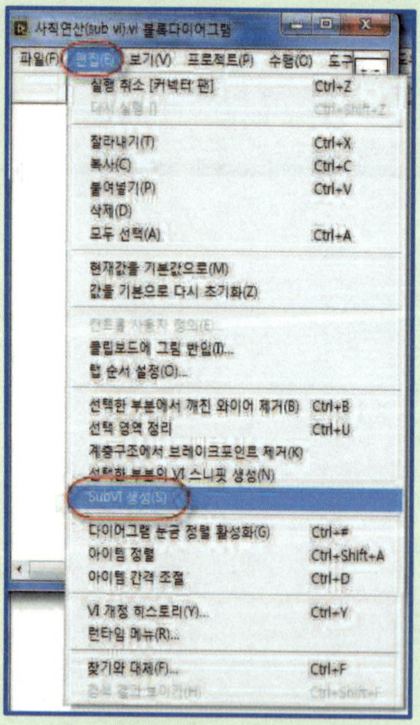

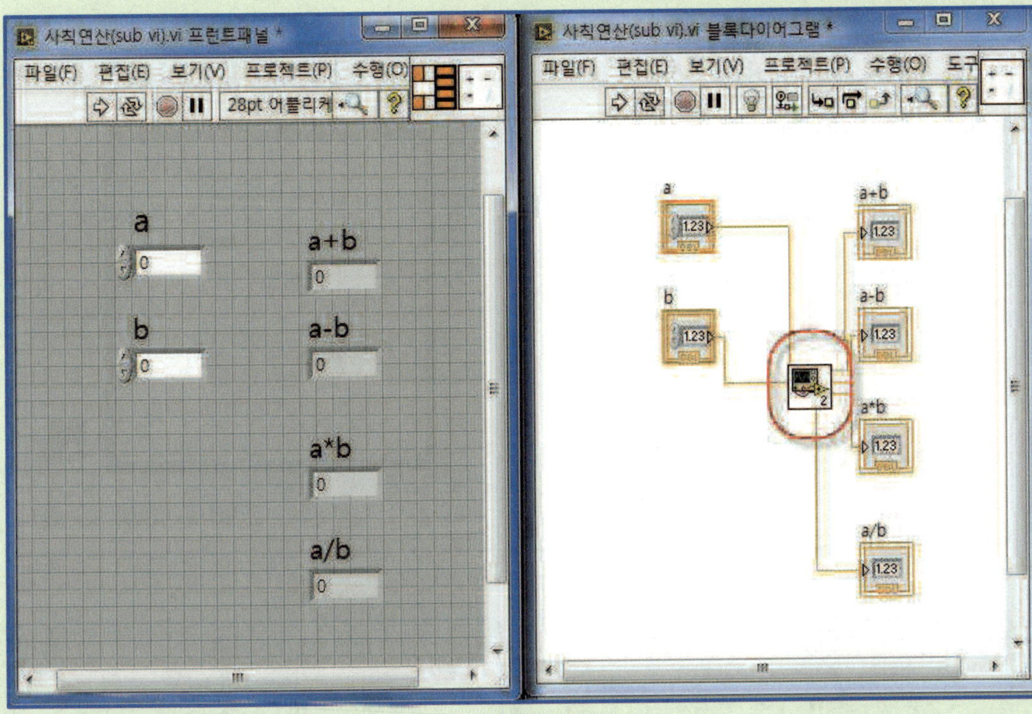
사칙연산(sub vi).vi 프런트패널 *
파일(F) 편집(E) 보기(V) 프로젝트(P) 수행(O)
28pt 어플리케
a
b
a+b
a-b
a*b
a/b
사칙연산(sub vi).vi 블록다이어그램 *
파일(F) 편집(E) 보기(V) 프로젝트(P) 수행(O) 도구
a
b
a+b
a-b
a*b
a/b

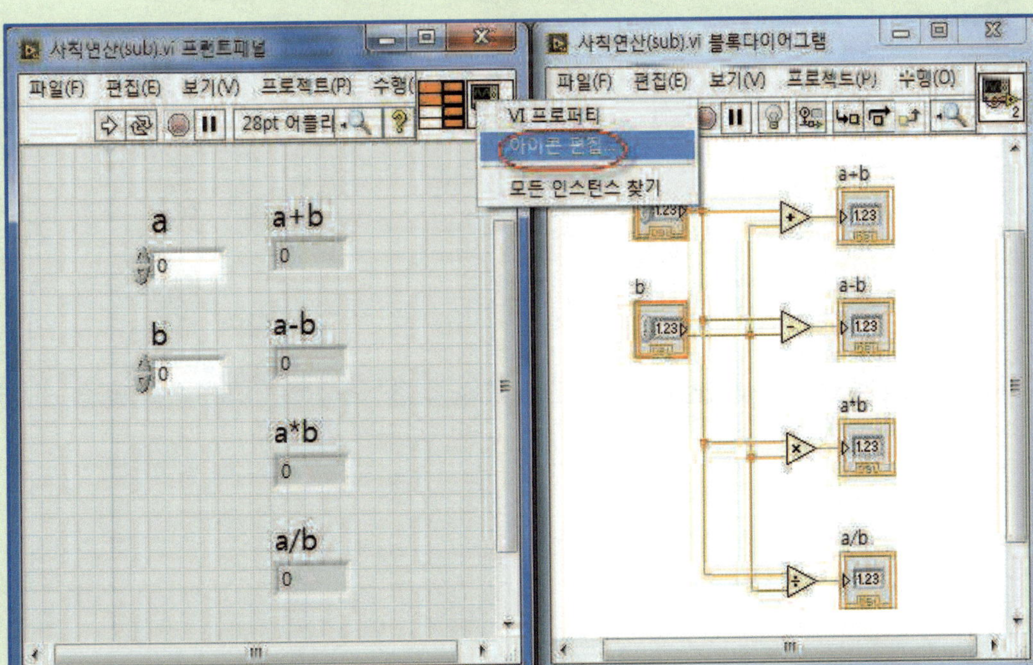
사칙연산(sub).vi 프런트패널
파일(F) 편집(E) 보기(V) 프로젝트(P) 수행(
28pt 어플리
VI 프로퍼티
아이콘 편집...
모든 인스턴스 찾기
a
b
a+b
a-b
a*b
a/b
사칙연산(sub).vi 블록다이어그램
파일(F) 편집(E) 보기(V) 프로젝트(P) 수행(O)
b
a+b
a-b
a*b
a/b

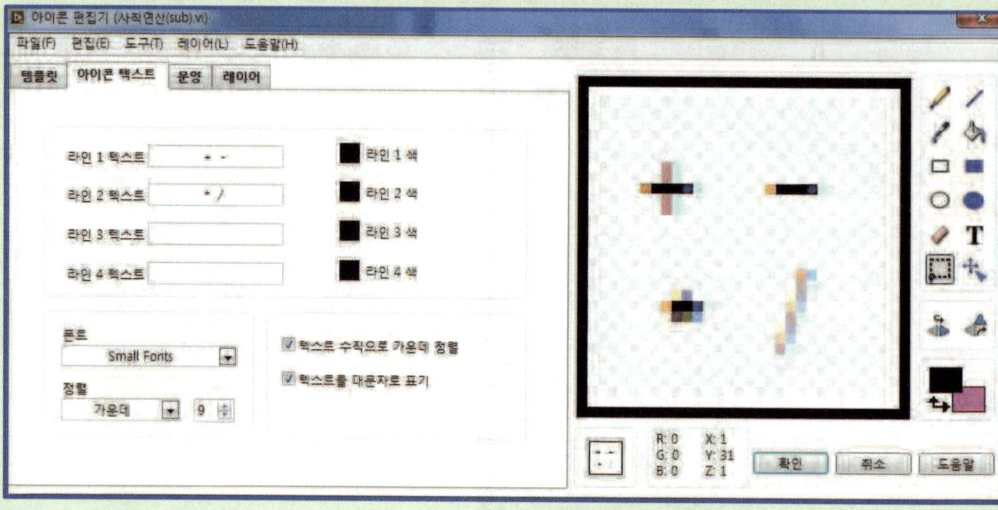
아이콘 편집기 (사칙연산(sub).vi)
파일(F) 편집(E) 도구(T) 레이어(L) 도움말(H)
템플릿
아이콘 텍스트
문양
레이어
라인 1 텍스트
라인 2 텍스트
라인 3 텍스트
라인 4 텍스트
라인 1 색
라인 2 색
라인 3 색
라인 4 색
폰트
Small Fonts
정렬
가운데
9
텍스트 수직으로 가운데 정렬
텍스트를 대문자로 표기
R: 0
G: 0
B: 0
X: 1
Y: 31
Z: 1
확인
취소
도움말

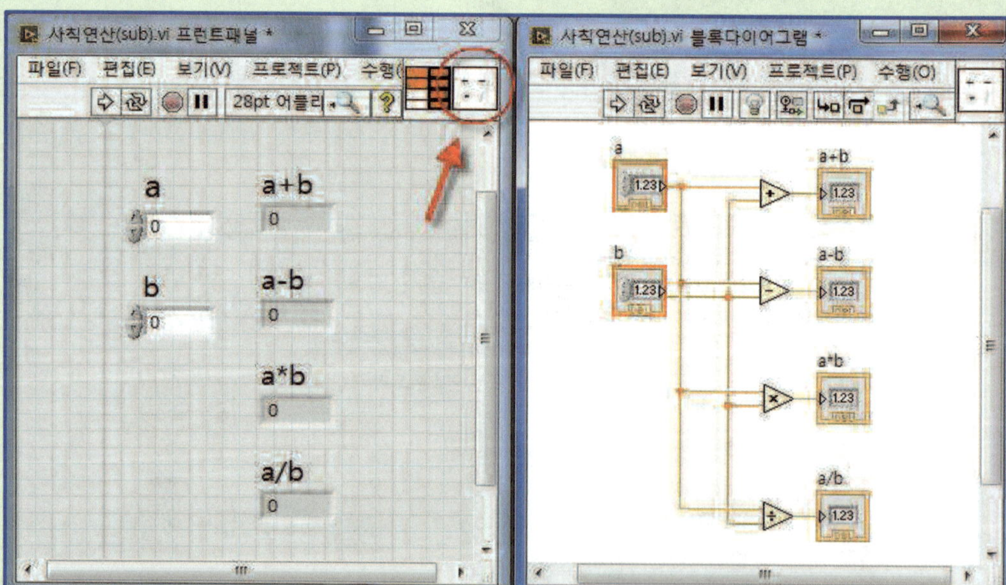
사칙연산(sub).vi 프런트패널 *
파일(F) 편집(E) 보기(V) 프로젝트(P) 수행(
28pt 어플리
a
b
a+b
a-b
a*b
a/b
사칙연산(sub).vi 블록다이어그램 *
파일(F) 편집(E) 보기(V) 프로젝트(P) 수행(O)

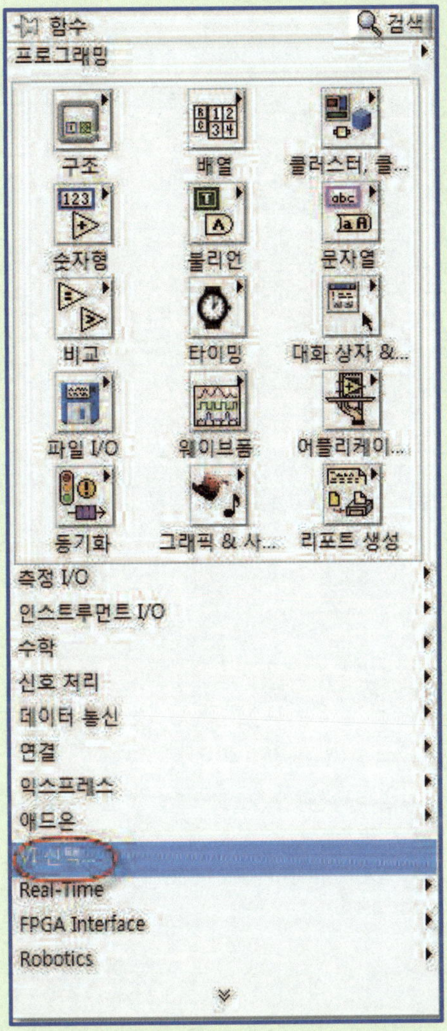
함수
검색
프로그래밍
구조
배열
클러스터, 클...
숫자형
불리언
문자열
비교
타이밍
대화 상자 &...
파일 I/O
웨이브폼
어플리케이...
동기화
그래픽 & 사...
리포트 생성
측정 I/O
인스트루먼트 I/O
수학
신호 처리
데이터 통신
연결
익스프레스
애드온
VI 선택...
Real-Time
FPGA Interface
Robotics

5 구조(Structure) 만들기

구조는 프로그램의 필요에 따라 일정회수, 조건, 시간, 특정 이벤트 또는 수식 등을 반복시키커나 수행시키고자 할 때 사용한다. 구조에는 For loop, While loop, Timed 구조, Case 구조, Event 구조, Matlab에서 사용하는 수식을 그대로 사용할 수 있는 MathScript, Flat sequence, 다층 sequence, 수식노드 등이 있다.

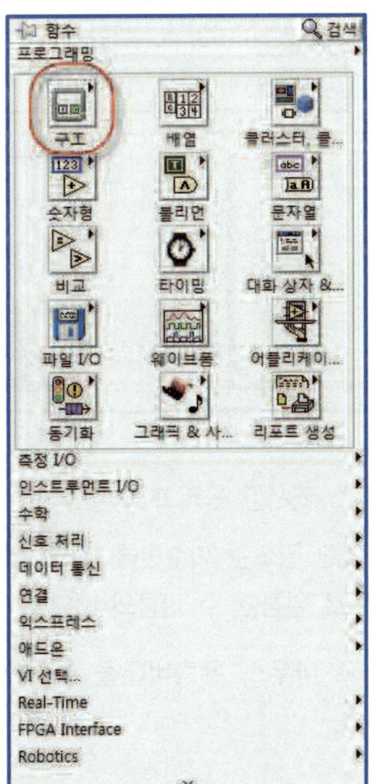

5.1 For Loop

For Loop는 원하는 회수만큼 Loop내의 작업을 반복시키고자 할 때 사용하는 구조문이다.

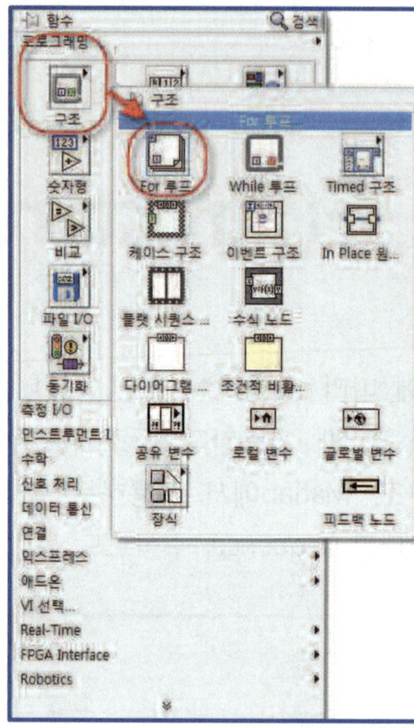

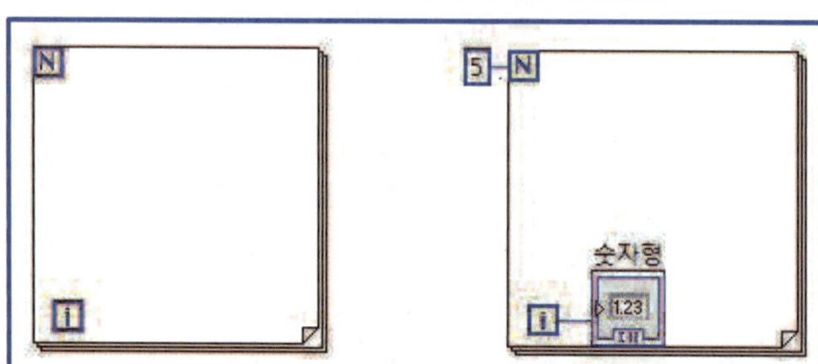

위의 그림에서 N 에 마우스 커서를 올리고 오른쪽 버튼을 누른 후 상수생성을 선택하고 원하는 회수를 입력한다. 또한 필요한 회수만큼 i 에 상수를 생성한다. 참고로 i 는 0부터 시작한다. For Loop는 주로 일정한 수 만큼의 배열을 만들 때 사용한다.

N 에 마우스 커서를 놓고 마우스 우측버튼을 눌러 생성-상수로 10을 생성시키면 10번을 실행하고 멈추게 된다.

연습

다음과 같이 5개의 난수를 발생하고 그림으로 그려라.

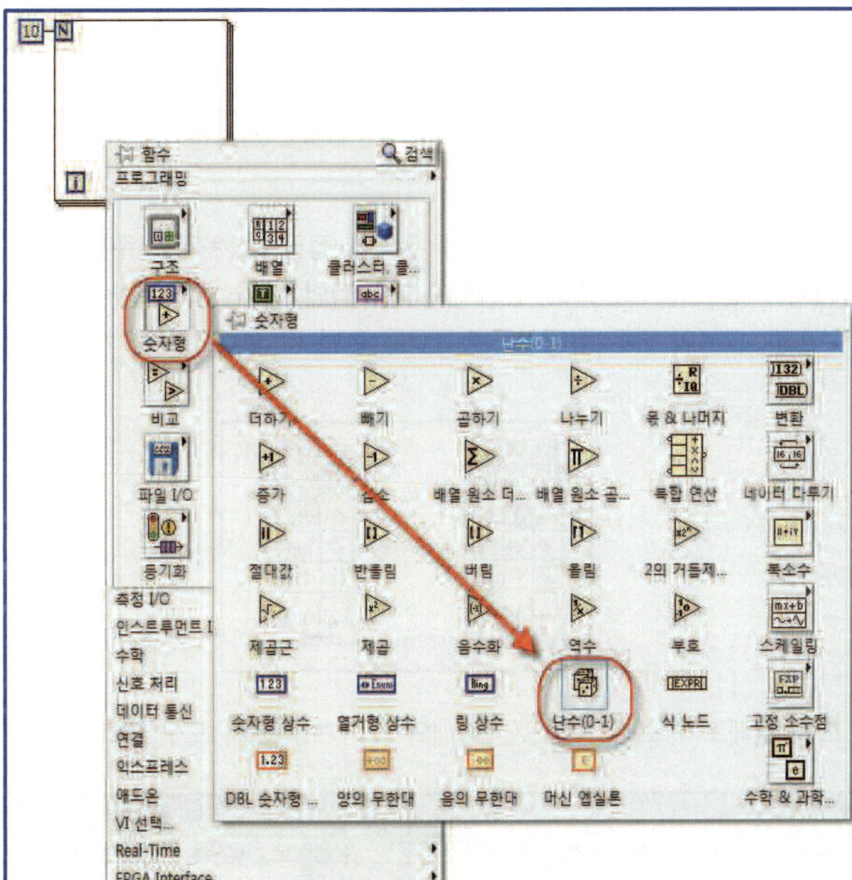

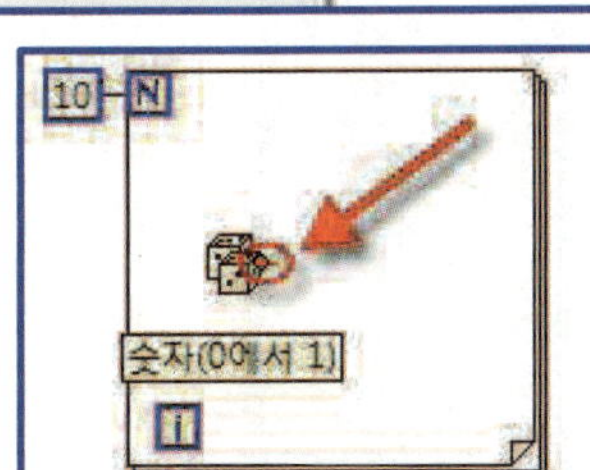

위와 같이 난수 발생 아이컨 우측에 마우스 커서를 접근시키면 주황색 Node가 깜박이게 되는데 이 때 마우스 우측 커서를 눌러 생성 – 인디케이터를 선책하면 아래와 같이 된다.

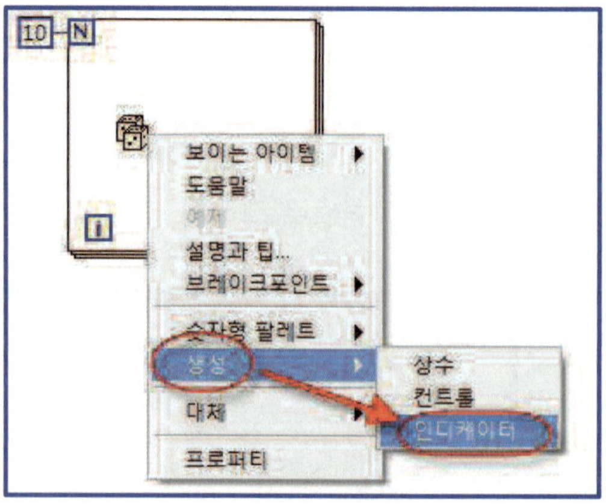

이 경우 만약 마우스 커서를 아이컨의 우측에 접근시켰는데도 주황색으로 node와 마우스 커서가 실타래 모양으로 변화되지 않는다면 도구 팔레트의 자동 도구 선택(dynamic navigator)이 꺼진 상태이므로 LED를 한번 더 눌러 LED를 켜주면 된다.

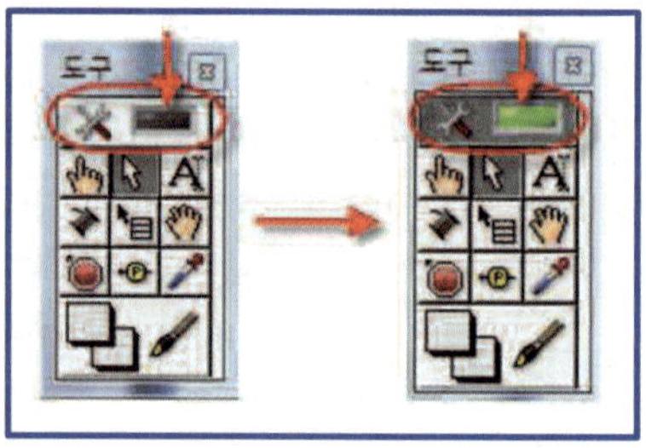

혹시 도구 팔레트가 보이지 않으면 아래와 같이 보기에서 도구 팔레트를 선택한다.

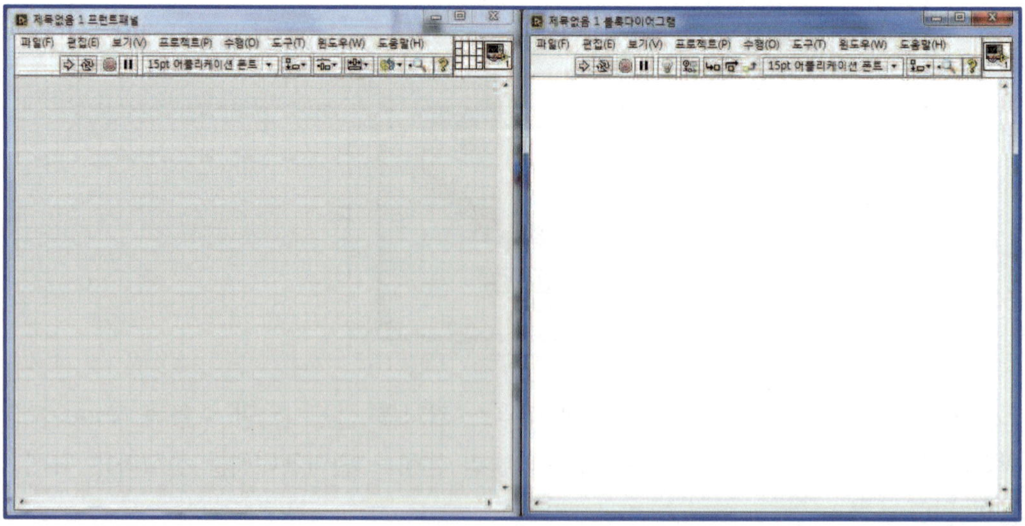

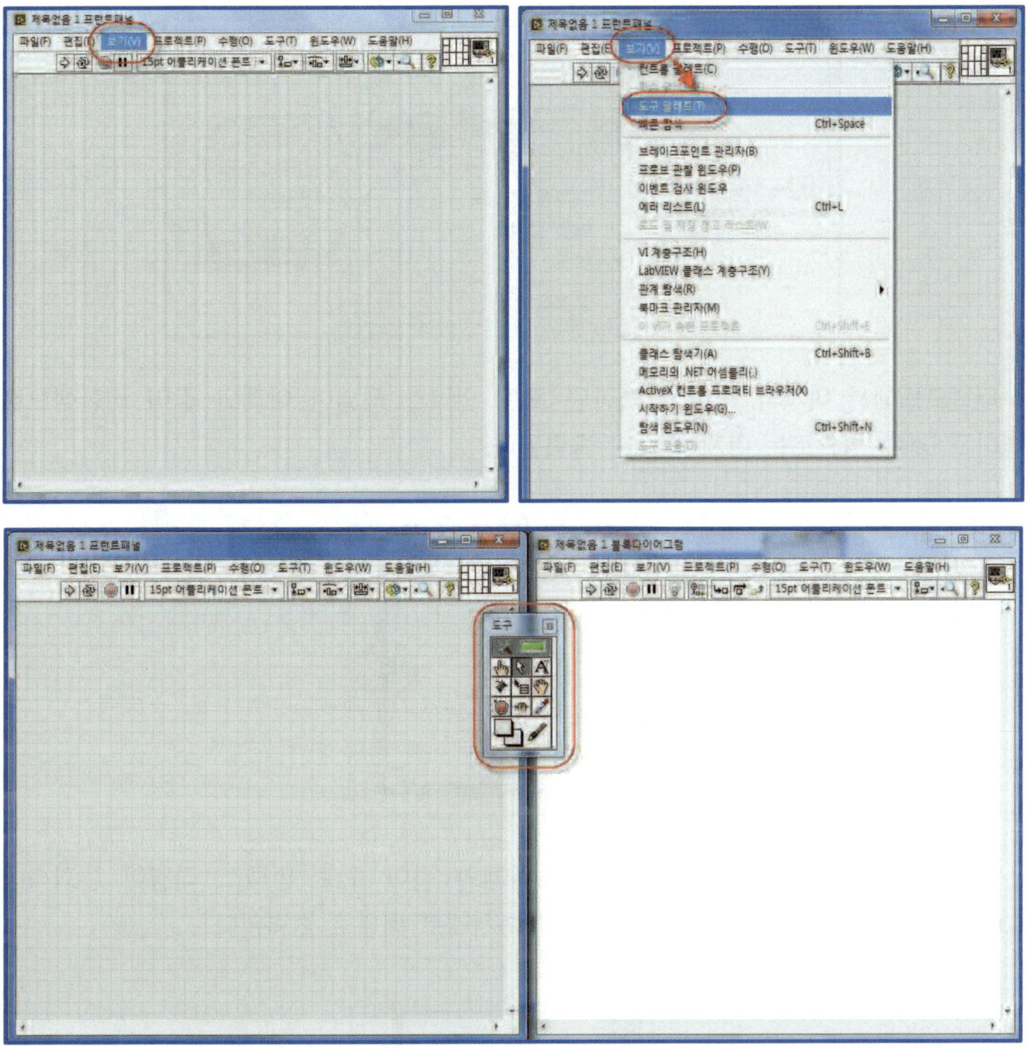

For loop나 While loop의 경우 loop밖으로 값을 빼낼 때 마지막 값만을 꺼낼 경우와 전체를 순서화(indexing)하여 꺼낼 경우가 있다.

마지막 값을 꺼낼 경우 다음과 같이 오토 인덱스 터널에 마우스 커서를 위치시키면 아래와 같이 터널모드를 볼 수 있다.

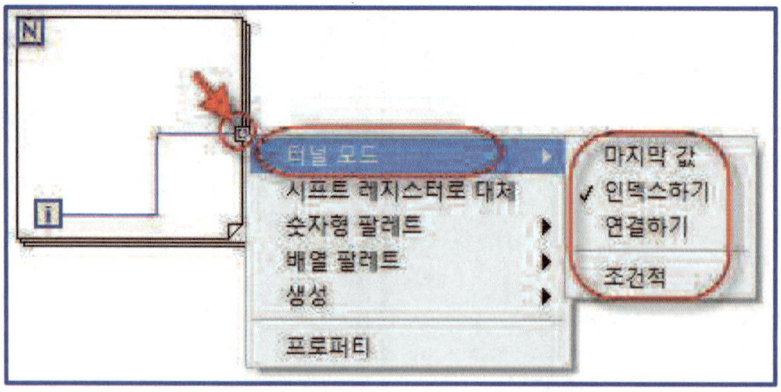

터널모드에서 마지막 값을 선택하면 오토 인덱스 터널이 아래와 같이 진한색으로 변하고 Loop 밖으로는 마지막 값이 출력된다.

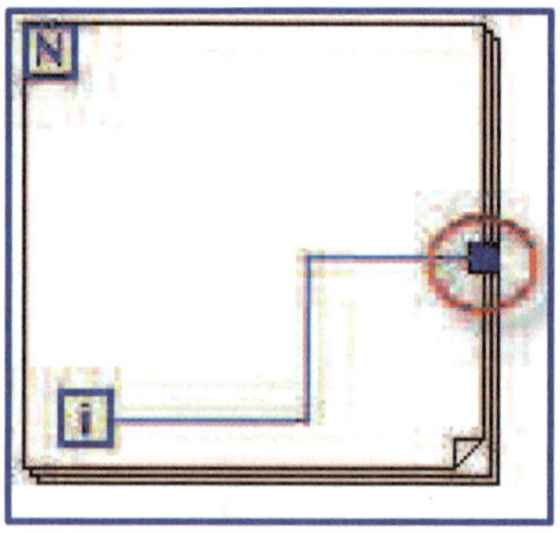

터널모드에서 인덱스하기를 선택하면 아래와 같이 오토 인덱스 터널이 변화하며 Loop밖으로 Loop 실행 시의 모든 값들이 순서대로 배열로 출력된다.

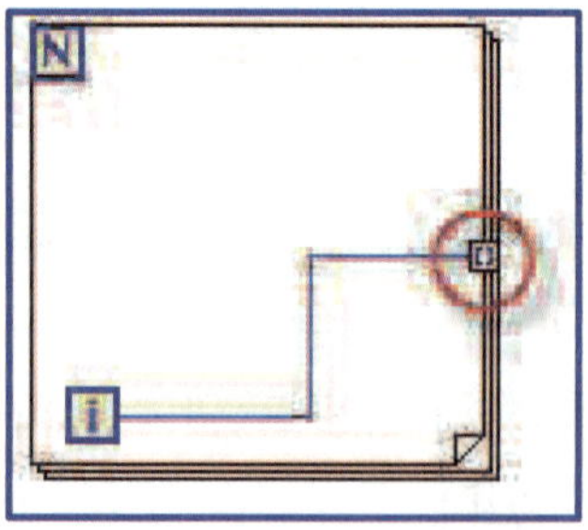

For loop와 While loop에서는 다음과 같이 시프트 레지스터(Shift register)를 사용하여 실행 중의 결과 값을 Loop내에서 활용할 수 있다.

Loop외곽선 위에 마우스 커서를 올려놓으면 아래와 같이 메뉴가 보인다.

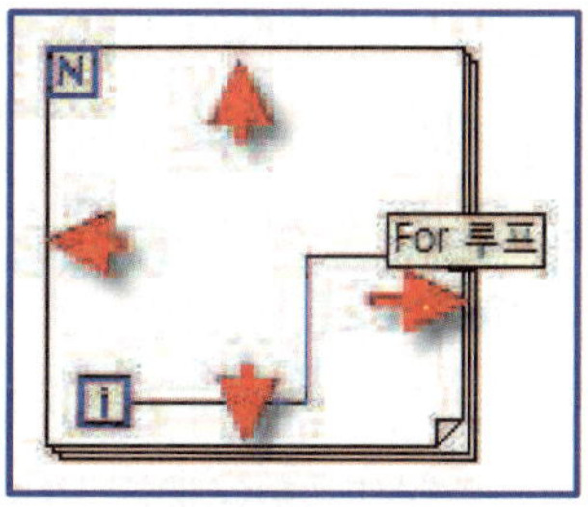

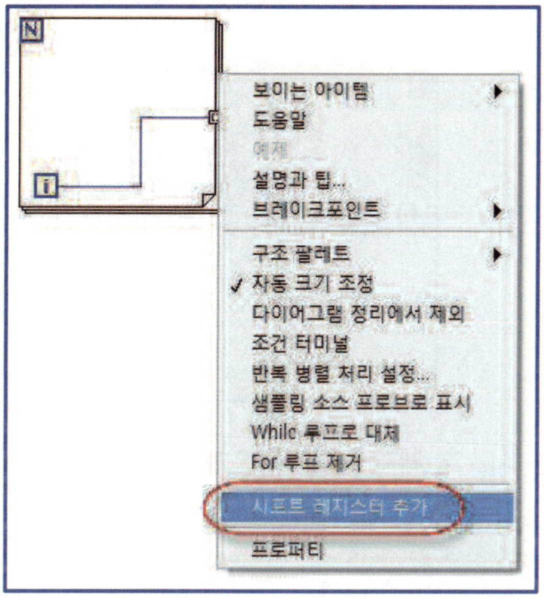

시프트 레지스터를 선택하면 Loop 좌우측에 다음과 같은 아이컨이 생성된다.

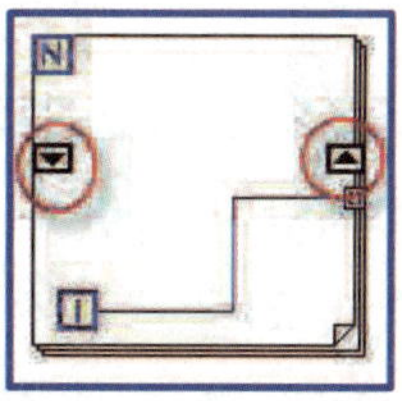

초기에는 아무 특성이 없으므로 검은색을 띄지만 선을 연결하면 연결된 값의 타입에 따라 색이 바뀐다.

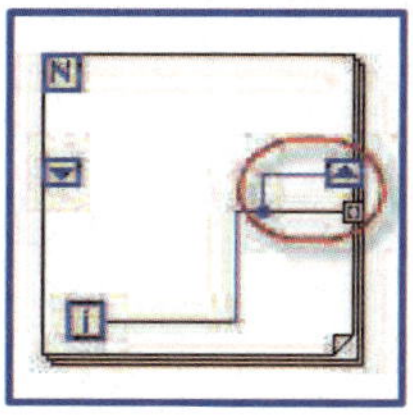

시프트 레지스터는 Loop를 실행할 때마다 연결된 우측 시프트 레지스터에 Loop 내의 결과가 저장됨과 동시에 좌측 시프트 레지스터에 전송된다.

만약 두 번째 Loop를 실행할 때 좌측 시프트레지스터에서 값을 빼내어 사용한다면 첫 번째 Loop에서 실행할 때 나온 결과를 사용할 수 있게 된다.

시프트 레시스터는 시프트 레지스터 위에 마우스 아이컨을 올려놓고 우측버튼을 누른 후 아래와 같이 원소추가를 선택하면 복수개를 만들어 사용할 수 있다.

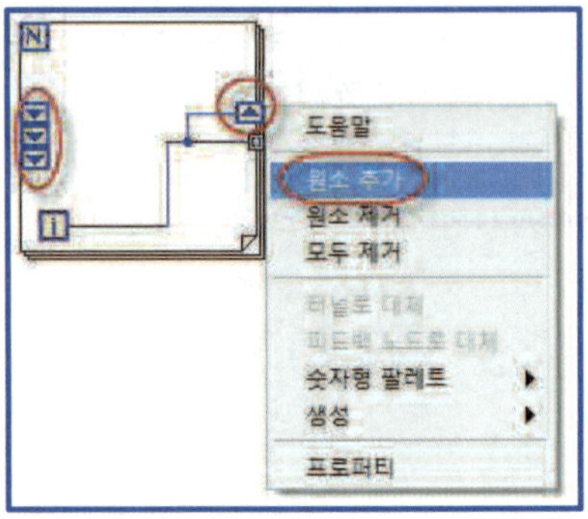

복수개로 만들어진 시프트 레지스터는 다음과 같이 사용한다.

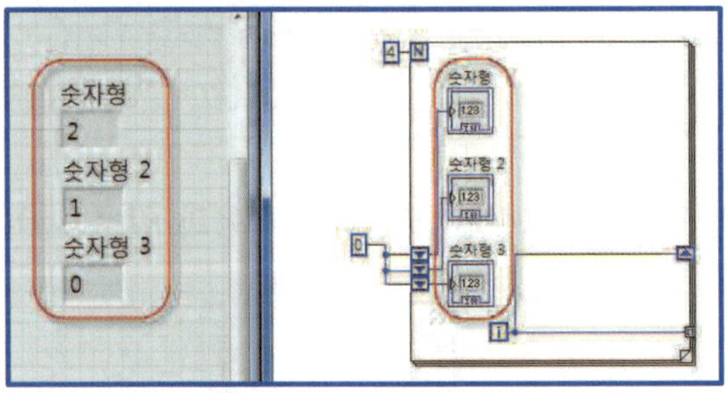

즉, 좌측 시프트 레지스터는 맨 위값이 바로 직전에 수행한 값이고 위에서 두 번째는 전전에 수행한 값이며, 제일 아래 값은 전전전에 실행한 값이다. 시프트 레지스터는 추가로 더 생성시킬 수 있어 필요한 만큼 사용가능하다.

위 그림에서 Loop밖의 0을 시프트 레지스터에 연결한 것은 제일 처음 Loop를 실행할 때 시프트 레지스터를 0으로 초기화하기 위해 연결한 것이다.

예제 For 루프를 이용하여 배열을 만들고 1D 배열과 2D배열 사이의 차이를 비교하여라.

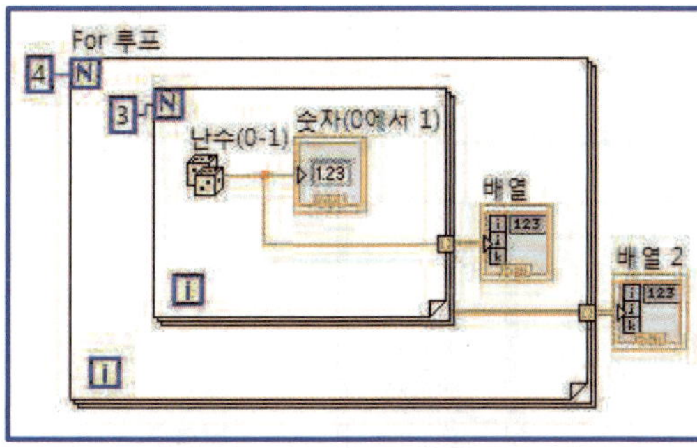

여기서 위식의 화살표를 보면 단순한 숫자 인디케이터, 1차원과 2차원 배열의 결과값을 볼 때 동작원리를 알 수 있다. 만약 배열의 인덱싱을 비활성화시키면 비록 1차원 배열을 보여주는 "배열"의 결과도 배열이 아니고 단순히 최종값 하나만 보여준다.

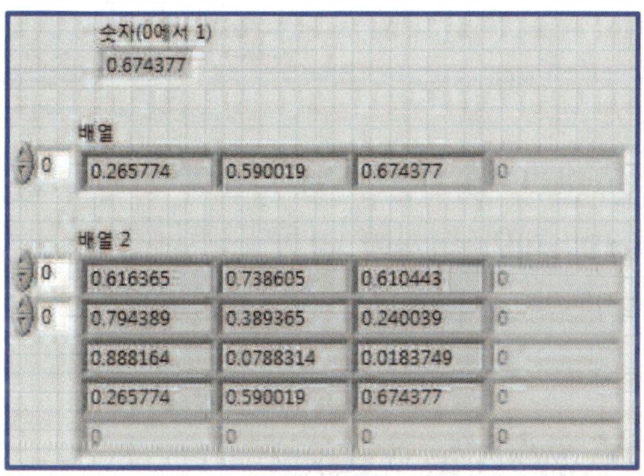

앞에서 이미 터널 모드를 설명했는데 오토 인덱스 터널에서 마우스 오른쪽 버튼을 누르면 터널모드를 변경할 수 있다. 이때 인덱스 하기를 누르면 오토 인덱스 터널이 For loop 밖에 인디케이터를 만들 경우, 출력은 배열로 만들어진다.

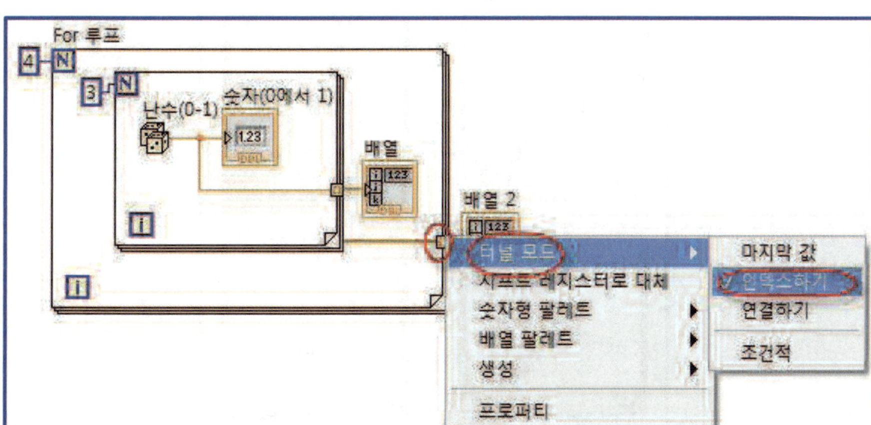

만약 터널 모드에서 마지막 값을 선택하면 해당 For loop의 마지막 값을 출력한다.

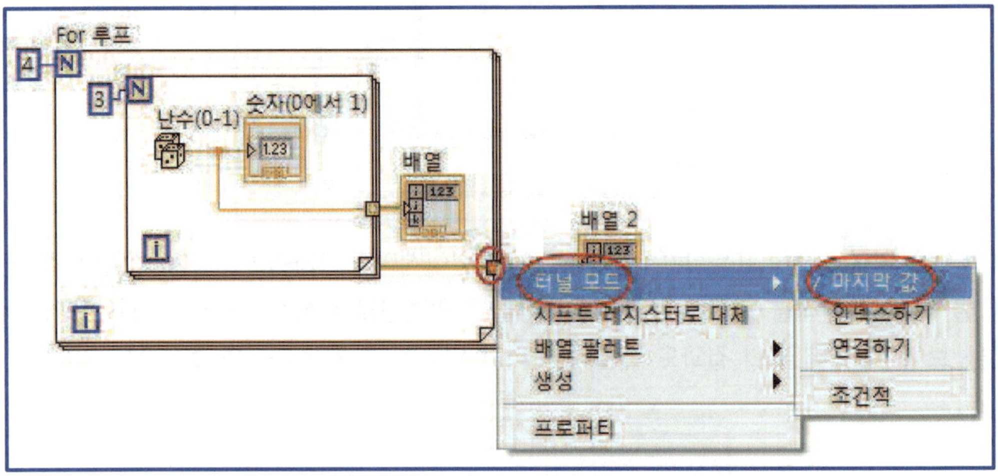

이때 배열로 만들어진 인디케이터는 터널 모드가 마지박 값상태이므로 For loop 밖으로 나오는 값은 Loop의 제일 마지막 값만 나오게 된다. 따라서 배열로 표시할 수 없으므로 에러상태가 되므로 다시 생성 - 인디케이터해야 한다.

5.2 While 루프 (While Loop)

이것은 스위치 또는 논리값으로 그만 수행시키고 싶을 때까지 무한히 반복시키고자 할 때 사용하는 구조문이다.

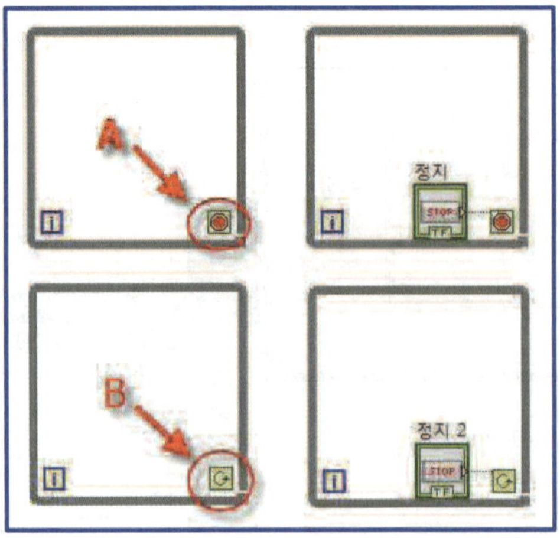

위의 A가 가리키는 빨간색 부분은 스위치 값이 High가 되면 While loop를 멈추고 loop밖으로 빠져 나오는 기능이고 B가 가리키는 부분인 회전하는 화살표는 스위치 값이 low가 되면 While loop를 멈추고 loop밖으로 빠져 나오는 기능이다

스위치를 만들기 위해서는 While 구조 안의 빨간 버튼에 마우스 커서를 놓고 오른쪽 버튼을 눌러 컨트롤 생성을 선택한다. 회수를 알기 위해서는 위의 For루프처럼 하면 된다. While loop에서는 우측 하단의 버튼을 마우스 아이컨이 손가락 모양으로 바뀐 경우 클릭함으로 변경할 수 있다.

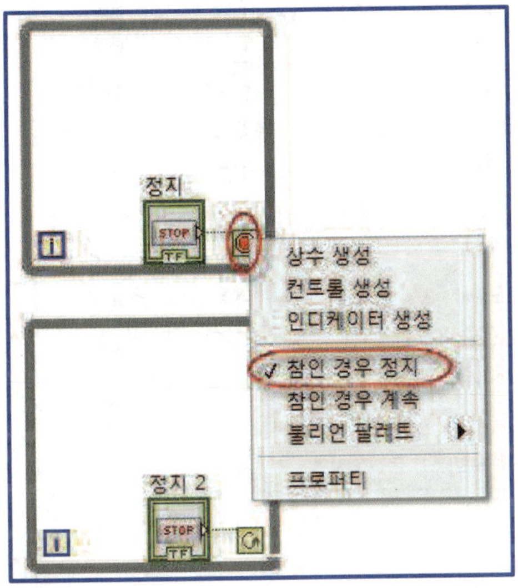

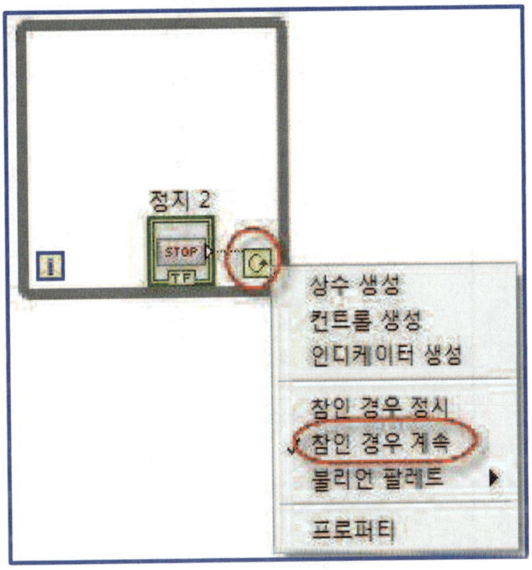

연습

While loop와 난수발생기를 사용하여 1초에 한번 씩 챠트로 그림을 그리라.
먼저 While loop를 위치시키고 숫자형 – 난수 발생기를 선택한다.

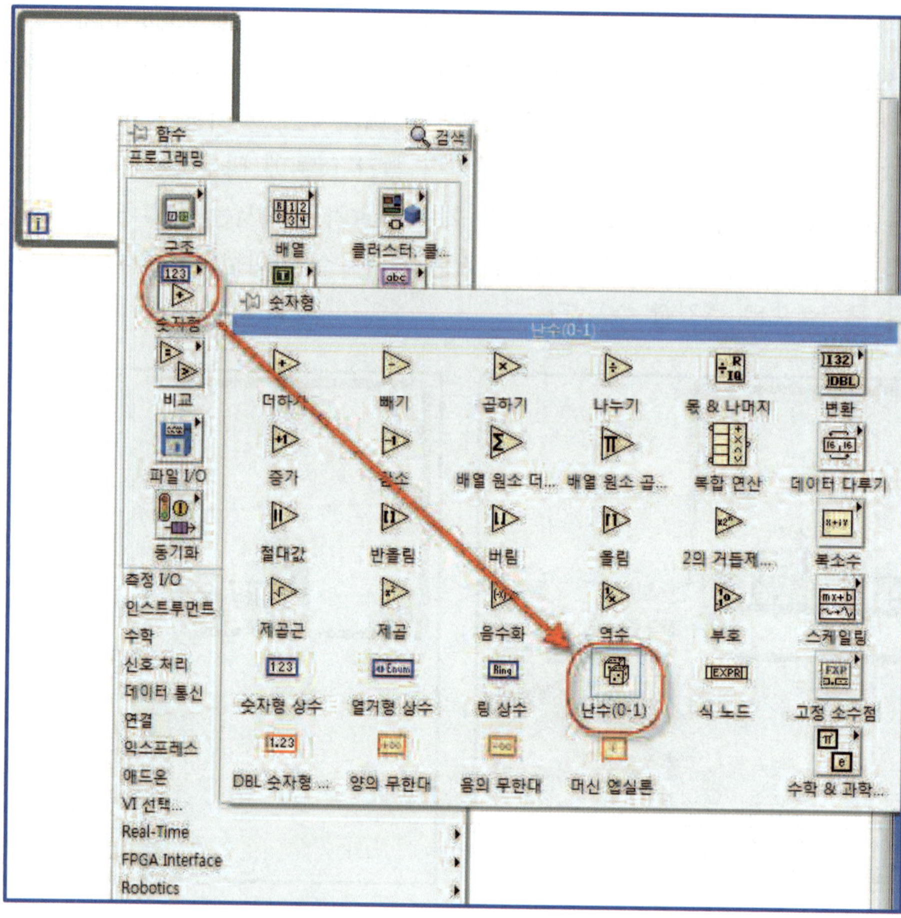

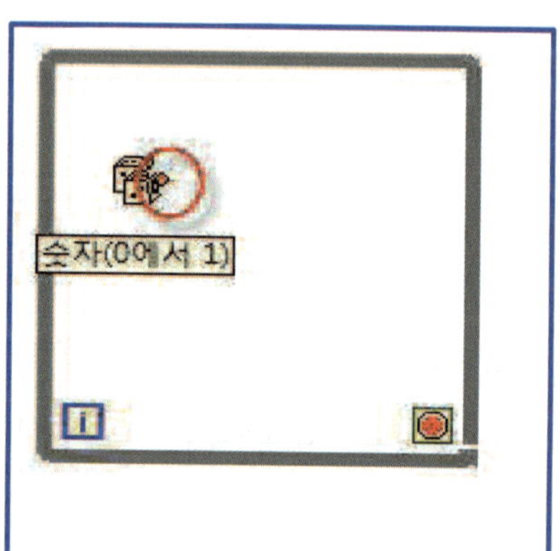

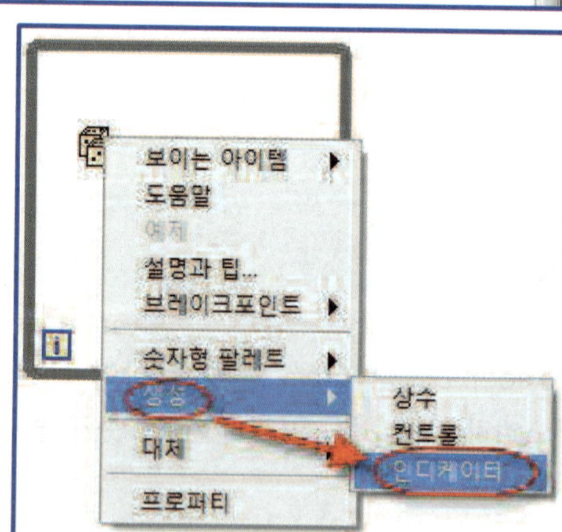

난수 발생기 우측에 마우스 아이컨을 가까이하면 아이컨 우측에 노드가 생길 때 우측버튼을 눌러 생성 – 인디케이터를 누른다.

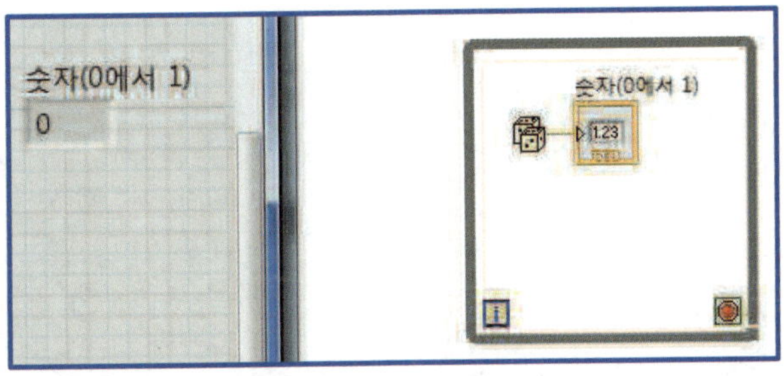

프런트 패널에서 인디케이터를 선택한 후 아래와 같이 대체- 그래프 – 웨이브폼 차트를 선택하여 대체한다.

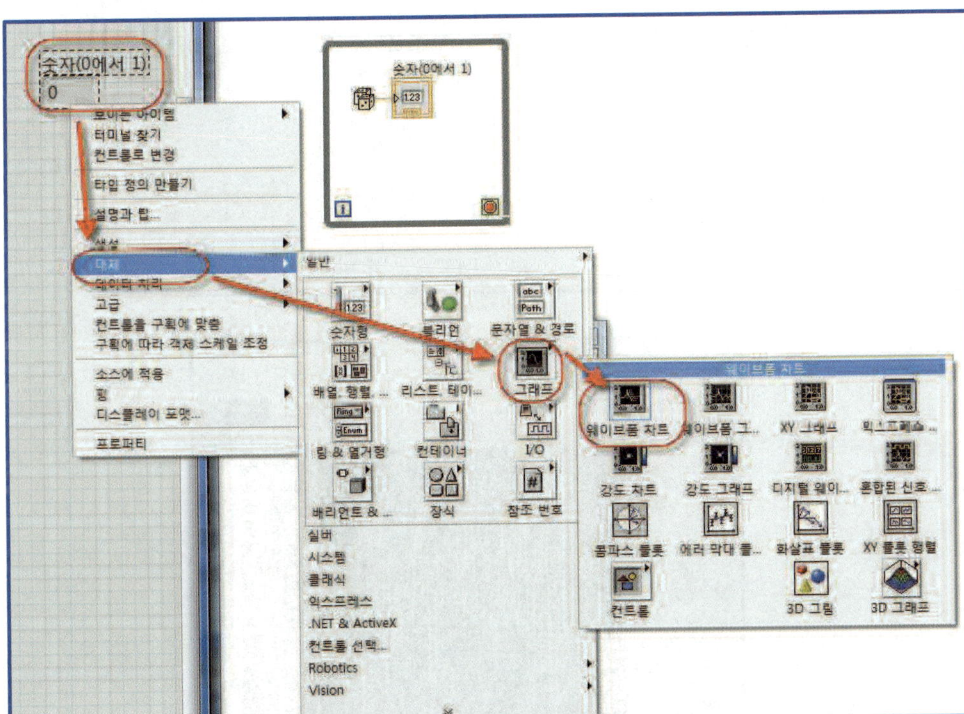

While loop안에 Time delay를 놓고 타이밍-시간지연 시간을 1초로 한다.

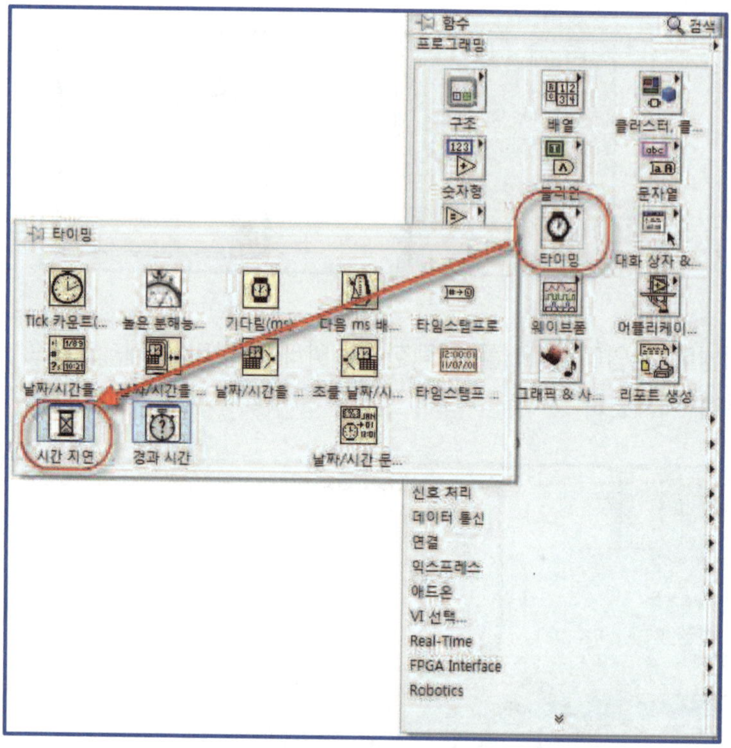

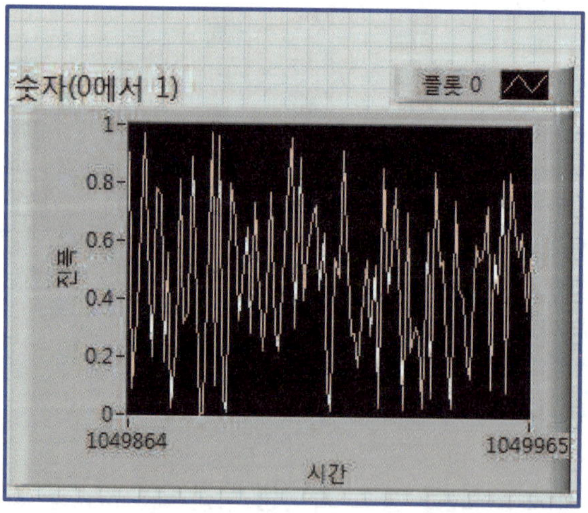

5.3 Timing

타이밍은 시간 경과 또는 지연시간 등 시간에 관련된 아이콘들이 모여 있다.

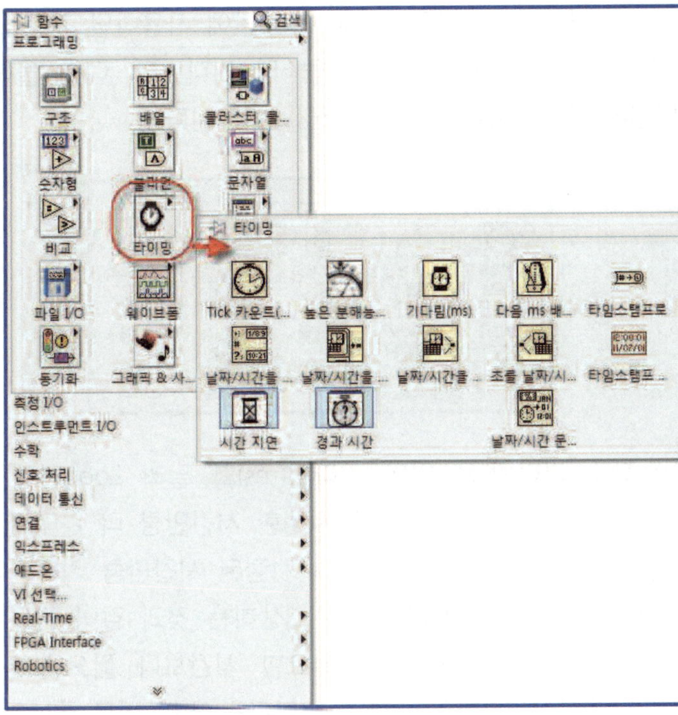

"Tick count"는 프로그램 실행 중에 이 아이컨을 만나면 현재의 시간을 1904년 1월 1일 9:00:00를 0초로 하여 지금까지 누적 초를 알려준다.

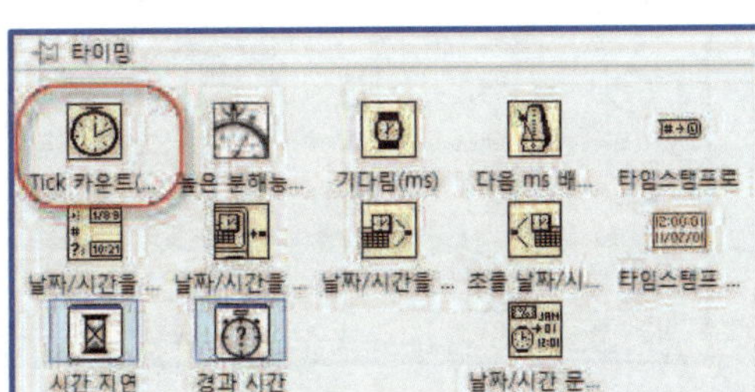

"높은 분해능의 상대시간(초)"는 초를 소수점 14자리까지 정밀하게 알려준다.

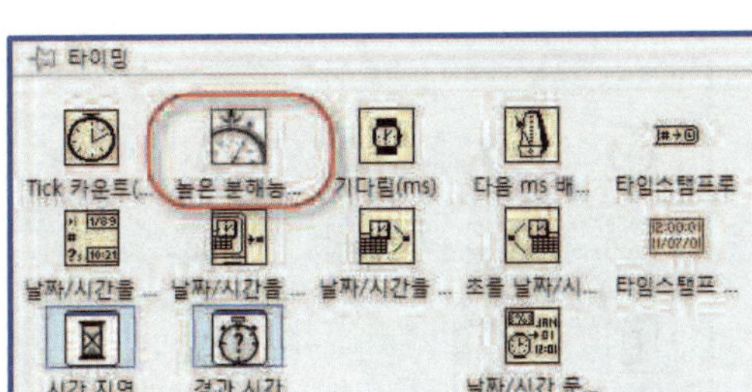

"기다림(ms)" 는 아래와 같은 아이컨인데 Loop안에 사용하면 기존 Loop 안에 작성도 모든 일을 하고 추가로 지정한 시간만큼 더 기다린다. 예를 들어, 기존의 일이 500ms이고 기다림(ms)이 1000ms이면 총 1500ms가 된다.

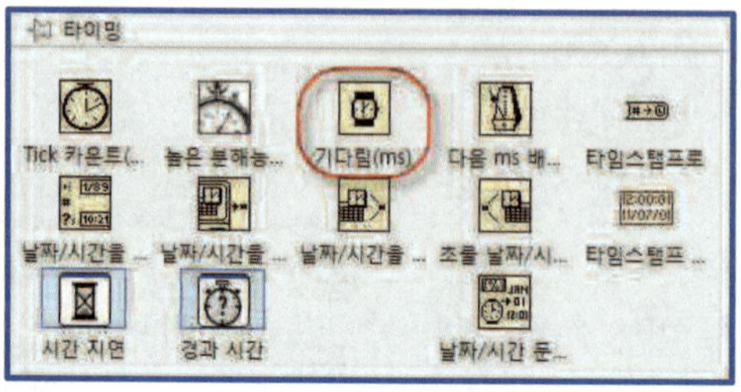

"다음 ms 배수까지 기다림"은 위의 기다림(ms)와 달리 Loop안에 사용하면 기존 Loop 안에 작성된 모든 일을 하고 추가로 지정한 시간만큼 더 기다리지 않고 Loop안의 일을 수행하는데 필요한 시간을 포함하여 지정된 시간만큼 기다린다. 자신에게 지정된 시간을 다 사용하지 않고 전체를 위해 희생하는 것과 같이 작용한다. 만약 지정된 시간이 Loop 안의 일을 수행하는데 필요한 시간보다 짧으면 지정된 시간보다 Loop안의 일을 다할 때까지 기다리고 추가로 기다림 없이 바로 끝낸다.

예를들어, 기존의 일이 500ms이고 "다음 ms배수 까지 기다림"이 700ms이면 1200ms가 아니고 700ms가 된다.

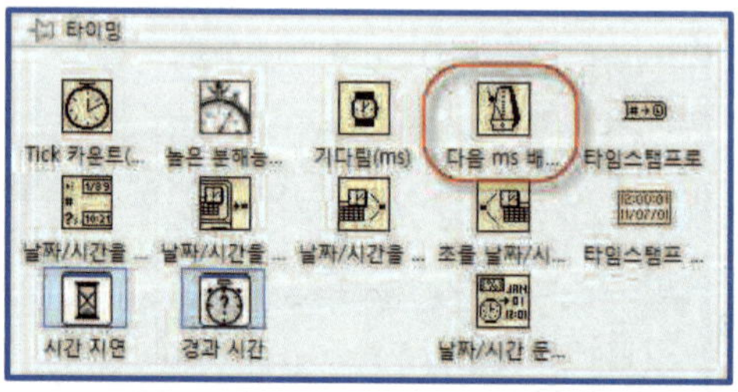

"날짜/시간을 문자열로 얻기"는 프로그램이 실행될 때의 시간이나 별도로 지정한 시간을 연/월/일과 시/분/초를 보여준다. 초는 true / false로 안보이게 할 수도 있다.

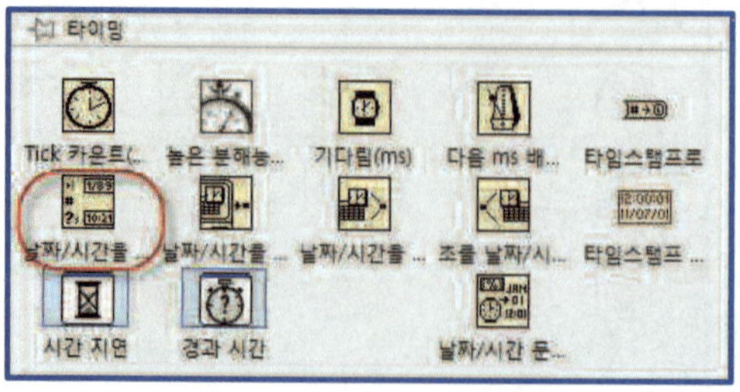

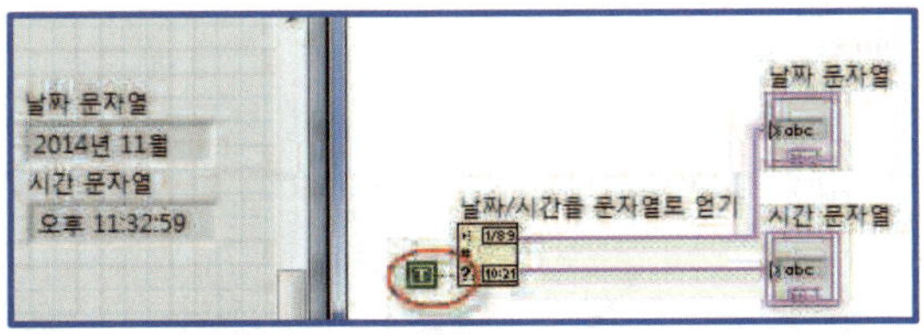

"날짜/시간을 초로 얻기"는 현재 시각을 보여준다.

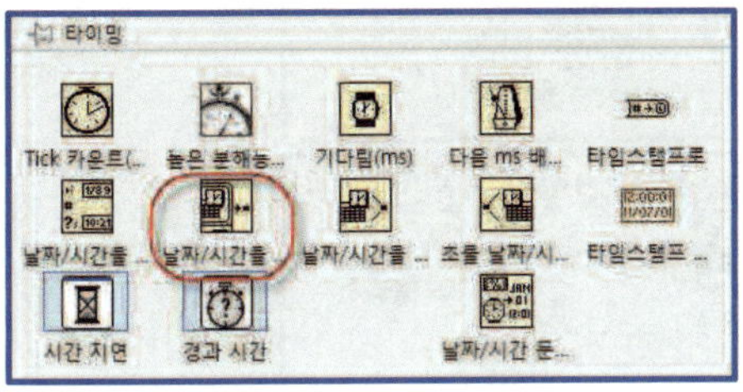

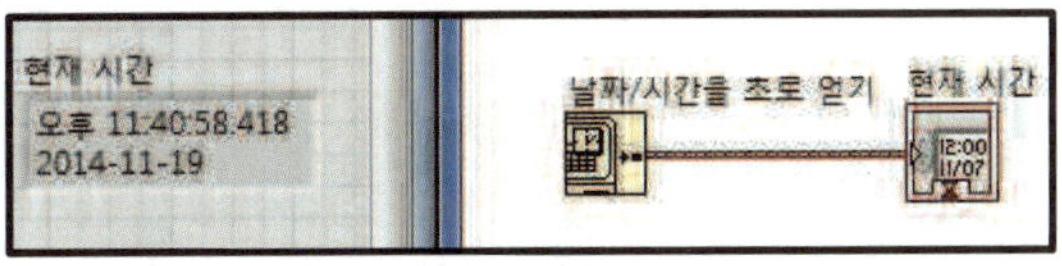

"날짜/시간을 초로"는 미리 입력한 시간을 보여준다.

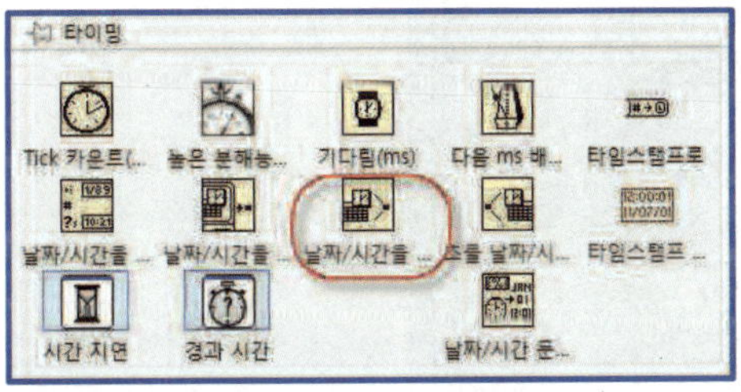

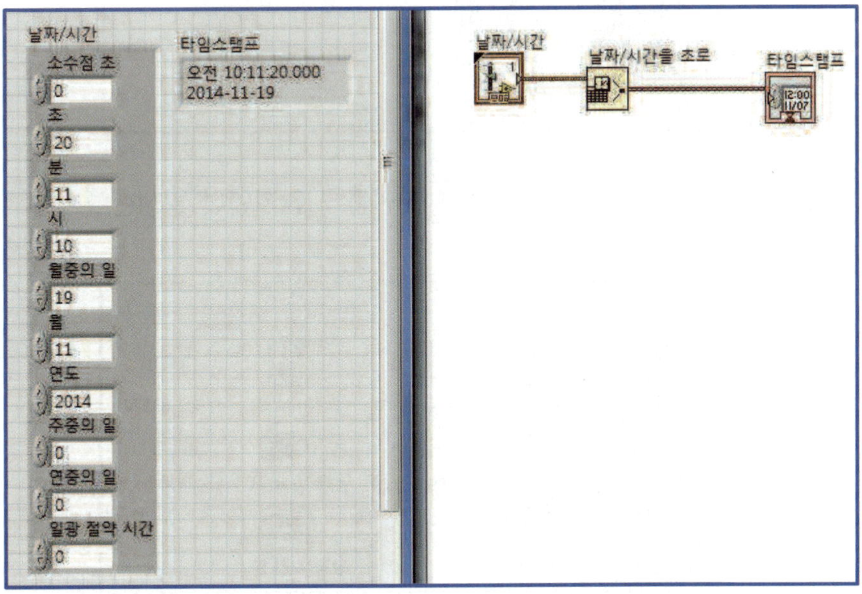

"초를 날짜/시간으로"는 현재 시각을 보여준다.

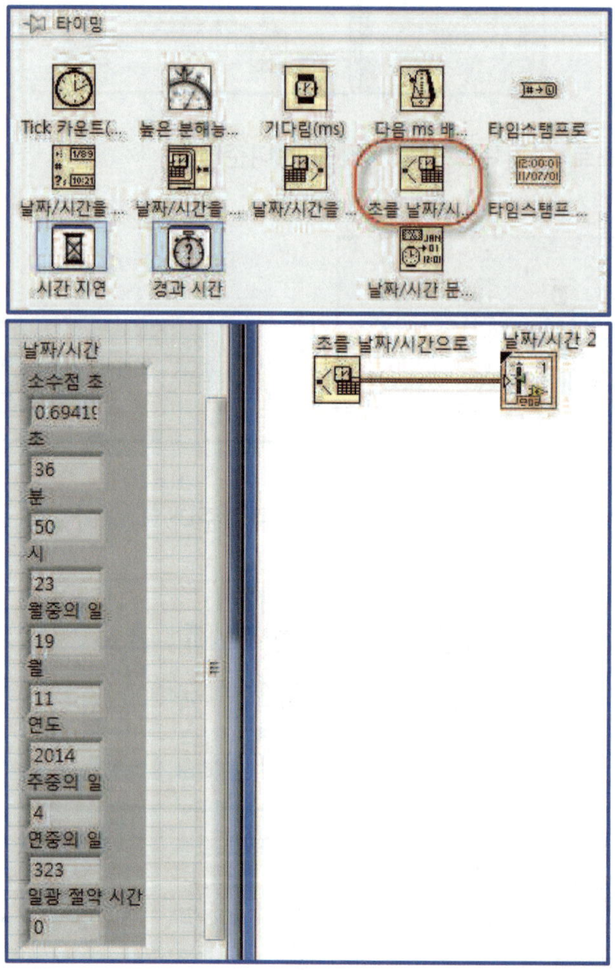

"시간지연"은 초단위로 입력하는데 입력한 만큼 시간지연이 발생한다.

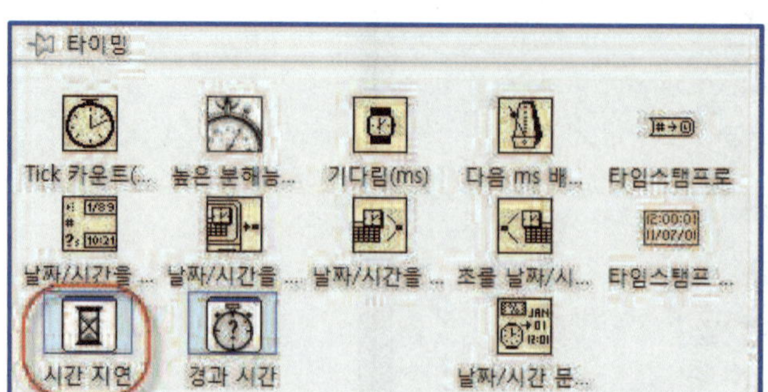

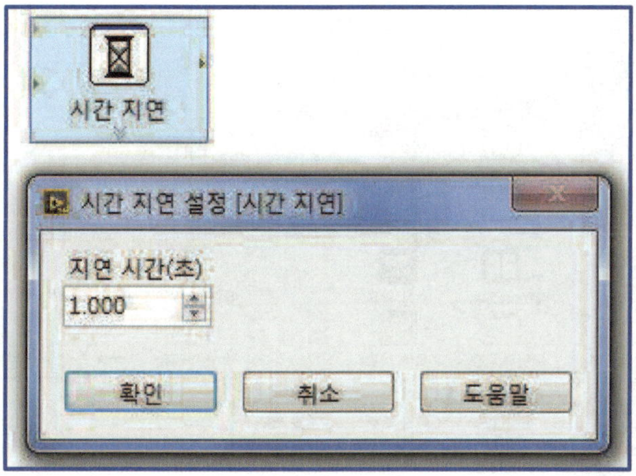

시간지연은 위의 메트로놈 형상인 "다음 ms 배수까지 기다림"과 같이 자신을 희생하여 Loop내의 일을 수행하는데 필요한 시간을 포함하여 자신에게 지정된 시간만큼 기다린다. 만약 수행해야 하는 일이 지정된 시간보다 길다면 자신에게 지정된 시간을 무시하고 실제 수행에 필요한 시간만큼 충분히 기다린다.

5.4 Timed 루프 (Timed Loop)

일정시간동안 특정한 일을 반복시키고자 할 때 사용하는 구조문이다. 일반적으로 While loop 안에 시간지연 함수를 사용하여 일정시간을 유지할 수 있지만 정확한 시간을 유지하기 위해서는 Timed loop를 사용해야 한다.

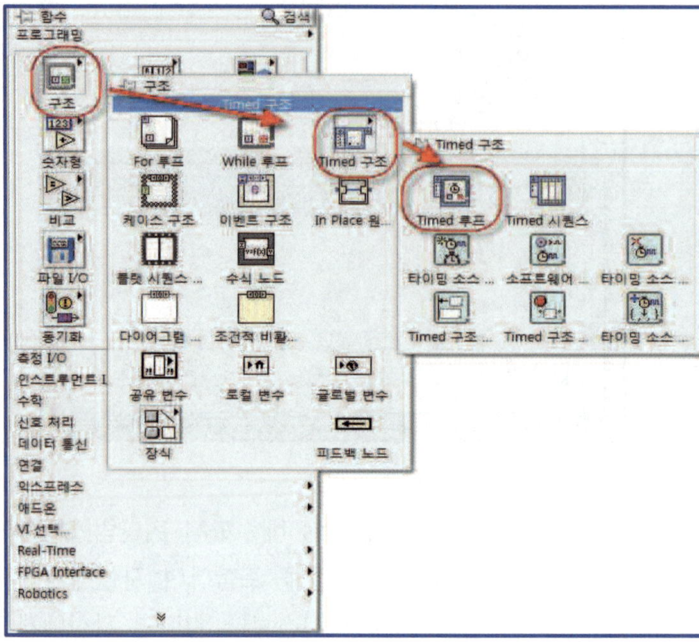

Timed 루프를 선택하여 드래그하면 오른쪽 구조문이 생성되고 이것을 클릭하면 다음과 같이 시간을 설정하는 화면이 생성되며 필요한대로 시간(dt)설정한다.

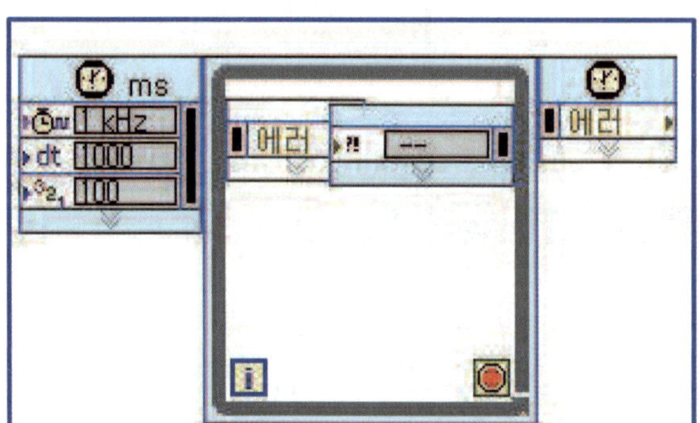

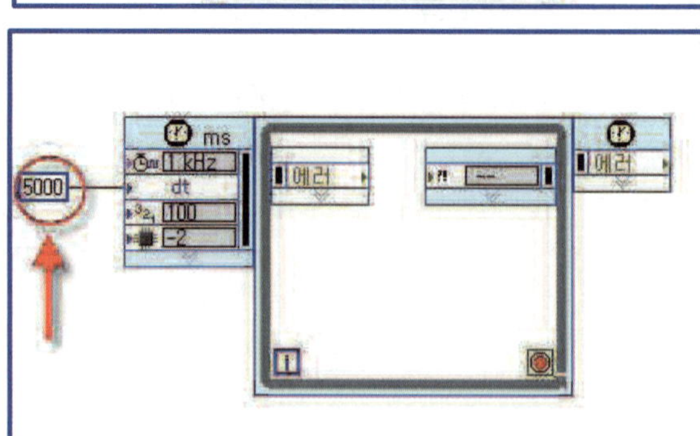

위에 보는 바와 같이 dt에 원하는 시간을 ms단위로 상수 생성한다.
상세하게 창을 별도로 열기 원하면 다음을 클릭하면 창이 열린다.

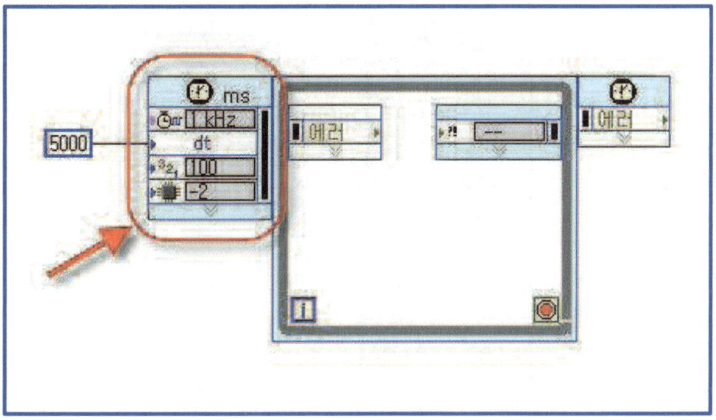

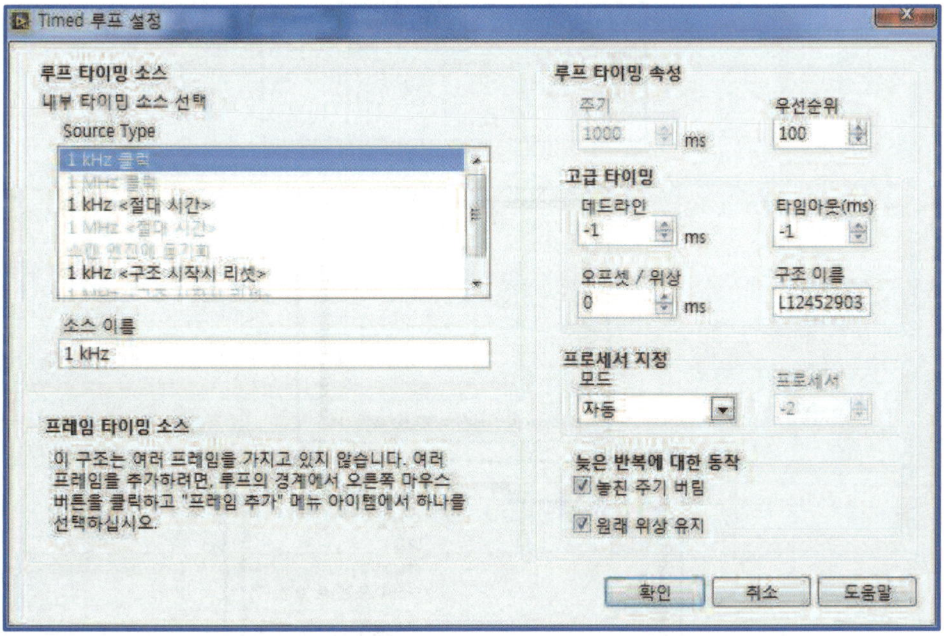

5.5 케이스 구조 (Case Structure)

케이스 문 밖에서 지정한 경우의 일을 스위치 같은 불리언이나 문자열 또는 숫자 등으로 지정할 때, 각각의 조건에 해당되는 일을 하도록 케이스 구조문 안에 해야할 일을 지정하여 수행되도록 할 때 사용하는 구조문이다.

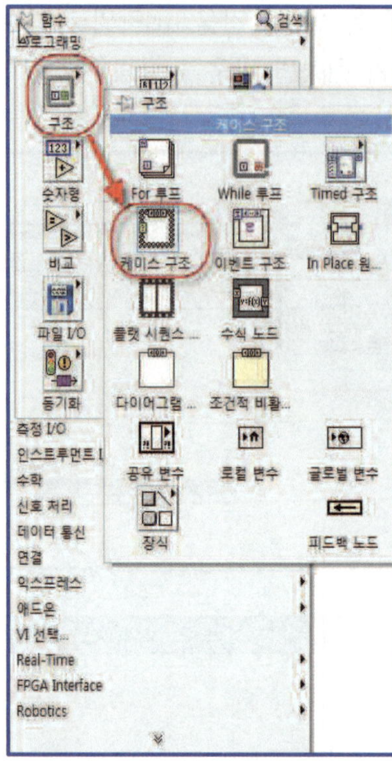
함수
검색
프로그래밍
구조
숫자형
비교
파일 I/O
동기화
측정 I/O
수학
신호 처리
데이터 통신
연결
익스프레스
애드온
VI 선택...
Real-Time
FPGA Interface
Robotics
구조
케이스 구조
For 루프
While 루프
Timed 구조
케이스 구조
이벤트 구조
수식 노드
공유 변수
로컬 변수
글로벌 변수
장식
피드백 노드

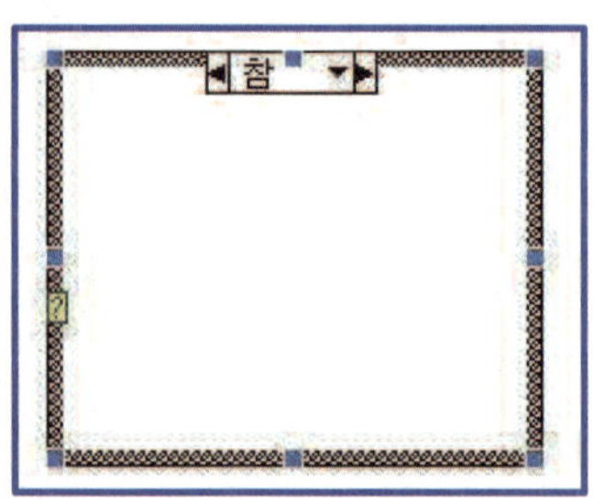
참

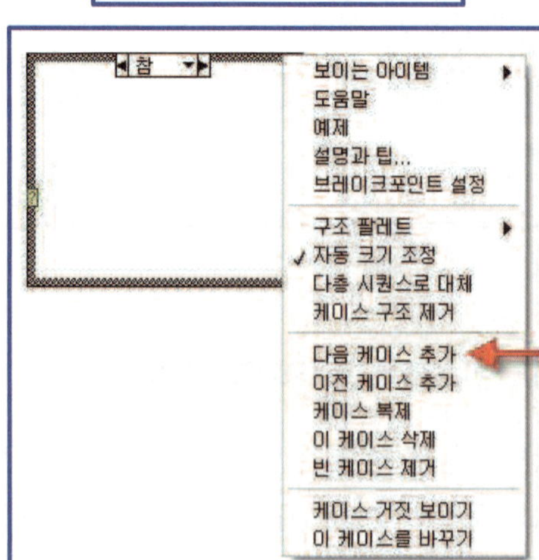
참
보이는 아이템
도움말
예제
설명과 팁...
브레이크포인트 설정
구조 팔레트
자동 크기 조정
다층 시퀀스로 대체
케이스 구조 제거
다음 케이스 추가
이전 케이스 추가
케이스 복제
이 케이스 삭제
빈 케이스 제거
케이스 거짓 보이기
이 케이스를 바꾸기

케이스를 추가하고자 하면 마우스 오른쪽 버튼을 클릭하여 "다음 케이스 추가"를 선택한다. 조건에 따라 "이전 케이스 추가"를 선택한다.

케이스 구조의 값을 변경하고자 하면 다음 그림과 같이 케이스 구조 상단의 값을 클릭하여 원하는 이름을 새로 입력한다. ""표시는 자동 생성된다.

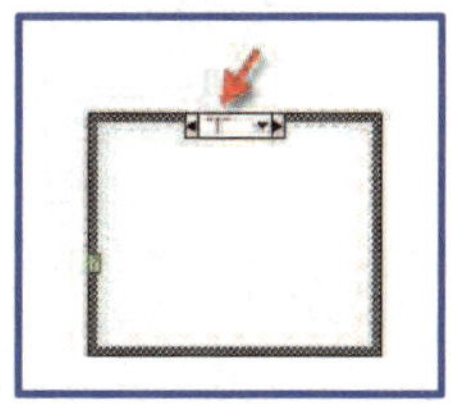

또 케이스 구조의 이름을 논리값인 참과 거짓으로 할 경우 구조 왼쪽의 ? (케이스 선택자)에 논리값을 연결한다.

연습

다음과 같이 케이스문의 예제를 완성하여라.

참인 경우 Loop실행회수가 증가하며 챠트에 그리고, 거짓인 경우 난수를 발생시켜 챠트로 그려준다.

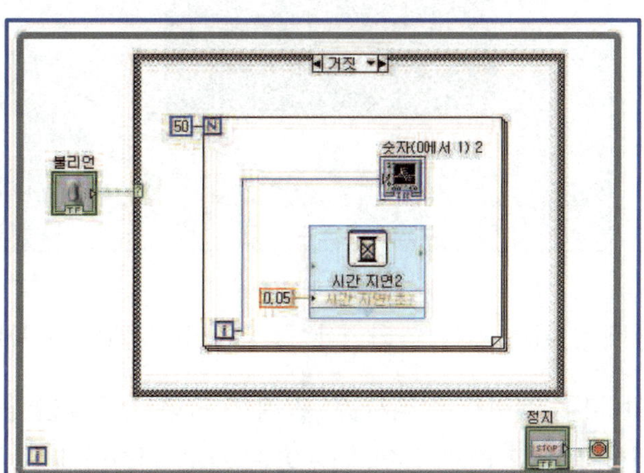

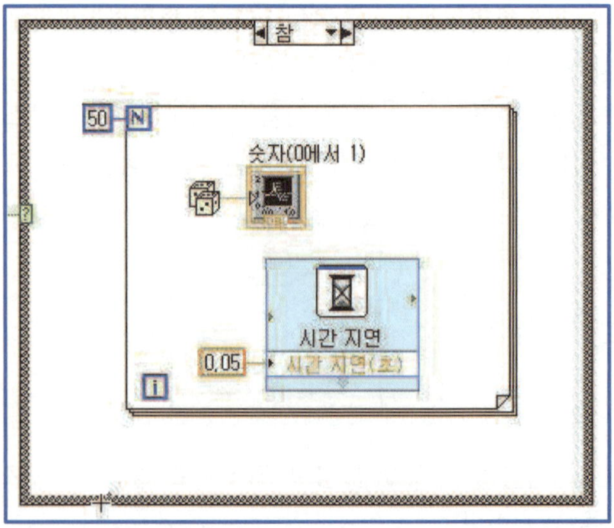

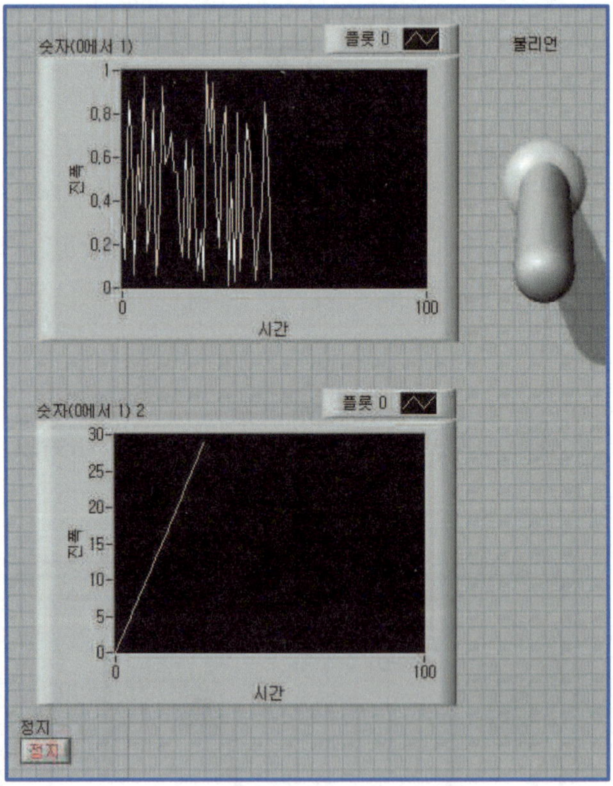

케이스 구조 중에는 위와 같은 불리언 뿐만 아니라 문자나 숫자로도 구분이 가능하다. 숫자를 사용할 경우 케이스 선택자인 ? 에 숫자형 컨트롤을 연결하면 아래 와 같이 화살표로 표시한 선택자 라벨 안의 내용이 숫자로 변한다.

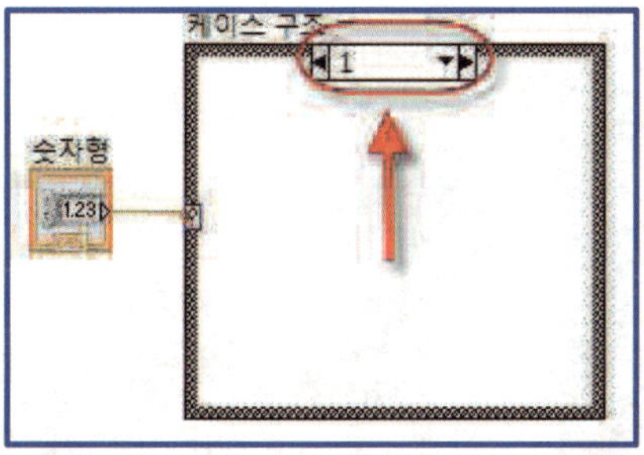

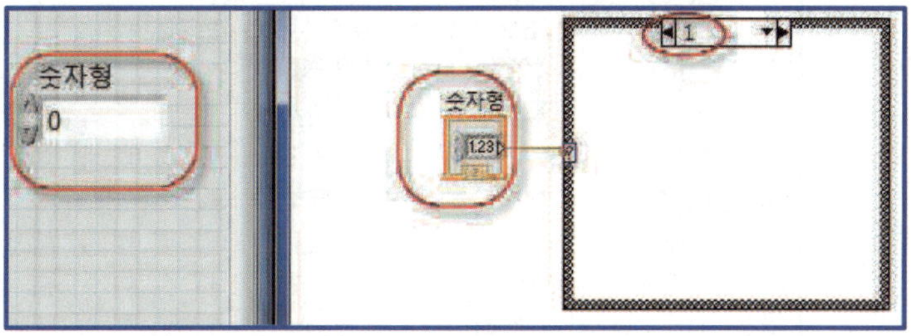

5.6 이벤트 구조 (Event Structure)

일반적으로 구조문들은 프로그램 수행 시 실행 순서에 따라 진행되므로 프로그램이 방대한 경우, 또는 로컬변수 등 메모리를 과다하게 사용한 경우에는 비상상황 발생 시 또는 프런트 패널 상의 값을 변화시켜 신속하게 변화를 보고자 할 때 빨리 대처할 수 없다. 이를 해결하기 위해 이벤트 구조를 사용한다.

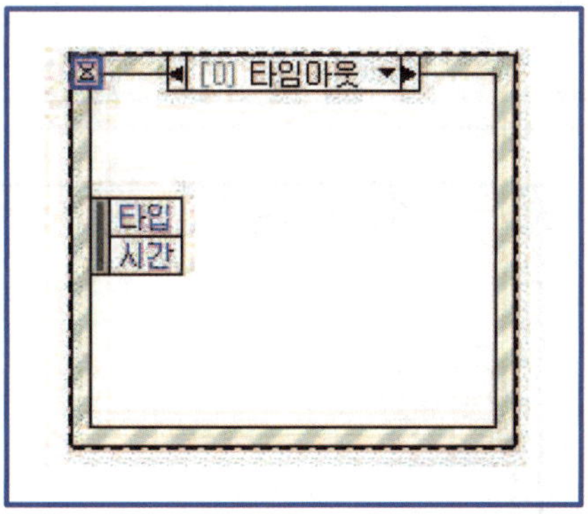

이벤트 구조문은 항상 While문과 함께 사용된다. 이것은 마우스나 키보드 또는 기타 센서로 부터 나오는 값을 CPU에 부담을 크게 주지 않고 모니터링하므로 비상정지 버튼과 같이 긴급한 상황에 대처하는데 편리하다.

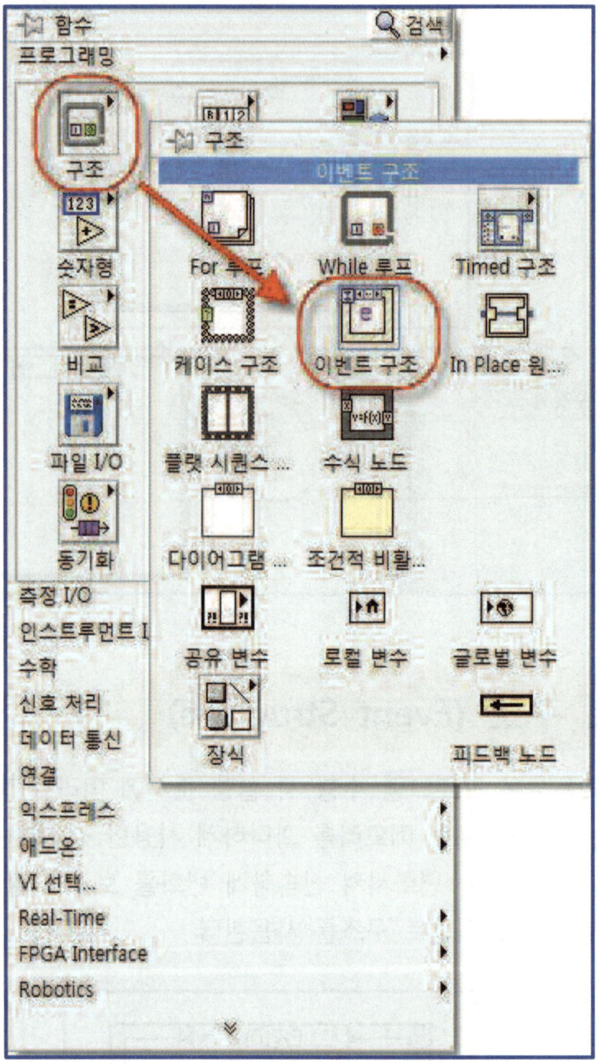
함수
검색
프로그래밍
구조
숫자형
비교
파일 I/O
동기화
측정 I/O
인스트루먼트 I
수학
신호 처리
데이터 통신
연결
익스프레스
애드온
VI 선택...
Real-Time
FPGA Interface
Robotics
구조
이벤트 구조
For 루프
While 루프
Timed 구조
케이스 구조
이벤트 구조
In Place 원...
플랫 시퀀스...
수식 노드
다이어그램...
조건적 비활...
공유 변수
로컬 변수
글로벌 변수
장식
피드백 노드

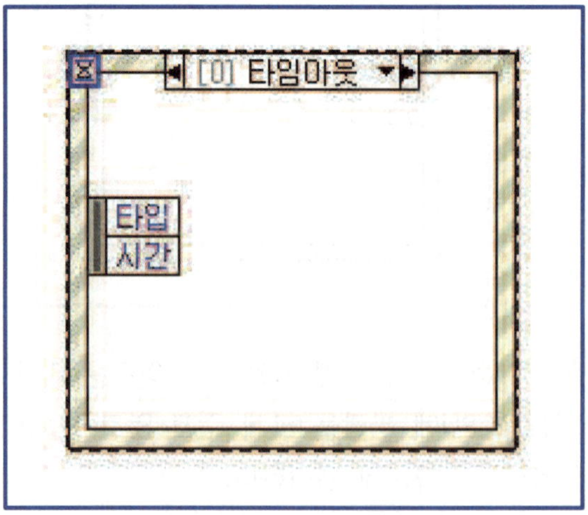
[0] 타임아웃
타입
시간

이벤트구조는 다음과 사용한다.

먼저 프런트패널에 불리언을 필요에 따라 다음과 같이 배열한다.

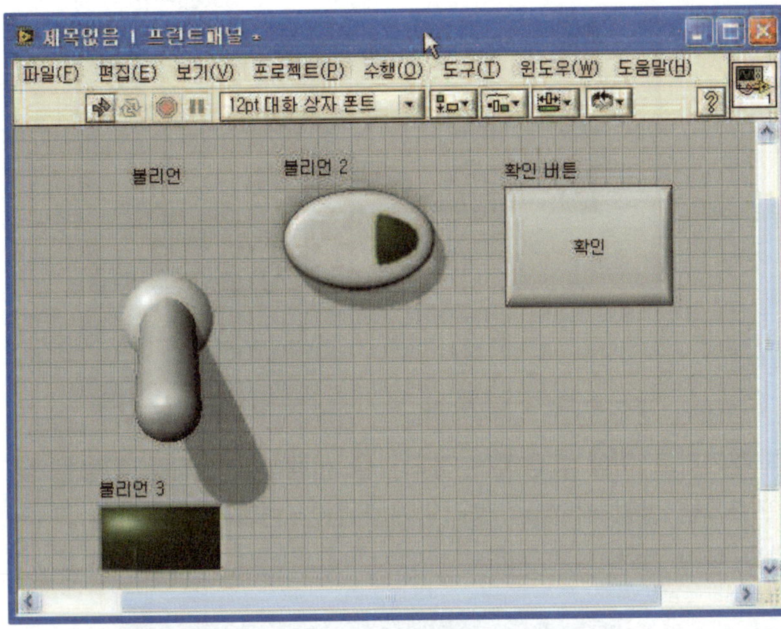

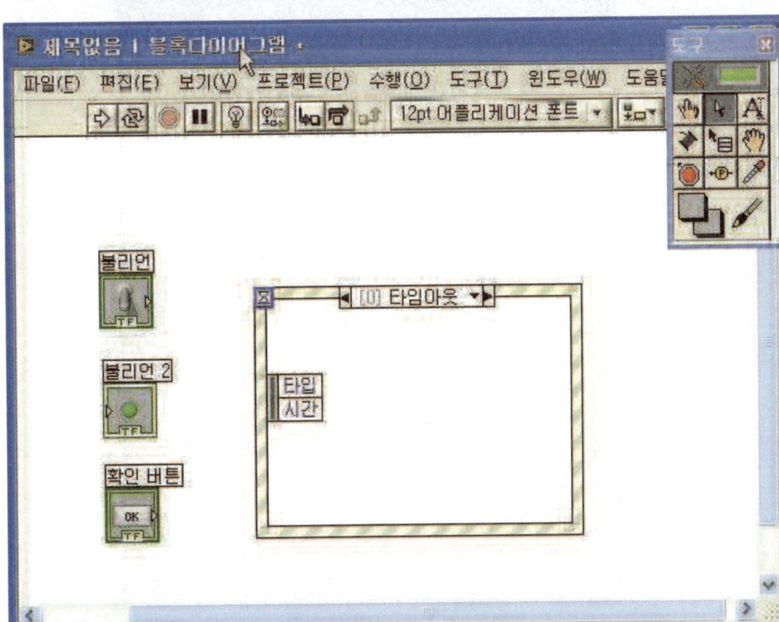

이벤트를 추가하기 위해서는 다음과 같이 한다.

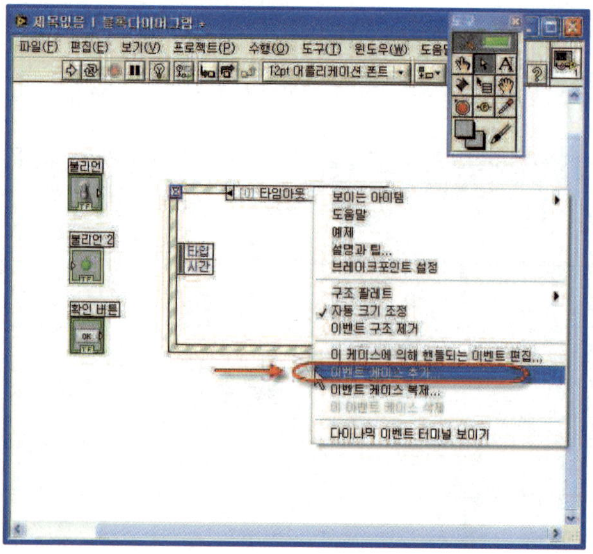

이벤트를 추가하고 이에 대응하는 불리언을 선택하고 원하는 기능을 찾아 매칭시켜 줌으로써 프로그램 실행 시 해당 불리언에 지정한 변화가 일어나면 그 이벤트구조 안에 있는 일을 하게 한다.

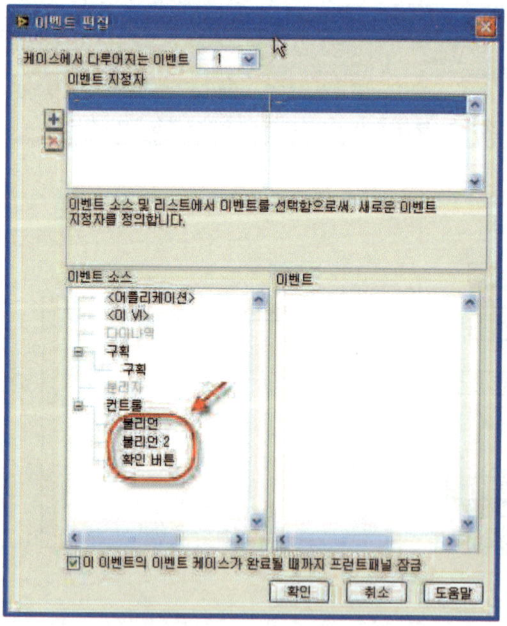

먼저 토글 스위치인 최초 불리언을 선택하면 다음과 같은 기능들 중에 하나를 선택할 수 있다. 여기에서는 소리를 1초간 재생시킨다.

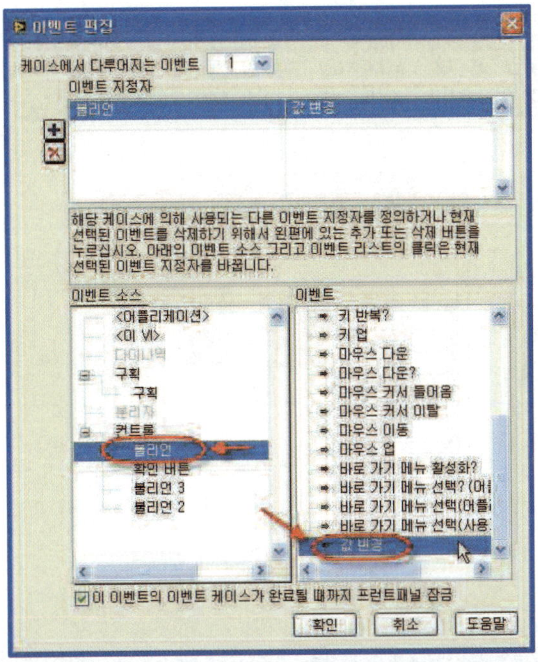

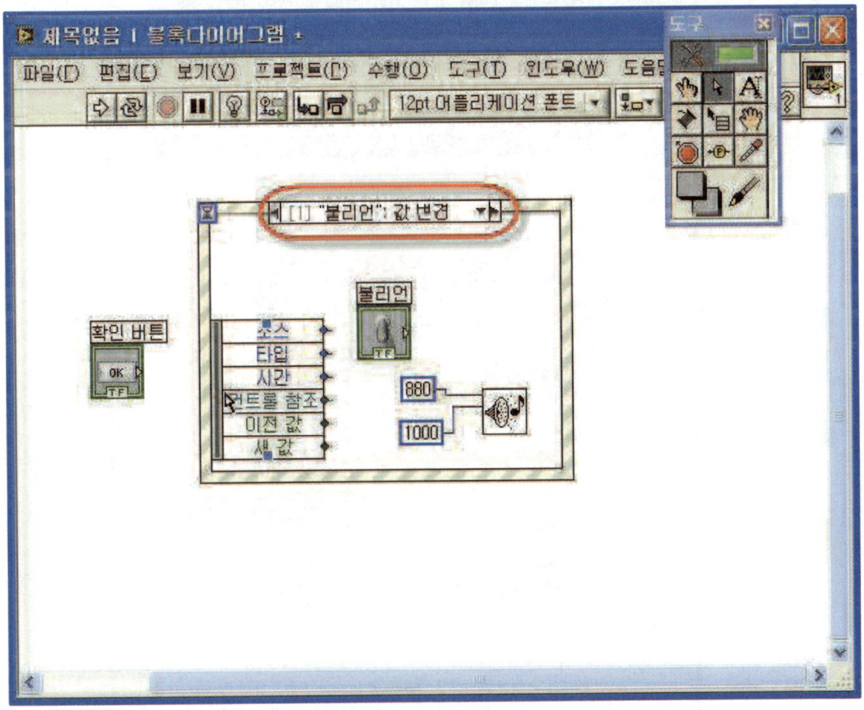

다음 "키다운"을 선택하면 프로그램 실행 중 각각의 불리언들을 ⭾(Tab)키를 눌러 순서대로 선택할 수 있다. 이때 한번 눌려졌다 튀어나올 때 이 이벤트가 동작하므로 이 이벤트구조 안에 원하는 일을 삽입하면 된다. 여기에서는 LED를 켠다.

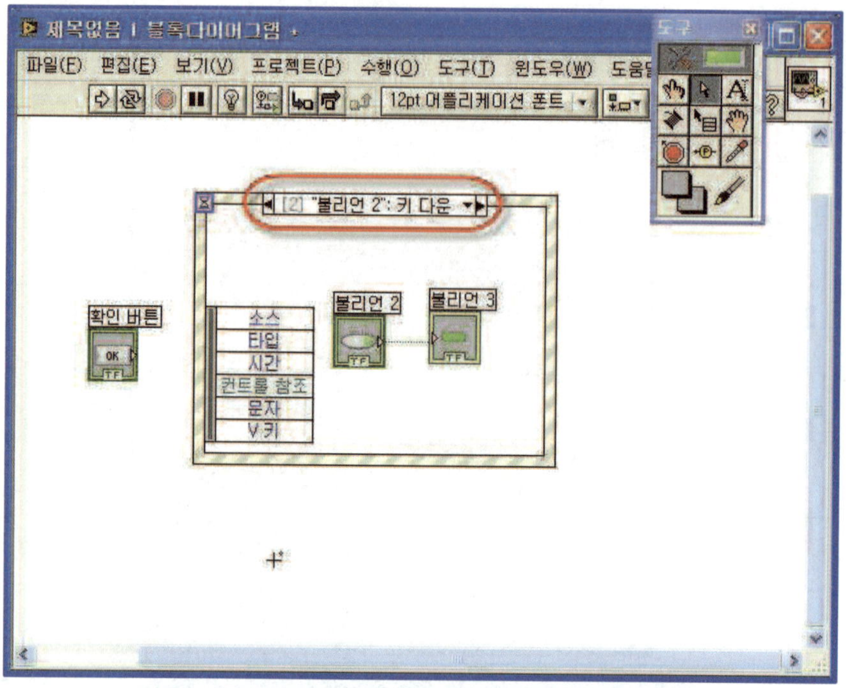

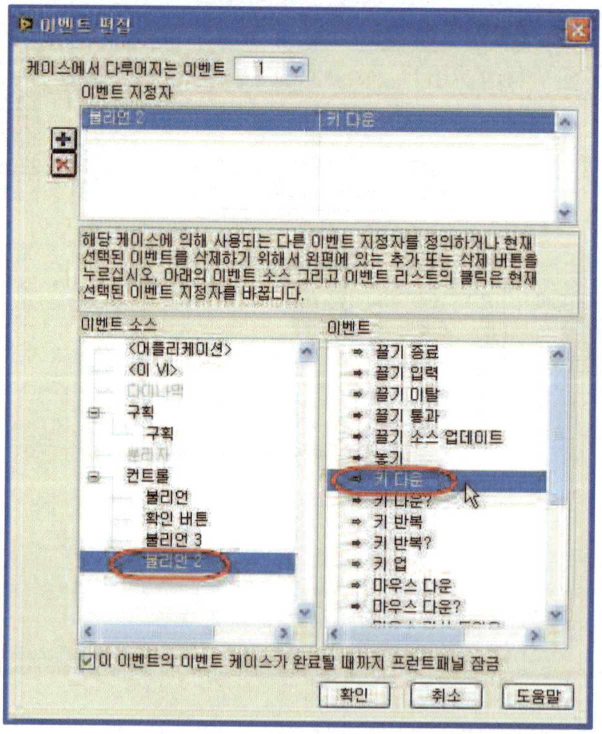

다음 확인버튼은 마우스 커서가 스위치 안에 들어오면 동작하는 "마우스 커서 들어옴"으로 지정한다.

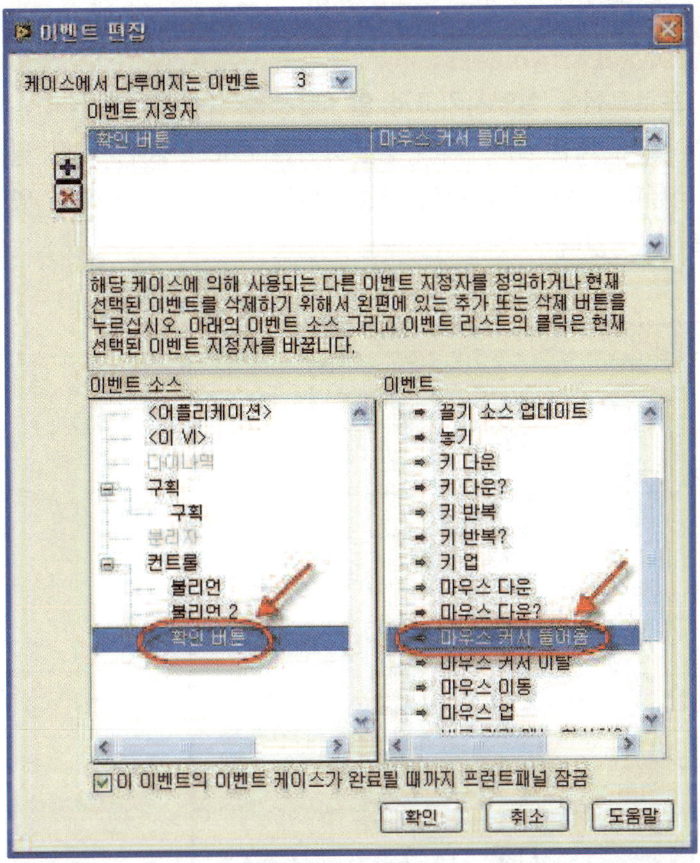

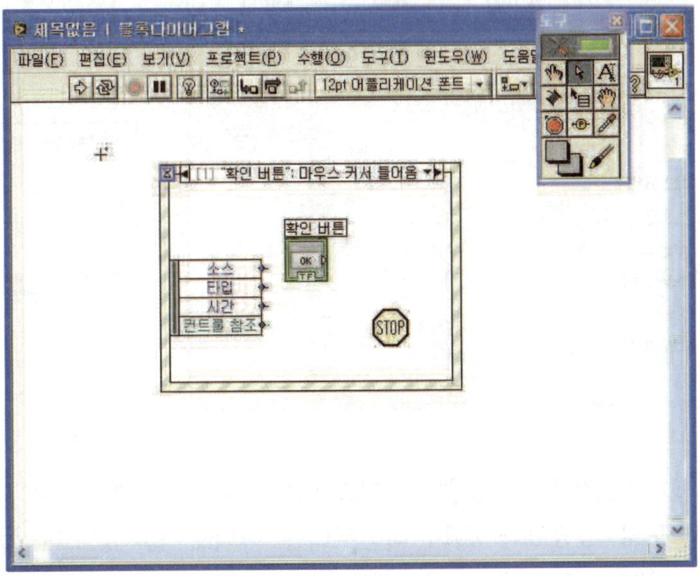

이때에는 프로그램 실행 중에 확인버튼 위에 마우스커서가 들어오면 프로그램이 정지된다.

5.7 Flat 시퀀스(Flat Sequence)와 다층 시퀀스(Stacked Sequence)

순차적으로 프로그램을 실행시키고자 할 때 사용하는 것에는 Flat 시퀀스와 다층 시퀀스 두가지가 있다. 하는 일은 거의 동일하지만 Flat의 경우, 사진 필름과 같이 옆으로 계속해서 나열이 되는 것에 반해 다층 시퀀스는 층층이 쌓여져 있어 다른 시퀀스를 한 번에 볼 수는 없다.

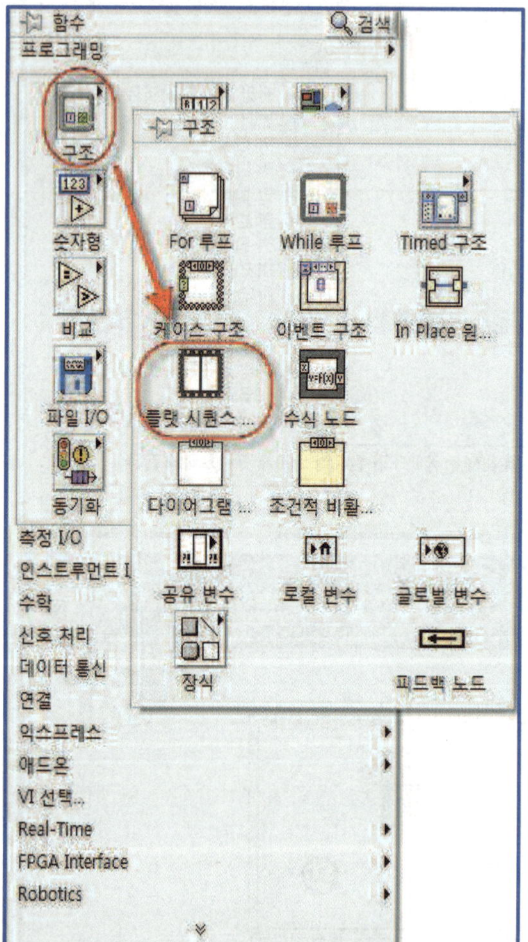

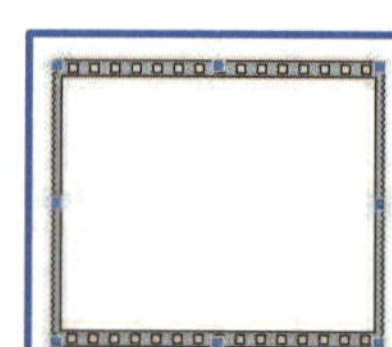

LabVIEW 2013버전까지는 플랫 시퀀스(Flat sequence)와 다층 시퀀스(Stacked sequence)가 별도로 있었으나 2014 버전부터는 하나로 합쳐졌으며 플랫 시퀀스(Flat sequence)를 선택한 후 다층 시퀀스(Stacked sequence)로 대체하면 다층 시퀀스(Stacked sequence)로 사용할 수 있다. 사용법은 아래와 같다.

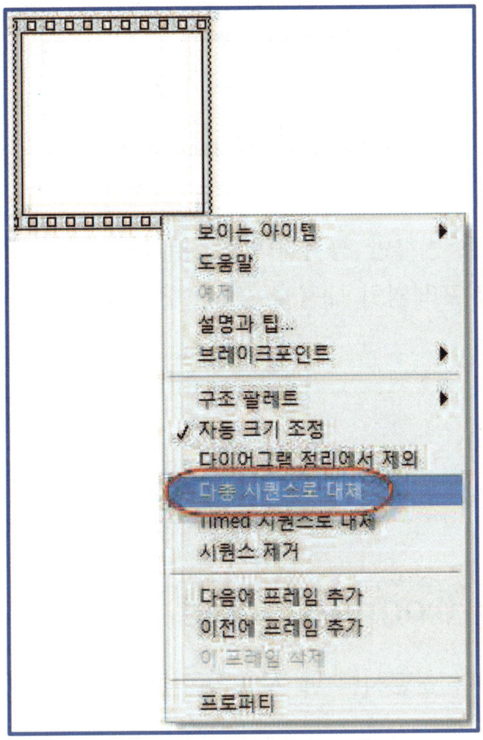

시퀀스를 추가할 경우, 마우스 오른쪽 버튼을 클릭하여 추가한다.

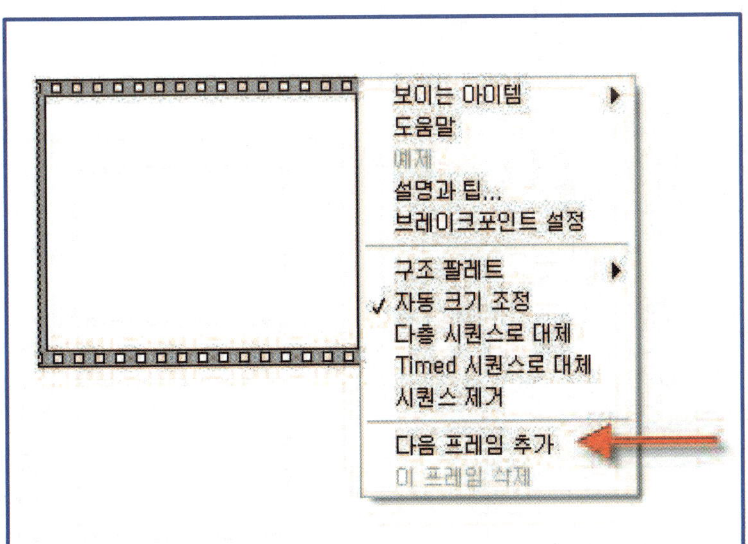

Flat 시퀀스는 아래 그림과 같이 옆으로 추가된다.

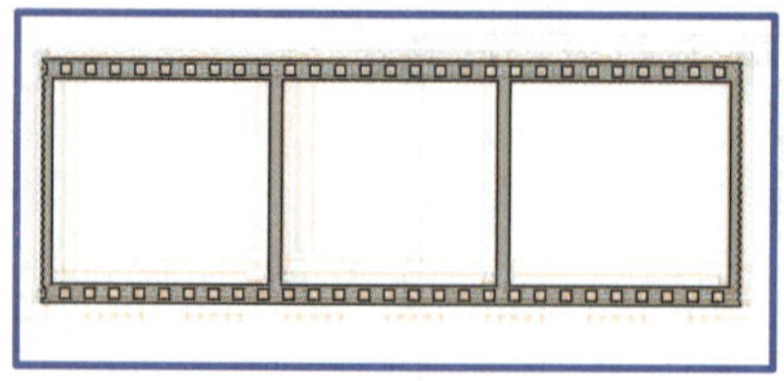

다층 시퀀스는 시퀀스 번호만 증가하며 증가된다. 다층 시퀀스 (Stacked Sequence)는 위에 쌓이므로 아래 프레임의 내용을 볼 수 없다.

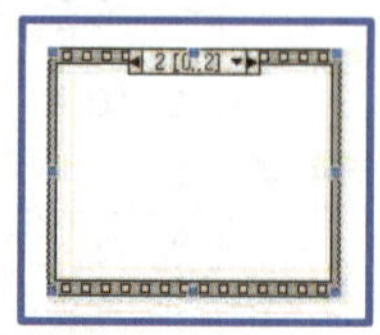

5.8 수식 노드 (Formula node)

수식을 직접 적어 넣어 실행시킬 때 사용한다. 프로그램은 C 언어와 같다.

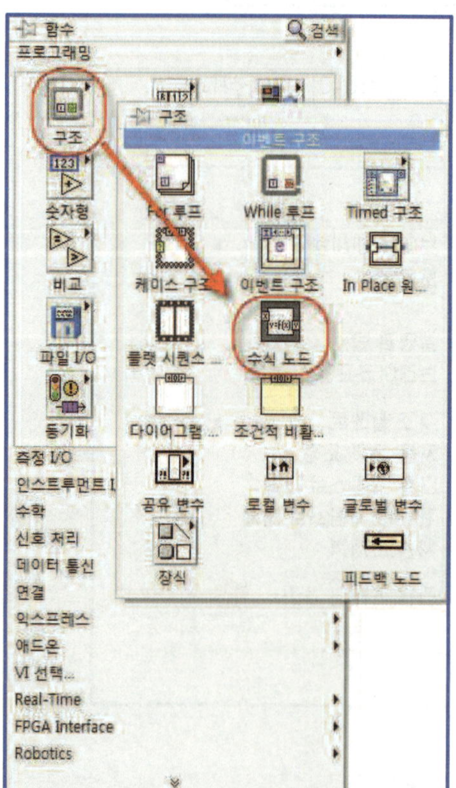

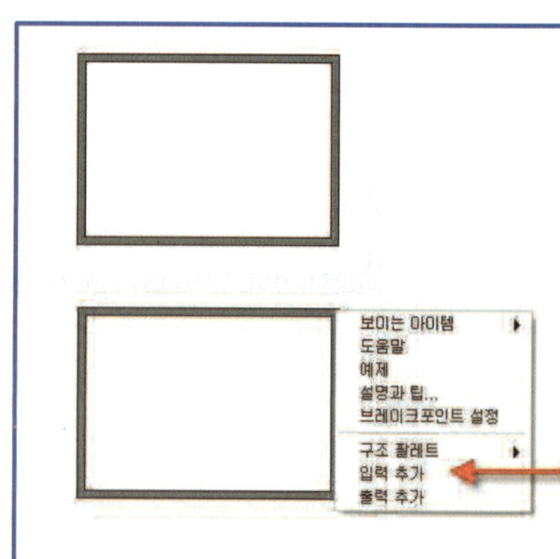

입력과 출력변수를 선언해야 하는데 외곽선 위에서 마우스 오른쪽 버튼을 클릭하여 입력추가 또는 출력추가로 실행한다.

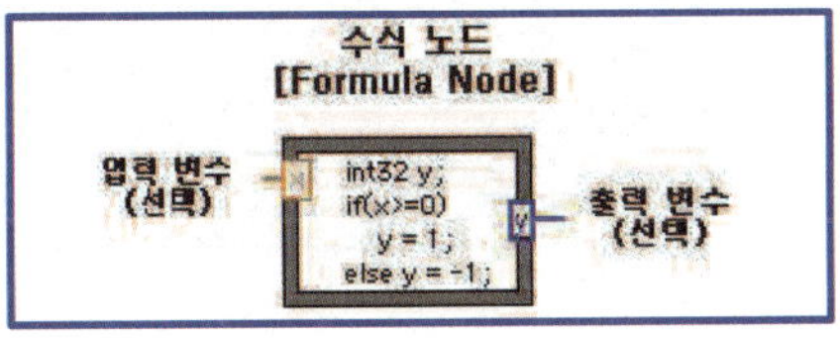

연습

다음 수식을 수식노드를 사용하여 풀어라. 단 입력은 외부에서 계속 입력이 가능하도록 While Loop를 사용하도록 하여라.

$$B = 3A^2 + A + 1$$

$$C = B + 1$$

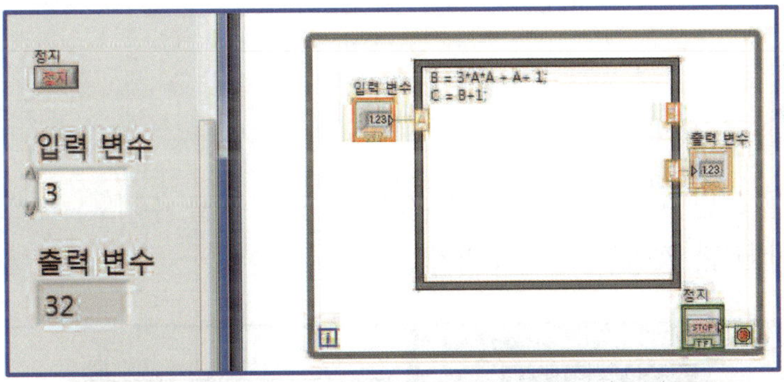

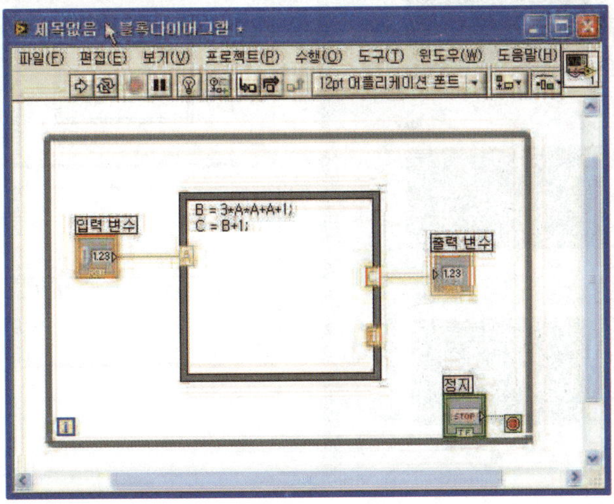

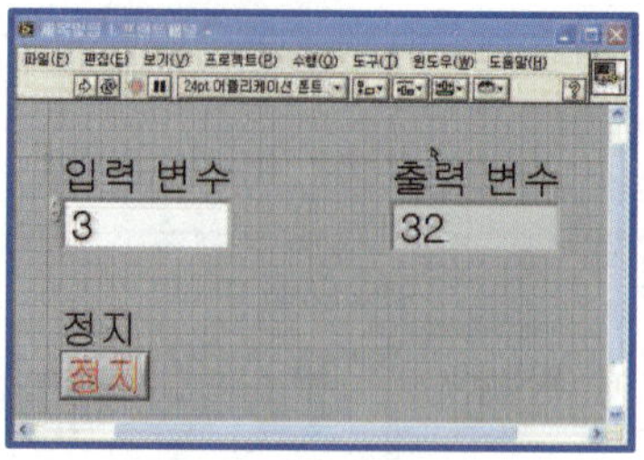

연습

위의 예제는 다음과 같이 숫자형-식노드를 이용하여서도 동일하게 구할 수 있다.

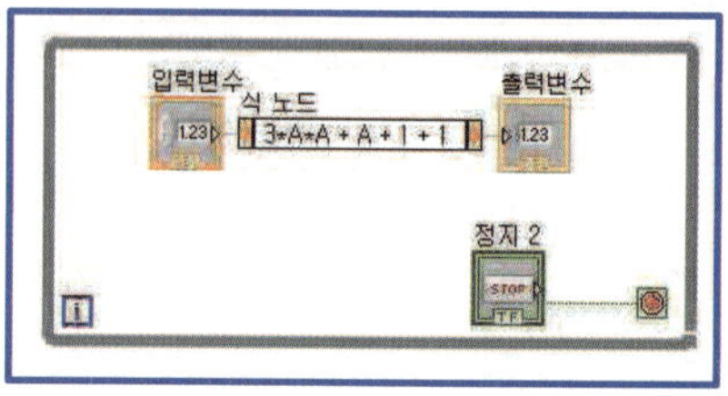

연습

다음 그림을 보면 A=tan(X)+cos(X), Y=A**3+A 인 수식을 수기노드로 그리고 식노드로 실행한 것과 비교한 것이다. 그려 보아라.

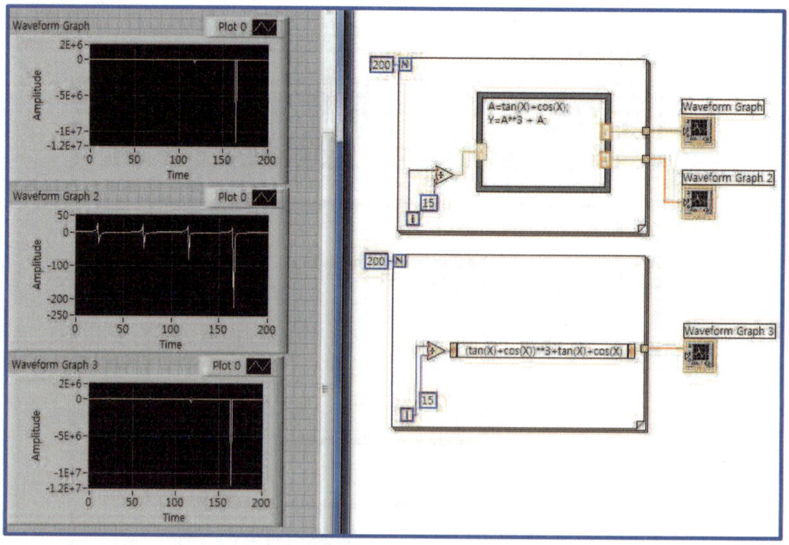

5.9 조건적 비활성화

프로그램하다보면 블록 다이어그램 내에 일부분을 비활성화시킬 수 있다. 필요에 따라 다시 활성화시킬 수 있다. "프로그래밍 - 구조 - 다이어그램 비활성화 구조"를 사용한다.

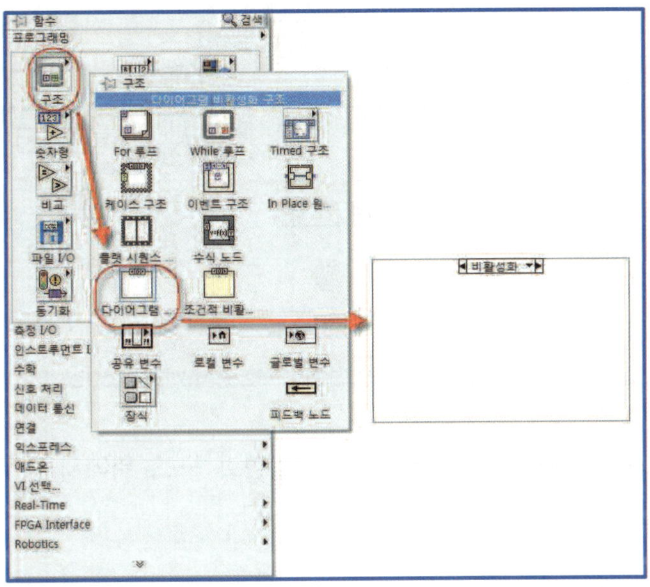

다음 프로그램에서 While loop 안에 있는 time delay를 잠시 꺼두고 싶다면 아래와 같이 다이어그램 비활성화 구조를 선택하여 드래그하여 원하는 부분을 선택한다.

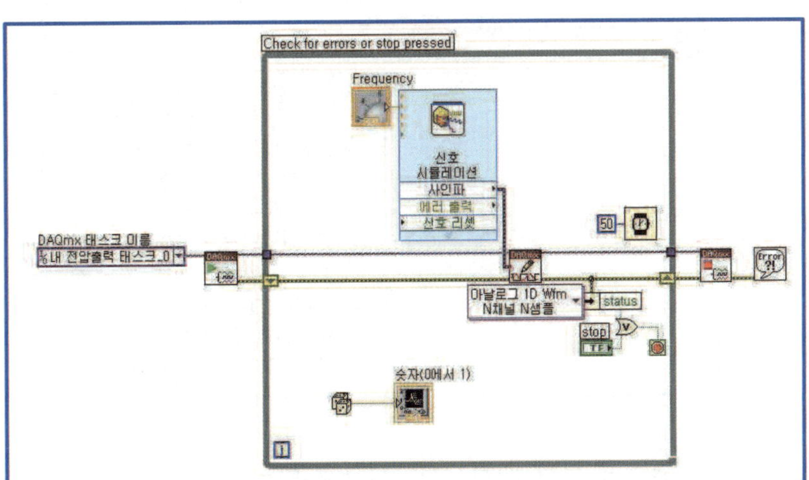

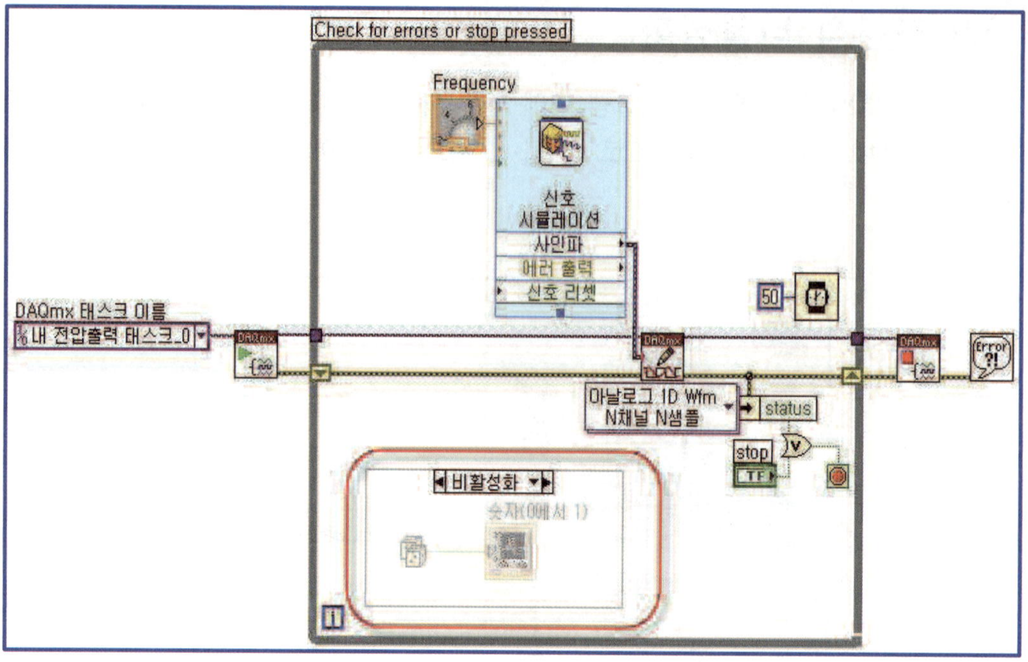

비활성화된 것을 삭제하려면 다이어그램 비활성화 구조 위에서 마우스 우측 버튼을 눌러 "다이어그램 비활성화 구조 제거"를 선택한다.

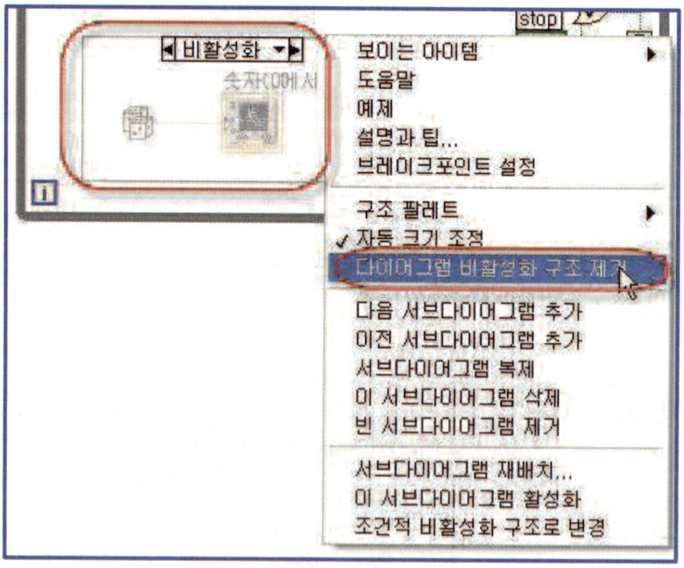

이렇게 하면 선택적으로 부분 비활성화가 가능하다.

연습문제

연습문제 5-1) While Loop와 Timed Loop를 사용하여 프로그램 수행시간을 분석하여라.

아래에서 화살표 부위는 계산시간을 포함하여 루프를 한번 돌고 대기하는 총 시간을 의미한다. 따라서 시간의 단위는 ms 이다. 실행 후 챠트를 확인하면 항상 일정하게 1000ms로 동작됨을 알 수 있다.

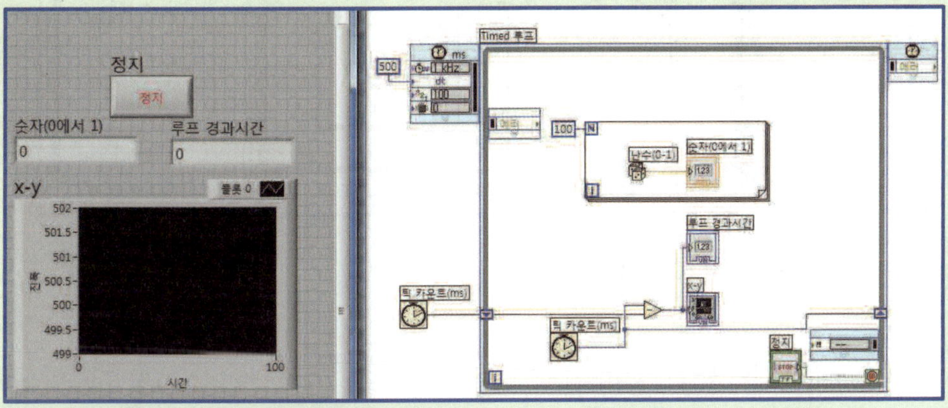

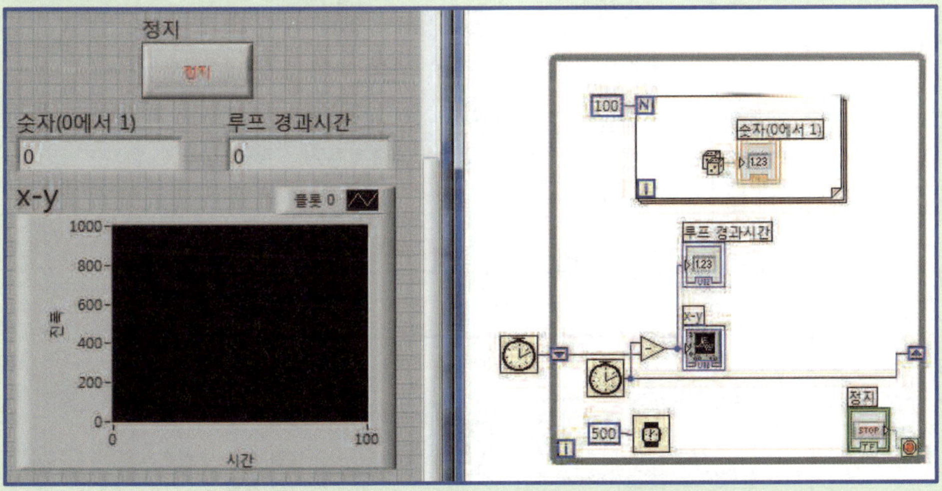

그림에서 보듯 1000ms가 아니고 1001ms가 됨을 볼 수 있다. 물론 이 값은 1000ms가 주로 만족되지만 안정되지 못하고 시간이 변화되는 순간이 가끔 일어나므로 정확한 계측이나 제어에는 적절하지 않다.

연습문제 5-2) "시간지연"이 "다음 ms 배수까지 기다림"과 같이 작동하는지 다음 프로그램을 통해 확인하여라.

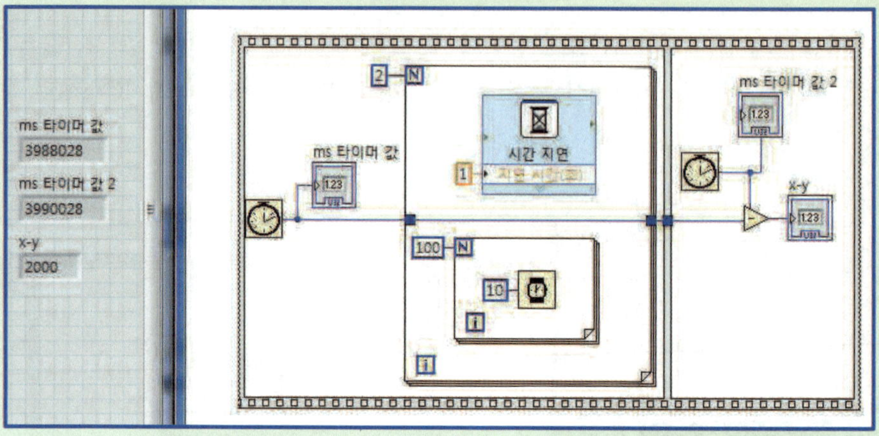

"경과 시간"은 아래와 같이 사용된다.

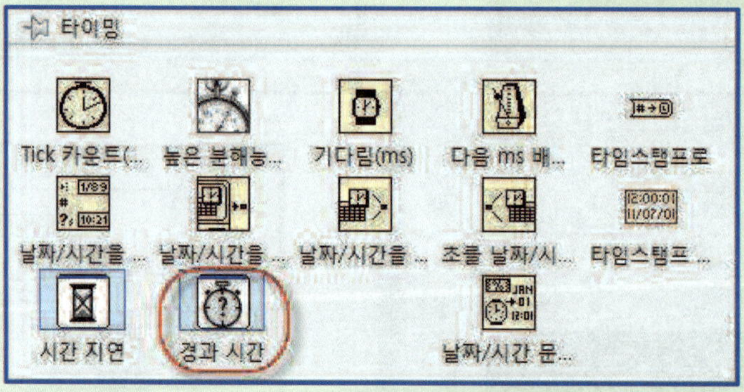

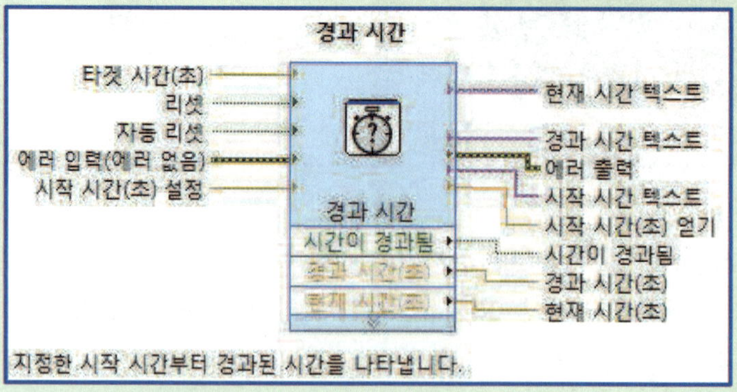

먼저 타겟시간에 원하는 시간을 설정한다.

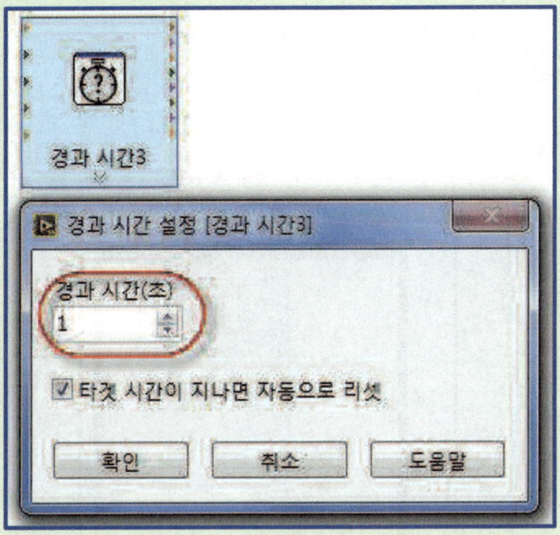

원하는 시간이 지나면 시간이 경과됨이 true가 되면서 프로그램이 종료된다.

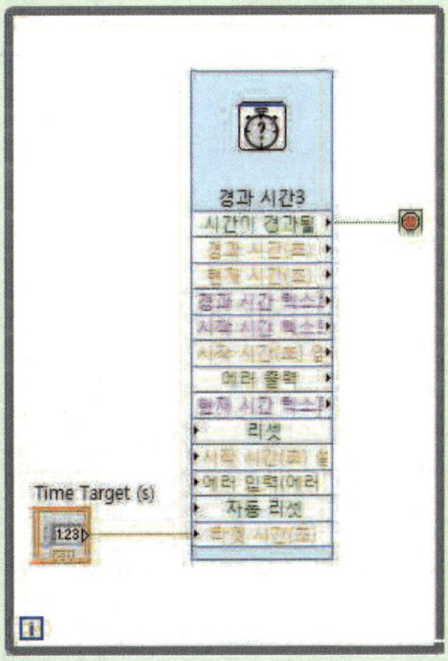

연습문제 5-3) while loop를 사용하되 처음에는 0, 다음엔 5 , 다음엔 10 과 같이 5씩 증가하는 구조문을 만들고 shift register를 사용하여 현재값, 전값, 전전값, 전전전값 등 4개의 값을 보여라.

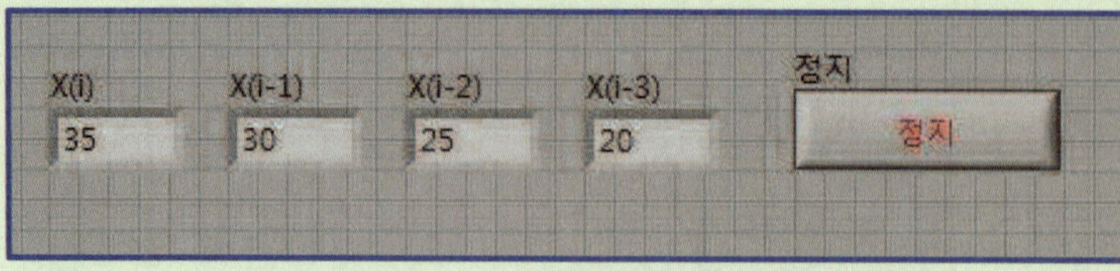

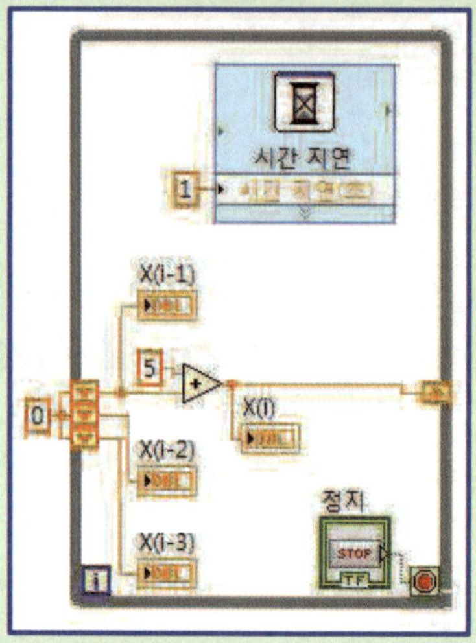

연습문제 5-4) 다음과 같이 케이스 문을 사용하여 참인 경우 두 값을 더하고 거짓이면 빼는 구조문을 만들어라.

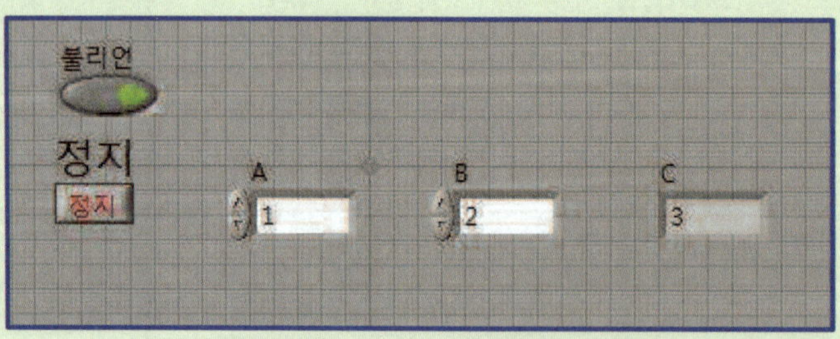

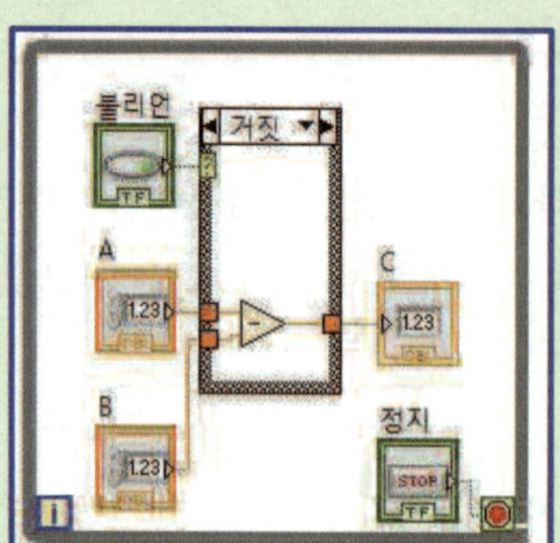

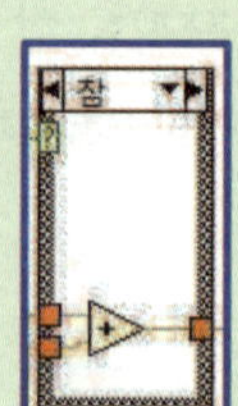

연습문제 5-5) 위 문제를 다음과 같이 비교 - 선택을 사용하여 만들어라.

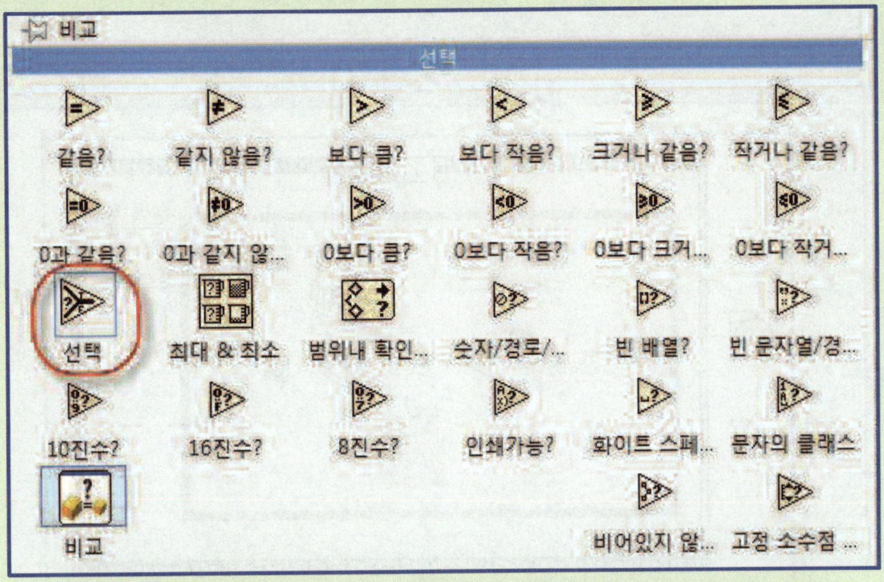

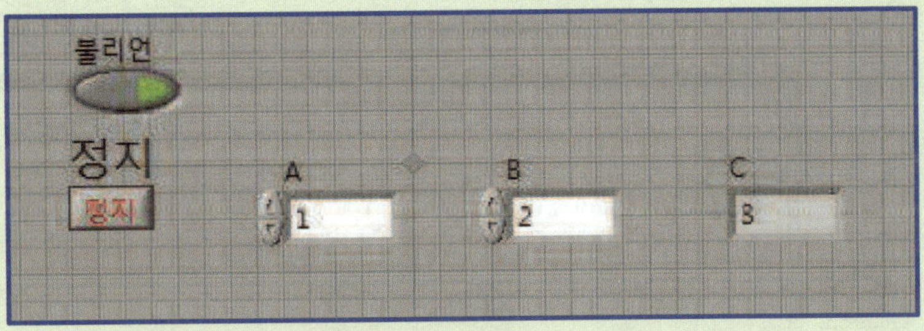

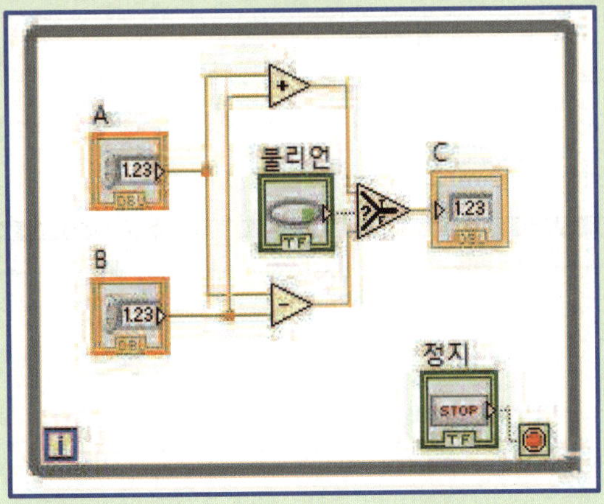

연습문제 5-6) 다음과 같이 다층 시퀀스문을 사용하여 입력한 값과 난수를 사용하여 발생시킨 10000까지의 숫자가 일치될 때까지 걸린 시간을 구하여라.

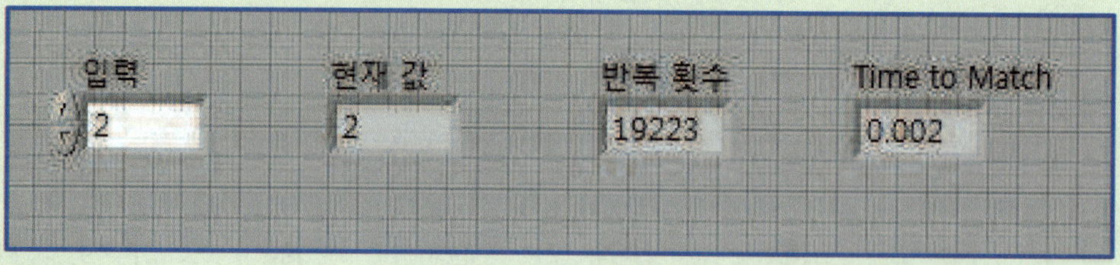

입력
2
현재 값
2
반복 횟수
19223
Time to Match
0.002

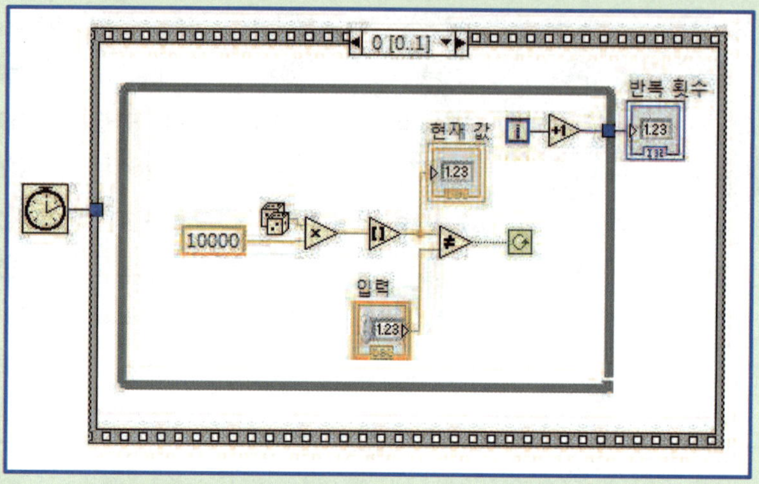

0 [0..1]
반복 횟수
현재 값
10000
입력

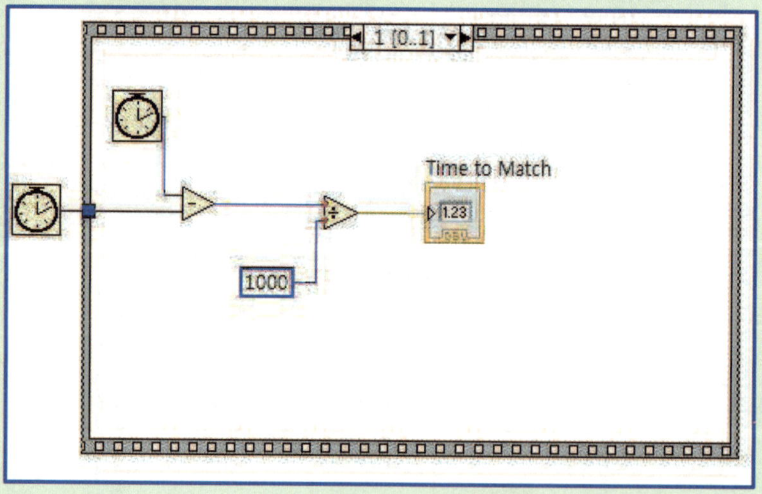

1 [0..1]
Time to Match
1000

6 배열과 클러스터

6.1 배열

배열은 순서를 갖는 숫자들의 집합이다. 흔히 For loop나 while loop의 결과를 통해 만들기도 한다. 배열을 활용하면 연산이후에 필요한 값들을 별도로 꺼내 다음 연산에 선택적으로 활용이 가능하다. 배열에는 다음과 같은 아이컨들이 있다.

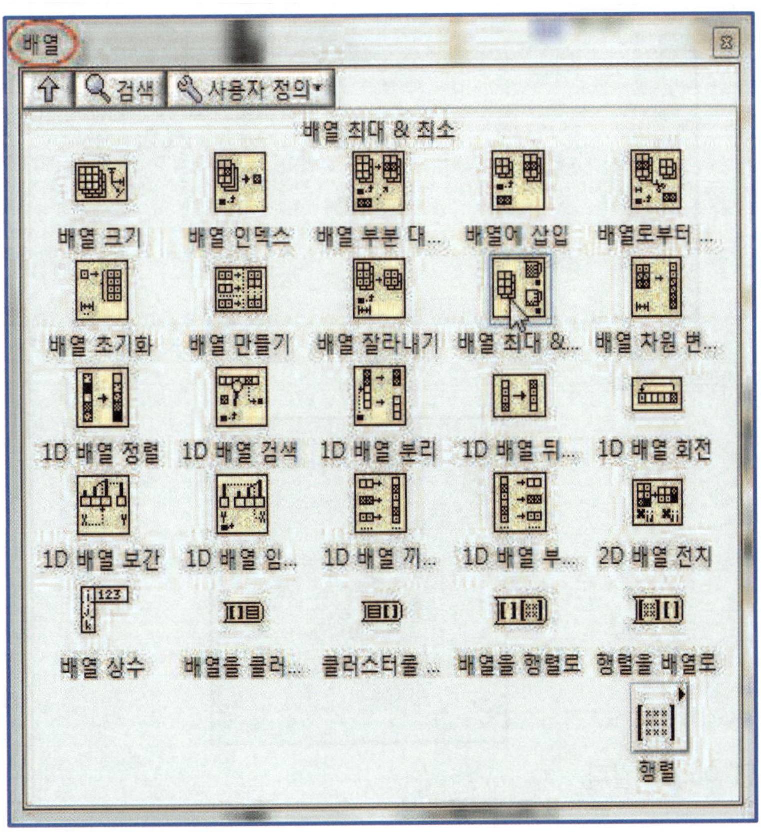

배열을 만들기 위해서는 다음과 같이 한다. 먼저 For loop를 사용하여 loop 내에 있는 i를 활용하여 배열을 만들자. i는 처음이 0 이므로 0에서 시작하여 순차적으로 숫자를 증가 시킨다. 따라서 N에 5를 설정하였으므로 최초에는 0, 다음엔 1씩 증가하여 마지막에는 4로 끝난다. For loop 가 끝나면 loop바깥으로 결과를 내보내는 데 아래 그림에 보인 바와 같이 오토 인텍스터널을 통해 순서가 정해지며 loop를 통해 나온 결과들은 배열이 된다.

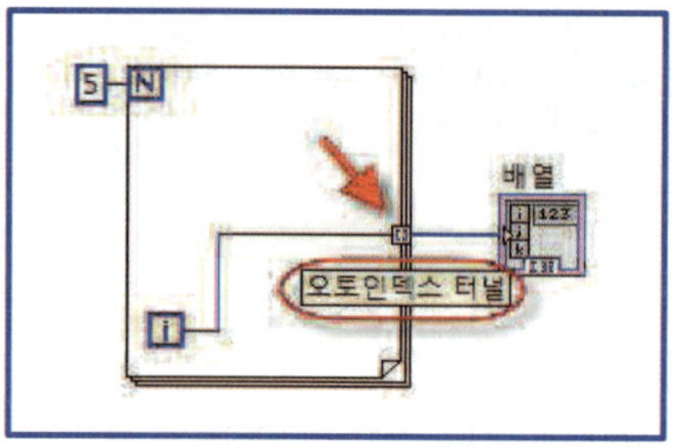

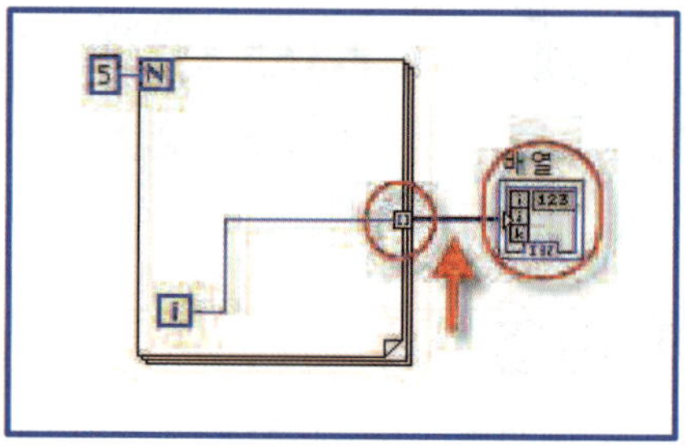

프런트 패널의 배열 인디케이터를 보면 아래와 같은데 화살표한 부위를 아래로 드래그하여 배열 항목을 증가시킨다.

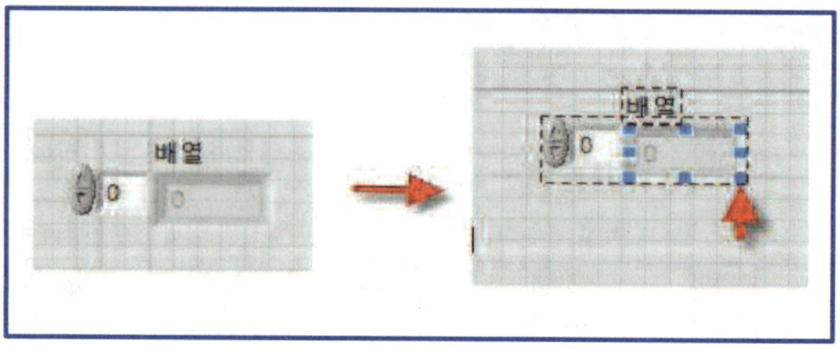

확정하면 다음과 같다.

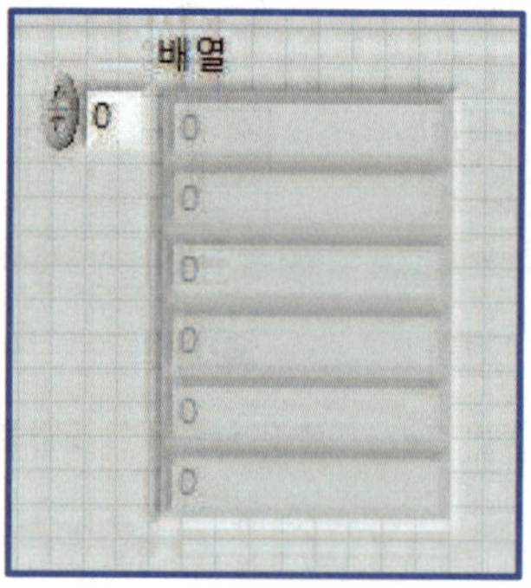

실행시키면 아래와 같다.

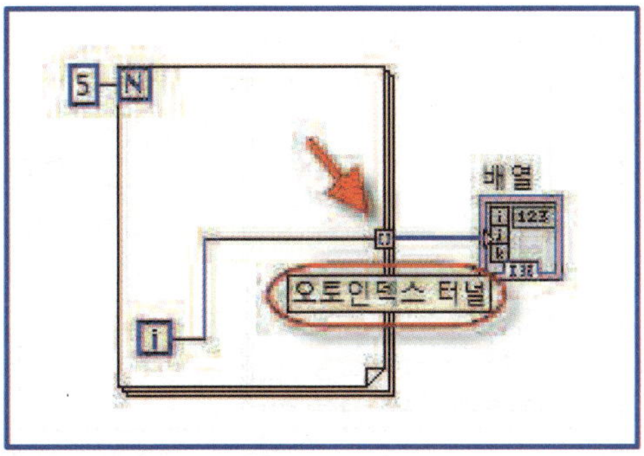

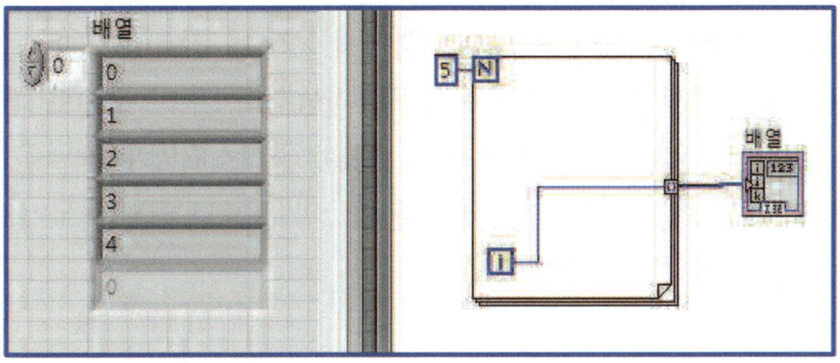

위 결과를 검토하면 For loop가 5회 실행되었으므로 i는 5회 실행되어 0 ~ 4까지 5개의 숫자가 배열을 이룬다.

만약 위의 그림에서 오토 인덱스 터널을 마우스 우측버튼으로 클릭하여 터널 모드를 마지마 값으로 선택하면 인디케이터는 배열이 아니고 Loop을 마지막으로 살행한 값 하나만 나오게 된다.

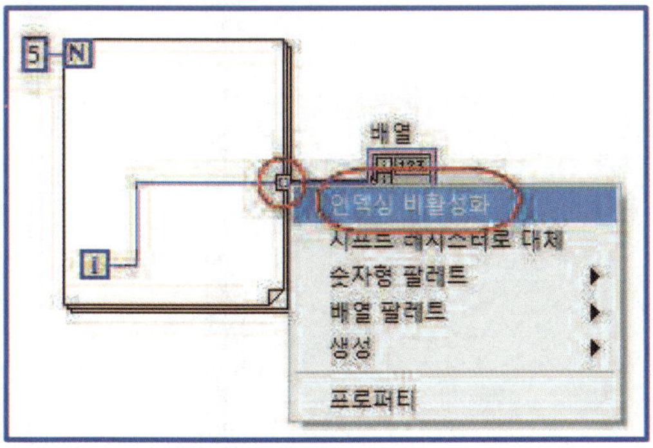

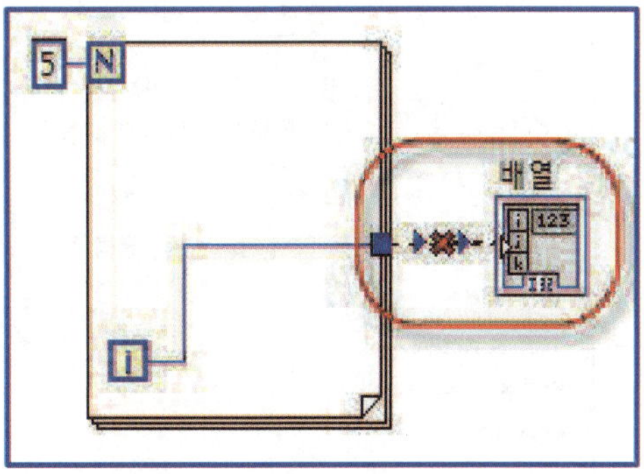

다시 생성- 인디케이터하면 다음과 같이 마지막 숫자값만 표시된다.

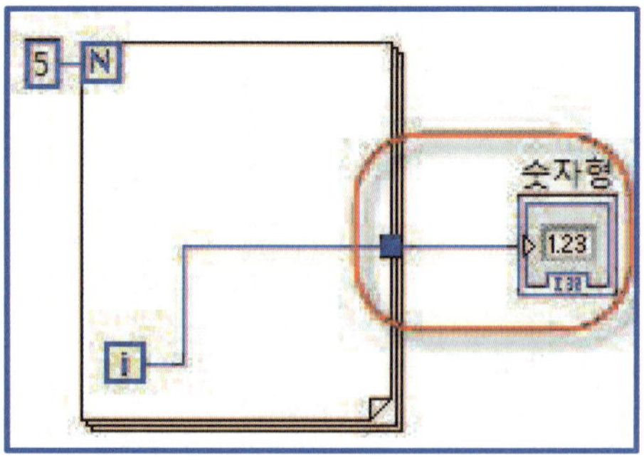

배열을 구성하기 위해서는 블록 다이어그램에서 loop를 통하여 만들 수도 있지만 아래와 같이 프런트 패널에서 임의로 만드는 것이 가능하다. 우선 프런트 패널에서 마우스 오른쪽 버튼을 클릭하여 일반 창을 열고 배열, 행렬, 클러스터에서 배열을 선택하면 프런트 패널과 블록 다이어그램에 그림처럼 배치된다. 이때는 내부에 아무것도 담지 않아서 블럭 다이어그램 상의 아이컨이 검은색이다.

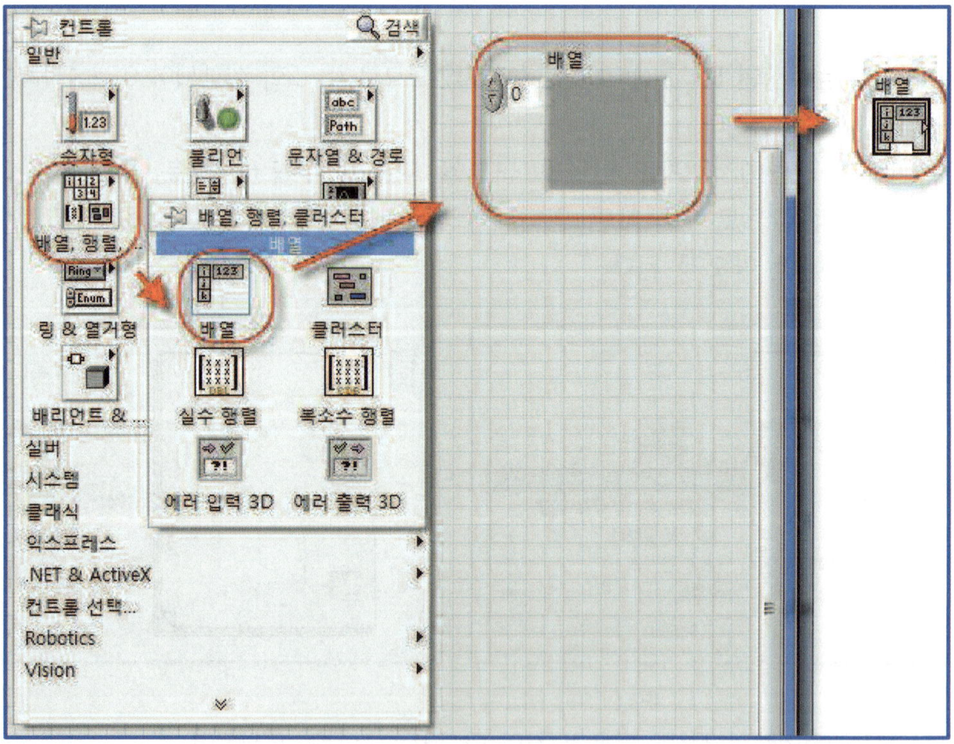

여기서 프런트 패널 상의 상자 안에 원하는 것을 넣으면 그것의 타입대로 블록 다이어그램의 외곽선 색이 변화된다.

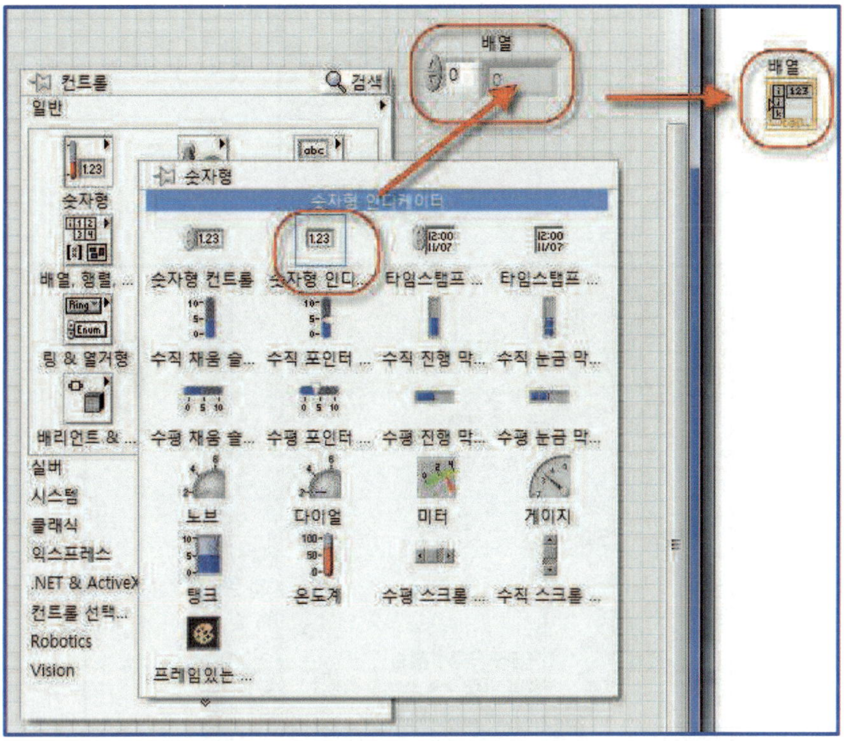

위 그림은 배열 내부에 숫자형 인디케이터를 넣었으므로 블록 다이어그램 내의 배열 아이컨의 색이 주황색으로 변화되었다. 배열의 차원을 추가하려면 다음과 같이 한다.

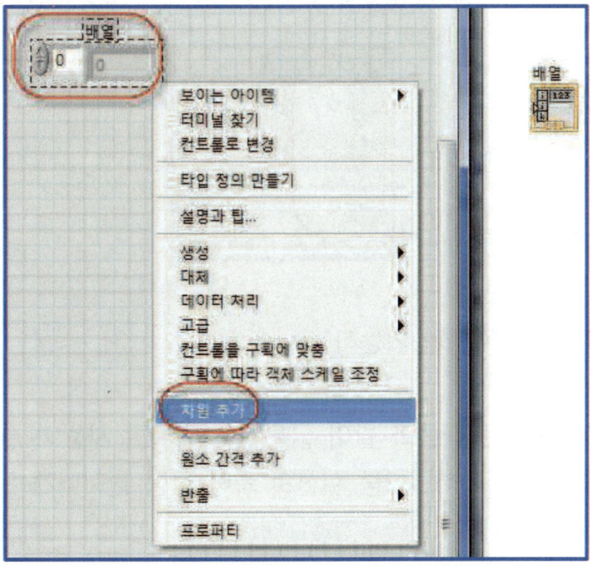

만약 차원을 계속 추가하려면 한번 더 차원 추가를 누른다.

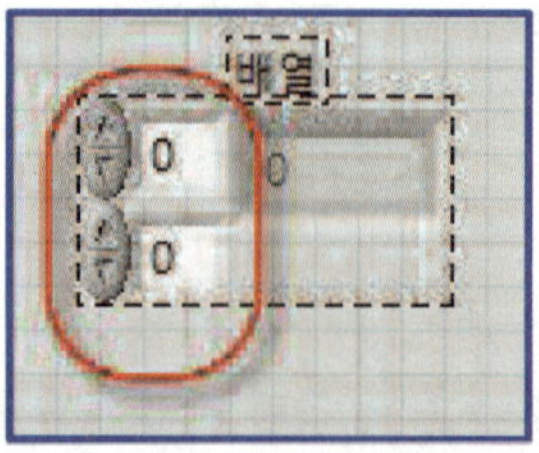

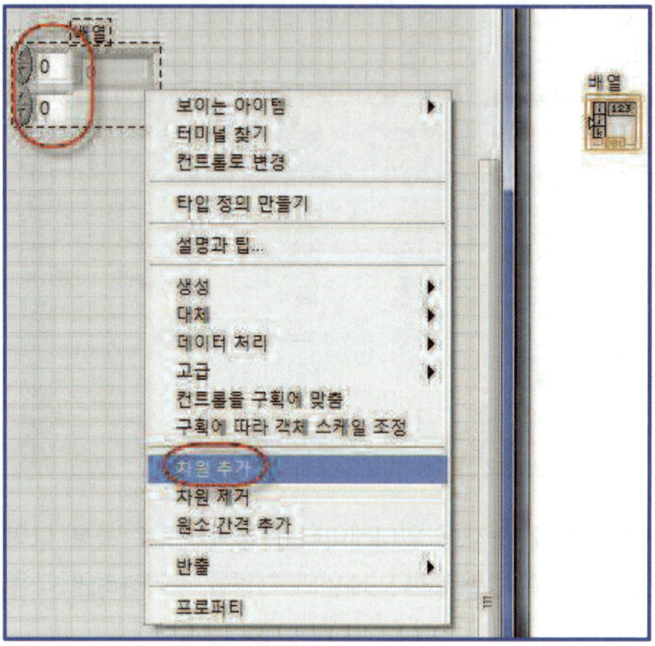

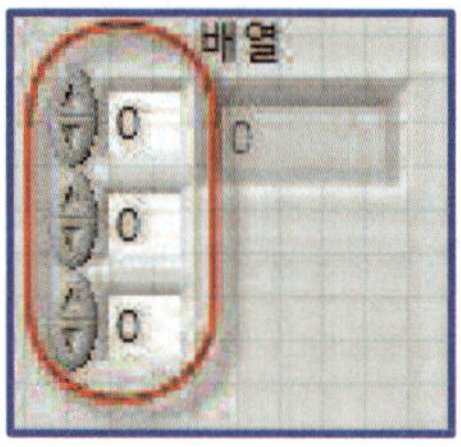

이후로도 얼마든지 차원 추가가 가능하다.

1차원 배열의 색과 모양은 다음과 같이 굵은 실선이지만 차원이 늘어날수록 2중 실선으로 변하고 계속 차원이 증가하면 2중 실선의 폭이 점점 늘어나게 된다.

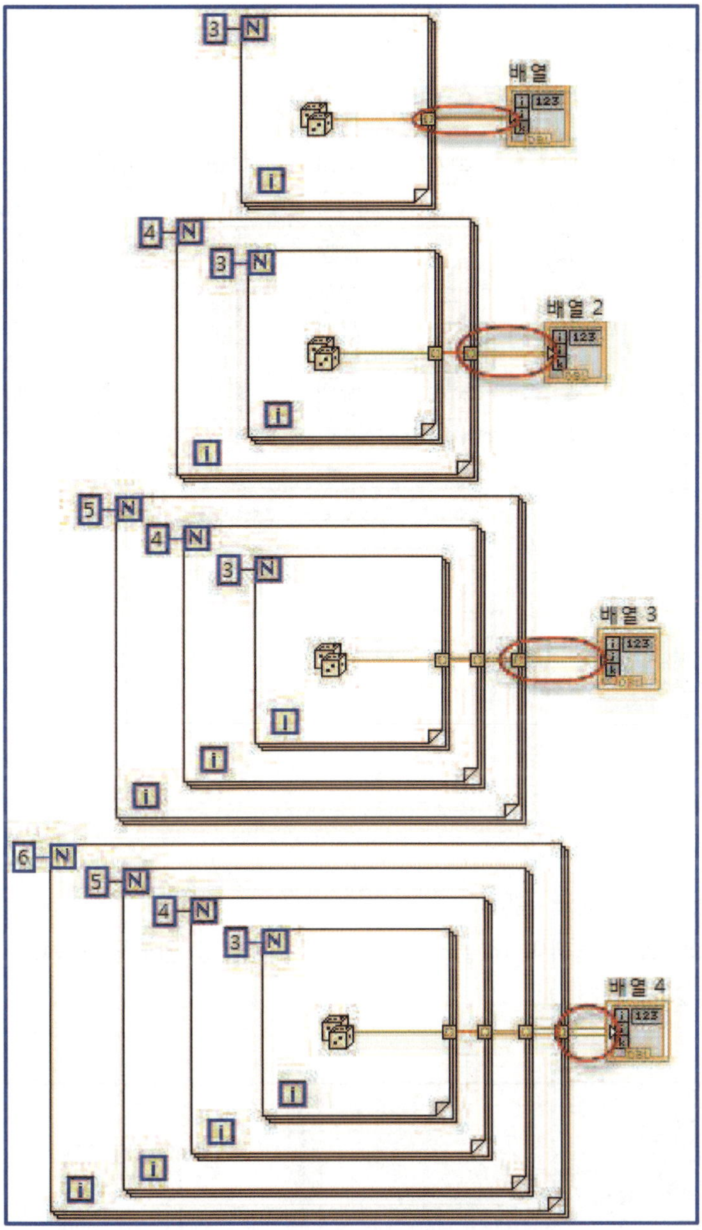

배열 아이컨은 아래와 같이 배열크기, 배열 인덱스, 배열 부분대체, 배열에 삽입, 배열로부터 삭제 등이 있다.

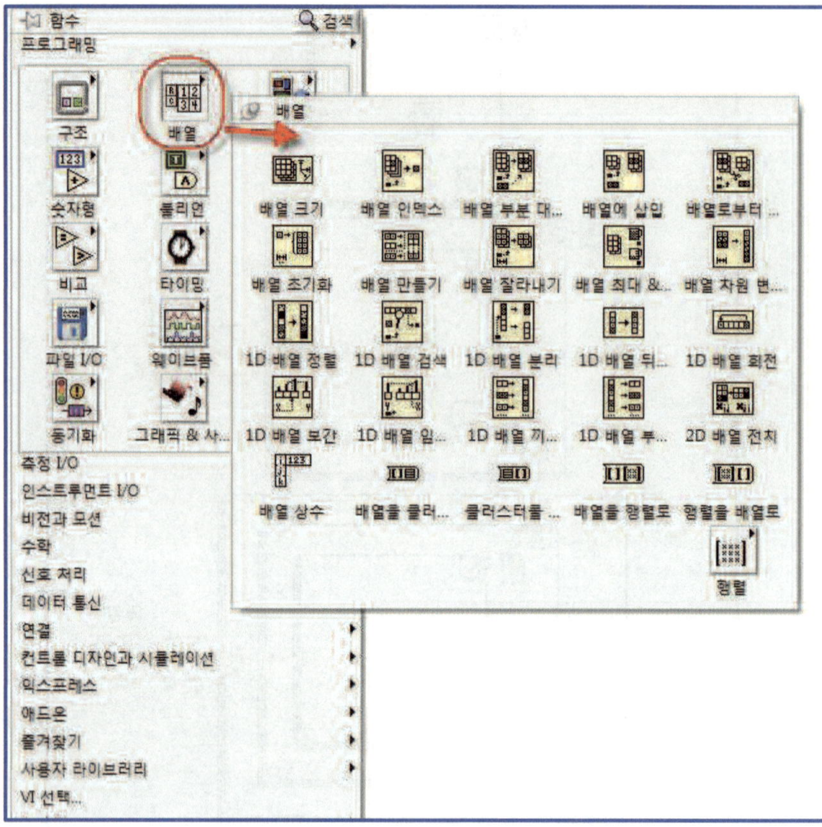

자세한 사용법은 아래와 같다.

우선 For loop를 사용하여 i값을 3회 발생시켜 배열을 만들면 프런트 패널에 보인 것과 같이 0, 1, 2 가 된다.

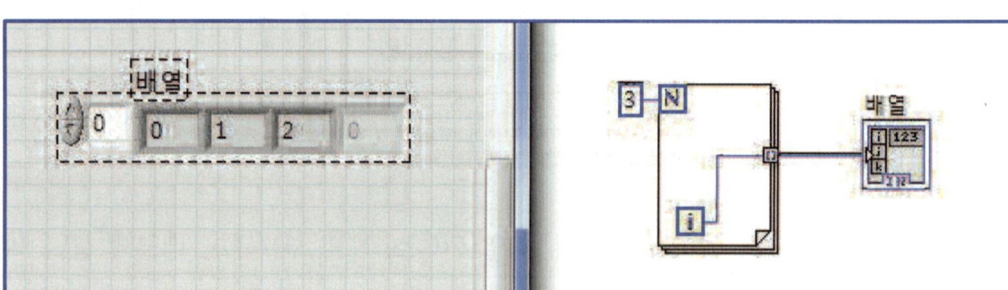

▶배열의 크기

"배열의 크기"는 다음과 같이 사용한다.

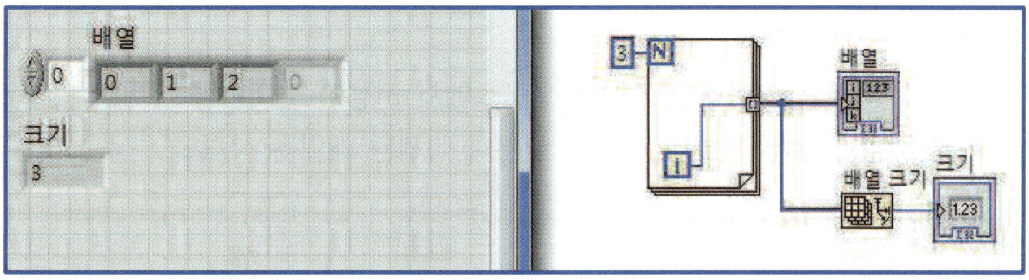

▶배열 부분대체

"배열 부분대체"를 사용하면 인덱스 값 1에 해당하는 값을 새원소/부분배열에 입력된 값 10으로 대체된다.

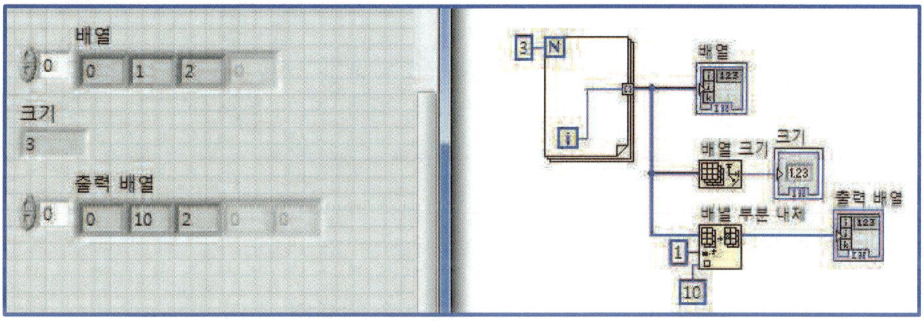

▶배열에 삽입

"배열에 삽입"을 사용하면 원 배열 값에서 인덱스 1에 새원소/부분배열에 입력된 값 12를 삽입한다.

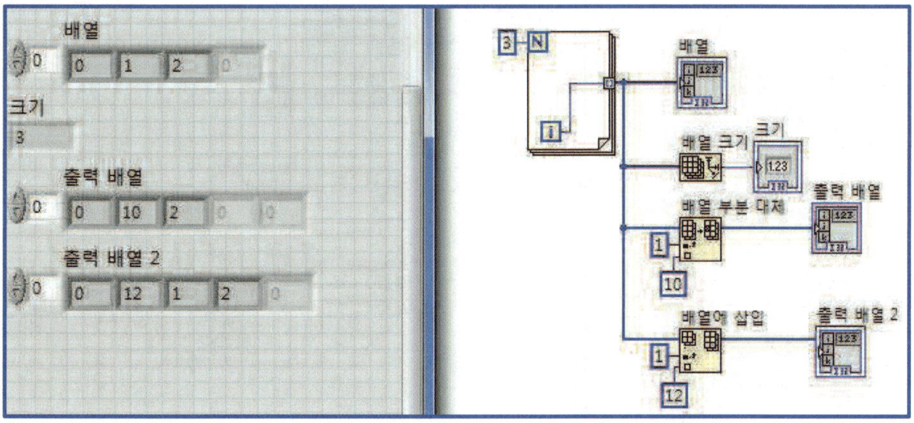

▶배열로부터 삭제

"배열로부터 삭제"를 사용하면 지정한 인덱스에서 지정한 길이만큼 삭제된다. 결과로 부분이 삭제된 배열과 삭제된 부분이 있다. 부분이 삭제된 배열은 삭제되고 남은 부분이다.

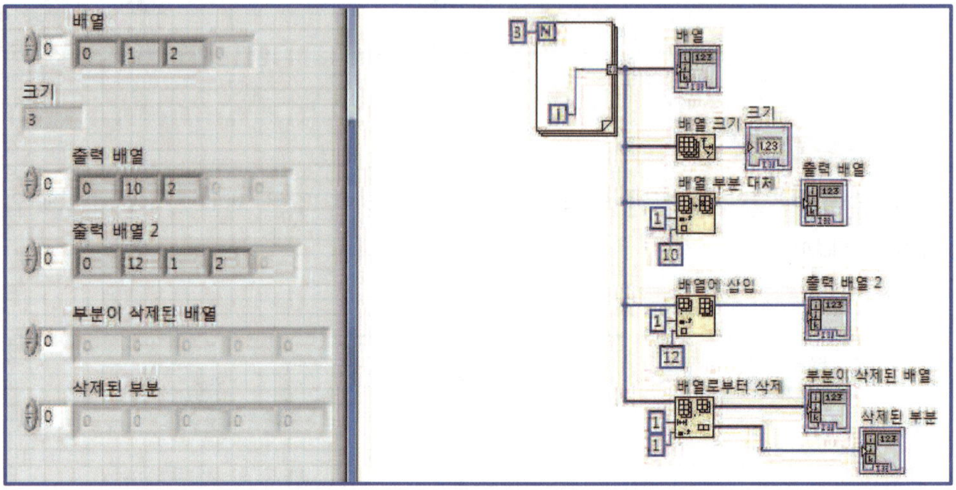

▶배열 만들기

"배열 만들기"는 복수의 배열을 다차원의 배열로 만들어 준다.

다음에 보인 예에서 부분이 삭제된 배열과 삭제된 부분 2개의 배열로 2차원 배열을 만들었다.

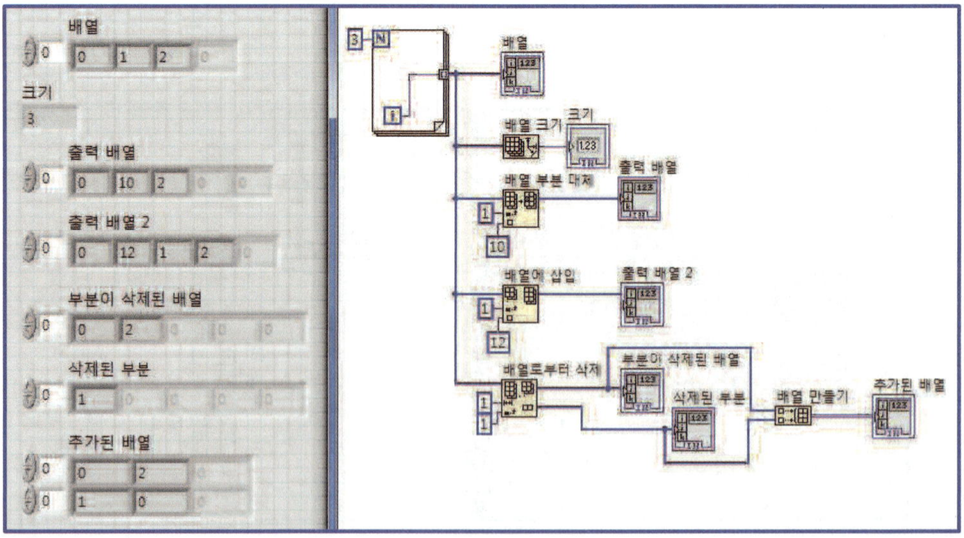

▶배열 잘라내기

"배열 잘라내기"는 아래와 같은데 인덱스 값 1에서 길이 2를 남기는 것이다.

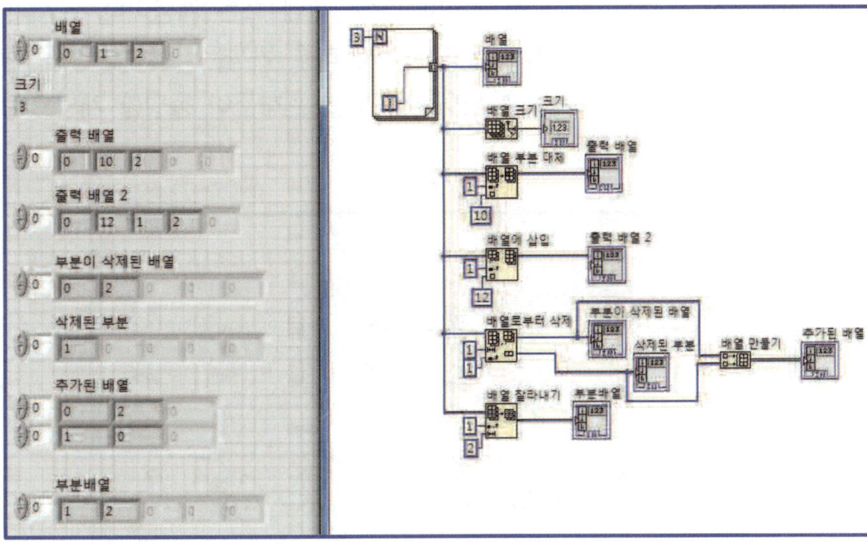

▶배열 최대 & 최소

"배열 최대 & 최소"는 배열 내의 최대값, 해당 인덱스, 최소값과 해당 인덱스를 보여 준다.

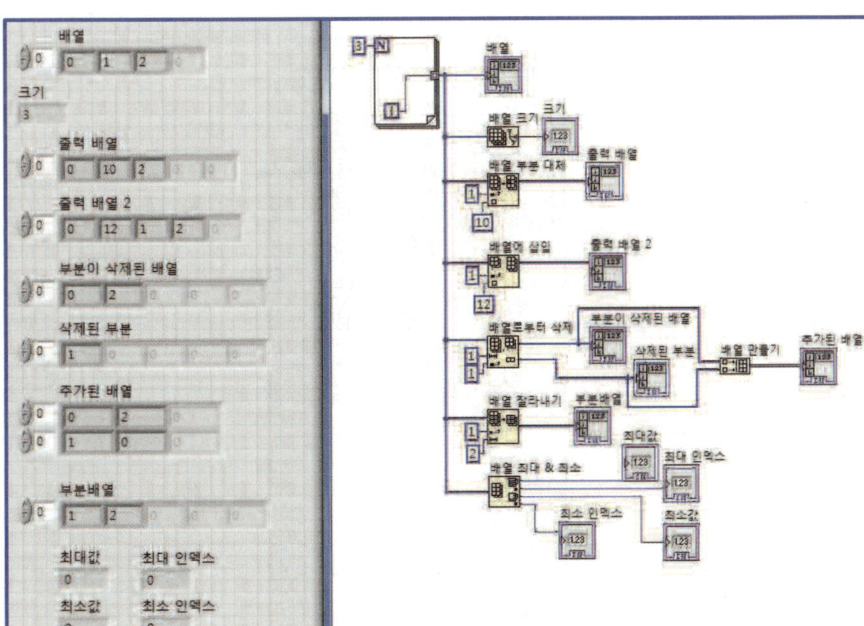

6.2 클러스터

클러스터는 마치 여행용 가방과 같다. 여러가지 종류의 데이터 타입들을 하나의 커다란 상자에 담아 필요할 때 따로 작은 가방에 담아 꺼내 쓰는 개념이다. 우리가 여행갈 때 커다란 케리어에 짐을 넣어 이동하고 호텔에서 하루 가까운 곳을 당일에 여행할 때 그날 필요한 물건만 따로 작은 가방에 넣어 이동하면 편하듯이 동일한 개념으로 생각하면 된다. 구성은 다음과 같다.

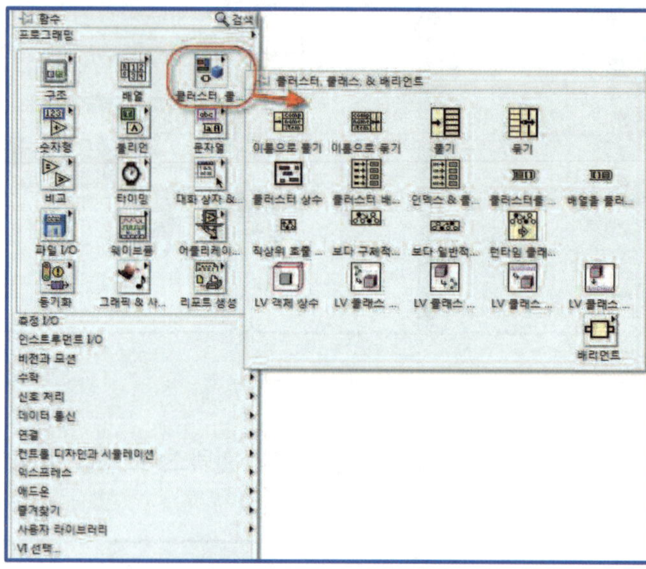

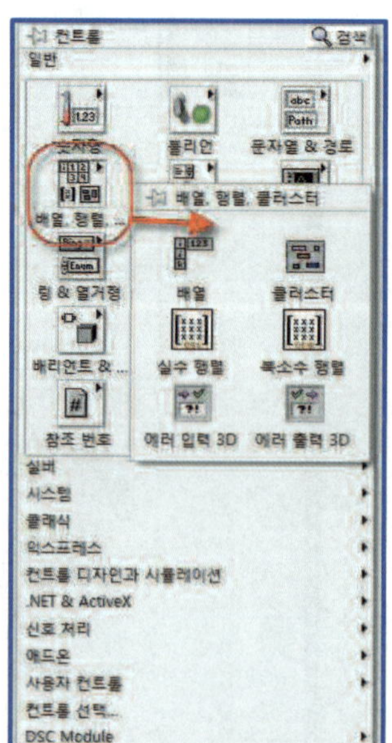

클러스터는 처음에는 아무 것도 없는 빈 가방과 같아서 검은색이다.

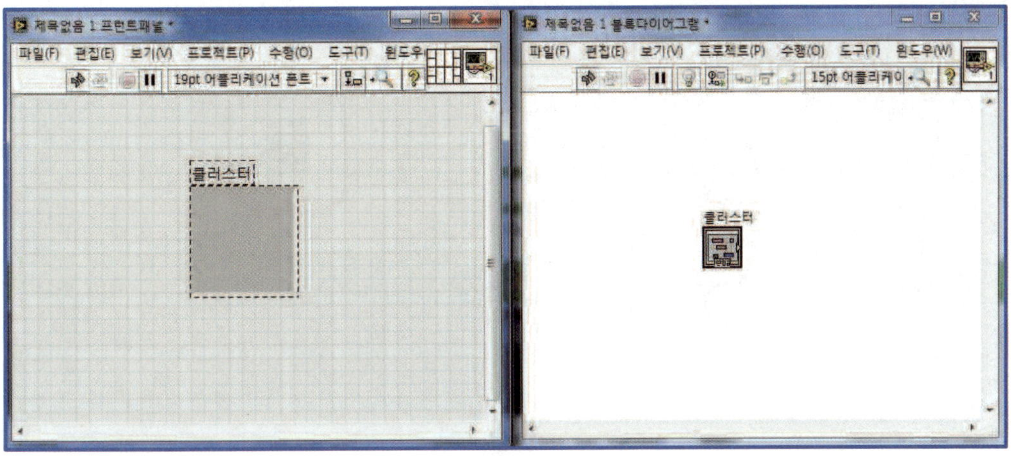

그러나 다이얼, 게이지 등 각종 컨트롤이나 스위치, LED등 불리언 등을 하나하나 위치시킬 경우 아래와 같이 된다.

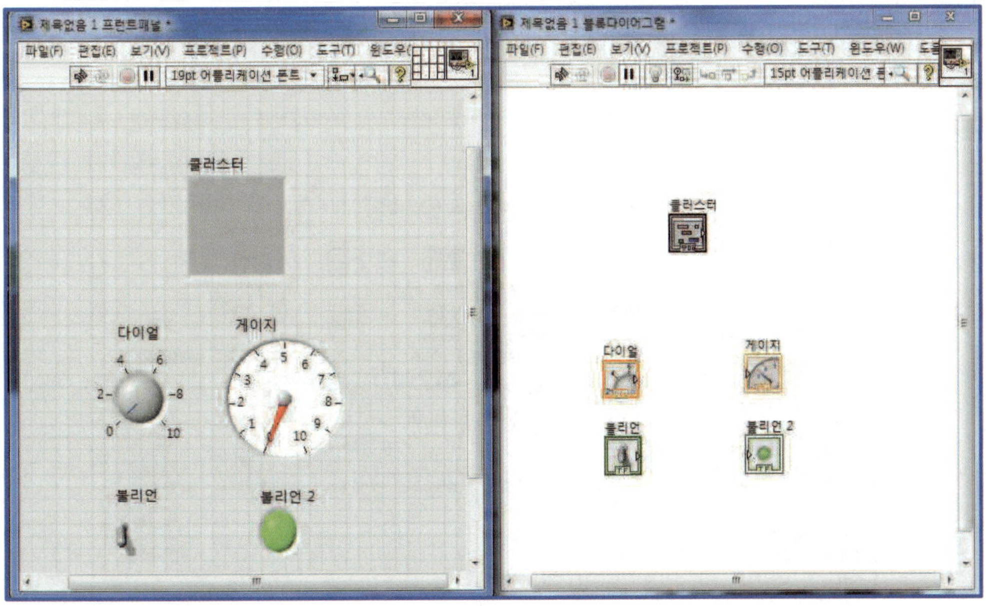

이를 한꺼번에 클러스터 안에 끌어넣으면 블록다이어그램 안의 클러스터가 검은 색에서 핑크색으로 변화하며 각각의 아이컨들이 클러스터 아이컨 하나로 변화한다. 마치 큰 가방 안에 넣어 겉으로는 가방만 보이는 것과 같은 이치다.

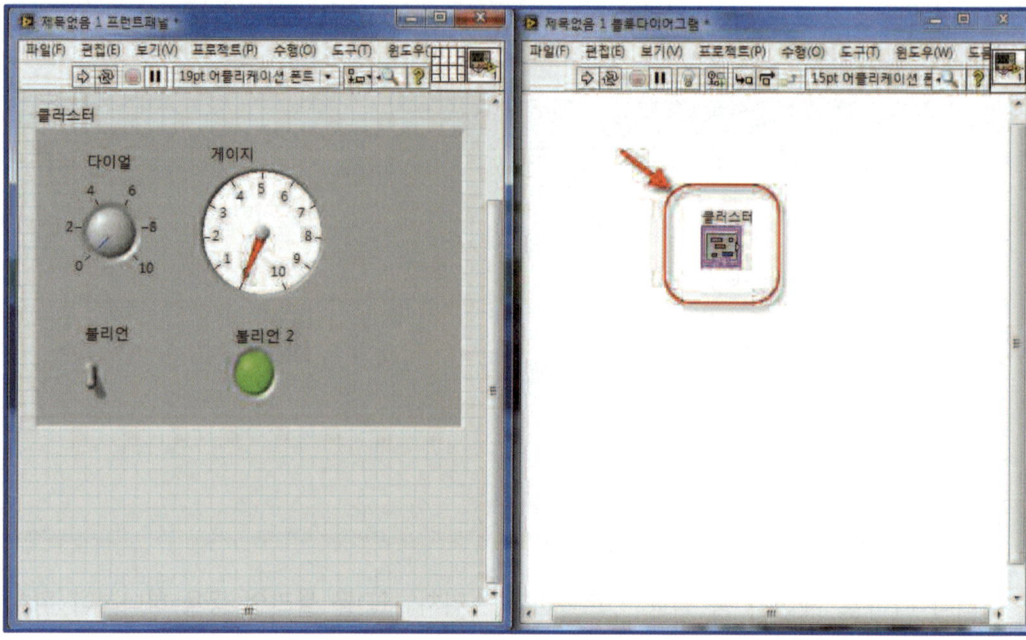

클러스터 안에 넣는 과정은 위와 같고 이 안에서 하나씩 꺼내 쓰는 과정은 아래와 같다. 묶기는 아래와 같이 사용한다. 일단 아래와 같이 클러스터를 만든다.

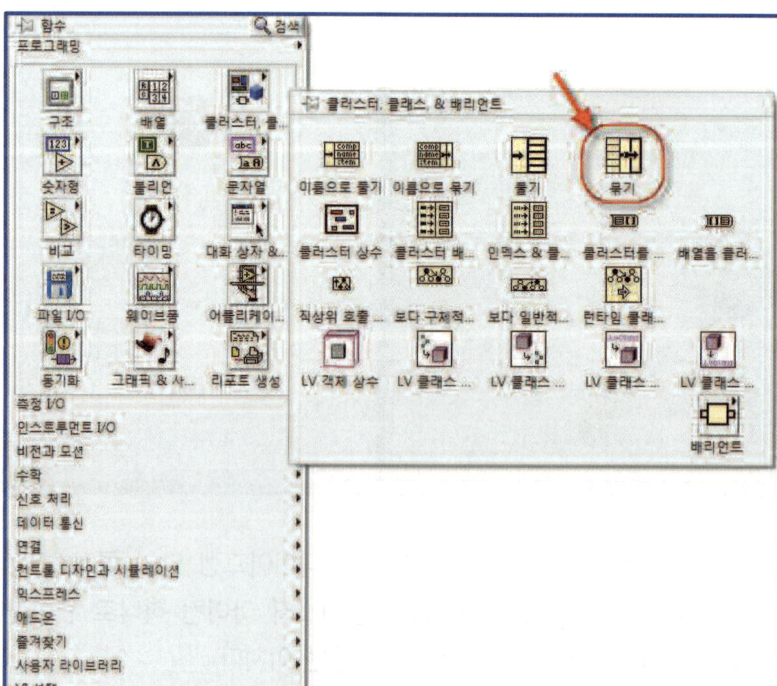

클러스터 안에 넣게 위해서는 위와 같이 "묶기"를 선택하여 묶어준다.

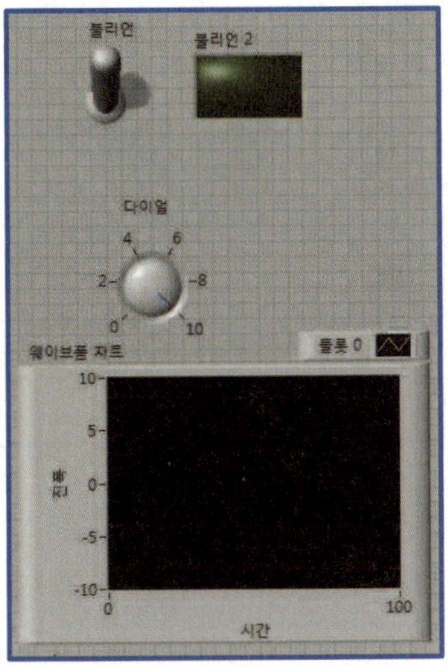

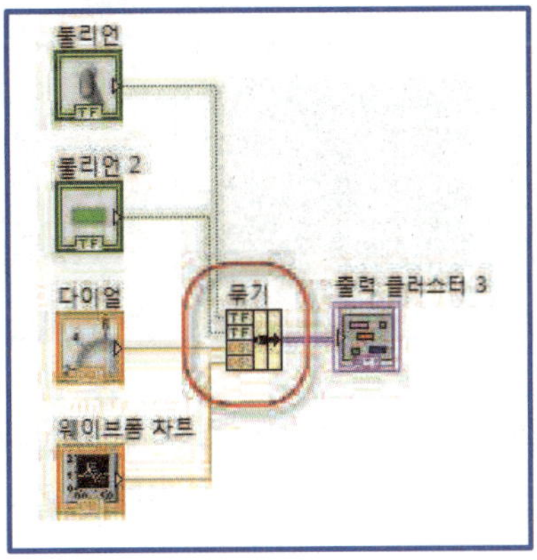

이 경우 초기 각각의 컨트롤 아이컨들이 클러스터로 묶이면 클러스터 안에 각종 컨트롤들이 들어 있는 것을 알 수 있다. 이 경우 초기 컨트롤과 모양이 다르나 원래 모양대로 대체하여 사용할 수 있다.

클러스터로 묶인 것을 풀기로 다음과 같이 분해하여 새로운 클러스터로 다시 묶을 수 있다.

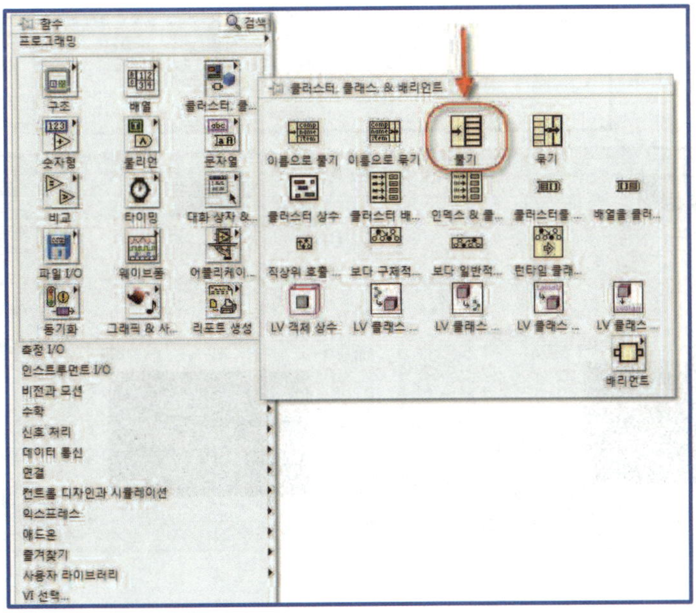

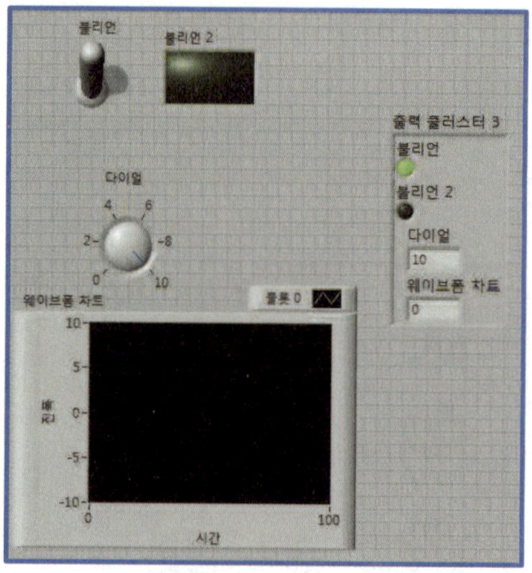

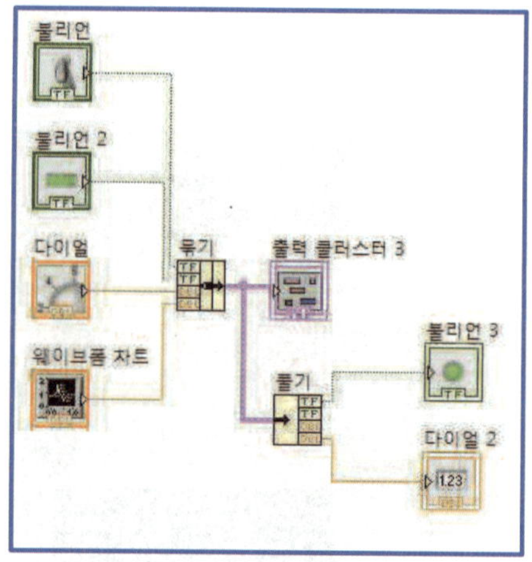

이때 새로 묶는 소형 클러스터에는 원래 클러스터에서 원하는 것만을 선택하여 다시 작은 클러스터로 묶을 수 있다. 아래와 같이 출력 클러스터4가 새로 묶은 작은 클러스터이다.

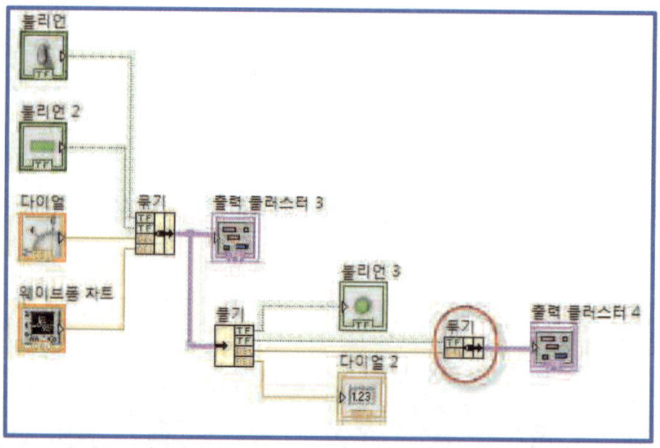

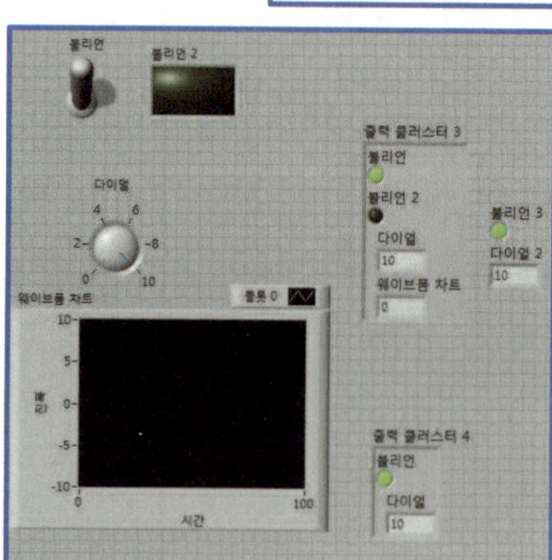

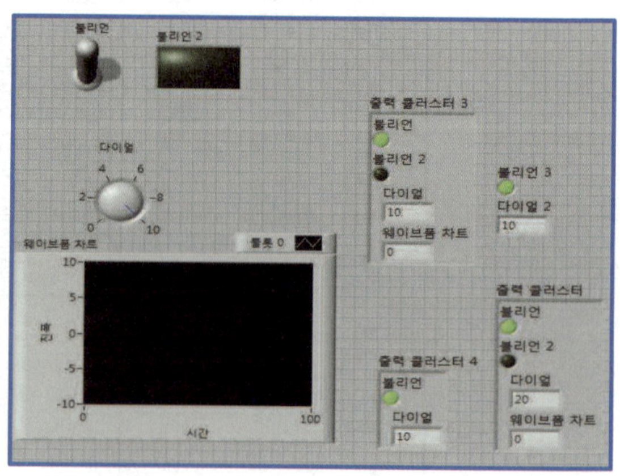

만약 최초 클러스터의 값 중 일부를 변경하여 작은 클러스터에 넣고 싶으면 다음과 같이 별도로 변경한 뒤 다시 클러스터로 묶으면 된다.

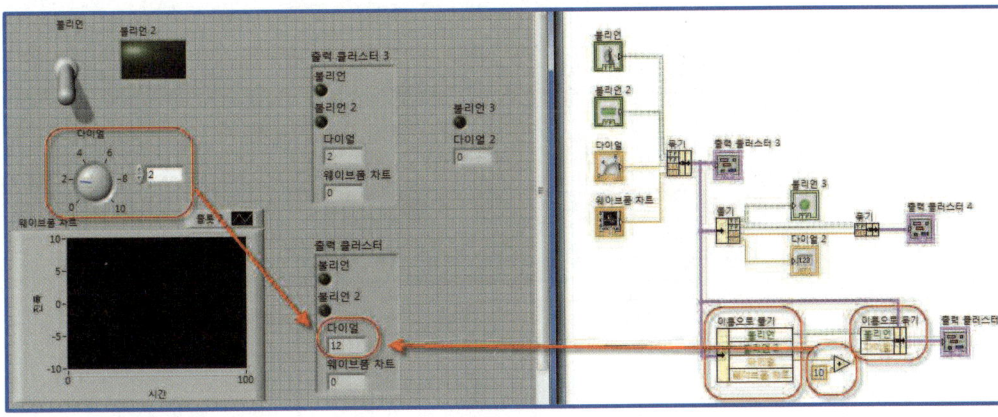

이 경우 최초값은 2였으나 새로 묶은 클러스터에는 최초값 2에 10을 더하여 12가 되었음을 알 수 있다.

묶기와 풀기 외에 이름으로 묶기와 이름으로 풀기가 있다.

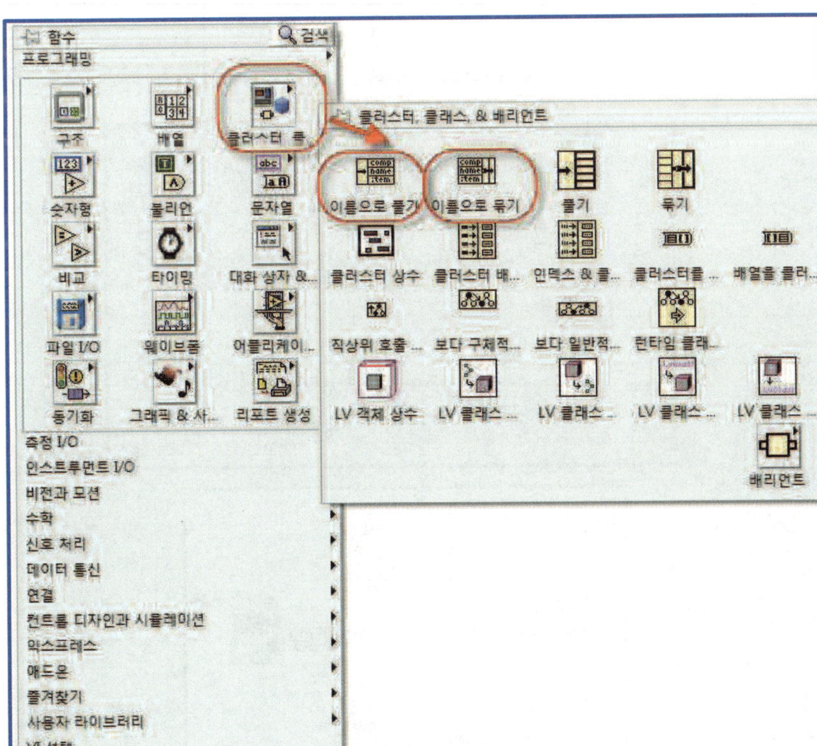

연습문제

연습문제 6-1) 다음과 같은 2개의 배열을 만들고 두 개의 배열을 2차원 배열로 만들어라.

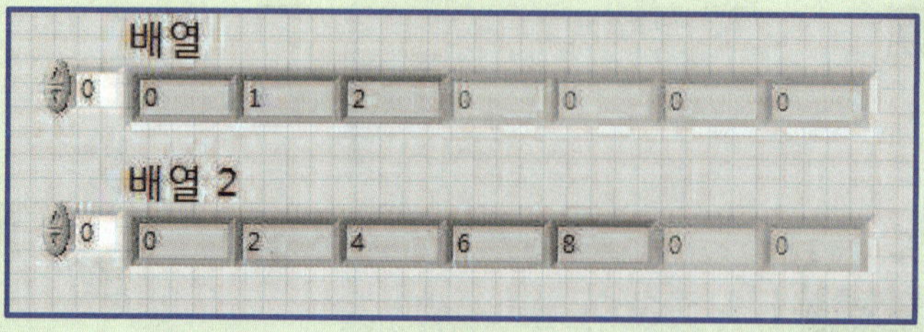

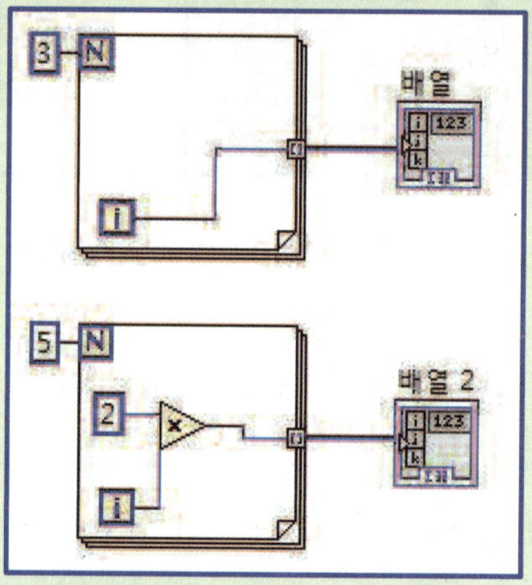

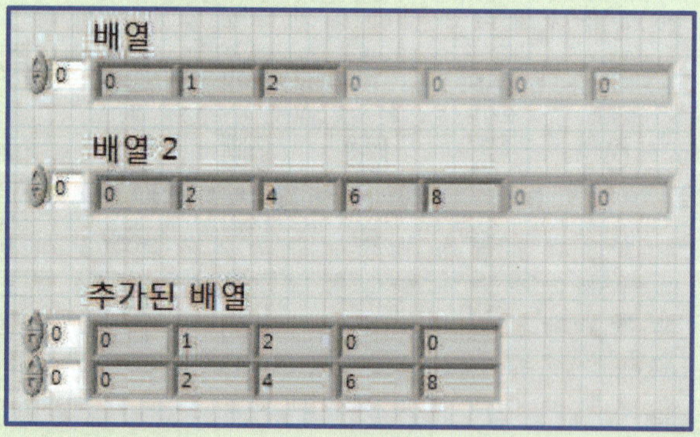

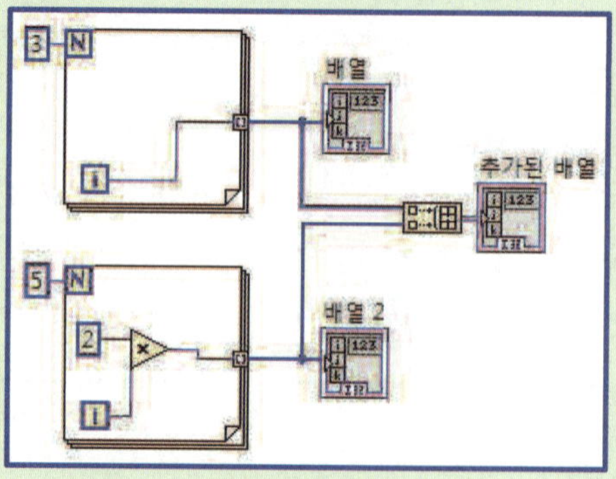

연습문제 6-2) 다음과 같은 클러스터에서 불리언과 웨이브폼 차트만 꺼내서 별도의 클러스터로 만들어라.

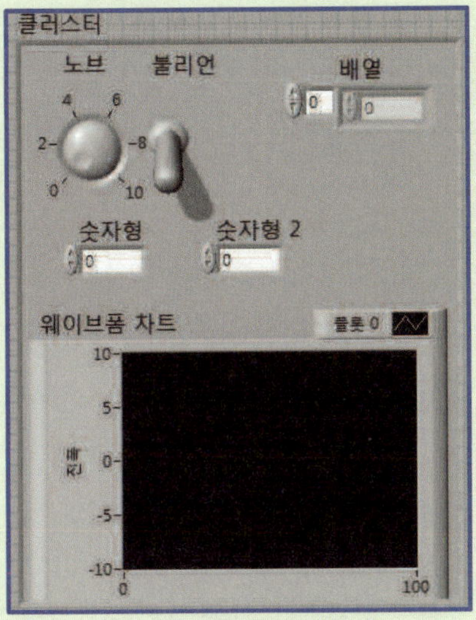

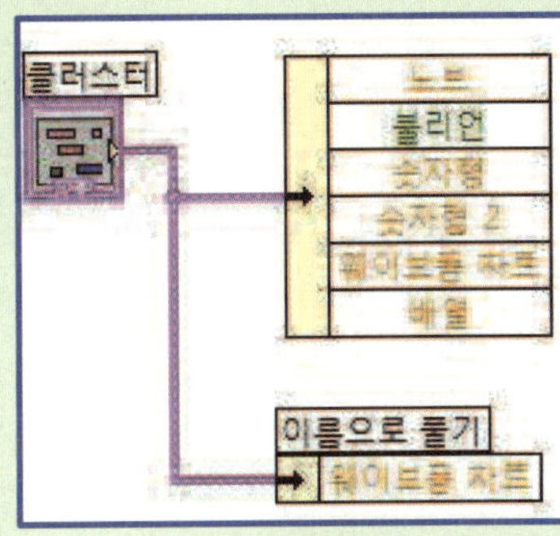

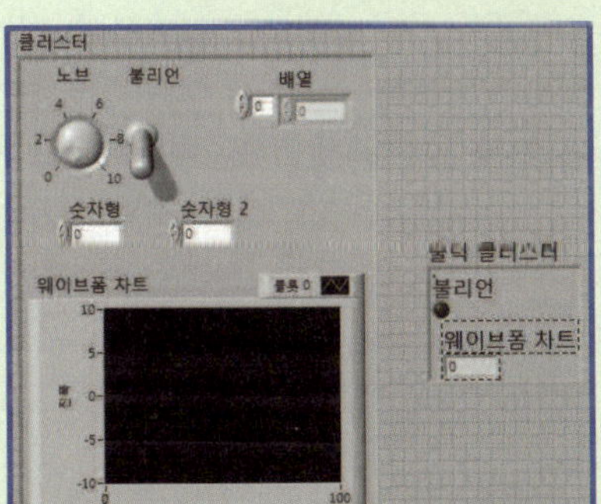

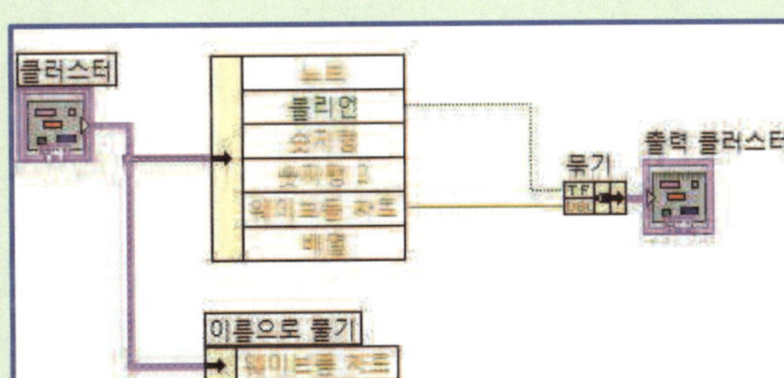

7 챠트와 그래프

그래프에는 챠트, 그래프와 XY 그래프, 강도챠트, 강도그래프 및 3D 표면 그래프등이 있다.

7.1 웨이브 폼 챠트

챠트는 데이터의 순서에 무관하다. 다만 먼저 나온 데이터를 나오는 대로 보여줄 뿐이므로 배열과는 다르다.

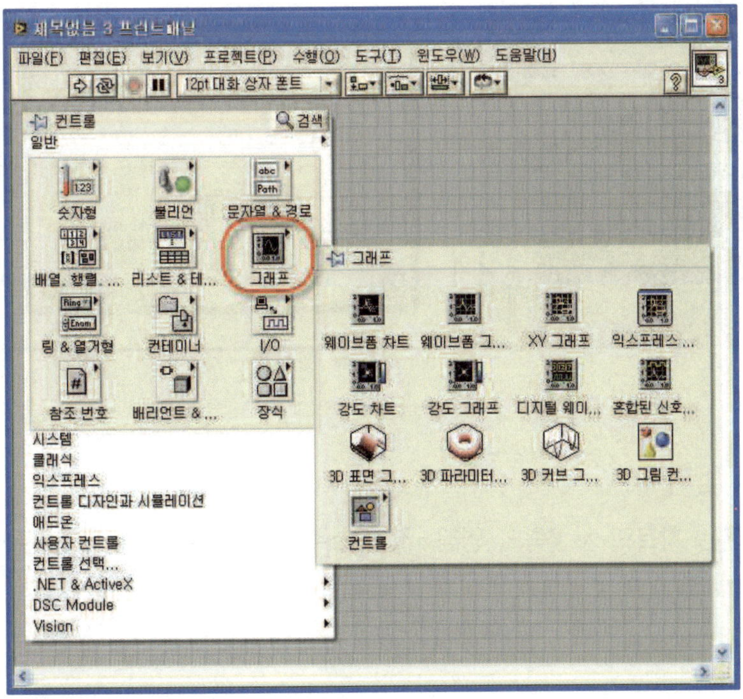

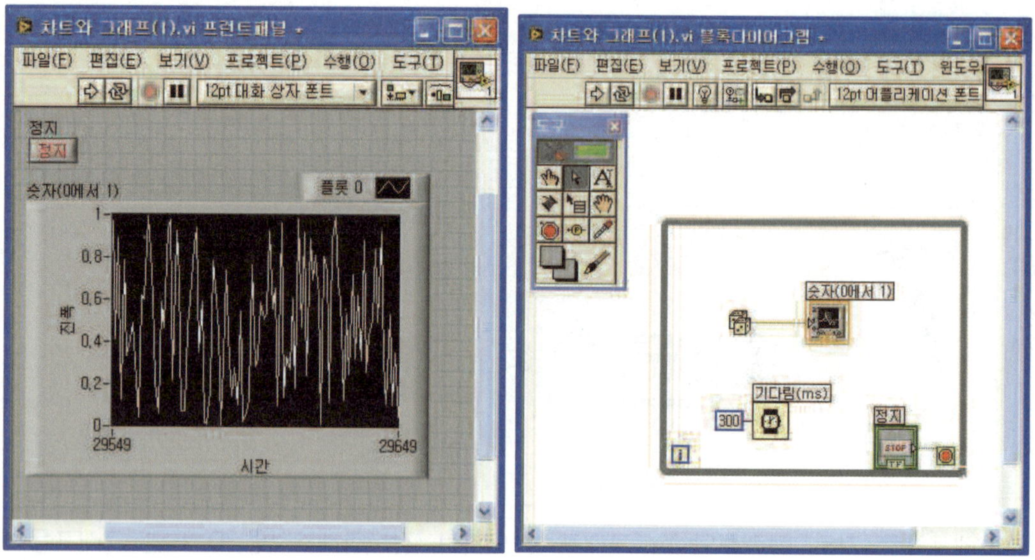

이것은 While loop 안에 매회 루프를 1회 돌때마다 발생되는 난수를 연속적으로 이어서 챠트에 표시하는 기능을 갖고 있다. 여기서 데이터에는 순서개념이 없이 나오는 대로 보여줄 뿐이다.

또한 챠트는 루프 밖으로 나온 배열데이터도 그릴 수 있다.

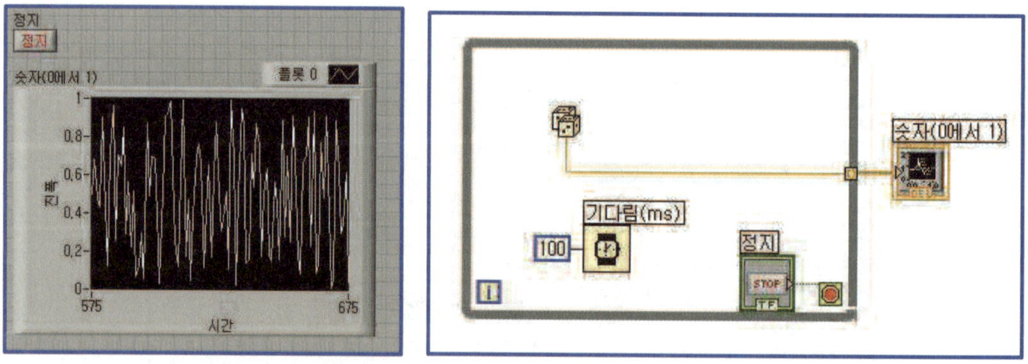

▶스케일 범례

스케일 범례는 챠트의 X, Y축의 명칭, 값의 소수점 자리수, 표시 포맷, 눈금 색등을 바꿀 수 있다.

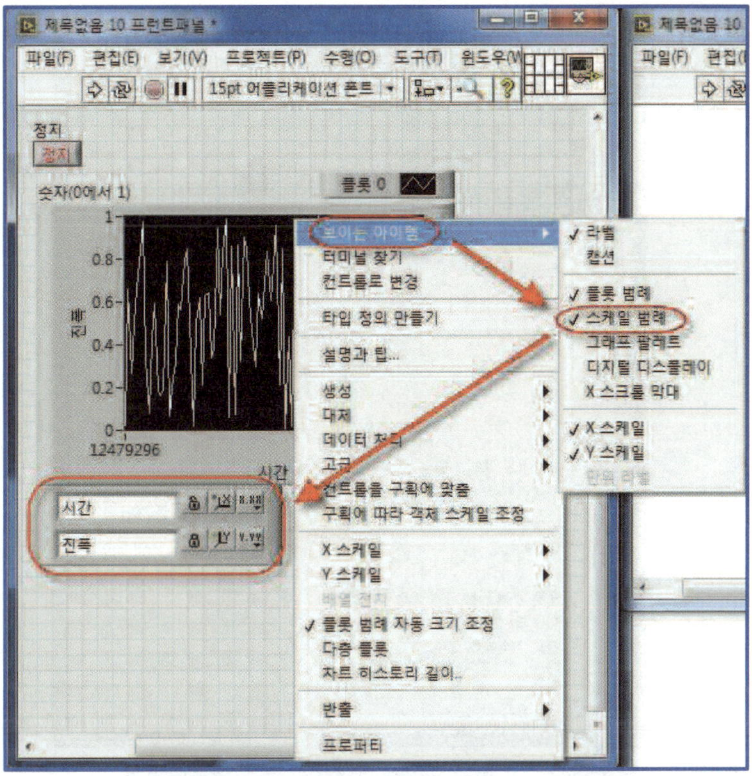

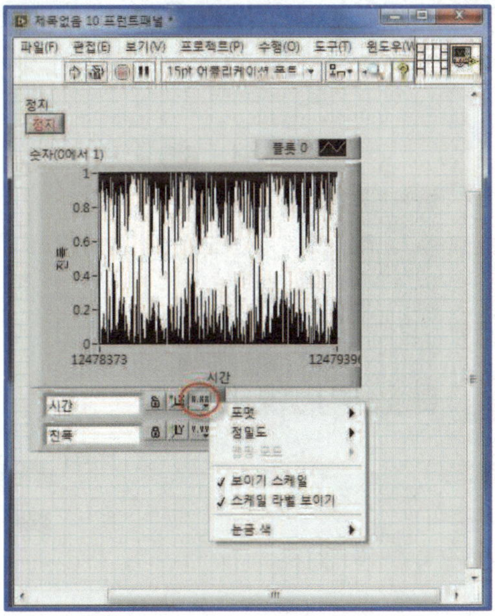

▶ 그래프 팔레트

그래프 팔렛은 줌 인, 줌 아웃 등 그래프를 확대 축소할 때 활용한다.

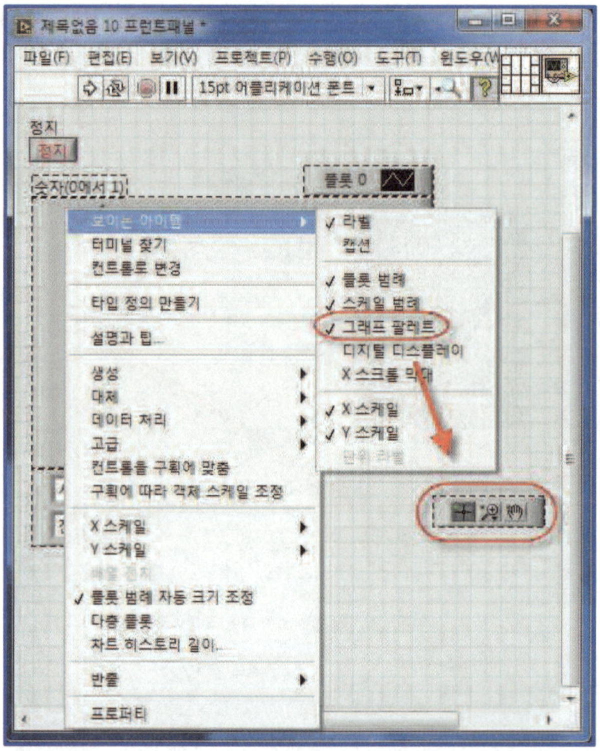

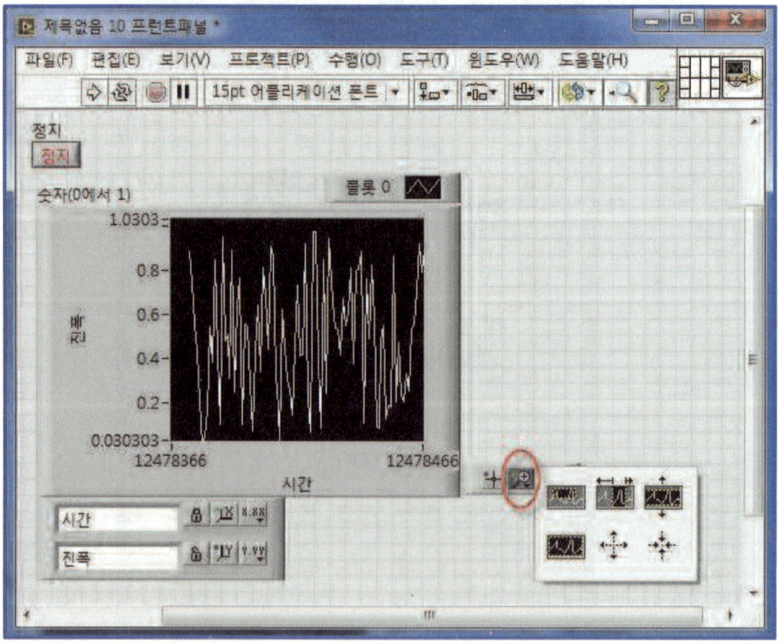

▶ 디지털 디스플레이

그래프의 제일 마지막 값을 보여준다.

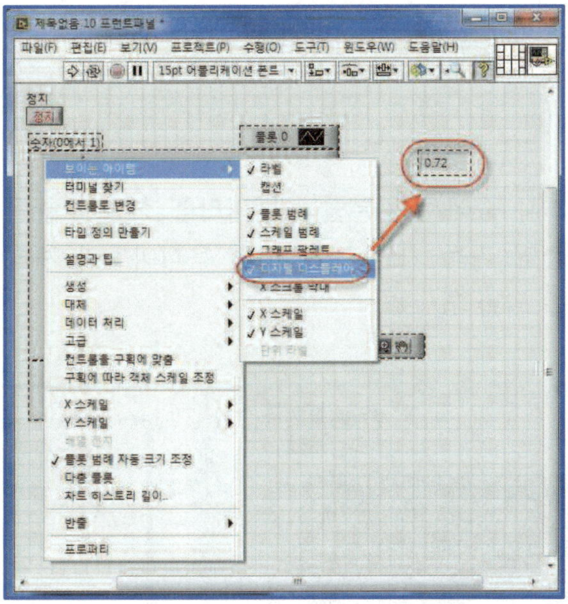

▶X 스크롤 막대

데이터의 양이 한 그래프 화면 안에 표시될 수 있는 양을 넘으면 왼쪽으로 스크롤하면서 넘어간다. 한번 지나간 데이터를 보고 싶으면 그래프 안에서 마우스 오른쪽 버튼을 눌러 보이는 아이템 창을 연 뒤 X스크롤 막대를 선택하면 다음과 같이 X스크롤 막대가 보이고 막대바를 움직이면 과거의 데이터까지 볼 수 있다.

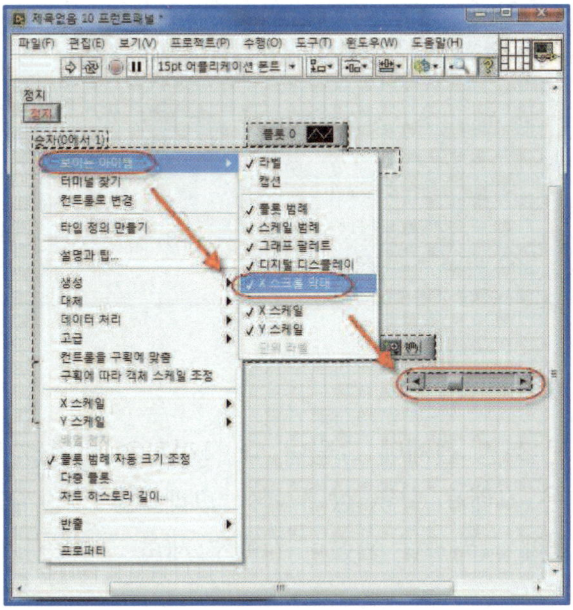

웨이브폼 챠트는 strip chart, scope chart, sweep chart 3가지 모드로 표현된다. 기본은 strip chart이다.

▶Strip chart

Strip chart는 3가지 중에서 기본인데 데이터를 화면 오른쪽에서 왼쪽으로 흘러가듯이 그리되 화면에 가득 차면 마치 띠가 움직이듯이 계속 연속적으로 왼쪽으로 움직이는 챠트를 말한다.

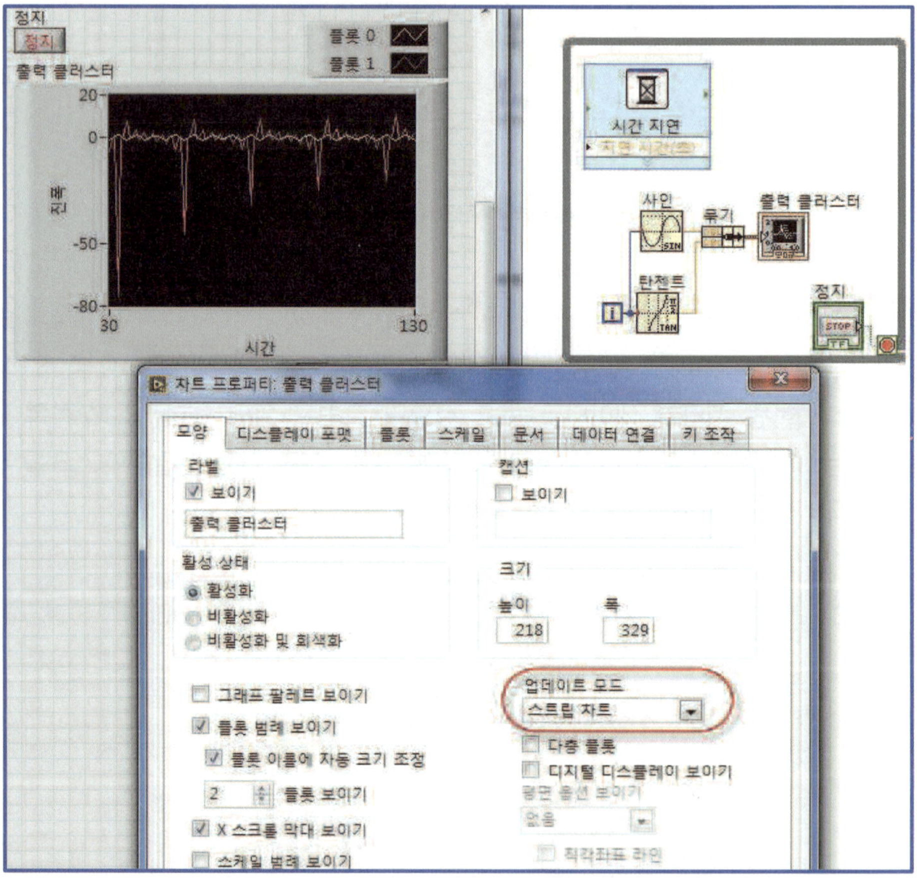

▶Scope chart

Scope chart는 일단 화면 전체에 그림이 다 그려지면 화면을 완전히 지우고 다시 그린다. 아래 그림은 그래프 화면 상에 가득 그래프를 그린 후 처음으로 다시 돌아와 시작하는데 이때 그래프는 완전히 지워져 새로 그리는 것과 같이 그린다.

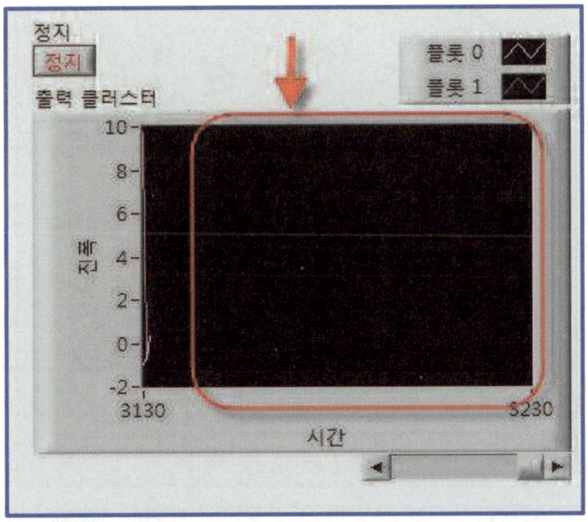

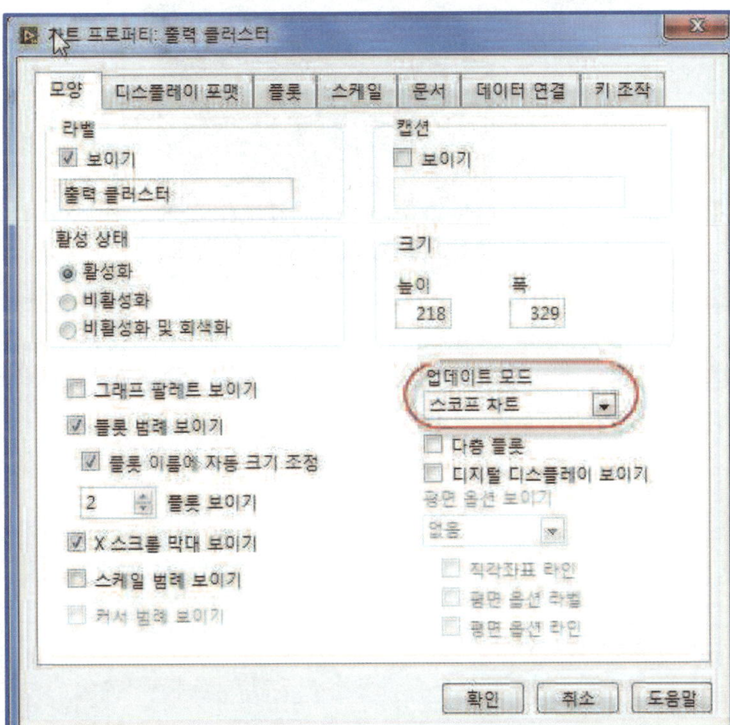

▶ Sweep chart

Sweep chart는 흔히 병원 중환자실에 있는 심장 박동 모니터와 같다. 화면상에 수직선이 움직이며 현재의 데이터를 보여준다. 수직선의 왼쪽 그림은 방금 그린 데이터들이고 수직선 앞에 있는 그림은 한 화면을 그리는 시간 이전에 그린 데이터들이 어떠했는지 비교할 수 있도록 한다.

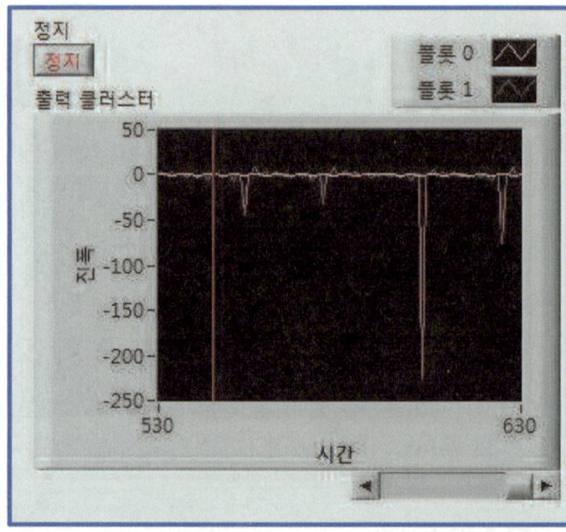
정지
정지
플롯 0
플롯 1
출력 클러스터
50
0
-50
-100
-150
-200
-250
진폭
530
630
시간

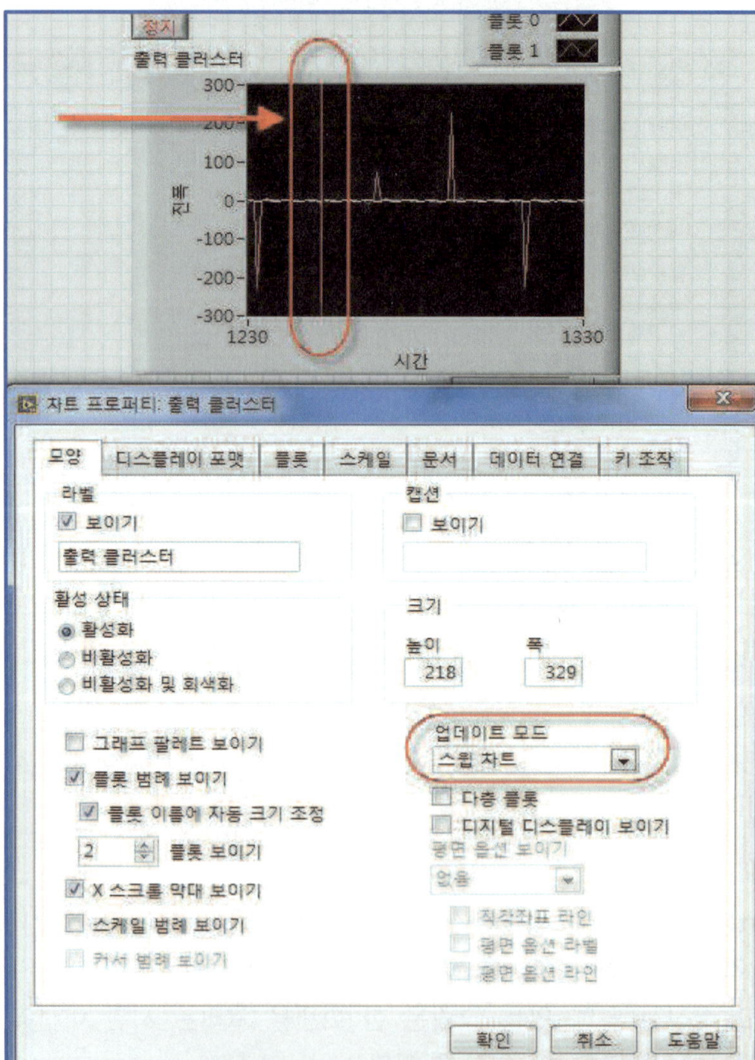
정지
플롯 0
플롯 1
출력 클러스터
300
200
100
0
-100
-200
-300
진폭
1230
1330
시간
차트 프로퍼티: 출력 클러스터
모양
디스플레이 포맷
플롯
스케일
문서
데이터 연결
키 조작
라벨
보이기
출력 클러스터
캡션
보이기
활성 상태
활성화
비활성화
비활성화 및 회색화
크기
높이
218
폭
329
그래프 팔레트 보이기
플롯 범례 보이기
플롯 이름에 자동 크기 조정
2
플롯 보이기
X 스크롤 막대 보이기
스케일 범례 보이기
커서 범례 보이기
업데이트 모드
스윕 차트
다층 플롯
디지털 디스플레이 보이기
평면 옵션 보이기
없음
직각좌표 라인
평면 옵션 라벨
평면 옵션 라인
확인
취소
도움말

▶다층 플롯

웨이브폼 그래프와 달리 웨이브 폼 챠트에서는 오버스택 즉 쌓아 올리기가 가능하다. 플롯 쌓기를 선택하면 아래와 같이 된다. 그래프 화면 안에서 마우스 오른쪽 버튼을 누르면 아래와 같은 창이 열리고 다층 플롯을 선택한다.

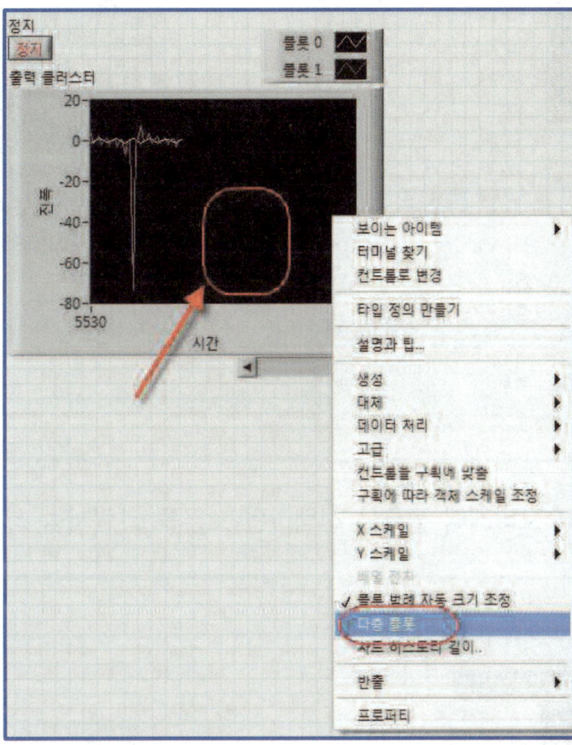

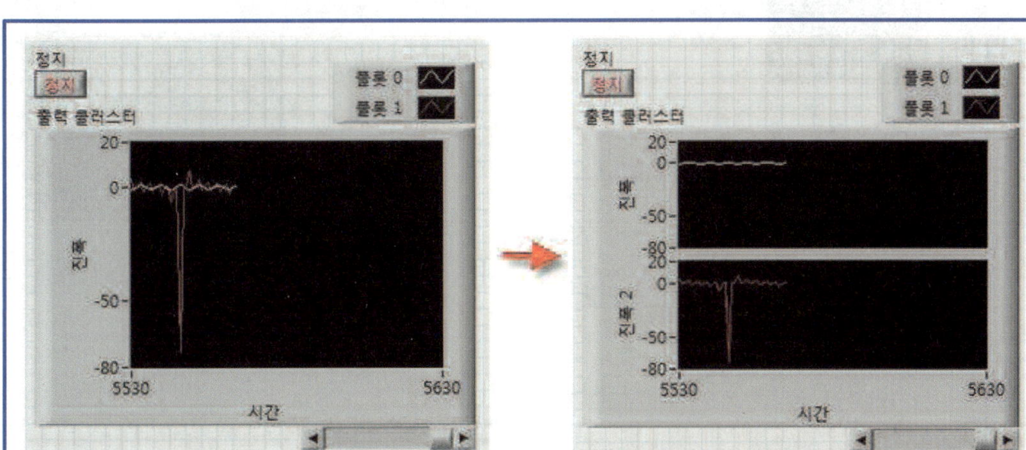

아래 왼쪽 그림에서 다층플롯을 선택하면 오른쪽 그림처럼 그려진다.

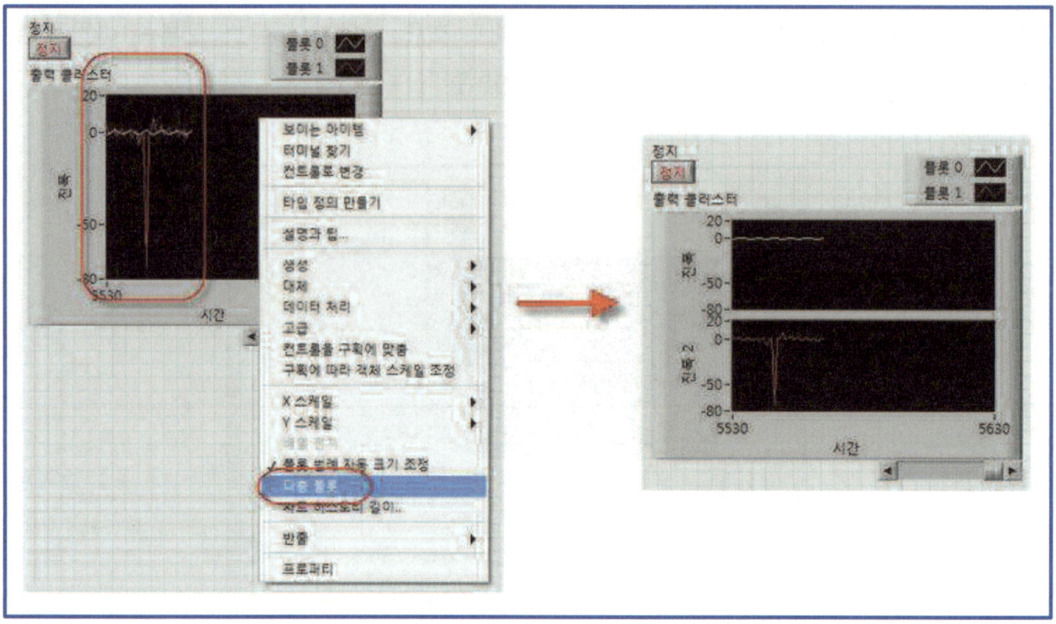

아래 왼쪽 그림에서 오버레이 플롯을 선택하면 오른쪽 그림처럼 하나로 합쳐진다.

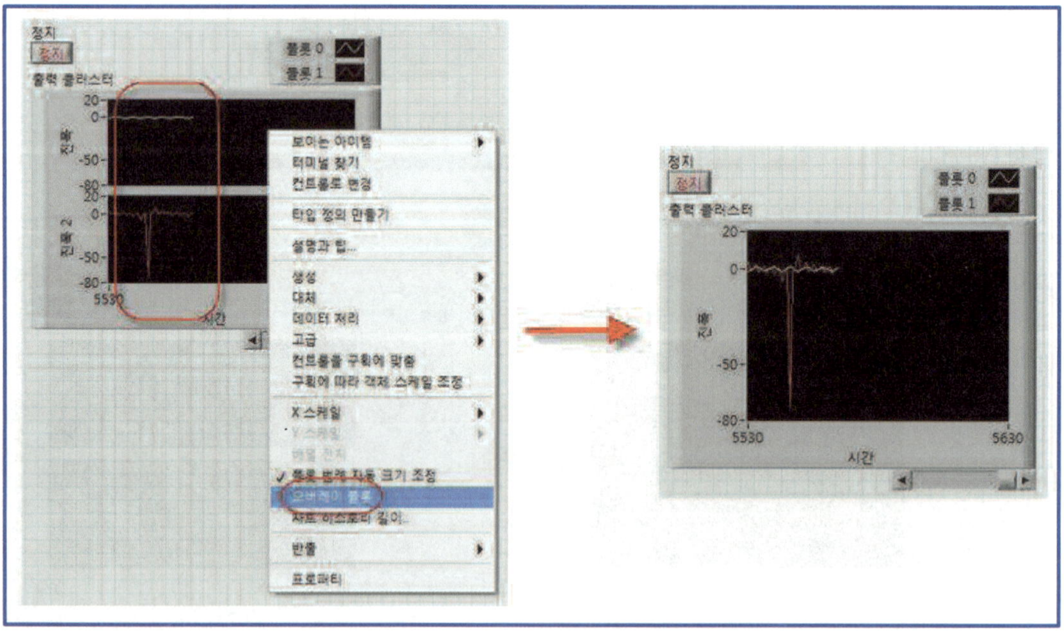

7.2 웨이브 폼 그래프

웨이브폼 그래프는 웨이브폼 챠트와 달리 While Loop 밖에 위치하는데 정지 버튼을 누르면 루프 밖의 그래프를 그리며, 루프 사각형위에 있는 오토 인덱스 터널을 통하여 발생한 모든 난수 값들이 순서를 가진 1차원 배열값으로 변화되어 있음을 알 수 있다.

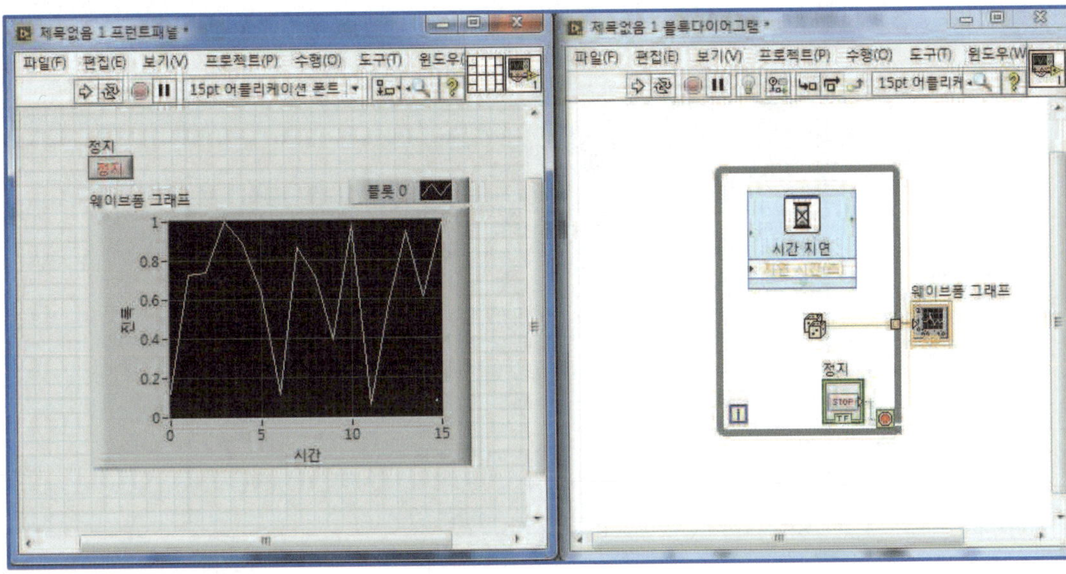

7.3 다중 그래프

하나의 X축에 여러개의 값을 동시에 그리려면 함수 - 클러스터 & 배리언트 - 묶기"를 사용하여 다음과 같이 구현한다. 웨이브폼 챠트나 웨이브폼 그래프 모두 동일하다.

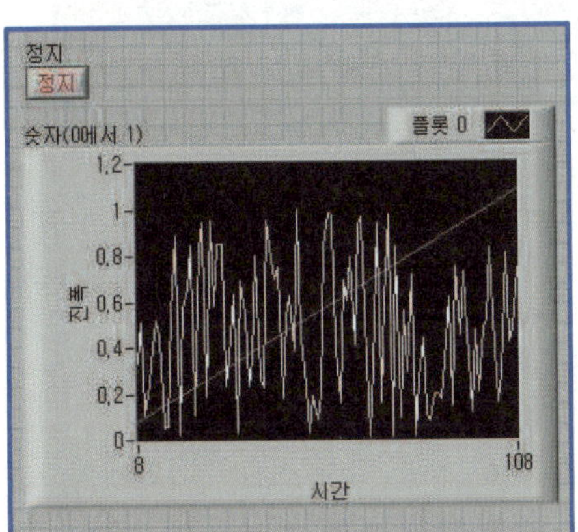

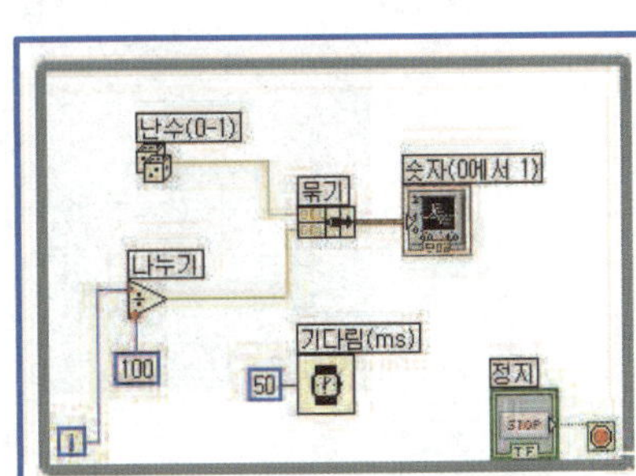

7.4 XY 그래프

XY 그래프는 다음에 설명할 Express XY 그래프 아이컨이 나오기 이전에 사용하던 아이컨이다. X축 및 Y축에 동시에 좌표축 상에 주어진 데이터들을 연결하는 그래프이다. 따라서 원과 같은 임의의 형상도 그릴 수 있다.

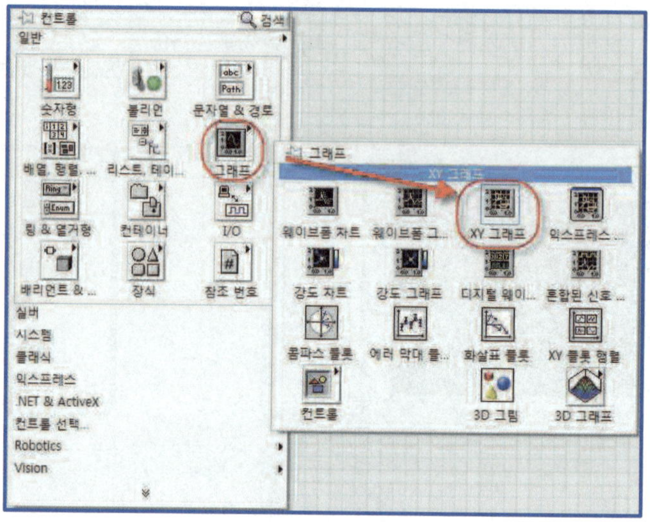

예제 XY그래프를 이용하여 원을 그려보자.

원을 그리기 위해서는 원주는 360° 즉 2π를 n등분하고 등분된 만큼 i값을 증가시켜 sin과 cos파형을 X축에 sin파를, Y축에 cos파를 XY 그래프에 입력하여 그리면 원이 된다.

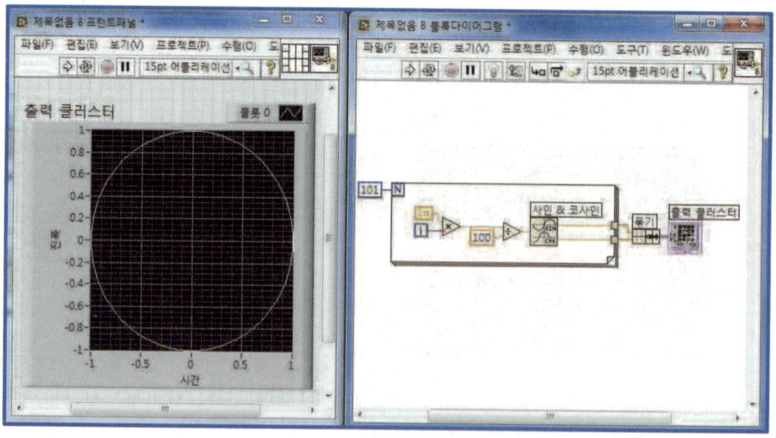

7.5 Express XY 그래프

Express XY 그래프는 앞에 설명한 XY 그래프와 사용방법이 동일하다.

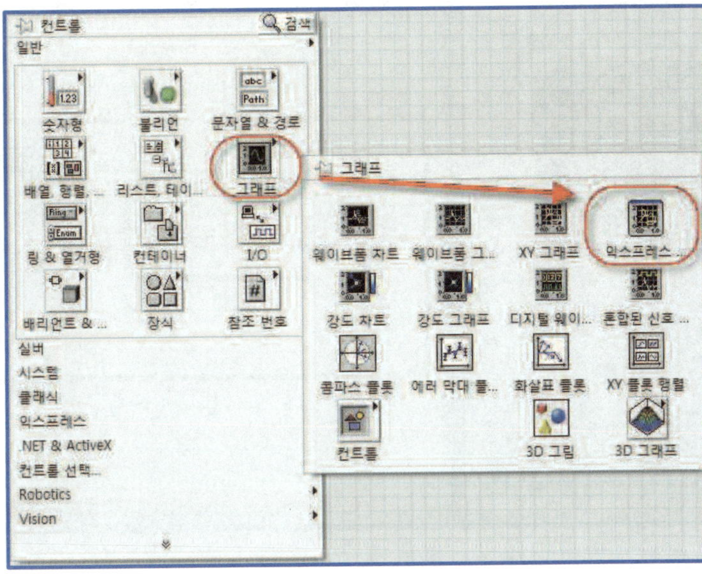

프런트 패널 상의 "컨트롤 - 그래프 - 익스프레스 XY 그래프"를 사용하면 손쉽게 그릴 수 있다. 이 아이컨을 프런트 패널에 놓으면 블록 디이어그램에는 "XY 그래프 만들기"가 생긴다.

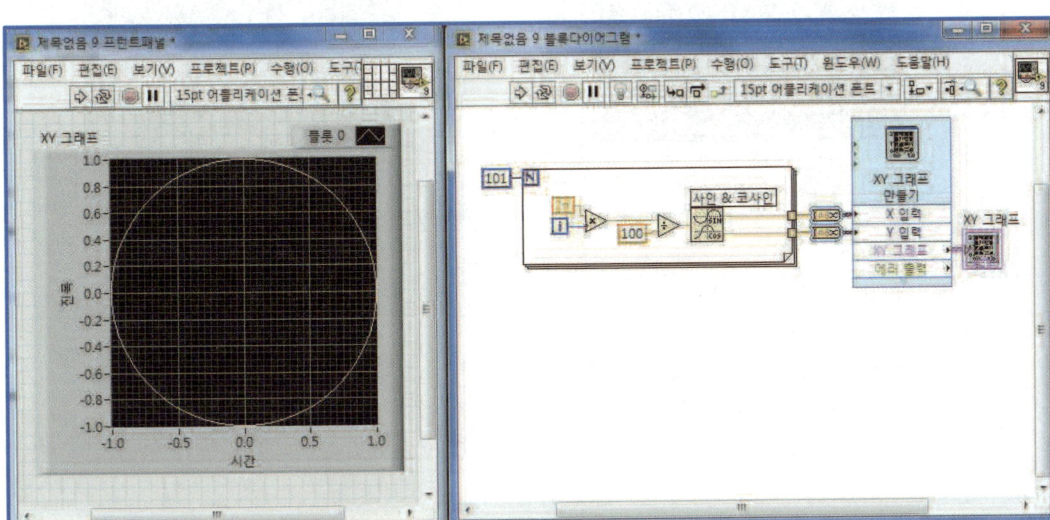

프런트 패널 상의 다이얼을 돌리면 다양한 다각형을 만들 수 있다.

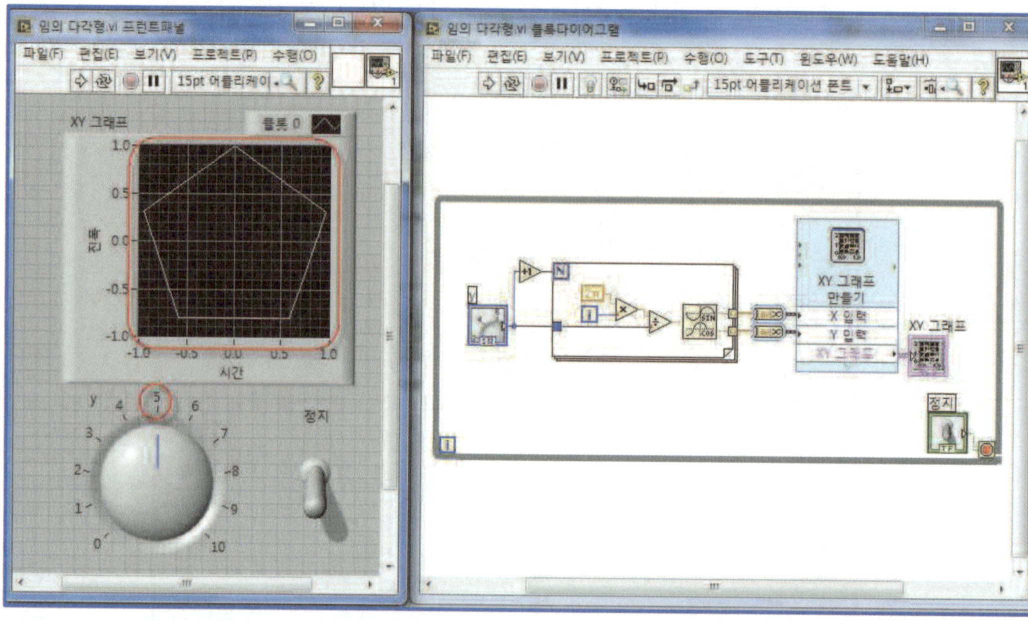

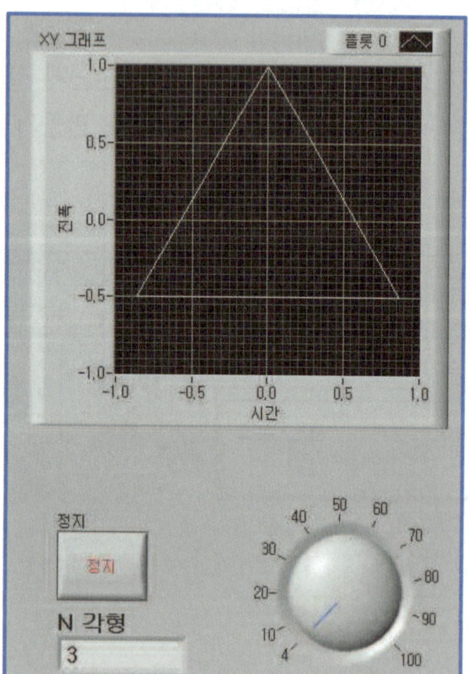

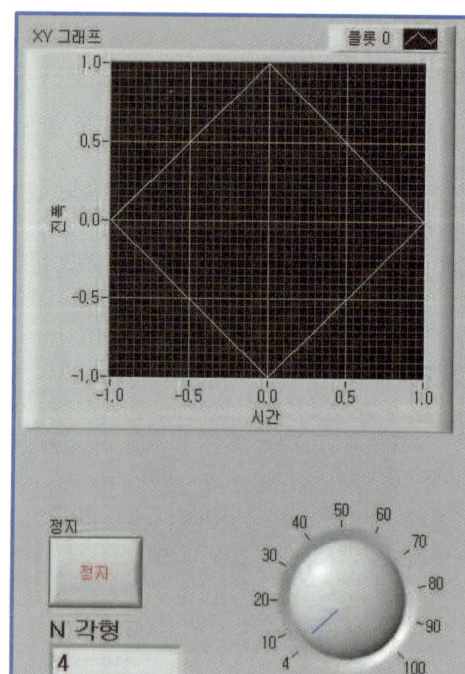

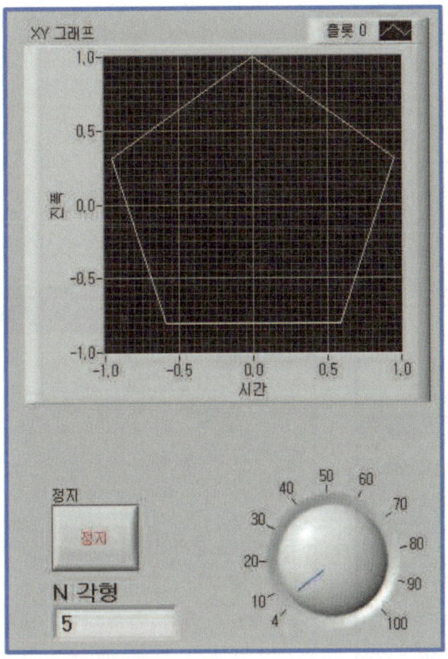

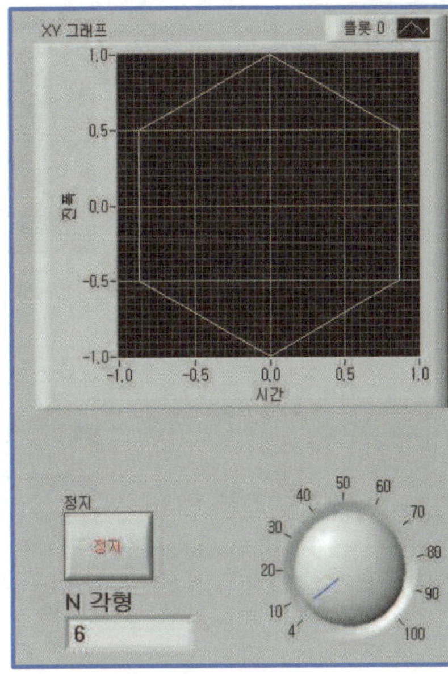

7.6 주석 생성

그래프에 필요에 따라 주석을 달 수 있다. 주석은 그래프 위에서 마우스 우측 버튼을 누르고 "데이터 처리 - 주석 생성"으로 할 수 있다. 생성된 주석은 동일한 곳에서 마우스 오른쪽 버튼을 눌러 주석삭제로 없앨 수 있다.

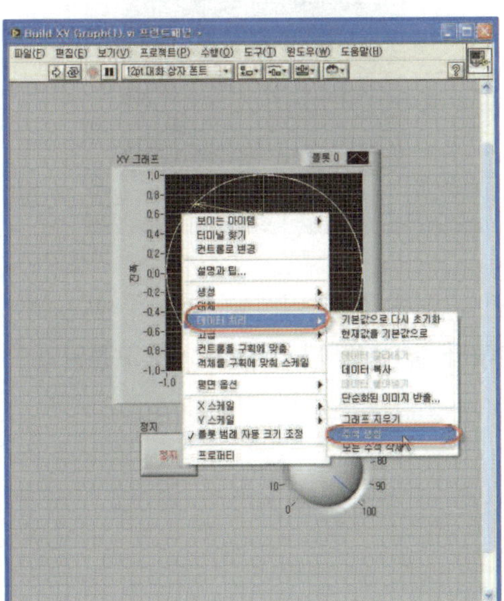

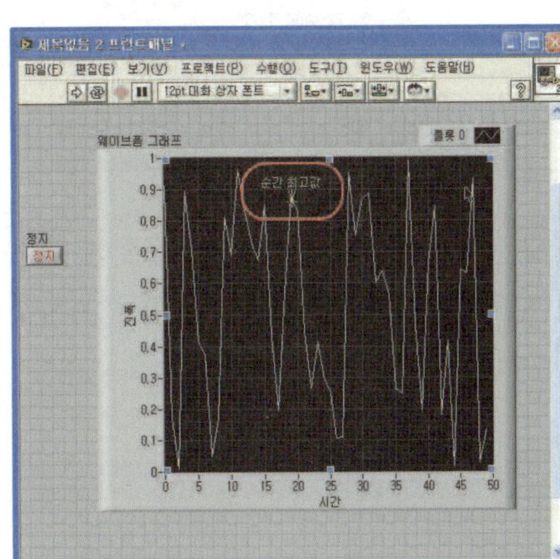

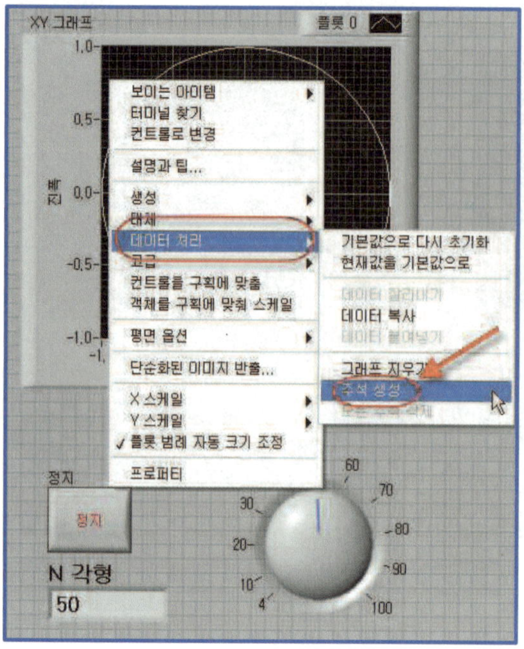

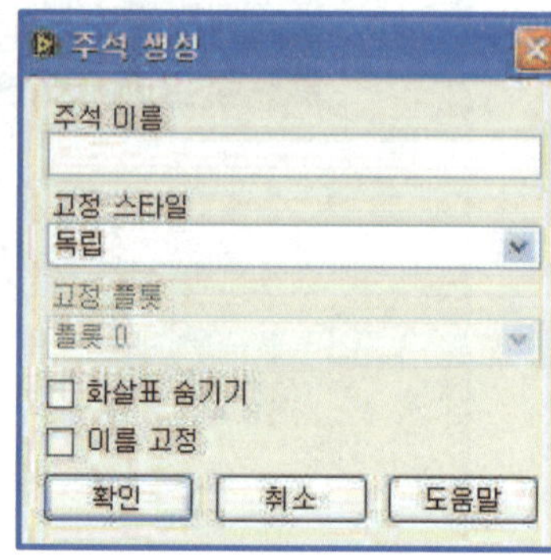

주석 생성 시 고정스타일 - 독립을 선택하면 주석이름을 임의의 위치에 놓을 수 있다.

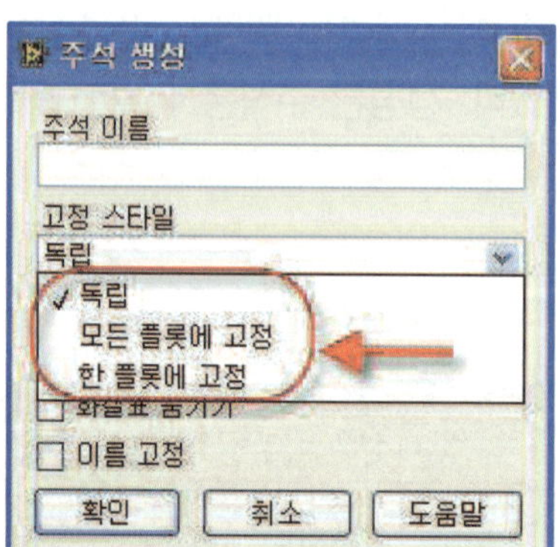

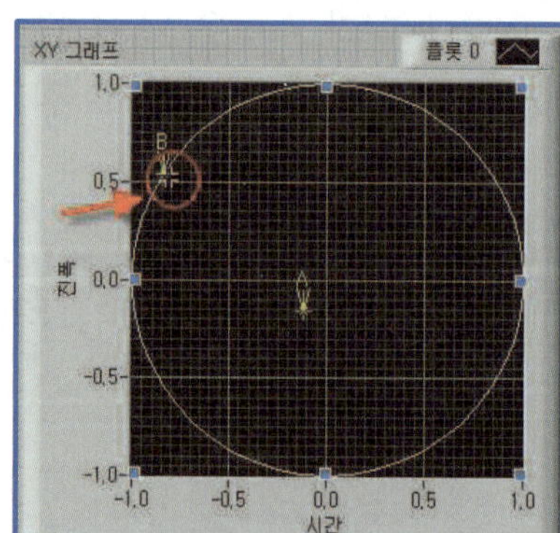

모든 플롯에 고정하거나 한 플롯에 고정하면 그래프 상의 곡선을 따라 주석이 쓰여지는 위치가 결정되며, 커서를 원하는 위치에 가져다 놓은 후 다시 클릭하면 고정된다.

연습문제

연습문제 7-1) 신호시뮬레이션을 이용하여 다중그래프로 사인파와 삼각파를 동시에 아래와 같이 표현하여라.

우선 신호시뮬레이션으로 삼각파와 사각파를 각각 구성한 후 신호조작 - 신호병합을 사용하여 하나의 그래프로 합친다.

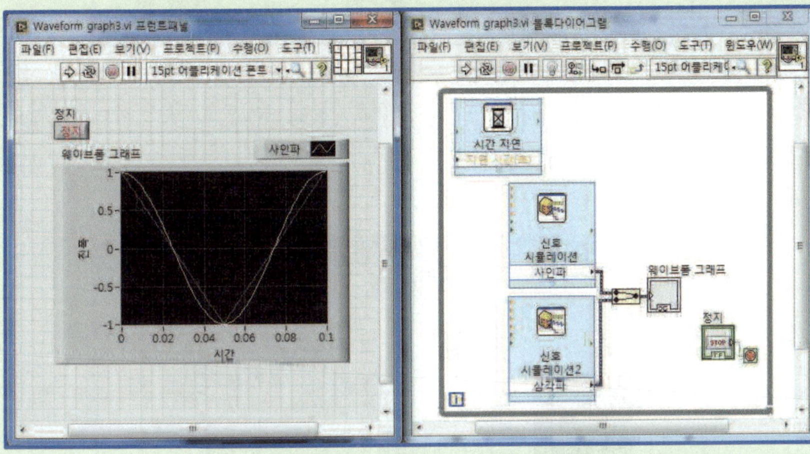

위 그래프 중에서 파형의 이름을 각각의 파형마다 보기위해서는 아래처럼 파형의 이름이 있는 부분을 선택하여 드래그하여 끌어 올리면 나머지 파형의 이름이 보이게 된다.

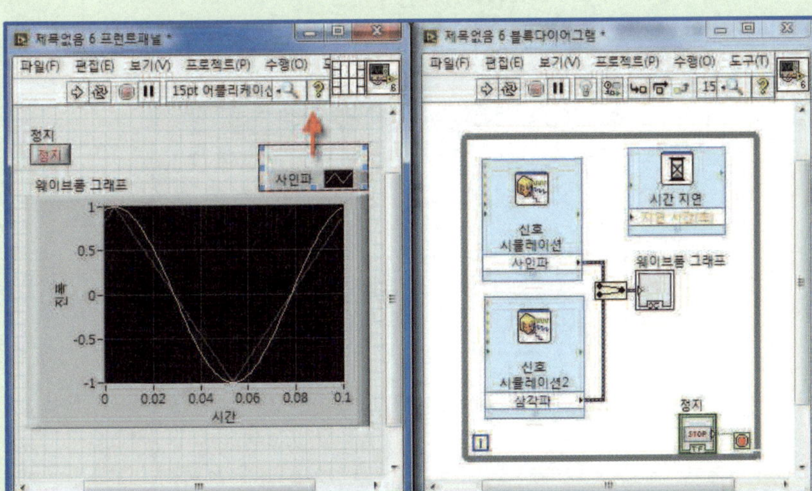

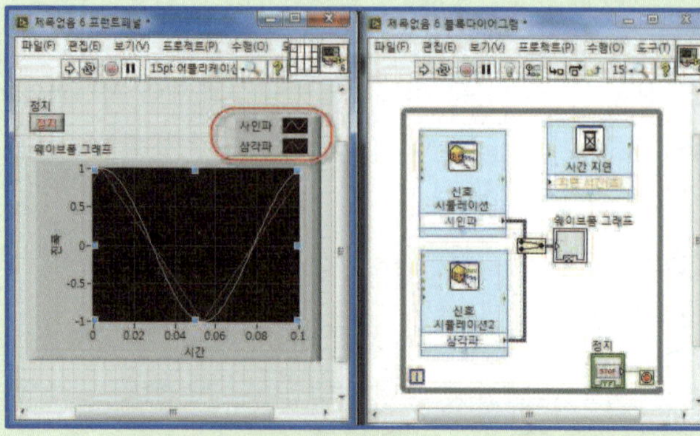

삼각파 또는 사각파 각각의 파형에 대한 굵기나 선의 형태 등은 그래프 내에서 마우스 우측버튼을 눌러 프로퍼티를 선택하여 변경시키면 된다.

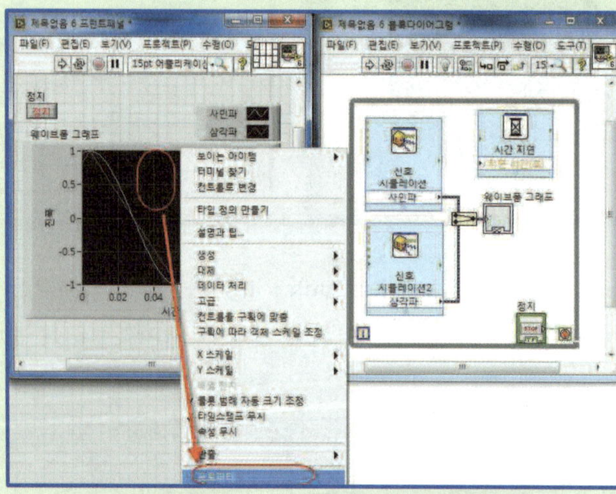

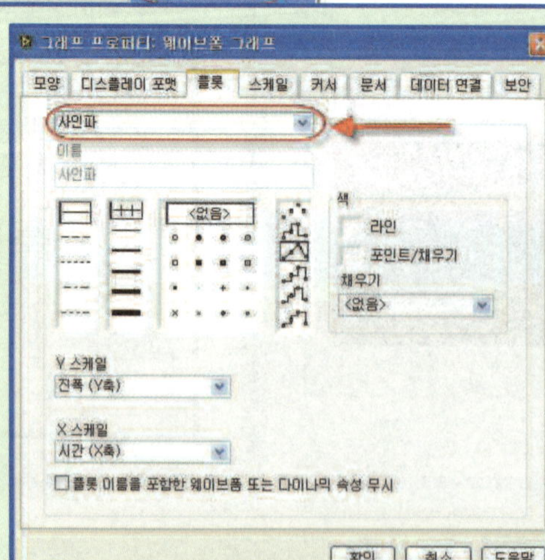

연습문제 7-2) 2개의 난수를 발생시켜 다중 그래프로 그리고 종료하면서 BMP format으로 그림을 저장하여라.

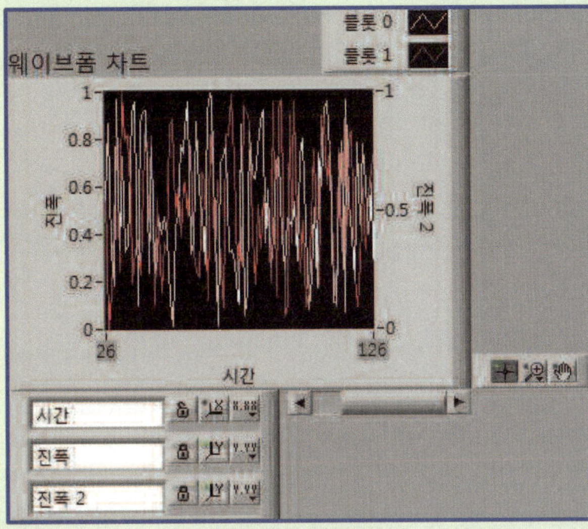

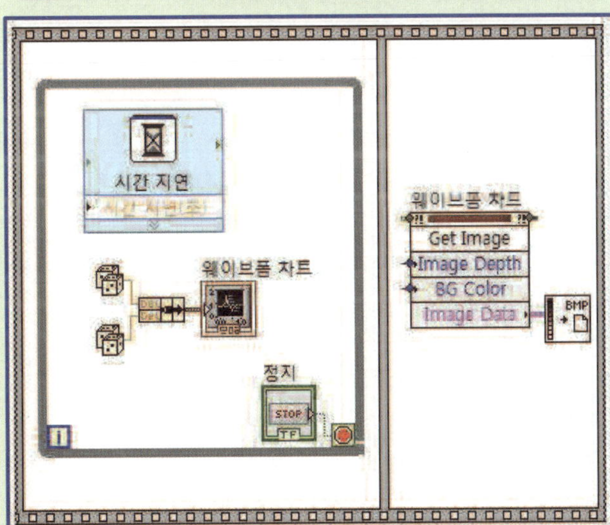

8 데이터 측정

일반적인 계측기를 이용하여 측정하는 것보다 PC를 이용하여 계측하는 것이 많이 수월해진 환경이 되었다. 이번 장에서는 LabVIEW를 이용하여 각종 센서의 신호를 계측하거나 제어하는 방법을 소개하려고 한다.

LabVIEW를 사용하여 계측시스템을 구성하면 사용하는 Data acquisition board에 따라 다양한 계측을 필요에 맞게 프로그램하여 활용할 수 있으므로 한가지에 고정하여 사용하는 계측기에 비해 효용성와 운용성 및 Flexbility가 뛰어나다고 할 수 있다.

National Instruments사에서는 지난 2000년대부터 E, M, X series의 Data acquisition board들이 출시되었다. X series가 가장 최근에 출시된 모델이다.

3가지 모델의 H/W적 특성의 차이는 다음과 같다.

	X Series	M Series	E Series
Analog Input			
Analog Input Channels	8, 16, or 32	8,16, 32, or 80	16 or 64
Sampling Rate	Up to 2 MS/s/ch (16-bit)	Up to 1.25 MS/s (16-bit)	Up to 1.25 MS/s (12-bit)
Input Resolution	16-bit	16 or 18-bit	12 or 16-bit
Calibration Method	NI-MCal (all ranges)	NI-MCal (all ranges)	Linear, 2-point (single range)
Calibration Interval	1 or 2 years	1 or 2 years	1 year
Analog Output			
Analog Output Channels	0,2 or 4	0, 2 or 4	0 or 2
Analog Output Rate	up to 2.8 MS/s, 16-bit	up to 2.8 MS/s, 16-bit	up to 333 kS/s, 16-bit
Analog Output Resolution	16-bit	16-bit	12 or 16-bit

Digital I/O			
Digital I/O Lines	24 or 48	24 or 48	8 or 32
Digital I/O Rate	10 MHz	10 MHz*	Software-Timed
Timing Source	Internal, External	Internal**, External	-
Digital Levels	TTL/CMOS	TTL/CMOS or 24V	TTL/CMOS
Digital Line Protection	Improved over/under voltage (±20 V), overcurrent protection	Improved over/under voltage (±20 V), overcurrent protection	-
Counter			
Counter/Timers	4, 32-bit	2, 32-bit	2, 24-bit
Counter Timebase	100 MHz	80 MHz	20 MHz
Quadrature Encoder Inputs	Yes	Yes	No
Digital Debouncing Filters	Available on All Digital Lines	Usable with Counter Tasks Only	None
Max Rate Benchmark for Buffered Counter Input Tasks	10 MHz on all four counters (PCIe)	380 kHz (PCI) 1194 kHz - 621x single counter	150 kHz on a single counter (PCI)
Buffered Counter Outputs?	Yes	No	No

System			
Clock Synchronization	PLL, RTSI	PLL, RTSI	RTSI
DMA Channels	8	6	1 or 3
Connector Type	VHDCI (high density)	VHDCI (high density)	SCSI II
Isolation	-	60 VDC continuous bank isolation; 1,400 Vrms/1,950 VDC channel-to-bus isolation, withstand for 5 s*	-

Source: national instruments

가장 흔한 Data acquisition Board 중에 Mutifunction USB type으로서 USB-6343를 소개하려 한다.

성능으로는 아날로그 입력 32개(500 kS/s, 16 비트 분해능, ±10 V), 아날로그 출력 4개(900 kS/s, 16 비트 분해능, ±10 V), 디지털 I/O 라인 48개, 32 비트 카운터/타이머 4개(PWM, 엔코더, 주파수, 이벤트 카운팅)을 가지고 있다.

일반적인 NI Multifunction data acquisition H/W들은 아나로그 입출력은 ±10 V, 디지털 입출력 및 카운터 입출력은 0~5 V의 범위를 갖고 있다.

8.1 DAQ 입출력

DAQ 입출력에는 아나로그 입력, 아나로그 출력, 디지털 입출력, 카운터 입출력 등이 있다. 아나로그 입력이란 전압을 출력으로 하는 센서의 값을 읽어 들이는 기능이다. 아나로그 출력은 전압을 출력하여 대상 장치에 전압을 공급하는 기능을 가지고 있다. 이 경우 Function generator같이 사용할 수 있다.

디지털 입력은 high, low 값을 인식하는 기능으로 보통 자동화용 센서는 디지털로 나오는 센서 출력이 12~24V이다. 예를 들어 근접센서를 보면 자동화용으로 사용되는 센서의 경우 동작 전압이 12~24V이고 물체가 근접할 경우 센서 출력이 동일하게 12~24V가 나온다. 이러한 신호를 디지털 입력에 연결하여 물체가 근접할 경우 high 또는 low신호가 나옴을 인식할 수 있게 된다. 그러나 National instruments H/W의 경우 디지털 입력은 0 ~ 5V이내의 전압을 유지해야 하므로 별도의 회로 즉 전위차계(potentiometer)등을 사용하여 전압을 0 ~ 5V 이내로 변환해야 한다.

National instruments H/W의 경우, 2.5 ~ 5V의 신호는 디지털 high로, 0 ~ 0.8V까지의 신호는 low로 인식하므로 이러한 범위에 들어가도록 신호를 조정하여 주어야한다.

8.2 MAX (Measurement & Automation Explorer)

데이터 측정을 위한 사전 준비작업으로 센서와 LabVIEW를 연결하는 과정이 필요하다.

LabVIEW는 프로그래밍 언어이고 센서, 스위치 또는 액튜에이터 등과 연결을 위해서는 입출력 신호의 특성을 사전에 설정해줘야 한다. 여기에 꼭 필요한 것으로 계측 및 제어용 PC, Data acquisition용 PCI Board 또는 USB 장치, 그리고 PC에서 Data acquisition Board를 인식시키기 위한 Device driver인 NI-DAQmx라고하는 것이 필요하다. 이것은 Board를 구입하면 항상 따라오지만 인터넷을 통해 down 받을 수도 있다. LabVIEW와 NI-DAQmx가 설치된 후 LabVIEW를 시작할 때 센서와 PC와 연결을 위해서 제일 먼저 해야 하는 것이 아래와 같이 도구 - Measurement & Automation Explorer 일명 MAX라고 하는 과정이다.

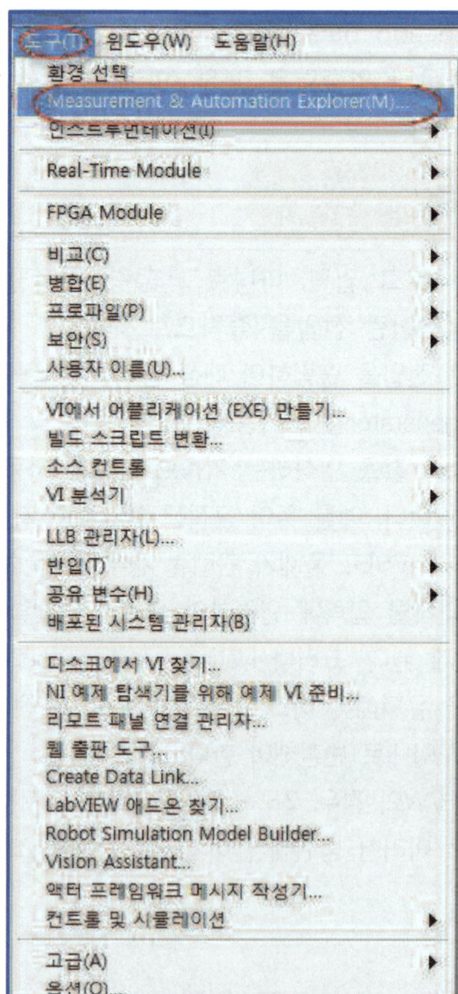

MAX를 선택하면 다음과 같은 창이 열린다.

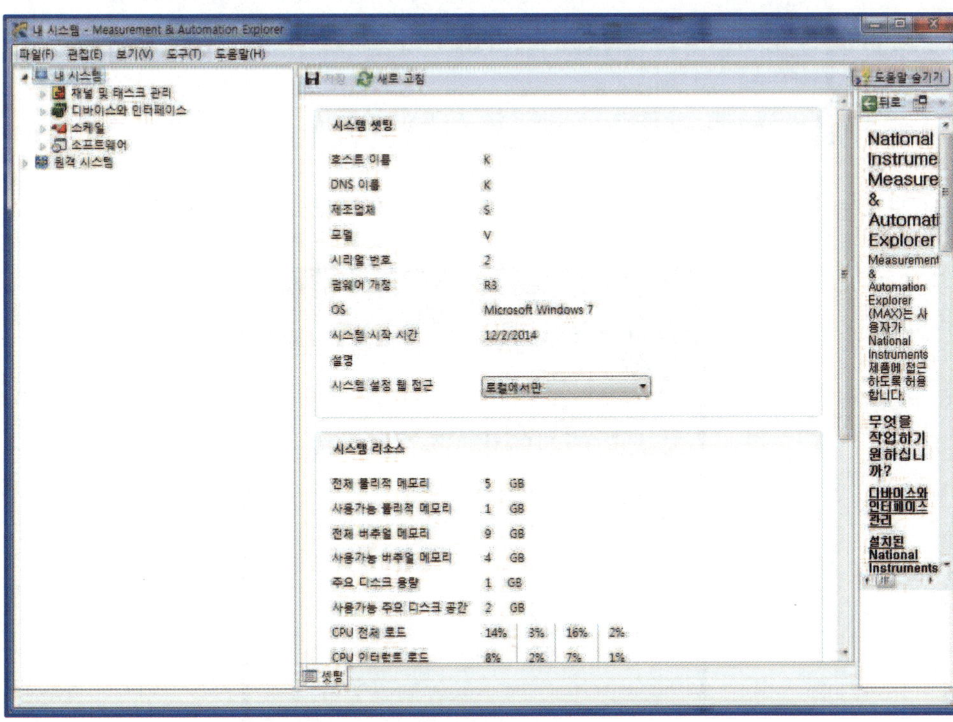

8.3 디바이스 생성

PC와 센서 사이 연결은 다음과 같이 구성된다.

새로운 디바이스를 PC에 연결하면 "디바이스와 인터페이스 - NI-DAQ 디바이스"아래에 설치한 디바이스가 자동으로 생성된다.

그러나 만약 Naitonal Instruments device H/W가 없다면 가상 디바이스를 설정하여 프로그램 실습을 계속할 수 있다. 가상 디바이스는 다음과 같이 설정한다.

디바이스와 인터페이스에서 마우스 오른쪽 버튼을 눌러 새로 생성을 선택하면 다음과 같다.

가상 보드는 아래와 같이 시뮬레이션 NI-DAQmx 디바이스...를 선택한다.

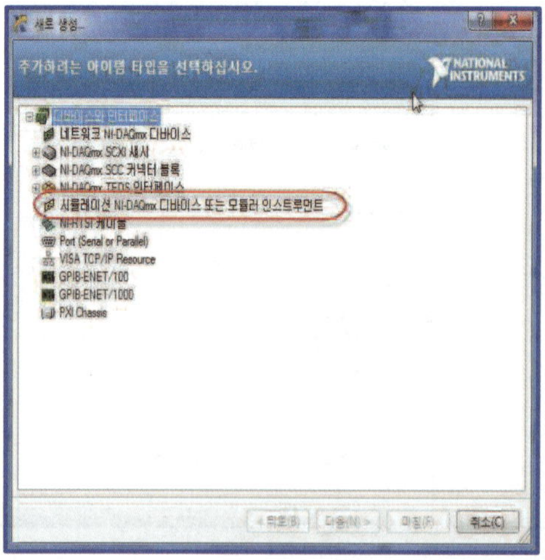

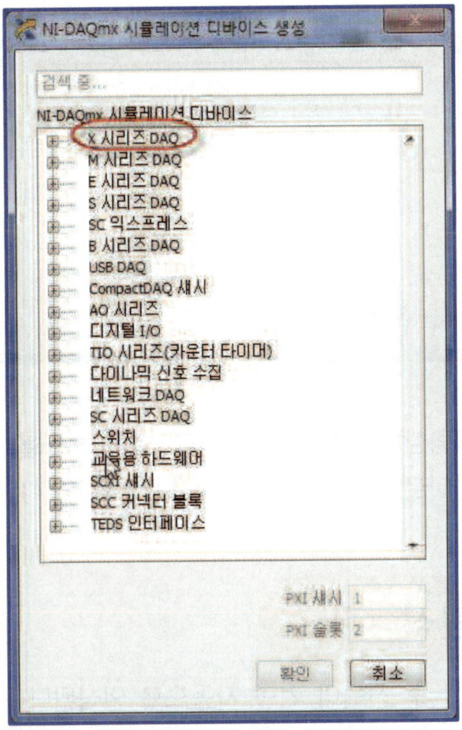

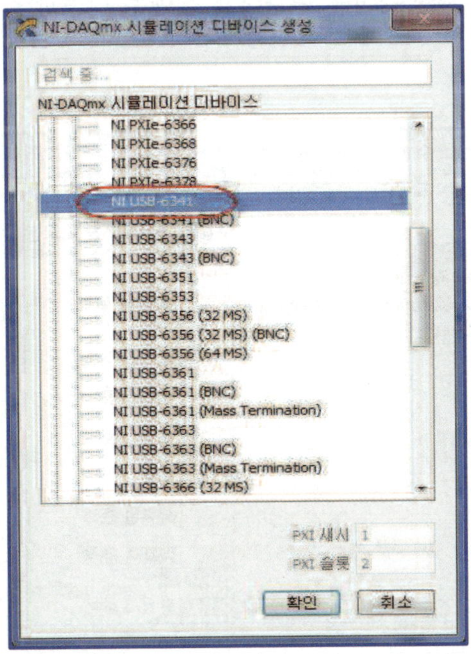

X series DAQ를 선택하고 NI USB-6341를 선택하면 아래와 같이 가상의 디바이스가 생성된다.

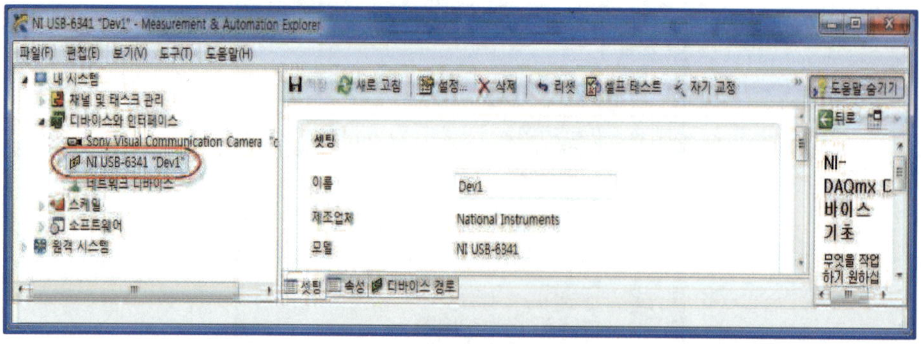

가상 디바이스는 보드 형상의 색이 노란색이다. 실제 보드를 PC에 연결하면 초록색의 보드가 생성된다. 색의 차이로 실제와 가상의 보드를 구분할 수 있다.

8.4 하드웨어 인식

하드웨어는 PC와 연결한 후 전원이 켜면 자동으로 인식된다.

PC에 Data acquisition 하드웨어를 연결하기 전에는 다음과 같이 아무 것도 인식된 것이 없다.

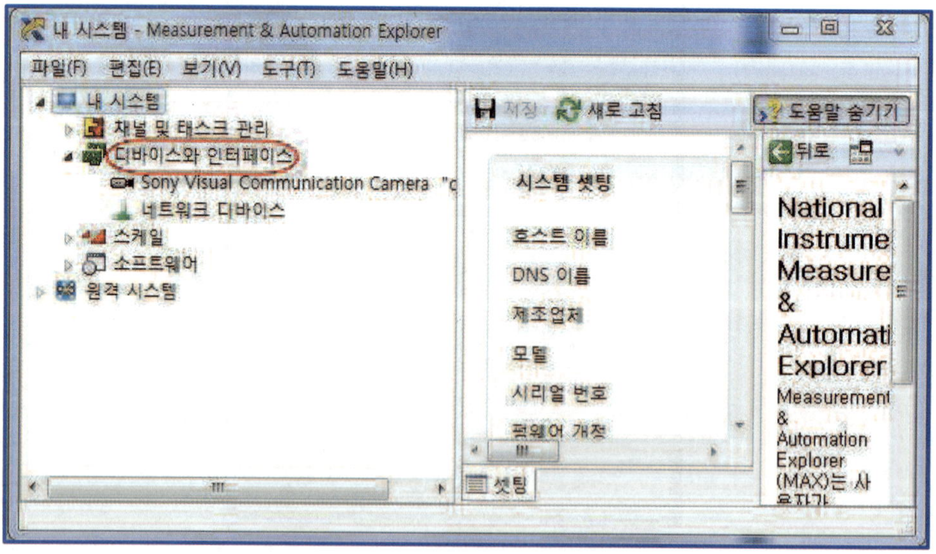

그러나 PC에 연결하고 전원을 켜면 다음과 같다.

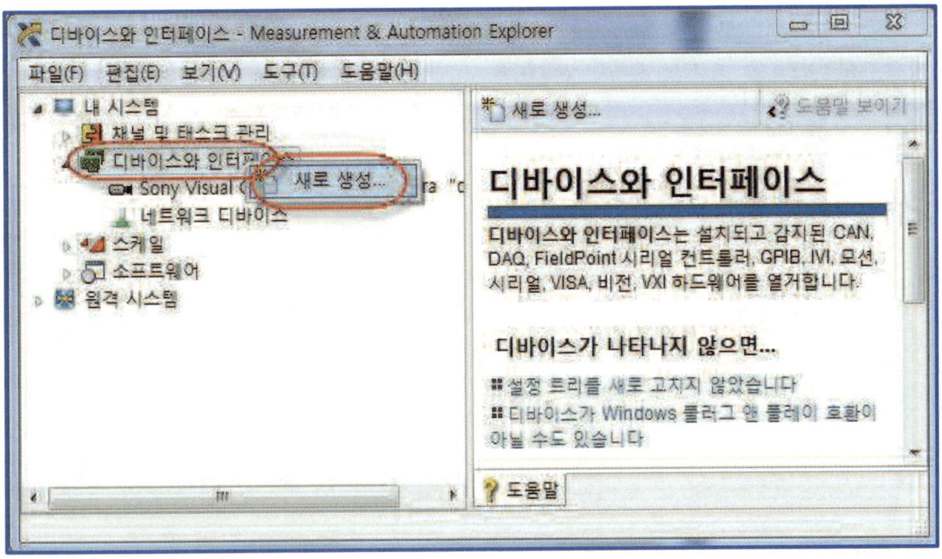

새로 생성하면 하드웨어를 검색한 후 다음과 같이 설치한다.
인식이 되면 초록색 보드 모양의 형상과 하드웨어 모델명이 보이고 Dev 번호가 보인다.

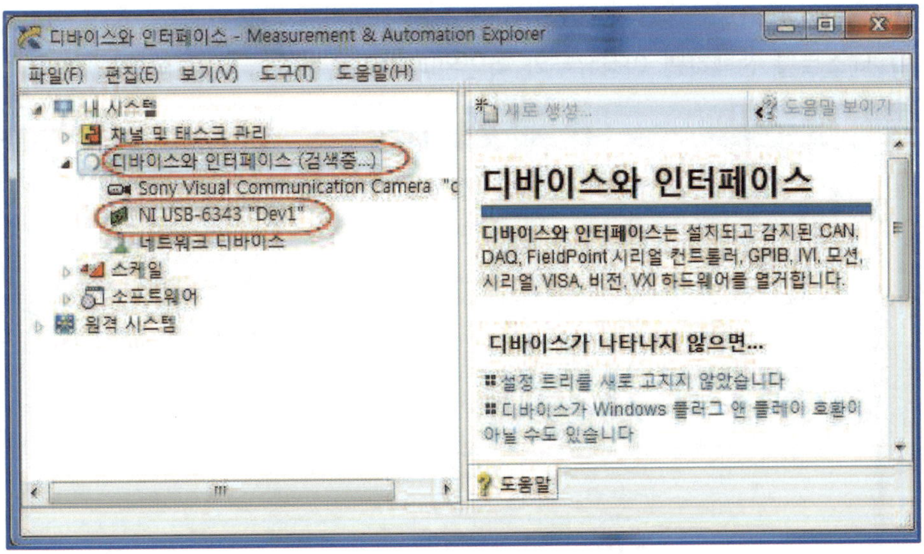

일단 설치되면 USB연결을 해제하거나, 연결되어 있어도 전원을 끄면 다음과 같이 흰색의 보드형태로 바뀌고 아래에 붉은 색 X형태가 보이는데 이는 하드웨어가 연결되지 않았거나 전원이 꺼졌음을 뜻한다.

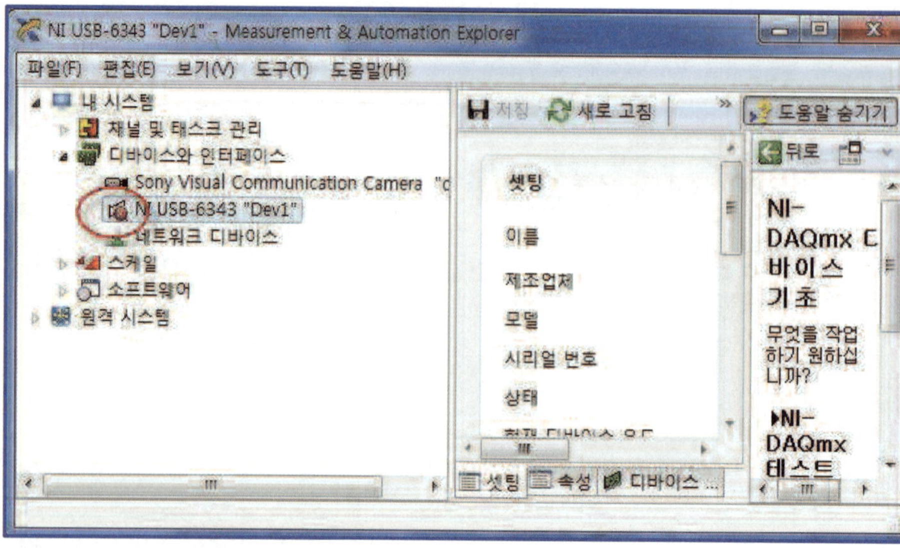

8.5 Board test 와 Test Panel

하드웨어 디바스의 이상 유무는 셀프테스트를 통해 시험할 수 있다.
먼저 인식된 NI USB-6343 "Dev1"을 마우스로 선택하면 다음과 같은 창이 열린다.
셀프 테스트를 선택하면 이상유무가 확인된다.

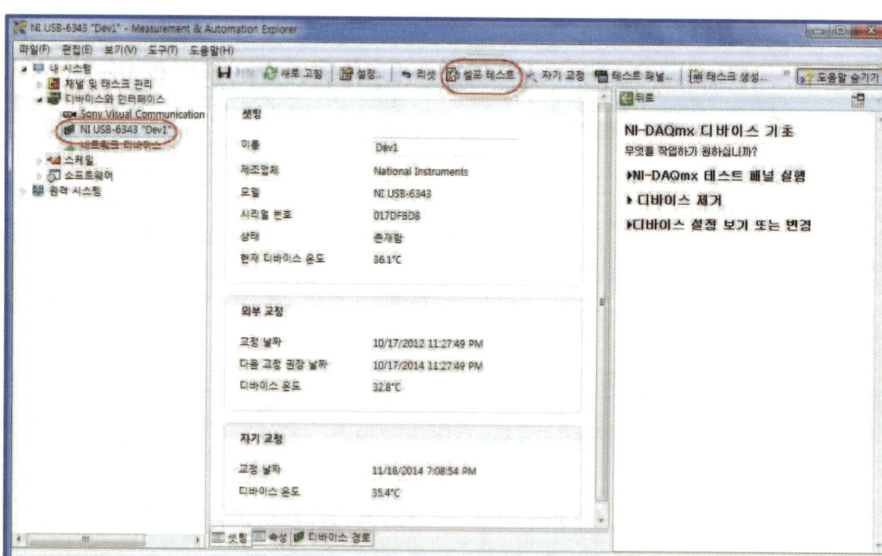

만약 이상이 없으면 아래와 같이 "셀프 테스트가 성공적으로 완료되었습니다" 라는 내용이 보이게 된다.

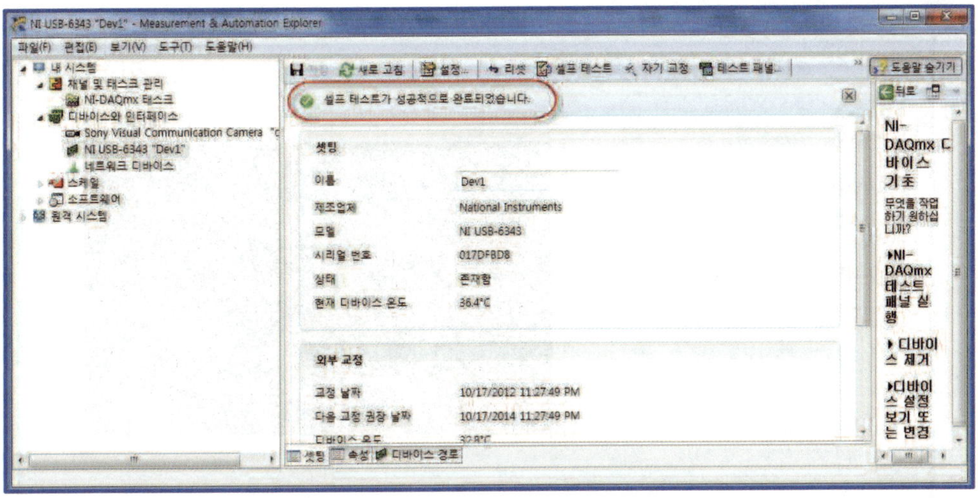

다음, 테스트 패널을 선택하면 디바이스 상의 각종 Analog Input, Analog Output, Digital I/O, Counter등의 동작 상황을 각종 센서, 스위치 및 액튜에이터등을 연결하여 프로그램하기 전에 확인 검증할 수 있다. 이 과정은 프로그램하기 이전에 반드시 수행해야 하는 것으로서 LabVIEW와 연동시키기 위해 제작하여 연결한 각종 H/W가 정상 동작하는 것을 사전에 확인할 수 있다. 이 과정을 생략하면 프로그램 완성 후 프로그램 동작시 발생할 수 있는 문제가 H/W 때문인지 아니면 LabVIEW 프로그램 때문인지 구분하기 어렵다.

테스트 패널을 선택하면 아래와 같은 창이 열린다.

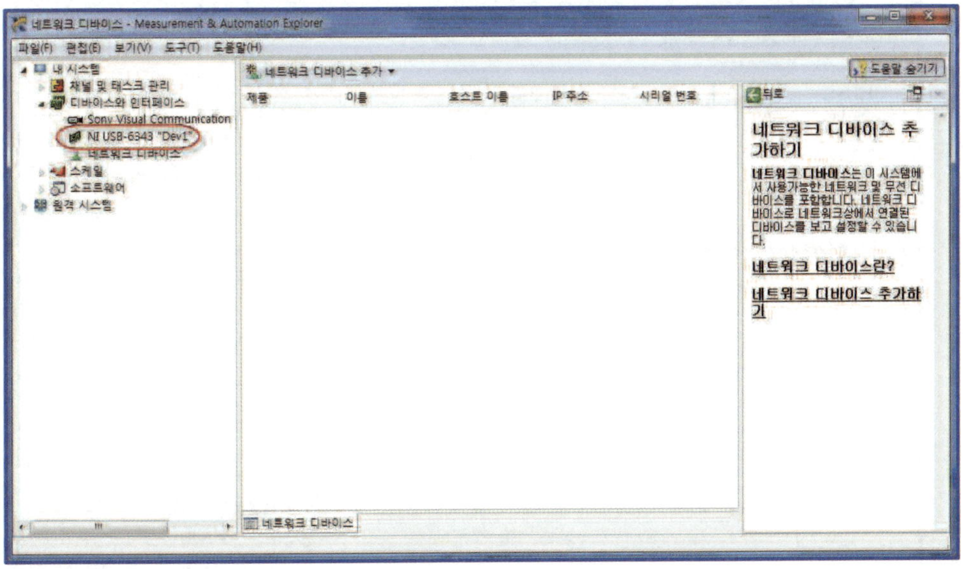

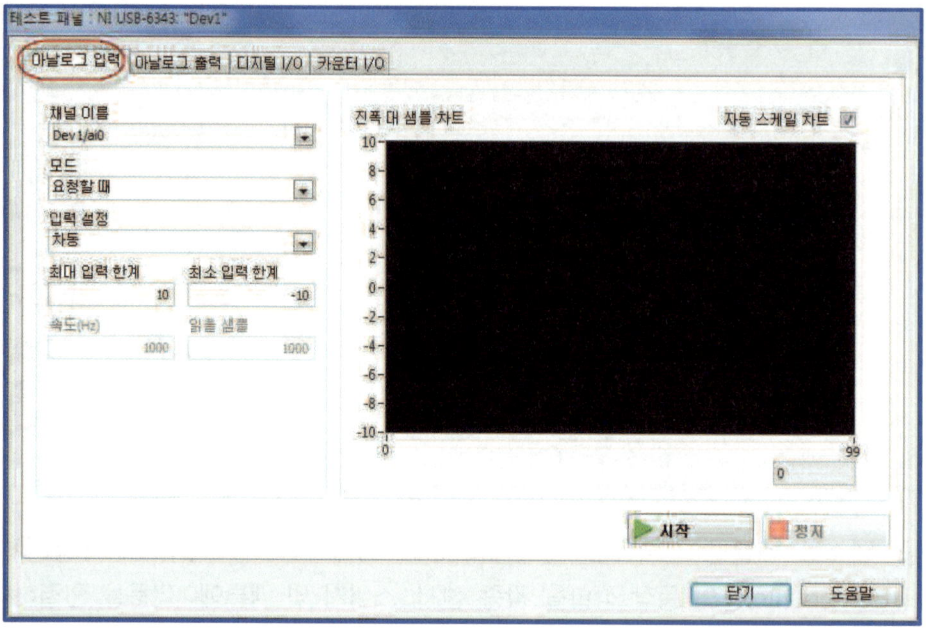

위와 같이 아나로그 입력 시에는 채널이름에서 Device 1의 ai0(Analog Input 1)에 연결된 센서의 값을 아래의 시작 버튼을 누르면 읽기 시작하여 그래프로 보여줌으로써 원하는 출력이 센서로 부터 나오고 있는지 확인할 수 있다.

아나로그 출력을 선택하면 지정된 디바이스의 채널에서 업데이트를 누를 때 아래의 슬라이드 바로 조정한 값이 출력된다.

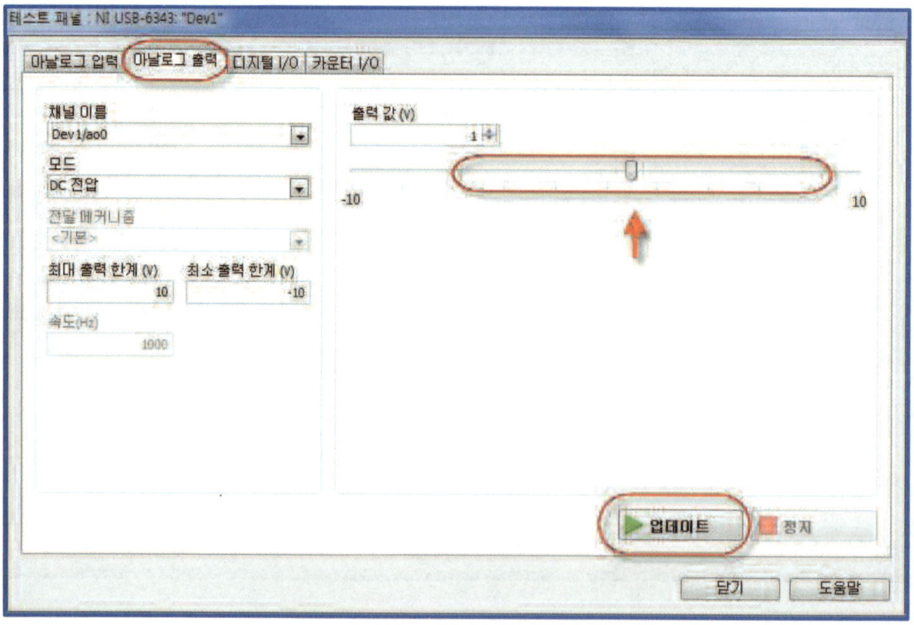

디지털 입출력을 선택하면 아래와 같은 창이 열리는데 아래 그림의 A부분은 각각 라인이 입력인지 출력인지를 나타내며 B부분은 각각의 라인들의 상태가 High인지 Low인지를 보여준다.

포트이름은 Digital I/O port 번호를 말하며, 방향 선택의 경우 동일한 port에서 0번부터 7번까지 line을 각각 입력과 출력 중에서 원하는 대로 설정할 수 있다. 다만 입력일 때는 입력만, 출력일 때는 출력만으로 몰아서 선택해야 한다. 상태 선택은 방향선택에서 설정한 입출력에 따라 입력의 경우 LED로, 출력의 경우 Switch로 표시되는데 아래의 시작 버튼을 누르면 현재의 디바이스 라인에 연결된 센서들의 상태값이 LED로 표시되고 Switch로 된 Digital 출력부분은 Switch 조작에 따라 해당 Digital line에서 High일 때 5V, Low일 때 0V가 출력된다.

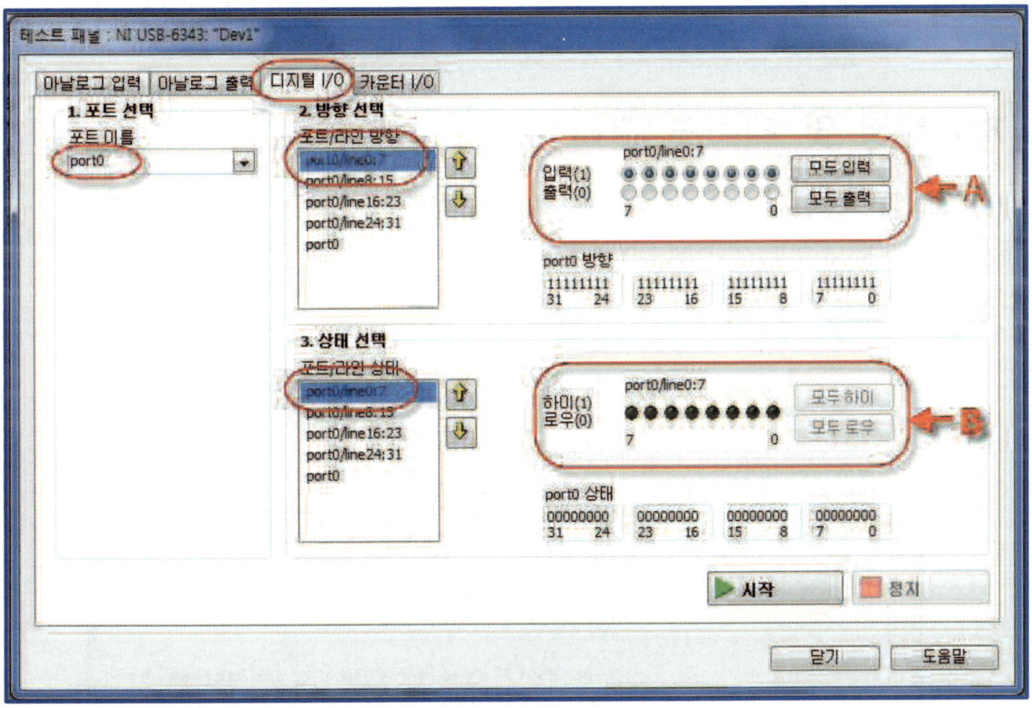

카운터 입출력을 선택하면 아래와 같은 창이 열린다.

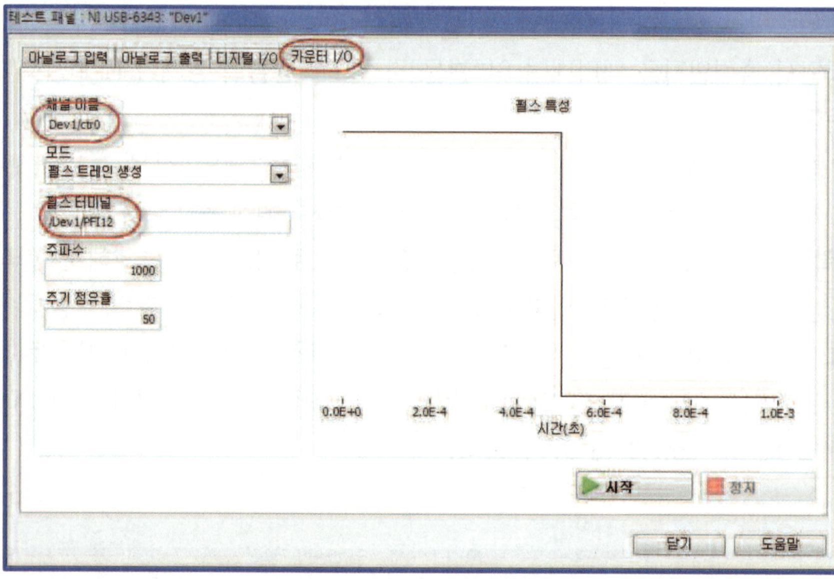

8.6 채널 및 태스크 관리

LabVIEW를 이용하여 계측이나 제어를 하기 위해서는 태스크를 설정하면 프로그램하기가 수월해진다. 아래와 같이 NI-DAQmx 태스크에서 마우스 오른쪽 버튼을 클릭하여 태스크를 생성한다.

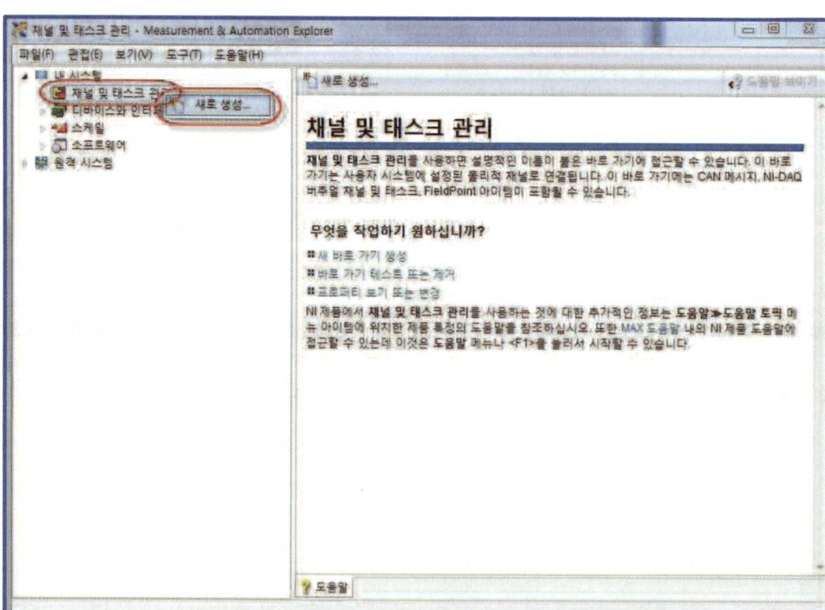

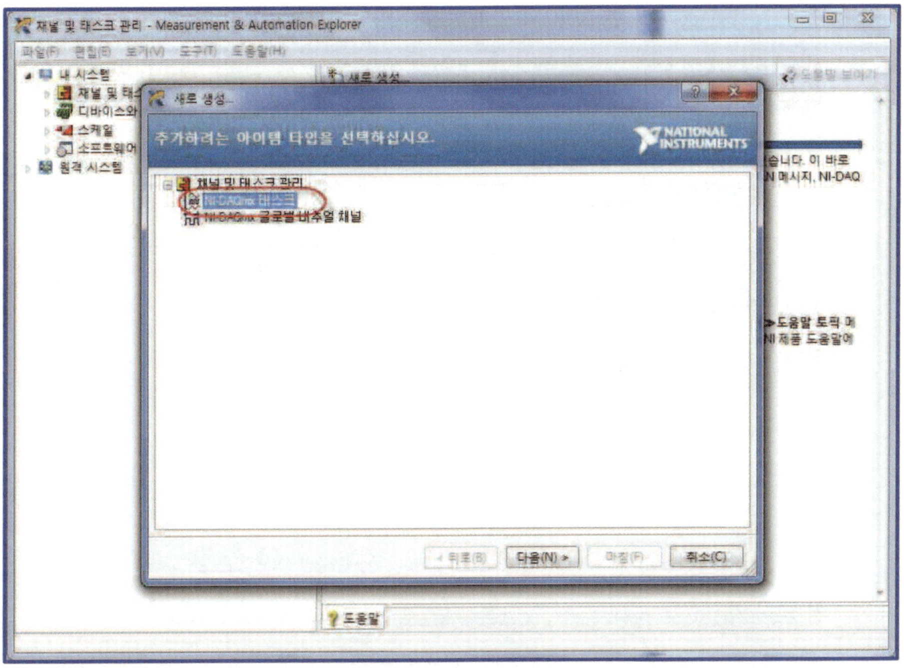

새로 생성을 선택하면 아래와 같이 된다.

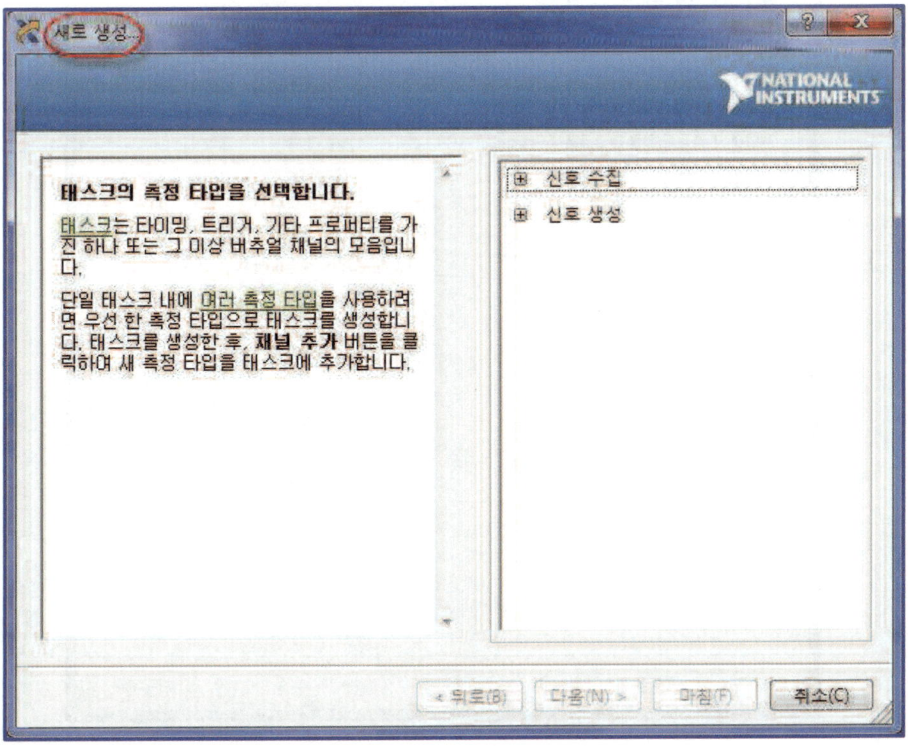

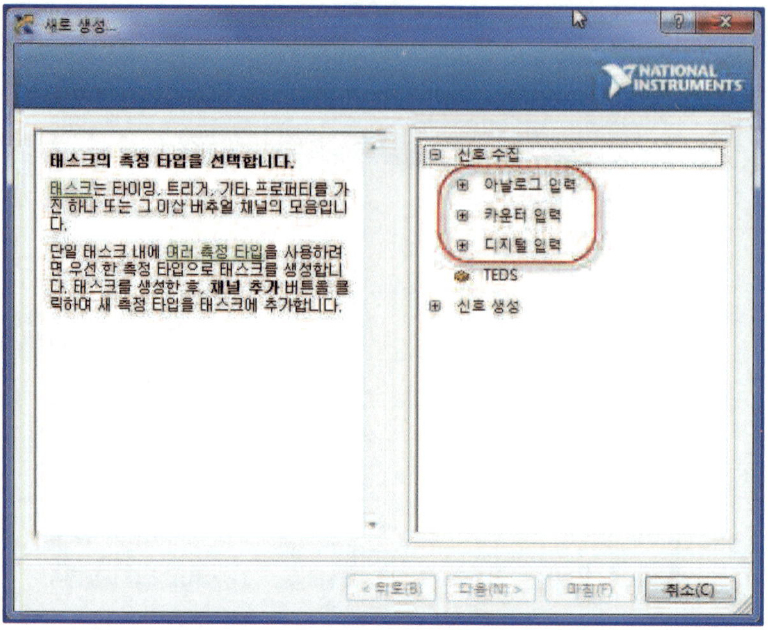
새로 생성...
NATIONAL INSTRUMENTS
태스크의 측정 타입을 선택합니다.
태스크는 타이밍, 트리거, 기타 프로퍼티를 가진 하나 또는 그 이상 버추얼 채널의 모음입니다.
단일 태스크 내에 여러 측정 타입을 사용하려면 우선 한 측정 타입으로 태스크를 생성합니다. 태스크를 생성한 후, 채널 추가 버튼을 클릭하여 새 측정 타입을 태스크에 추가합니다.
신호 수집
아날로그 입력
카운터 입력
디지털 입력
TEDS
신호 생성
< 뒤로(B)
다음(N) >
마침(F)
취소(C)

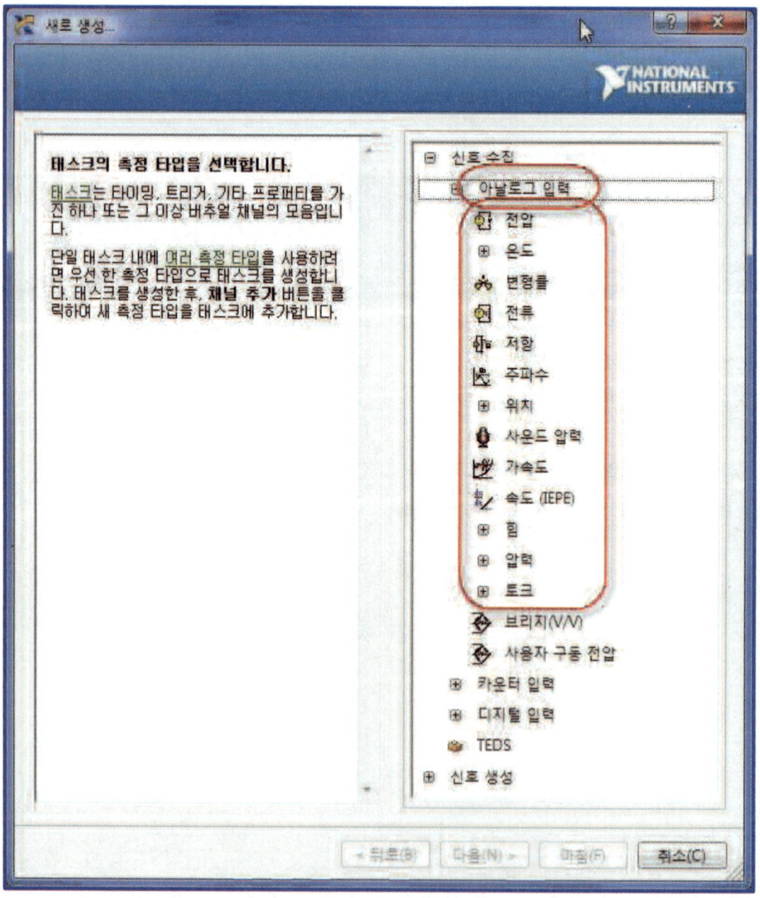
새로 생성...
NATIONAL INSTRUMENTS
태스크의 측정 타입을 선택합니다.
태스크는 타이밍, 트리거, 기타 프로퍼티를 가진 하나 또는 그 이상 버추얼 채널의 모음입니다.
단일 태스크 내에 여러 측정 타입을 사용하려면 우선 한 측정 타입으로 태스크를 생성합니다. 태스크를 생성한 후, 채널 추가 버튼을 클릭하여 새 측정 타입을 태스크에 추가합니다.
신호 수집
아날로그 입력
전압
온도
변형률
전류
저항
주파수
위치
사운드 압력
가속도
속도 (IEPE)
힘
압력
토크
브리지(V/V)
사용자 구동 전압
카운터 입력
디지털 입력
TEDS
신호 생성
< 뒤로(B)
다음(N) >
마침(F)
취소(C)

아나로그 입력에는 위와 같이 전압, 온도, 변형률, 전류, 저항, 주파수 ... 등등 여러 가지가 있으나 모든 것이 한가지 디바이스로 가능한 것은 아니다. 일반적으로 많이 사용되는 USB-6343 계열인 Multifunction 디바이스는 주로 전압만 입력이 가능하다. 반면 최근 들어 교육용으로 자주 사용되는 myDAQ는 자체만으로도 저항을 측정할 수 있어 저항변화형 온도 센서인 Thermistor, Pt-100, 또는 저항변화형 광센서인 CdS등의 출력을 직접 저항 측정하여 원하는 온도나 광도로 계산할 수 있다. 따라서 USB-6343과 같은 Multifunction 디바이스로는 주로 온도나 광도 및 기타 물리량을 전압으로 변환한 후 측정하여 원하는 값으로 환산한다. 예를 들어 저항변화형 온도센서인 Thermistor는 전위차계(Potentiometer) 등을 이용함으로서 저항변화를 전압의 변화로 바꿀 수 있다. 이 전압을 측정한 후 저항으로 환산하면 원하는 온도를 알 수 있다. 자세한 것 19장에서 설명하겠다.

전압을 측정하기 위해서는 신호수집 - 아나로그 입력 - 전압을 선택한다.

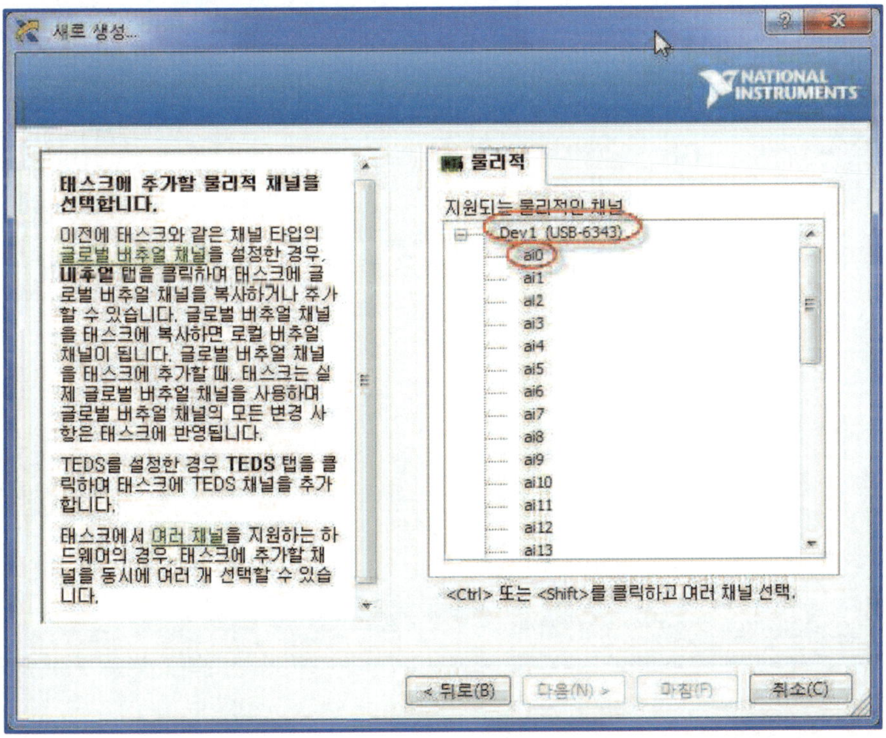

위 그림에서는 Dev1 (USB-6343) 중 Ai0을 사용하여 전압을 읽도록 설정하는 것을 보였다. 위에서 ctrl 키를 누르고 하나씩 마우스 왼쪽 버튼을 클릭하면 이어서 또는 건너뛰며 원하는 채널을 선택할 수 있게 한다. 처음 원하는 채널을 클릭한 후 shift 키를 누르고 마지막 채널을 클릭하면 마지막 채널까지 한번에 전체가 선택되어 채널 설정이 가능하게 된다.

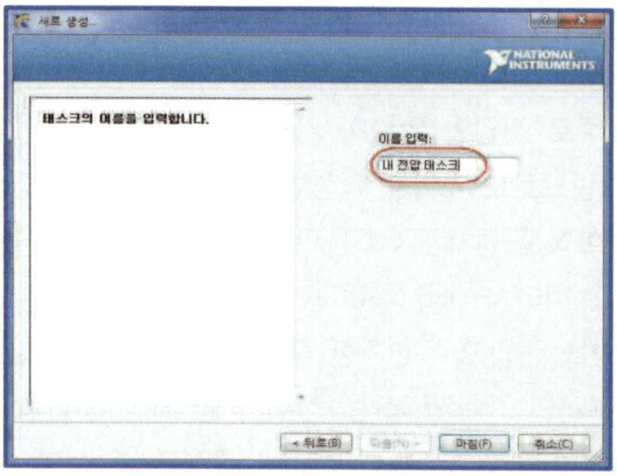

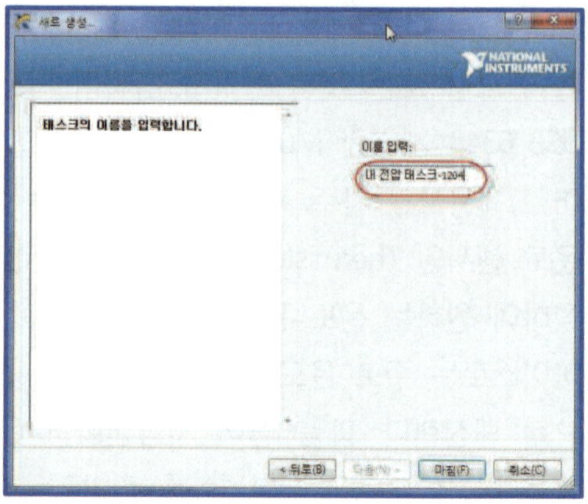

"내 전압태스크"에 원하는 태스크 이름을 변경하여 입력할 수 있다.

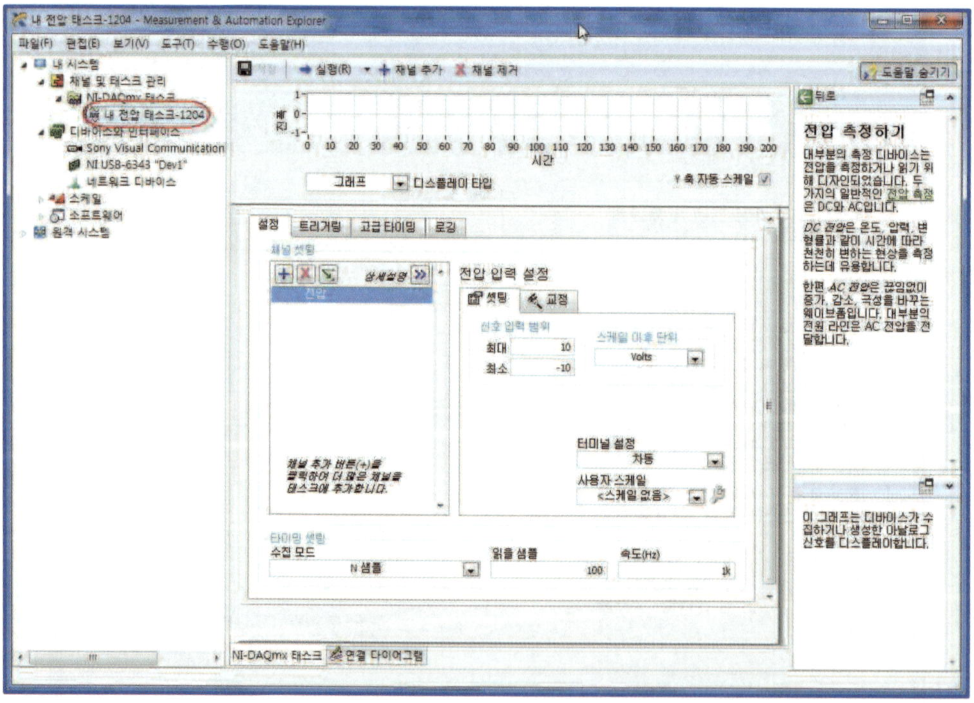

8.7 Pin Configuration

센서를 연결할 때 디바이스의 Terminal Block에 연결하는데 설정에 따라 고유의 핀에 연결해야 한다. NI-USB-6343을 기반으로 설명하고자 한다.

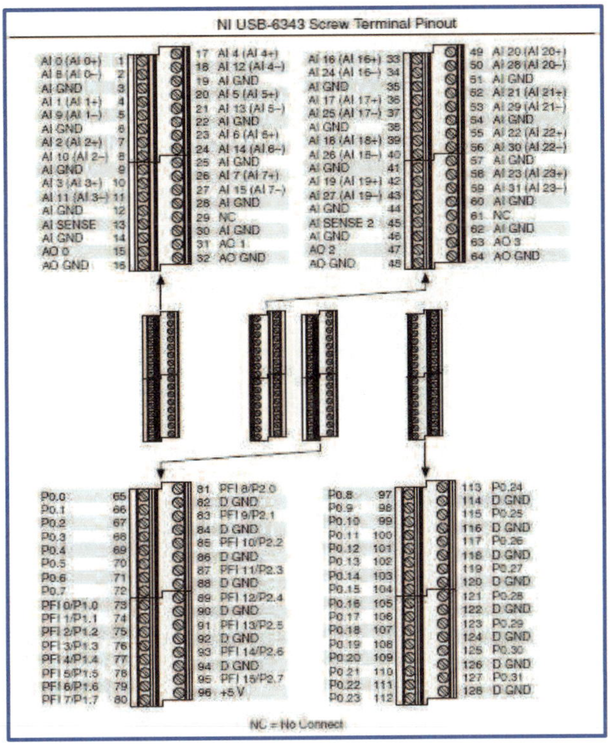

source: National Instruments

위의 그림을 설명하면 AI0~AI15는 Analog Input이고 AIGND는 Analoq Input Ground, AISENSE는 Non Referenced Single Ended type에서 AIGND 대신 사용하는 Ground성격의 단자이고, AO0~AO1은 Analog Output, AOGND는 Analog Output Ground, P0.0~P0.7은 Port0 line0~7까지이며, DGND는 Digital Input Output Ground, 나머지 PFI 단자들은 Counter단자들이다.

8.8 DAQ Assistant

DAQ Assistant는 LabVIEW와 디바이스 사이를 중계하는 역할로서 필요에 따라 전압, 온도....등을 입력으로 사용하도록 설정하는 역할을 한다. "함수 - 익스프레스 - 입력" 내에 DAQ Assistant 아이컨은 다음과 같다.

이것을 선택하여 DAQ Assistant 아이컨을 블록 다이어그램에 내려놓으면 다음과 같이 초기화 과정을 거친 후 선택화면이 열린다.

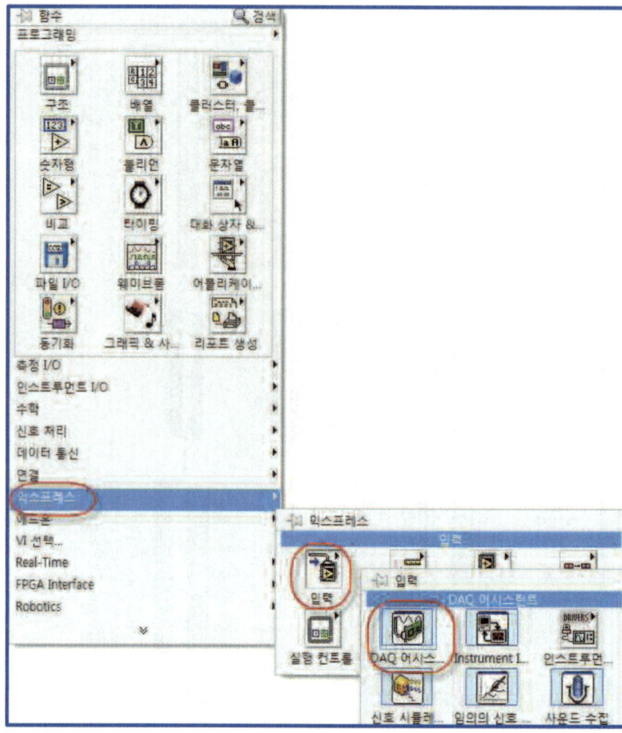

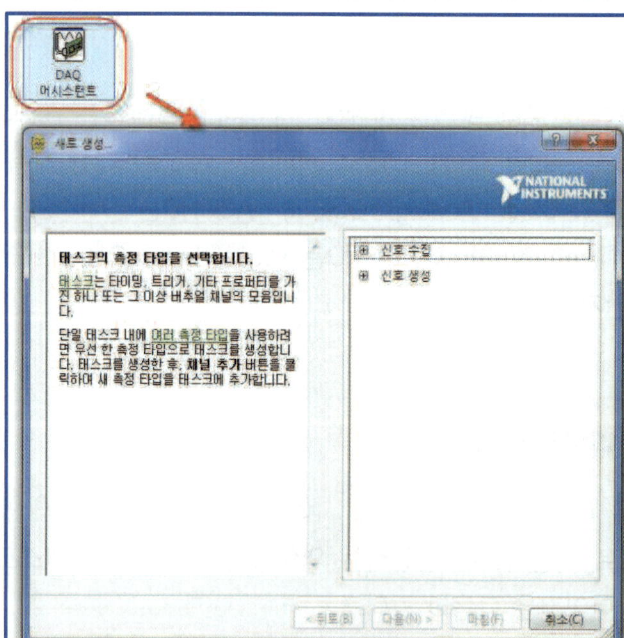

이후는 이미 8.6절에서 설명한 바와 같으므로 8.6절을 참고하길 바란다.

8.9 신호 연결

신호는 다음과 같이 분류할 수 있다.

신호의 종류	Ground 신호	Floating 신호
특 징	110V 또는 220V 전원으로부터 전기를 공급받는 경우(접지된 전원)	Battery와 같이 접지와 분리된 신호

일반적으로 센서 신호를 측정하다 보면 신호에 잡음(Noise)이 많아 정확한 값을 측정하기 곤란한 경우가 많아 가능한 한 잡음의 영향을 최소화할 필요가 있다.

이에 대한 대책으로 다음과 같이 사용하길 권장한다.

터미널 설정	신호의 종류			
	Ground(접지) 신호		Floating(부동) 신호	
	+	-	+	-
Differential (차동)	AI0	AI8	AI0	AI8
	적극 권장		**적극 권장**	
RSE (Reference Single Ended)	AI0	AIGND	AI0	AIGND
	절대 금지		**권장**	
NRSE (Non Reference Single Ended)	AI0	AISENSE	AI0	AISENSE
	권장		**권장**	

위 표 중에서 차동의 경우, 잡음에 대한 대책은 확실하지만 실제 사용가능한 디바이스의 Analog Input channel 수의 반밖에 사용 못하는 단점이 있다. 차동은 +신호는 AI0, -는 AI8, +가 AI1이면, -는 AI9로서 +의 신호선에 8을 더한 곳을 -로하여 연결하는 방식이다. 반면 RSE와 NRSE 둘 다 Analog Input channel을 모두 사용할 수 있는 장점이 있지만 경우에 따라 다음과 같은 문제점이 있다. 상식적으로 가장 쉽게 생각할 수 있는 방법이 센서의 +는 AI0로 사용하고 -는 AIGND로 사용하는 RSE(Reference Single Ended)방식으로서, 이 방법은 Battery를 사용하는 Floating(부동)신호에서는 권장하고 있지만 Ground(접지) 신호에서는 절대 사용해서는 안된다. 이 경우 잡음의 영향이 결과에 큰 영향을 미친다. 마지막으로 NRSE(Non Referenced Single Ended)는 Ground 신호의 RSE 방식에 대한 대책으로 제안된 방식인데 신호 -를 AIGND대신에 AISENSE에 연결하여 직접적으로 센서의 접지가 Ground와 닿지 않도록 하는 방식이다.

연습문제

연습문제 8-1) 가상디바이스를 USB-6341 model에 대해 다음과 같이 설정하여라.

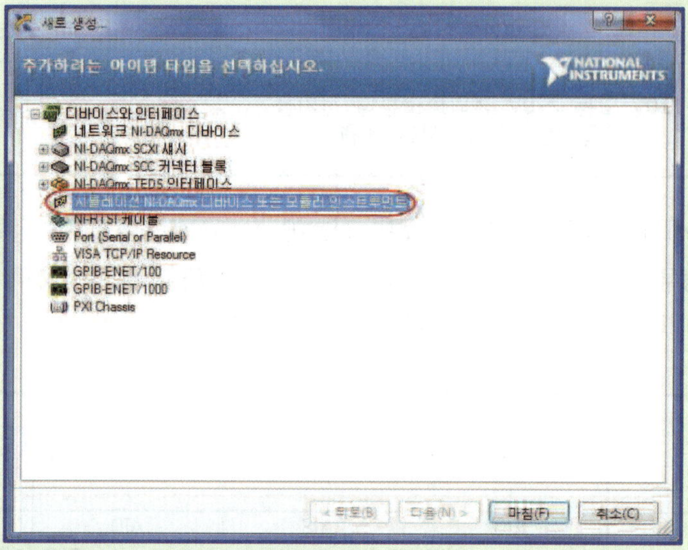

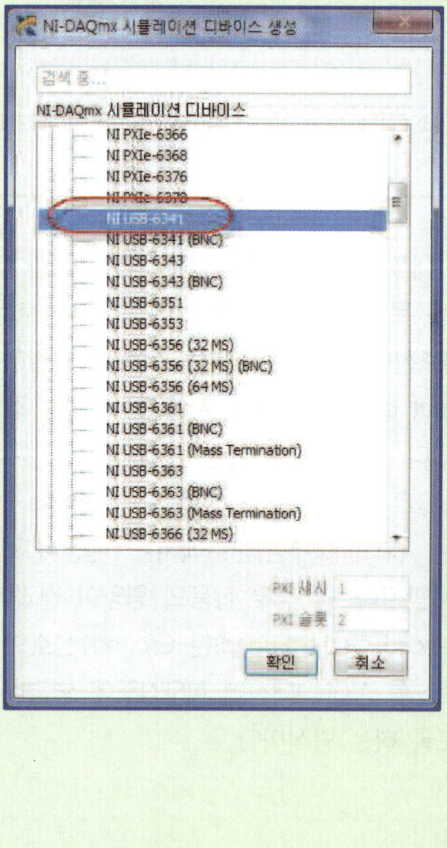

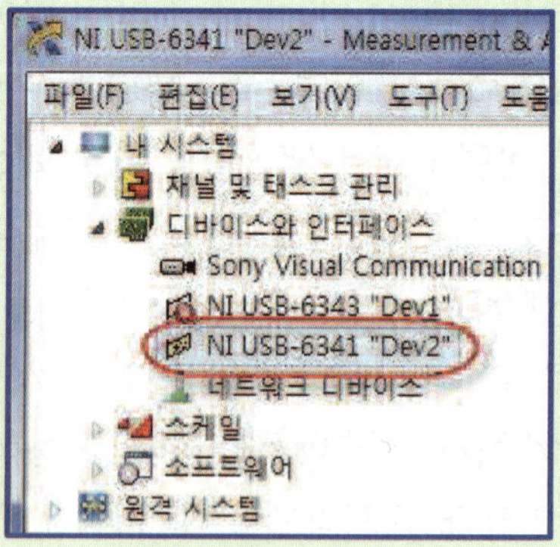

9 아나로그 입력 신호 측정

9.1 전압측정

아나로그 입력을 측정하기 위해서는 여러 가지 방법이 있다. 먼저 가장 손쉬운 방법은 DAQ Assistant를 이용하는 방법이다.

먼저 "함수 - 익스프레스 - 입력 - DAQ Assistant"를 사용하여 채널을 설정한다.

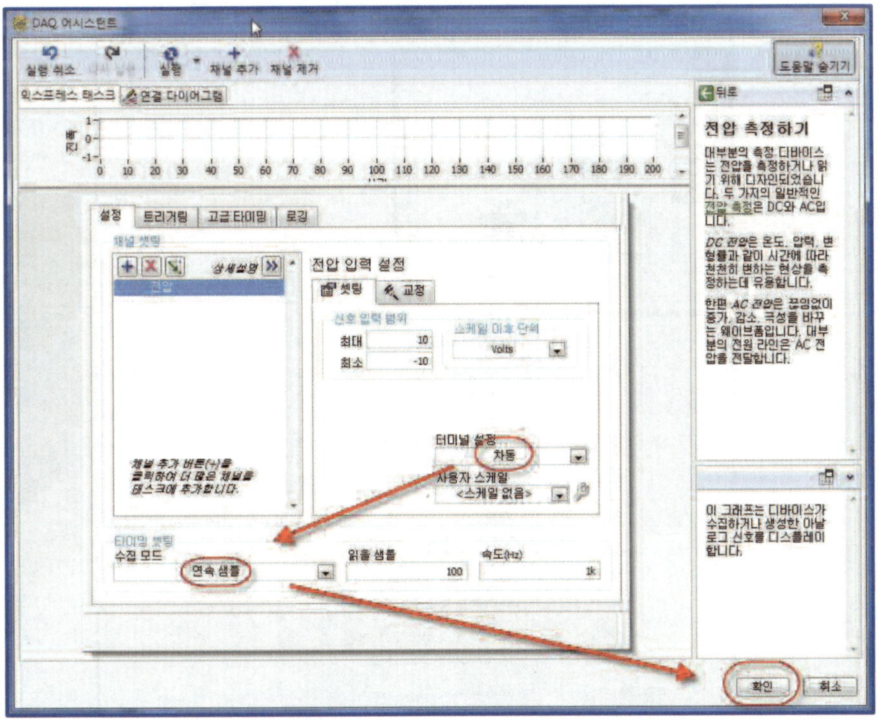

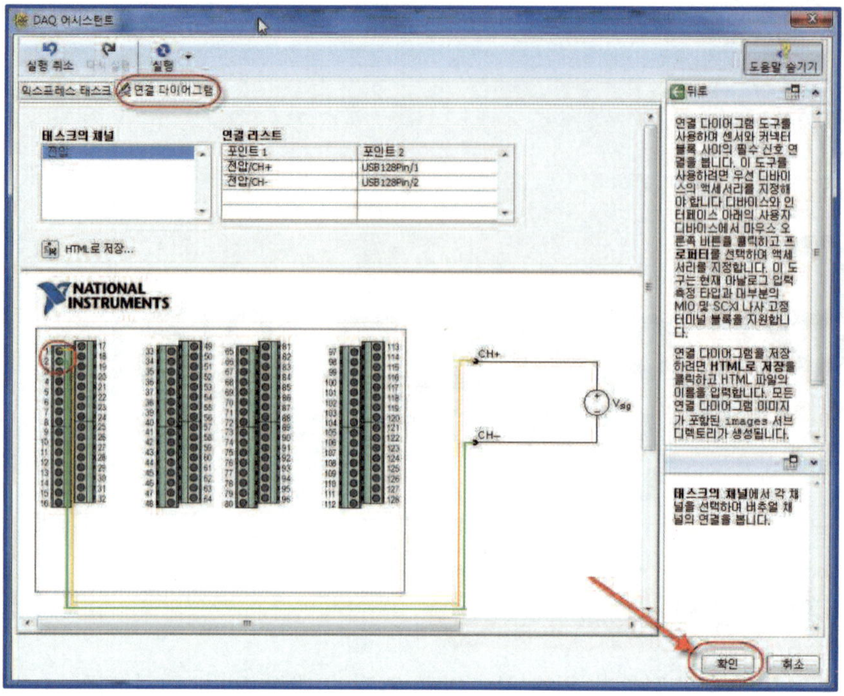

위에 보인 바와 같이 연결 다이어그램을 누르면 센서 결선하는 방법이 보인다. 다음에 다음과 같이 그래프 인디케이터를 생성한다.

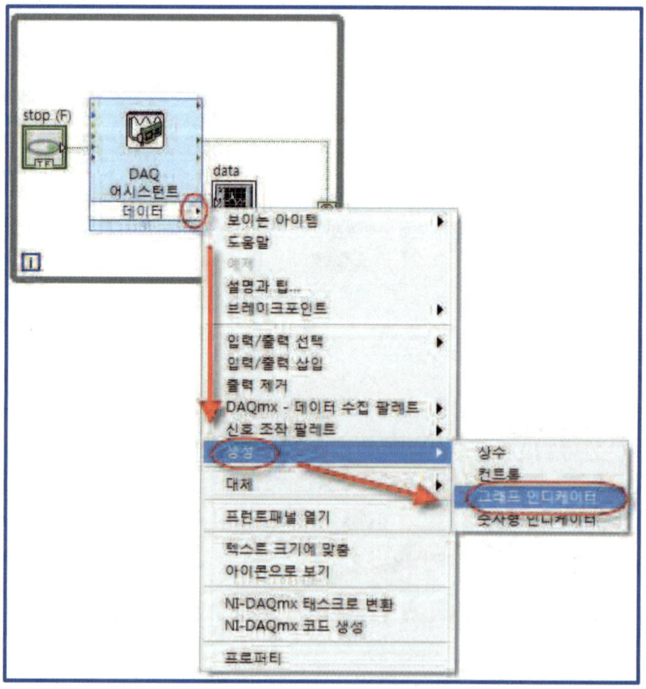

프런트 패널은 다음과 같다.

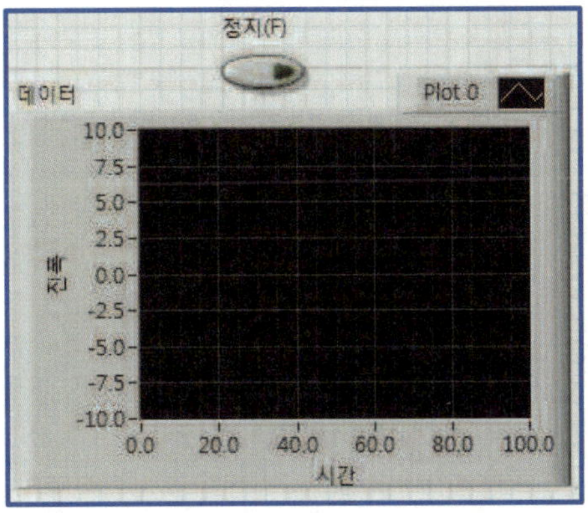

또 다른 방법은 MAX(Measurement & Automation Explorer)를 사용하여 미리 태스크를 설정한 후 코드를 생성하는 것이다.

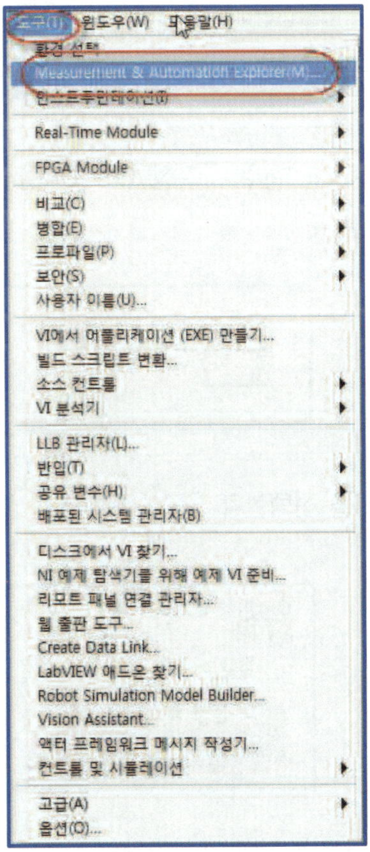

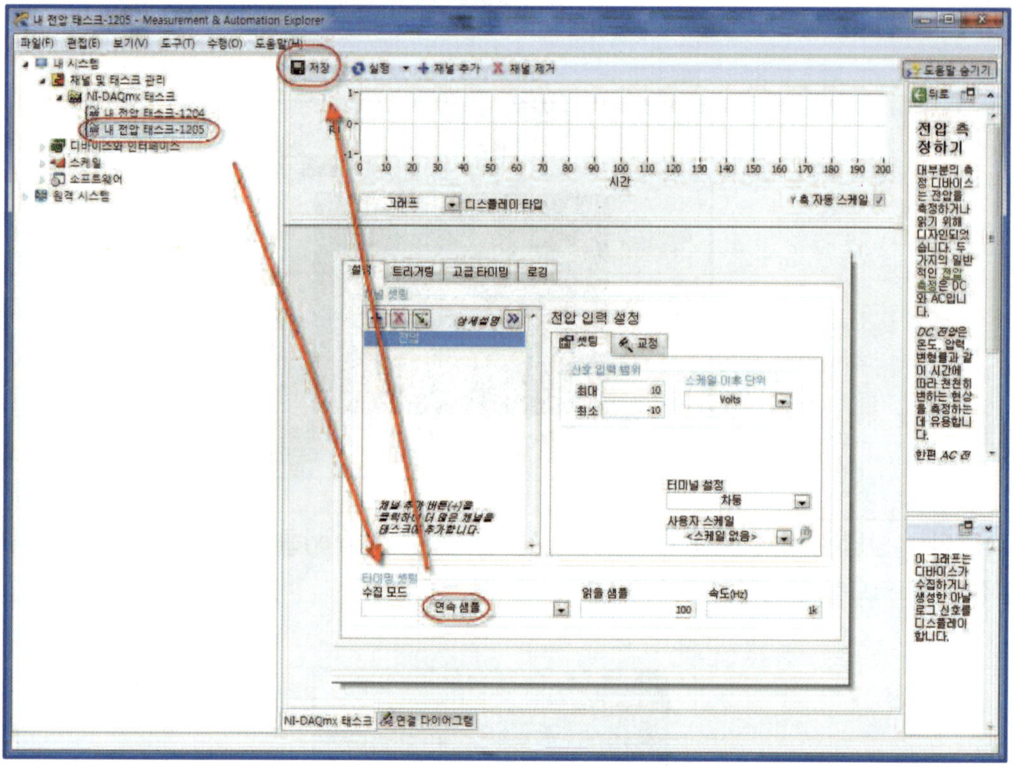

채널 및 태스크관리를 마친 후 "함수 - 측정I/O - DAQmx 데이터 수집 - DAQmx 태스크 이름"을 선택한다.

여기서 방금 설정한 태스크를 선택한다.

마우스 우측 버튼을 눌러 다음과 같이 생성한다.

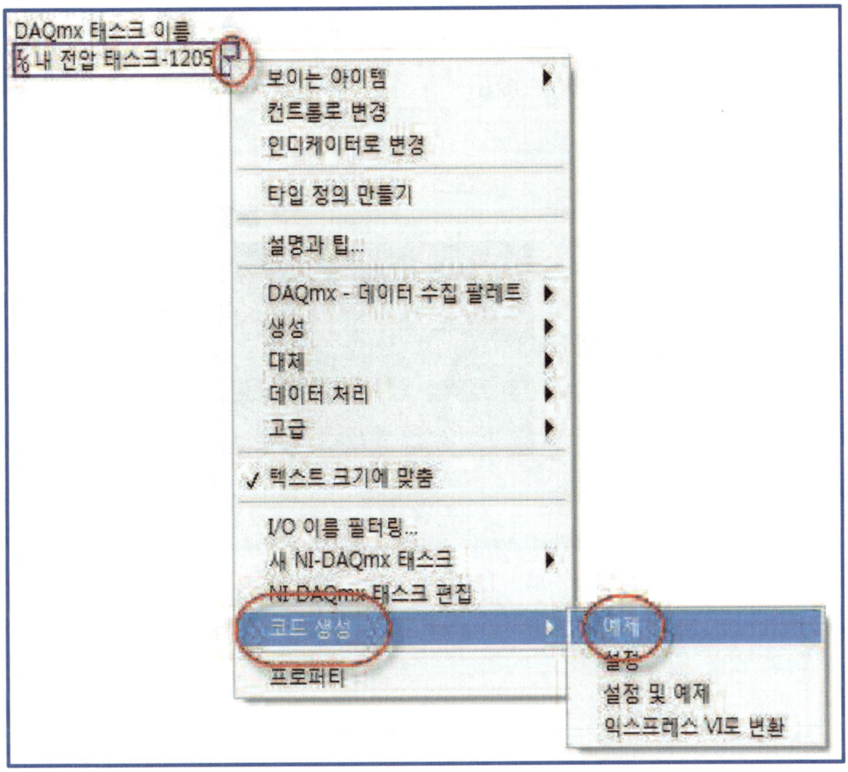
DAQmx 태스크 이름
내 전압 태스크-1205
보이는 아이템
컨트롤로 변경
인디케이터로 변경
타입 정의 만들기
설명과 팁...
DAQmx - 데이터 수집 팔레트
생성
대체
데이터 처리
고급
텍스트 크기에 맞춤
I/O 이름 필터링...
새 NI-DAQmx 태스크
NI-DAQmx 태스크 편집
코드 생성
프로퍼티
예제
설정
설정 및 예제
익스프레스 VI로 변환

기다려 주십시오...
코드 생성하기

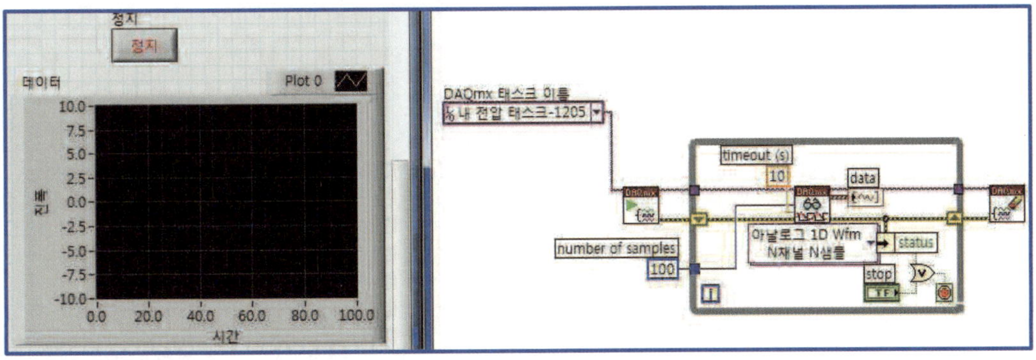
정지
데이터
Plot 0
진폭
시간
DAQmx 태스크 이름
내 전압 태스크-1205
timeout (s)
10
data
number of samples
100
아날로그 1D Wfm
N채널 N샘플
status
stop

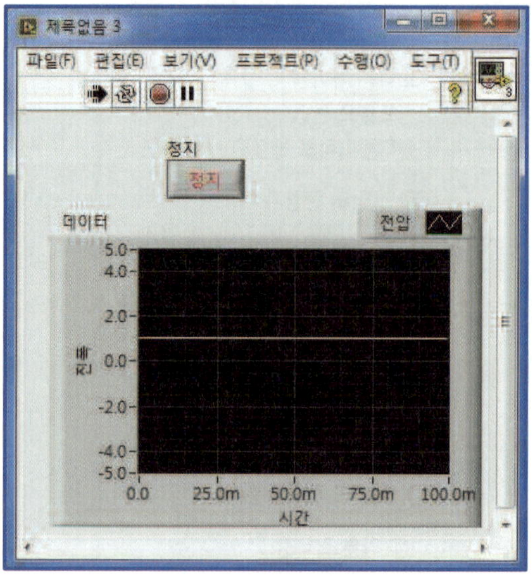

결선은 Differential(차동)방식으로서 sensor#1은 +를 Ai0에, -를 Ai8에 연결한다.

연습문제

연습문제 9-1) 열전대를 이용한 온도측정

열전대(Thermocouple)란 두가지 다른 종류의 금속으로 된 도선의 한쪽 단을 서로 묶고 온도차이를 주면 양단 사이에 전압이 걸리는 것을 말하며 온도차이가 클수록 기전력차이가 크게 나타나는 Seebeck 효과를 이용한 온도 센서이다. 종류에는 재질과 적용범위에 따라 K, J, T, R, E...... 등등 여려가지가 있다. 여기서는 LabVIEW의 Analog Input 기능을 이용하여 K Type Thermocouple을 써서 간이로 온도를 측정해 보고자 한다.

먼저 MAX에서 태스크를 선언하고 앞절에서와 같이 "함수 - 측정I/O - DAQmx 데이터 수집 - DAQmx 태스크 이름을 만든 뒤, 코드 생성하여 프로그램을 완성한다.

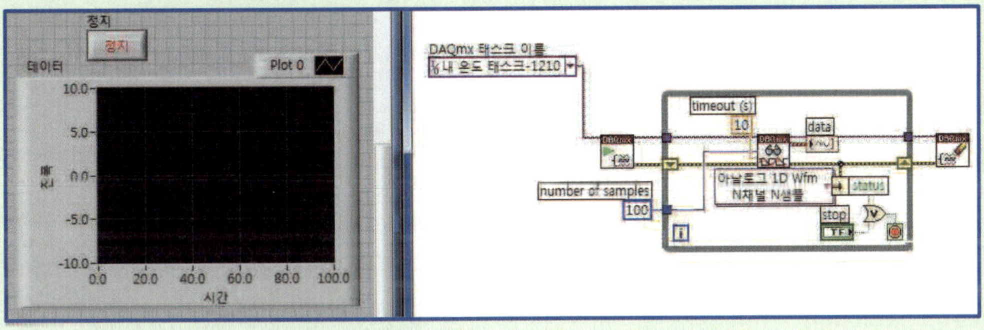

결선은 Differential(차동)방식으로서 sensor +를 Ai0에, -를 Ai8에 연결한다.

10 아나로그 출력실험

10.1 출력 채널 설정

아나로그 출력을 사용하면 전압에 비례하는 특정한 일을 수행할 수 있다. 예를 들어 출력 전압을 증폭하여 소리로 재생할 수도 있고, Function generator로 사용할 수도 있다.

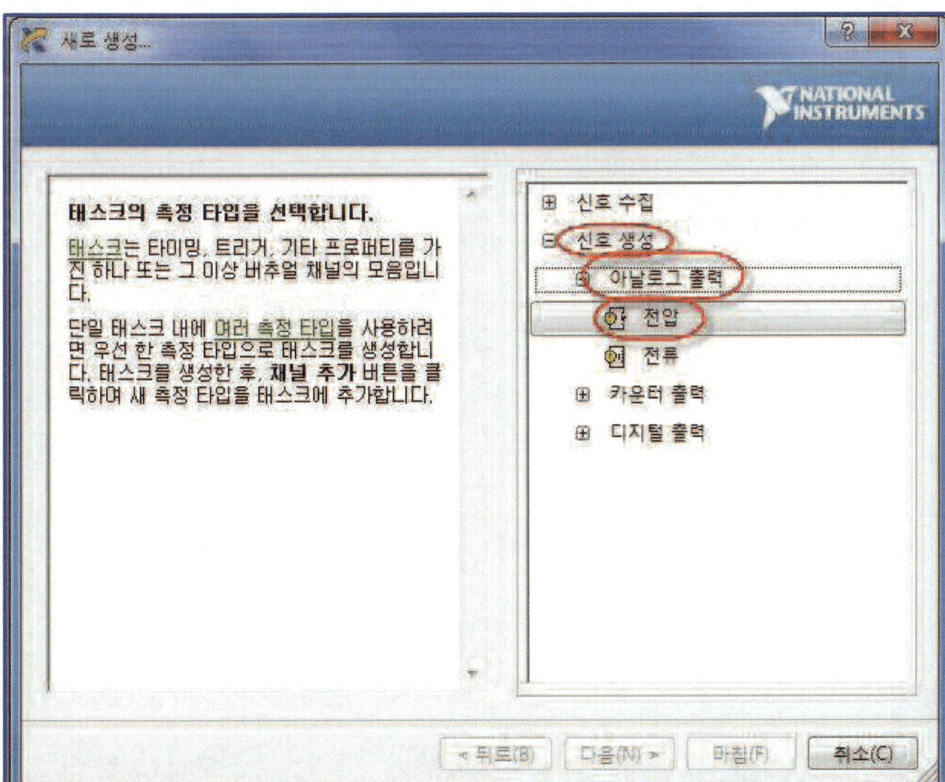

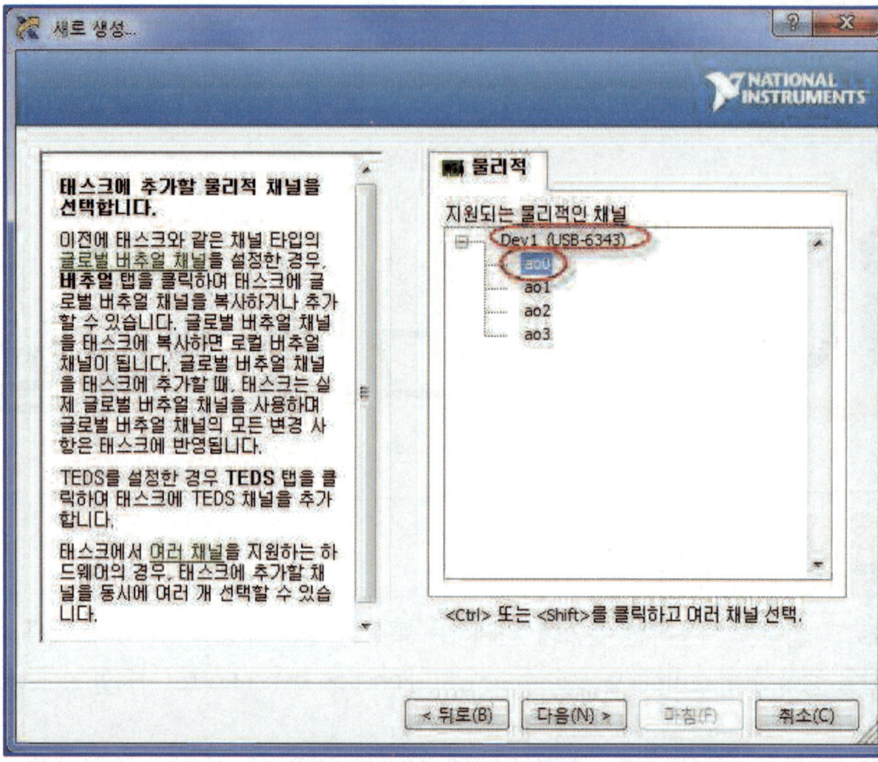
새로 생성...
NATIONAL INSTRUMENTS
태스크에 추가할 물리적 채널을 선택합니다.
이전에 태스크와 같은 채널 타입의 글로벌 버추얼 채널을 설정한 경우, 버추얼 탭을 클릭하여 태스크에 글로벌 버추얼 채널을 복사하거나 추가할 수 있습니다. 글로벌 버추얼 채널을 태스크에 복사하면 로컬 버추얼 채널이 됩니다. 글로벌 버추얼 채널을 태스크에 추가할 때, 태스크는 실제 글로벌 버추얼 채널을 사용하며 글로벌 버추얼 채널의 모든 변경 사항은 태스크에 반영됩니다.
TEDS를 설정한 경우 TEDS 탭을 클릭하여 태스크에 TEDS 채널을 추가합니다.
태스크에서 여러 채널을 지원하는 하드웨어의 경우, 태스크에 추가할 채널을 동시에 여러 개 선택할 수 있습니다.
물리적
지원되는 물리적인 채널
Dev1 (USB-6343)
ao0
ao1
ao2
ao3
<Ctrl> 또는 <Shift>를 클릭하고 여러 채널 선택.
< 뒤로(B)
다음(N) >
마침(F)
취소(C)

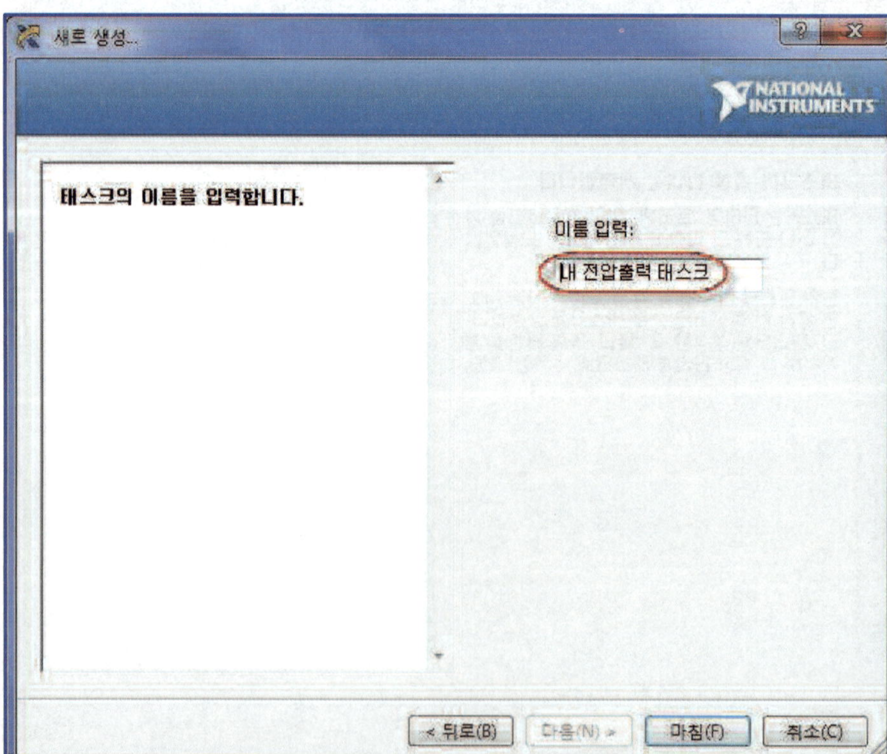
새로 생성...
NATIONAL INSTRUMENTS
태스크의 이름을 입력합니다.
이름 입력:
내 전압출력 태스크
< 뒤로(B)
다음(N) >
마침(F)
취소(C)

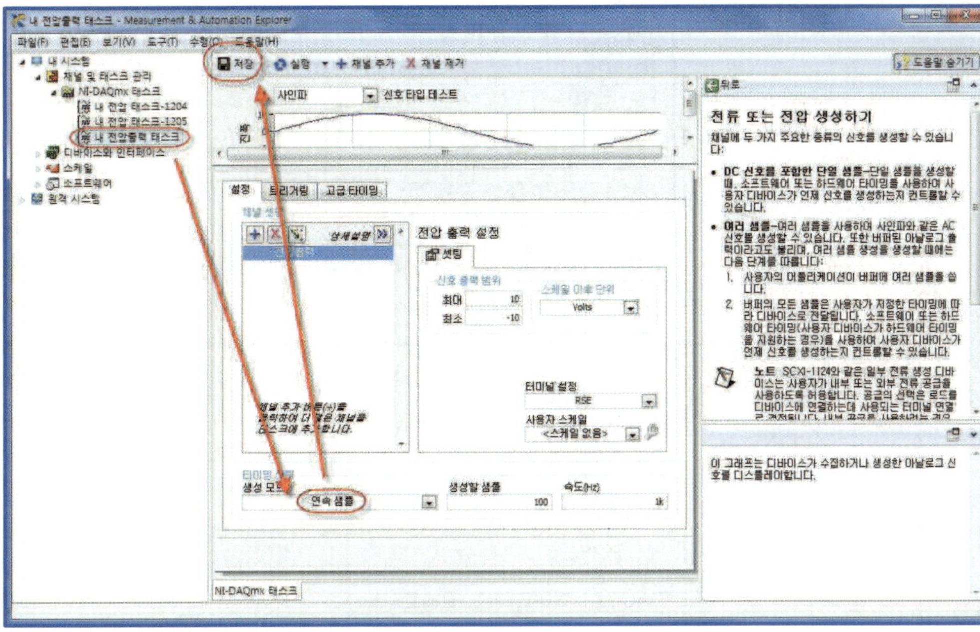

만들어진 태스크를 이용하여 앞 절에서와 같이 코드 생성하여 프로그램은 완성한다.

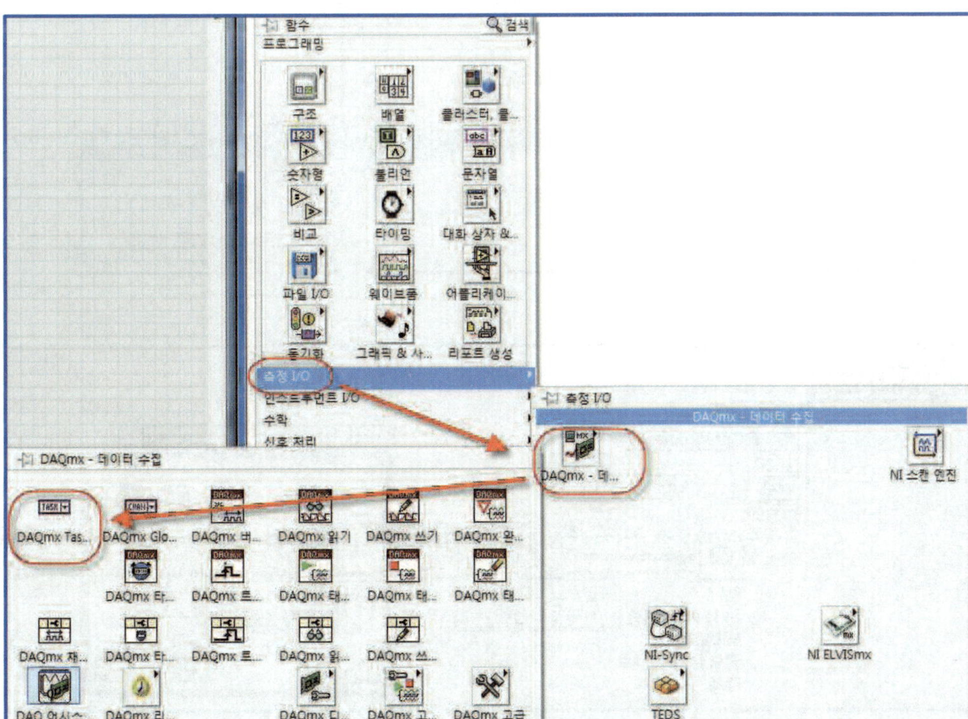

DAQmx 태스크 이름
탐색...
내 전압 태스크-1204
내 전압 태스크-1205
내 전압출력 태스크

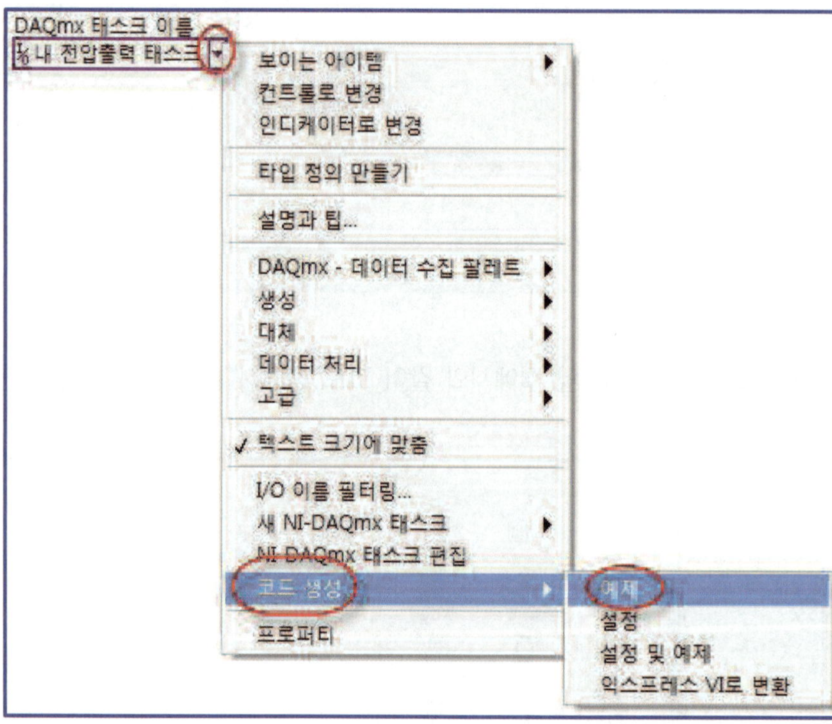
DAQmx 태스크 이름
내 전압출력 태스크
보이는 아이템
컨트롤로 변경
인디케이터로 변경
타입 정의 만들기
설명과 팁...
DAQmx - 데이터 수집 팔레트
생성
대체
데이터 처리
고급
텍스트 크기에 맞춤
I/O 이름 필터링...
새 NI-DAQmx 태스크
NI-DAQmx 태스크 편집
코드 생성
프로퍼티
예제
설정
설정 및 예제
익스프레스 VI로 변환

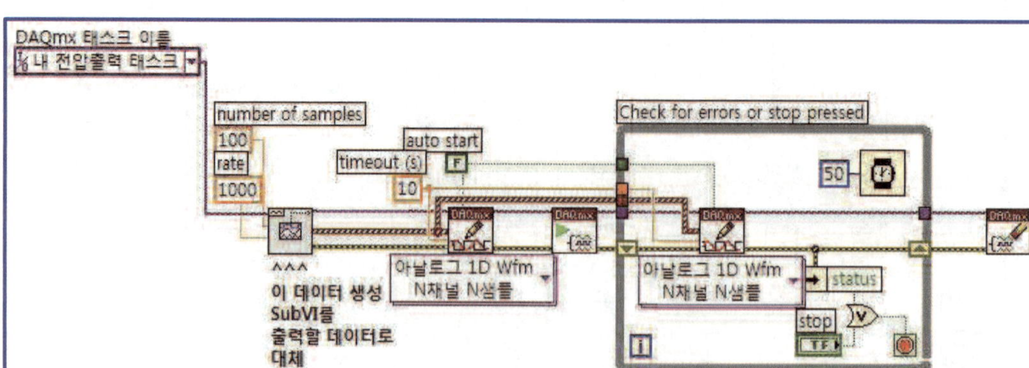
DAQmx 태스크 이름
내 전압출력 태스크
number of samples
100
rate
1000
timeout (s)
10
auto start
Check for errors or stop pressed
50
^^^
이 데이터 생성
SubVI를
출력할 데이터로
대체
아날로그 1D Wfm
N채널 N샘플
아날로그 1D Wfm
N채널 N샘플
status
stop

연습문제

연습문제 10-1) 사인 또는 사각파형을 내보내는 Function Generator를 구현하여라.

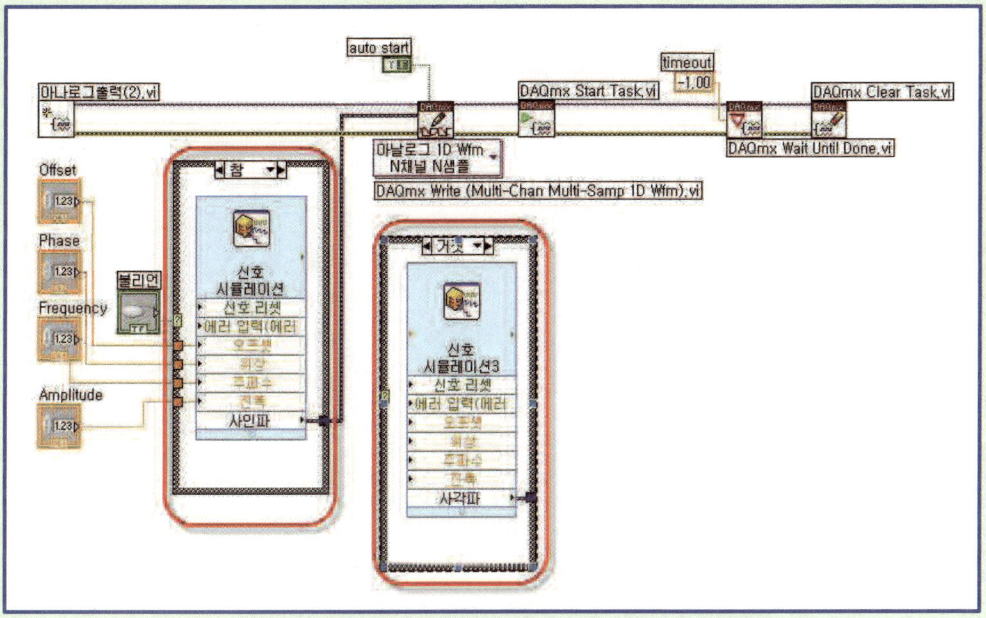

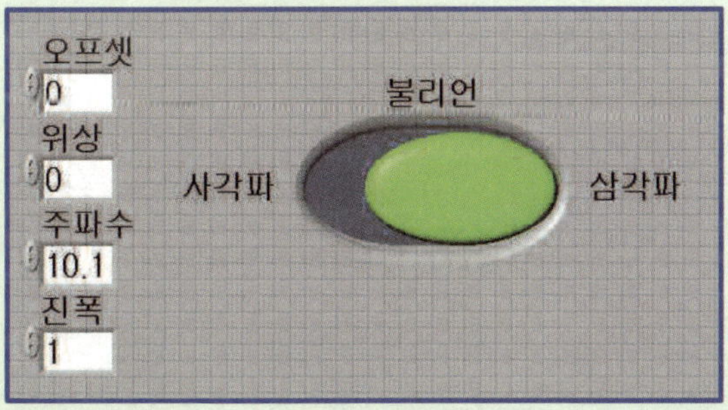

11 디지털 입력 실험

11.1 디지털 라인입력

디지털 라인 입력은 pin 번호 하나하나씩 관리하는 것과 같이 라인 하나하나씩 설정하는 것이 가능하다.

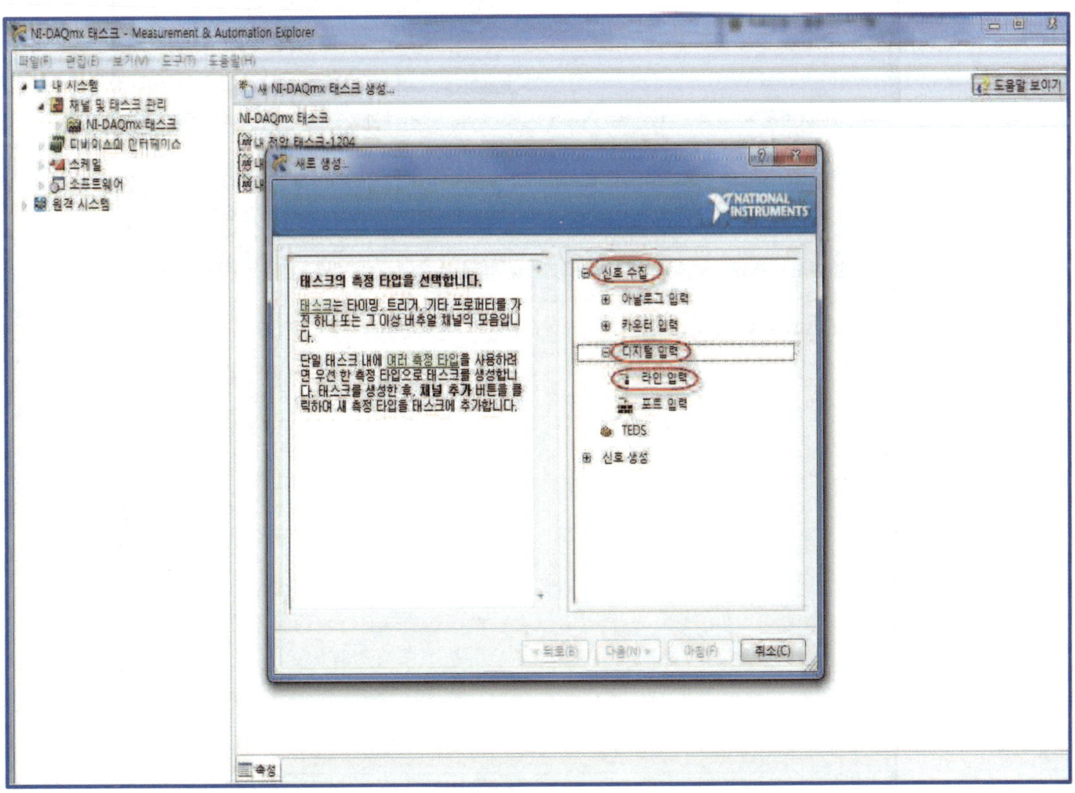

디지털IO에서 라인과 포트의 차이점은 마치 bit와 Byte의 개념과 같다. 센서를 연결하는 하나하나의 포인트를 라인이라 부르고 8개의 라인을 한번에 일컬어 포트라고 부른다.

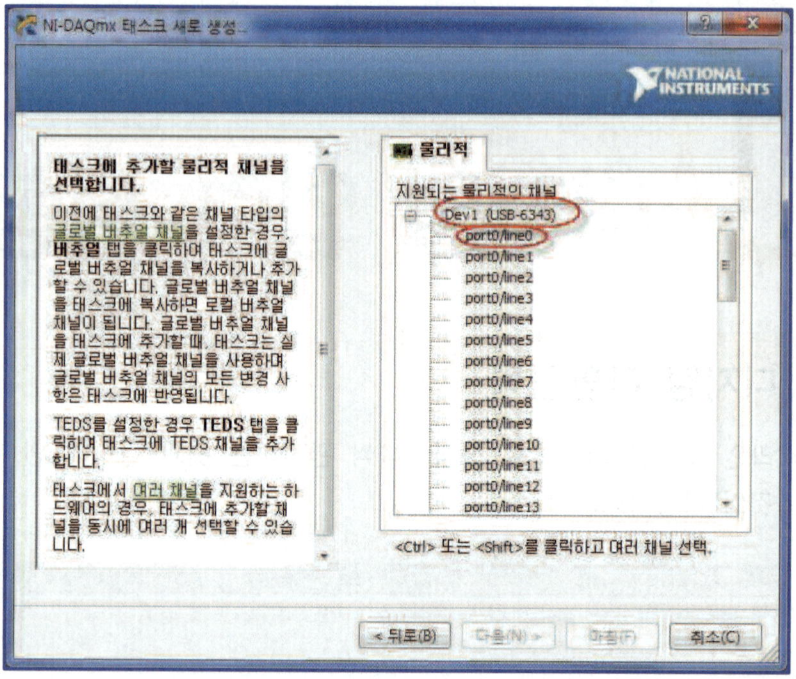

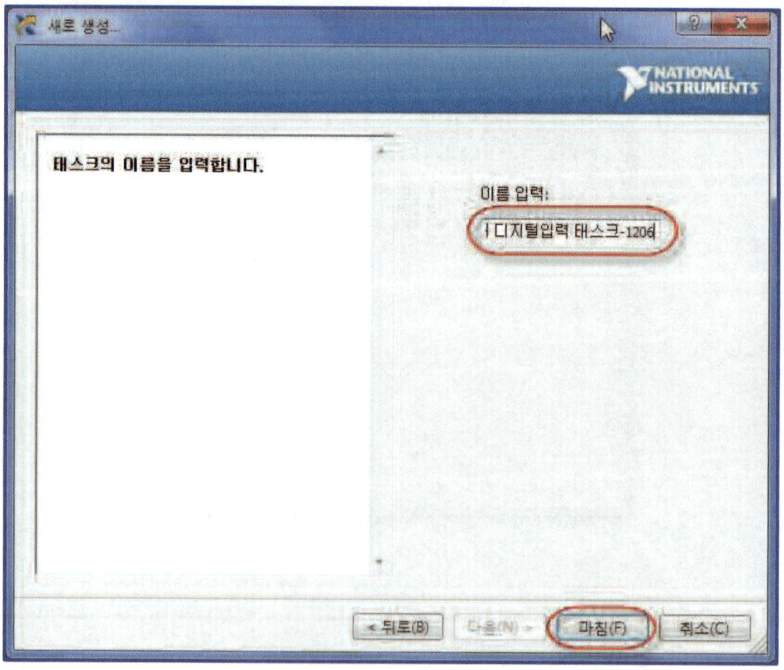

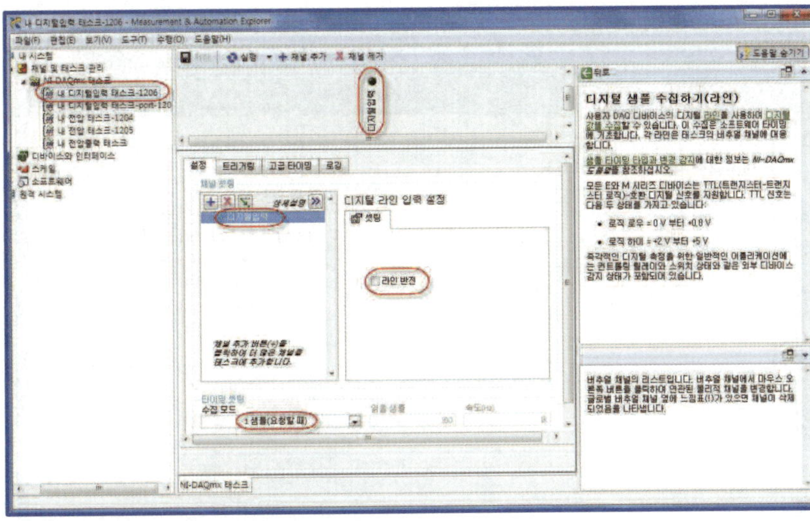

11.2 디지털 포트입력

이번에는 8개의 라인을 동시에 사용하는 방법을 소개하겠다.

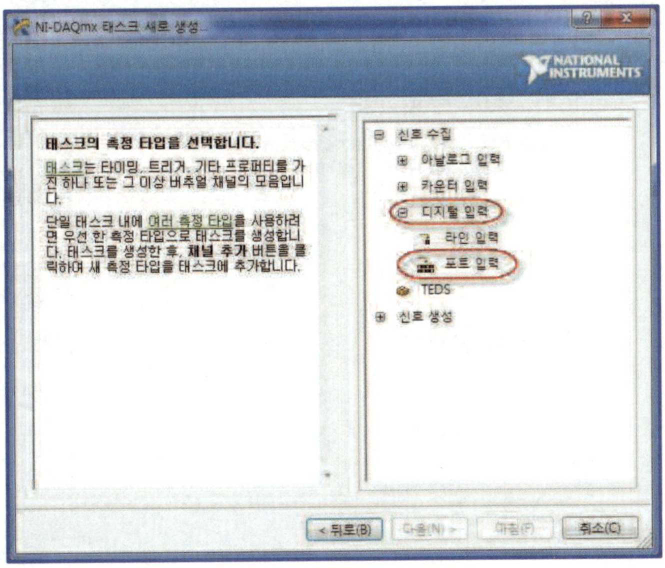

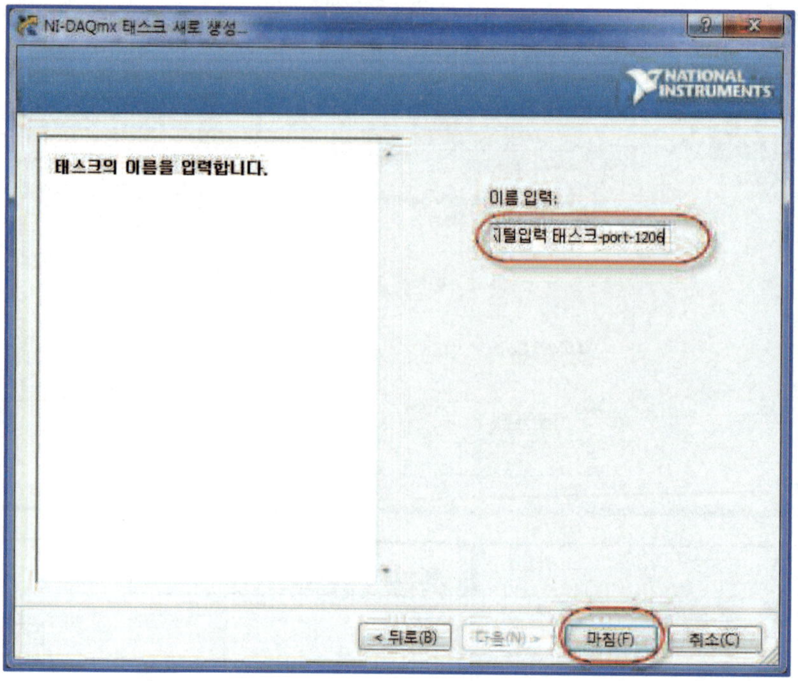

아래에 보인 바와 같이 지정한 port전체인 8개 line의 값을 한번에 입력받는다. 만약 4개 port 모두 지정하면 32개 line 값을 한번에 받을 수 있다.

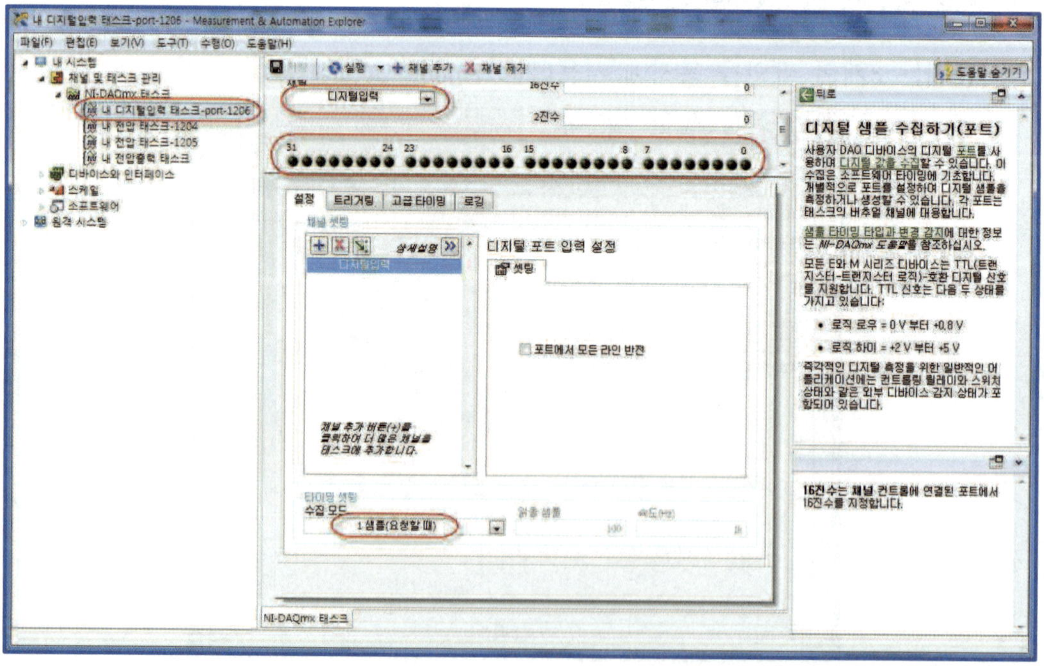

위 그림에서 보는 바와 같이 port 0 의 모든 line들의 상태를 한 번에 입력 받을 수 있다.

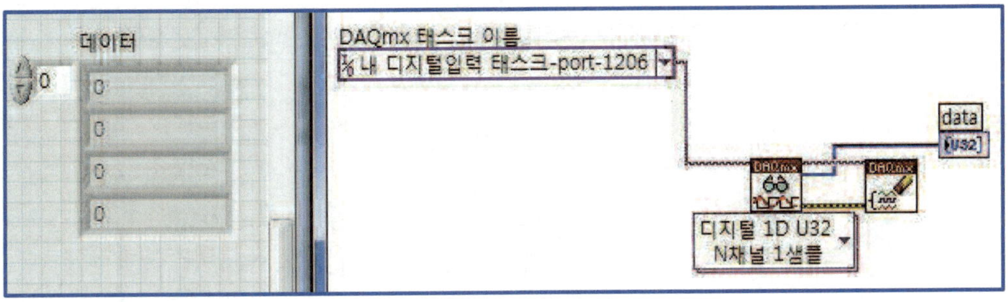

연습문제

연습문제 11-1) 디지털 입력을 라인 1개로 받아 프런트 패널의 LED로 표시하도록 하여라.

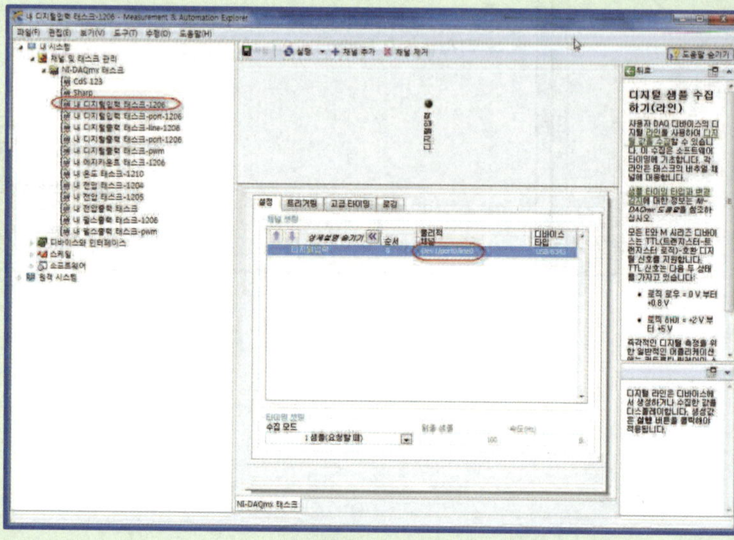

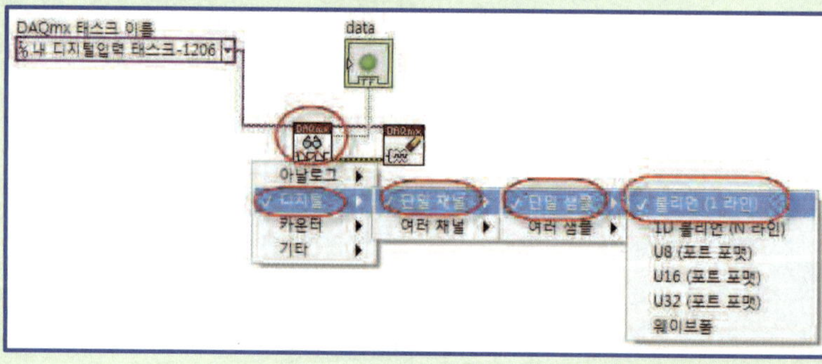

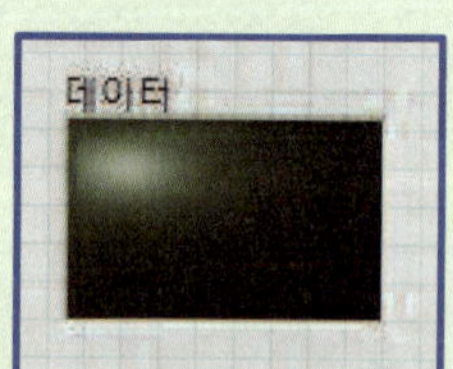

12 디지털 출력 실험

12.1 디지털 라인 출력

디지털 출력을 라인하나하나 내보내는 방법이다.

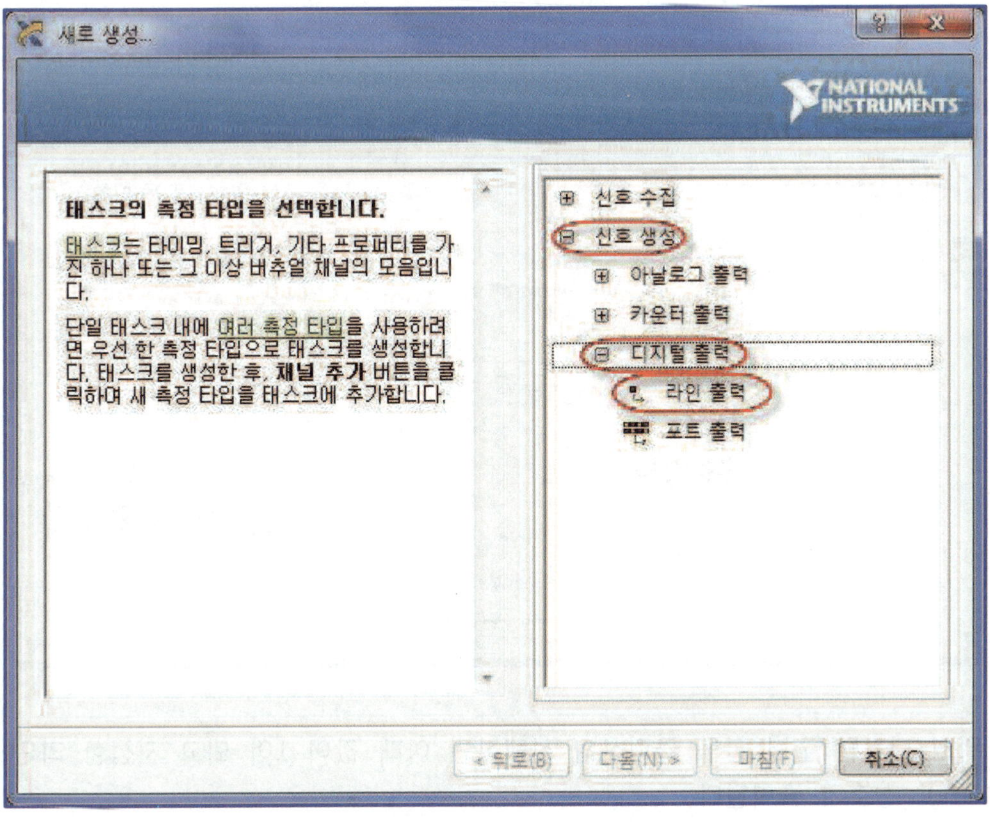

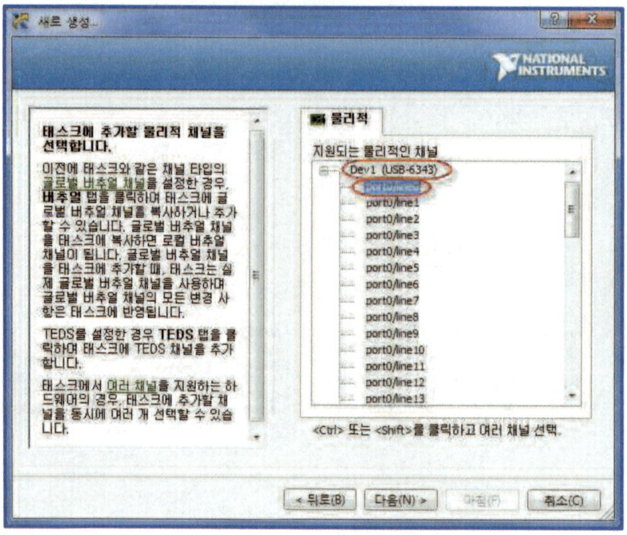

port와 line을 선택한 후 다음을 누르면 아래와 같은 창이 열리는데 이때 실행을 누르고 상단 화살표 부분의 LED를 누르면 High 일 때 +5V가 출력되고 Low일 때 0V가 출력된다.

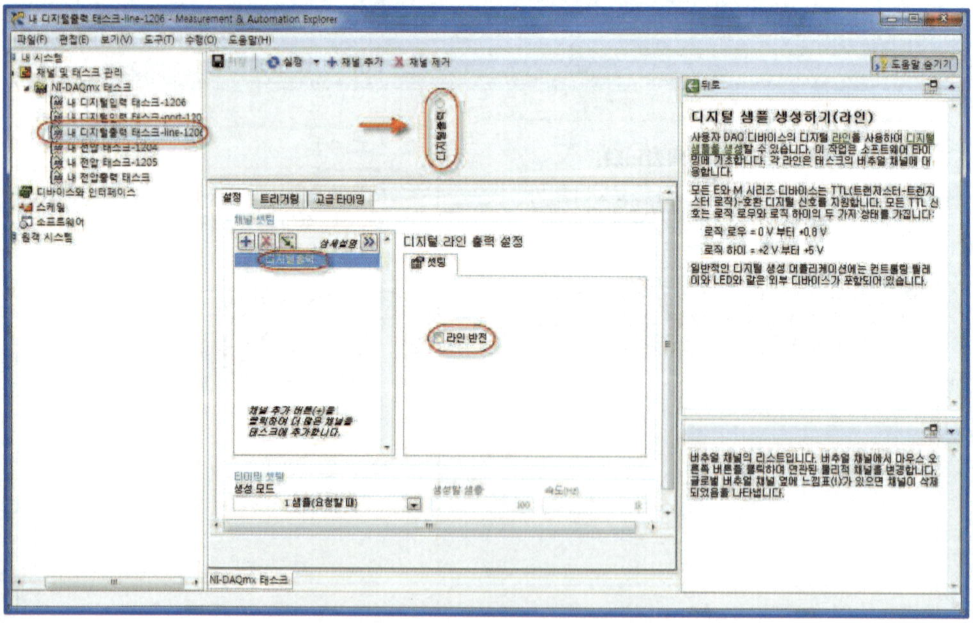

위의 디지털 출력 단을 클릭하여 선택하면 아래 값이 1이 되고 지정한 라인으로 High 신호가 출력된다.

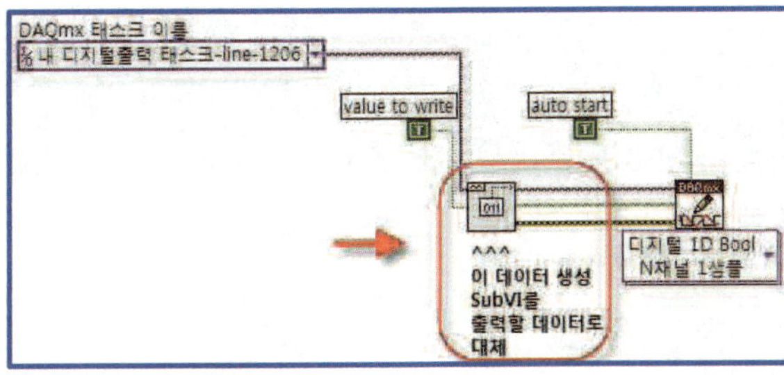

위에서 화살표가 가리키는 부분을 아래와 같이 변경하면 단일 불리언 출력도 가능하다,

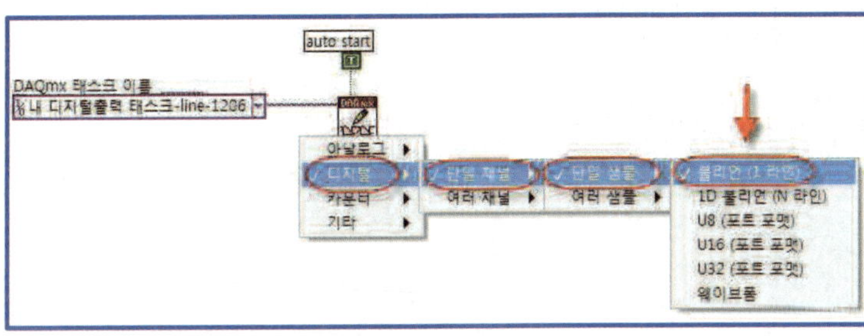

12.2 디지털 포트 출력

포트 전체를 한번에 출력을 내보내는 방법이다. 다음과 같이 출력할 포트를 선택한다. 포트는 하나씩도 되고 복수개도 된다.

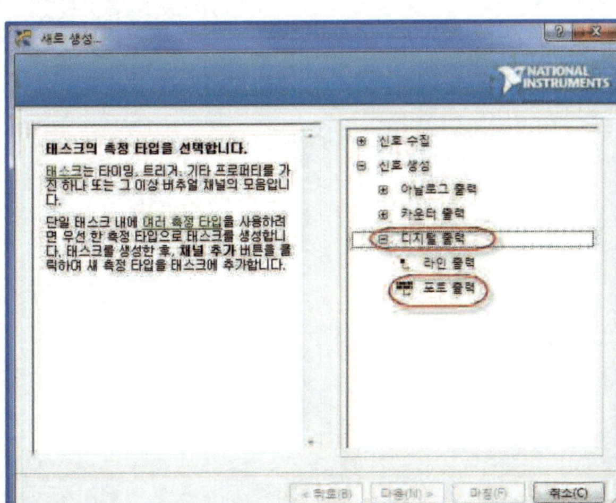

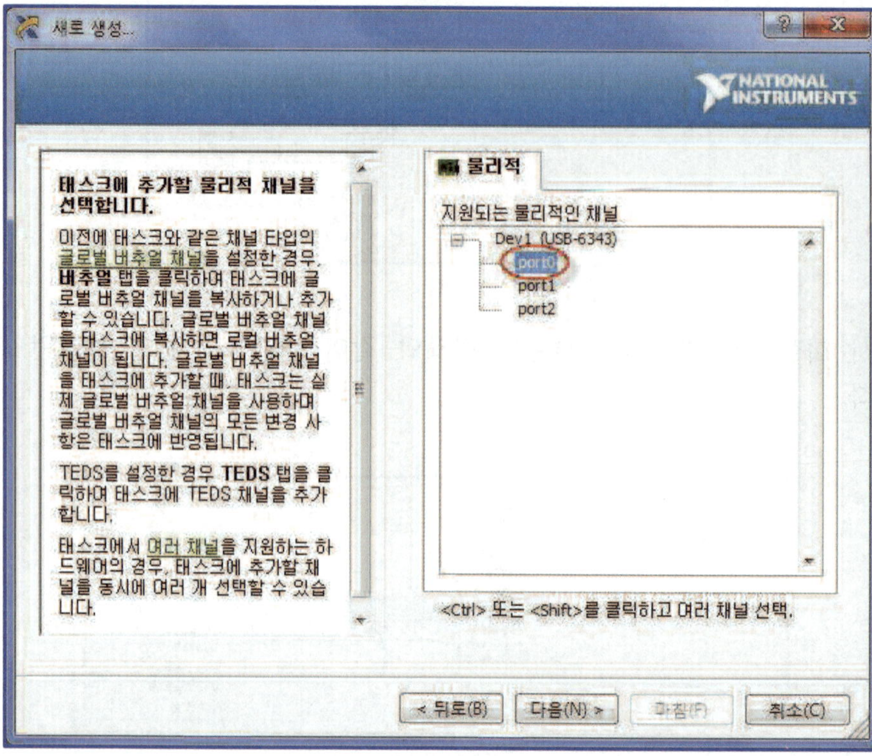
새로 생성...
NATIONAL INSTRUMENTS
태스크에 추가할 물리적 채널을 선택합니다.
이전에 태스크와 같은 채널 타입의 글로벌 버추얼 채널을 설정한 경우, 버추얼 탭을 클릭하여 태스크에 글로벌 버추얼 채널을 복사하거나 추가할 수 있습니다. 글로벌 버추얼 채널을 태스크에 복사하면 로컬 버추얼 채널이 됩니다. 글로벌 버추얼 채널을 태스크에 추가할 때, 태스크는 실제 글로벌 버추얼 채널을 사용하며 글로벌 버추얼 채널의 모든 변경 사항은 태스크에 반영됩니다.
TEDS를 설정한 경우 TEDS 탭을 클릭하여 태스크에 TEDS 채널을 추가합니다.
태스크에서 여러 채널을 지원하는 하드웨어의 경우, 태스크에 추가할 채널을 동시에 여러 개 선택할 수 있습니다.
물리적
지원되는 물리적인 채널
Dev1 (USB-6343)
port0
port1
port2
<Ctrl> 또는 <Shift>를 클릭하고 여러 채널 선택.
< 뒤로(B)
다음(N) >
마침(F)
취소(C)

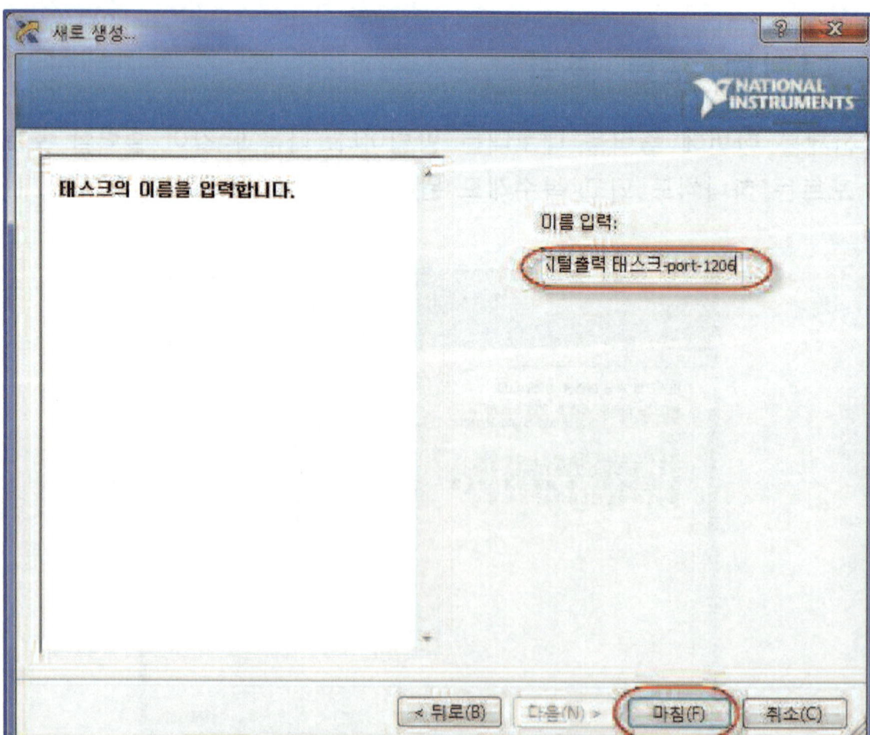
새로 생성...
NATIONAL INSTRUMENTS
태스크의 이름을 입력합니다.
이름 입력:
지털출력 태스크-port-1206
< 뒤로(B)
다음(N) >
마침(F)
취소(C)

다음 창에서 실행을 누르고 디지털 포트 출력 테스트 패널 상에 원하는 포트를 클릭하면 8개의 라인을 통해 동시에 출력된다.

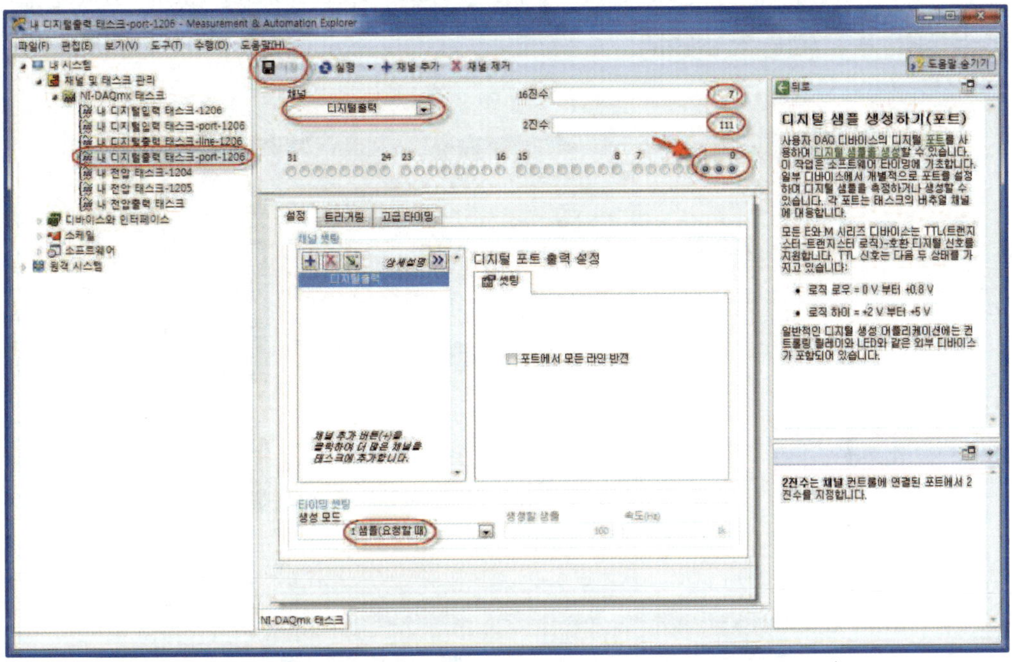

위의 그림에서 화살표로 표시한 부분을 클릭하면 불리언이 켜지는데 이와 같이 원하는 line의 LED가 켜져 있으면 High를 출력하고 꺼져 있으면 Low를 출력한다.

연습문제

연습문제 12-1) 디지털 출력으로 1port 전체를 출력하되 라인 번호마다 High와 Low를 달리 하도록 하는 프로그램을 작성하여라.

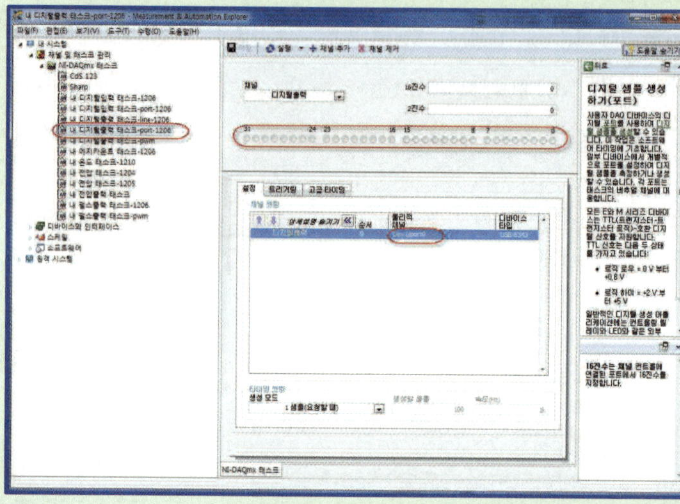

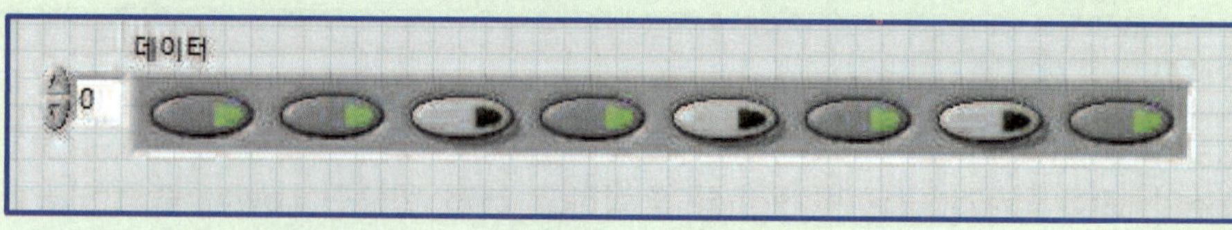

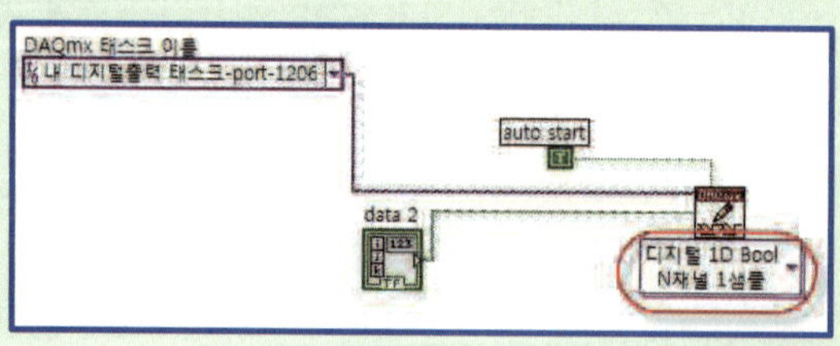

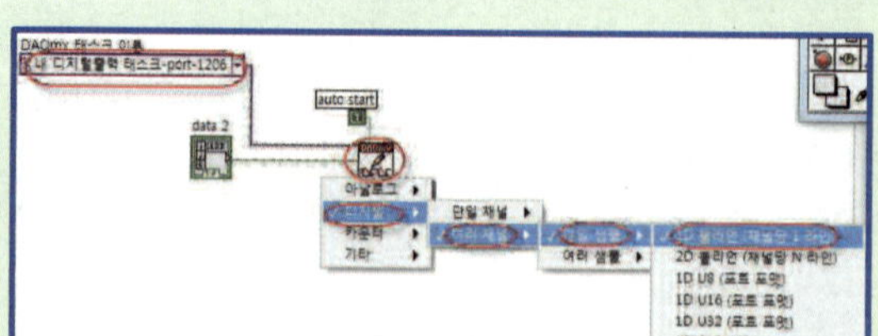

13 카운터 실험

13.1 카운터 입력 실험

엔코더 펄스를 세거나, 실내의 들어온 사람의 수를 세거나 숫자를 카운팅할 때 활용한다. 사용법은 다음과 같다.

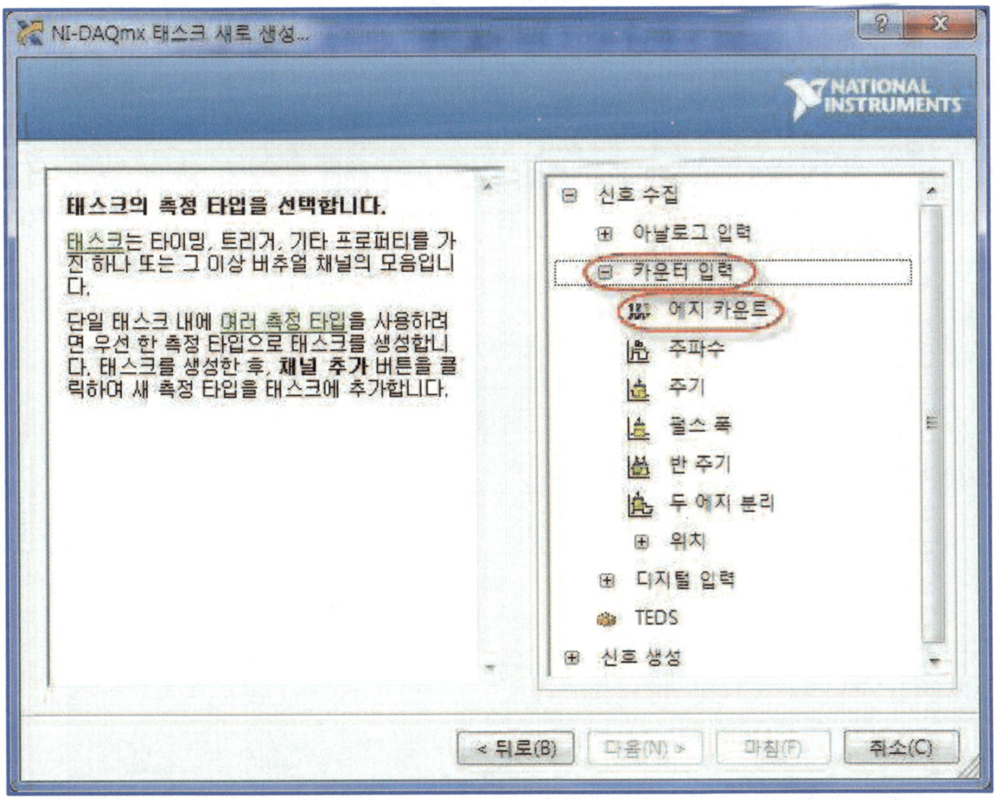

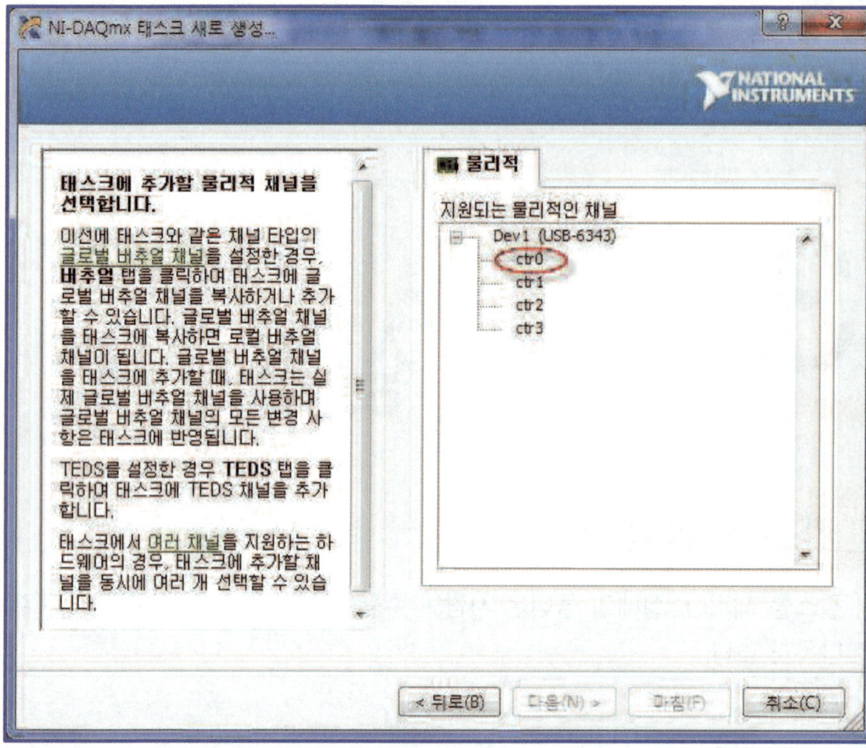
NI-DAQmx 태스크 새로 생성...
NATIONAL INSTRUMENTS
태스크에 추가할 물리적 채널을 선택합니다.
이전에 태스크와 같은 채널 타입의 글로벌 버추얼 채널을 설정한 경우, 버추얼 탭을 클릭하여 태스크에 글로벌 버추얼 채널을 복사하거나 추가할 수 있습니다. 글로벌 버추얼 채널을 태스크에 복사하면 로컬 버추얼 채널이 됩니다. 글로벌 버추얼 채널을 태스크에 추가할 때, 태스크는 실제 글로벌 버추얼 채널을 사용하며 글로벌 버추얼 채널의 모든 변경 사항은 태스크에 반영됩니다.
TEDS를 설정한 경우 TEDS 탭을 클릭하여 태스크에 TEDS 채널을 추가합니다.
태스크에서 여러 채널을 지원하는 하드웨어의 경우, 태스크에 추가할 채널을 동시에 여러 개 선택할 수 있습니다.
물리적
지원되는 물리적인 채널
Dev1 (USB-6343)
ctr0
ctr1
ctr2
ctr3
< 뒤로(B)
다음(N) >
마침(F)
취소(C)

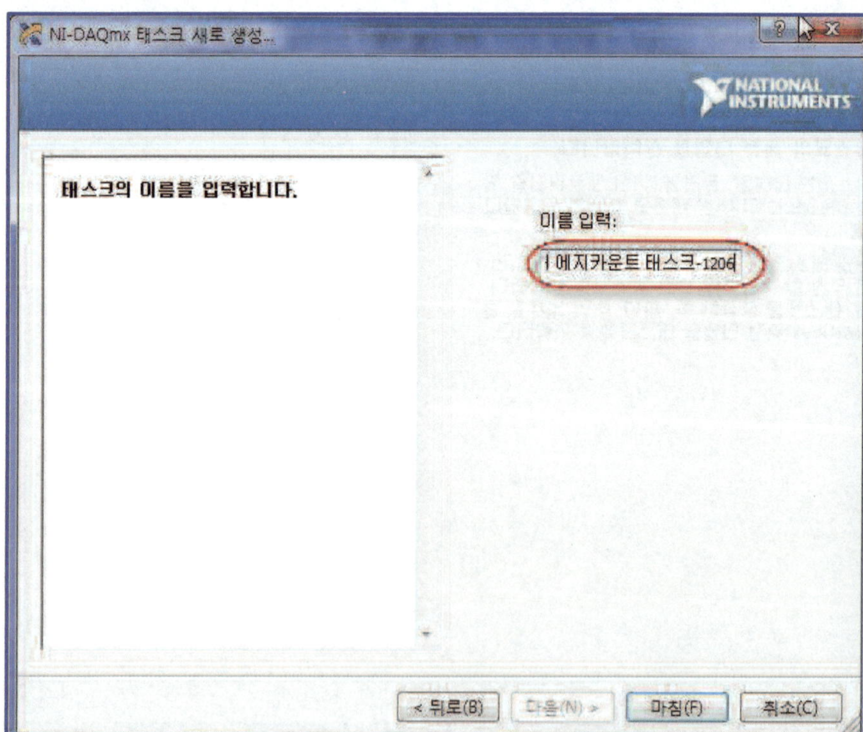
NI-DAQmx 태스크 새로 생성...
NATIONAL INSTRUMENTS
태스크의 이름을 입력합니다.
이름 입력:
I 에지카운트 태스크-1206
< 뒤로(B)
다음(N) >
마침(F)
취소(C)

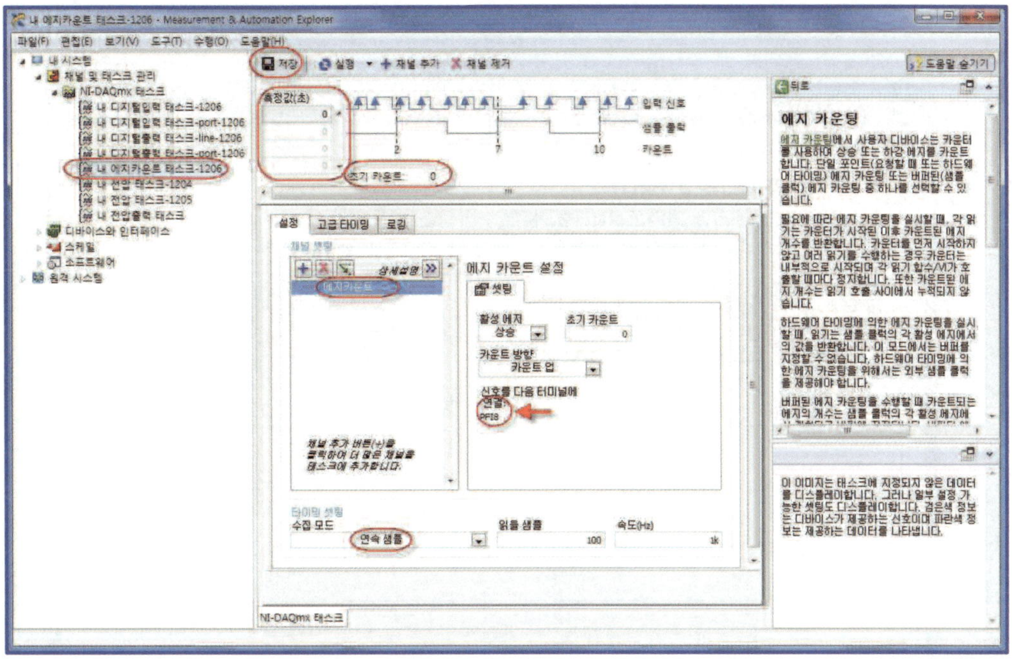

위의 화살표가 가리키는 부분이 연결하는 pin 번호이다. 에지 카운트를 하려는 pulse신호는 반드시 0 ~ 5V 사이의 값이어야 하며 High인 경우 2.5 ~ 5V, Low 인 경우 0 ~ 0.8V안에 있어야 한다. 물리적 채널을 ctr0을 선택하였으므로 신호선 연결은 +는 PFI8번에 –는 DGND에 연결하면 된다.

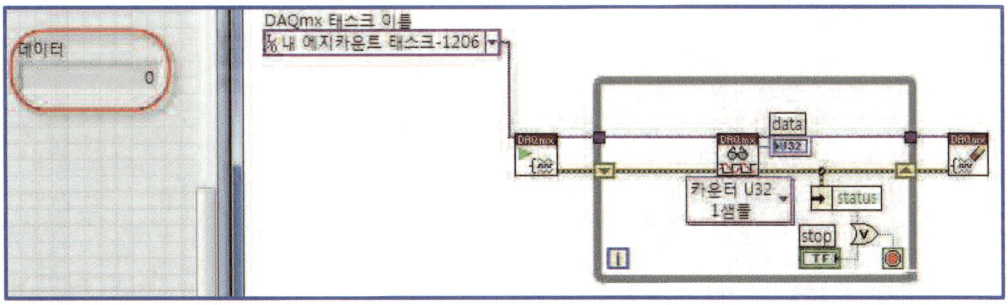

13.2 카운터 출력 실험

일정한 펄스를 연속해서 발생시키고자 할 때 예를 들면 DC모터의 속도제어를 위해 PWM(Pulse Width Modulation)을 사용할 경우 원하는 속도로 모터를 구동하기 위해서는 주기 점유율(Duty Ratio)을 변화시켜야 하는데 이때 카운터출력을 사용하면 가능하다.

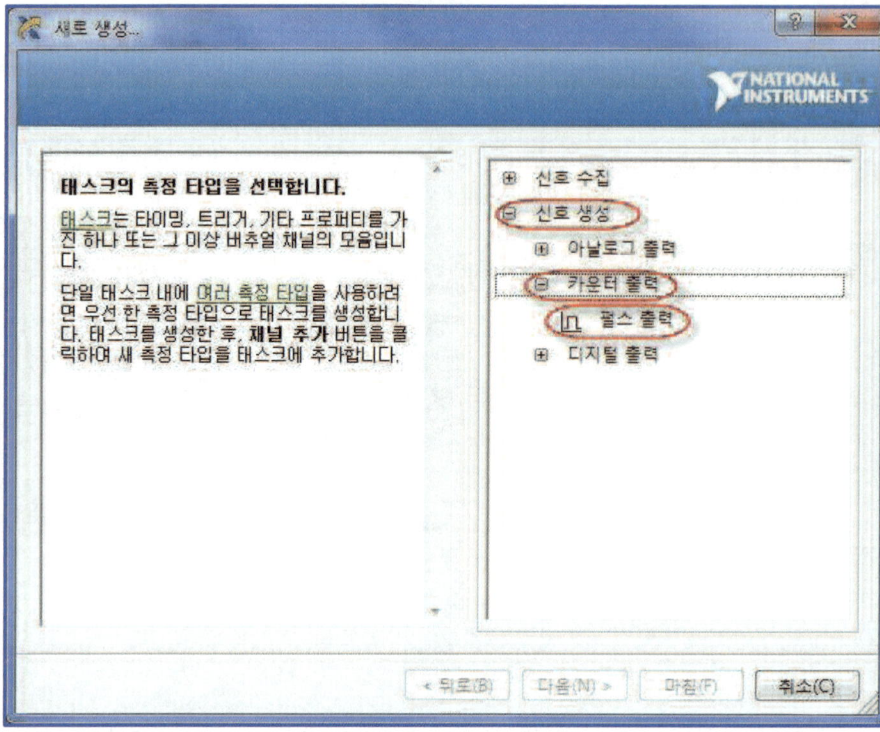
새로 생성...
NATIONAL INSTRUMENTS
태스크의 측정 타입을 선택합니다.
태스크는 타이밍, 트리거, 기타 프로퍼티를 가진 하나 또는 그 이상 버추얼 채널의 모음입니다.
단일 태스크 내에 여러 측정 타입을 사용하려면 우선 한 측정 타입으로 태스크를 생성합니다. 태스크를 생성한 후, 채널 추가 버튼을 클릭하여 새 측정 타입을 태스크에 추가합니다.
신호 수집
신호 생성
아날로그 출력
카운터 출력
펄스 출력
디지털 출력
< 뒤로(B)
다음(N) >
마침(F)
취소(C)

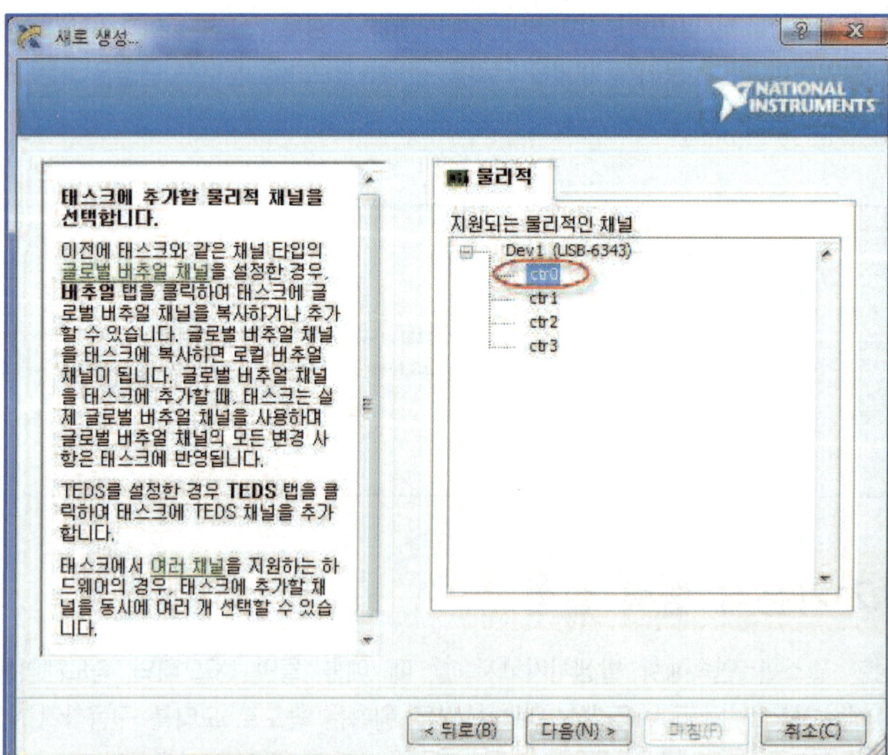
새로 생성...
NATIONAL INSTRUMENTS
태스크에 추가할 물리적 채널을 선택합니다.
이전에 태스크와 같은 채널 타입의 글로벌 버추얼 채널을 설정한 경우, 버추얼 탭을 클릭하여 태스크에 글로벌 버추얼 채널을 복사하거나 추가할 수 있습니다. 글로벌 버추얼 채널을 태스크에 복사하면 로컬 버추얼 채널이 됩니다. 글로벌 버추얼 채널을 태스크에 추가할 때, 태스크는 실제 글로벌 버추얼 채널을 사용하며 글로벌 버추얼 채널의 모든 변경 사항은 태스크에 반영됩니다.
TEDS를 설정한 경우 TEDS 탭을 클릭하여 태스크에 TEDS 채널을 추가합니다.
태스크에서 여러 채널을 지원하는 하드웨어의 경우, 태스크에 추가할 채널을 동시에 여러 개 선택할 수 있습니다.
물리적
지원되는 물리적인 채널
Dev1 (USB-6343)
ctr0
ctr1
ctr2
ctr3
< 뒤로(B)
다음(N) >
마침(F)
취소(C)

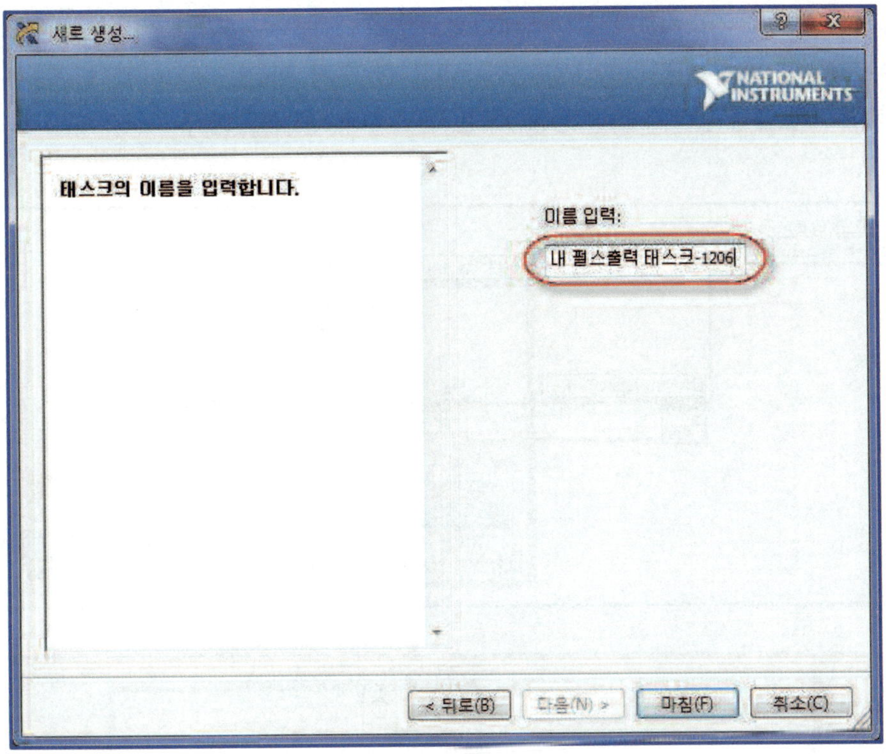
새로 생성...
태스크의 이름을 입력합니다.
이름 입력:
내 펄스출력 태스크-1206
< 뒤로(B)
다음(N) >
마침(F)
취소(C)

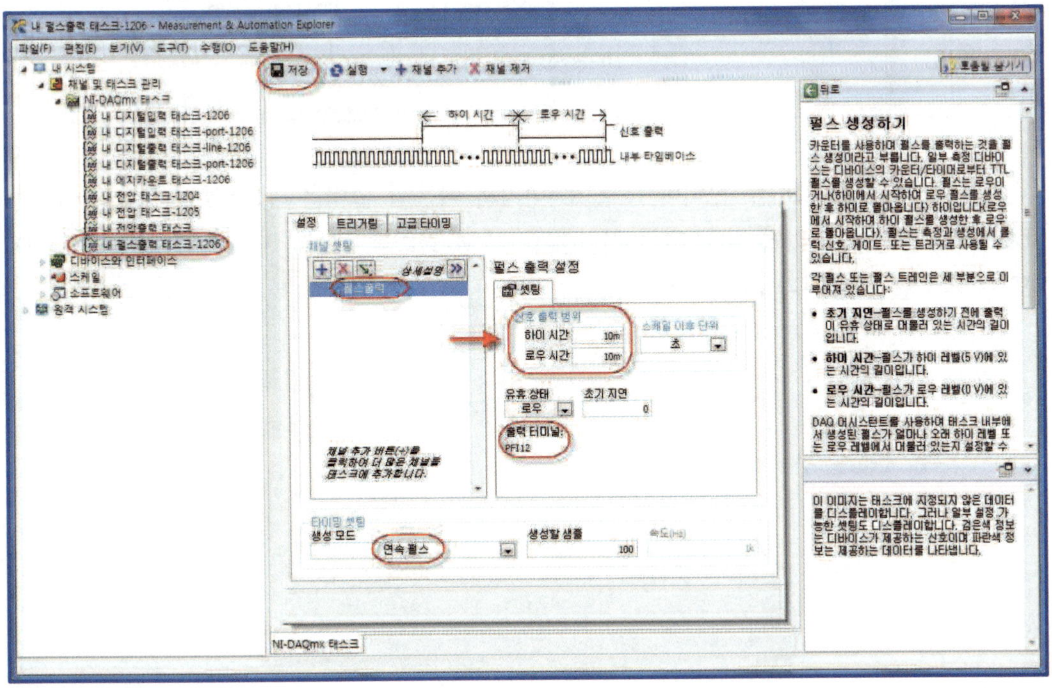
내 펄스출력 태스크-1206 - Measurement & Automation Explorer
저장
실행
채널 추가
채널 제거
펄스 생성하기
펄스 출력 설정
셋팅
하이 시간
로우 시간
유휴 상태
초기 지연
출력 터미널:
PFI12
생성 모드
연속 펄스
생성할 샘플
100

위에서 화살표가 가리키는 부분이 Duty ratio를 결정하는 부분이다. 하이 시간이 10ms이고 로우 시간이 10ms이면 Duty ratio는 0.5이고 한 주기 시간은 20ms이므로 주파수는 역수로 하여 50Hz임을 알 수 있다. 생성모드는 연속 pulse로 선언한다.

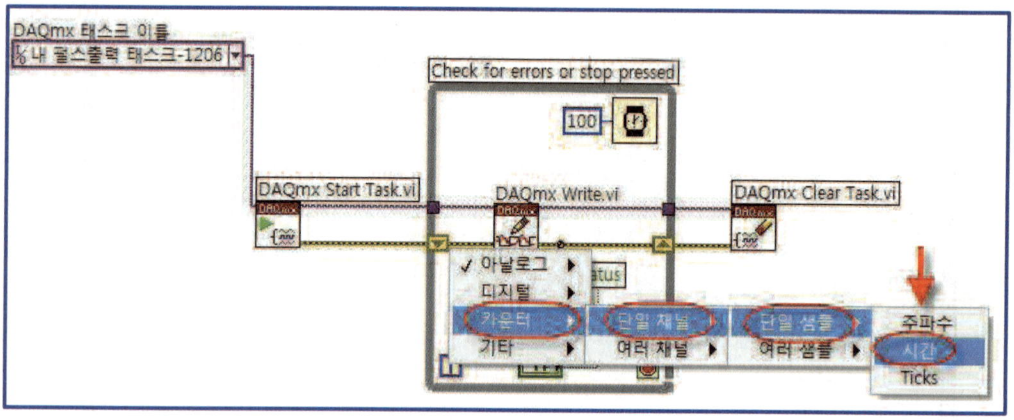

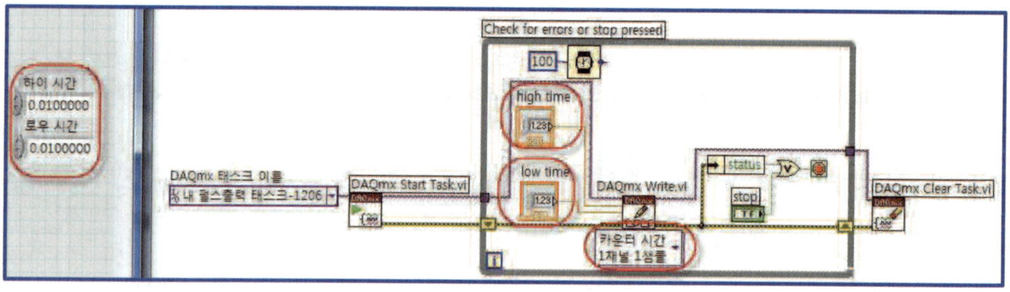

카운터 출력으로 ctr0를 선택하였으므로 여기서 카운터 출력은 PFI12에 연결하고 접지는 DGND에 연결한다. 이와 같이 하면 간단하게 PWM 펄스를 생성하여 DC Motor 속도 제어 또는 히터 온도 제어가 가능하다.

연습문제

연습문제 13-1) 카운터 출력을 활용하여 Frequency generator를 만들어라.

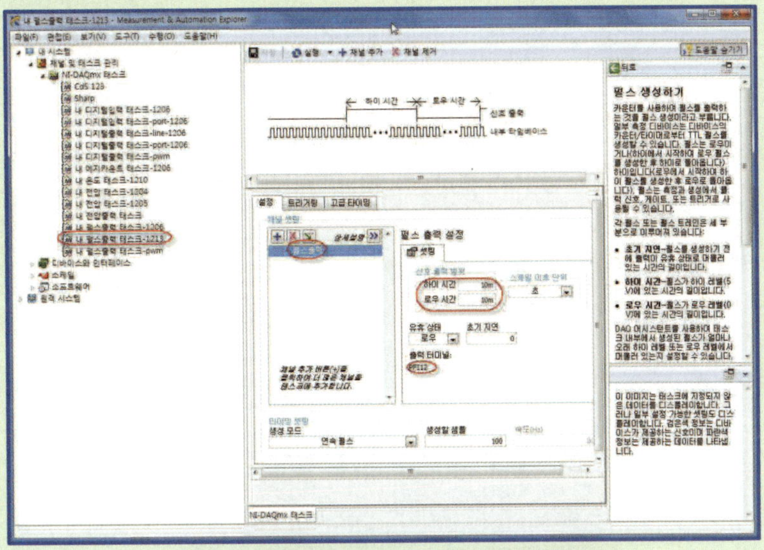

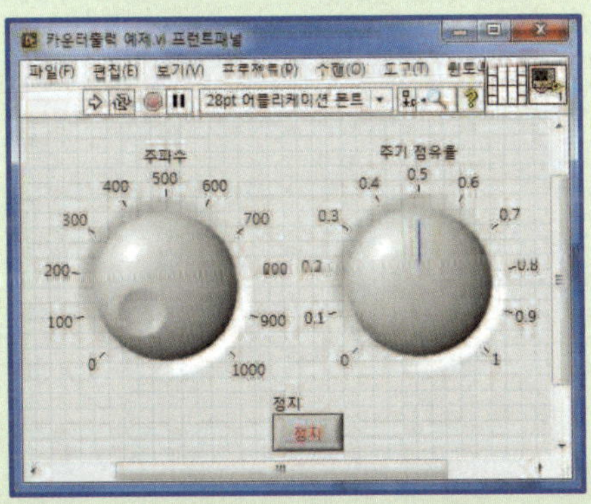

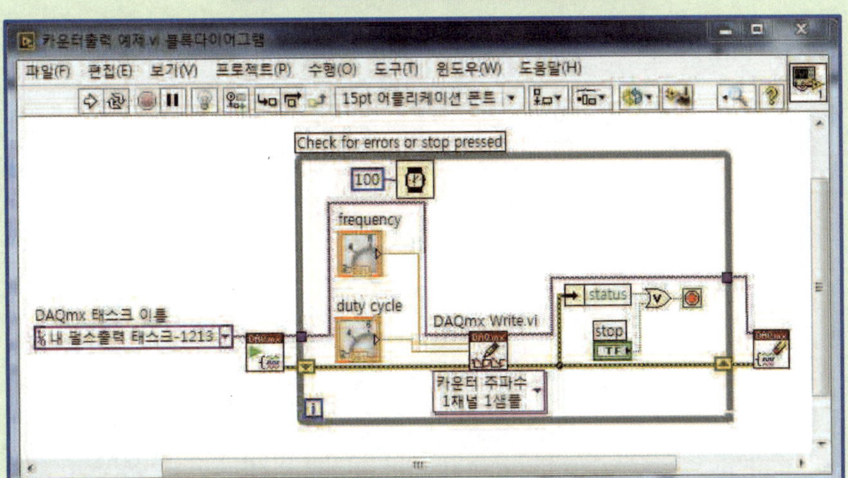

14 문자열

문자열은 각종 데이터 표현 및 이름을 설정할 때, 파일을 저장하려고 할 때, 파일이름이나 경로를 지정할 때 및 Text로 데이터를 입력하거나 출력할 때 사용한다. 특히 통신할 때 많이 사용된다.

14.1 문자열 생성

문자열은 데이터 타입의 색으로 볼 때 핑크색을 띈다. 프런트 패널에서 보면 아래와 같다.

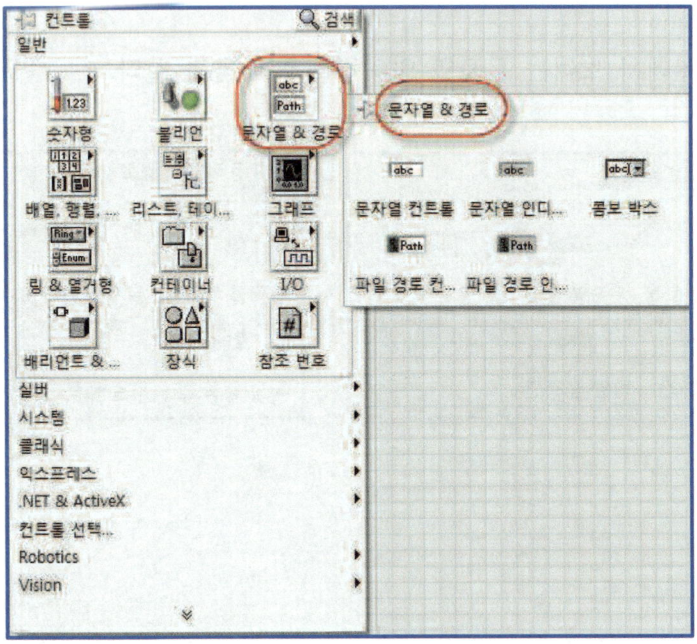

블록 다이어그램 안에서 보면 다음과 같다.

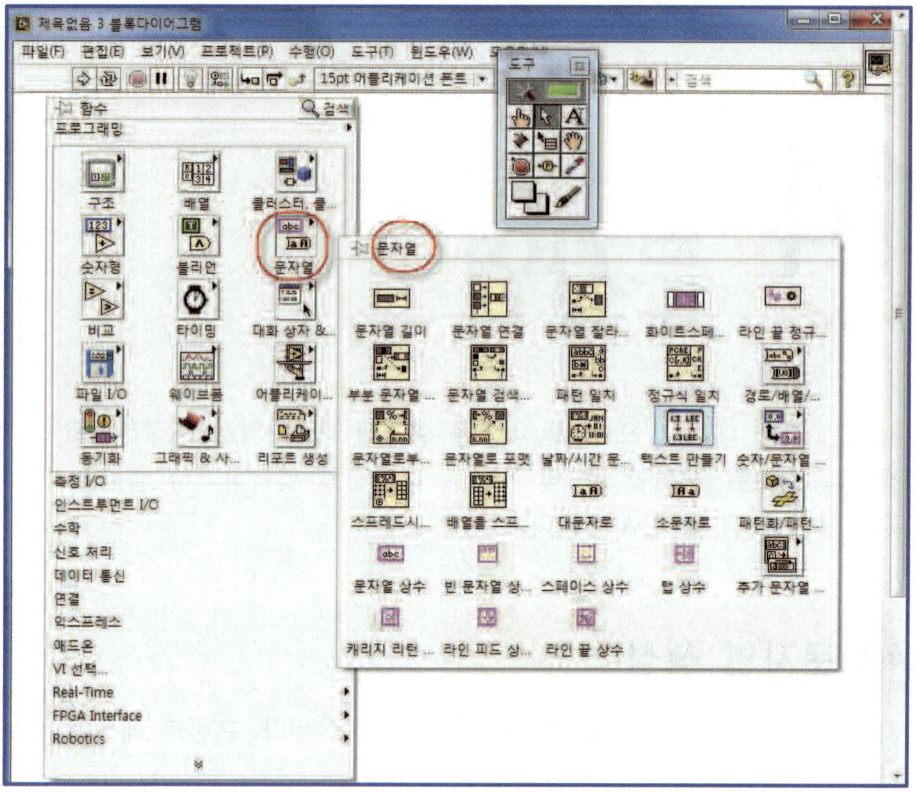

프런트 패널에서 보이는 문자열 아이컨들은 다음과 같다.

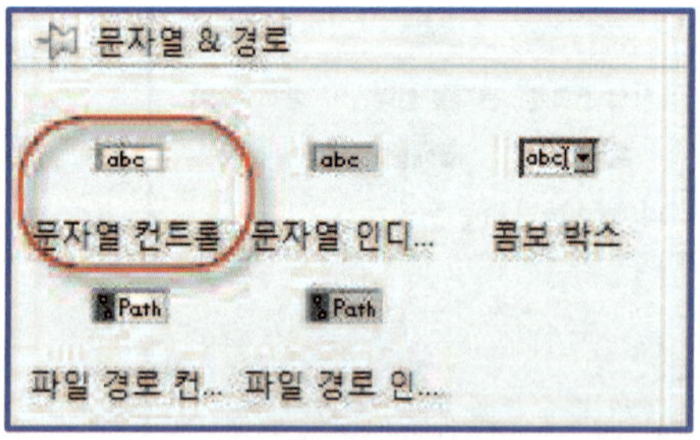

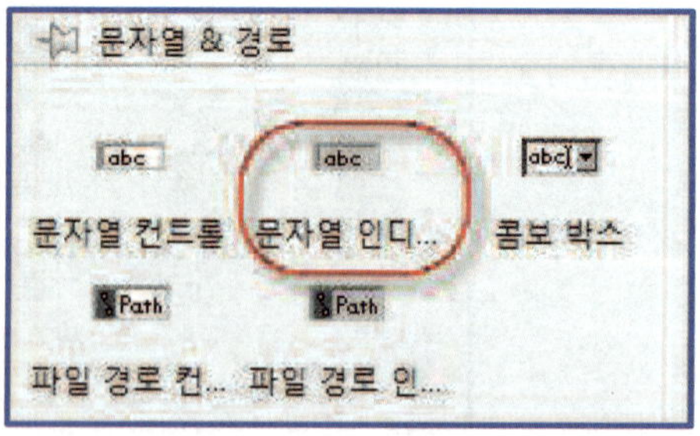

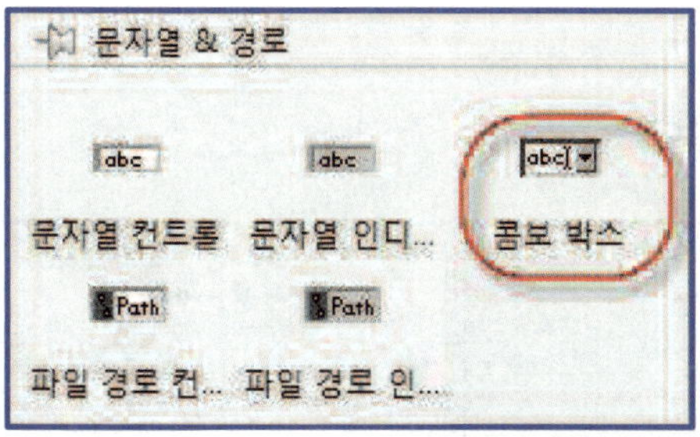

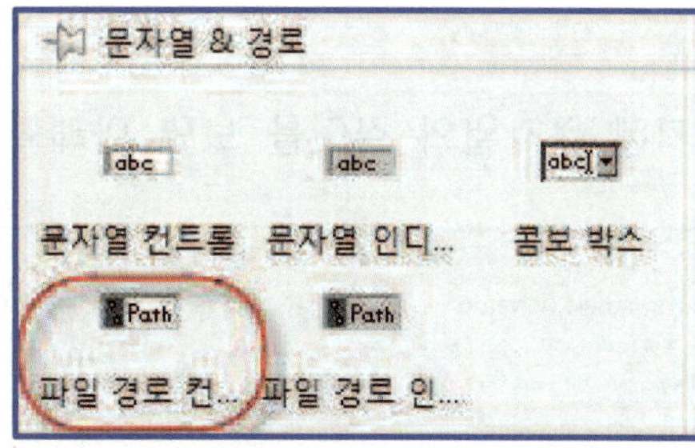

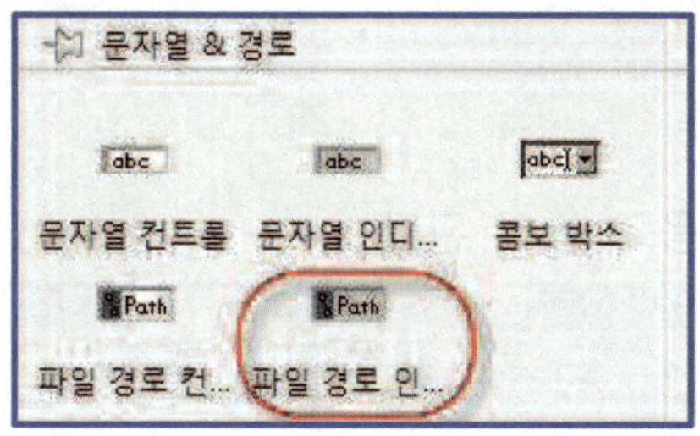

문자열 컨트롤은 문자열을 입력할 때, 문자열 인디케이터는 문자열 출력 시 사용한다. 파일경로 컨트롤은 경로를 입력할 때, 파일 경로 인디케이터는 경로를 출력할 때 사용한다.

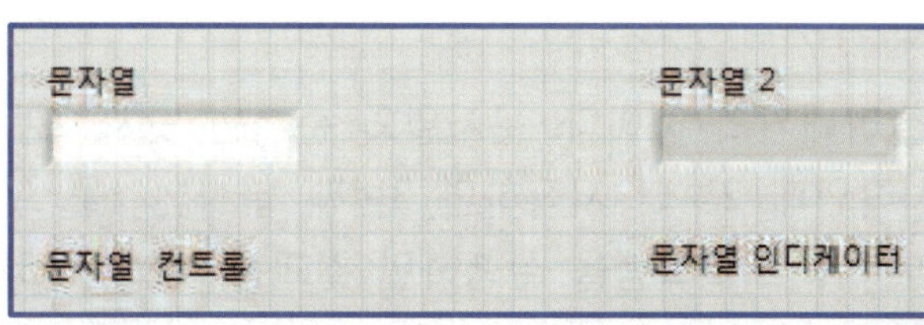

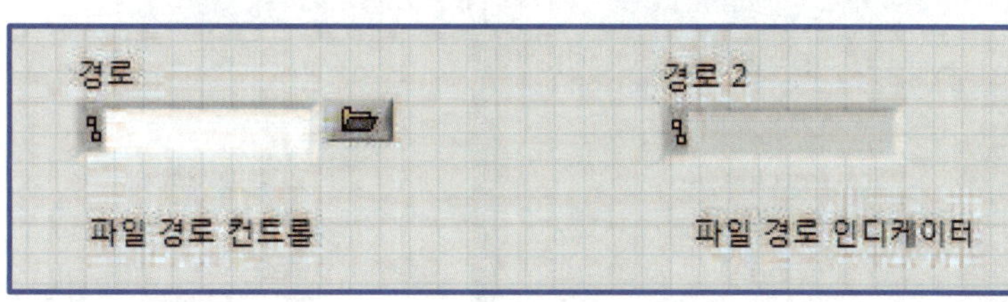

문자열을 컨트롤로 입력하고 출력을 받으면 아래와 같이 된다.

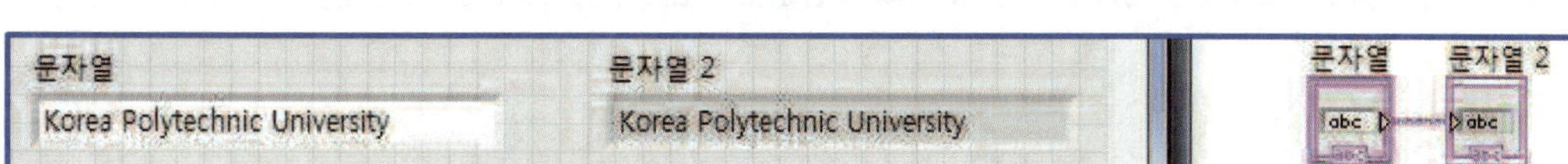

▶문자열 길이

여기에 문자열의 길이를 보면 아래와 같다.

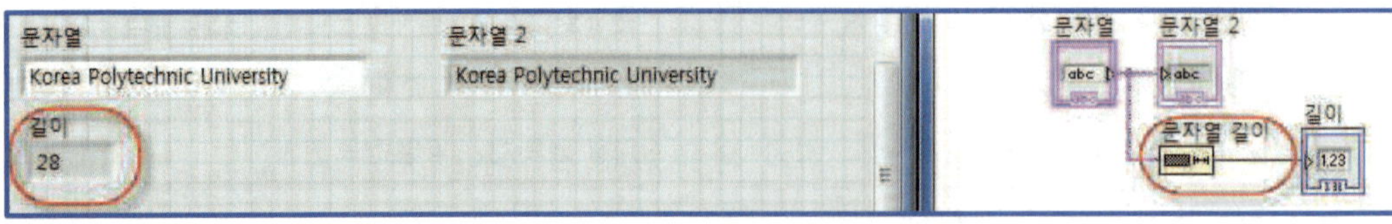

▶문자열 연결

문자열을 연결하면 다음과 같이 된다.

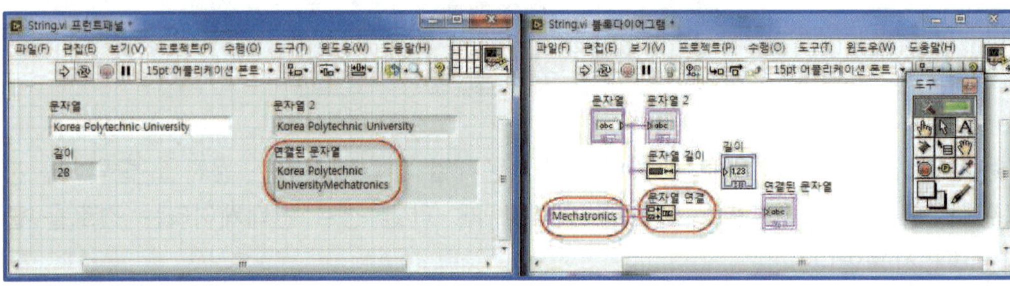

▶문자열 잘라내기

아래는 문자열 잘라내기의 예이다. 문자열의 순서인 숫자 2는 처음 문자열의 맨 앞이 0으로부터 시작인데 2부터 시작하면 3번째 글짜인 r을 의미한다. 여기서 숫자 5는 5개를 의미한다. 프로그램을 실행하면 결과는 "rea P" 5개를 의미한다.

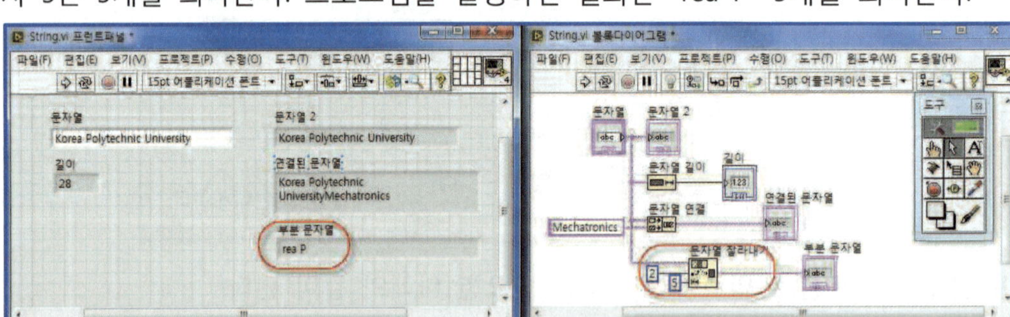

▶부분 문자열 대체

이번에는 인덱스 번호를 3이라 하면 4번째 문자부터 주어진 Wonderful이라는 문자열로 대치하고 5개의 문자를 뽑아내는 것이다.

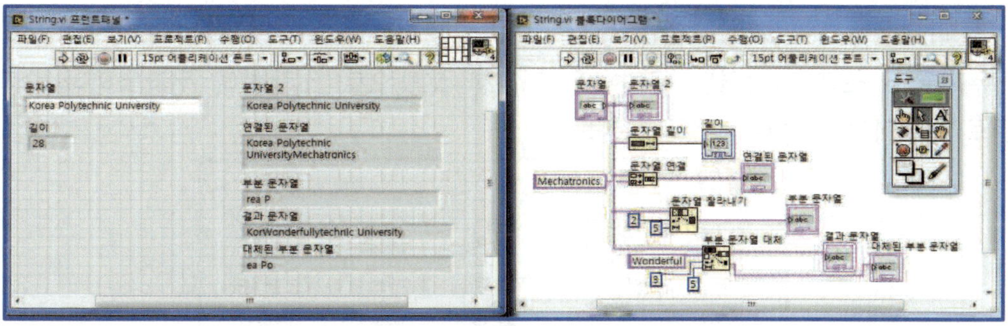

▶문자열 검색과 대체

이번에는 문자열 검색과 대체를 사용한다. 검색해서 Polytechnic을 Great로 바꾼다.

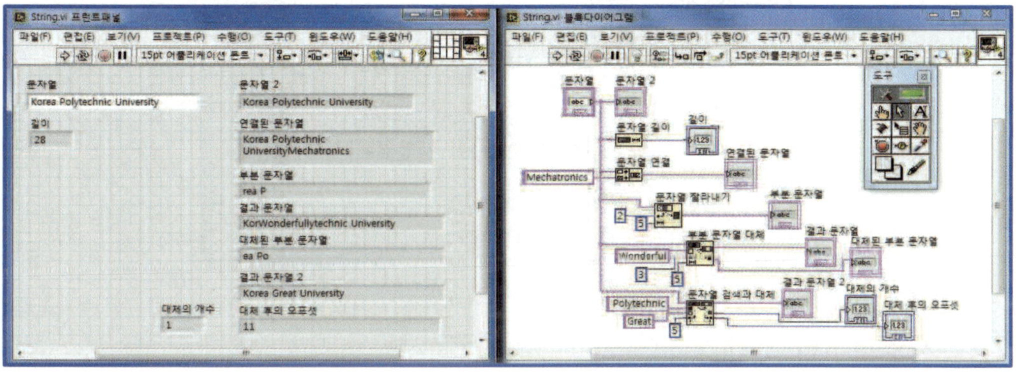

▶패턴일치

이번에는 패턴일치를 사용하여 찾고자 하는 문자열을 찾는다.

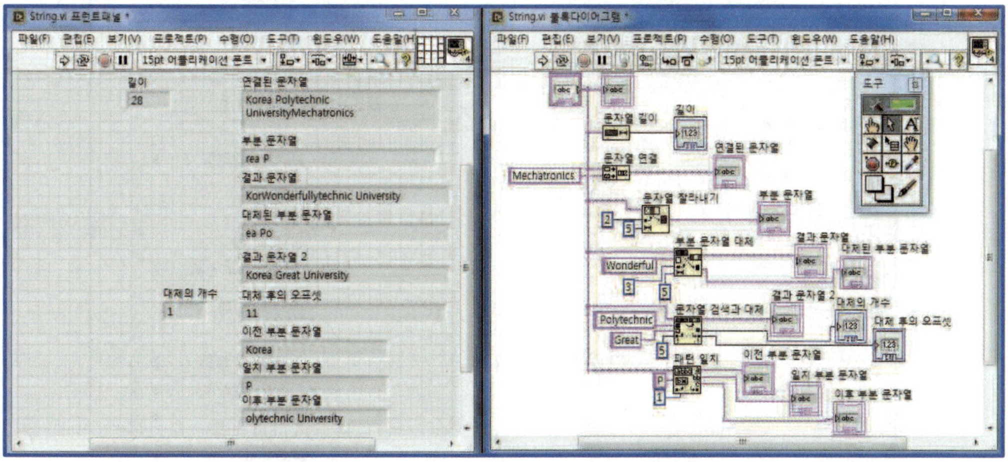

▶ 문자열로 스캔

문자열로 스캔은 입력된 문자열을 지정한 포맷으로 스캔하여 문자열이나 숫자열로 출력하는 기능을 가지고 있다.

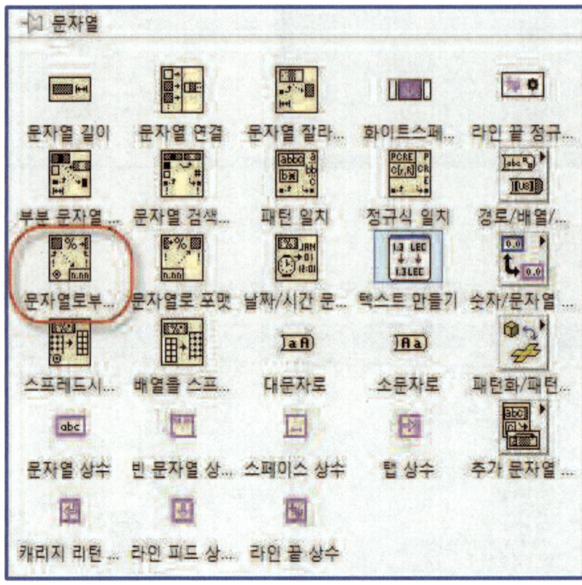

▶ 문자열로부터 스캔

원하는 포맷을 지정하려면 아이컨 우측 아래를 마우스 오른쪽 버튼을 눌러 스캔 문자열 편집을 열고 원하는 포맷을 선택한다.

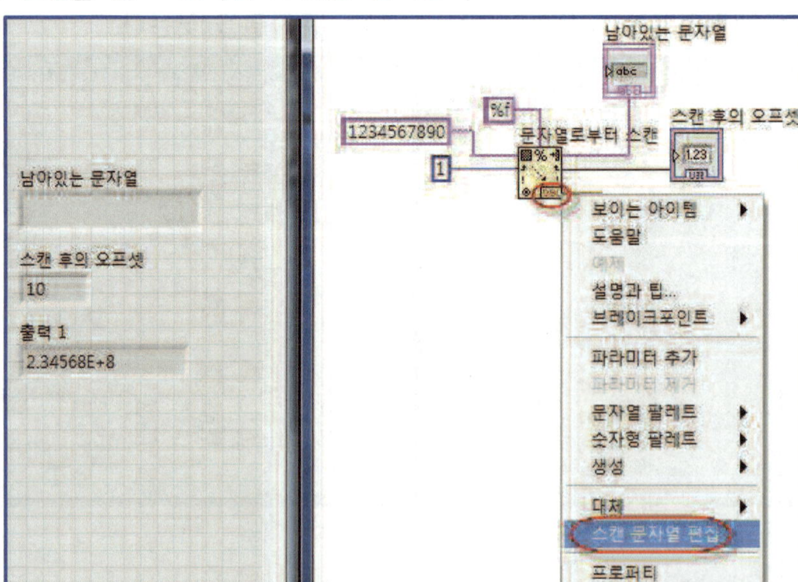

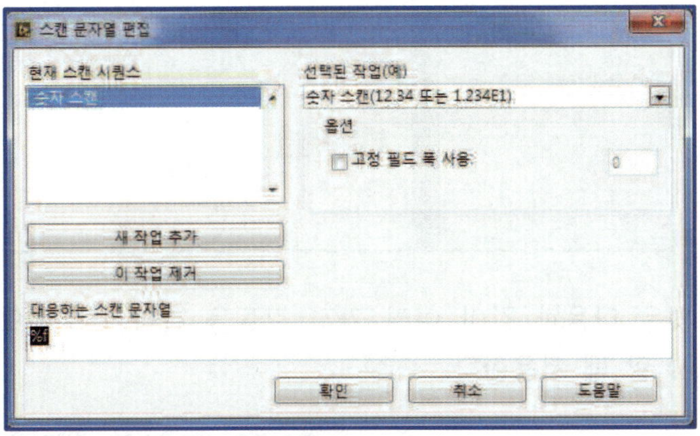

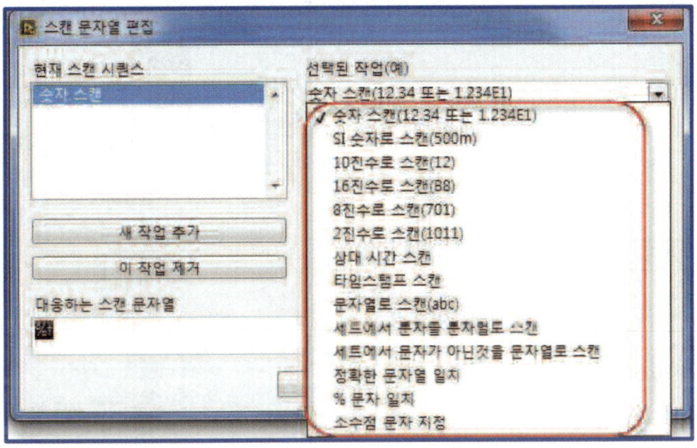

▶문자열로 포맷

문자열로 포맷은 초기 문자열에 추가하여 다양한 포맷의 문자열을 일련의 이어지는 포맷으로 변환시키는 기능을 갖고 있다.

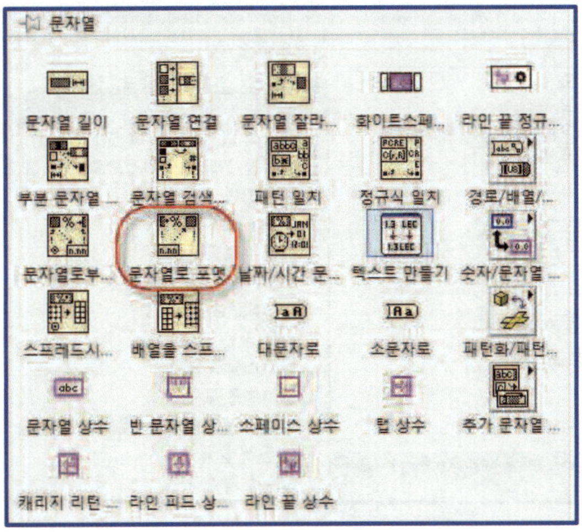

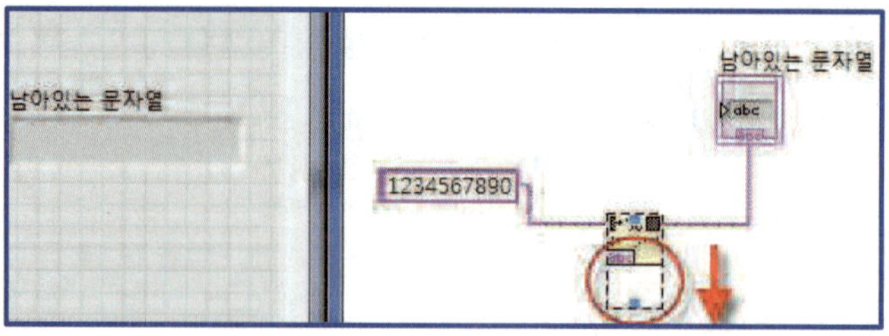

문자열로 포맷은 다음과 같이 여러 가지 값들을 하나의 포맷으로 만들어 일정하게 출력하고자 할 때 사용한다.

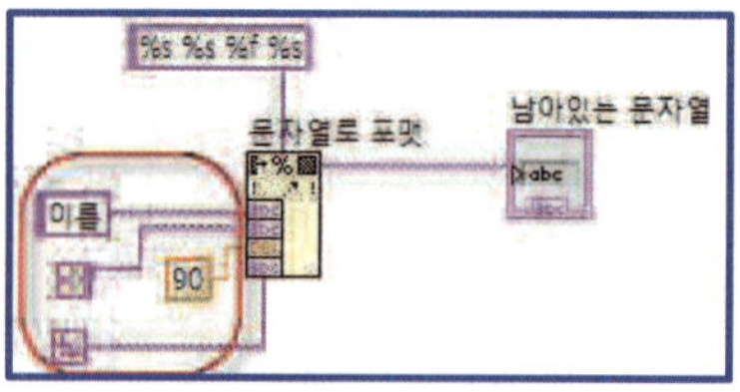

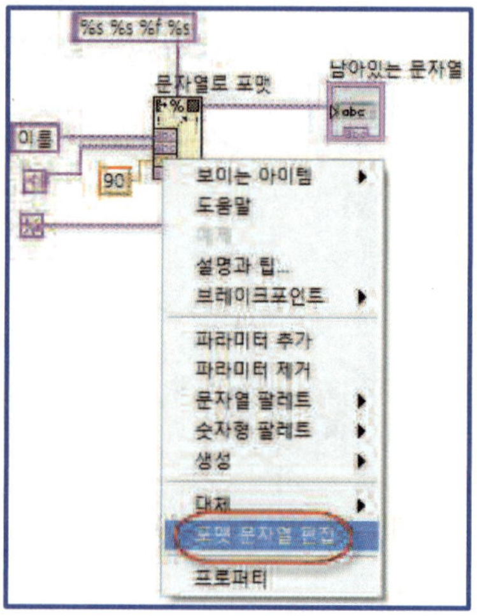

▶ 포맷 문자열 편집

포맷 문자열 편집을 누르면 아래와 같은 편집창이 열린다.

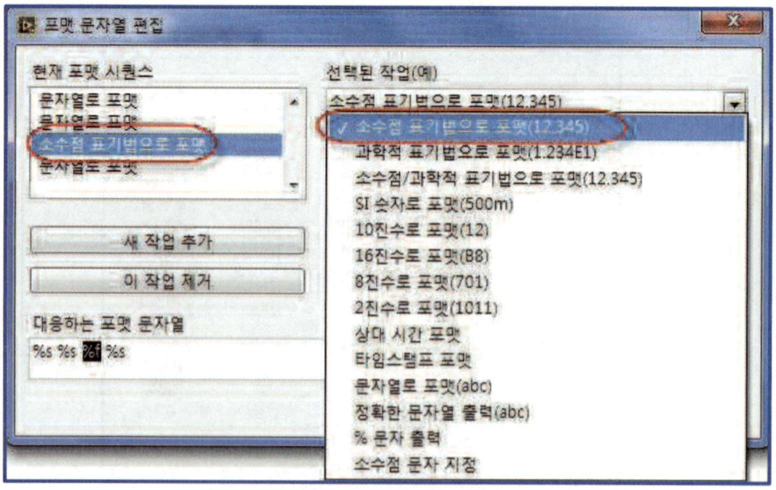

압력 값 중 숫자의 자리수를 지정하려면 지정된 정밀도를 사용한다.

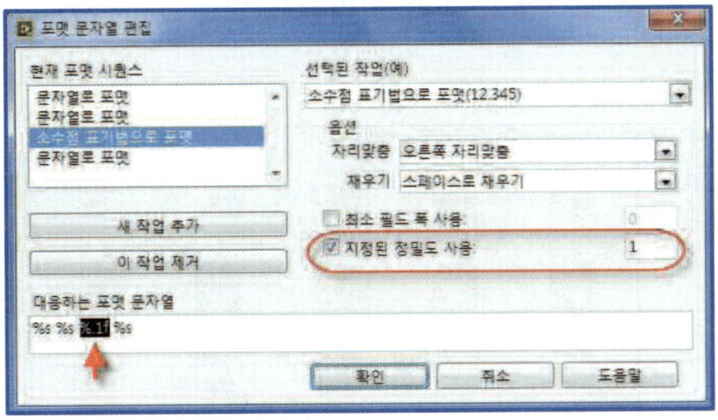

문자열 편집의 예를 들면 아래와 같다. For loop를 실행하여 이름과 탭 사이띄기 점수 라인 끝으로 가서 다음줄로 내려오기를 실행하는 프로그램이다.

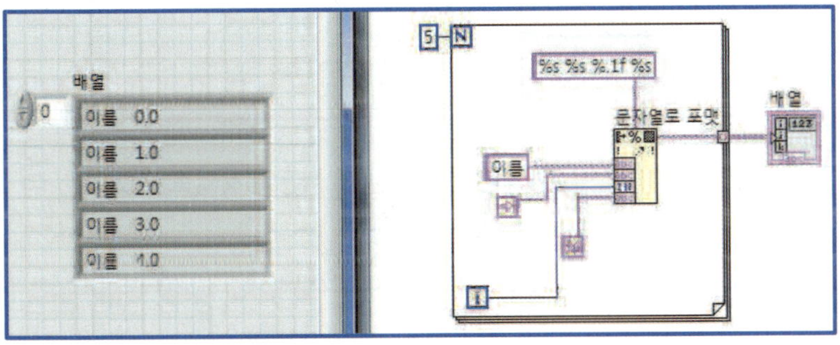

이 중에서 탭 상수와 라인 끝 상수는 다음과 같이 선택한다.

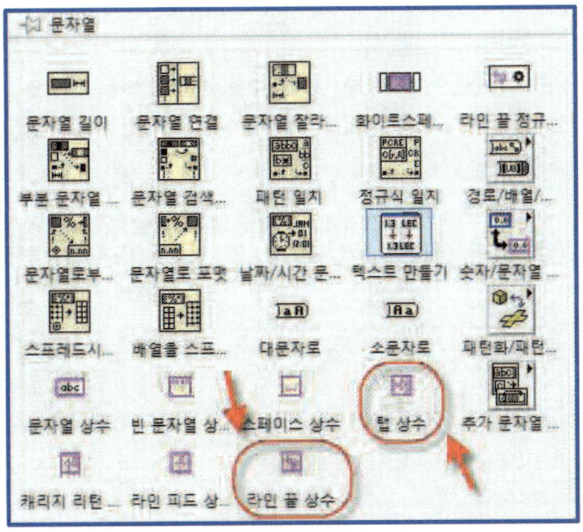

▶날짜/시간 문자열로 포맷

날짜/시간 문자열로 포맷은 특별히 입력하지 않는 한 현재의 날짜와 시간을 보여준다.

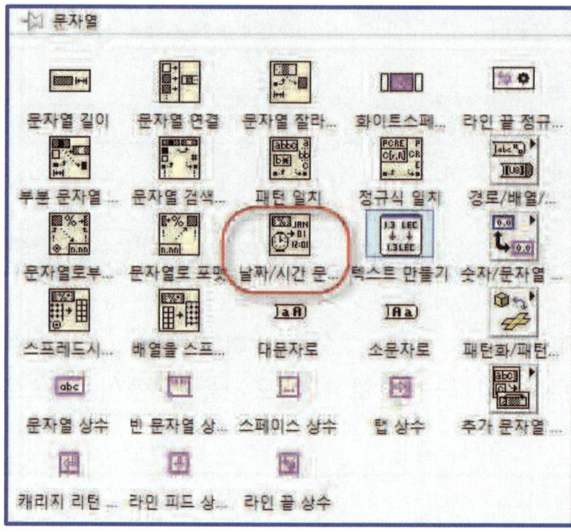

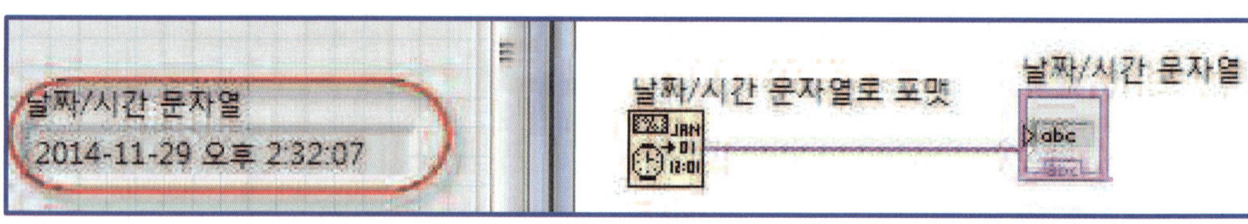

다음에 보인 것은 각종 문자열 상수들이다.

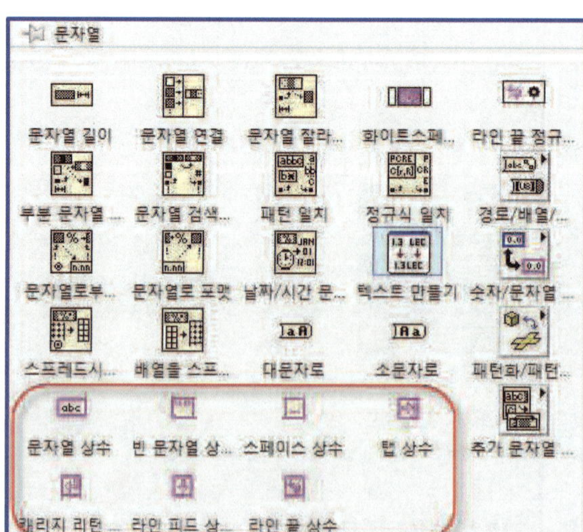

다음은 경로와 배열사이의 변환을 위한 아이컨들이다.

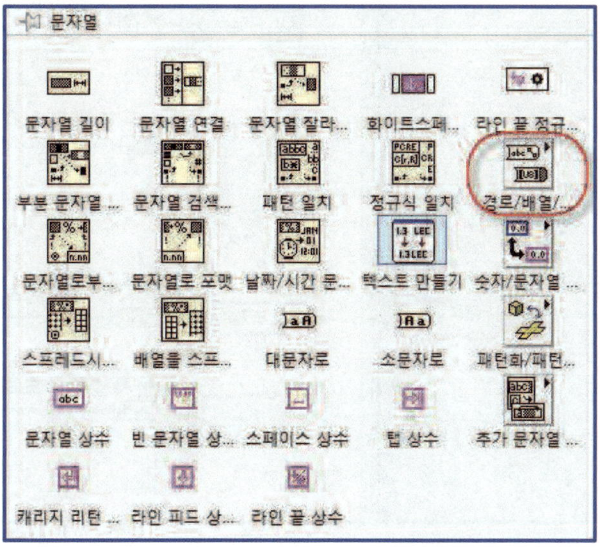

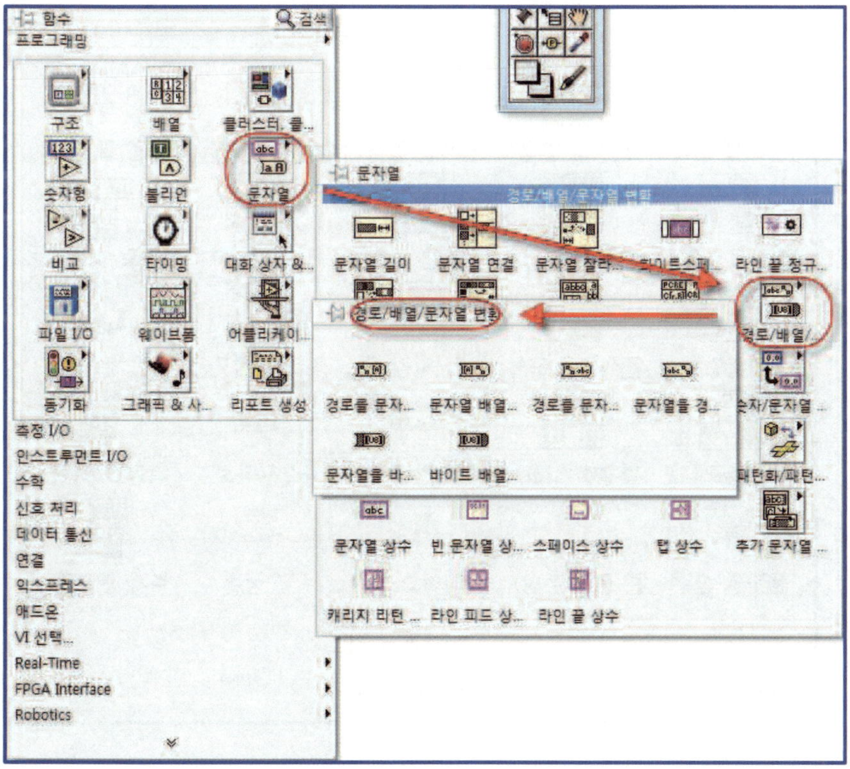

사용방법은 아래와 같다.

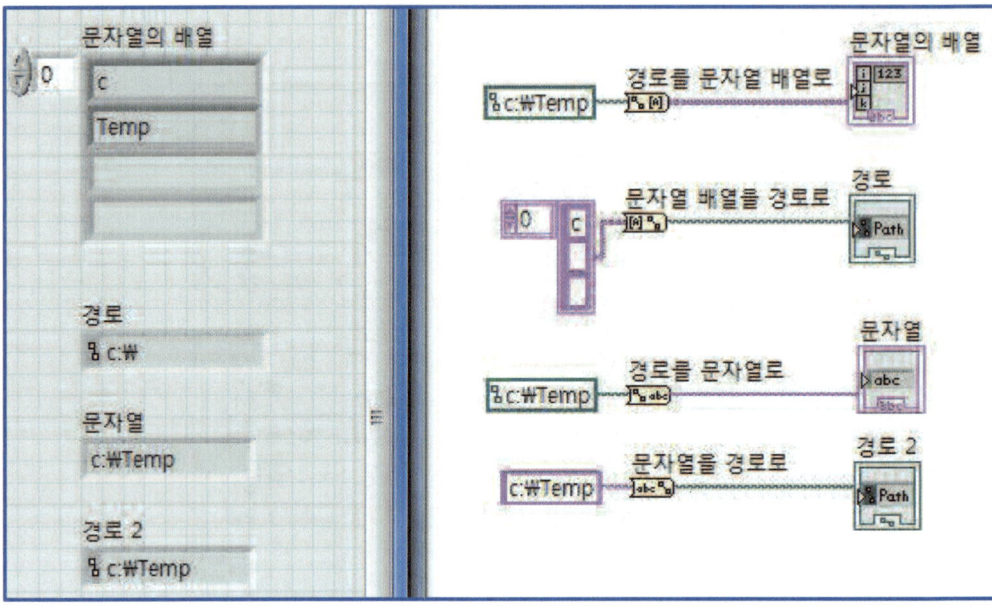

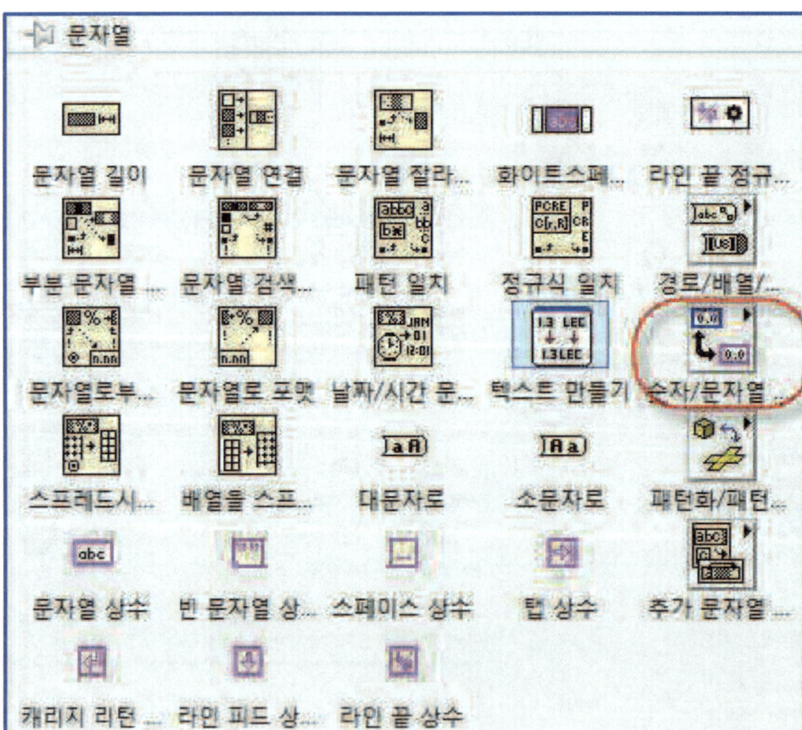

▶텍스트 만들기

텍스트 만들기를 사용하면 손쉽게 텍스트를 조합할 수 있다.

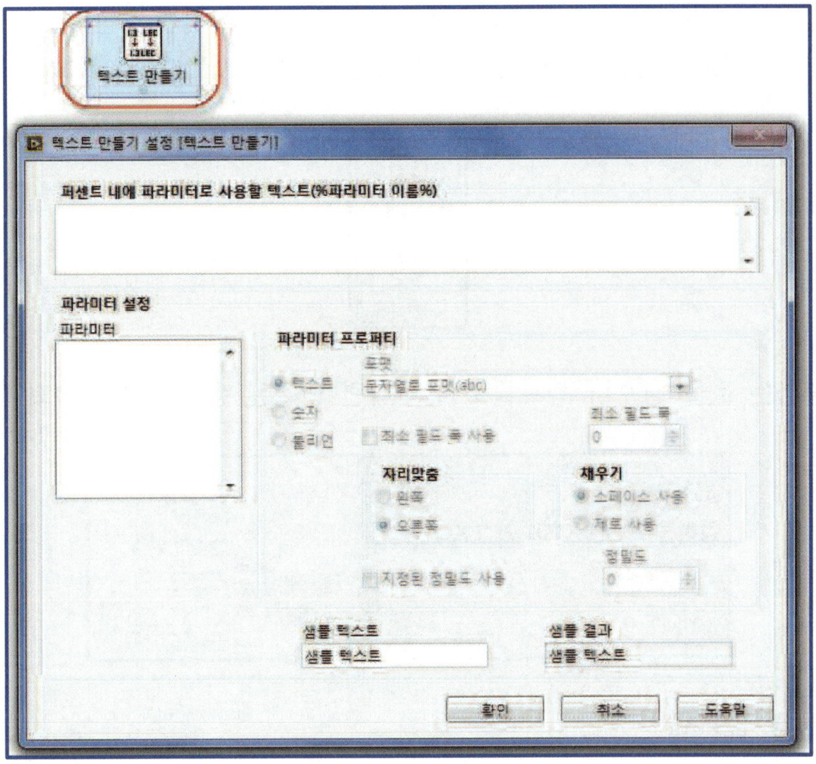

사용법은 아래와 같다.

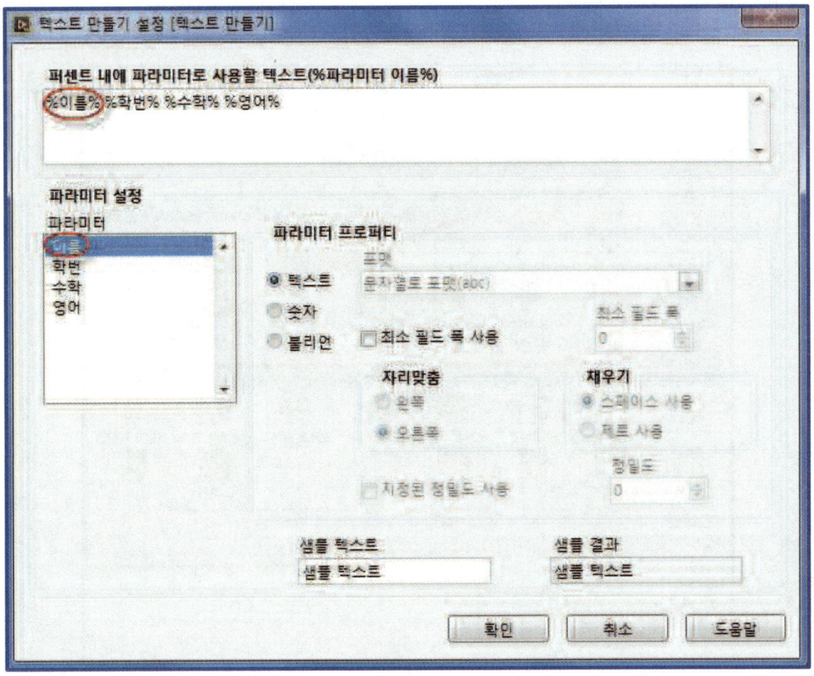

위와 같이 %를 먼저 쓰고 원하는 명칭을 쓴 뒤 다시 %로 닫으면 하나의 명칭이 완성된다. 이어서 스페이스바로 한 칸 띄고 나서 다시 과정을 반복한다.

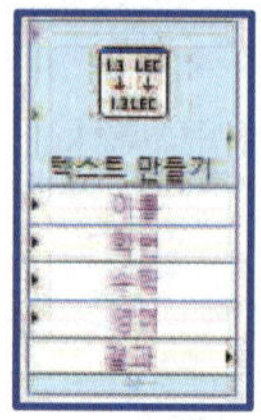

이제 원하는 값을 상수나 컨트롤로 입력하면 연결된 문자값이 출력되어 나온다.

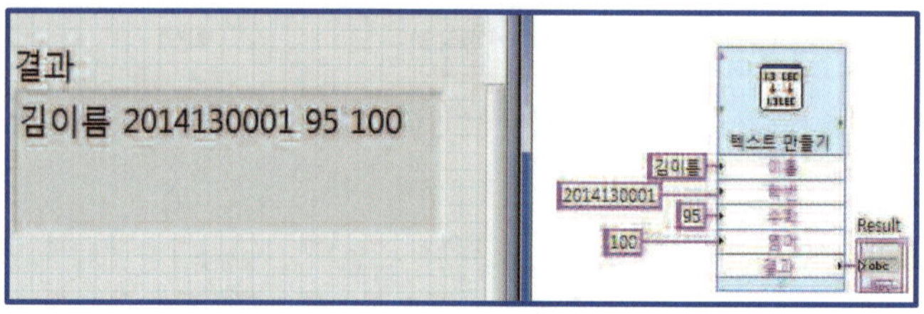

▶숫자/문자열 변환

숫자/문자열 변환은 다음과 같다. 프로그램할 경우 숫자값을 문자로 변화해야 할 때가 있고 반대의 경우도 생긴다. 문자열과 숫자열 사이의 변환을 원할 때는 아래 아이컨들을 사용한다.

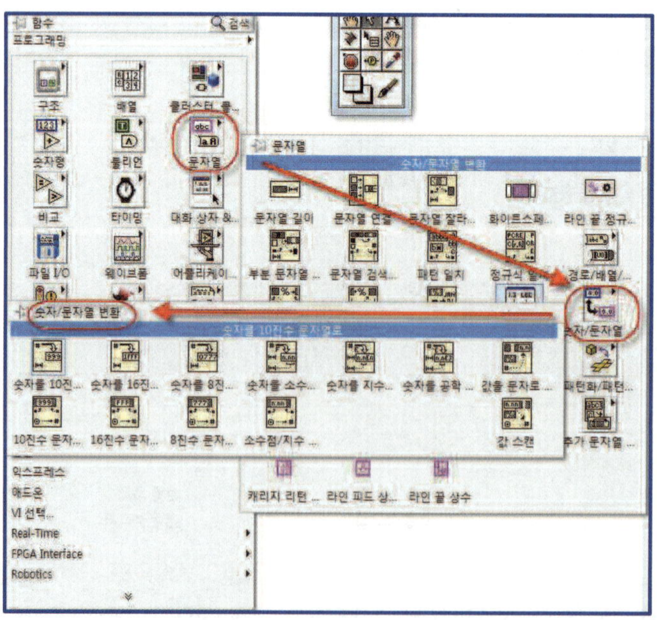

연습문제

연습문제 14-1) 다음과 같이 입력으로 1234567890을 문자열로 입력한 후 초기 스캔위치를 1로 하여 스캔 시퀀스를 숫자 스캔으로 출력하여라.

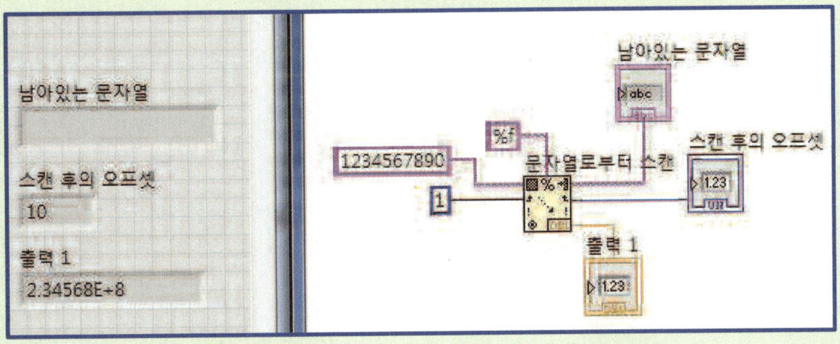

연습문제 14-2) 위의 예제와 동일한 입력을 하고 초기 스캔위치를 1로 하여 스캔 시퀀스를 문자열 스캔으로 출력하여 차이를 비교하여라.

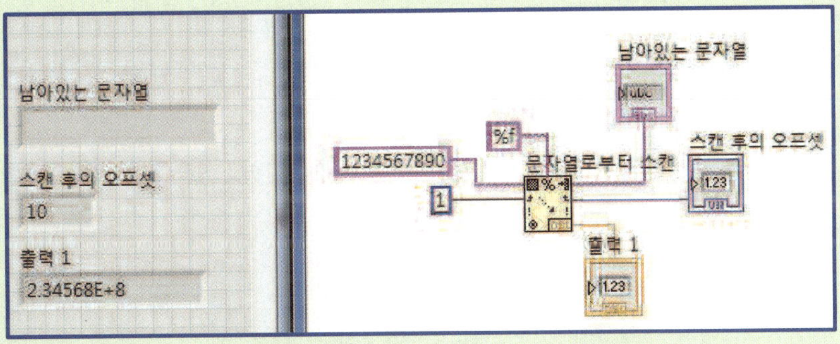

연습문제 14-3) 문자열 합성을 통해서 다음과 같이 문자를 합성하여라.

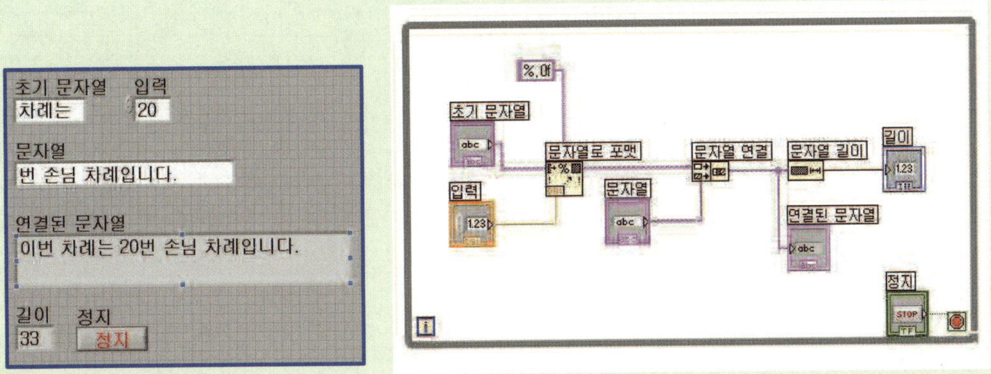

15 파일 입출력

15.1 파일 쓰기

파일 쓰기는 실제 사용 시 빈번히 요구되는 중요한 기능이다. 여기서는 기본적인 파일 쓰기, 읽기 방법을 학습하고자 한다.

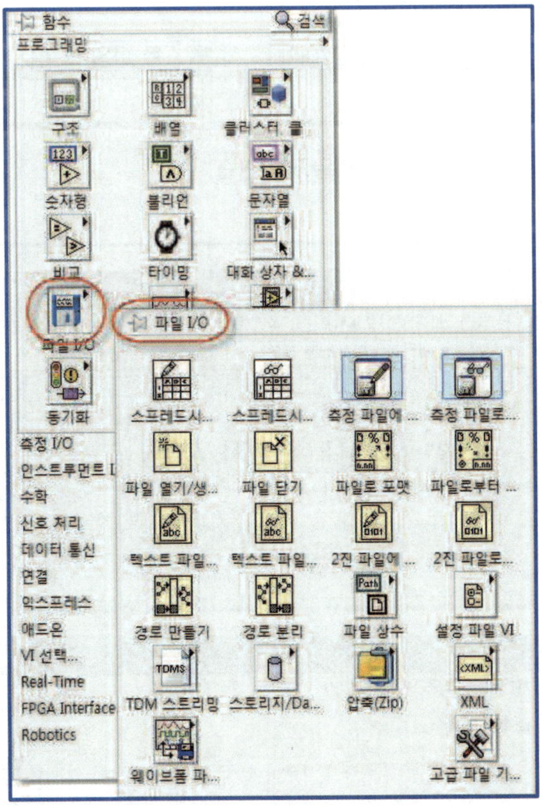

파일을 쓰거나 읽거나 할 때는 반드시 우선적으로 열고 닫는 과정이 앞뒤에 있어야한다.

그리고 필요에 따라 그 중간에 쓰기 또는 읽기함수를 넣어야 한다.

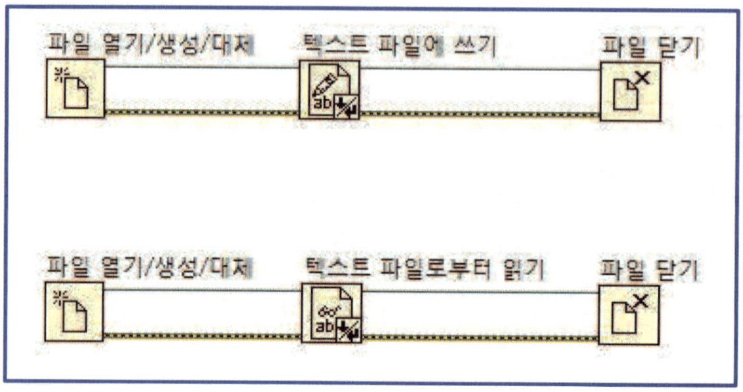

먼저 텍스트로 파일 쓰기를 구현하면 다음과 같다.

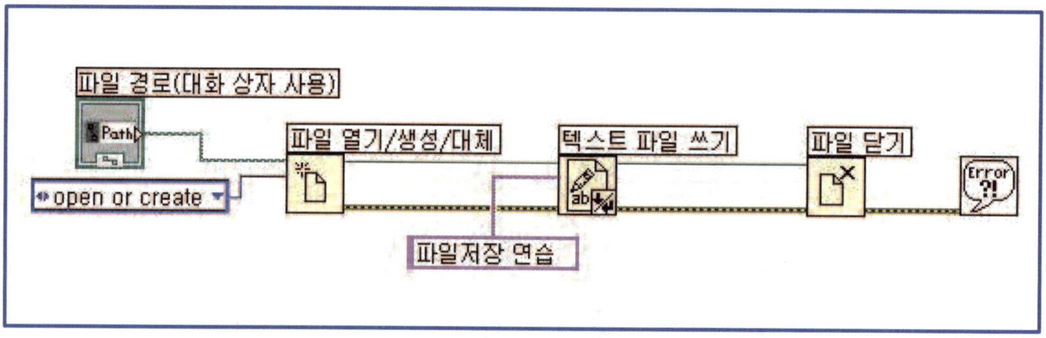

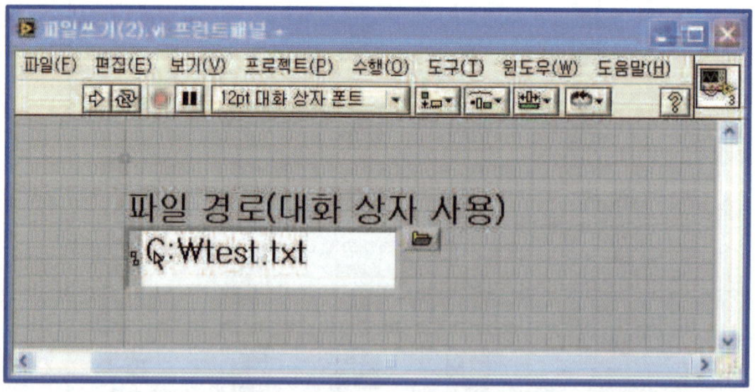

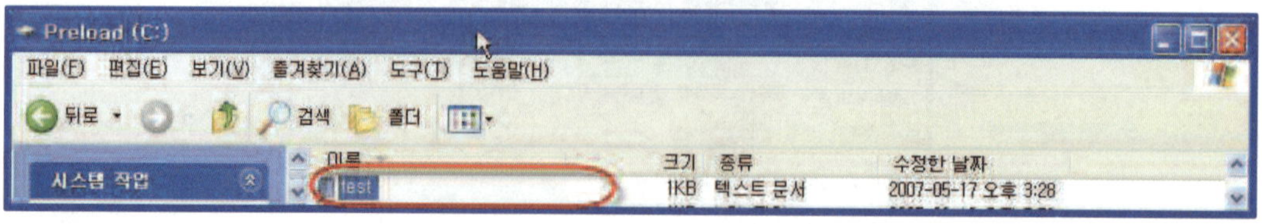

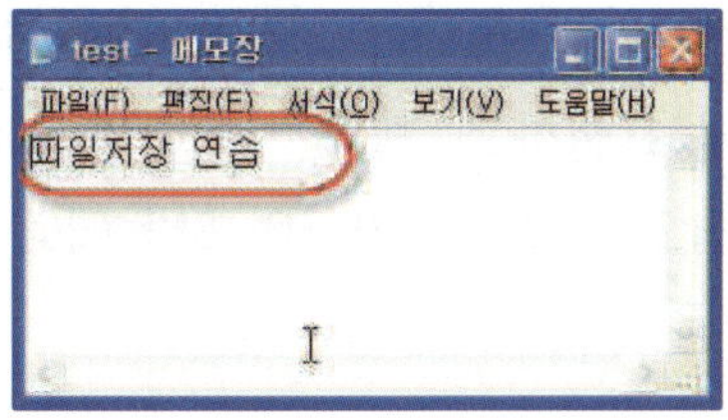

위 프로그램은 "파일저장 연습"이라는 문자열을 c:₩test.txt 라는 이름으로 저장하는 예제이다.

15.2 파일로 포맷

LabVIEW 아이컨 중에서 "파일로 포맷"을 사용하면 보다 다양하게 저장할 수 있다.

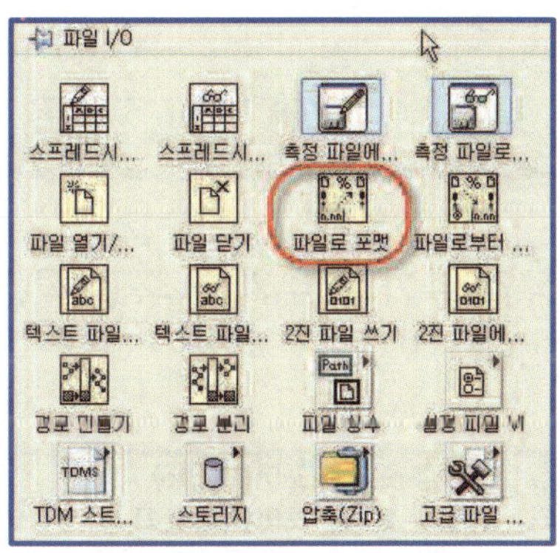

우선 다음과 같이 프로그램하여 보자.

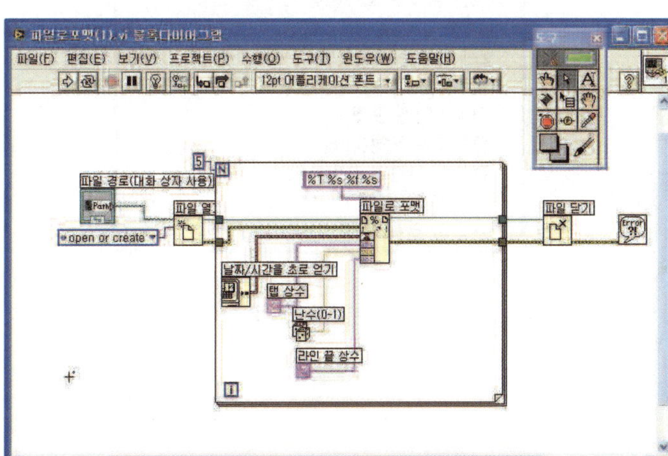

위 프로그램은 "파일로 포맷"을 사용하여 저장한 예제인데 데이터 열을 맨 앞에 날짜/시간을 초로 얻어 맨 앞에 표현하고, 탭을 사용하여 띄어주고, 난수값을 얻어 소수 3째자리까지 표현하고, 마지막으로 줄바꾸기하여 5번 데이터를 저장하는 것이다.

파일로 포맷의 형식은 다음과 같이 설정한다.

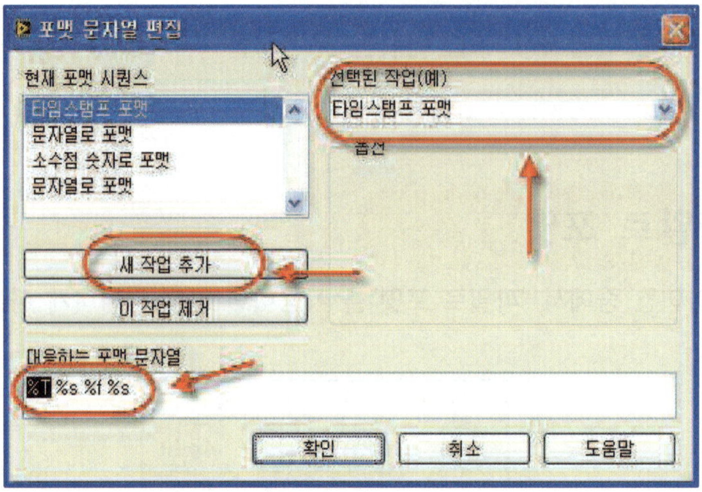

형식을 추가할 때는 새작업 추가로 추가한 후 형식은 선택된 작업을 눌러 다음 중에서 선택함으로 바꿔준다.

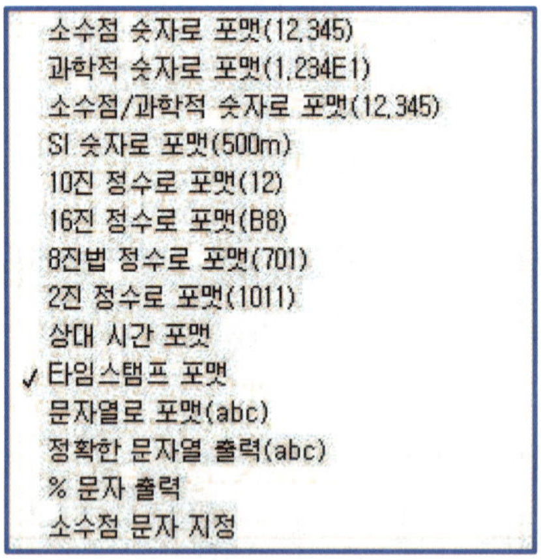

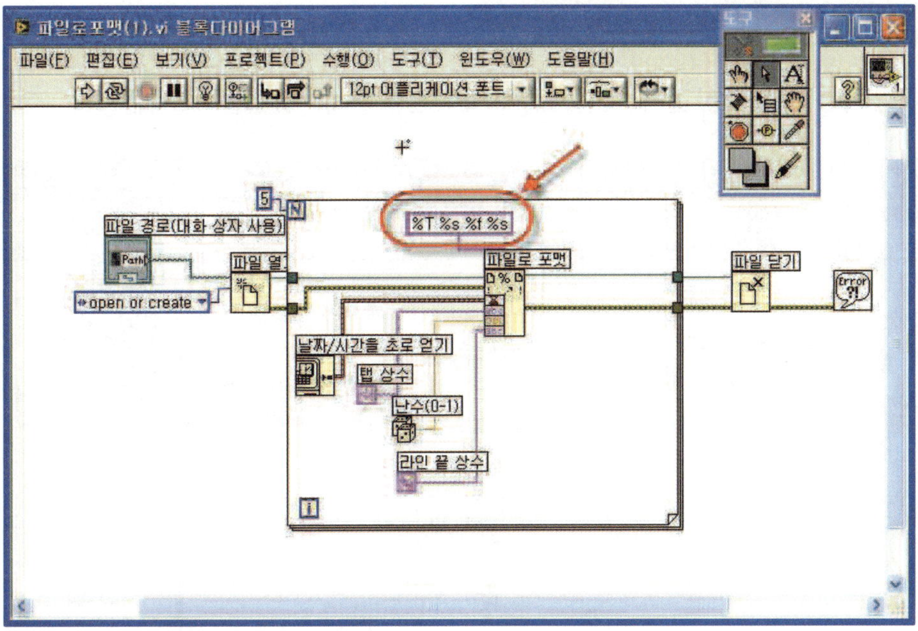

위와 같이 설정하면 대응하는 포맷 문자열에 보이는 것과 같이 표현되고 이 값은 블록다이어그램 상에 파일로 포맷 위에 표시된다.

저장된 결과를 보면 다음과 같다.

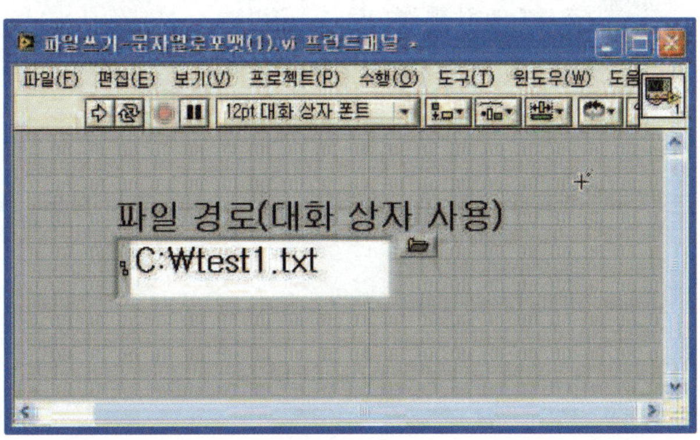

15.3 문자열로 포맷

위의 기능과 비슷하면서 파일 쓰기 아이컨을 사용 방법을 소개한다.

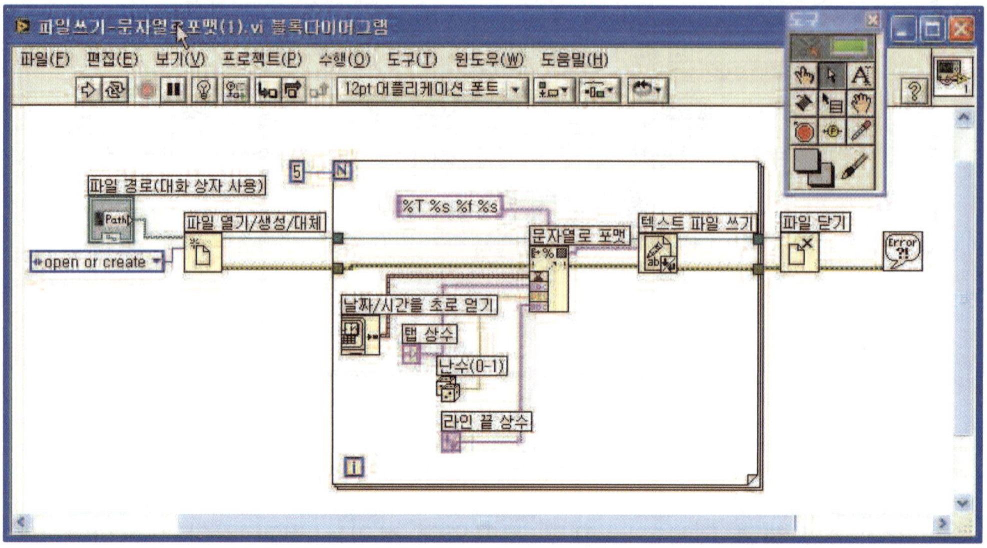

프로그램을 실행시키면 다음과 같은 결과를 얻는다,

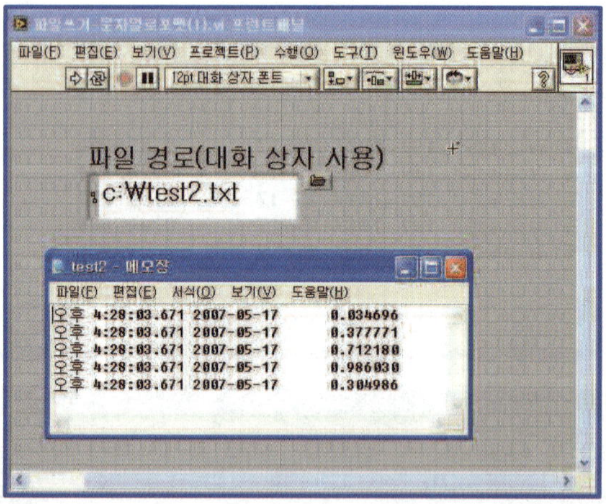

위 메모장 결과는 "파일로 포맷"을 사용한 경우나 "문자열로 포맷"을 사용한 경우과 동일하다.

15.4 측정파일에 쓰기

이 아이컨을 사용하면 간편하게 저장할 수 있다.

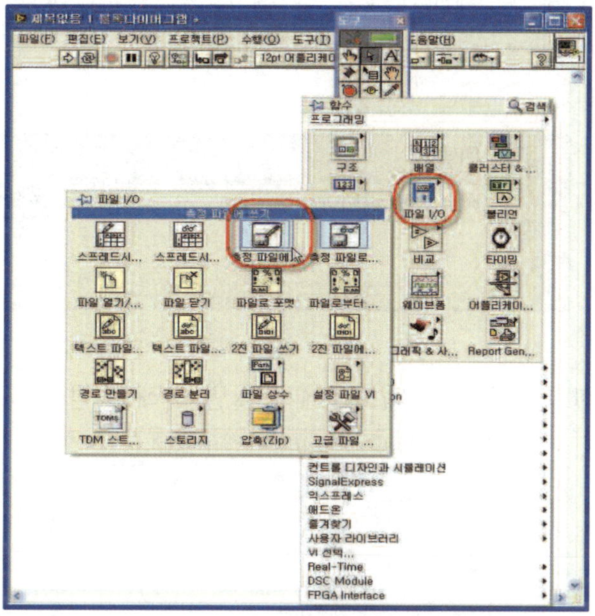

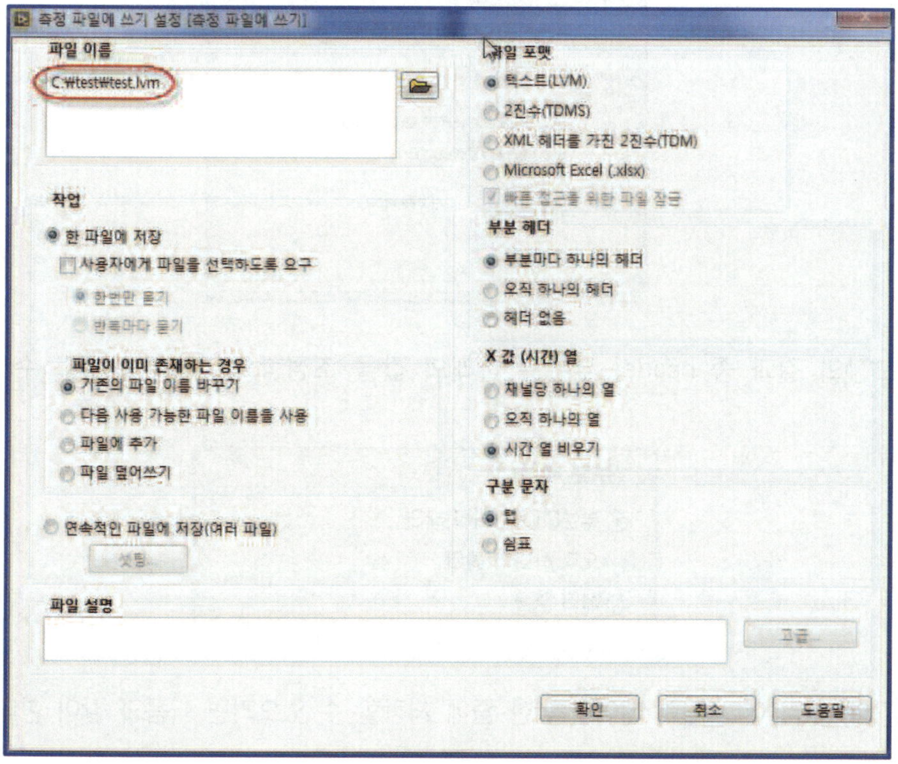

이상에서 파일 포맷을 텍스트로 하면 확장자는 LVM, 2진이면 TDMS로 된다.

위의 과정을 자세히 보면 파일을 저장하는 위치, 이름, 기존파일 이름바꾸기, 파일에 추가, 덮어쓰기 등등이 있고, 파일 포맷을 텍스트, 이진, XML헤더를 가진 2진, 및 헤더를 어디에 둘 것인지, X값 열 중 단 하나의 열일지, 시간 열을 없앨지, 구분문자는 Tab 인지, 쉼표인지를 선택할 수 있다.

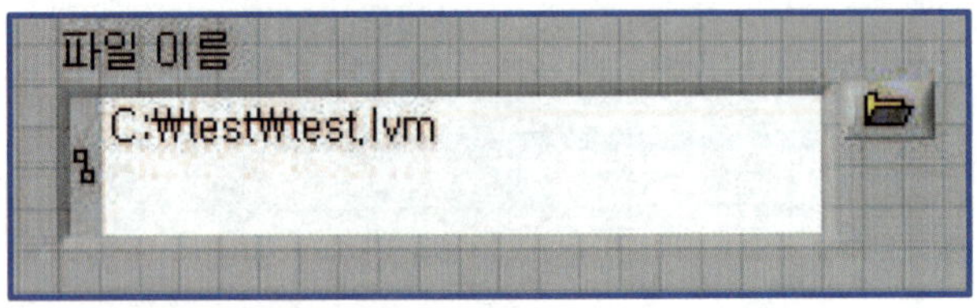

텍스트로 저장한 파일이므로 메모장에서 열면 아래와 같이 내용을 볼 수 있다.

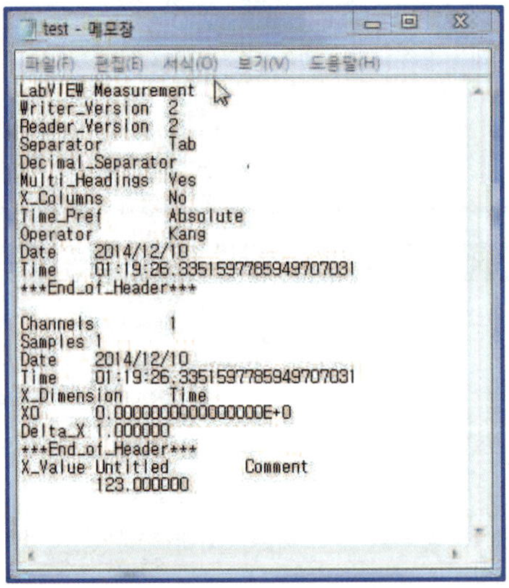

```
LabVIEW Measurement
Writer_Version	2
Reader_Version	2
Separator	Tab
Decimal_Separator	.
Multi_Headings	Yes
X_Columns	No
Time_Pref	Absolute
Operator	Kang
Date	2014/12/10
Time	01:19:26.3351597785949707031
***End_of_Header***

Channels	1
Samples	1
Date	2014/12/10
Time	01:19:26.3351597785949707031
X_Dimension	Time
X0	0.0000000000000000E+0
Delta_X	1.000000
***End_of_Header***
X_Value	Untitled	Comment
	123.000000
```

메모장의 결과 중 header 부분은 아래의 값을 조정함으로서 변화시킬 수 있다.

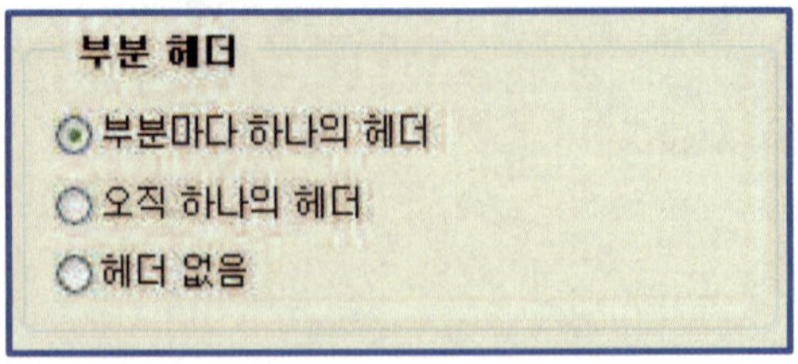

저장의 경우, 여러 개의 데이터를 한 줄에 저장할 수 있으려면 다음과 같이 한다.

신호병합 아이컨은 함수 - 익스프레스 - 신호조작 - 신호병합 에 있다.
2진 값으로 저장하기 위해서는 아래의 파일 포맷 값을 변경시킨다.
다음 디렉토리에 test(binary)라는 이름으로 저장하자.

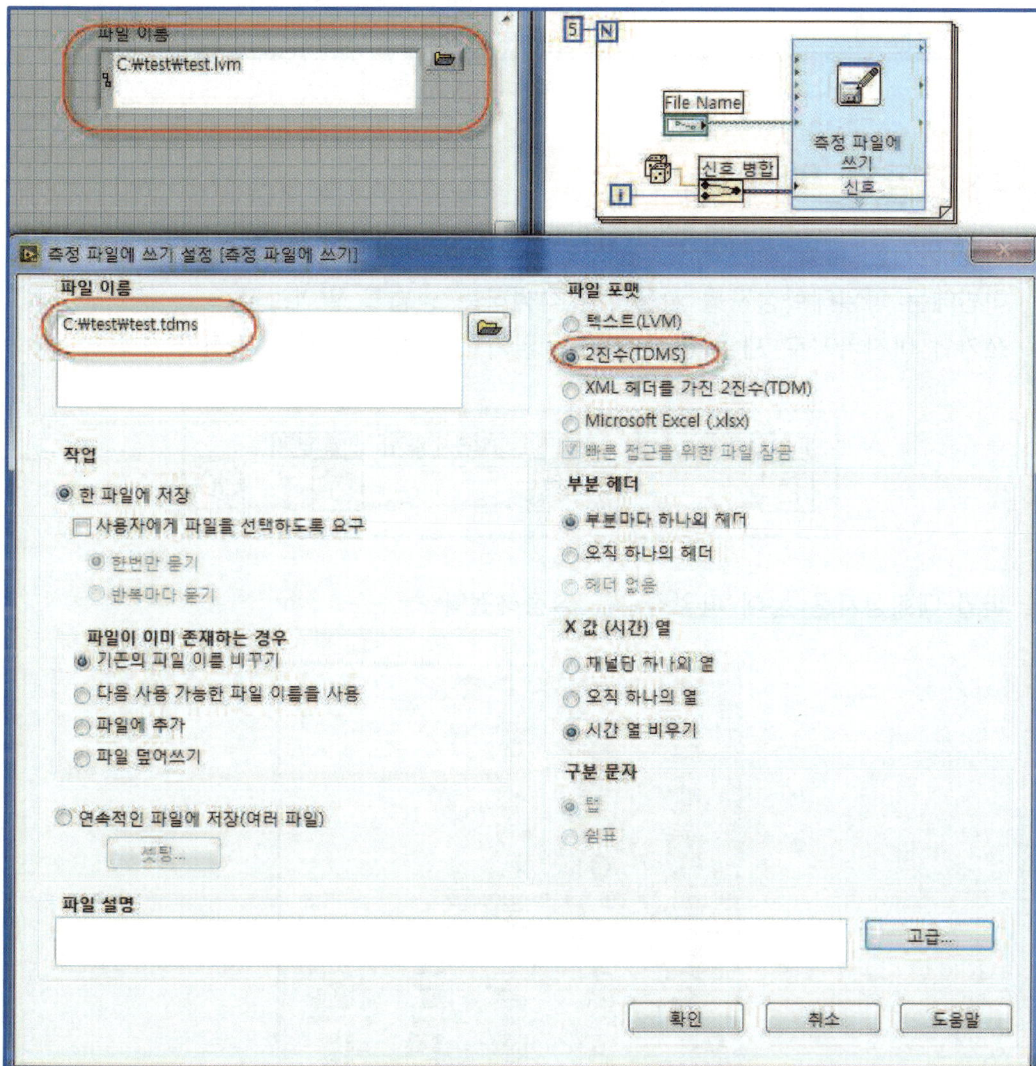

실행하여 저장된 디렉토리를 보면 아래와 같다.

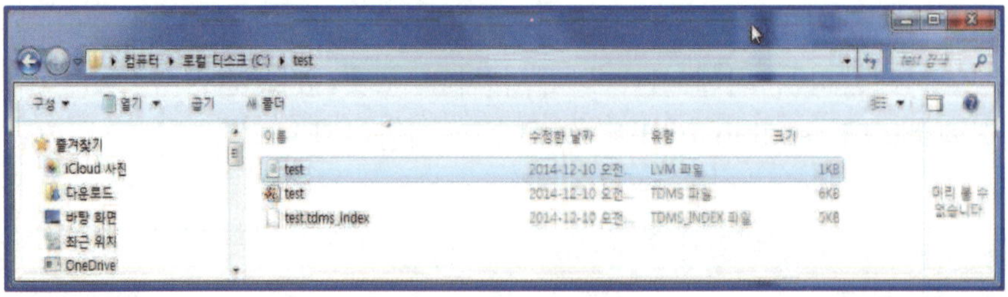

15.5 파일 읽기

파일 읽기는 파일 쓰기와 달리 쓰여진 파일의 크기를 먼저 알아야 한다.
이번에는 파일대화상자를 사용하여 작성하는 방법을 알아보자.
쓰기와 마찬가지로 제일 먼저 열기 - 읽기 - 닫기의 순서를 가진다.

파일 대화상자를 통해 파일경로를 설정하겠다.

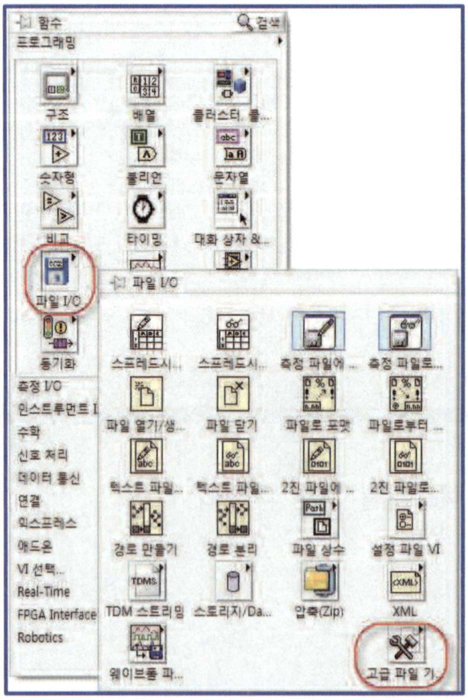

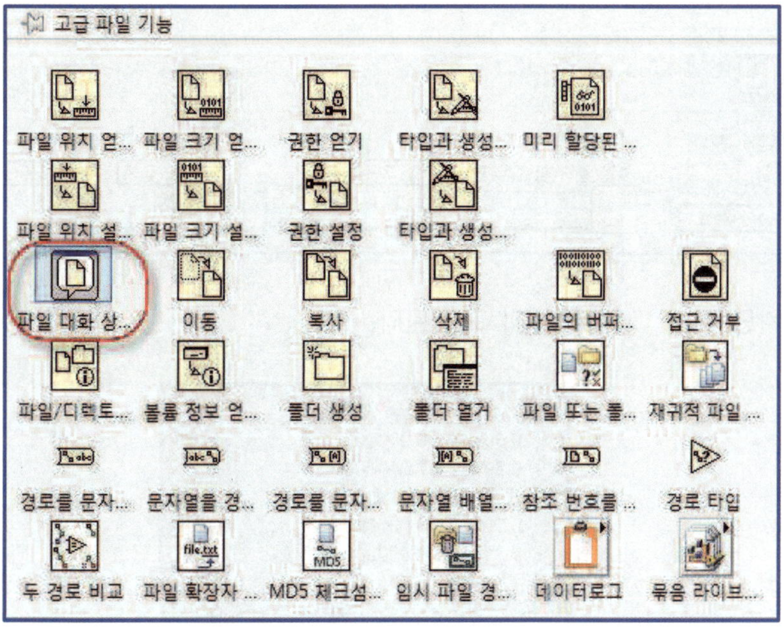

대화상자를 클릭하면 다음과 같이 열리므로 필요에 따라 설정한다.

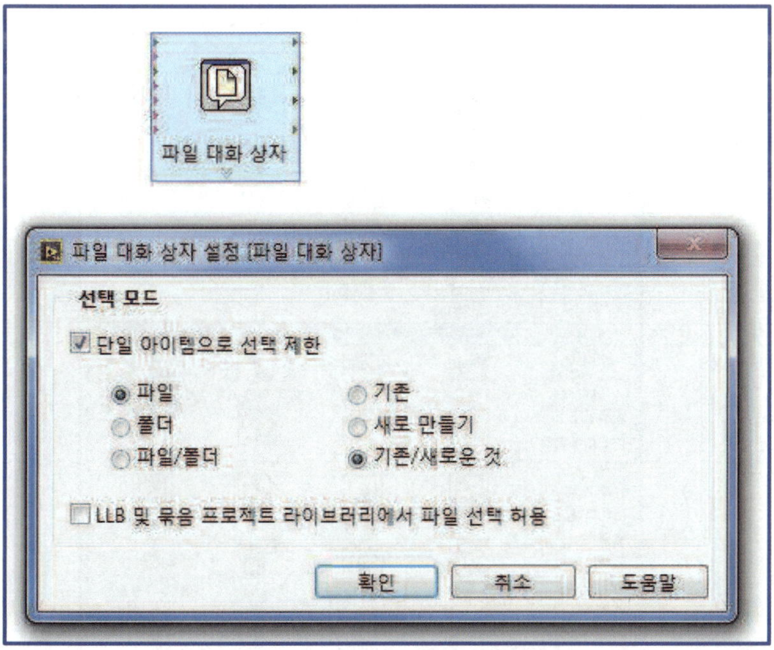

파일대화상자를 사용하여 파일을 읽으려면 다음과 같이 프로그램 한다.

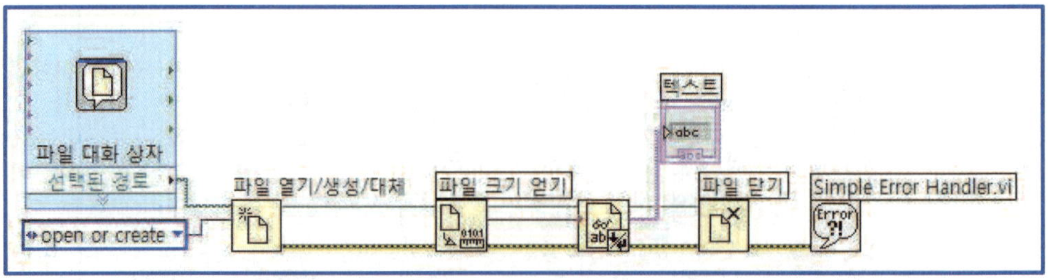

실행시키면 다음 그림과 같이 표시된다.

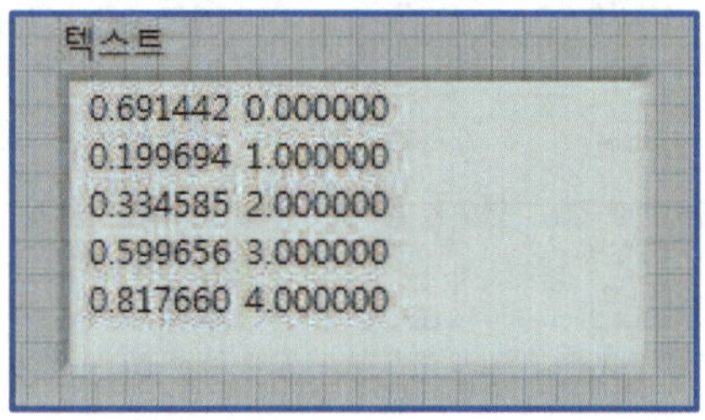

15.6 측정파일로 부터 읽기

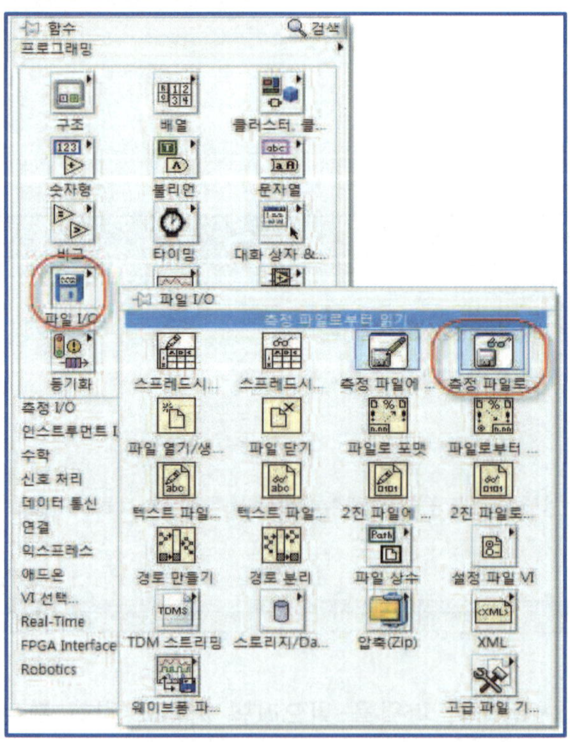

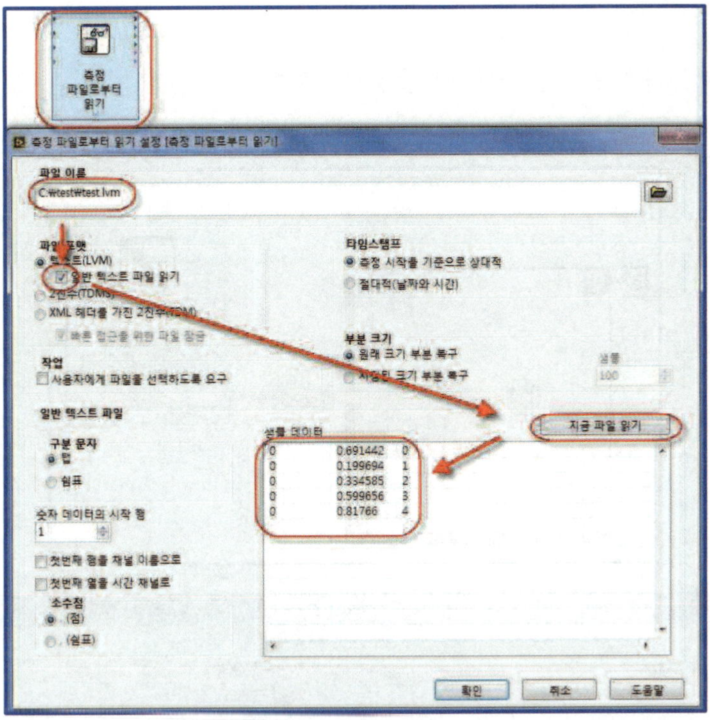

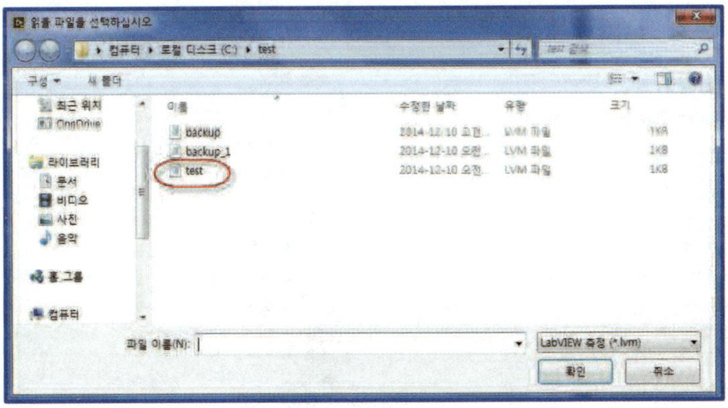

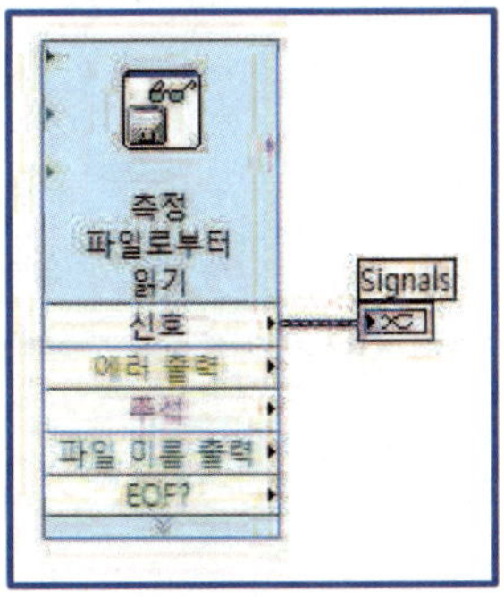

위와 같이 하면 저장된 데이터를 읽을 수 있다.

연습문제

연습문제 15-1) 다음과 같은 그래프의 값을 저장하여라.

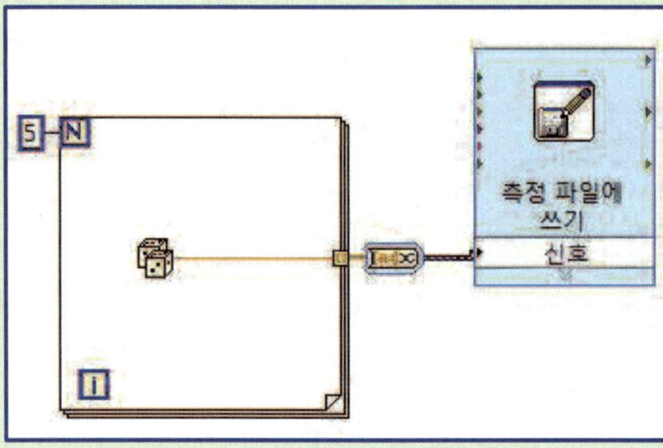

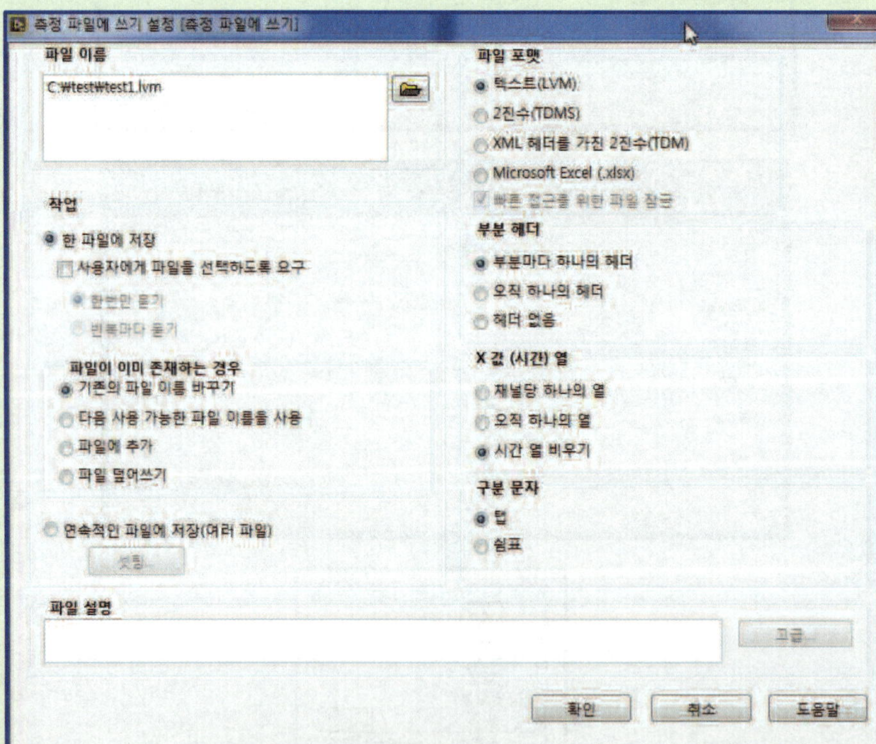

16 동기화

데이터를 주고 받는 데는 쉽게는 와이어로 연결하는 방법과 변수를 사용하는 방법이 있다. 변수를 사용할 경우 메모리를 차지하여 실행 속도가 지연될 수 있다. 변수에는 로컬변수(local variable)와 글로벌 변수가 있다.

16.1. 로컬 변수(local variable)

로컬 변수(local variable)는 모든 컨트롤(control) 및 인디케이터(indicator)에 대해 생성할 수 있다.

예를 들면 다음과 같다.

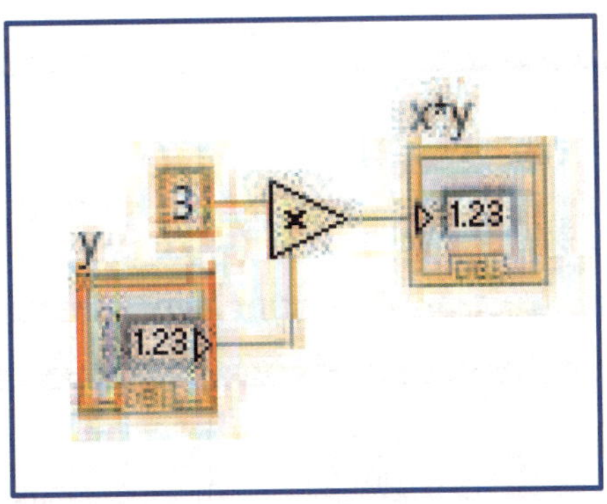

입력 중 컨트롤(control)과 출력인 인디케이터(indicator)를 로컬 변수(local variable)로 바꾸려면 다음과 같다.

원하는 부분에 마우스 커서를 올려놓고 우측 버튼을 눌러 생성 - 로컬 변수(local variable)를 선택한다.

만들어진 로컬 변수(local variable)위에 마우스 커서를 놓고 마우스 우측 버튼을 눌러 읽기로 변경한다. 로컬 변수(local variable)는 초기의 값을 따르지 않고 무조건 인디케이터(indicator)로 만들어지므로 아래 그림과 같이 읽기로 변경을 선택해야 한다.

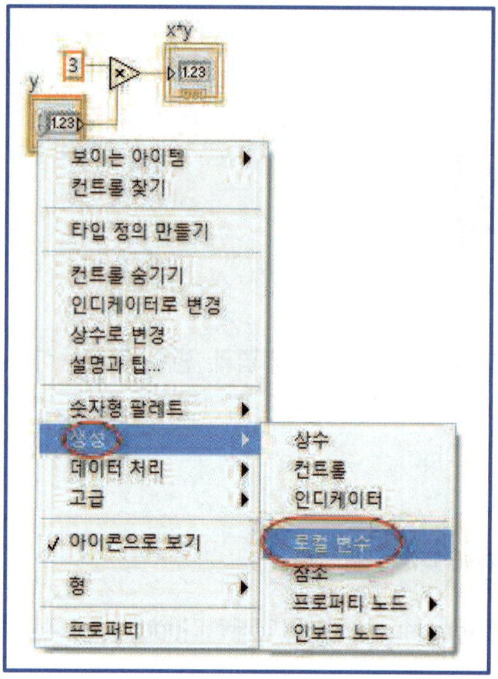

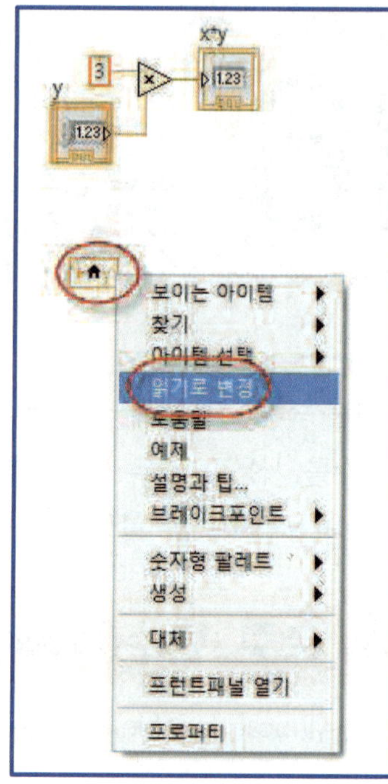

로컬변수(local variable)를 이용한 사례는 다음과 같다.

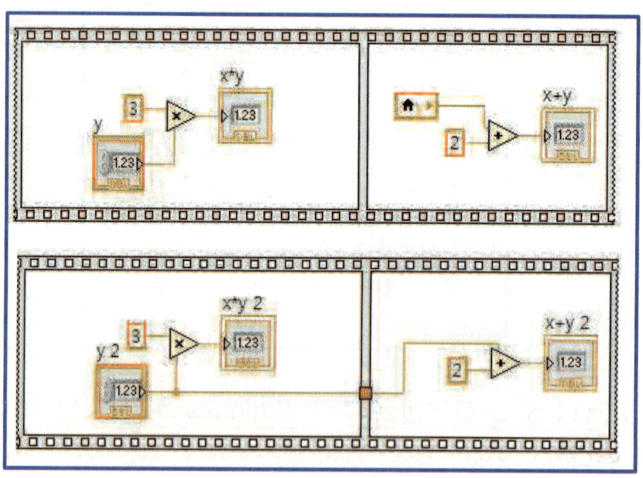

위 그림에서 위쪽은 케이스 문에서 사용한 경우인데 첫째 케이스에서 계산한 결과를 다음 프레임으로 전달하기 위해서는 로컬변수(local variable)를 만들어 다음프레임에서

불러 사용하면 된다. 그러나 플랫 시퀀스문의 경우에는 직접 선으로 연결하면 별도의 메모리가 추가되지 않아 로컬변수(local variable)를 사용할 때보다 실행 속도에 영향을 덜 받는다. 로컬변수(local variable) 등 변수를 많이 사용하면 메모리를 많아 사용하게 되어 실행 속도가 늦어지므로 주의를 요한다.

로컬변수(local variable)는 동일한 VI내에서만 사용가능하고 자체 VI를 벗어나서는 사용할 수 없다. 로컬변수(local variable)를 만드는 다른 방법은 다음과 같다.

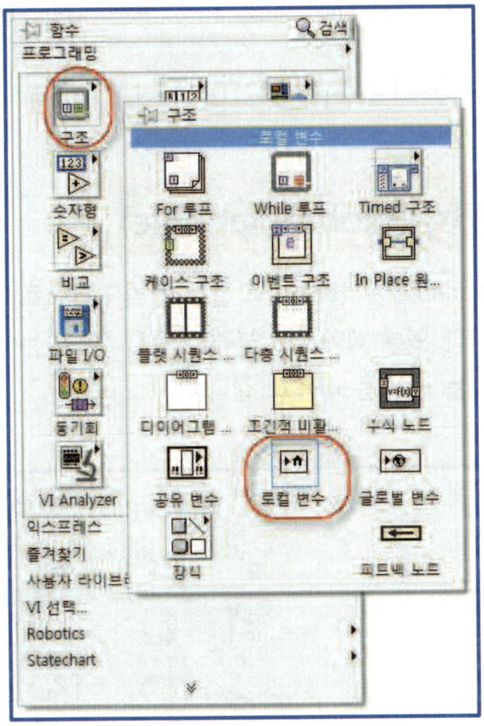

위 그림과 같이 구조 – 로컬 변수(local variable)를 선택한다. 선택 이후 검은 색의 로컬 변수(local variable)가 다음과 같이 생성된다.

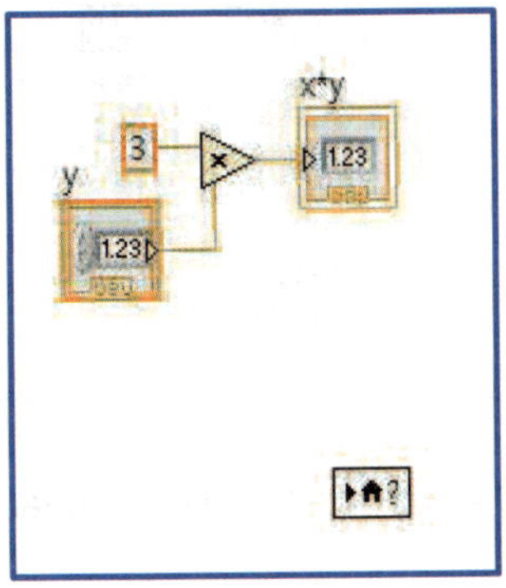

생성 후 마우스 왼쪽 버튼을 누르면 현재의 VI내에 생성가능한 모든 컨트롤(control)과 인디케이터(indicator)들이 보이는데 원하는 것을 선택하면 최종 생성된다.

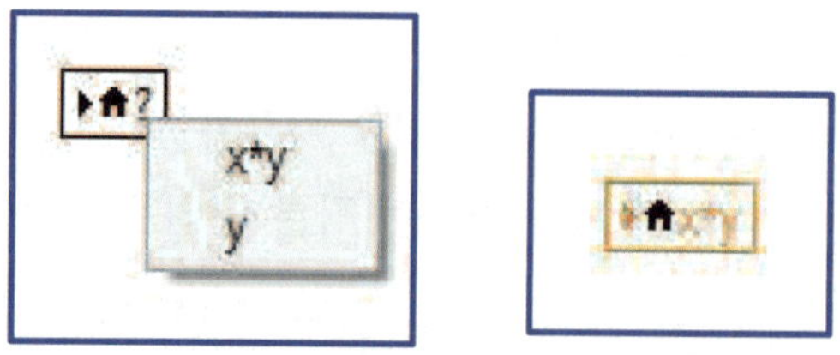

최종 생성된 로컬 변수(local variable)는 위와 같다.

16.2 글로벌 변수(global variable)

글로벌 변수(global variable)는 별도의 파일로 만들어지므로 로컬변수(local variable)와는 달리 자체VI 뿐 아니라 외부 VI에서도 불러 사용할 수 있는 장점이 있다. 글로벌 변수(global variable)를 반드는 방법은 다음과 같다.

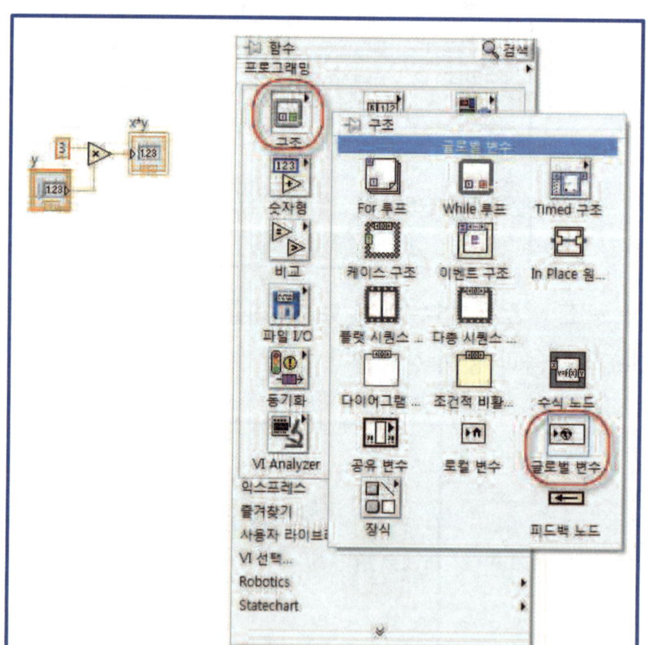

글로벌 변수(global variable)는 로컬 변수(local variable) 생성과 같이 구조 – 글로벌 변수 생성으로 한다.

글로벌 변수(global variable)를 생성한 뒤 마우스로 두 번 클릭하면 다음과 같이 별도의 프런트 패널이 생성된다.

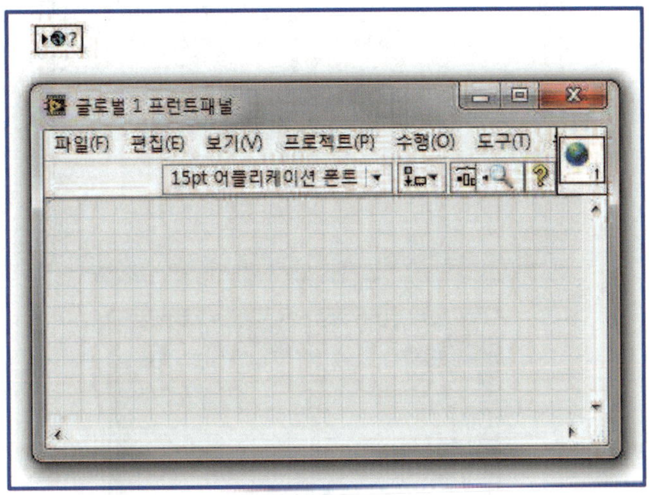

글로벌 변수(global variable)는 LabVIEW에서 유일하게 블록 다이어그램이 없이 프런트 패널만 있는 VI이다.

프런트 패널에 다음과 같이 원하는 컨트롤(control)이나 인디게이터(indicator)를 설치한다.

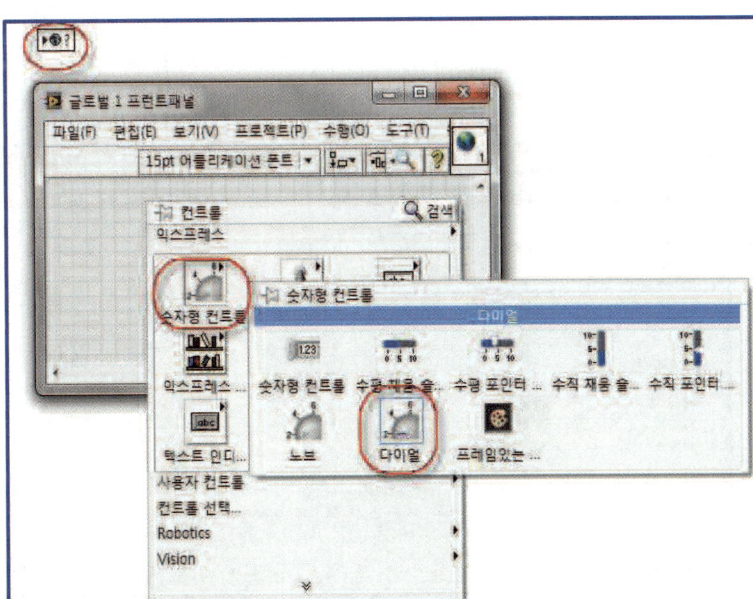

여기서는 컨트롤(control) 중 다이얼을 작성한 예이다.

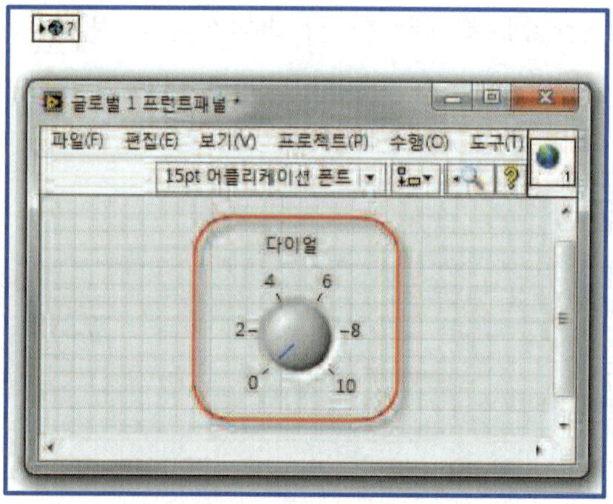

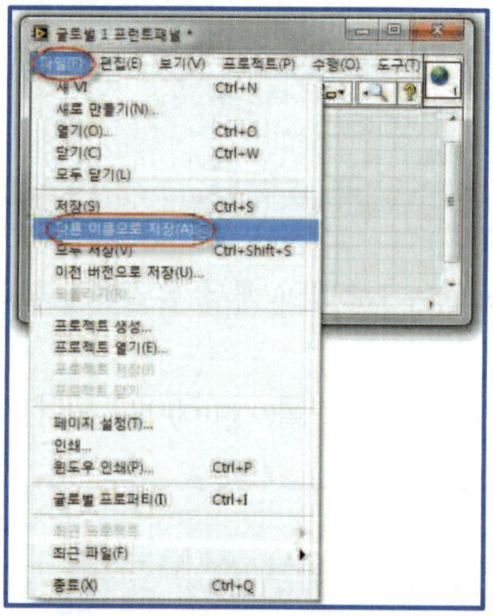

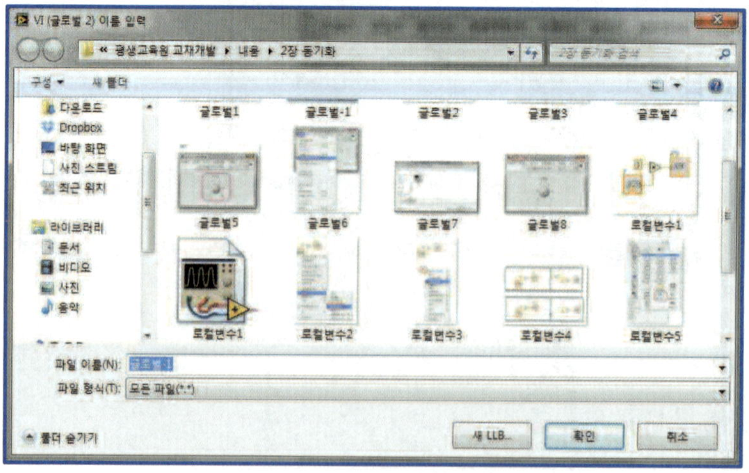

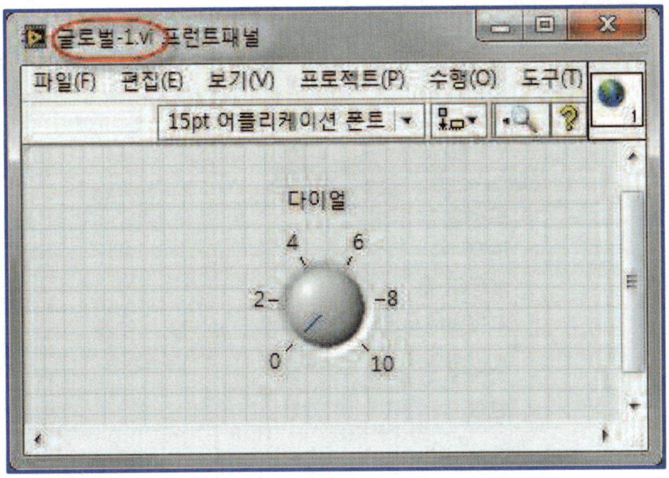

생성된 글로벌 변수를 사용하려면 다음과 같이 한다.

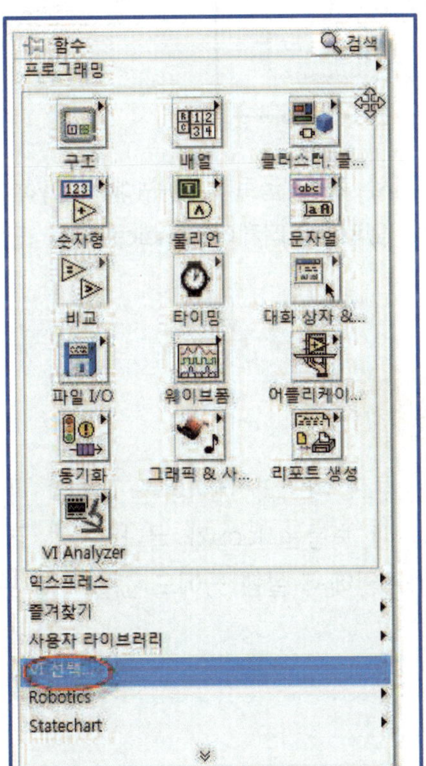

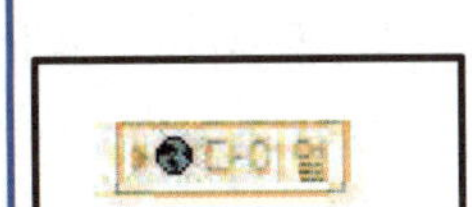

불러온 글로벌 변수(global variable)는 초기에는 인디케이터(indicator)로 되어있어 필요에 따라 컨트럴로 변환해야 한다.

방법은 다음과 같다.

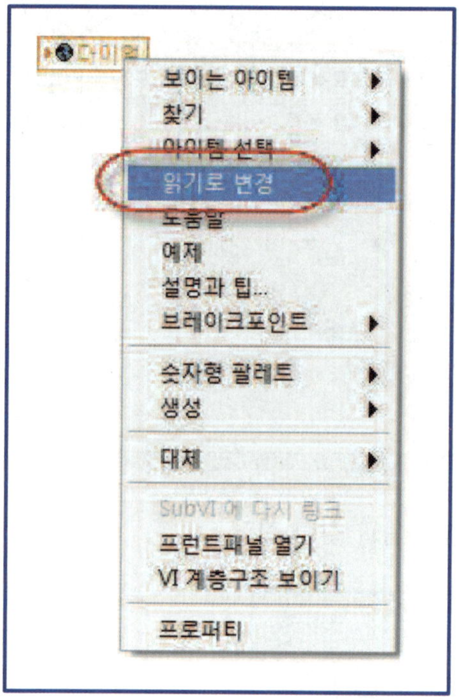

컨트롤(control)로 변환이 된 상태에서 최초 글로벌 변수(global variable)를 만들었던 상태가 되어 프로그램에 활용할 수 있다. 인디케이터(indicator)로 만든 글로벌 변수(global variable)도 동일하다.

16.3 알림자(notifiers)

알림자는 마스터 루프와 슬레이브 루프 사이의 데이터를 전송할 때 사용한다. 특히 while loop안에서 프로그램이 실행될 때 보통은 loop가 끝나야지만 결과를 loop밖으로 꺼낼 수 있는데 알림자를 사용하면 loop안에서 실행 중에도 값을 꺼낼 수 있다.

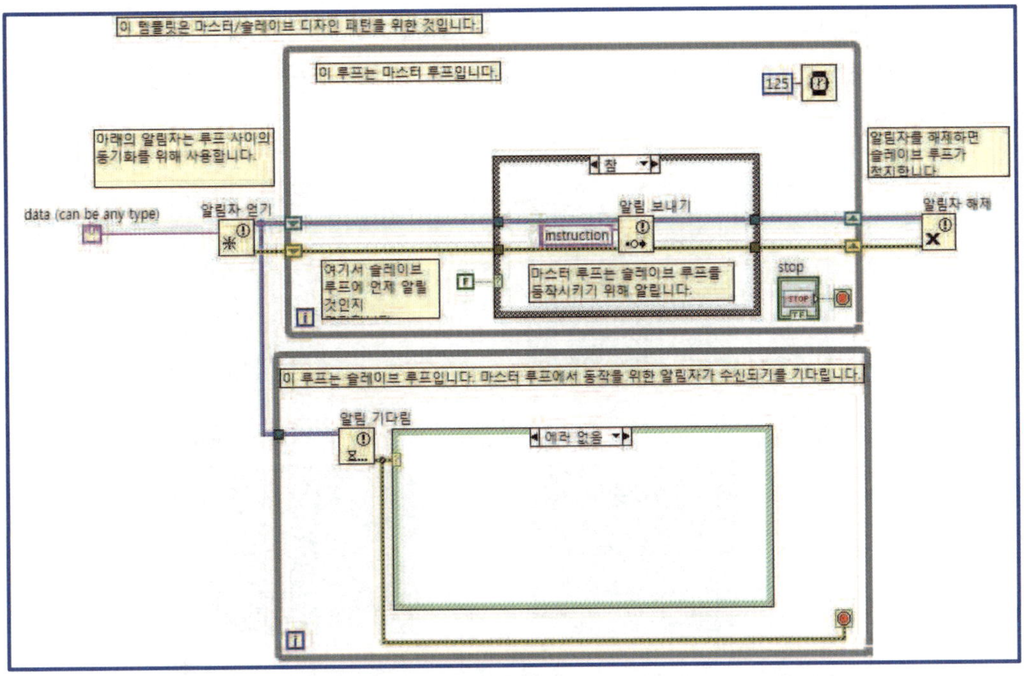

위의 패턴은 파일 – 새로만들기 – 프레임워크 – 디자인 패턴 – 마스터/슬레이브 디자인 패턴 안에 있다.

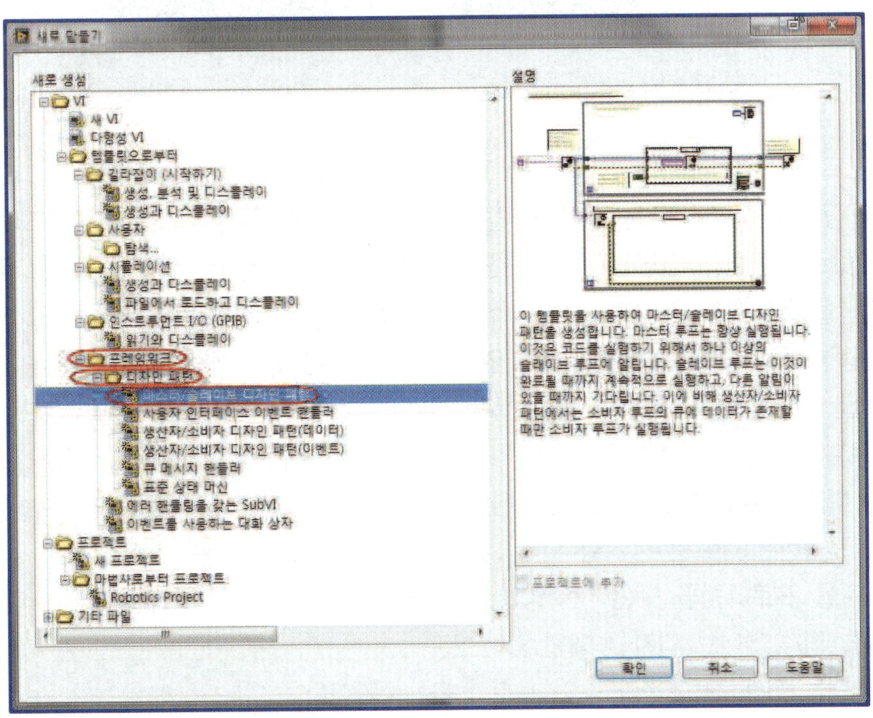

이상의 패턴을 이용하여 다음과 같이 간단한 기능을 프로그램하자.

주어진 내용은 마스터 루프에서 구한 그래프를 슬레이브 루프에서 동시에 재현하는 것이다.

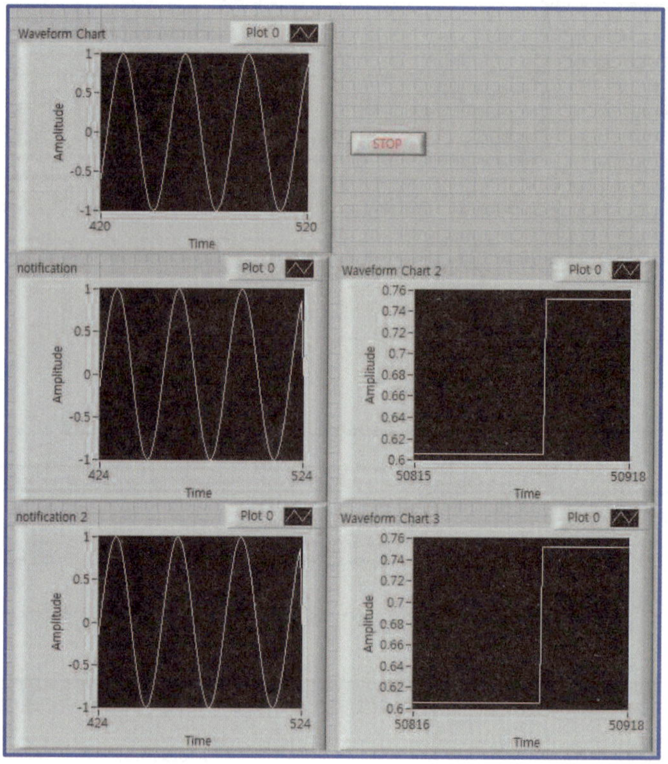

위의 프런트 패널에서 왼쪽 위 그래프는 0.1초 간격으로 사인(sine)파형을 그리는 그래프인데 중앙 왼쪽 그래프는 시간지연을 0.01초로 한 상태에서 슬레이프 루프1에서 동시에 사인(sine) 파형을 그리는 것이고 중앙 오른쪽 그래프는 두 번째 슬레이브 루프에서 시간지연을 0.01초로 한 상태에서 마스터 루프와 동시에 사인(sine) 파형을 그리는 것이다. 하단 왼쪽 그래프는 역시 시간지연을 0.01초로 한 상태에서 로컬 변수를 사용하여 그래프를 그린 것이고, 마지막 하단 우측 그래프는 역시 시간지연을 0.01초로 한 상태에서 글로벌 변수를 사용하여 그래프를 그린 것이다. 그래프에서 보듯이 알림자를 사용한 경우는 마스터 루프와 정확하게 일치하며 동시에 그래프를 그리지만 로컬 변수나 글로벌 변수를 사용한 그래프는 동기화 되지 않고 파형이 끊어짐을 알 수 있다.

알림자를 프로그램을 구현하는 방법은 파일 – 새로만들기 – 프레임워크 – 디자인 패턴 – 마스터/슬레이브 디자인 패턴 안에 있다.

빈 패턴을 꺼낸 뒤 다음과 같이 프로그램을 주가한다.

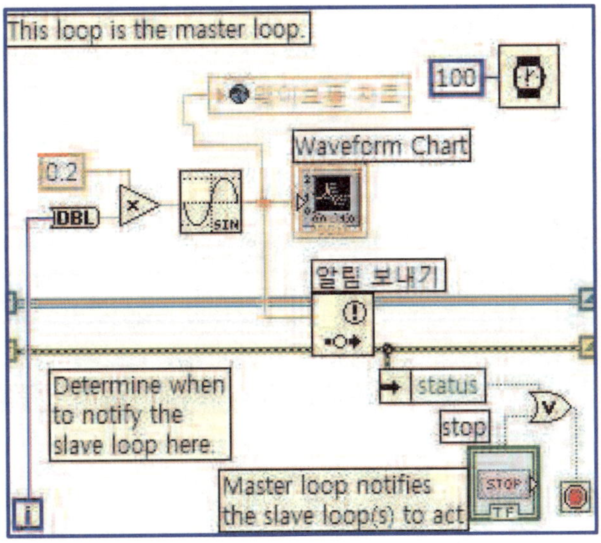

최초 템플릿에서 위와 같이 구현하기 위해서는 다음과 같이 한다.

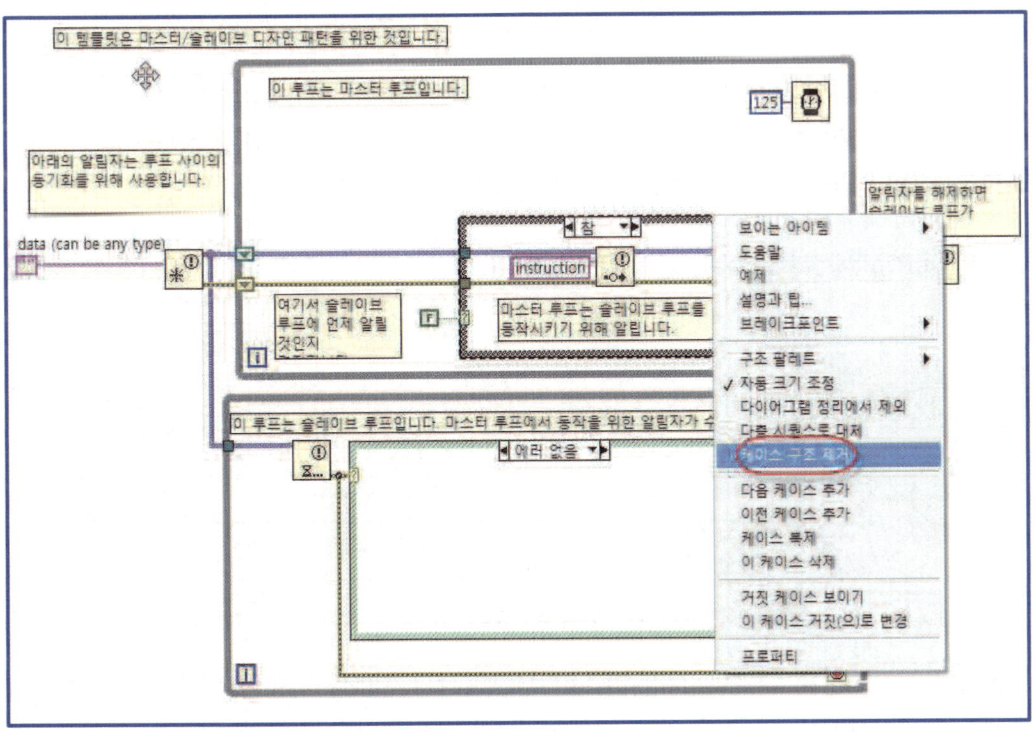

케이스 구조를 제거하면 다음과 같이 되어 일반적으로 간단한 프로그램을 하는데 사용할 수 있다.

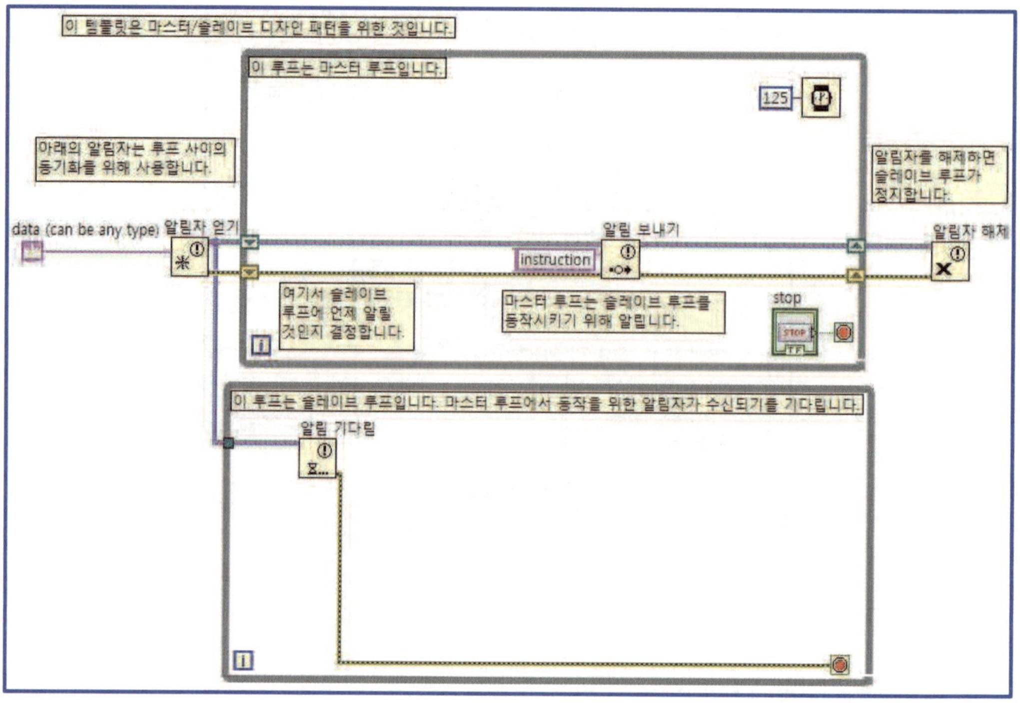

가장 먼저 해야할 일은 데이터 타입을 변경시키는 일이다. 위의 그림에서는 데이터 타입이 문자열로 되어 있어 라인의 색이 핑크인데 여기서 할 일은 사인(sine)커브를 그려야 하므로 데이터 타입은 DBL 소수형 숫자를 선택하므로 주황색이 된다.

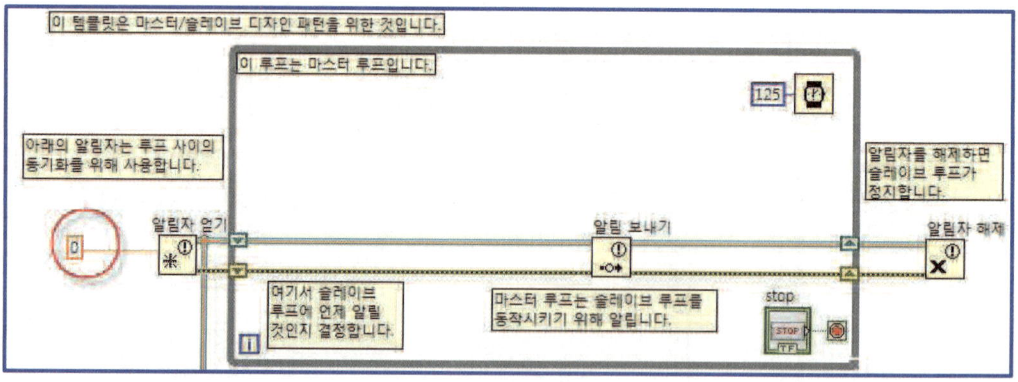

완성된 프로그램은 다음과 같이 마스터 루프에서 사인(sine)파형을 발생시키고 동시에 슬레이브 루프에서는 이 값을 받아 사인(sine)파형을 하나더 차트에 그리는 것이다. 이때 마스터 루프의 시간 지연은 125ms이나 슬레이브 루프의 시간 지여은 1ms로 차이가 있게 만든다. 이처럼 시간 지연의 차이가 나도 사인(sine) 파형에는 차이가 나지 않고 정확하게 동기화시키는 기능을 하는 것이 알림자(notifiers)이다.

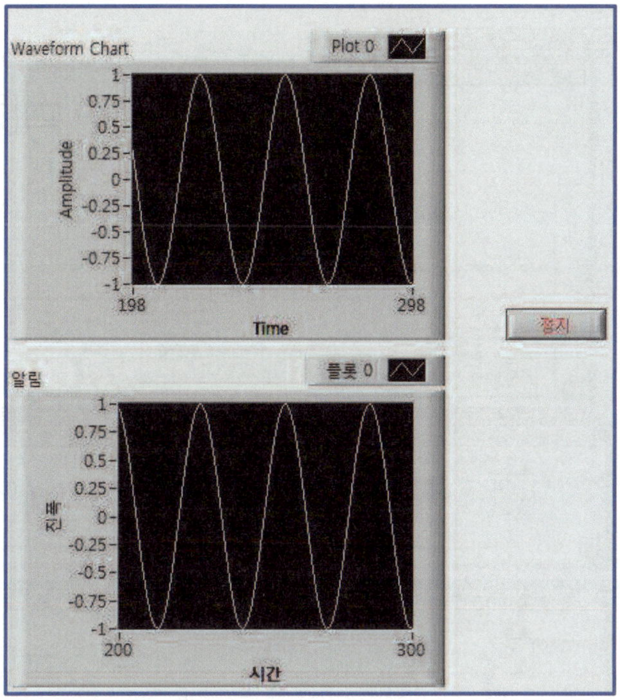

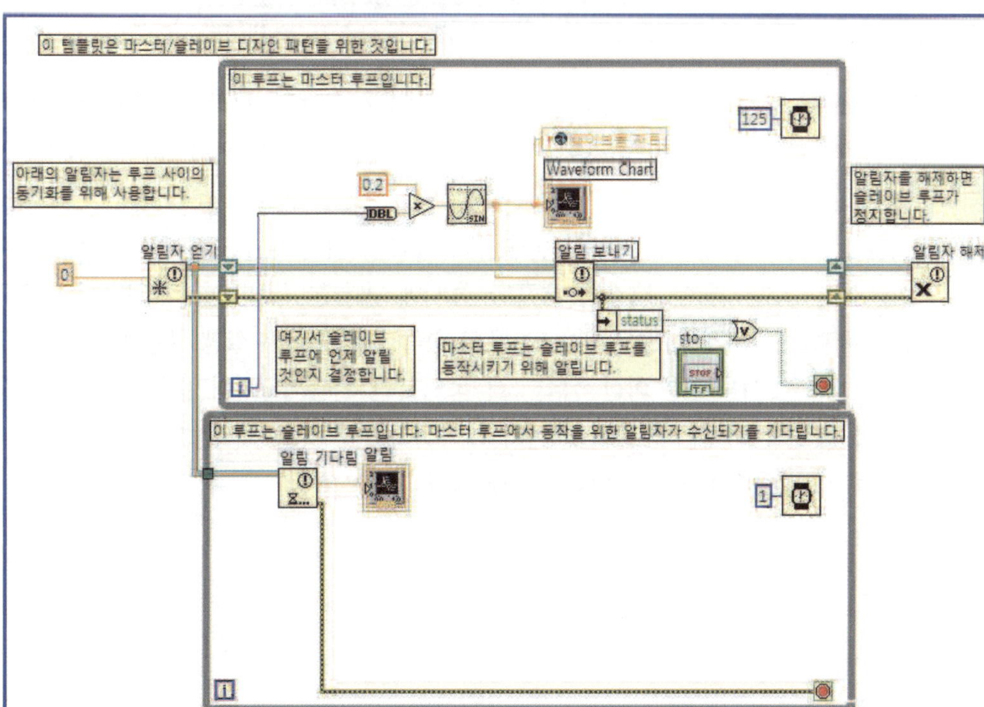

만약 슬레이브 루프를 하나 더 생성하면 어떤 결과가 일어날까?
위의 결과 슬레이브 루프를 하나 더 더해보자.

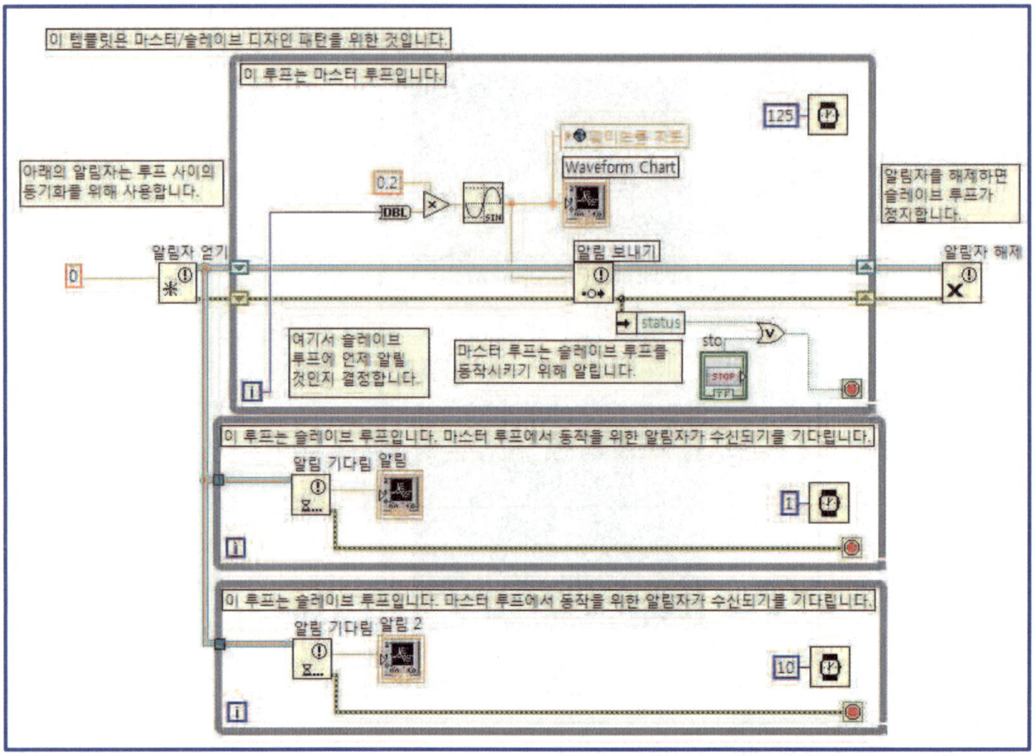

슬레이브 루프가 복수개 있을 경우, 그리고 각각의 루프들의 시간 지연이 서로 다를 때 동기화가 가능할까? 아래 실행 그림을 보면 역시 시간 지연이 서로 달라도 정확하게 동기화하는 모습을 볼 수 있다.

이로 보건데, 알림자(notifiers)는 마치 방송국과 같아서 마스터 루프 한곳에서 데이터를 주면 그것을 받는 알림자들은 마스터 루프와 동시에 동일한 데이터를 슬레이브 루프에 주어 동일한 파형을 그리게 하므로 마스터 루프 값을 while loop 실행 중간에 받아 보고자 할 때 이 방법을 사용하면 항상 정확하게 동기화가 가능하다. 여기서는 DBL 소수형 숫자를 예로 들었으나 어떠한 종류의 데이터라 하더라도 동기화가 가능하다.

아래 그림을 보면 정확하게 동기화하는 것을 확인할 수 있다.

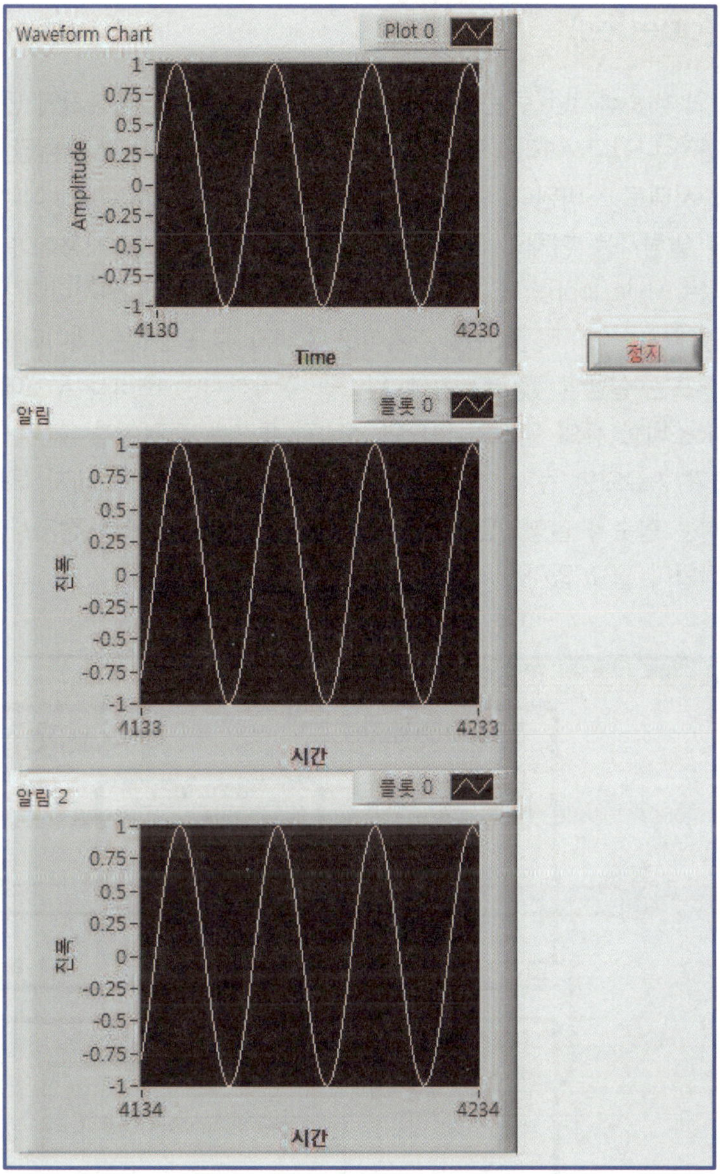

알림자를 사용할 경우의 단점은 알림자(notifiers)는 버퍼링(buffering)을 하지 않기에 슬레이브 루프가 데이터를 다 읽기 전에 마스터 루프에서 다른 데이터를 보내면 슬레이브 루프의 데이터가 겹쳐져서 데이터의 손실이 일어날 수 있다는 점이다.

16.4 큐(queues)

큐는 알림자와 비슷하지만 큐는 FIFO(First In First Out)로 작동하기에 먼저 큐에 들어온 데이터가 먼저 나간다. 여러개의 데이터 가 큐에 들어가면 먼저 들어간 것이 가장 먼저 소비되고 순서대로 소비된다. 큐와 알림자의 차이는 큐는 여러개의 데이터를 모두 처리하는 반면에 알림자는 현재의 데이터만 처리하므로 주의하여 사용해야 한다. 큐함수 중에서 큐얻기는 while loop밖에 두는데 루프에 들어가기 전에 위치하여 큐를 생성하며 생산자 루프 안에서는 데이터를 큐에 추가하고 소비자 루프에서는 데이터를 큐에서 제거하며 생산자 루프는 실행할 때마다 큐에 원소를 추가하지만 소비자 루프에서는 큐를 소비한다. 그러나 소비할 큐의 원소가 없으면 소비자 루프는 정지한다.

마스터 루프가 종료되면 큐가 해제되는데 큐가 해제된 후에도 소비자 루프에서 원소에서 큐를 제거하는 함수가 실행되면 에러가 발생되어 소비자 루프를 정지시키므로 별도로 정지를 위한 작업이 필요 없다.

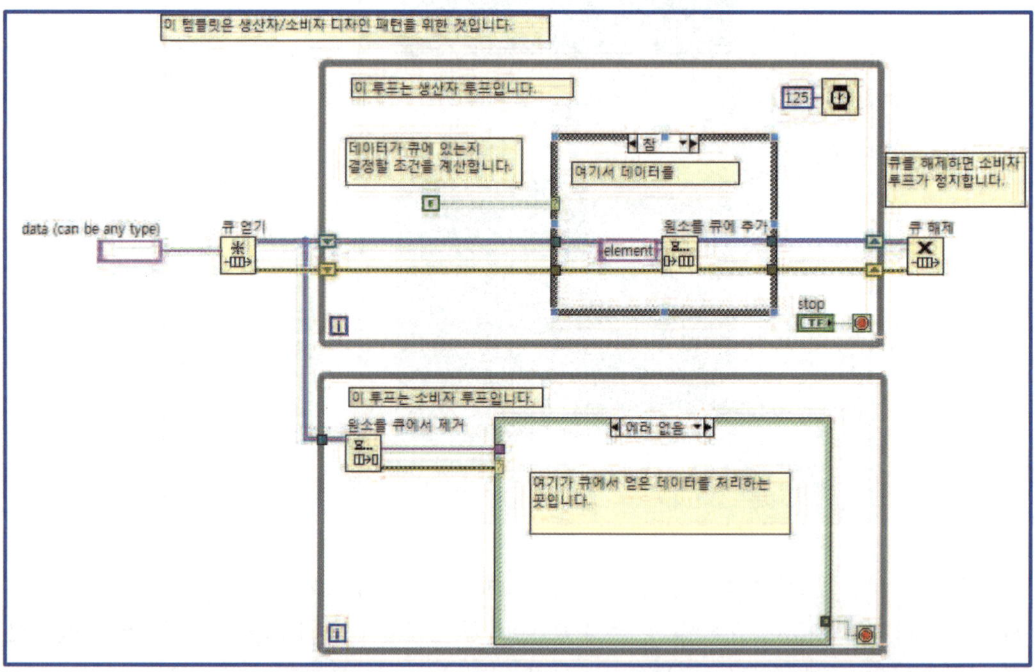

위의 그림과 같이 큐를 사용한다. 다음에 큐를 사용한 예를 보였다.

일반적으로 알림자는 마스터 루프에서 만든 것이 소비자 루프가 몇 개가 되든지 모두가 동시에 데이터를 보여주거나 동기화할 수 있으나, 큐는 생산자 루프에서 생산한 것을 소비자 루프가 여러개가 되면 각각 하나씩 처리하므로 동시처리가 안된다.

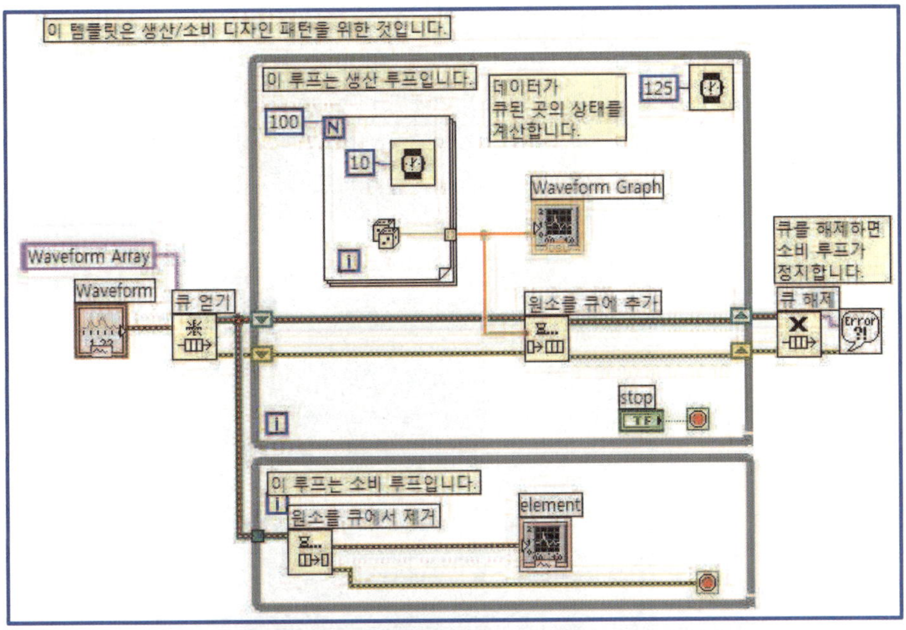

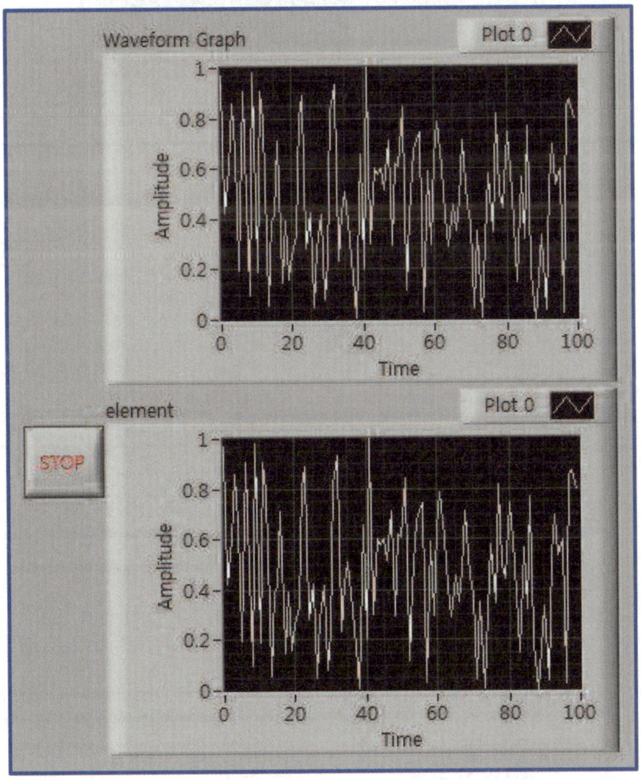

큐의 경우에 소비자 루프를 복수개 설치한다면 어떻게 실행될까?
다음과 같이 프로그램하고 결과를 살펴보자.

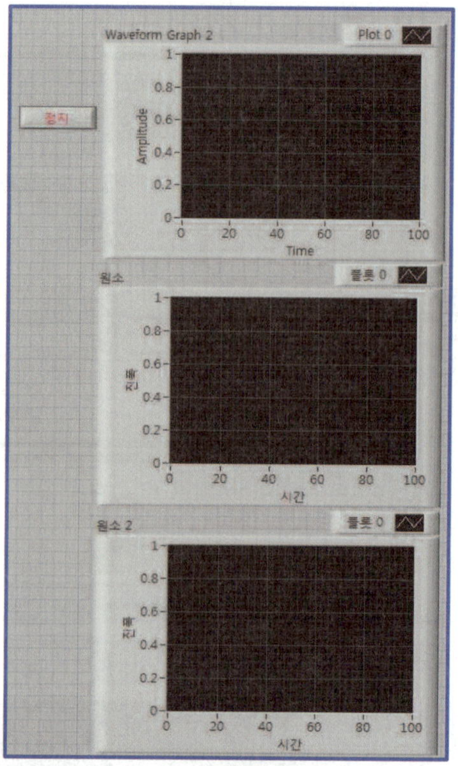
Waveform Graph 2
Plot 0
Amplitude
Time
정지
원소
플롯 0
시간
원소 2

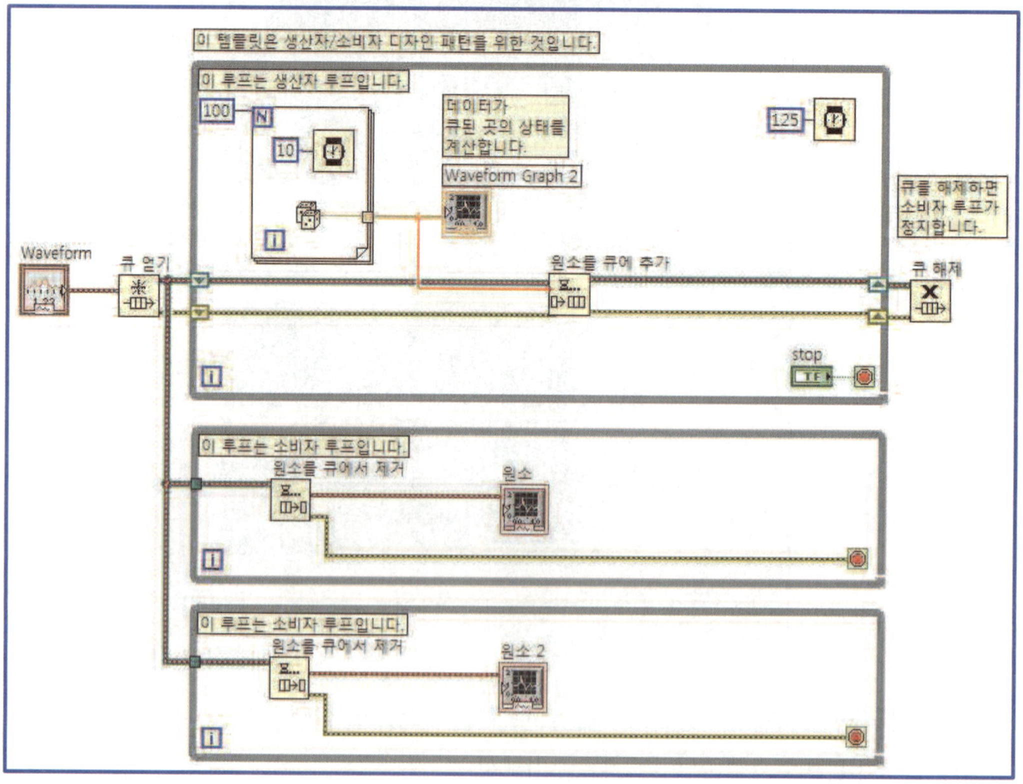
이 템플릿은 생산자/소비자 디자인 패턴을 위한 것입니다.
이 루프는 생산자 루프입니다.
100
10
데이터가
큐된 곳의 상태를
계산합니다.
Waveform Graph 2
125
큐를 해제하면
소비자 루프가
정지합니다.
Waveform
큐 열기
원소를 큐에 추가
큐 해제
stop
이 루프는 소비자 루프입니다.
원소를 큐에서 제거
원소
이 루프는 소비자 루프입니다.
원소를 큐에서 제거
원소 2

알림자의 경우에는 마스터 루프에서 생성된 데이터는 슬레이브 루프가 몇 개가 되던지 모든 슬레이브 루프에서 동시에 데이터를 받아 활용할 수 있었는데 생산자/소비자 디자인 패턴인 큐에서는 소비자 루프 중 하나만 생산자 루프와 동기화되고 새로운 큐가 활성화되면 다른 소비자 루프가 활성화된다.

복수개의 소비자 루프 중 어느 것이 먼저 동기화되는지 지정하기가 곤란한 단점이 있어 모든 루프가 서로 동기화되길 원하면 알림자를 사용하는 것이 좋다.

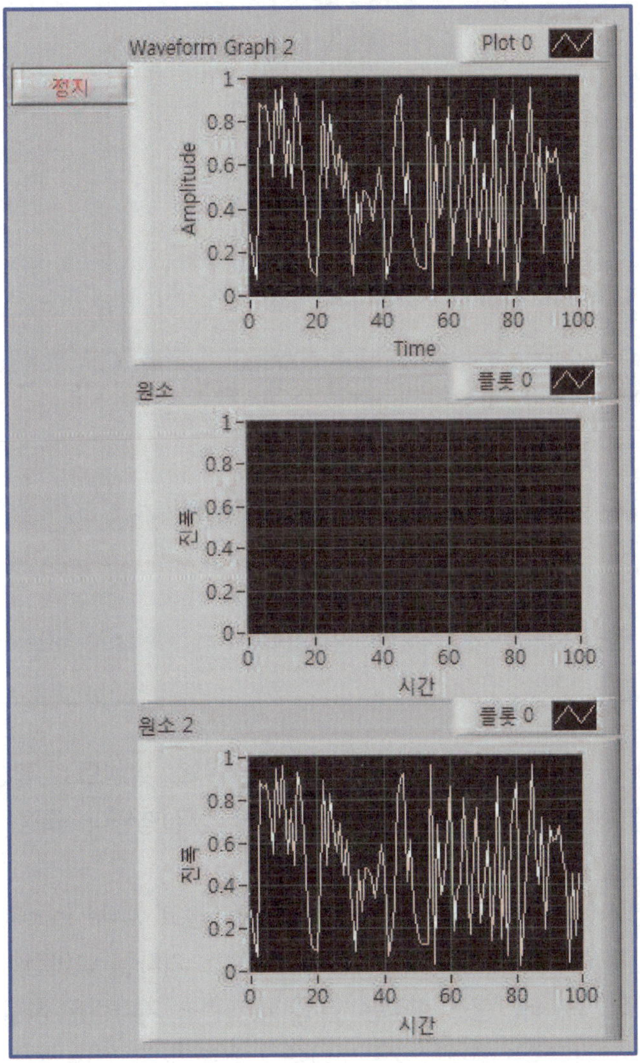

위에서 보듯이 소비자 루프가 복수개가 되면 먼저 실행되는 루프를 지정할 수는 없으나 한번 실행되면 계속 동일한 순서로 생산자 루프와 동시에 해당 소비자 루프만 동기화됨을 알 수 있다.

16.5 어커런스

어커런스는 다음과 같은 아이컨들이 있다.

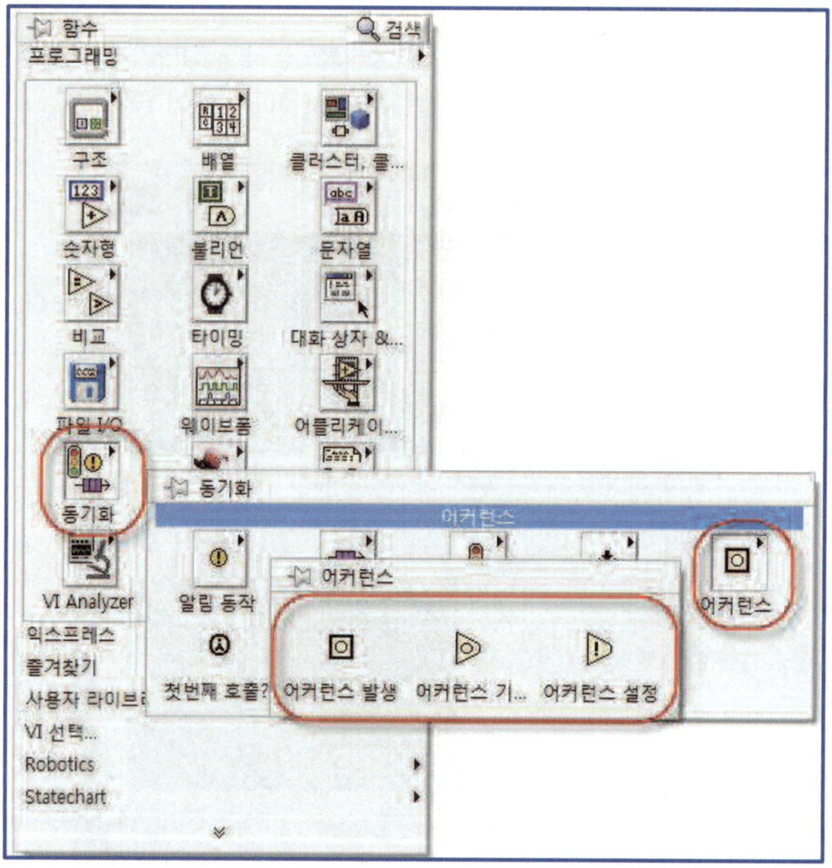

어커런스는 마치 자물쇠와 열쇠 같다. 일단 어커런스 발생으로 활성화된 어커런스는 어커런스 설정을 만나면 그동안 기다리던 어커런스가 실행된다. 특정 loop를 수행한 뒤 다음에 특정한 일을 시키고자 할 때 사용한다.

어커런스는 먼저 while loop앞에 어커런스 발생을 놓고 while loop가 종료되어 밖으로 나오면 어커런스가 설정된다. 설정되는 순간 어커런스 기다림 아이컨이 활성화되어 이후의 일을 하게 된다. 즉, 어커런스 설정은 열쇠, 어커런스 기다림은 자물쇠와 같은 기능을 한다. 단, 어커런스 기다림은 시퀀스 문 하나를 사용하여 그 안에 놓아야 하며, 어커런스 설정을 만나는 순간 어커런스 기다림이 해제되어 다음의 일을 하게 되므로 원하는 일을 시키려면 어커런스 기다림 다음에 위치시켜야 한다.

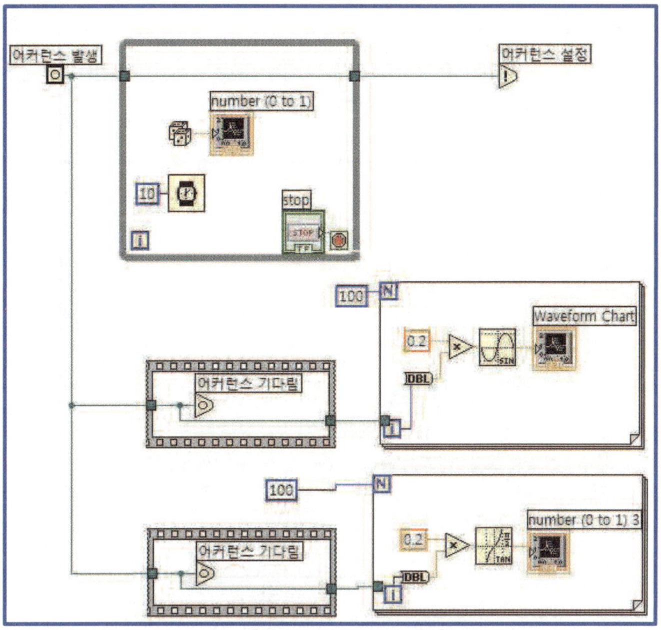
어커런스 발생
number (0 to 1)
10
stop
어커런스 설정
100
N
Waveform Chart
0.2
DBL
SIN
어커런스 기다림
100
N
number (0 to 1) 3
0.2
DBL
TAN
어커런스 기다림

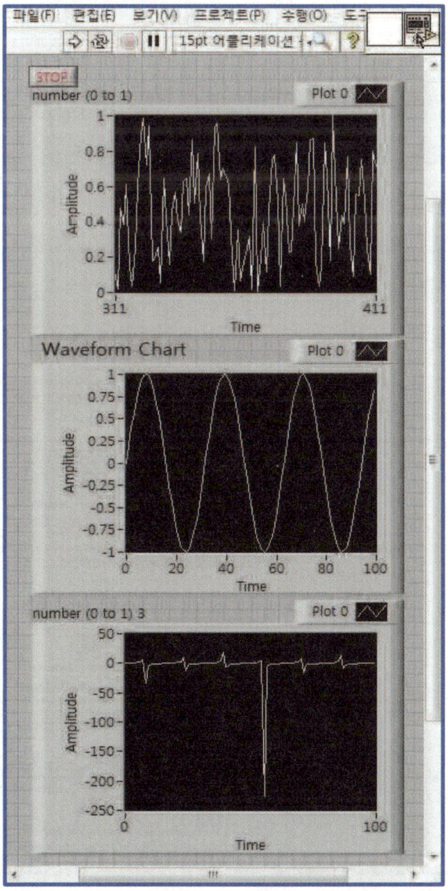
파일(F) 편집(E) 보기(V) 프로젝트(P) 수행(O)
15pt 어플리케이션
STOP
number (0 to 1)
Plot 0
Amplitude
Time
311
411
Waveform Chart
Plot 0
Amplitude
Time
number (0 to 1) 3
Plot 0
Amplitude
Time

16.6 세마포어

세마포어에는 다음과 같은 아이컨들이 있다.

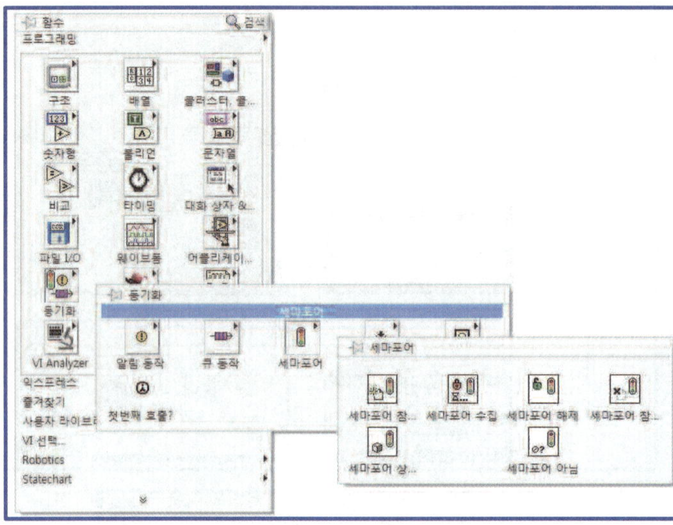

세마포어는 신호등과 같은 기능을 수행한다. 기능을 아래에 설명한다.

세마포어를 사용하면 순서를 지정하기는 어려우나 일단 세마포어를 사용한 loop가 몇 개이던지 일단 시작한 순서의 일을 계속 반복하며 실행하게 하는데 사용한다.

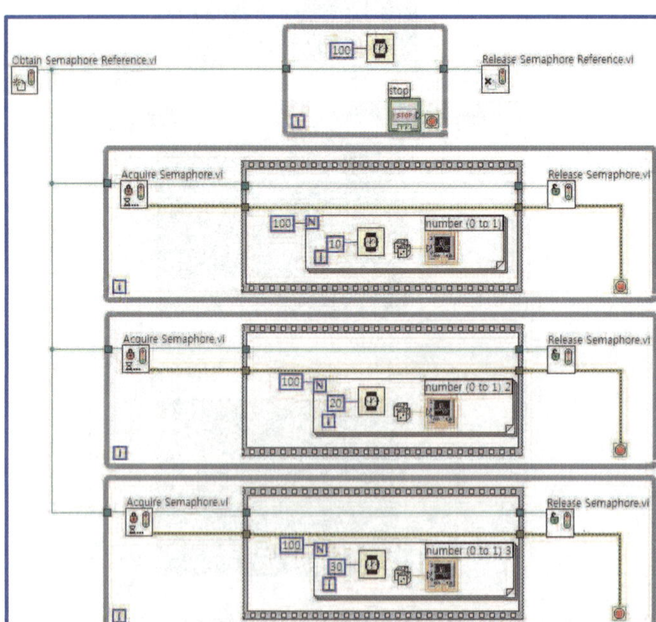

위의 블럭다이어그램을 설명하면 제일 처음에 세마포어 참조 얻기를 실행하고 전체 프로그램을 종료하기 위해서는 정지 버튼을 누르는데 이때 세마포어 참조 해제가 선언이 되면서 더 이상 세마포어를 실행하지 않으므로 종료된다.

일단 세마포어 참조 얻기가 실행되면 하단에 있는 while loop가 실행되는데 먼저 실행된 loop의 세마포어 수집이 실행되면서 다음의 일을 하고 일이 끝나면 세마포어 해제가 실행된다. 그러면 다른 loop의 세마포어가 수집되고 일 끝나면 세마포어가 해제되며 또 다른 다른 loop의 세마포어가 수집되고 일 끝난 후 세마포어가 해제된다. 이 일을 계속 반복하되 정지 버튼을 눌러 세마포어 참조해제가 선언될 때까지 계속 순차적으로 반복하여 실행한다.

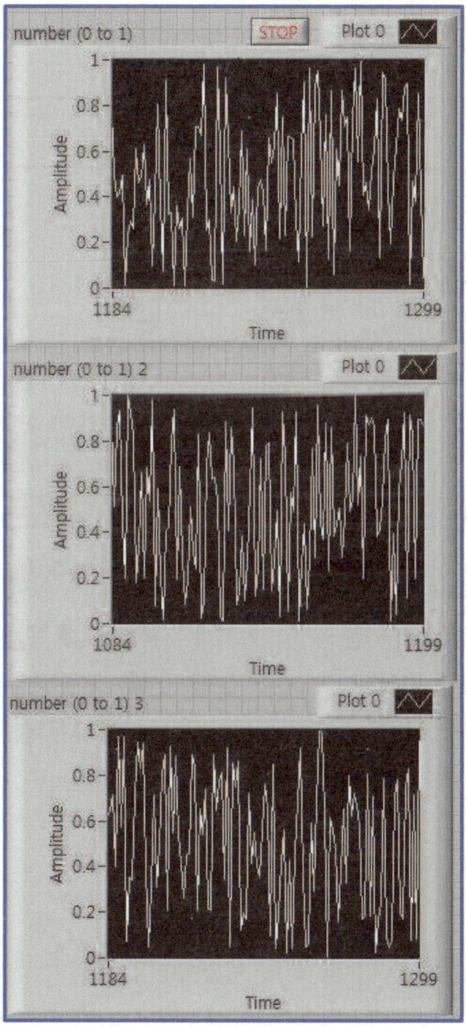

위의 프로그램은 제일 아래 loop는 30ms씩 100개 즉 3초의 데이터를 얻으면 일이 종료되며, 가운데 loop는 20ms씩 100개 즉 2초의 데이터를 얻으면 종료되고, 제일 위 loop는 10ms씩 100개 즉 1초의 데이터를 얻으면 종료되는데 실행순서는 앞에서 언급한 바와 같이 어느 쪽을 미리 지정하기가 어렵지만 일단 실행되면 동일한 순서를 반복한다. 즉 위 프로그램은 각각의 loop를 혼자서 실행하고 실행이 종료되면 다른 loop로 넘겨져 다른 일을 실행한다. 아이컨 모양에서 느끼듯이 신호등처럼 순차적인 일을 수행하고자 할 때 사용한다.

16.7 랑데부

랑데부는 다음과 같은 아이컨들을 갖고 있다.

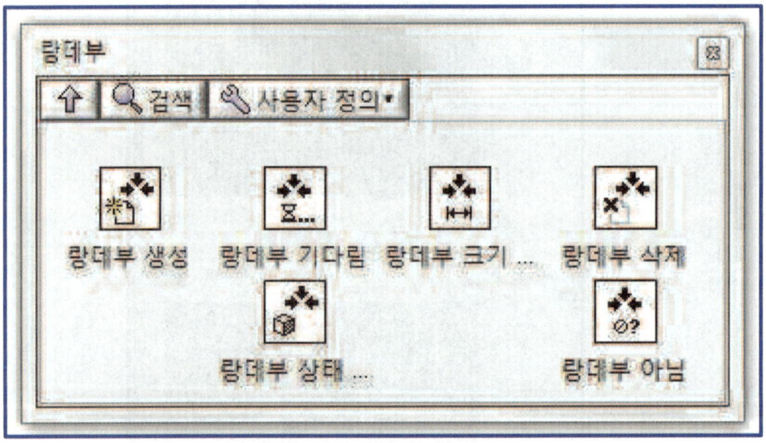

랑데부는 여러개의 while loop가 있지만 모두를 동시에 실행시키되 각각의 실행시간이 서로 다르더라도 다시 실행할 때는 모두 동시에 시작하도록 할 때 사용한다. 즉, 여러개의 loop들의 실행시간 중에서 가장 긴 loop의 실행시간을 기준으로 나머지 loop들이 비록 일이 먼저 끝나더라고 기다려준 후 모두 다시 한번에 실행 시작하도록 할 때 사용한다.

예제는 다음과 같다.

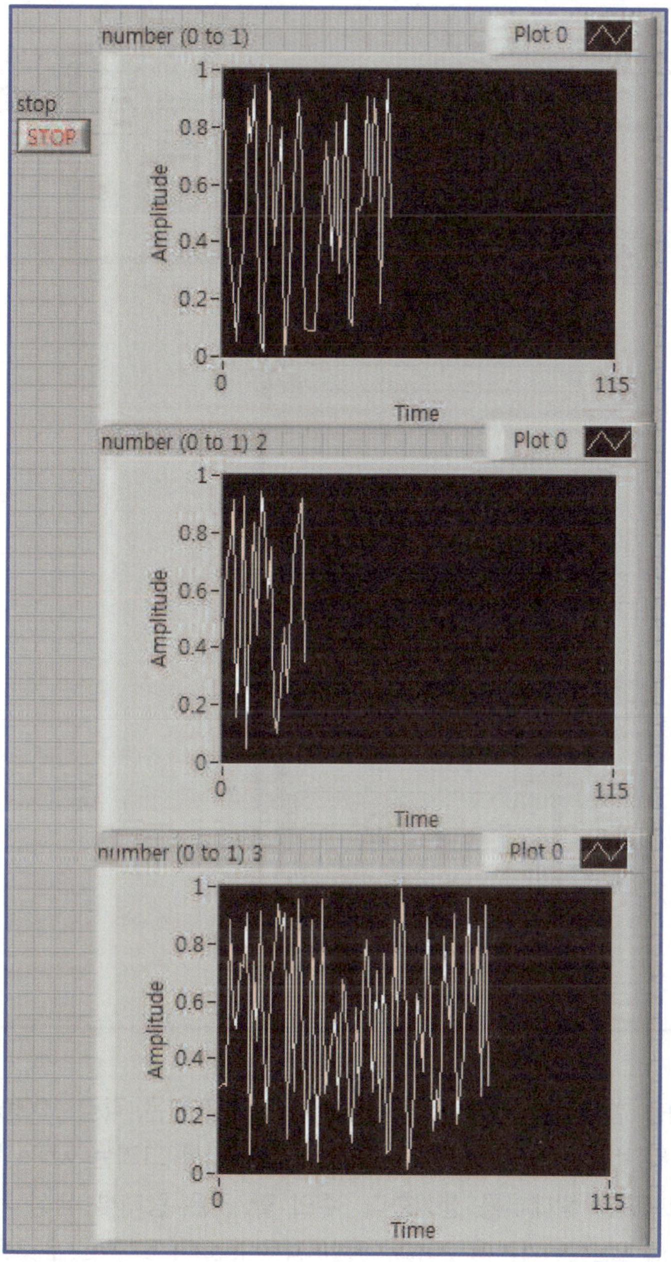
stop
STOP
number (0 to 1)
Plot 0
Amplitude
Time
0
115
1
0.8
0.6
0.4
0.2
0
number (0 to 1) 2
Plot 0
Amplitude
Time
number (0 to 1) 3
Plot 0
Amplitude
Time

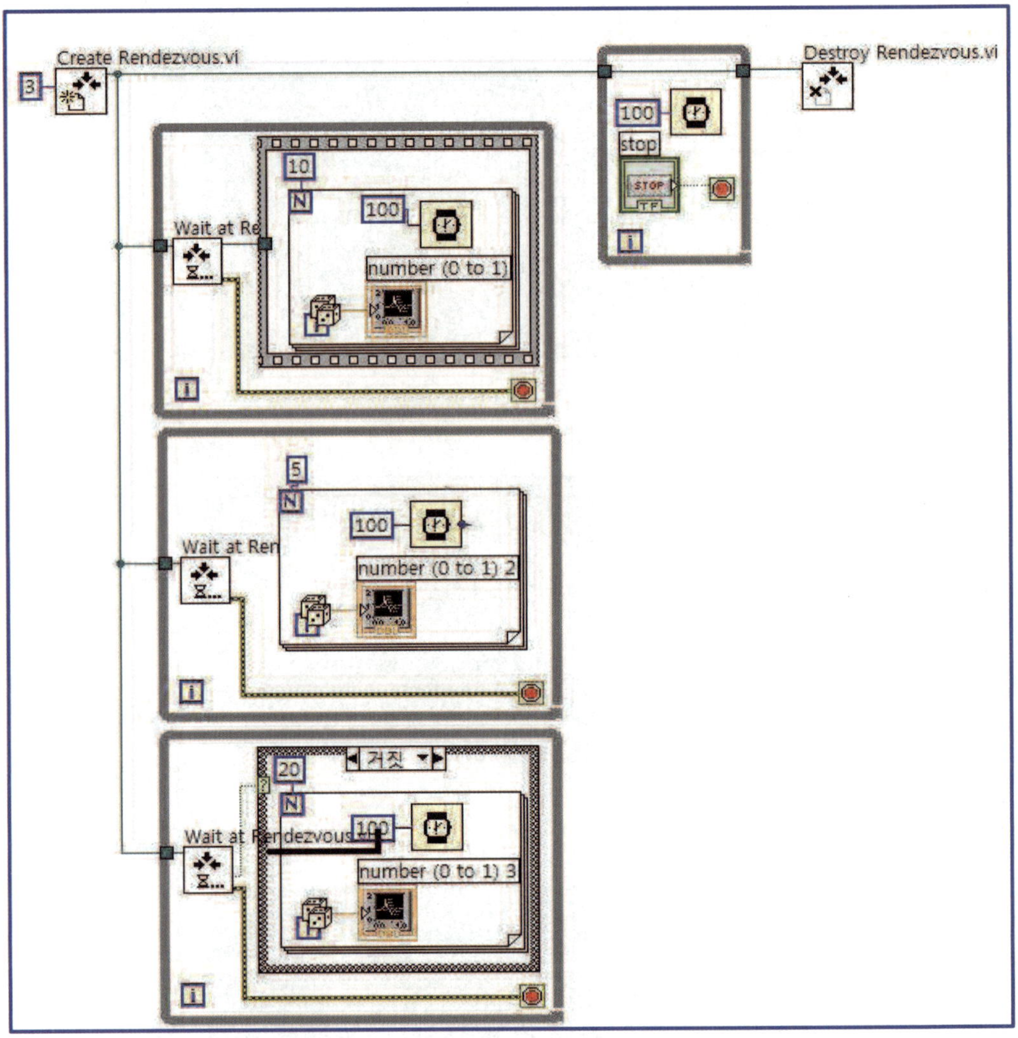

위 프로그램을 설명하면 세 개의 loop중에서 시간지연은 각각 100ms이지만 제일 위 loop는 10개, 두 번째는 5개, 마지막은 20개의 데이터를 그리는 while loop들이다. 처음 프로그램이 실행되면 랑데부를 생성한다. 주의 할 것은 랑데부 생성 시 크기를 반드시 입력해야하는 데 없으면 기본이 2이다. 위의 경우 loop가 3개이므로 3을 입력했다. 생성된 랑데부는 별도로 랑데부를 파괴할 때까지 계속 랑데부 기다림으로 기다리되 3개의 랑데부를 기다리면서 가장 실행 시간이 긴 loop가 끝날 때까지 나머지 loop들이 기다려 주는 기능을 수행한다.

연습문제

연습문제 16-1) 두 개의 while loop 중 첫 번째 loop 안에 있는 값을 동시에 두 번째 loop 안에서 읽도록 알림자를 사용하여 프로그램 하여라.

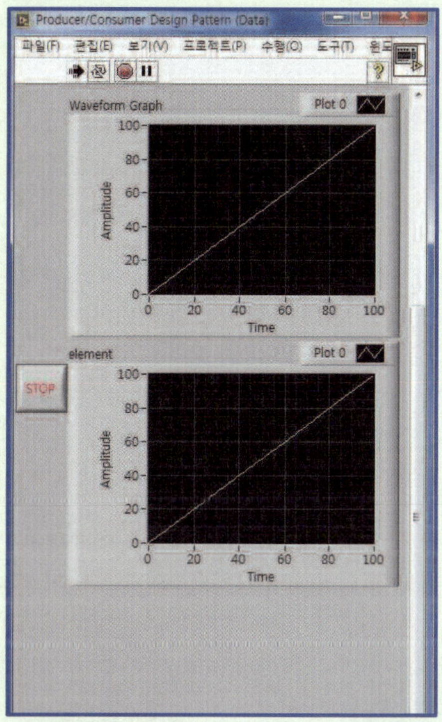

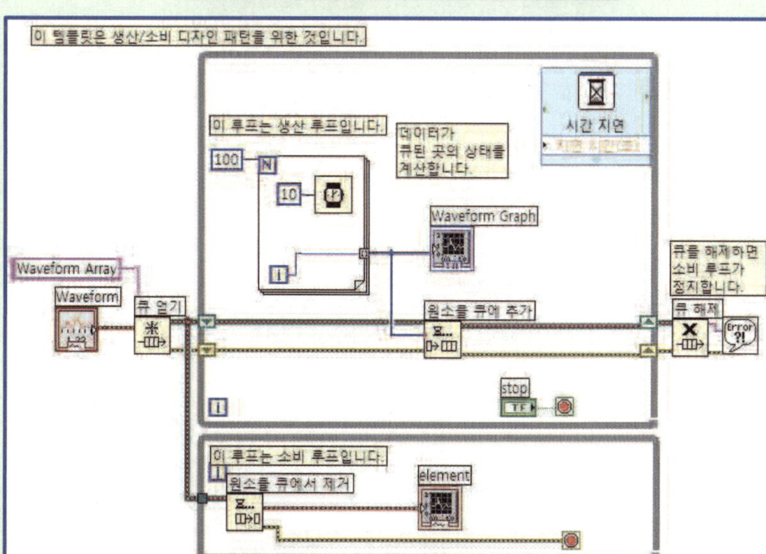

17 인터넷 제어

17.1 Data socket server

서로 떨어진 지역에 있는 LabVIEW system의 파일을 인터넷을 통해 제어하거나 모니터링하고자 할 때 사용한다.

먼저 다음과 같이 윈도우 시작 – 모든 프로그램 – National Instrument – Data socket – Data socket server를 선택하여 data socket server를 활성화 시킨다.

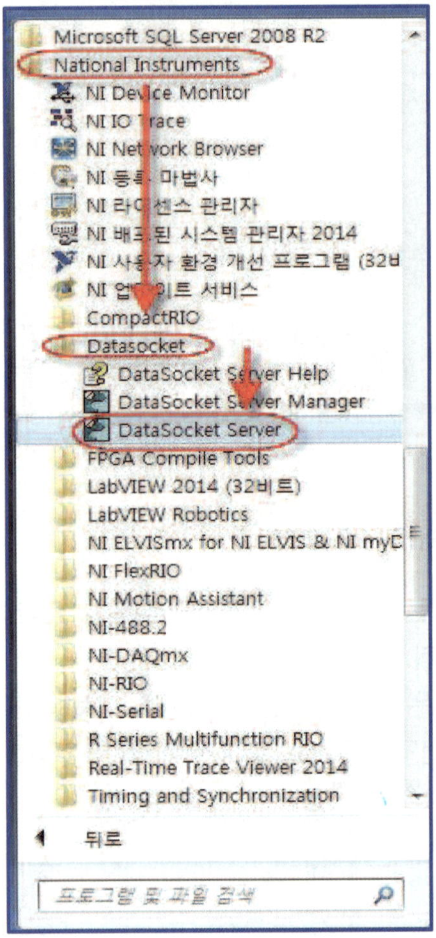

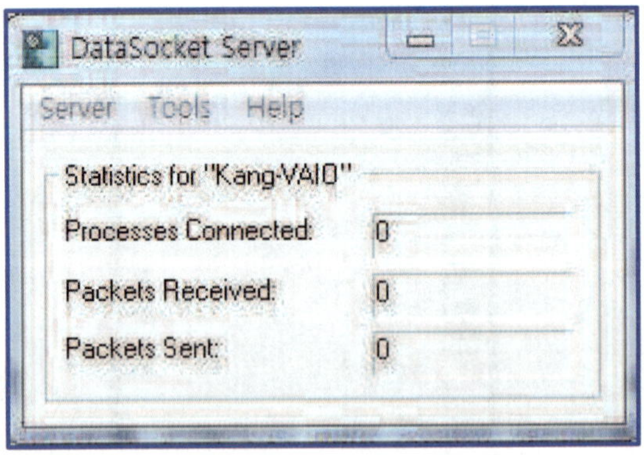

인터넷으로 제어나 모니터링을 하려면 가장 먼저 브라우저로 보기 원하는 파일의 이름을 영어 한 단어 정도로 다른 이름으로 저장하는 것이 좋다. 스페이스 바 또는 한글이 들어가면 특수 문자가 사용되어 차후 브라우저에 주소를 입력할 때 어려움이 있기 때문이다.

17.2 VI server

VI 서버는 인터넷 제어를 위한 여러 가지 옵션들을 선택하여 설정하는 과정이다.
도구 - 옵션 - VI 서버를 선택한다.

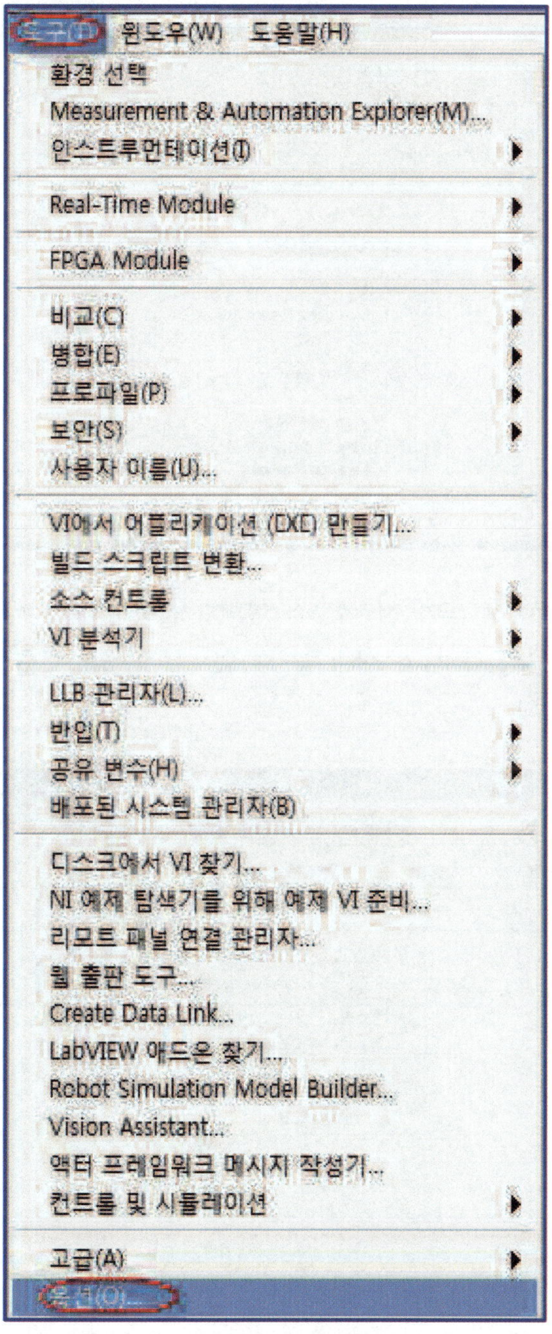

옵션에서 VI 서버를 선택하고 TCP/IP를 선택한다.

인터넷 제어를 하기 위해서는 사용하고자 하는 PC들마다 고정 IP가 부여되어 있어야 한다.

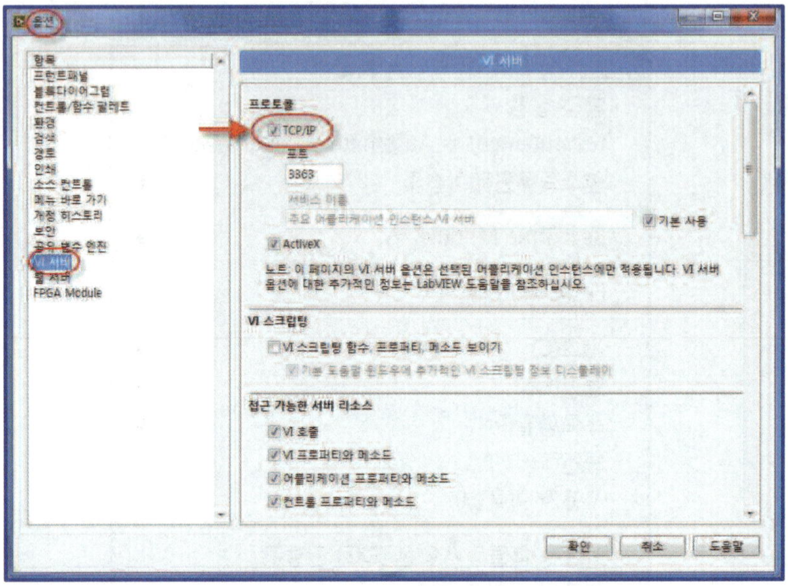

VI 서버에서는 내 PC에 누가 접근할 수 있는지 설정하는 접근 리스트와 현재 실행하고자 하는 프로그램 내용을 누가 꺼내 쓸 수 있는지 IP 리스트를 지정하거나 특정 IP의 접근을 차단할 수 있다.

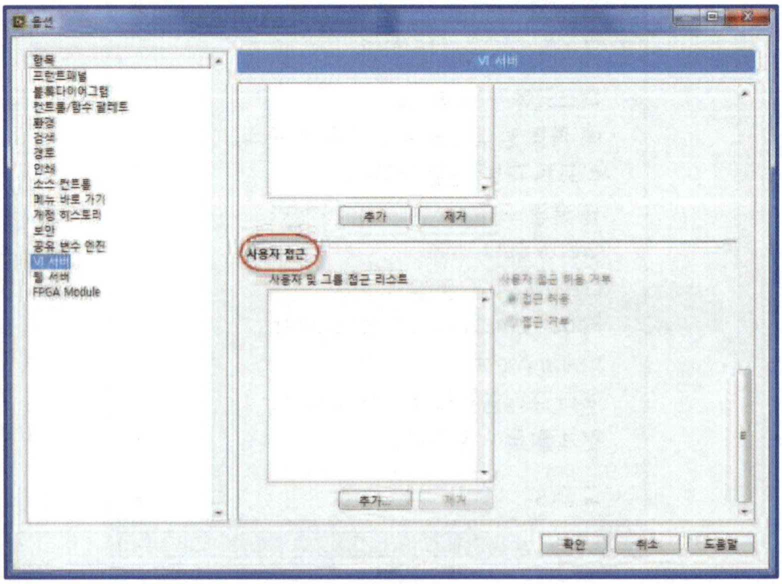

17.3 웹 서버

웹 서버에서는 웹 어플리케이션 서버, 리모트 패널 서버, VI 보이기, 브라우저 접근에 관한 권한을 설정하는 곳이다.

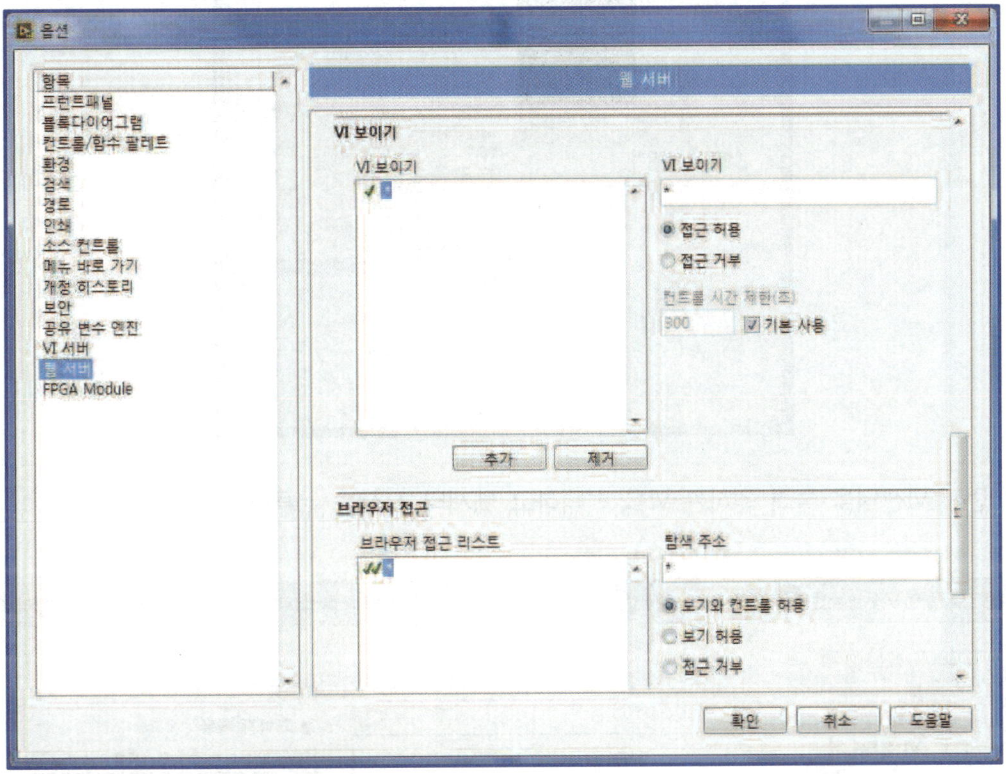

17.4 웹출판 도구

웹출판 도구는 인터넷을 통하여 전세계 누구나 내가 허용하면 내 PC에 연결하여 LabVIEW로 작성한 지정한 프로그램을 자신의 PC에서 Explorer창으로 보거나 제어할 수 있으며 제어 권한은 한 대만 허용되므로 여러 사람이 사용하고자 하면 시간을 정하여 권한을 부여 받거나 필요할 때 Host PC에 요청하여 권한을 부여 받아야 한다.

설정은 다음과 같이 도구 – 웹출판 도구를 선택한다.

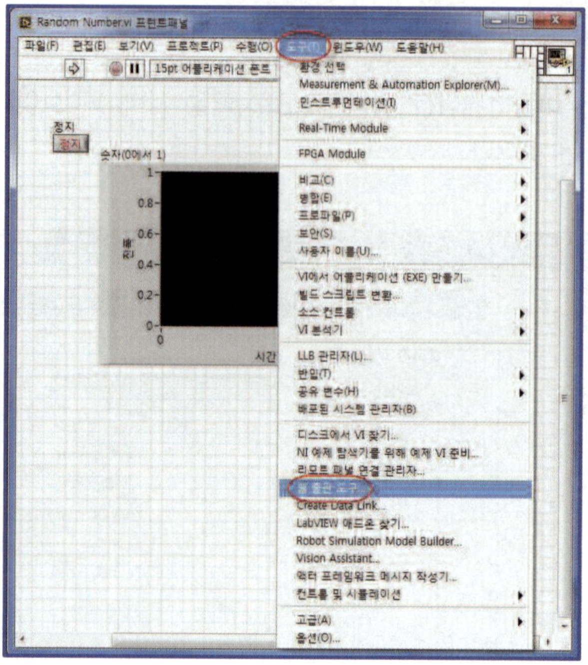

먼저 VI선택을 눌러 원하는 VI를 선택하고 웹서버 시작을 누른다.

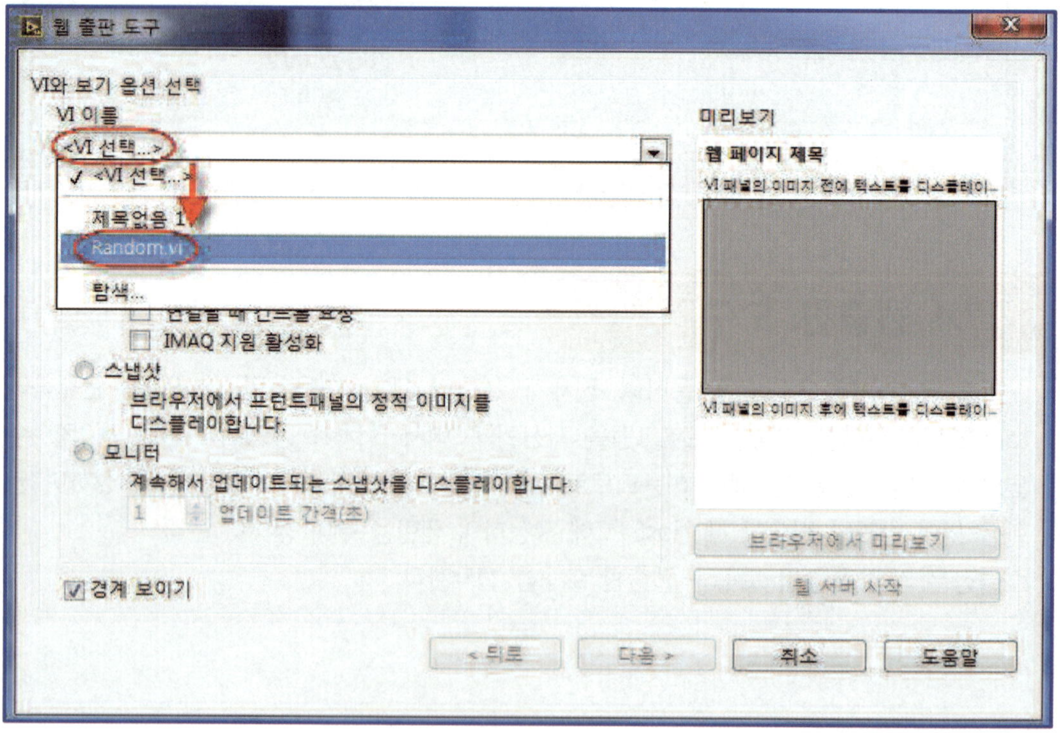

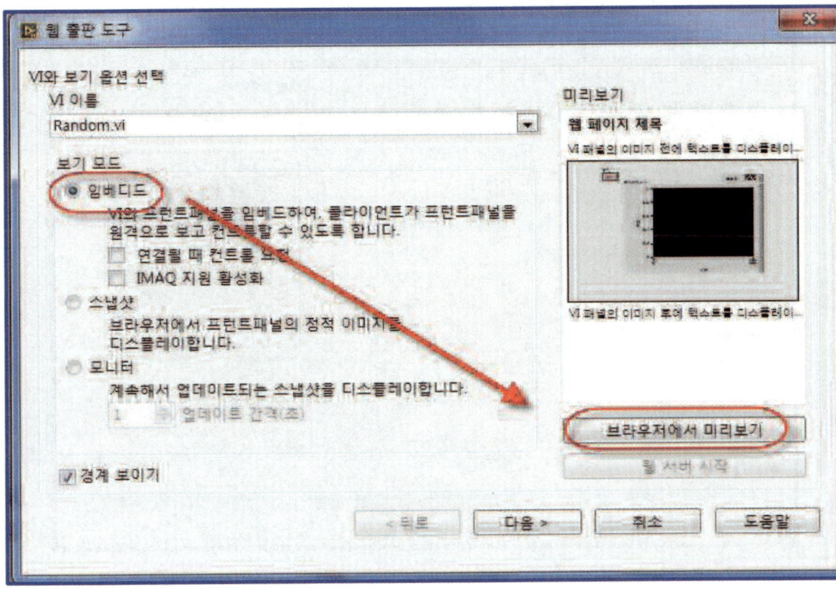

보기 모드에서는 임베디드는 서버 컴퓨터의 화면을 클라이언트가 보고 컨트롤할 때 사용한다. 연결될 때 컨트롤 요청을 선택하면 서버 컴퓨터 화면에 클라이언트 컴퓨터의 요청이 보인다. IMAQ 지원 활성화는 원격으로 카메라 화면을 보고자할 때 사용한다. 스냅샷은 서버 컴퓨터의 프런트 패널의 이미지를 브라우저에서 정적으로 보여줄 때 사용하고 모니터는 일정 시간마다 프런트 패널의 정지 영상을 볼 때 사용한다.

브라우저로 볼 때 보이는 문서제목, 머리글, 바닥글을 입력한다.

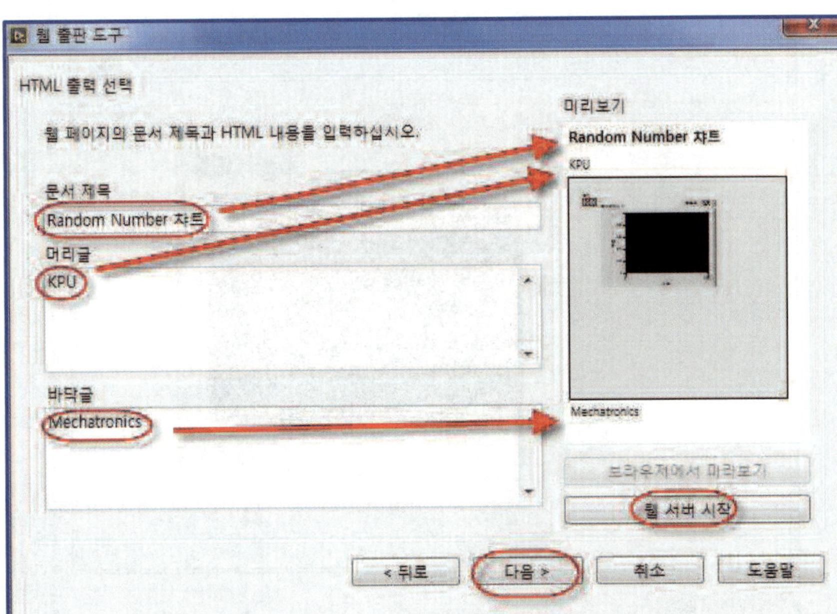

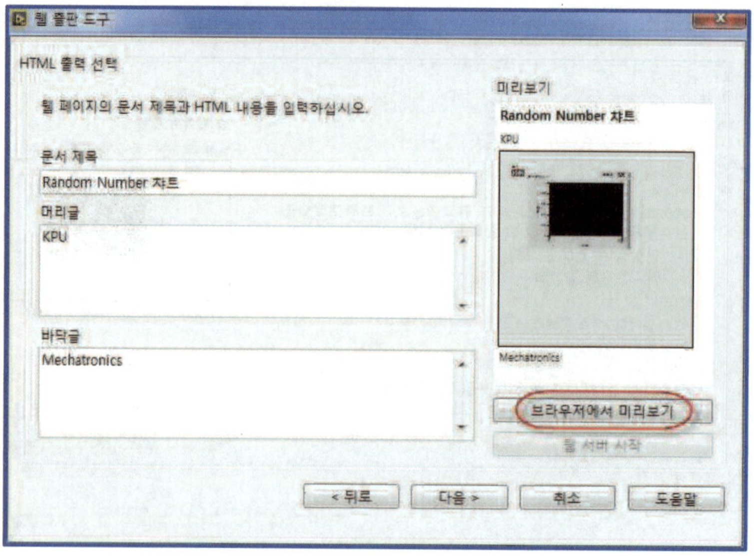

브라우저에서 미리보기를 선택하면 아래와 같이 브라우저 화면이 보이는데 클라이언트 컴퓨터에서 보이는 화면과 같다.

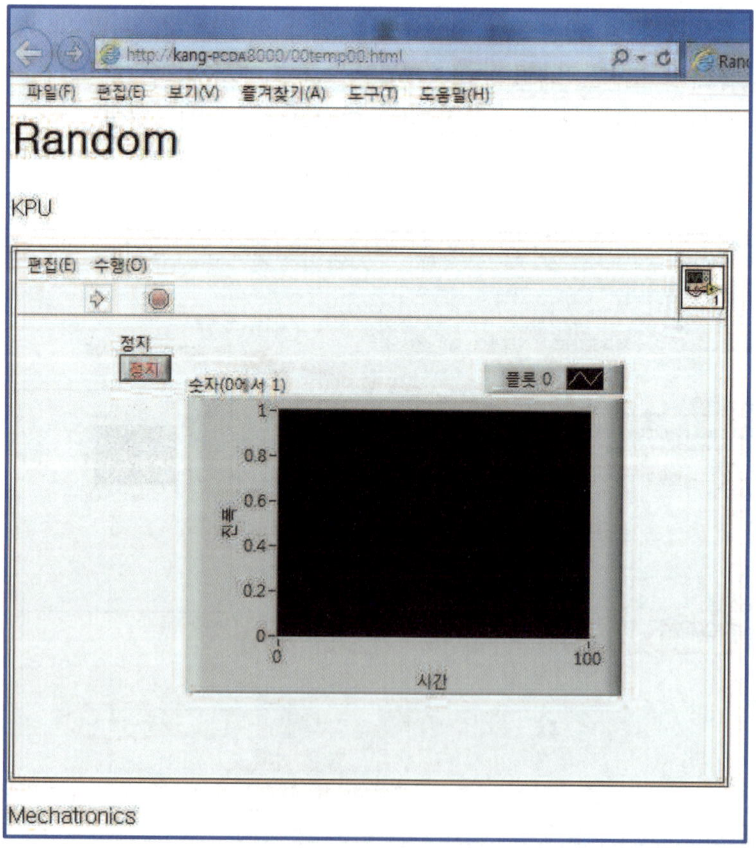

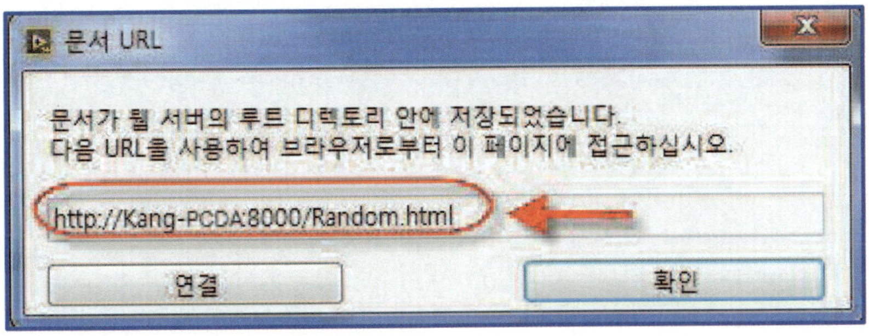

여기서 보인 http://Kang-PCDA:8000/Random.html 을 클라이언트 컴퓨터 사용자에게 알려주면 브라우저에 이 주소를 입력하면 제어 또는 모니터링이 가능하다.

18 어플리케이션(EXE) 만들기

VI에서 어플리케이션(EXE) 만들기는 프로그램한 VI를 실행파일로 만들어 주는 것을 말한다.

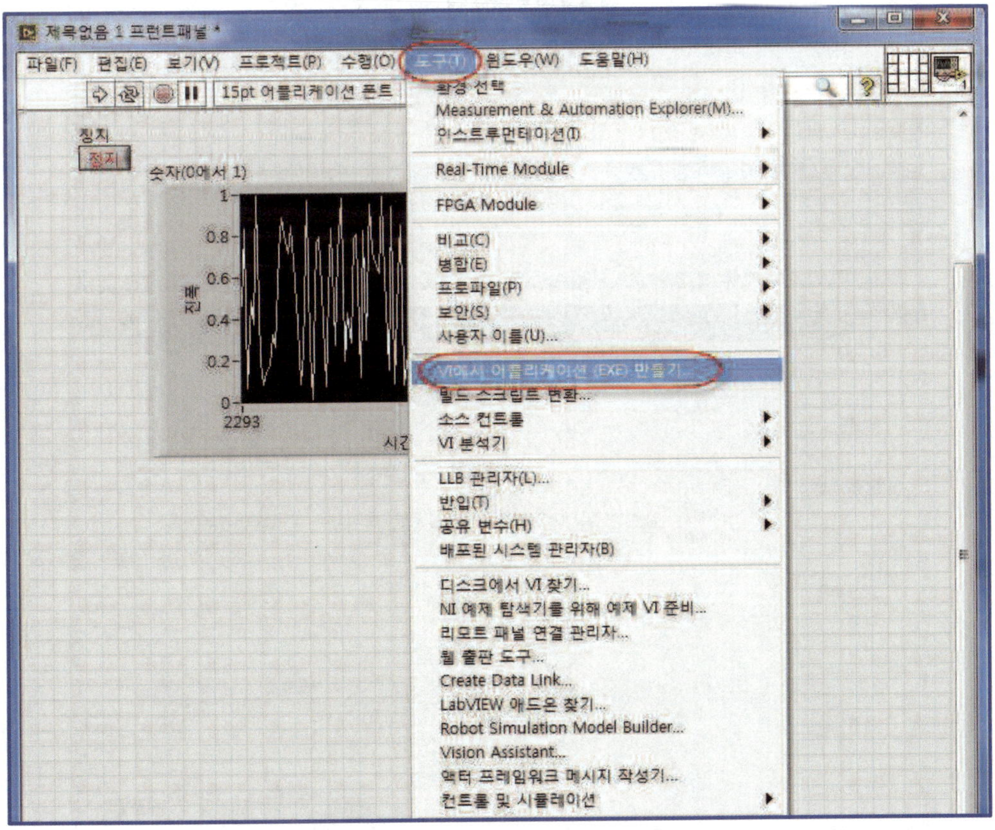

실행파일을 만들기 전에 프런트 패널 모양을 사전에 변경시키는 것이 좋다. 그렇게 하기 위해서는 다음과 같은 사항을 VI 프로퍼티에서 수정한다.

18.1 VI 프로퍼티(T)

VI 프로퍼티(T)는 다음과 같이 파일 – VI프로퍼티에서 선택한다.

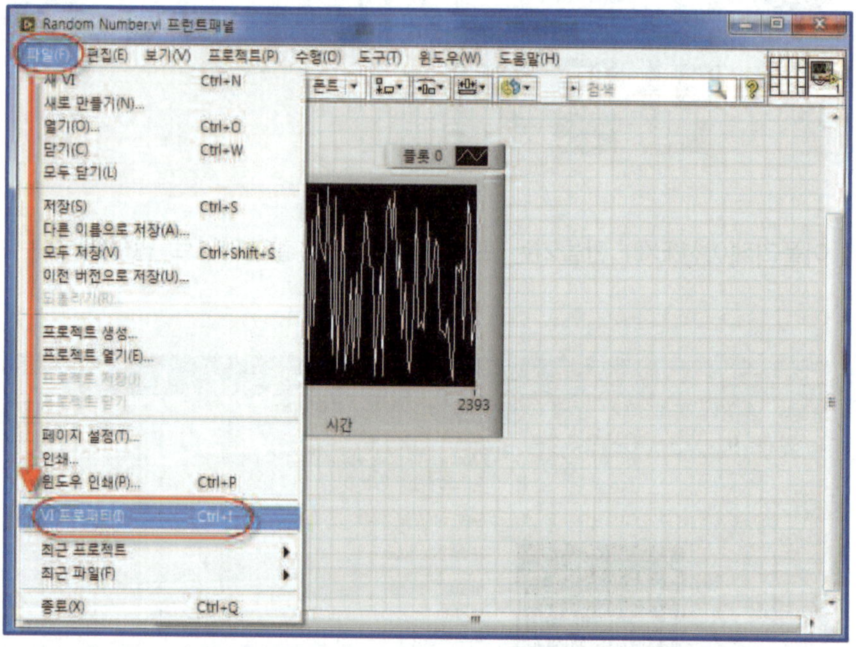

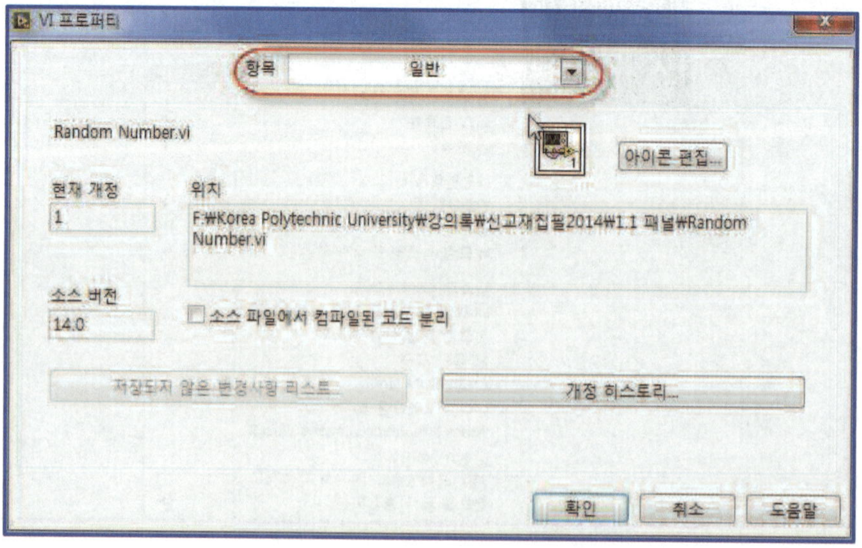

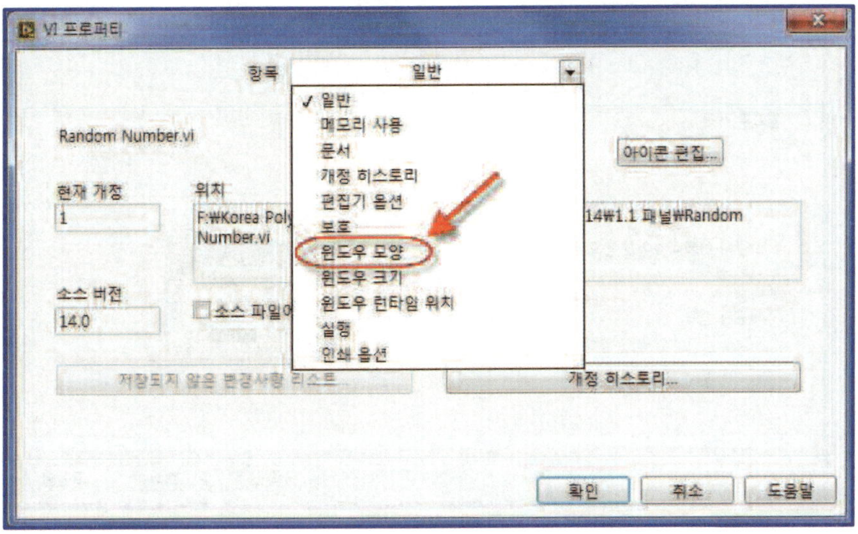

▶ 윈도우 모양

윈도우 모양은 프로그램 실행 중의 프런트 패널 모양을 말하며 다음과 같이 4 종류가 있다.

▶ 기본

기본은 LabVIEW를 실행할 때 볼 수 있는 기존 화면이나.

미리보기와 같이 파일, 편집 등 숏컷 메뉴와 툴바가 보이고 실행 중에 조작을 통해 프런트 패널이나 블록 다이어그램의 수정 및 조작이 가능하다.

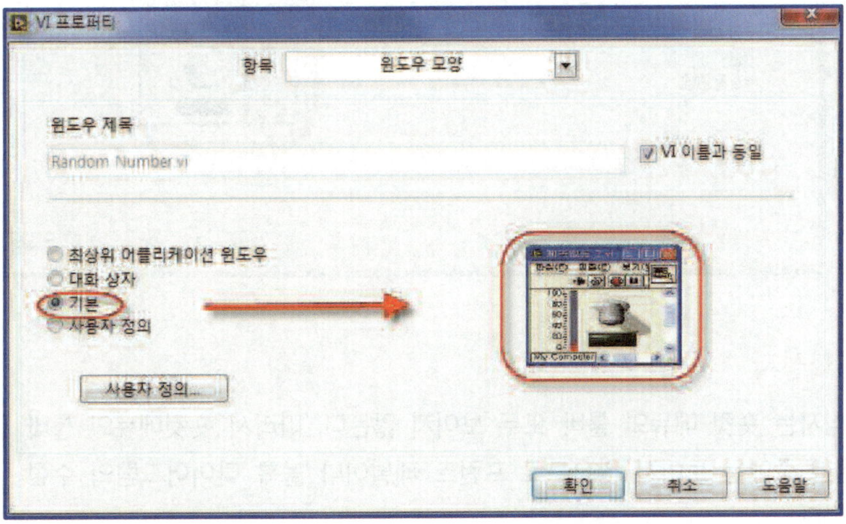

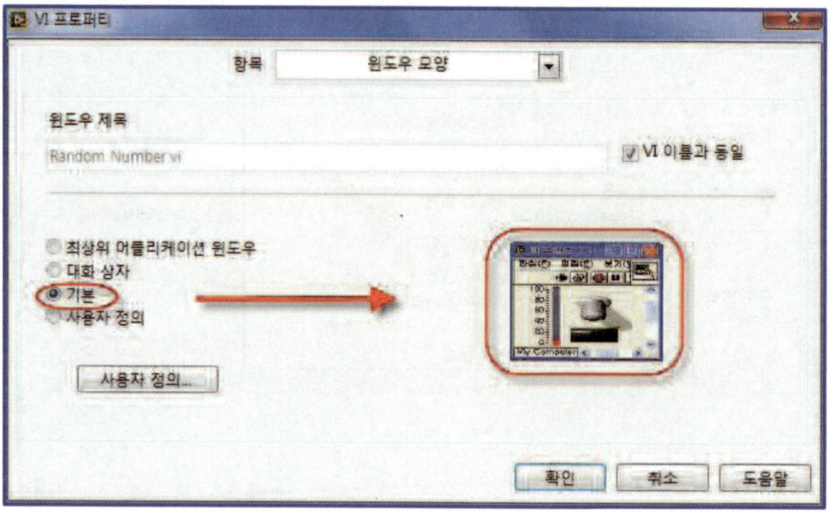

▶ 최상위 어플리케이션 윈도우

반면 최상위 어플리케이션 윈도우는 숏컷 메뉴만 보이고 최상위 어플리케이션 윈도우 안의 내용만 조작이 가능하다.

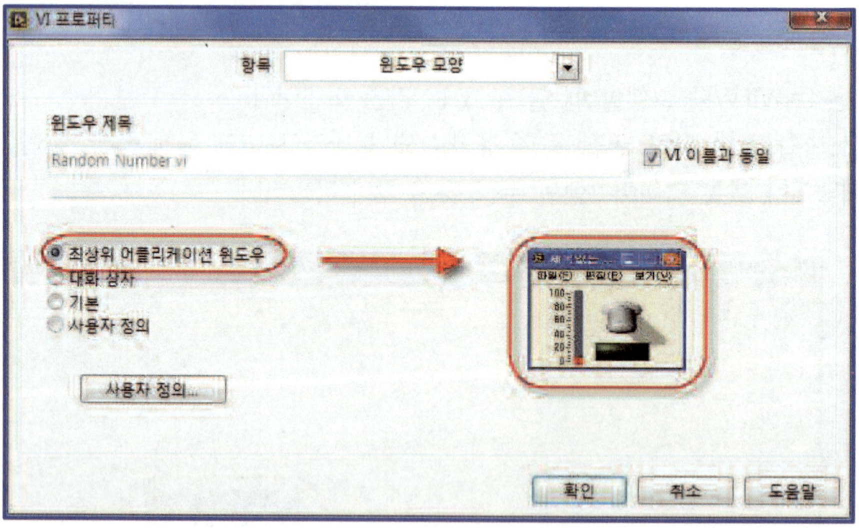

▶ 대화상자

대화상자는 숏컷 메뉴와 툴바 모두 보이지 않는다. 따라서 숏컷메뉴와 툴바 모두 프로그램 실행 중에는 보이지 않으므로 프런트 패널이나 블록 다이어그램의 수정 및 조작이 불가능하다.

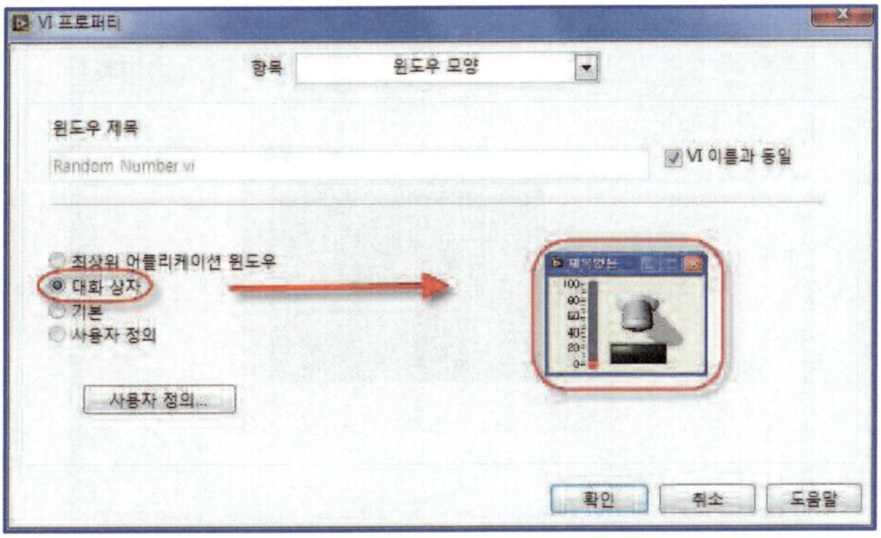

▶ 기타

그 외에 시용자가 원하는 대로 프런트 패널 윈도우 모양을 바꿀 수 있다.

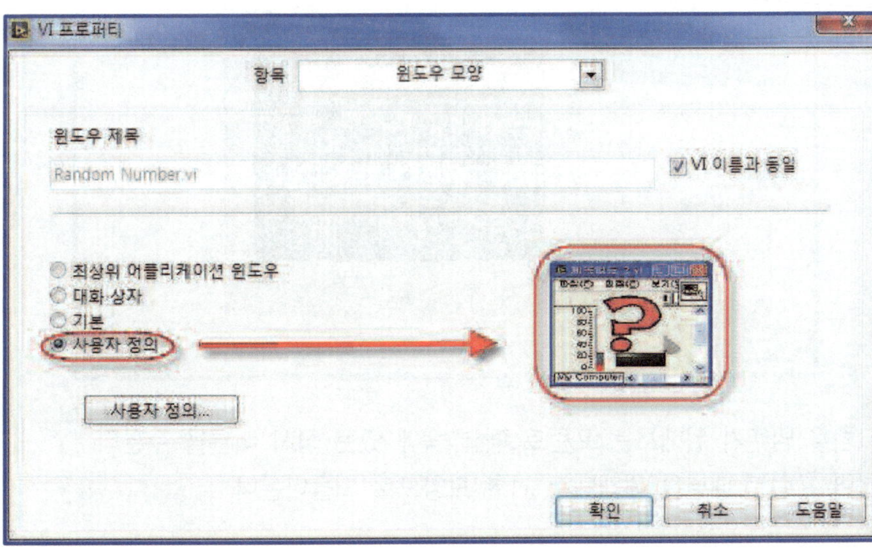

실행 파일을 만들기 위해서는 가장 권장하는 것이 대화상자이다. 왜냐하면 프로그램이 일단 완성된 후에는 실행 중에 프로그램을 변경시킬 일이 없으므로 숏컷메뉴와 툴바 모두 보이지 않게 하여 프런트 패널이나 블록 다이어그램의 수정 및 조작이 불가능하도록 하기 위함이다.

프로그램을 실행하면 기본적인 모양인 기본에서는 프런트 패널이 아래와 같다.

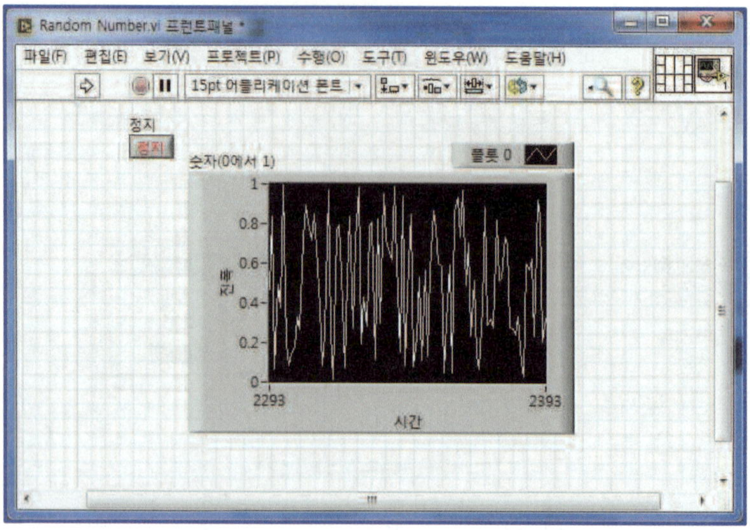

그러나 대화상자로 하면 다음과 같이 바뀐다.

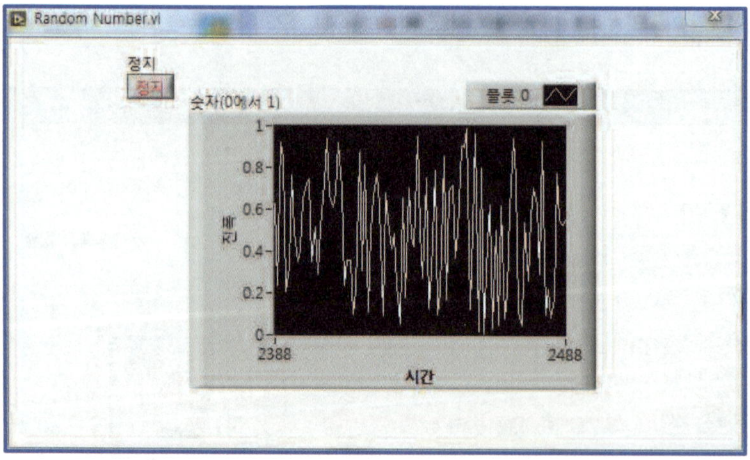

프로그램을 멈추기 위해서는 프런트 패널 속에 있는 정지 버튼을 누른다. 정지하면 프런트 패널은 원래대로 기본 모양으로 되돌아온다.

18.2 VI에서 어플리케이션(EXE) 만들기

VI에서 어플리케이션(EXE) 만들기 위해서는 확장자를 lvproj로 프로젝트를 생성해야 한다.

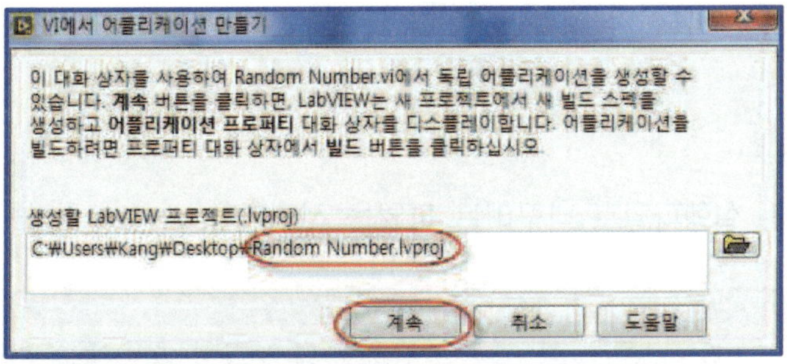

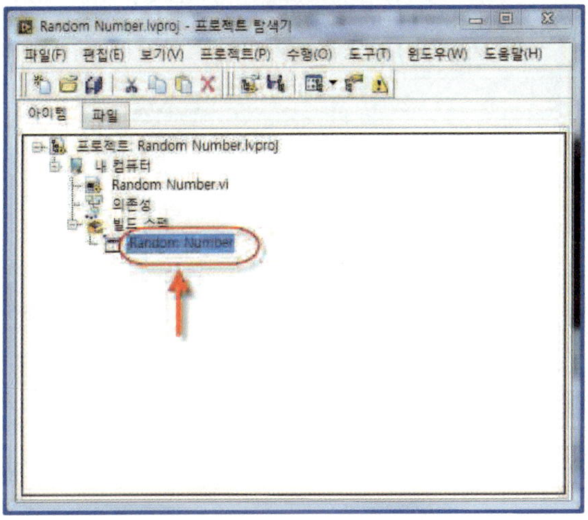

화면에는 위의 창과 아래와 같은 창이 동시에 보인다.

▶정보

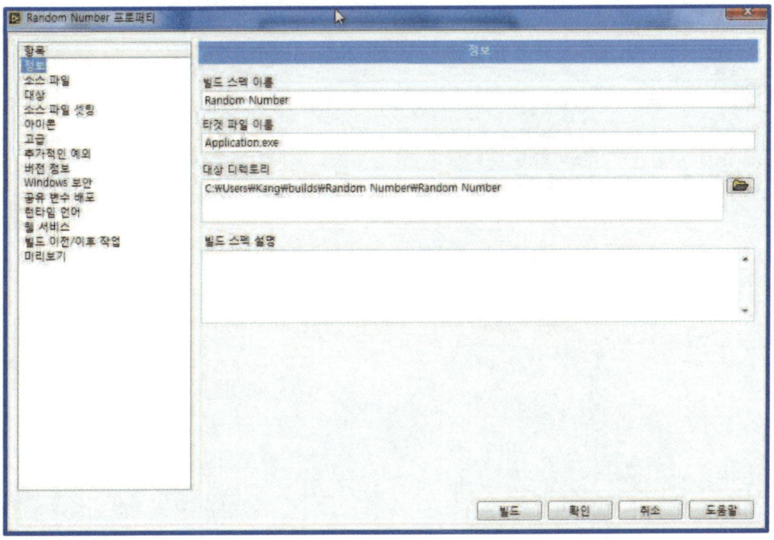

여기서 타겟파일 이름이 실행파일명이다.

▶ 소스 파일

소스파일에서는 실행파일로 바꾸려는 파일을 선택한다.

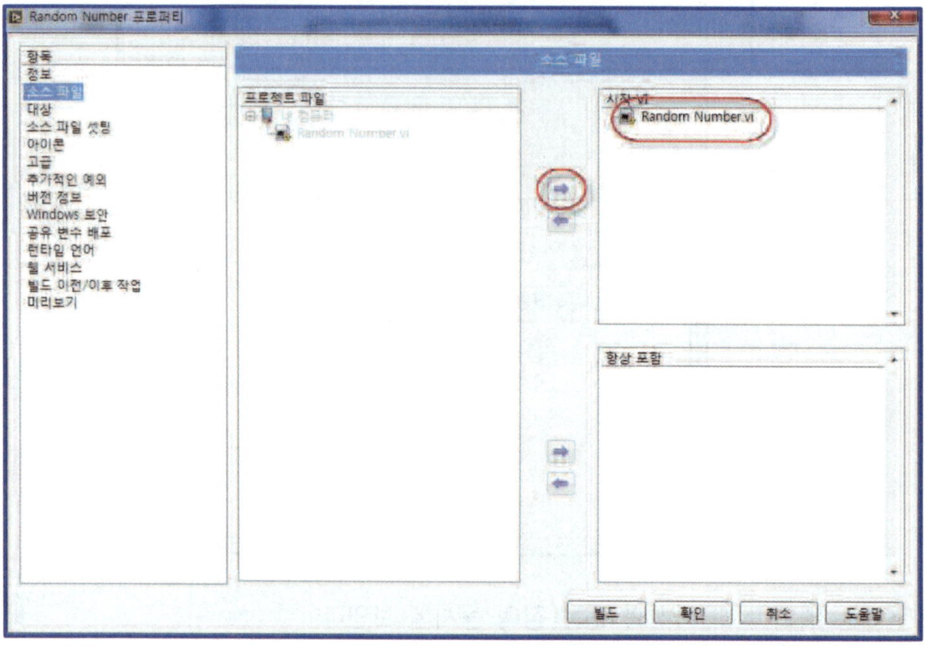

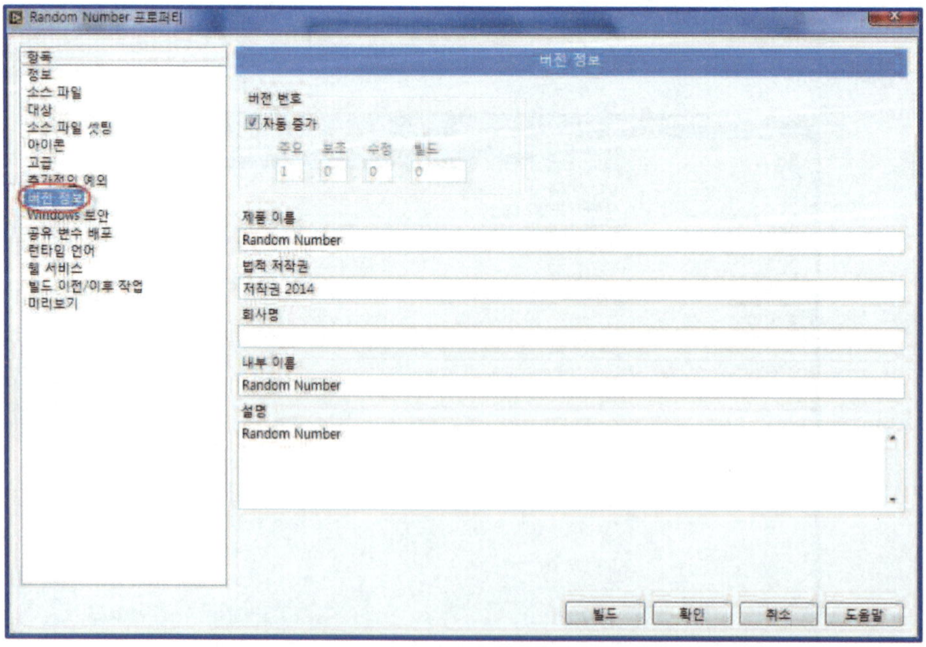

다 되었으면 빌드를 선택한다.

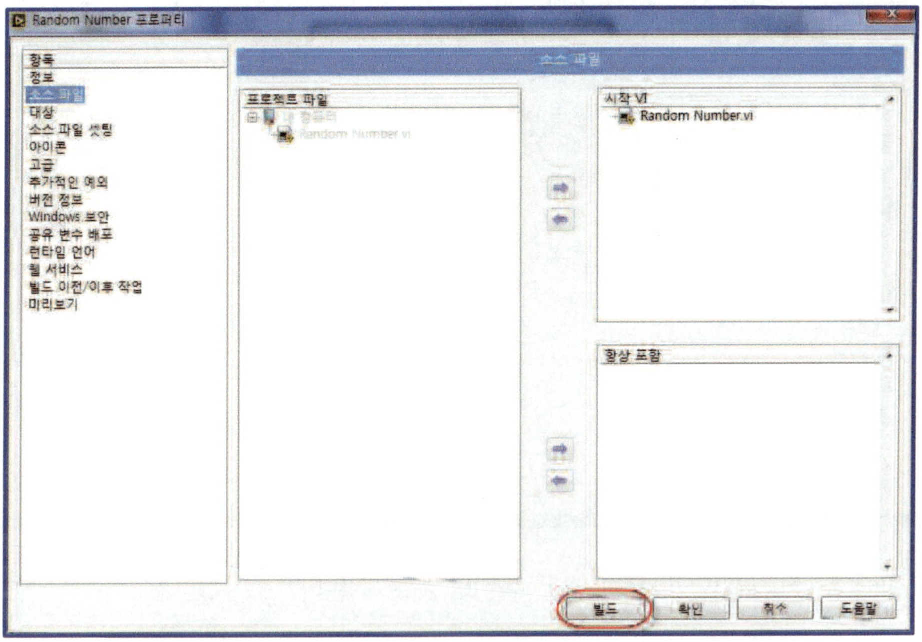

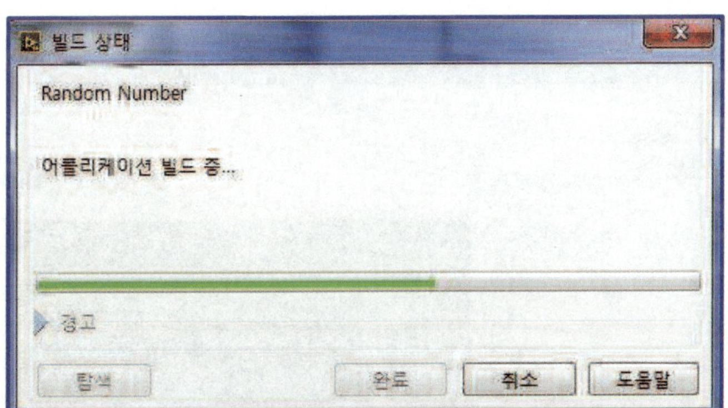

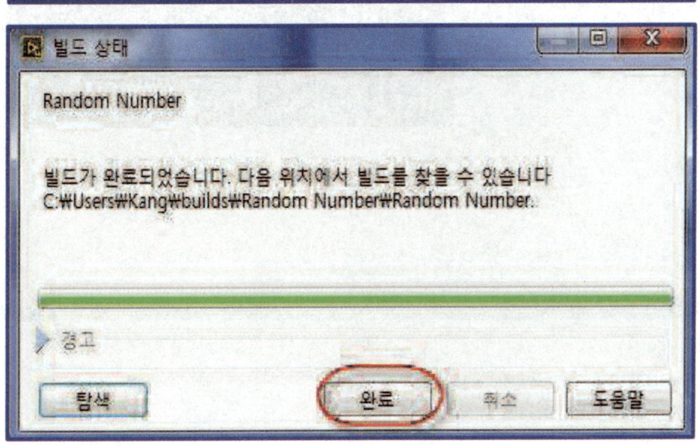

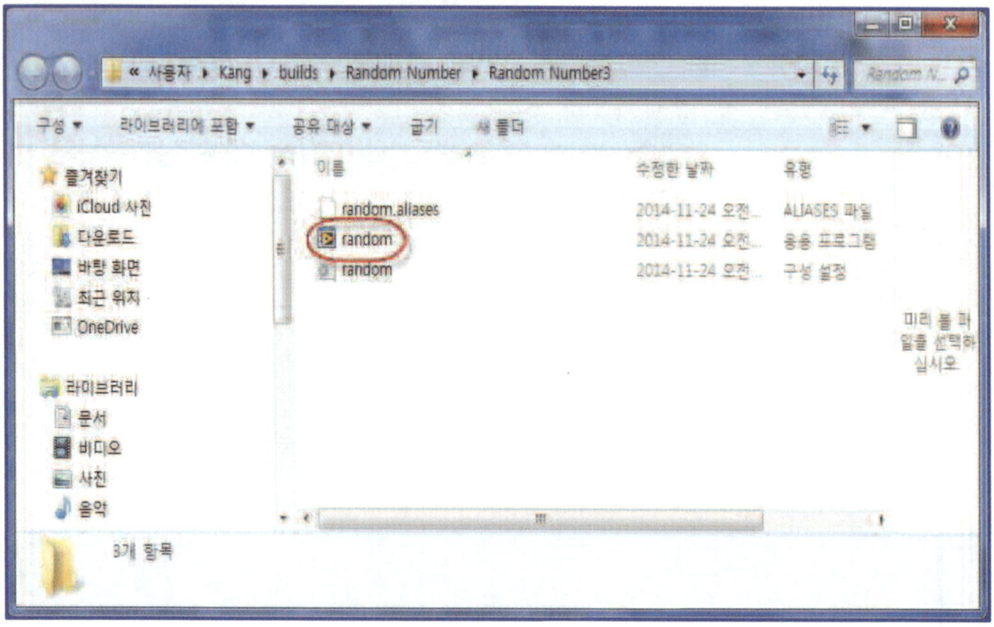

이 파일을 수행시키면 다음과 같은 화면이 새롭게 뜬다.

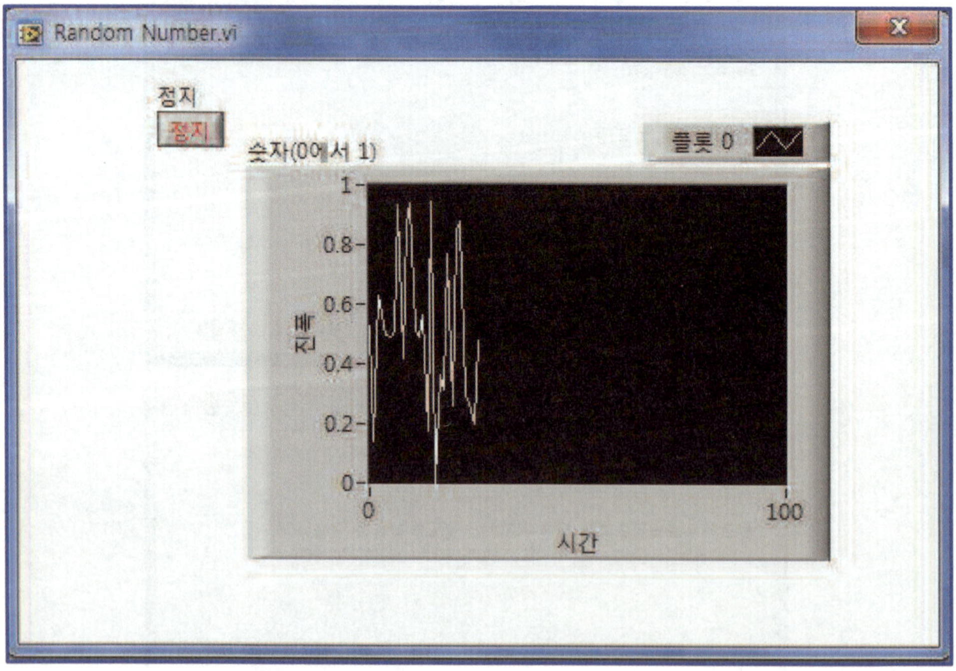

끝내려면 정지 버튼을 누르면 된다.

19 센서 변환

19.1 변환회로

LabVIEW에서 지원하는 대부분의 data acquisition card인 multi function card들은 주로 전압을 입력으로 받기 때문에 CdS나 Thermistor와 같이 물리량에 따라 저항이 변화되는 센서들을 직접 data acquisition card에 연결해서는 저항의 변화값을 받아들일 수가 없다. 따라서 아래와 같은 전위차계를 구성하여 전항변화에 대응한 전압을 읽어 나시 저항으로 변화하는 과정을 거치면 전압변화를 통해 저항변화를 알 수 있다.

19.2 전위차계(Potentiometer)

전위차계는 전압분배법칙으로 설명이 가능하다. 아래 그림에서 R_2는 CdS나 Thermistor과 같이 물리량에 따라 저항이 변화되는 센서이다. 그림과 같이 2개의 저항을 통해 흐르는 전류가 i라면 전체 입력 전압은 $R_1 V_i$ 이고 이때 저항은 $(R_1 + R_2)$가 된다.

반면에 아래 저항 R_2에 흐르는 전압은 직렬회로이므로 동일한 전류(i)가 흐르는데 V_o는 * $i R_2$가 된다. 두식을 사용하여 두 저항 사이에 걸리는 전압을 확인하면 R_1과 R_2 저항의 크기에 비례한 전압이 R_1과 R_2양단에 걸림을 알 수 있다.

따라서 저항R_2의 변화는 V_i 와 V_o를 알면 쉽게 구할 수 있다.

여기서 고정저항인 R_1은 보통 R_2센서의 상온에서의 저항과 거의 같은 값을 사용하면 좋다. Thermistor가 상온에서 1kΩ 정도라면 R_1도 약 1kΩ 의 저항을 사용한다.

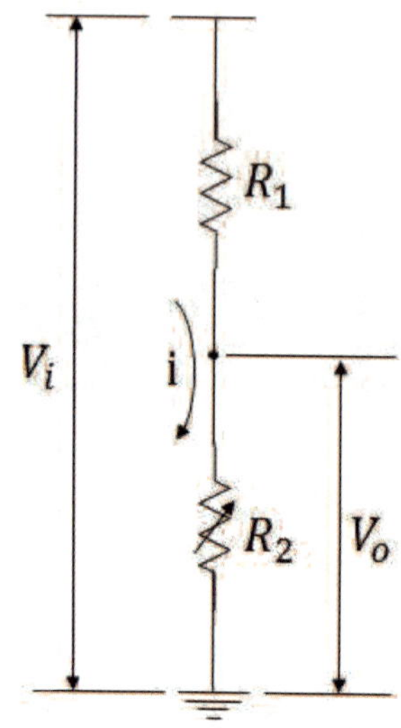

$$R_{total} = R_1 + R_2$$

$$V_i = i\, R_{total}$$

$$= i(R_1 + R_2)$$

$$V_o = i\, R_2$$

$$\frac{V_o}{V_i} = \frac{R_2}{(R_1 + R_2)}$$

$$V_o(R_1 + R_2) = V_i R_2$$

$$V_o R_1 = R_2(V_i - V_o)$$

$$R_2 = \frac{V_o}{(V_i - V_o)} R_1$$

예는 다음과 같다.

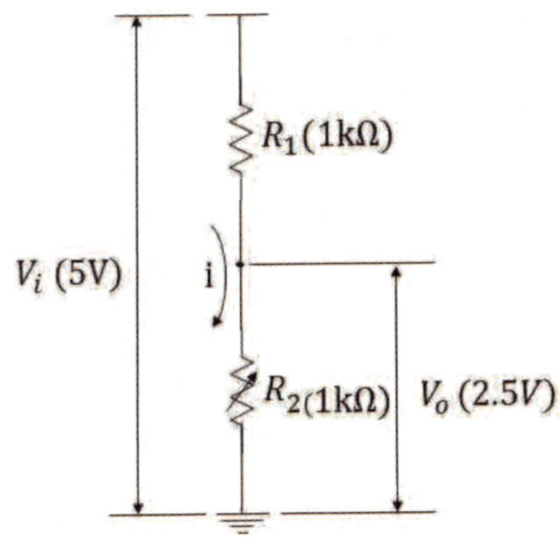

위와 같이 만약 R_1이 1kΩ 이고 V_o가 2.5V가 출력된다면 위의 식에서와 같이

$$R_2 = \frac{2.5}{(5-2.5)} 1\,(k\Omega)$$

$$= 1\,(k\Omega)$$

이 됨을 알 수 있다.

19.3 전압 강압

LabVIEW 에서 사용하는 아나로그 입출력 전압을 ±10V이내이므로 일반적으로 자동화용으로 사용되는 센서들의 구동 및 출력 전압인 +12 ~ 24V는 직접 DAQ 보드에 입력해서는 안된다.

따라서 ±12V ±24V는 ±10V 이내로 강압해야 한다.

연습

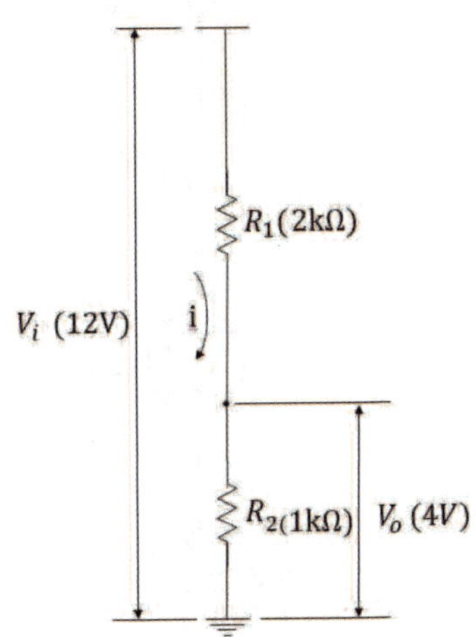

위와 같이 만약 R_1이 2kΩ이 되고 R_2가 1kΩ일 경우 R_2에 걸리는 전압은 2:1 이 되어 12V가 3등분된 4V가 된다.

$$i = \frac{12}{3} (A)$$

$$= 4 (A)$$

따라서 R_3에 걸리는 전압은 다음과 같이 4V가 됨을 알 수 있다.

$$V = R_3 \times i$$

$$= 1 (k\Omega) \times 4 (A)$$

$$= 4 (V)$$

이와 같이 전압을 분배하여 강압 시킬 수가 있다.

19.4 LED 점등 방법

LabVIEW에서 디지털 출력을 통해 LED를 켜고 끄려면 다음과 같은 회로가 필요하다.

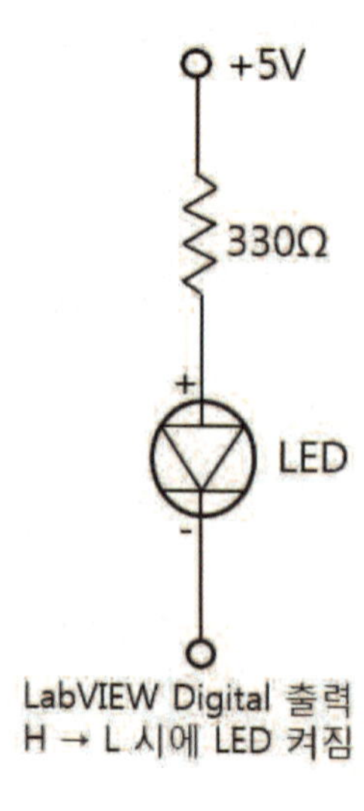

위 그림에서 +5V는 외부전원의 +5V를 의미한다. LED –는 LabVIEW 디지털 출력+와 연결하고, 디지털 출력 – 는 외부전원 ground와 연결한다. 이와 같이하면 디지털 출력이 High에서 Low로 변할 때 LED가 켜진다.

20 기타

20.1 프런트 패널 장식

프런트 패널을 장식할 경우 다음과 같이 장식 아이컨들을 활용하여 꾸민다.

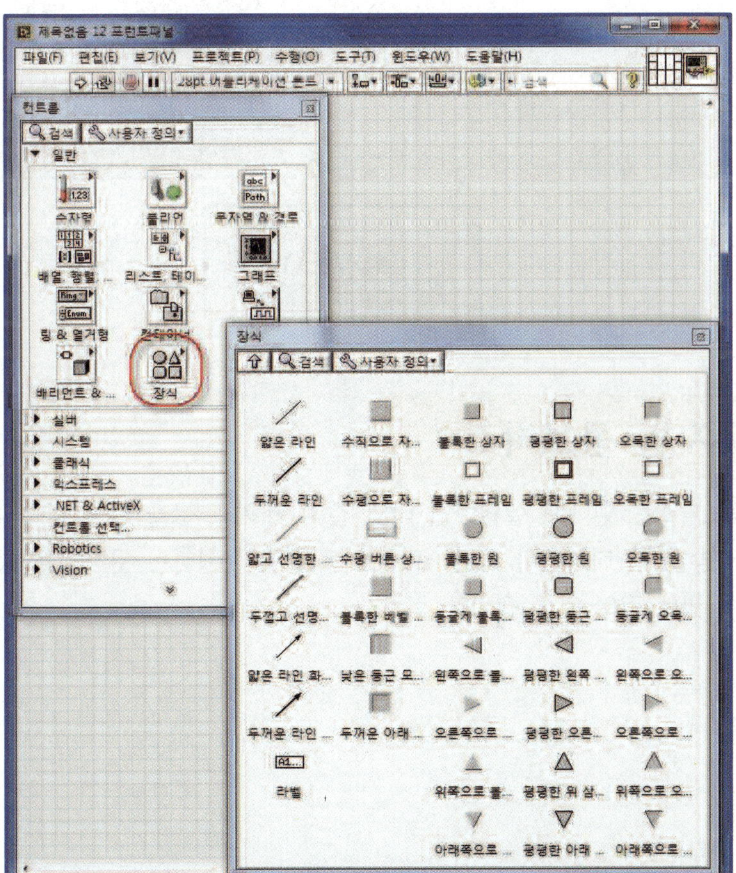

프런트 패널에 커멘트를 달거나 이름을 쓰고자 하면 장식위에 "수직으로 자연스러운 상자"를 활용하되 문자를 먼저 쓴 경우, 장식을 글씨 위에 놓으면 글씨를 가리지만 장식 아이컨을 선택하여 다음과 같이 "순서 재설정"중 "맨뒤로 이동" 시켜 글씨를 보이게 한다.

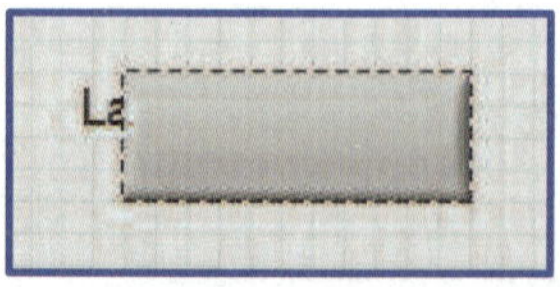

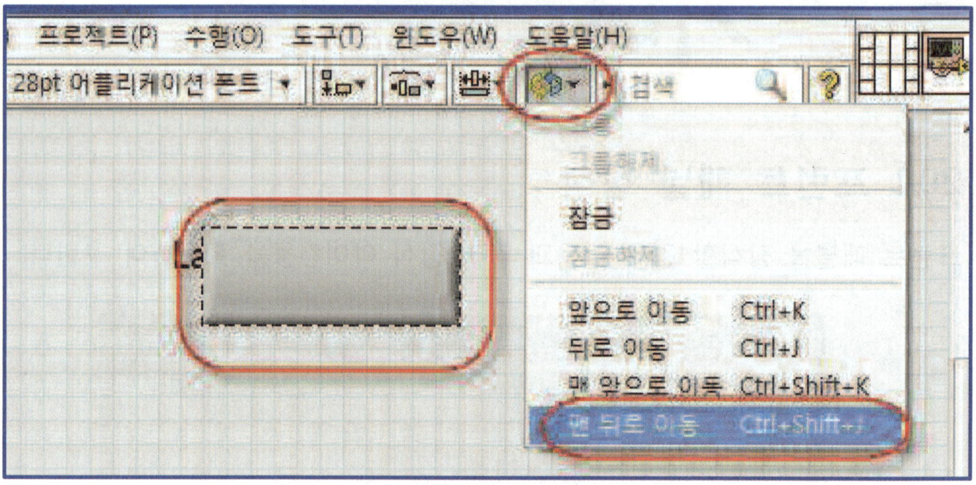

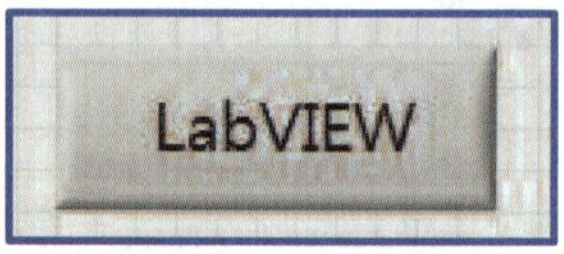

20.2 문자열 콤보박스

문자열 콤보박스는 앞에서 설명했던 바와 같이 케이스 문을 사용하여 각각의 일을 수행하기 위한 방법 중 하나이다. 다만, 프런트 패널에서 원하는 문자열을 콤보 박스 형태로 선택할 수 있는 것이 다른 점이다.

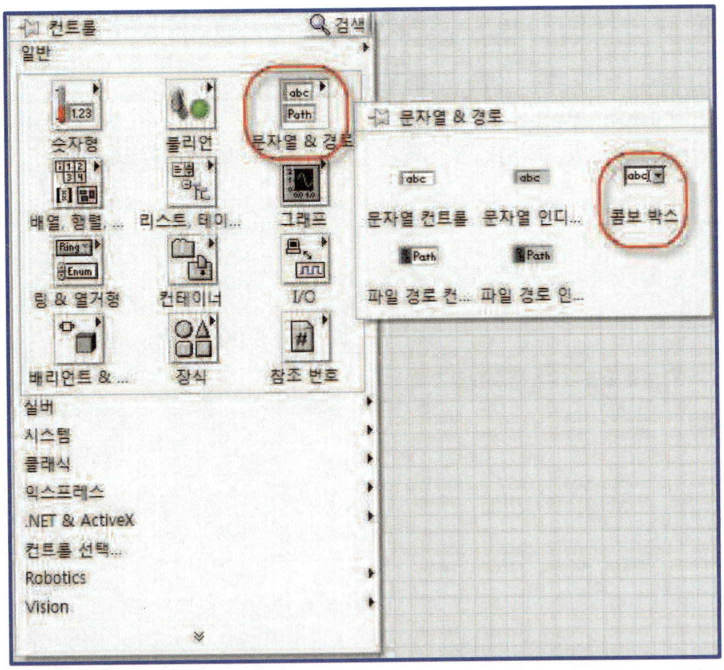

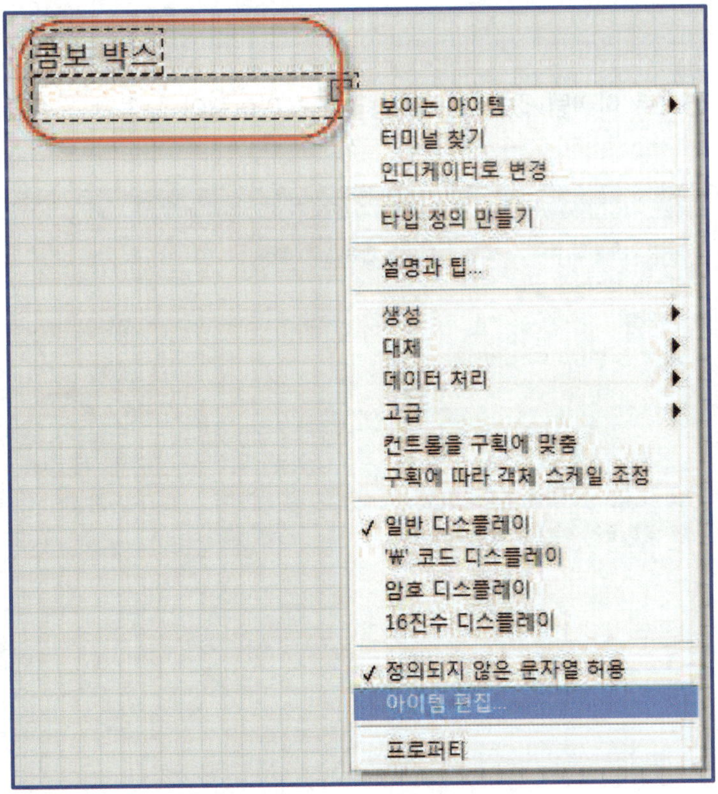

마우스 우측버튼을 눌러 아이템 편집을 선택하면 원하는 아이템을 입력할 수 있다.

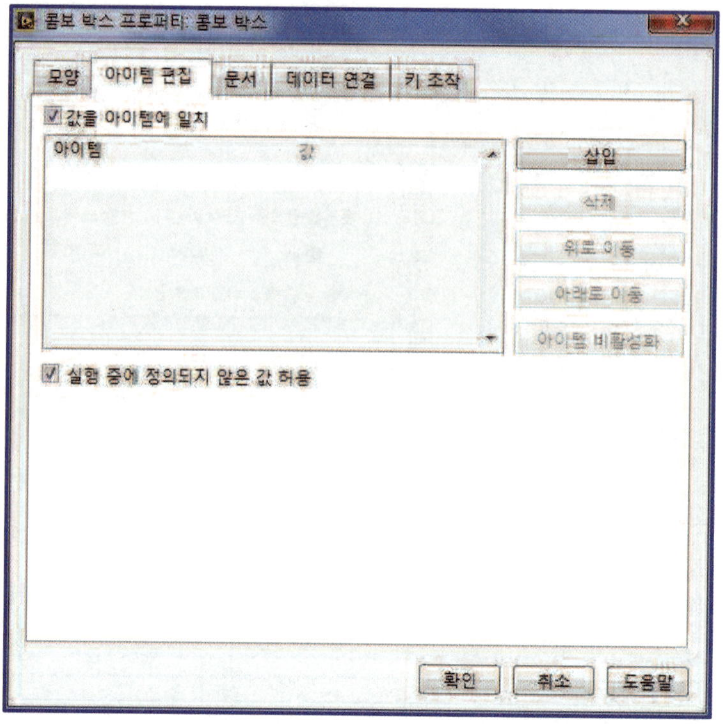

원하는 문자명으로 아이템 값을 쓴 후 삽입하면 아이템이 설정되고 순서는 이동시키면 된다.

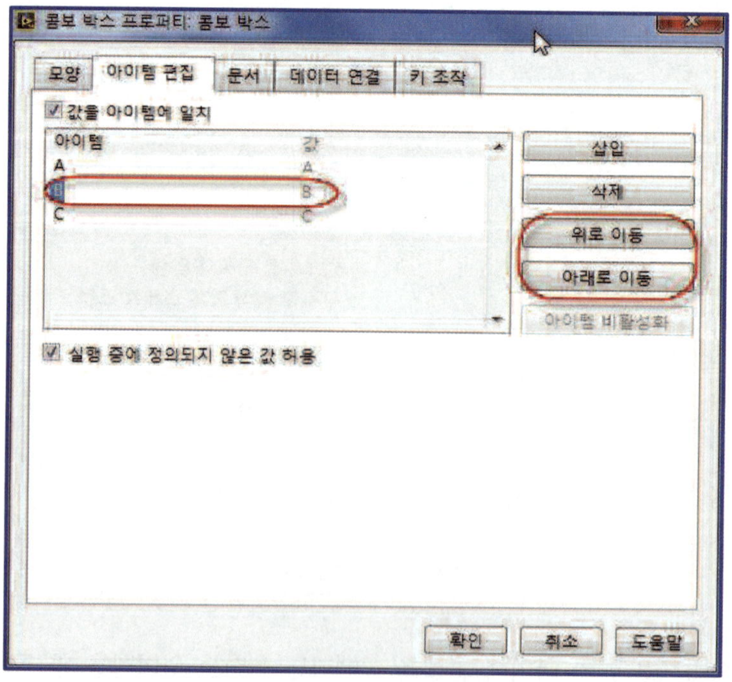

이후에는 앞에서 설명한 바와 같이 케이스 문을 사용하여 원하는 일을 설정한다.

콤보박스는 클러스터의 형태이며 케이스 문을 사용할 때 아이템으로 만들어준 각각의 케이스를 추가해야 한다.

21 응용 사례

21.1 적외선 변위 센서를 이용한 신장 측정시스템

목적:

사용H/W : NI-USB-6343

사용센서: Sharp GP2Y0A02YK

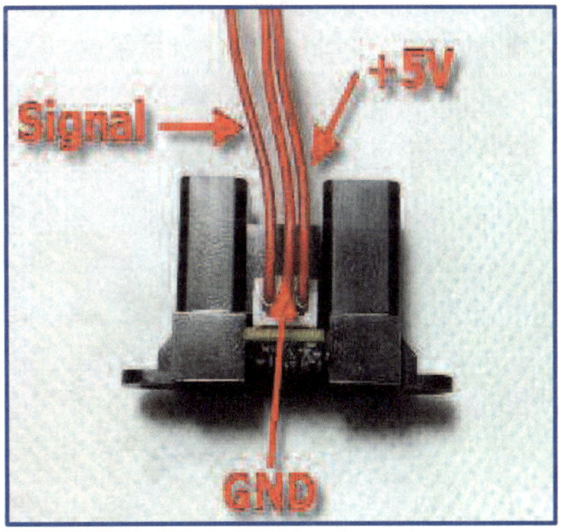

SHARP

GP2Y0A02YK
Optoelectronic Device

FEATURES
- Analog output
- Detection Accuracy @ 80 cm: ±10 cm
- Range: 20 to 150 cm
- Typical response time: 39 ms
- Typical start up delay: 44 ms
- Average Current Consumption: 33 mA

DESCRIPTION

The GP2Y0A02YK is a wide angle sensor.

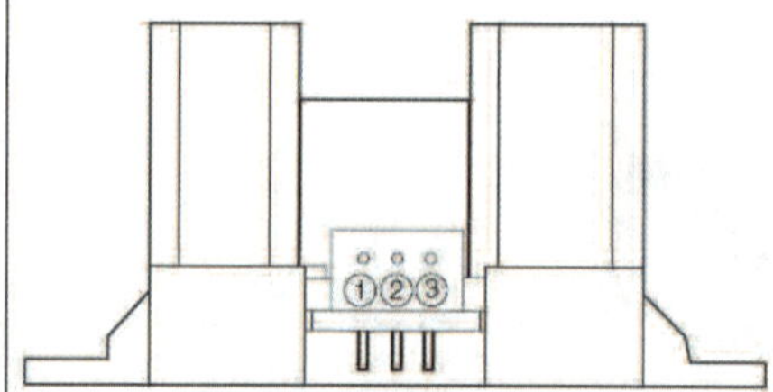

PIN	SIGNAL NAME
①	V_O
②	GND
③	V_{CC}

GP2Y0A02YK-9

Figure 1. Pinout

source: Sharp datasheet

내용:

바닥에서 약 2m정도 되는 곳에 적외선 거리센서를 설치하고 신장을 측정하기 위해 바닥에 올라서면 센서로부터 머리 상단까지 거리를 측정하여 2m에서 측정된 거리를 빼면 키가 된다.

센서 출력은 20cm일 때 2.53V, 150cm 때 0.42V가 나온다. 다음의 특성 곡선을 참고해 엑셀을 사용하여 추세선 곡선값을 구하면 측정된 전압 값을 직접 거리로 환산할 수 있다.

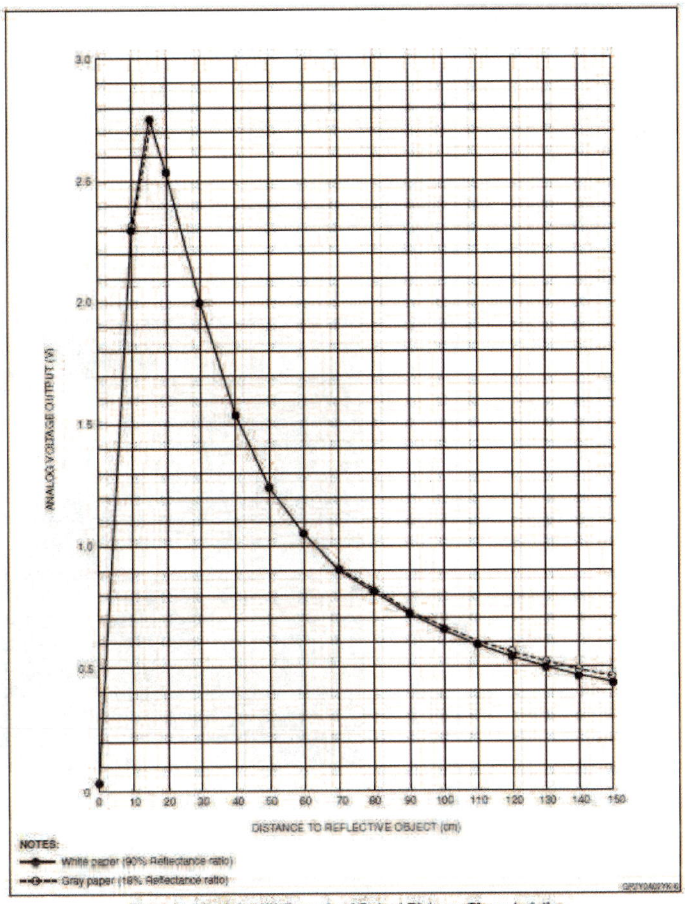

Figure 4. GP2Y0A02YK Example of Output Distance Characteristics

Source: Sharp datasheet

V	cm
2.53	20
2	30
1.52	40
1.23	50
1.05	60
0.9	70
0.81	80
0.72	90
0.65	100
0.6	110
0.54	120
0.5	130
0.46	140
0.42	150

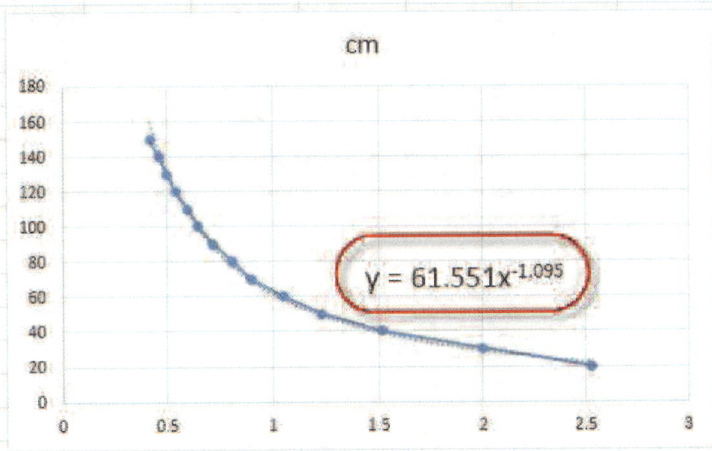

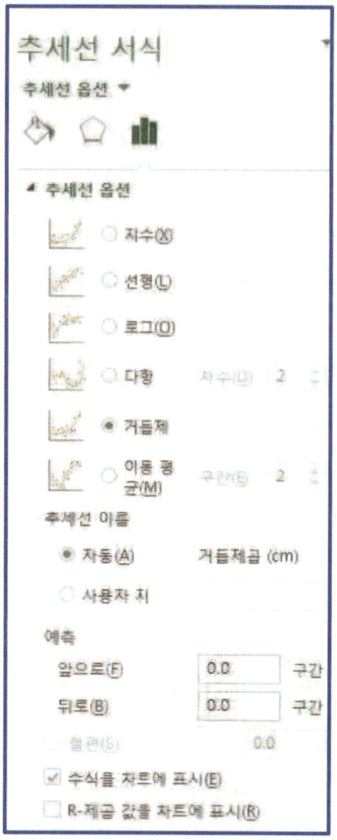
추세선 서식
추세선 옵션
추세선 옵션
지수(X)
선형(L)
로그(O)
다항
2
거듭제
이동 평균(M)
2
추세선 이름
자동(A)
거듭제곱 (cm)
사용자 지
예측
앞으로(F)
0.0
구간
뒤로(B)
0.0
구간
0.0
수식을 차트에 표시(E)
R-제곱 값을 차트에 표시(R)

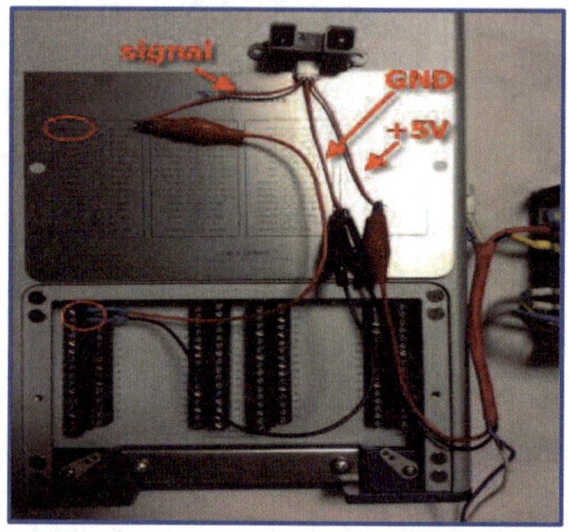
signal
GND
+5V

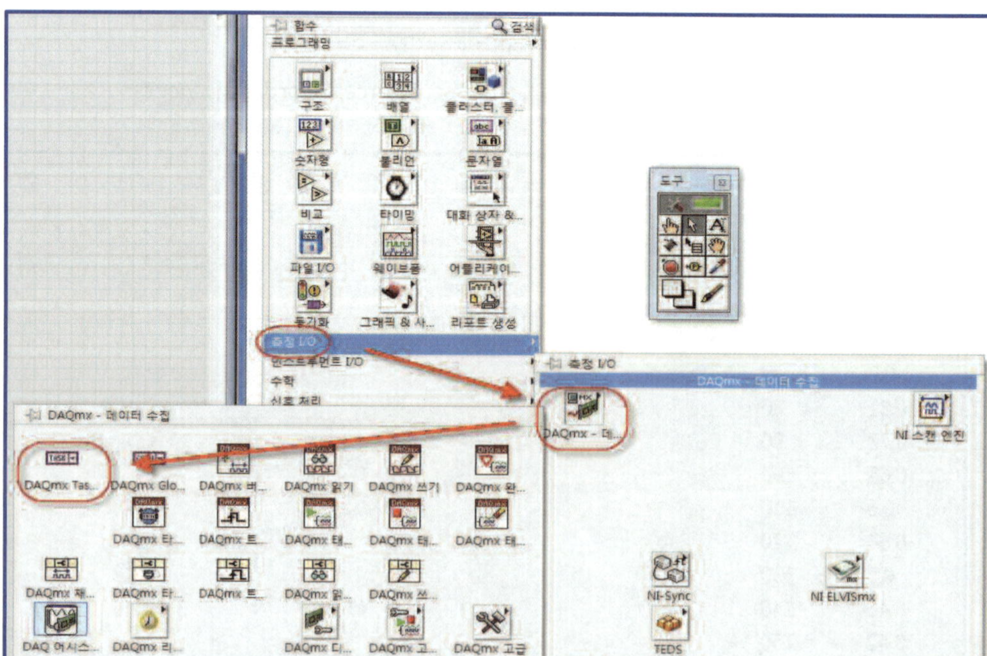
함수
검색
프로그래밍
구조
배열
숫자형
불리언
문자열
비교
타이밍
파일 I/O
웨이브폼
동기화
리포트 생성
도구
측정 I/O
수학
측정 I/O
DAQmx - 데이터 수집
DAQmx - 데...
NI 스캔 엔진
DAQmx - 데이터 수집
DAQmx Tas...
DAQmx Glo...
DAQmx 읽기
DAQmx 쓰기
DAQ 어시스...
DAQmx 고급
NI-Sync
NI ELVISmx
TEDS

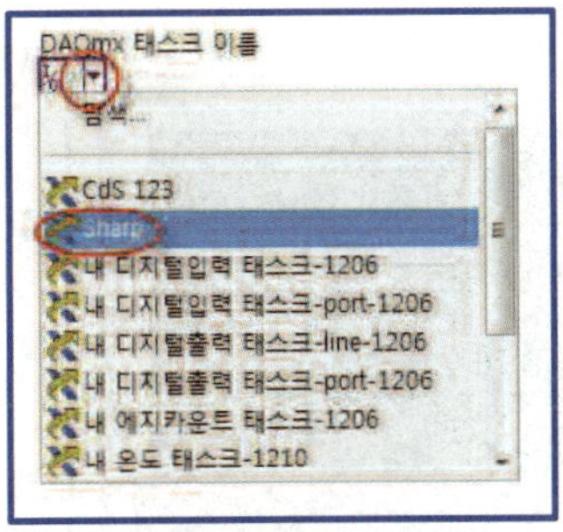
DAQmx 태스크 이름
CdS 123
Sharp
내 디지털입력 태스크-1206
내 디지털입력 태스크-port-1206
내 디지털출력 태스크-line-1206
내 디지털출력 태스크-port-1206
내 에지카운트 태스크-1206
내 온도 태스크-1210

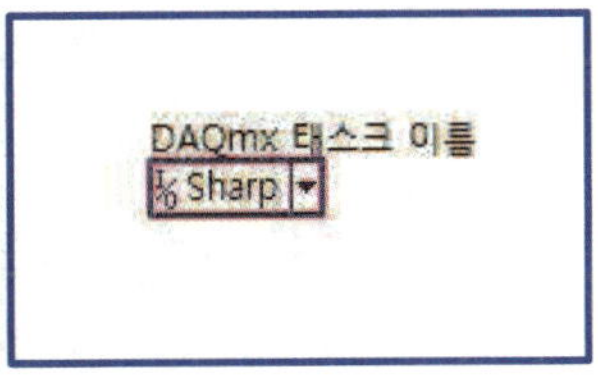
DAQmx 태스크 이름
Sharp

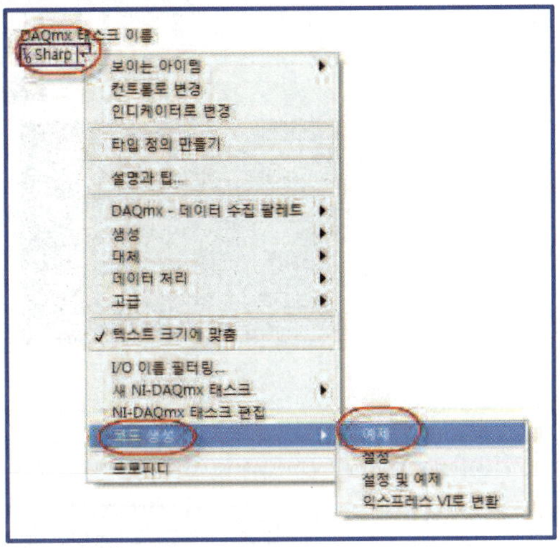
DAQmx 태스크 이름
Sharp
보이는 아이템
컨트롤로 변경
인디케이터로 변경
타입 정의 만들기
설명과 팁...
DAQmx - 데이터 수집 팔레트
생성
대체
데이터 처리
고급
텍스트 크기에 맞춤
I/O 이름 필터링...
새 NI-DAQmx 태스크
NI-DAQmx 태스크 편집
프로퍼티
예제
설정
설정 및 예제
익스프레스 VI로 변환

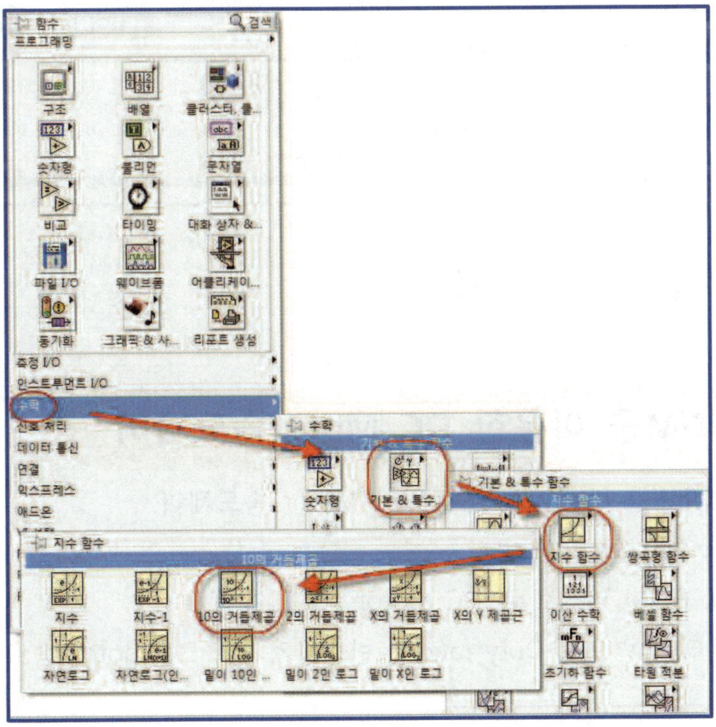
함수
검색
프로그래밍
구조
배열
클러스터, 클...
숫자형
불리언
문자열
비교
타이밍
대화 상자 &...
파일 I/O
웨이브폼
어플리케이...
동기화
그래픽 & 사...
리포트 생성
측정 I/O
인스트루먼트 I/O
수학
신호 처리
데이터 통신
연결
익스프레스
애드온
수학
숫자형
기본 & 특수
기본 & 특수 함수
지수 함수
쌍곡형 함수
이산 수학
베셀 함수
초기하 함수
타원 적분
지수 함수
지수
지수-1
10의 거듭제곱
2의 거듭제곱
X의 거듭제곱
X의 Y 제곱근
자연로그
자연로그(인...
밑이 10인 ...
밑이 2인 로그
밑이 X인 로그

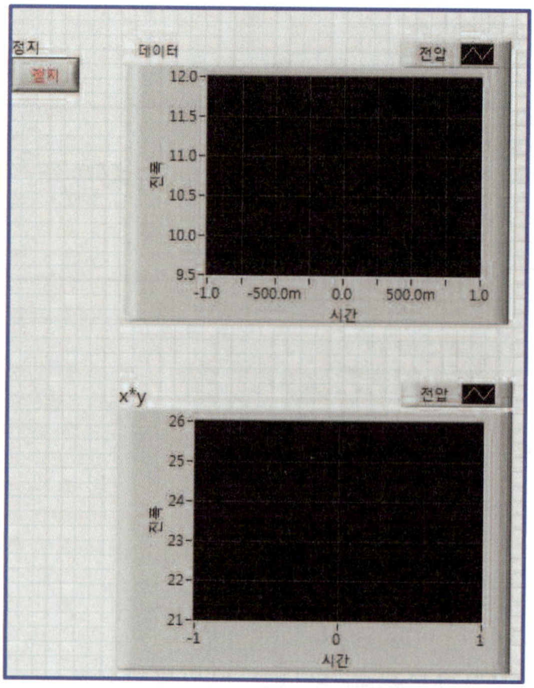

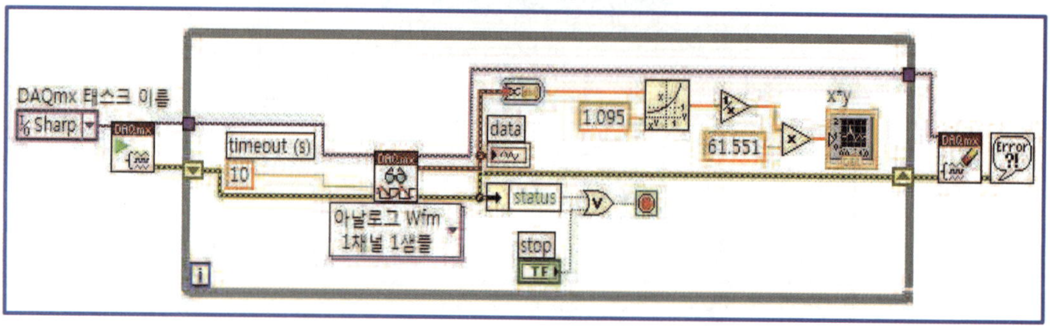

출력으로 나온 x*y 값이 신장이다.

21.2 PWM을 이용한 DC Motor속도제어

목적: LabVIEW를 PWM 방식으로 DC Motor 속도제어

사용 DAQ: NI-USB-6343

사용 H/W: PWM 발생회로, DC Motor

내용: 카운터 출력으로 Duty ratio를 변경시켜가며 DC motor 속도제어

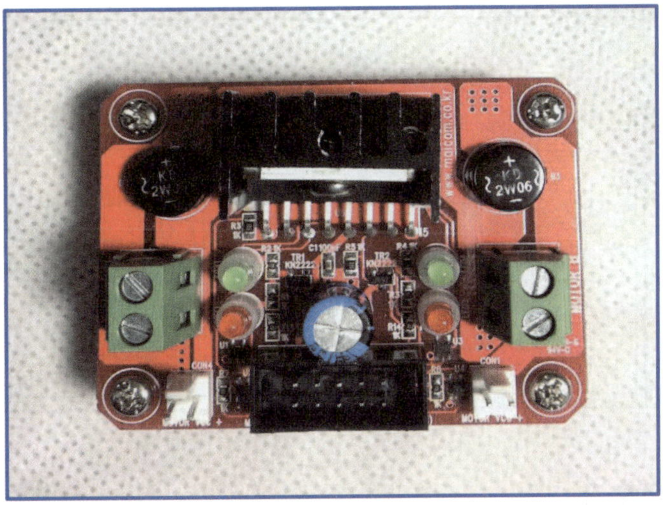

source: http://www.maicom.co.kr

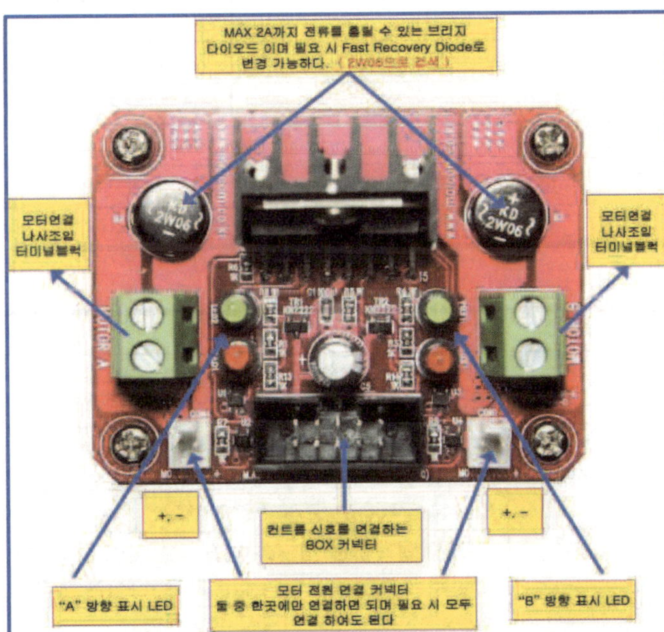

maker: MAI

model: MAI-2MT-DC Ver. 2.1

specification: L298N을 사용하여 한 개의 모터당 2A 전류를 흘릴 수 있으며, 2개의 모터를 구동할 수 있다. Enable, PWM, Dir 신호를 사용하며 모터를 컨트롤 한다.

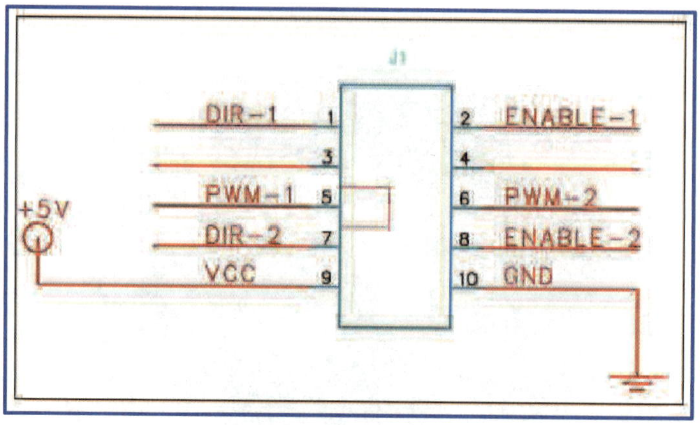

커넥터 연결 시

ATmeag128	Port B	Port E
Direction 1	PB0	PE0
PWM 1	PB4 – OC0 : 8Bit Timer/Counter 0	PE4 –OC3B : 16Bit Timer/Counter 3
Enable 1	PB1	PE1
Direction 2	PB6	PE6
PMW 2	PB5 – OC1A : 16Bit Timer/Counter 1	PE5 – OC3C: 16Bit Timer/Counter 3
Enable 2	PB7	PE7

핀 설명

핀번호	이름	설명	전압
1,7	Dir-1 Dir-2	모터의 정방향, 역방향을 결정하는 신호로서 High 또는 Low를 입력하면 모터의 방향이 바뀐다	3.3V~5.0V
5,6	PWM-1 PWM-2	모터의 속도를 조절하는 PWM 신호를 입력한다. High를 입력하면 최고 속도로 모터를 회전시킨다 Low를 입력하면 모터가 정지한다.	3.3V~5.0V
2,8	Enable-1 Enable-2	High를 입력하면 모터가 회전하고 LED가 켜진다. Low를 입력하면 모터가 정지하고 LED가 꺼진다.	5.0V
9,10	9번 - VCC 10번- GND	9번 - 5V의 Logic 전원을 입력한다. 10번- GND	5.0V
모터 VCC	2PIN 하네스 커넥터	모터를 구동하기 위한 전압을 입력한다. +,- 방향에 주의 하여 연결한다.	5V ~ 46V

source: http://www.maico.co.kr

위 pin 번호 중 1번 motor를 사용하려면 pin번호 1,2,5,9,10 5개를 사용한다.

Pin #1 : 회전 방향

Pin #2: Start/stop

Pin #5: PWM 신호

Pin #9: +5V

Pin #10: ground

PWM 신호를 보내기 위해서는 카운터 출력 - 펄스 출력을 해야 한다.

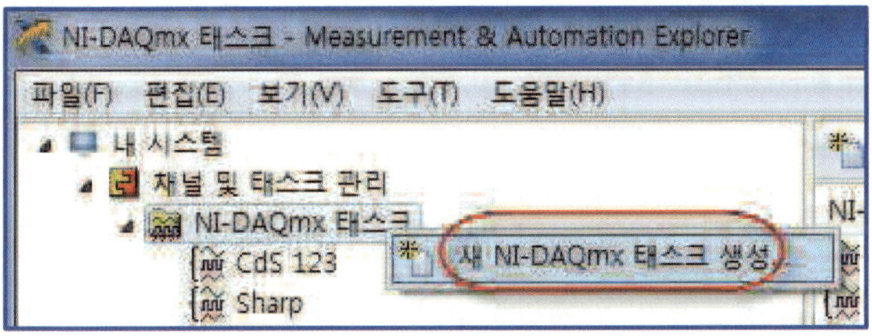

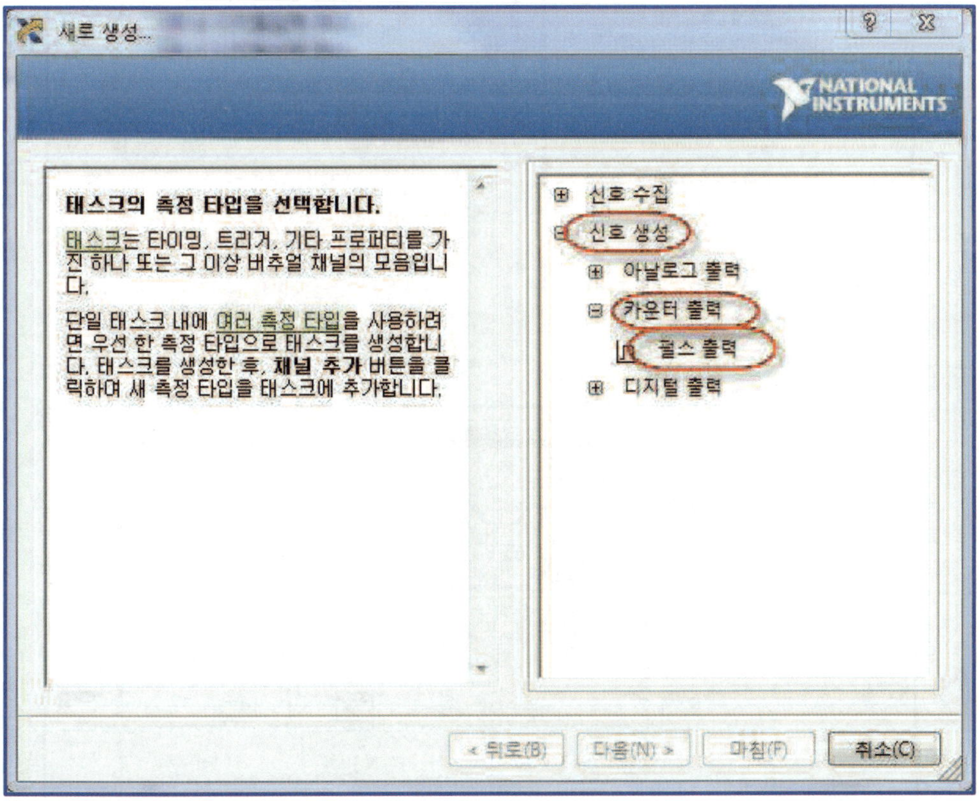

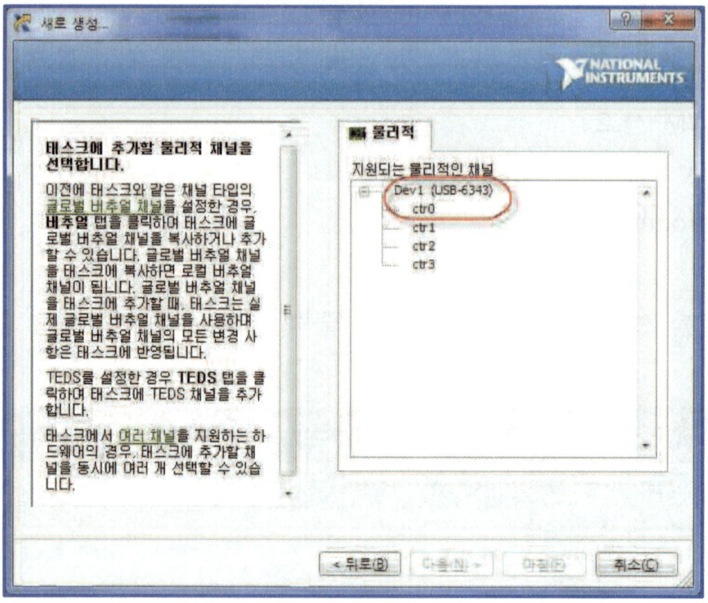
새로 생성...
NATIONAL INSTRUMENTS
태스크에 추가할 물리적 채널을 선택합니다.
이전에 태스크와 같은 채널 타입의 글로벌 버추얼 채널을 설정한 경우, 버추얼 탭을 클릭하여 태스크에 글로벌 버추얼 채널을 복사하거나 추가할 수 있습니다. 글로벌 버추얼 채널을 태스크에 복사하면 로컬 버추얼 채널이 됩니다. 글로벌 버추얼 채널을 태스크에 추가할 때, 태스크는 실제 글로벌 버추얼 채널을 사용하며 글로벌 버추얼 채널의 모든 변경 사항은 태스크에 반영됩니다.
TEDS를 설정한 경우 TEDS 탭을 클릭하여 태스크에 TEDS 채널을 추가합니다.
태스크에서 여러 채널을 지원하는 하드웨어의 경우, 태스크에 추가할 채널을 동시에 여러 개 선택할 수 있습니다.
물리적
지원되는 물리적인 채널
Dev1 (USB-6343)
ctr0
ctr1
ctr2
ctr3
< 뒤로(B)
다음(N) >
마침(F)
취소(C)

내 시스템
채널 및 태스크 관리
NI-DAQmx 태스크
CdS 123
Sharp
내 디지털입력 태스크-1206
내 디지털입력 태스크-port-1206
내 디지털출력 태스크-line-1206
내 디지털출력 태스크-port-1206
내 디지털출력 태스크-pwm
내 에지카운트 태스크-1206
내 온도 태스크-1210
내 전압 태스크-1204
내 전압 태스크-1205
내 전압출력 태스크
내 펄스출력 태스크-1206
내 펄스출력 태스크-pwm
디바이스와 인터페이스
스케일
소프트웨어
원격 시스템

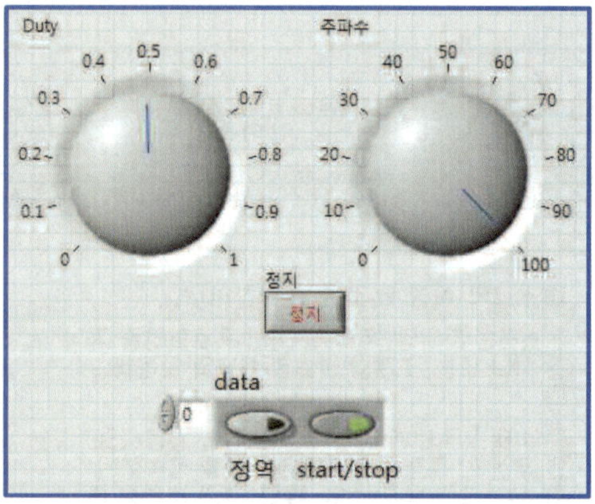
Duty
주파수
정지
data
정역
start/stop

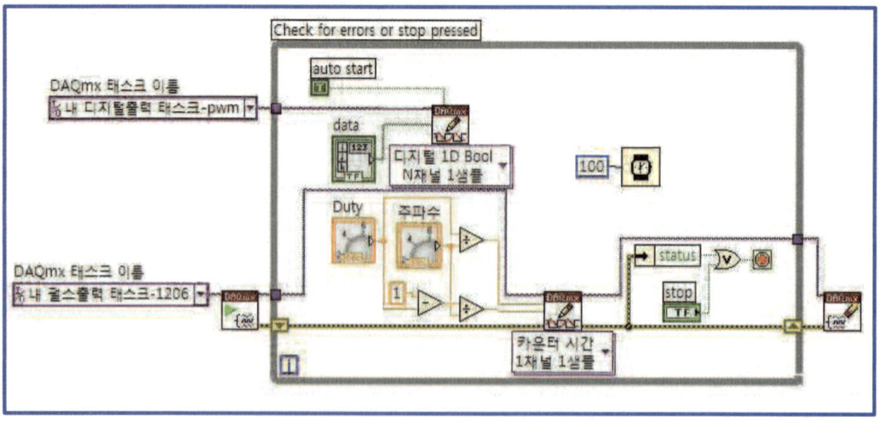
Check for errors or stop pressed
auto start
DAQmx 태스크 이름
내 디지털출력 태스크-pwm
data
디지털 1D Bool N채널 1샘플
100
Duty
주파수
status
stop
DAQmx 태스크 이름
내 펄스출력 태스크-1206
카운터 시간 1채널 1샘플

위 블록 다이어그램에서 주의해야 할 것은 다음과 같다.

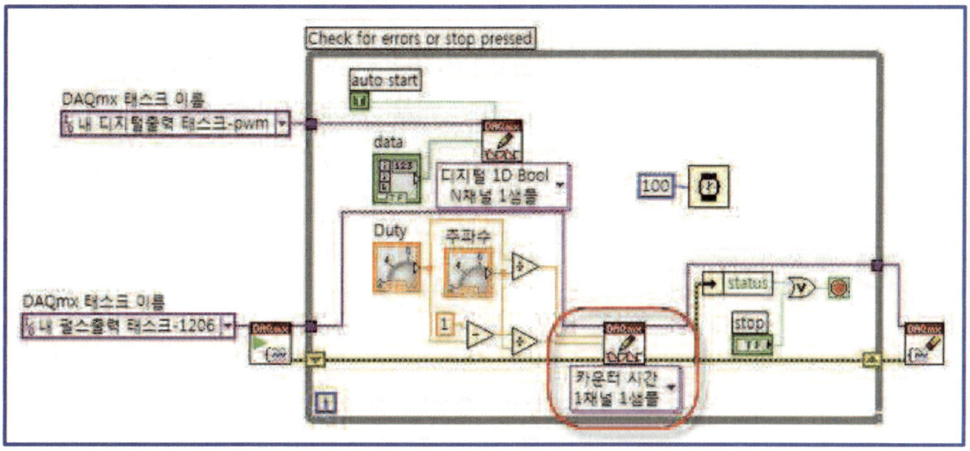

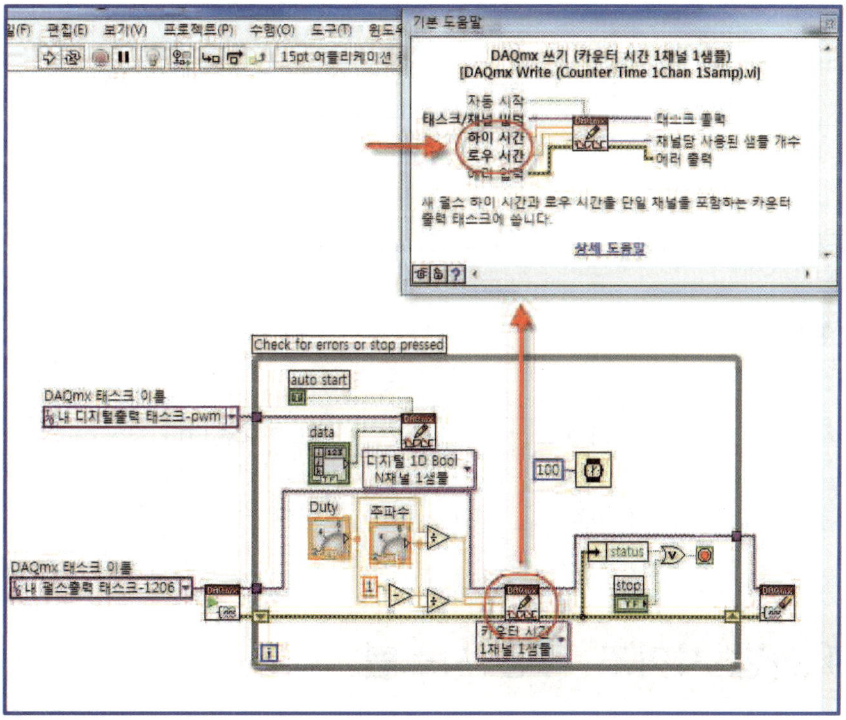

여기서 카운터 출력 기능을 하는 DAQmx 쓰기 아이컨에서 하이 시간, 로우 시간은 PWM 파형에서 주가점유율(Duty ratio)와 주파수를 설정하는 데 사용된다.

이상과 같이 하면 손쉽게 DC motor의 속도가 제어될 수 있다.

21.3 수박 숙성도 측정기

▶ 개 요

LabVIEW를 이용하여 수박을 두드렸을 때의 주파수 및 숙성도를 볼 수 있도록 한다. 프로그램을 시작한 뒤 수박을 두드린다. 그 소리를 마이크를 통해 받아들인다.
받아들인 소리는 프로그램 내에서 주파수 측정을 하고 rms 값을 구한다. 사전에 조사한 숙성도에 따른 주파수 값과 비교하여 숙성도를 판단하여 화면상에 숙성도를 3단계로 보여준다.

▶ Block Diagram

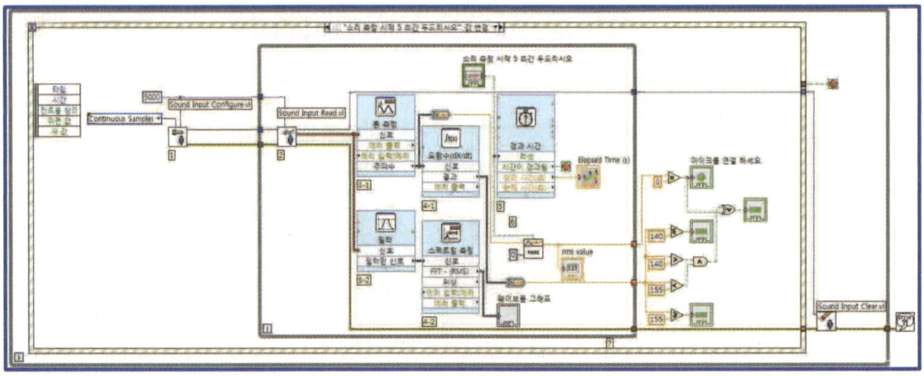

▶숙성도 판별부

RMS 주파수	판별값
140Hz 이하	덜 익었습니다.
140Hz ~ 155Hz	잘 익었습니다.
155Hz 이상	맛있게 익었습니다.

21.4 신발 사이즈 측정 시스템

▶개요

발이 편안하도록 유지하고 발 모양 변형을 막기 위해 자신의 발에 딱 맞는 신발 사이즈를 알려주고 한번 왔던 고객의 정보를 저장함으로써 발 사이즈가 지난번에 비해 얼마나 자랐는지를 보여주고 신발을 신속하게 찾아 줄 수 있도록 한다.

▶기능

CdS셀 전압을 DAQ 보드를 통해 받아들인다. 다음 전압의 변화량을 통해 사람이 발이 어디까지 덮여 있는지 알아낸다. 발의 크기에 따라 빛이 가려진 CdS의 개수를 세고 이를 이용하여 측정된 발사이즈를 출력한다. 측정된 발 사이즈를 이름으로 파일을 저장하면 발을 잰 날짜와 시간과 함께 저장한다.

▶Block Diagram

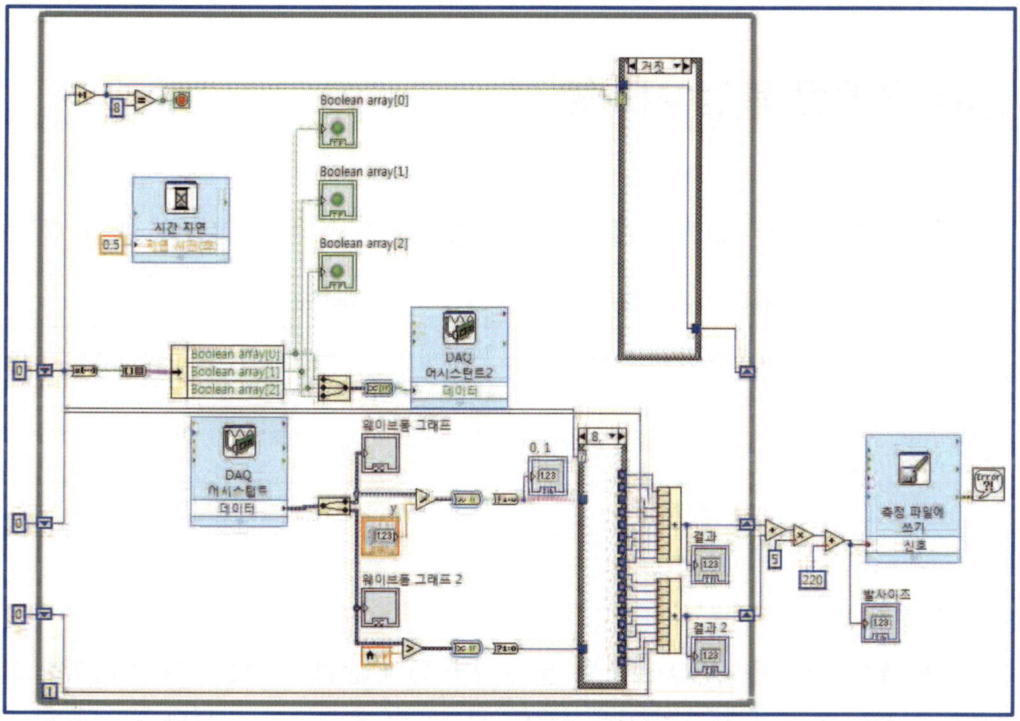

▶세부 Block Diagram, Front Panel 과 설명

아날로그 입력으로 CdS를 이용하여 발 크기 측정한다.

빛의 양에 따라 발로 덮인 부분과 안 덮인 부분의 변화는 CdS센서의 저항 변화로 나타나므로 저항변화를 전압의 변화로 인식하도록 한다. 아날로그 입력을 통해서 각각의 전압 값을 입력 받는다. 입력 받은 값이 기준값보다 크면 1, 작으면 0을 각각 16개의 배열의 저장한다. 발로 덮힌 부분인 1의 개수를 결과로 출력한다.

초기값을 불리언 숫자로 바꾸어 출력하고 최초에는 0부터 시작해서 시프트레지스터가 한 바퀴 돌때마다 초기값을 1씩 증가 시킨다. 만약 8까지 증가 하면 프로그램 종료된다.

▶ DAQ Hardware 입력부/출력부

- PORT1 (DAQ BOARD:33): Load Cell 입력.
- PORT2 (DAQ BOARD:65): PSD 센서 입력.

21.5 발전량 측정 시스템

▶ 개요

발전량 측정 시스템은 LabVIEW를 이용하여 발전량 측정 및 LED점등을 확인한다.

품명	규격 또는 모델명	수량	제조사	비고
DAQ Board	PCI-6221	1	NI	
PC	Dual core	1	Dell	
DC Motor		1		
LED 기판	Heart-Maker	1		자작

▶ 기능

DC모터 발전 전압을 DAQ 보드를 통해 받아들여 전압의 변화량을 수치화한 후 전압의 발전량에 따라 순차적으로 LED를 점등하고 측정자의 정보와 발전량을 저장하여 텍스트 파일로 기록한다.

▶ Block Diagram

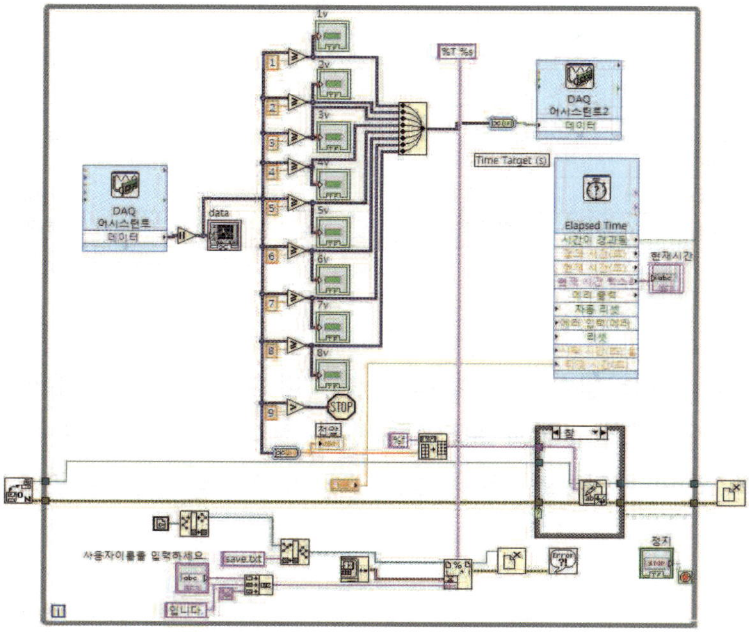

▶ DAQ Hardware 입력부/출력부

- PORT1 (DAQ BOARD:68,34): 아날로그 입력(DC모터 전압)
- PORT2 (DAQ BOARD:52): 디지털 출력1(LED 출력)
- PORT3 (DAQ BOARD:17): 디지털 출력2(LED 출력)
- PORT4 (DAQ BOARD:49): 디지털 출력3(LED 출력)
- PORT5 (DAQ BOARD:47): 디지털 출력4(LED 출력)
- PORT6 (DAQ BOARD:19): 디지털 출력5(LED 출력)
- PORT7 (DAQ BOARD:51): 디지털 출력6(LED 출력)
- PORT8 (DAQ BOARD:16): 디지털 출력7(LED 출력)
- PORT9 (DAQ BOARD:19): 디지털 출력8(LED 출력)

21.6 코골이 방지 베개

▶개 요

LabVIEW를 이용하여 코고는 소리를 측정하여 베개를 기울여 코고는 것을 방지하도록 한다.

품명	규격 또는 모델명	수량	제조사
DAQ Board	PCI-6221	1	NI
PC	Dual core	1	Dell
DC Motor	12V	1	모터라인
마이크	Mic-01	1	Wasta
Micro-switch	XMAB-03	2	XNN
전원 어댑터	12V 1.5A	1	퍼팩트 파워
릴레이 모듈	릴레이-1	1	한진데이터

▶기 능

코골이소리는 마이크입력으로 컴퓨터를 통하여 받아들이고, 베개의 위치를 탐지하는 마이크로스위치의 전압과 모터의 구동을 제어신호의 발생은 DAQ보드를 사용한다. 입력소리의 주파수와 반복횟수로 코골이 여부를 판단 후 모터를 제어하여 베개를 기울여 준다.

▶Block Diagram

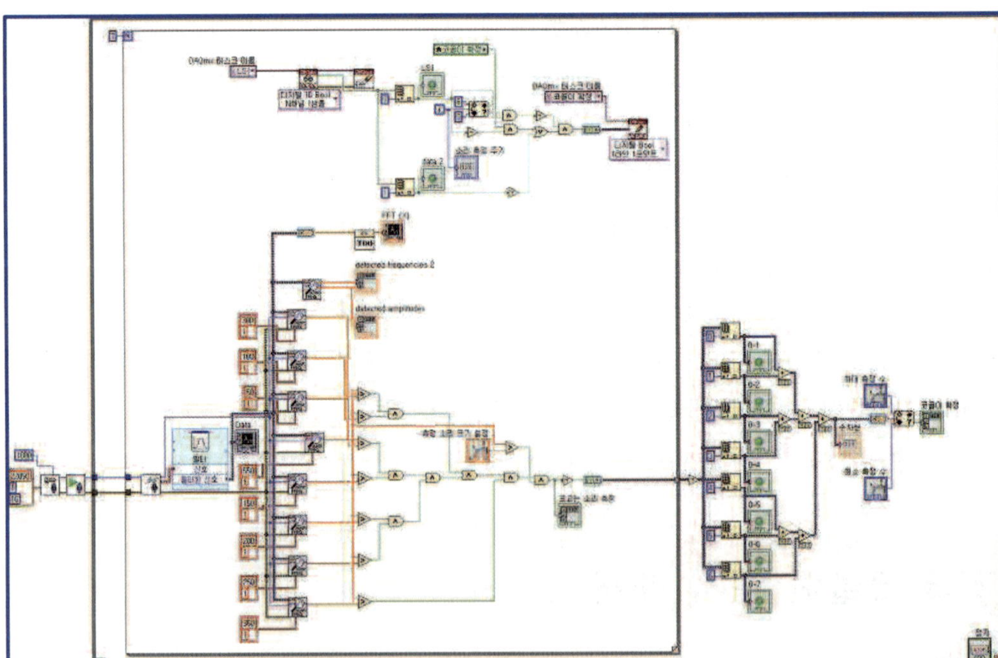

▶DAQ Hardware 입력부/출력부

- PORT1 (DAQ BOARD:52): 마이크로스위치-1 디지털 입력
- PORT2 (DAQ BOARD:17): 마이크로스위치-2 디지털 입력
- PORT3 (DAQ BOARD:15): 마이크로스위치 디지털 접지
- PORT4 (DAQ BOARD:47): 모터제어 디지털 출력

찾아보기

ㅇ

ㅎ

저자소개

강대진

1981년 한양대학교 공과대학 정밀기계공학과 학사
1983년 한양대학교 대학원 정밀기계공학과 석사
(주)현대자동차 연구원
1997년 한양대학교 대학원 정밀기계공학과 박사
1984~1997년 (주)LG전자 정보기기연구소 책임연구원
2003년 University of Texas at Austin Visiting Scholar
2014년 한국산업기술대학교 산학협력합부장
1998년~현재 한국산업기술대학교 메카트로닉스 공학과 교수

LabVIEW

기본편

A-JIN

지은이와 협의 인지 생략

인　　쇄 : 2014년 12월 20일
발　　행 : 2014년 12월 30일
저　　자 : 강대진
발 행 서 : 도서출판 아진
437-120
경기도 의왕시 이미로 40 (포일동 653번지)
인덕원IT밸리 A동 1019호
TEL:02-737-0663 FAX:02-737-0664
Homepage:ajin.to
E-mail:kgb@ajin.to
발 행 인 : 김 근 배
등록번호 : 제330-1995-56호
I S B N : 978-89-5761-375-7　　93560

이 도서의 국립중앙도서관 출판예정도서목록 (CIP)은 서지정보유통지원시스템 홈페이지 (http://seoji.nl.go.kr)와 국가자료공동목록시스템 (http://www.nl.go.kr/kolisnet)에서 이용하실 수 있습니다. (CIP제어번호: CIP2015000959)

가격 25,000원